edition suhrkamp

Redaktion: Günther Busch

Reiner Steinweg, geboren am 29. Juni 1939 in Pähl, studierte Germanistik und Geschichte in Würzburg, Paris und Kiel sowie Sozialwissenschaften in Frankfurt/M. Publikationen: *Das Lehrstück. Brechts Theorie einer politisch-ästhetischen Erziehung* 1972; ferner eine kritische Ausgabe der *Maßnahme* von Bertolt Brecht in der *edition suhrkamp*. Aufsätze in Zeitschriften.

Der vorliegende Band vereinigt eine kritische Edition der Äußerungen Brechts und seiner Mitarbeiter zu den *Lehrstücken* mit einer Dokumentation der Debatte über diesen von der Literaturwissenschaft schon einmal irrtümlich ad acta gelegten Stücktypus. Der Band enthält darüber hinaus Erfahrungsberichte, die die Möglichkeiten und Schwierigkeiten einer Lehrstück-Renaissance in der politisch-pädagogischen Praxis zeigen. Ein ausführliches Register, das insbesondere zum Vergleich des Sprachgebrauchs von Brecht und Eisler herausfordert, beschließt die Ausgabe.

Brechts Modell der Lehrstücke
Zeugnisse, Diskussion, Erfahrungen

Herausgegeben von Reiner Steinweg

Suhrkamp Verlag

edition suhrkamp 751
Erste Auflage 1976
© Suhrkamp Verlag, Frankfurt am Main 1976. Erstausgabe. Printed in Germany.
Alle Rechte vorbehalten, insbesondere das der Übersetzung, des öffentlichen Vor-
trags und der Übertragung durch Rundfunk und Fernsehen, auch einzelner Teile.
Satz, in Linotype Garamond, Druck und Bindung bei Georg Wagner, Nördlingen.
Gesamtausstattung Willy Fleckhaus.

Inhalt

ANHANG

Verzeichnisse und Register zu den »Zeugnissen«

Brechts Modell der Lehrstücke

Einleitung:
Überblick, Vorgeschichte, Zielsetzung

Der vorliegende Band gibt (a) die Äußerungen von Brecht und seinen Mitarbeitern zu den Lehrstücken wieder, die er im Gegensatz zu den bekannten, *Schauspieler* und Theater erfordernden Stücken des epischen Theaters für die *Selbst*-Belehrung von *Laien,* also nicht für Vorführungen vor einem bloß zuschauenden Publikum bestimmte. Der Band dokumentiert (b) verschiedene theoretische Überlegungen im Anschluß an bzw. in Auseinandersetzung mit meinem Versuch von 1971 bzw. 1972, diese bisher z. T. noch unveröffentlichten Äußerungen zu interpretieren und zu werten. Und er bringt (c) erstmals Berichte und Reflexionen über Versuche, Lehrstücke unter Berücksichtigung der Lehrstücktheorie zu realisieren.

Das letztere scheint mir zum gegenwärtigen Zeitpunkt das Wichtigste zu sein: Nur mit Hilfe solcher Versuche kann die Tragfähigkeit der Theorie geprüft bzw. festgestellt werden, wo sie im Hinblick auf die heute gegebenen gesellschaftlichen Verhältnisse und Einsatzbedingungen ergänzungsbedürftig oder zu modifizieren ist. Vor allem aber: um solche Versuche zu ermöglichen oder zu stimulieren, ist die Theorie entworfen.

Die beiden im vorliegenden Band beschriebenen Realisierungs-Versuche (die Beschreibung eines dritten wird später erscheinen, siehe unten) sind untereinander, aufgrund der ganz verschiedenen Spielbedingungen und Voraussetzungen, kaum vergleichbar. Der erste, beschrieben von *Paul Binnerts* fand in Amsterdam im Rahmen des Studiums von Regisseuren statt. Hier stand verhältnismäßig viel Zeit zur Verfügung, und es handelte sich um eine kleine, den Interessen nach verhältnismäßig einheitliche Gruppe (»Wie können wir als zukünftige Regisseure politisch arbeiten?«). Der Versuch kann in gewisser Hinsicht als geglückt bezeichnet werden, d. h. als erfolgreicher politischer Lernprozeß für die Beteiligten, wenn auch viele Fragen offen bleiben (oder sich erst neu stellen) und nicht alle Momente der Lehrstücktheorie realisiert oder reflektiert wurden (z. B. die Frage des Einsatzes technischer und gesellschaftlicher »Apparate« bei der Lehrstückübung, vgl. Steinweg 1972a S. 177-184). Der vorliegende Bericht mit seiner vergleichsweise ausführlichen Darstellung der Textinterpretation durch die Gruppe ist ein Teil des Ergebnisses, das damit für ähnliche und weitergehende Zwecke zur Verfügung gestellt wird.

Eine entscheidende Rolle beim Gelingen dieses Versuchs spielte, im Unterschied zu dem anderen in diesem Band beschriebenen Versuch, offensichtlich die *Musik*. Brechts Annahme, daß nur mit Musik Lehrstücke das leisten können, was sie sollen, hat hier eine deutliche Bestätigung erfahren. Es war ein besonderer Glücksumstand, daß der Gruppe mit *Louis Andriessen* ein politisch engagierter Avantgarde-Komponist zur Verfügung stand, der sich die Zeit nahm, eine auf die Realisierungsmöglichkeiten und die politischen Zielsetzungen der Gruppe zugeschnittene Musik mit dieser selbst zu entwickeln. Aber solche Glücksumstände lassen sich vielleicht auch organisieren ... Die Überlegungen, von denen Andriessen sich bei der Komposition leiten ließ und die er für den vorliegenden Band notiert hat, sollen dabei eine Hilfe sein.

Der zweite Versuch, durchgeführt und beschrieben von *Hansjörg Maier*, *Willy Praml* und *Mathias Schüler*, Mitarbeiter von Jugendbildungsstätten in Berlin und in der Bundesrepublik, fand unter wesentlich ungünstigeren Bedingungen statt – jedenfalls was die zeitlichen Möglichkeiten betraf: Eine sichtbare »gesellschaftliche Beeinflussung« (Brecht), eine kritische Untersuchung und Veränderung der eigenen Haltungen kann nicht in einem Zwei-Wochen-Kurs geleistet werden. Aber es ist gelungen, einige ziemlich hinderliche Mißverständnisse, für die teilweise meine Darstellung der Theorie verantwortlich ist, praktisch auszuräumen und einige Vorgehensweisen zu ermitteln, auf die man bei der Verwendung des Lehrstücksmodells in Zukunft kaum verzichten können wird.

Die *Theorie*, die in den drei ersten Beiträgen nach der Textdokumentation geliefert wird, ist nicht die Theorie der in den Erfahrungsberichten beschriebenen Praxis. Deshalb werden diese Beiträge den Erfahrungsberichten *vorangestellt:*
Der bekannte DDR-Germanist *Werner Mittenzwei* und die

Westberliner Theaterwissenschaftler *Hermann Haarmann* und *Dagmar Walach* versuchen, von sehr verschiedenen marxistischen Positionen aus zu begründen, warum Brecht nach dem Exil keine nennenswerten Anstrengungen unternommen hat, das Lehrstück (im engeren Sinne) zu praktizieren, d. h. eine gesellschaftlich-pädagogische Theaterpraxis auf der Basis der Lehrstücktheorie zu begründen. Alle drei wenden sich gegen meine – in der Tat mißverständliche und überspitzte – These von 1971, daß »die ›großen‹ bekannten Schaustücke des epischen Theaters Kompromisse sind, Formen, die der konterrevolutionären Entwicklung seit 1932 Rechnung tragen« (1971a, S. 116). Diese These ist kürzlich auch von anderen Autoren (Berenberg-Gossler/Müller/Stosch 1974) bestritten worden. Ich gehe darauf in meinem eigenen Beitrag am Ende des Bandes ein.

So verschieden wie die Ausgangspunkte von Mittenzwei und Haarmann/Walach sind, so verschieden sind im übrigen die Ergebnisse dieser beiden Untersuchungen: *Mittenzwei* argumentiert, Brecht habe den Kern der Lehrstücktheorie, so wie ich ihn bestimmt habe, fallengelassen. Eine Lehrstückpraxis im strengen Sinne, mit Laien, habe nach 1947 deshalb nicht stattgefunden, weil Brecht inzwischen Möglichkeiten entwickelt habe, die gleichen Resultate, die mit dem *Lehr*stück beabsichtigt waren, auch mit den epischen *Schau*stücken oder einem besonderen Typus von epischen Schaustücken besser und mit größerer Breitenwirkung zu erzielen, ein Typus, den Mittenzwei deshalb als Lehrstück im weiteren Sinne bezeichnet. Auch mit dieser These setze ich mich in meinem Beitrag am Schluß des Bandes auseinander.

Haarmann und *Walach*, die versuchen, Brechts Lehrstücktheorie in den weiteren Rahmen der marxistischen Ökonomie-Kritik einzufügen bzw. die Verknüpfungsstellen beider Theorien zu zeigen, folgen dagegen meiner Argumentation von 1972 ein Stückchen weiter, was die Unterscheidung der Stück- und Texttypen sowie die zukünftigen Möglichkeiten des Lehrstücks betrifft. Sie meinen aber, daß gegenwärtig, beim gegebenen Stand der Klassenkämpfe und des Klassenbewußtseins in der Bundesrepublik und in der DDR, eine den Brechtschen Intentionen gerecht werdende Lehrstückpraxis nicht oder nur vereinzelt möglich ist, und daß deshalb dem epischen Schau-Theater bzw. Formen der *theater*mäßigen Verwendung von Lehrstücken vorläufig erhöhte Bedeutung zukomme. Auch diese These wird noch näher diskutiert werden müssen.

Der Beitrag des australischen Germanisten *John Milfull* setzt sich mit einem Moment des Lehrstücks auseinander, das in meinen Untersuchungen bisher entschieden zu kurz gekommen ist bzw. nur konstatiert wurde. Brecht bemerkt in seinen Thesen »Zur Theorie des Lehrstücks«: »Für die Spielweise gelten Anweisungen des epischen Theaters. Das Studium des Verfremdungs-Effekts ist unerläßlich.« Milfull zeigt, daß bereits in den Lehrstück*texten* die Verfremdung eine bedeutende Rolle spielt und vielleicht konsequentere Anwendung findet als in den späteren »großen« Stücken Brechts. Damit befindet er sich in exakter Opposition zu Mittenzwei, der die »Aufhebung« des Lehrstücks im epischen Schaustück gerade durch die Entwicklung der Verfremdungstechnik ermöglicht sieht. Auch diese Debatte wird im vorliegenden Band nur begonnen – ihre Fortsetzung kann mit Sicherheit erwartet werden.

Die beiden letzten Beiträge dieses Bandes haben ebenfalls wieder stärker theoretischen Charakter, sind jedoch aufgrund eigener (wenn auch sehr fragmentarischer) Erfahrungen mit Lehrstück-Übungen und in Kenntnis der hier vorgelegten (und anderer) Berichte verfaßt worden.

Der erste dieser Beiträge steht im Zusammenhang mit dem Versuch von Maier/Praml/Schüler, genauer gesagt, mit einer Art *Fortsetzung* des von diesen beschriebenen Lehrstückversuchs, an der der Autor, *Volker Bley*, und der Herausgeber beteiligt waren. Bley beschreibt verschiedene von ihm praktizierte Ansätze politischer Bildungsarbeit in der Hessischen Jugendbildungsstätte Dörnberg. Er stellt die theoretischen Einsichten, die ihnen zugrunde lagen, ihre Ergebnisse und ihre Mängel dar. Die letzteren führen ihn zu Anforderungen an politische Bildungsarbeit in solchen Tagungsstätten, die formal eine überraschende Ähnlichkeit mit der Lehrstück-Methode Brechts aufweisen. Noch wichtiger aber sind für Bley die *Inhalte* der Lehrstücke, die für ihn gegenüber den Inhalten seiner bisherigen Praxis ein qualitativ neues Moment darstellen. Aus der (Selbst-)Kritik an den früheren Versuchen ergibt sich für ihn die Notwendigkeit dieses Inhalts – in und mit der dazu von Brecht konzipierten Form und Methode – für seine Arbeit.

In meinem eigenen Beitrag am Ende des Bandes versuche ich, eine Art Zwischenbilanz aus der bisherigen Lehrstückdiskussion zu ziehen. Ich beziehe mich dabei, wie schon erwähnt, auf die im vorliegenden Band vorgestellten Thesen und Erfahrungsberichte sowie auf drei weitere kritische Auseinandersetzungen mit meiner Interpretation der Lehrstücktheorie von *Berenberg-Gossler/Müller/Stosch, Höger* und *Lethen*. Dabei geht es u. a. um den »Status« der Lehrstücktheorie, um ihren lerntheoretischen Hintergrund, ihre Anwendungsbedingungen und Aktualität – Fragen, zu denen insbesondere die zuletzt genannten Autoren eine Reihe interessanter Hinweise und Überlegungen bringen.

Fünf weitere Beiträge, die für den vorliegenden Band vorgesehen waren, mußten aus Platzgründen ausgesondert werden: Der Bericht einer weiteren holländischen Gruppe über den Versuch, zusammen mit Schülern einer Berufsschule ein eigenes Lehrstück zu entwickeln (dessen Text ebenfalls in deutscher Übersetzung vorliegt) und es politisch-pädagogisch einzusetzen (Gruppe »leren leren«, Delft); ferner Überlegungen von *Karl Bauer* (Gesamthochschule Essen), *Jörg Richard* und *Hans Ritter* (beide an der Pädagogischen Hochschule Berlin) zu den Bedingungen für einen Einsatz des Lehrstücks in der Schule – wobei teils von Erfahrungen mit verschiedenen Formen des Kindertheaters und der Improvisation ausgegangen wird, teils von Versuchen, Brecht in der Schule zu spielen. Diese vier Beiträge, in denen u. a. ebenfalls die lerntheoretischen Grundlagen des Lehrstücks erörtert werden (Jörg Richard, im Anschluß an die sowjetische psychologische Schule Galperins), erscheinen 1977 in einem eigenen Bändchen zum Lehrstück mit Schülern in der edition suhrkamp. Der Beitrag der Gruppe »leren leren« gehört allerdings nur bedingt in diesen Band: der von ihr durchgeführte und beschriebene Versuch setzte zwar in der Schule an, führte aber in der Folge darüber hinaus zu einer besonderen Modifikation des Lehrstücks und seiner Anwendung in der politischen Arbeit auch *außerhalb* von Schulen. Und die Gruppe selbst besteht auch nicht aus Pädagogen.

Erst nach Redaktionsschluß ging eine engagierte Kritik der

Lehrstücktheorie von *Helmut Lethen,* einem Berliner Literaturwissenschaftler, ein, die ich gern an dieser Stelle mit zur Diskussion gestellt hätte: sie repräsentiert eine sonst in diesen beiden Bänden nicht mehr vertretene, an die frühere marxistische Lehrstück-Kritik anschließende Position. Sie wird an anderer Stelle erscheinen (s. Literaturverzeichnis).

Ziel der vorliegenden (wie der geplanten) Publikation war es,
  1. zwischen denen, die sich bisher – von verschiedenen politischen Standpunkten aus, mit unterschiedlichen Interessen und unter verschiedenartigen Voraussetzungen – isoliert voneinander theoretisch oder praktisch mit Lehrstücken beschäftigt haben, Kommunikation herzustellen;
  2. die bisher weitgehend *vor*öffentlich verlaufene Diskussion öffentlich zu machen, die mehr oder weniger privaten, z. T. durchaus widersprüchlichen Erfahrungen und Einsichten zu »vergesellschaften« und in diesem Sinne zu vereinheitlichen;
  3. mit einer solchen Dokumentation, die ein möglichst großes Spektrum von wissenschaftlichen und politischen Standpunkten umfassen sollte, eine breitere Diskussion und weitere theoretisch fundierte Spielversuche anzuregen.
  Diese Ziele konnten natürlich nur teilweise erreicht werden. Es ist klar, daß ich nicht über alle Bemühungen und kritischen Ansätze informiert war. Verschiedene Autoren, von denen bekannt war, daß sie sich kritisch oder praktisch mit dem Lehrstück auseinandersetzen (z. B. der Tübinger Germanist Karl Michael Balzer oder einige Regisseure des Berliner Ensembles), konnten aus Zeitgründen ihre Überlegungen nicht mehr in den vorliegenden Band bzw. die Diskussion einbringen.
  Das erste der angegebenen Ziele, Herstellung von Kommunikation, wurde auf eine Weise verfolgt, die sich auch in der Form des vorliegenden Bandes niederschlägt: An zwei Wochenenden, im März und im November 1974, wurden Diskussionen über das Lehrstück organisiert, an denen neben einigen der Autoren auch eine Reihe von Interessenten und Kritikern mit oder ohne Lehrstückerfahrung teilnahmen (insgesamt etwa 30 Personen). Beim zweiten dieser Treffen lagen den Teilnehmern bereits in einer ersten Fassung die Aufsätze von Andriessen, Bauer, Binnerts, der Gruppe »leren leren«, Haarmann/Walach, Maier/Praml/Schüler, Milfull, Richard und Ritter vor. Die

Beiträge von Mittenzwei und Lethen wurden später noch an die Koautoren verschickt.

Bei diesem zweiten Treffen wurde verabredet, daß die Autoren die Möglichkeit haben sollten, ihre Beiträge aufgrund der Diskussion zu überarbeiten und überdies das mehr oder weniger zufällige Nebeneinander von Beiträgen mit ganz unterschiedlichen Ausgangspunkten durch bekräftigende oder kritische Anmerkungen zu den Beiträgen der Koautoren vielleicht aufzuheben, d. h. die Diskussion im Band selbst fortzusetzen. Davon wurde in unterschiedlichem Ausmaß Gebrauch gemacht. Ferner wurde verabredet, die Teile unserer – auf Tonband festgehaltenen – Diskussion, in denen einzelne Argumente oder Fragen noch deutlicher hervortreten oder neu hinzukommen, im Anschluß an die jeweils diskutierten Aufsätze wiederzugeben. Da aus Zeitgründen nur die Beiträge der *anwesenden* Autoren diskutiert werden konnten, von denen vier erst später in dem erwähnten Band über Lehrstücke in der Schule erscheinen werden, finden sich im vorliegenden Band Diskussionsprotokolle nur zu den Beiträgen von Binnerts, Haarmann/Walach und Maier/Praml/Schüler. Es versteht sich, daß die Tonband-Abschriften, um lesbar zu werden, in Abstimmung mit den Teilnehmern überarbeitet werden mußten. Diese Redaktion sollte jedoch nicht die Brüche in der Diskussion beseitigen: Manche Fragen wurden falsch verstanden, unzureichend beantwortet (bzw. gelegentlich überhaupt nicht, wie z. B. die wichtige Frage von Mathias Schüler, Seite 405); manchmal stellte sich auch ein voreiliges, »falsches« Einverständnis her. Die Diskussionsprotokolle sind also u. a. auch ein Dokument der Schwierigkeiten, unter denen die Verständigung über diesen Fragenkomplex 1974 begonnen hat.

Obwohl es uns, wie schon oben erwähnt, wünschenswert erschien, eine »strukturierte« Diskussion zu führen, entschieden wir uns, Beitrag für Beitrag zu diskutieren, um nicht zu viel Zeit mit formalen Fragen (Strukturierung nach welchen Gesichtspunkten?) zu verlieren, und weil die Autoren ein verständliches Bedürfnis nach unmittelbaren Reaktionen hatten. Für jeden Beitrag stand dann eine Stunde zur Verfügung. In dieser Stunde konnten natürlich jeweils nur wenige, auf ihren Stellenwert nicht näher befragte Aspekte der einzelnen

Arbeiten diskutiert werden. Die Diskussionsprotokolle haben also nur den Charakter von zusätzlichen Materialien, nicht von systematischen Einschätzungen, und man kann zum gegebenen Zeitpunkt auch nicht von einem Ergebnis der Diskussion sprechen.

Das eigentliche Ergebnis war vielmehr ein von *Jürgen Hofmann* formulierter (wenn auch nicht erschöpfender) Fragenraster, den ich den beiden Bänden voranstellen möchte: Vielleicht ist es nach dem Erscheinen dieses Bandes und nach seiner genaueren Kenntnisnahme möglich, einmal eine derart strukturierte Diskussion zu führen. (Wer an einer solchen Diskussion interessiert ist, wird um Mitteilung an *Ruth Steinweg* gebeten, die auch die technische Vorbereitung der bisherigen Diskussionen sowie die Tonband-Abschrift besorgt hat. Adresse: 4925 Kalletal 1, Hasenbrede 10.)

Indessen gibt es natürlich zu den einzelnen in diesem Raster angeführten Fragen hier und da durchaus schon Ansätze zu – positiven oder negativen – Antworten. Ich habe daher, soweit das möglich war, unter die jeweiligen Fragen einige Hinweise auf erste, noch systematisch zu überprüfende, direkte oder indirekte Antworten oder problematisierende Überlegungen gesetzt. Auch damit wird die weitere Diskussion, so ist zu hoffen, erleichtert und stimuliert. Zugleich wird damit ein erster Überblick über Interessen, Fragestellungen und Lücken in den Beiträgen des vorliegenden Bandes möglich.

Bad Vilbel, den 3. 1. 1975   Reiner Steinweg

Jürgen Hofmann
Fragen.
Vorschlag zur Strukturierung der
Lehrstück-Diskussion

(vorgetragen beim Symposion zu Brechts Lehrstücktheater in der Akademie der Künste in West-Berlin am 3. 11. 1974)

Im folgenden geht es nicht darum, hier schon so etwas wie einen zusammenhängenden Entwurf einer Lehrstücktheorie in der Gliederung vorwegzunehmen. Das ist zur Zeit noch nicht der Stand der Diskussion. Es gibt Fragmente zu einer solchen Theorie, Ansätze zu einer Praxis. Die Fragen, die ich an sie richte, gliedere ich vom Allgemeinen zum Besonderen so: politisch-organisatorische Bedingungen für die Lehrstücktheorie und -praxis (I), die sozialpsychologischen oder didaktisch-pädagogischen Bedingungen für die Lehrstücktheorie und -praxis (II) und die im engeren Sinn theatralen bzw. ästhetischen Bedingungen für die Lehrstücktheorie und -praxis (III).

I. Politisch-organisatorische Bedingungen

1. Unter welchen Umständen von gruppenmäßiger Zusammensetzung, Bildung von Kollektiven (und zwar speziell im Hinblick auf das, was sie als kollektiv bestimmt in politischer Hinsicht) kann ein Lehrstück mit Aussicht auf Erfolg praktiziert werden? Unter welchen Umständen kann überhaupt ein solcher Versuch unternommen werden? Der Versuch kann ja auch schon in der theoretischen Phase scheitern. Mit anderen Worten: Ist es gleichrangig, ob man z. B. als Mitglied oder Vertreter eines Theaters diesen Versuch unternimmt, oder als Sozialarbeiter in einem Jugendfreizeitheim oder mit einer Schulklasse? Genügt es, daß ein institutioneller Rahmen vorhanden ist, durch den eine Gruppe neu zusammengesetzt wird? Ist der theatrale Anlaß bestimmend oder die politische

Erfahrung? Ist eine vorausgehende politische Willensbildung einer Gruppe erforderlich, die dann zu dem Entschluß führt, ein Lehrstück zu machen?

Vgl. Binnerts unten S. 299 ff., Gruppe »leren leren« 1976 (i. V.), Haarmann/Walach unten S. 264, 270 ff. und 277 f., Lethen 1976 i. E., Richard 1976 (i. V.) in bezug auf Schule, Steinweg 1973 S. 114-118 und unten S. 443 ff.

2. Unter welchen historischen bzw. gesellschaftlichen Umständen kann das Lehrstück mit Aussicht auf Erfolg praktiziert werden? Sind es ganz spezifische gesellschaftliche Umstände wie etwa die, unter denen Brecht 1929 Lehrstücke entworfen hat? Sind Lehrstücke auch unter den heutigen Bedingungen möglich, die u. a. durch massive medienmäßige Unterstützung einer Ideologie der Sozialpartnerschaft gegen Ansätze zu einem wieder organisierten Klassenkampf charakterisiert sind? Sind diese historischen Umstände als Rahmenbedingungen des Lehrstücks bestimmbar, sind die gesellschaftlichen, sprich klassenmäßigen Umstände bestimmbar, die eine solche Aussicht auf erfolgreiche Lehrstück-Realisation bieten? Ist es gleichgültig, ob man ein Lehrstück mit einer Gruppe von Studenten verwirklicht oder mit einem proletarischen Kollektiv? Diese Frage hängt natürlich mit der 1. Frage zusammen, steht aber unter einem anderen Aspekt.

Vgl. Binnerts unten S. 305 f. und 350, Haarmann/Walach unten S. 264 und 268 sowie die Diskussion dazu S. 283 f., Lethen 1976 i. E., Mittenzwei unten S. 237 f., Richard 1976 (i. V.) in bezug auf Schule, Ritter 1976 (i. V.), Steinweg 1972a Kap. 8 und unten S. 449 f.

3. Wie erreicht und gewährleistet man, daß eine Kontinuität entsteht zwischen dem politischen Handeln, wie es theatral erprobt wird, und dem politischen Handeln, wie es außerhalb dieser Probe praktiziert werden muß? Das richtet sich natürlich in der weitesten und vielleicht wichtigsten Konsequenz darauf, ob es dem Lehrstück immanent ist, daß eine Organisation des politischen Handelns angestrebt wird, angestrebt werden muß, oder ob dies ein dem Lehrstück äußerliches Moment ist; ob man also am Lehrstück eine politische Einsicht gewinnen und dann evtl. organisiert diese Einsicht praktizieren kann.

Vgl. Binnerts unten S. 350 ff., Bley unten S. 425, Gruppe »leren leren« 1976 (i. V.), Ritter 1976 (i. V.), Steinweg 1972a Kap. 8.

II. Didaktisch-pädagogische und psychologische Bedingungen

1. Wie können Haltungen, insbesondere die Motivationen, die handlungsleitenden Elemente von Personen tiefgreifend, langfristig geändert werden? Was kann man dazu von der Didaktik, der Pädagogik, der Lern- und Sozialpsychologie im engeren Sinne sagen? Also wie werden die Dispositionen, die handlungsleitenden Dispositionen, auf die es ankommt, wenn ein Individuum in einem Kollektiv oder für sich allein handeln will, geändert?

Vgl. Berenberg-Gossler/Müller/Stosch 1974 S. 141-147, Binnerts unten passim, Bley unten S. 418, 425 f., Gruppe »leren leren« 1976 (i. V.), Richard 1976 (i. V.), Ritter 1976 (i. V.), Steinweg 1972a Kap. 4.1, 4.2, 6, 8.1.

2. Welche Rolle spielt für das Erlernen von Haltungen die experimentelle, isolierte Situation, wie sie die Aneignung eines Lehrstücks verlangt? Welche Kriterien gibt es dafür, zu entscheiden oder näher zu bestimmen, ob es eine Kontinuität gibt zwischen dem, was man im Rahmen einer Probebühne (z. B. in einem Jugendheim, in dem man ein Lehrstück über Monate probt oder im Studium in einem Universitätsinstitut) gelernt hat an politischen Einsichten und Haltungen und dem, was etwa an einem Arbeitsplatz notwendig ist und was der konkrete Gegenstand der gelernten Haltungen wäre?

Vgl. Binnerts unten S. 347 ff., Gruppe »leren leren« 1976 (i. V.), Lethen 1976 i. E., Richard 1976 (i. V.), Ritter 1976 (i. V.), Steinweg unten S. 444 f.

3. Welches Verhältnis in bezug auf Lernen besteht zwischen dem Tun einer Sache und dem Anschauen bzw. dem Reden über eine Sache. Das sind drei Aspekte, die ich von der »leren leren«-Gruppe (siehe Einleitung Seite 13) übernommen habe, die in ihrer Probenarbeit eine Technik entwickelt hat, die es erlaubt, eine Haltung nach ihren Aspekten zu bestimmen, in ihre einzelnen Elemente zu zerlegen. Die Übung besteht darin, die Ausführung einer vom Text vorgeschriebenen Handlung durch die Worte »Ich sage«, »ich tue« bzw. »ich denke« einzuleiten. Also »Ich sage das und das«, »ich denke« gleichzeitig aber das und das (etwas anderes oder Gegenteiliges vielleicht), und ich tue vielleicht gleichzeitig oder anschlie-

ßend wiederum etwas anderes. Diese theaterpraktische Methode wird hier ins Lerntheoretische gewendet: welche Bedeutung hat es, wenn ich etwas *sehe*, also beispielsweise auch episches Vorführtheater; was kann ich dort lernen; was kann ich lernen, wenn ich eine Sache selber *tue*, und wie verhält sich dazu das *Reden* über eine Sache?

Vgl. Binnerts unten S. 347 und 355, Bley unten S. 412 f., Gruppe »leren leren« 1976 (i. V.), Haarmann/Walach unten S. 262 ff., Richard 1976 (i. V.), Ritter 1976 (i. V.), Steinweg 1972a Kap. 3.1 und 4.1; 1973 S. 124 und unten S. 439 f.

III. Theatrale bzw. ästhetische Bedingungen

Diese Bedingungen sind bisher merkwürdigerweise eher zu kurz gekommen.

1. *Wer* kann die relative Abstraktheit der Lehrstücke gestisch so konkretisieren, daß er daraus lernen kann? (Man könnte auch hinzufügen, wenn Lehrstücke *vorgeführt* werden sollen: wer kann sie so konkretisieren, daß andere daraus lernen können?) Wer ist also in der Lage, gestische Haltungen zu gewinnen und sich anzueignen, so daß man daraus auch gesellschaftliche Haltungen erschließen kann?

Vgl. Bley unten S. 413, Lethen 1976 i. E., Steinweg 1972a S. 139 und 1973 S. 114-118.

2. Damit hängt eng die Frage zusammen, *wie* man diese Haltungen findet. Wie kann man also diese Haltungen loslösen aus einem praktischen Zusammenhang, aus dem gesellschaftlichen Zusammenhang, den man täglich vorfindet? Extrem gesprochen: wie macht man das *technisch*? Wie gewinnt man diese Haltungen? Vermitteln sie sich schon dadurch, daß man sie verbal abruft, wie geht dieser Prozeß vor sich? Wie findet man, um einen anderen Aspekt dieser Frage anzudeuten, »exemplarische Gesten«? [Vgl. den Beitrag von Binnerts unten S. 344 und die daran anschließende Diskussion S. 358] Wie findet man solche Handlungen, wer bietet sie so dar, daß sie anschaulich werden, daß solche Haltungen nachgeahmt und kritisiert werden können?

Vgl. Binnerts unten S. 341-344, Steinweg unten S. 442.

3. Welche Bedingungen bestehen für den Umsetzungsprozeß, wenn man Gesten nicht nur pro Person sozusagen abstrahiert (etwa indem man sich überlegt, wie ein Unternehmer sich in einer gesellschaftlichen Haltung darstellen läßt, wie er anschaulich wird), sondern wie sich die Beziehungen zwischen Personen gestisch veranschaulichen lassen und wie sie im praktischen Arbeitsprozeß, in der praktischen Vorführung wiedergegeben werden können? Man beruft sich in der Lehrstückdiskussion beispielsweise auf die Brechtsche Konzeption der »Straßenszene« (siehe den Aufsatz von Jörg Richard im angekündigten Band über das Lehrstück in der Schule). Im Aufsatz über die Straßenszene als Grundmodell des epischen Theaters versucht Brecht, bildhaft das Prinzip seines Theaters zu erklären. An dieser Straßenszene fehlt aber eine Dimension im Hinblick auf die Theaterpraxis völlig, nämlich die des Spiels zwischen zwei Leuten auf der *Bühne*. In dem Moment, wo auf der Bühne zwei Personen als gesellschaftliche Haltungen Vorführende auftreten, entsteht eine ganz andere Qualität des Theaters als in der von Brecht beschriebenen »Straßenszene«, dadurch, daß sich *beide* als Haltung-Vorführende wechselseitig, und zwar in einem langwierigen Prozeß, bestimmen und »im Fluß« halten müssen. In der »Straßenszene« wird ein Prozeß oder eine gesellschaftliche Haltung nachgeahmt und beschrieben, wie sie jemand einnimmt, der einen Unfall beobachtet hat und der den Umstehenden oder Dazukommenden erklärt, wie dieser Unfall passiert ist. Brecht meint, daß dieser Zeuge seiner Darstellung eine Haltung einnimmt, die der vergleichbar ist, die für das epische Theater nötig ist und die auch für das Lehrstück gefordert wird. Aber diese Haltung genügt nicht für die Beschreibung dessen, was bei der praktischen Verwirklichung von Theater notwendig ist. Wie gewinnt man die Haltung, in der *mehrere* Personen sich gegenseitig einen Gestus, eine gesellschaftliche Haltung vorführen? Das waren meine drei Hauptfragen.

Vgl. Maier/Praml/Schüler unten S. 397 f. und Richard 1976 (i. V.), beide zur »Straßenszene«.

Das Ziel meiner Fragen ist eine Synthese dieser Momente, dieser Kategorien und der Fragen, die man in ihnen formuliert, also die Herstellung eines Zusammenhangs zwischen einer Frage an die theaterpraktische Aneignung eines Lehrstücks und der politischen Bedeutung dieser ästhetischen oder theatermethodischen, theaterpraktischen Aneignungstechnik. Die Fragen, die ich hier vorgeschlagen habe, sind natürlich nicht erschöpfend, aber sie treffen wohl die Probleme, wie sie bisher zur Hauptsache in unserer Diskussion aufgetaucht sind.

Zur Wiedergabe der Zeugnisse und Aufsätze

Texte von Brecht werden im ganzen Band einheitlich abgekürzt nach der 1967 im Suhrkamp-Verlag erschienenen »Werkausgabe« nachgewiesen. Die Zahl vor dem Komma bezeichnet die Nummer, die der entsprechende Band in der Werkausgabe hat, die Zahl danach die Seitenzahl. Zusätzlich ist diesen Zahlen eine Chiffre vorangestellt, die zeigt, ob es sich um die »Stücke« (St), Gedichte (G), die »Schriften zum Theater« (T), zur Politik (P), zur Literatur und Kunst (L) oder um die Prosa (Pr) Brechts handelt. Das ist nötig, weil die Dünndruckausgabe bei gleichen Seitenzahlen eine andere Bandzählung hat. Also z. B. St 2,211 = Brecht, Gesammelte Werke 1967, »Stücke«, Werkausgabe Band 2, Seite 211.

Die *Literatur zu Brecht* wird im gesamten Band nur mit Verfassername, Erscheinungsjahr und Seitenzahl zitiert, um den Anmerkungsapparat zu entlasten, also z. B. wie oben bereits geschehen »Steinweg 1971«. Die genaueren Angaben (Titel, Erscheinungsort) findet man im Literaturverzeichnis Seite 509. *Innerhalb* des vorliegenden Bandes wird lediglich mit einem »s. o. S. . . . .« (siehe oben, bzw. unten, Seite) verwiesen.

Als *»Zeugnisse«* werden im vorliegenden Band nicht nur die theoretischen Äußerungen und Anmerkungen zu den Lehrstücken verstanden, sondern auch Gedichte und bestimmte poetische Texte aus Lehrstücken bzw. Lehrstückfragmenten, die Brecht selbst als »Theorie«-Texte oder »Kommentare« bezeichnet hat (s. dazu Steinweg 1972a S. 13 und 104-107); ferner Fabelentwürfe zu unbekannten oder Vorarbeiten zu bekannten Lehrstücken, wenn sie Aufschluß über die *allgemeinen* Absichten geben, die Brecht mit dem Lehrstück verfolgte. Bei den drei zuletzt genannten Textarten (Kommentare, Fabelentwürfe, Vorarbeiten) wurde also im Gegensatz zu den übrigen Textarten eine *Auswahl* getroffen: eine vollständige Wiedergabe etwa aller Fabelentwürfe oder Kommentare zu »Fatzer« hätte eine kritische Ausgabe des gesamten, umfangreichen Materials zu diesem Fragment zur Voraussetzung haben müssen oder nötig gemacht. (Eine Übersicht über dieses Material bietet Steinweg 1969 und 1972a; einige Auszüge aus »Fatzer« finden sich St 7,2893 ff.)

Die *Anordnung der Zeugnisse* ist (wie in Steinweg 1972a, wo die Wiedergabe des vollen Wortlauts aus urheberrechtlichen Gründen häufig nicht möglich war) chronologisch, d. h. sie sind nach Jahrgängen geordnet. Innerhalb eines Jahrgangs stehen also allgemeine Überlegungen zur Lehrstücktheorie, Anmerkungen zu einzelnen Lehrstücken, Briefe, beiläufige Bemerkungen aus anderen theoretischen Zusammenhängen, »Kommentare« und Gedichte nebeneinander. Eine quasi gattungsspezifische Anordnung brächte, da die Übergänge zwischen den einzelnen Texttypen fließend sind, Zuordnungsprobleme mit sich, die nur willkürlich zu lösen wären. Chronologisch ist die Anordnung indessen nur mit zwei Einschränkungen: (a) Viele Datierungen sind unsicher (s. Anhang S. 457). Oft werden die Texte dem Jahrgang zugeordnet, in dem sie *frühestens* entstanden sein können. (b) Die Texte sind *innerhalb* der einzelnen Jahrgänge *nach Lehrstücktiteln* geordnet, damit man sie leichter wiederfinden kann. Diese Titel sind alphabetisch angeordnet. Das hat zur Folge, daß manche Texte, die einen Jahrgang hier »eröffnen«, später geschrieben sein mögen als andere, die innerhalb des gleichen Jahrgangs folgen. Am Anfang jedes Jahrgangs stehen (sofern vorhanden) Zeugnisse zu den *Lehrstücken allgemein*, am Ende Äußerungen aus dem unmittelbaren *Kontext* der Lehrstücktheorie.

Die Äußerungen zu den Lehrstücken allgemein umfassen auch Texte, in denen die Autoren sich auf *mehrere* Lehrstücke beziehen. Wenn jedoch in längeren Aufsätzen an weit auseinander liegenden Stellen auf verschiedene Lehrstücke Bezug genommen wird, wurden diese Text-Teile voneinander getrennt und den Kapiteln mit Äußerungen zu den entsprechenden Lehrstücken zugeordnet. – Zu den »allgemeinen« Zeugnissen werden auch die erwähnten Notizen zu Lehrstück-Fabeln sowie Vorentwürfe gestellt. Der »Kontext« wurde sparsam ausgewählt; natürlich könnte man sehr viel mehr Äußerungen Brechts dort einrücken. Ich beschränke mich jedoch aus Platzgründen auf mir wesentlich erscheinende oder bisher unveröffentlichte Texte. Die Lehrstücktheorie soll damit aber *nicht* aus dem Zusammenhang mit den übrigen theaterpraktischen Überlegungen Brechts isoliert werden (s. Berenberg-Gossler/Müller/Stosch 1974 S. 121 f. und 127, Mittenzwei und Steinweg im vorliegenden Band S. 230 f. und 433).

Die *Wiedergabe der Texte* von Brecht folgt, wenn sie nicht bereits andernorts kritisch ediert worden sind, in der Regel den Vorlagen im Bertolt-Brecht-Archiv, die in den Anmerkungen unter jedem Text genannt werden. Die Wiedergabe der Texte von *Eisler* folgt zur Hauptsache der kritischen Ausgabe seiner »Schriften« (Mayer, Hrsg., 1973). Der zweite Band dieser Schriften ist leider noch nicht erschienen und konnte deshalb nicht berücksichtigt werden. – Rechtschreibung und Zeichensetzung* Brechts sind beibehalten, obwohl Brecht sie für eine Veröffentlichung zweifellos verändert bzw. vervollständigt hätte: Unfertiges soll als Unfertiges kenntlich bleiben. Außerdem entscheidet in Einzelfällen die Zeichensetzung über die Bedeutung eines Textes. Nur einige (offensichtliche) Schreibfehler wurden korrigiert. Unterstreichungen, auch handschriftliche, werden durch *Kursivdruck* wiedergegeben. *Gestrichene* Worte, Sätze oder Satzteile werden (auch bei Texten von Eisler und E. Hauptmann) in *spitzen Klammern* wiedergegeben: was wer an welcher Stelle gestrichen hat und wie es ersetzt wurde, gibt oft einen besseren Einblick in die Gedankenwerkstatt, in »untergründige« Zusammenhänge, als glatte Sätze. Diese Art der Wiedergabe macht das Lesen sicher manchmal beschwerlich. Aber diese Schwierigkeit kann zu einem Reiz besonderer Art werden, Gedankenexperimente anregen und helfen, Mehrdeutigkeiten auf die Spur zu kommen. (Wenn nach vorliegender Ausgabe *zitiert* wird, sollten die gleich oder später gestrichenen Teile in den spitzen Klammern jedoch nur dann mitzitiert werden, wenn sie dem eben genannten Zweck dienen sollen, bzw. wenn im Kommentar zu dem zitierten Textteil auf die Gründe und Besonderheiten der Text-*Veränderung* eingegangen wird!) Die spitzen Klammern werden gelegentlich auch zur Kennzeichnung verschiedener relativ unabhängiger *Fassungen* eines Textes verwendet. Das ist dann in der Anmerkung jeweils erklärt. Texte, die im Original Kleinschreibung aufweisen, werden im vorliegenden Band ebenso wiedergegeben. Lediglich die Überschriften wurden der gegenwärtig gebräuchlichen Rechtschreibung an-

---

* Brecht hat z. T. Satzenden durch einen größeren Abstand zwischen den Worten markiert. Erst nachdem der Text gesetzt und umbrochen vorlag, wurde mir klar, daß diese Art der Markierung im Druck nicht zu realisieren ist. Hier hätte ich Punkte setzen müssen. Ich bitte um Entschuldigung.

geglichen. In der Rubrik »Aus dem Kontext« wurden in einigen Fällen Auszüge aus größeren Arbeiten ohne Vergleich mit den Originalen ungeprüft aus der von Werner Hecht besorgten »Werkausgabe« übernommen.

Denjenigen Äußerungen zum Lehrstück, die Aufsätzen zu weiter gespannten Themen entnommen sind, konnte aus Platzgründen leider nur sehr wenig Kontext beigegeben werden. Aber auch ein Mehr an Kontext hätte die Lektüre dieser Aufsätze selbst nicht ersetzen können. Bei der Kontext-Beigabe wurde (außer nach dem inhaltlichen Bezug auf allgemeine Probleme des Lehrstücks) nach dem Prinzip entschieden, entlegene Texte ausführlicher wiederzugeben als solche aus der »Werkausgabe« von Brecht, die den meisten Lesern leicht zugänglich ist.

Die *Zeugnisse* sind *fortlaufend* numeriert. Die Nummer steht jeweils vor dem Namen dessen, von dem das nachfolgende Zeugnis stammt. Unter der zusätzlich in der gleichen Druckzeile rechts am Rand wiedergegebenen, komplizierteren Chiffre ist der Text in Steinweg 1972a zu finden. Fehlt sie, so war mir der entsprechende Text damals noch nicht bekannt. (In einigen Fällen meinte ich damals auch, auf die Aufnahme in den Text-Korpus verzichten zu müssen, vgl. Anhang S. 456). Die Wiedergabe dieser Chiffren erfolgt, weil aus den unten angegebenen Gründen für Datierung und Interpretation eines Textes häufig auf diese Arbeit verwiesen werden muß. Diese Chiffren werden hier nicht erklärt, weil sie nur für Spezialisten von Bedeutung sind (s. Steinweg 1972a S. XIII). Chiffren von Texten, die in Steinweg 1972a falsch datiert sind, stehen in Klammern. Eine »Konkordanz«, die es erlaubt, anhand der alten Textchiffren (Steinweg 1972a) die Texte im vorliegenden Band und in Steinweg (Hrsg.) 1972b aufzusuchen, kann gegen Unkostenerstattung über die S. 16 genannte Adresse bezogen werden (ebenso ein Verzeichnis der Fundorte und ein detailliertes Inhaltsverzeichnis der »Zeugnisse« sowie eine Übersicht über die Sicherheit der Datierungen. Diese Verzeichnisse sind auch im Bertolt-Brecht-Archiv einzusehen).

Jedes Zeugnis wird ferner, wenn es keinen Originaltitel hat, mit einem *Herausgebertitel* versehen, der in *eckigen Klammern* steht. Er enthält in der Regel ein charakteristisches Stichwort aus dem Text.

Die klein gedruckten *Anmerkungen zu den einzelnen Zeugnissen* enthalten (a) Angaben darüber, wo der Text gefunden bzw. wo er erstmals gedruckt wurde und ob er in der Werkausgabe enthalten ist; (b) Erklärungen zu einzelnen Textstel-

und fremdsprachige Versionen des wiedergegebenen Textes; (d) Überlegungen zur Datierung des Textes, – aber nur dann, wenn sich gegenüber Steinweg 1972a und b neue Gesichtspunkte ergeben haben: die Spezialisten, die sich für derlei Fragen interessieren, werden diese beiden Bücher in der Regel zur Hand haben; (e) Hinweise auf Interpretationsversuche zu den einzelnen Texten in der Literatur zu Brecht; sofern dabei Steinweg 1972a zitiert wird, handelt es sich in der Regel nicht um Versuche, den entsprechenden Text *durchgängig* zu interpretieren (vgl. Steinweg 1972a S. 75), sondern um Text-Anführungen im Zusammenhang bestimmter theoretischer Überlegungen, die nicht nur diesen Text betreffen. – Auf die Beschreibung der Papiertypen und -formate sowie der Schreibwerkzeuge wird in der Regel verzichtet, da sie, anders als bei der kritischen Ausgabe der »Maßnahme« (Steinweg 1972b), keine neuen Einsichten in bezug auf Textzusammenhänge und Datierungen ergeben haben und auch, weil der vorliegende Band mehr pädagogisch-praktischen als editorisch-literaturwissenschaftlichen Zwecken dienen soll. Weiterbringende Einsichten sind für die wiedergegebenen Zeugnisse aus solchen Angaben erst zu erwarten, wenn sie einmal systematisch für das *gesamte* Archivmaterial ermittelt worden sind.

Den Mitarbeitern des Bertolt-Brecht-Archivs in der Akademie der Künste der DDR danke ich für ihr freundliches Entgegenkommen bei der Bereitstellung Brechtscher Originale und insbesondere *Herta Ramthun* dafür, daß ich einige ihrer Transkriptionen Brechtscher Handschriften einsehen durfte.

Abkürzungsverzeichnis

Chiffren vom Typ BL = 29/1ᴱ zur Bezeichnung einzelner Texte (s. z. B. Text 2 S. 32) verweisen lediglich auf Steinweg 1972a. Sie werden deshalb hier nicht erklärt.

a.a.O.	=	am angegebenen Ort
AJ	=	Arbeitsjournal Brechts, hrsg. von Werner Hecht, Frankfurt 1973
BBA	=	Bertolt-Brecht-Archiv (die Zahl nach BBA gibt die Nr. der Mappe im Archiv und, nach einem Schrägstrich, diejenige des Blattes in dieser Mappe an)
DLA	=	Deutsches Literaturarchiv Marbach/Neckar
f.	=	folgende (Seite oder auch Zeile bei Zeilenangaben zu Brechttexten)
ff.	=	die folgenden (Seiten oder Zeilen)
G	=	Abteilung »*Gedichte*« der Brecht-Ausgabe
hdschr.	=	handschriftlich
Hrsg.	=	Herausgeber
i. E.	=	im Erscheinen begriffen
i. V.	=	in Vorbereitung befindliche Arbeit
L	=	Abteilung »*Literatur und Kunst*« der Brecht-Ausgabe
masch.	=	maschinenschriftlich
m. E.	=	meines Erachtens
MEW	=	Marx-Engels-Werke (Berlin)
Pr	=	Abteilung »*Prosa*« in der Brecht-Ausgabe
s. o. S.	=	siehe oben im vorliegenden Band Seite . . .
s. u. S.	=	siehe unten im vorliegenden Band Seite . . .
St	=	Abteilung »*Stücke*« in der Brecht-Ausgabe
Stw	=	Steinweg (nur im Register)
T	=	Abteilung »Schriften zum *Theater*« in der Brecht-Ausgabe
u. a.	=	entweder »unter anderem« oder, nach Verfassernamen, »und andere Autoren«
⟨ ⟩	=	vom Autor wieder gestrichener Textteil
[ ]	=	Einfügung durch den Herausgeber des vorliegenden Bandes
[57]	=	Anmerkung des *Herausgebers*

Zeugnisse

Brecht, Eisler und Mitarbeiter
Äußerungen zu den Lehrstücken, chronologisch geordnet
(1929-1970)

1929

Zu den Lehrstücken allgemein

1 Brecht

[Planung der »Versuche«]

1) herausgabe in heften, auch unfertiges
2) preis nach wert: luxusdinge ästhetisches usw. teuer, wichtiges billiger. der preis auf d[em] umschlag bezeichnet die schriften die in den »kommentar« aufgenommen werden sollen.
3) zusammen- oder auseinanderfassungen von anderen zitaten!
   z. b.

fatzers rundgang	billig
mahagonny	teuer
dreigroschenoper	teuer
lindberghflug	teuer
der böse baal d. A. [der Asoziale]	billig
kinderbilderbuch	billig

BBA 363/48-49 hdschr. Brecht, Notizheft. Der Text muß verhältnismäßig lange Zeit vor dem Erscheinen des ersten »Versuche«-Hefts (Sommer 1930) notiert sein, in dem der »Flug der Lindberghs« (mit dem so veränderten Titel) und drei Fragmente aus »Fatzer« erschienen. Es ist nicht anzunehmen, daß ein solches Projekt wie die »Versuche« in weniger als einem halben Jahr konzipiert und realisiert wurde. Zu der Datierung jedenfalls der ersten Hälfte des Notizbuches auf 1929 würde passen, daß die beiden anderen Texte mit dem Stichwort »Lehrstück« in diesem Notizheft sich zwanglos auf das »Badener Lehrstück« beziehen lassen, siehe Texte 3 und 4. Andererseits ist wenig wahrscheinlich, daß der Text schon früh im Jahr 1929 notiert ist, weil bereits »Der böse Baal der asoziale« erwähnt wird. (Zur Datierung des letzteren vgl. Steinweg 1969 Teil 2 S. 214-233.)

Zum »Badener Lehrstück vom Einverständnis«

2 Brecht BL = 29/1^E

Zum ›Lehrstück‹

Das ›Lehrstück‹, gegeben durch einige Theorien musikalischer, dramatischer und politischer Art, die auf eine kollektive Kunstübung hinzielen, ist zur Selbstverständigung der Autoren und derjenigen, die sich dabei tätig beteiligen, gemacht und nicht dazu, irgendwelchen Leuten ein Erlebnis zu sein. Es ist nicht einmal ganz fertig gemacht. Das Publikum würde also, *sofern es nicht bei dem Experiment mithilft,* nicht die Rolle des Empfangenden, sondern eines schlicht Anwesenden spielen.

Programmheft »Deutsche Kammermusik Baden-Baden 1929«, DLA 62. 386. Der Text folgt im Programmheft auf die Anzeige von Ort und Zeit der Uraufführung des »Lehrstücks« (s. Anhang I 2, D^{11}) und die Liste der Aufführenden.

Bei diesem Kammermusikfest wurden der »Lindberghflug« (später »Ozeanflug« genannt) und das später »Badener Lehrstück vom Einverständnis« genannte »Lehrstück« uraufgeführt, auf das der Ausdruck »Lehrstück« also zu diesem Zeitpunkt ausschließlich bezogen war. Brecht hat das »Lehrstück« später bearbeitet, vgl. die Chronologie Steinweg 1972a S. 216. Zur Interpretation von Text 2 siehe ebenda S. 88, 89, 92, 119, 151, 176, 188.

3 Brecht

(FZ ~ 30/9^{up})

[Modelle]

daß es sich weit mehr ⟨um die⟩ als um die verwendung dieser mittel für eigene produktion um die herstellung von texten handelte die jene mittel verwendeten: das moment der produktion wurde also verlegt!

*

modelle!

über das lehrstück

BBA 363/37 hdschr. Brecht, Notizheft. Die Worte »über das Lehrstück« stehen rechts unten schräg auf der Seite, im Unterschied zum übrigen Text mit Rotstift. Sie beziehen sich also nicht sicher auf das Vorangegangene, sind aber unterstrichen. Da die Notiz wahrscheinlich schon 1929 notiert ist (vgl. Anm. zu Text 1) ist anzunehmen oder jedenfalls möglich, daß sie sich auf das »Badener Lehrstück« bezieht, das zunächst nur den Titel »Lehrstück« hatte (vgl. Anm. zu Text 2). Dafür spricht, daß Brecht den bestimmten Artikel verwendet; der neu entwickelte Stücktypus »Lehrstück« bekam diese Gattungsbezeichnung erst im Lauf des Jahres 1930. Der Text wäre demnach Steinweg 1972a falsch zugeordnet. Text 1 war mir zu diesem Zeitpunkt noch nicht bekannt. Zur Interpretation siehe ebenda S. 82 und 120.

4 Brecht

Lehrstück

ach
ists wie ihr sagt und bin ich
unwürdig
zu aufgeblasen leer und
unnützlich
so muß auch ich absterben meinen
tod
und kanns nicht wenn mir keiner
hilft
unwissend und ungelehrt.

BBA 363/19 hdschr. Brecht, Notizheft. Zur Datierung siehe Anm. zu Text 1, zum Titel siehe Anm. zu Text 2. Ob der Text vor oder nach der Uraufführung entstanden ist, läßt sich nicht sicher sagen, da Brecht zunächst auch nachher seine Notizen für die Bearbeitung des Badener »Lehrstück« unter diesem und nicht dem späteren Titel notiert haben wird. Thematisch passen die Sätze zur Figur des »Fliegers« im »Badener Lehrstück«. Es ist aber nicht auszuschließen, daß Brecht sie für einen ganz anderen Kontext bestimmt hat.

5 Brecht

Todeskapitel

der denkende weiß: seine kleinste grösse. seine kleinste grösse ist: wäre er um einen grasschatten kleiner, stürbe er.

*

»um einen unglücklichen zur aufgabe seiner güter zu ermuntern, zeigt⟨e⟩ ihm der denkende den tod. er beschreibt seine schrecken und zeigt sich selber schwach.«

  als der denkende dies gesagt hatte, sagte er: falsch und begann von frischem.

»um einen unglücklichen zu seinem tod zu ermuntern, bat er ihn, seine güter abzulegen: als er alles abgelegt hatte, blieb nur das leben übrig. lege weiter ab«, sagte der denkende.

BBA 433/29 und 159/49 masch. Vgl. den »Kommentar« im »Badener Lehrstück vom Einverständnis«, St 2,601 f., der schon in der ersten Fassung des Stücks von 1929 enthalten war (vgl. Steinweg 1969 Teil 1 S. 50 f.). Auf Blatt 433/29 sind die beiden ersten Abschnitte gestrichen und mit großen Klammern eingeklammert; im ersten Satz des letzten Abschnitts ist »er« gestrichen und durch »der denkende« ersetzt. Ein »Todeskapitel« war auch für »Fatzer« vorgesehen (vgl. Steinweg 1972a S. 14 f.), zu dem u. a. ebenfalls ein Teil aus dem »Kommentar« zum »Badener Lehrstück« gehören sollte. Vielleicht ist auch obiger Text zunächst für »Fatzer« gedacht gewesen. Zur Interpretation siehe Steinweg 1973 S. 112 und 120 ff. bzw. Steinweg i. V., zum Zusammenhang von »Kommentar«, Lehrstück und Keunergeschichten siehe Steinweg 1972a S. 104-107.

6 Brecht referiert von Eisler BL = 29/2[Zr]

Das Badener Lehrstück

1929 schrieb Brecht für das Musikfest in Baden-Baden ein Lehrstück. Die Musik dazu schrieb Paul Hindemith. Es war eine großartige Aufführung und eine herrliche Musik.

Eine Episode war eine Clownsszene: zwei Clowns sägen einem dritten – nach einigen Diskussionen belehrenden Inhalts, die Schwäche der menschlichen Natur betreffend, – die Füße ab. Diese Füße waren ganz plump aus Holz gemachte Stelzen. Dieser grobe Spaß schlug bei vielen Zuhörern in Entsetzen um. Einige wurden ohnmächtig, obwohl doch nur Holz gesägt wurde und es gewiß keine naturalistische Darstellung war. Ich saß neben einem bekannten Musikkritiker, der ohnmächtig wurde. Ich half ihm hinaus und verschaffte ihm ein Glas Wasser.

Als ich das Brecht erzählte, sagte er: »Das ist zu dumm, der Mann wird doch auch nicht ohnmächtig in einem Sinfoniekonzert, wo doch immer gesägt wird, nämlich die Geigen. (Brecht haßte Geigen.) Ich bin enttäuscht.«

Sinn und Form, Sonderheft Bertolt Brecht 1957 S. 439 unter dem Titel »Bertolt Brecht und die Musik«.

[Anweisungen zur Aufführung des Lehrstücks]

[. . .]

Aufstellung

Auf einem in seinen Abmessungen der Anzahl der Mitspielenden entsprechenden Podium steht im Hintergrund der Chor. Links ist das Orchester aufgestellt. Links im Vordergrund steht ein Tisch, an dem der Dirigent der Sänger und Musikanten, der Leiter der allgemeinen Gesänge (Vorsänger) und der Sprecher sitzen. Der Sänger der »Ersten Männerstimme« sitzt an einem Pult rechts im Vordergrund. Das Fernorchester ist an einem möglichst weit entfernten Punkt des Saales (Galerie) aufgestellt. Die Trümmer eines Flugapparates können zur Verdeutlichung der Szene neben oder auf dem Podium liegen.

Ausführung

Das Stück ist nicht zur Verwendung in Theater- und Konzertaufführungen gedacht, bei der einige durch ihre Produktionen eine Menge belustigen oder erbauen. Das Publikum ist als handelnde Person an der Aufführung beteiligt: es singt die in der Partitur der »Menge« zugewiesenen Sätze. »Einzelne« aus der Menge, die vorher die betreffenden Stellen einstudiert hatten, singen diese unter Leitung eines Dirigenten (oder Vorsängers) erst der Menge vor. Diese wiederholt sodann. Bei Ausführungen in nicht allzu großem Kreise dürfte dieses Vorsingen als Anweisung für die Menge genügen. Für eine große Menge empfiehlt es sich, einen Lichtbildapparat aufzustellen, der Noten und Text der zu singenden Teile projiziert. Ebenso können die Kapitelüberschriften der einzelnen Teile projiziert werden. Es ist denkbar, daß das Ineinandergreifen von Soli, Chor und Menge nicht gleich zur Zufriedenheit der Beteiligten ausfällt. Bei dieser Art gemeinsamer Kunstübung kann es auf ein reibungsloses Abspielen der einzelnen Nummern gar nicht ankommen. Darum ist ein richtiges Einstudieren einem bloßen Durch- und Vorspielen vorzuziehen.

 Da das Lehrstück nur den Zweck hat, alle Anwesenden an

der Ausführung eines Werkes zu beteiligen und nicht als musikalische und dichterische Äußerung in erster Linie bestimmte Eindrücke hervorrufen will, ist die Form des Stückes dem jeweiligen Zwecke nach Möglichkeit anzupassen. Der in der Partitur angegebene Verlauf ist demnach mehr Vorschlag als Vorschrift. Auslassungen, Zusätze und Umstellungen sind möglich. Ganze Musiknummern können wegbleiben, der Tanz kann ausfallen, die Clownszene kann gekürzt oder ausgelassen werden. Andere Musikstücke, Szenen, Tänze oder Vorlesungen können eingefügt werden, wenn es nötig ist und die eingefügten Stücke nicht den Stil des Ganzen stören. Kleinere Übungen können darin bestehen, das Examen allein oder den Anfang und das Examen auszuführen. Andere Teile können ebenso gut allein geübt werden. Dem die Übung Leitenden und der Gemeinschaft der Ausführenden ist es überlassen, die für ihren Zweck passende Form zu finden.

Die Partien des Chors, des Orchesters und des Fernorchesters sind so leicht ausführbar, daß fast jede Vereinigung von Liebhabern sie bewältigen kann, sofern sie sich überhaupt ernsthaft dieser Aufgabe widmen will. Zwei geschulte Leute, welche die beiden Männerstimmen übernehmen, finden sich wohl überall. Wo keine Tänzer und Schauspieler zu haben sind, können (wie schon oben bemerkt) die betreffenden Szenen fortbleiben.

Zur Ausführung des Lehrstückes werden keine Kostüme und Dekorationen benötigt. Nur die Clownszene und der Tanz können von dieser Regel abweichen.

Paul Hindemith, Lehrstück, Vorwort zur Partitur (Edition Schott Nr. 1500), Mainz 1929. Drucklegungstermin ist nach Auskunft der Edition Schott der 11. Oktober 1929 gewesen. Vor dem wiedergegebenen Text gibt Hindemith einen Überblick über die »zur Übung des Lehrstücks in der vorliegenden Form (benötigten)« Stimmen/Ausführenden: 2 Männerstimmen, Sprecher, Chor, Orchester, Fernorchester, Tänzer oder Tänzerin, 3 Clowns, »Einzelne Männer aus der Menge«, »Die Menge« (mit einigen Erläuterungen zum Orchester). Zur Interpretation s. Steinweg 1972a S. 88, 119, 170.

Zum »Flug der Lindberghs« / »Ozeanflug«

8 Brecht FL = 29/1 [BZ]

[Zur öffentlichen Generalprobe]

Lieber Herr Hardt,
 ich habe über die Radiosendung des Lindberghfluges etwas
nachgedacht und zwar besonders über die geplante öffentliche
Generalprobe. Diese könnte man zu einem Experiment verwenden. Es könnte wenigstens optisch gezeigt werden wie
eine Beteiligung des Hörers an der Radiokunst möglich wäre.
(Diese Beteiligung halte ich für notwendig zum Zustandekommen des »Kunstaktes«.)
 Ich schlage also folgenden kleinen Bühnenaufbau für diese
Demonstration vor: vor einer großen Leinwand, auf die die
beiliegenden Grundsätze über die Radioverwendung projiziert werden – diese Projektion bleibt während des ganzen
Spieles stehen – sitzt auf der einen Seite der Bühne der
Radioapparat, Sänger, Musiker, Sprecher usw., auf der anderen Seite der Bühne ist durch einen Paravent ein Zimmer
angedeutet und auf einem Stuhl vor einem Tisch sitzt ein
Mann in Hemdärmeln mit der Partitur und summt, spricht
und singt den Lindberghpart. *Dies ist der Hörer.* Da ziemlich
viel Sachverständige anwesend sein werden, ist es wohl nötig,
auf der einen Seite die Aufschrift »der Rundfunk« auf der
anderen die Aufschrift »der Hörer« anzubringen. Vor dem
Ganzen würde ich Sie bitten, lieber Herr Hardt, über dieses
Experiment und die ihm zugrundeliegende Theorie, die ich
Ihnen beilege und über die wir noch sprechen können, etwas
zu reden. Es ist dies eine Belastung für Sie, aber ich weiß sonst
niemanden, der dies machen könnte.

Mit herzlichem Gruss Ihr

brecht

[PS.] *anbei auch totales manuskript!*
 die anderen teile sind nicht vertont, sie werden lediglich
 rezitiert, wobei der sprecher der »Lindberghs« am ende
 jeder zeile eine zäsur macht.

Deutsches Literaturarchiv Marbach/Neckar, Nr. 6336 masch. mit hdschr. Nach- und Unterschrift. Bei dem in der Nachschrift erwähnten Text handelt es sich vermutlich um die schon im Erstdruck vom April 1929 (siehe Steinweg 1969 Teil 1 S. 33) angekündigte Musik von Weill, denn kurz vor der Aufführung hat Hindemith auch die übrigen Teile des Uraufführungstextes vertont (vgl. Steinweg 1969 Teil 1 S. 33-35), die also nicht rezitiert wurden. Die Uraufführung fand am 28. Juli 1929 in Baden-Baden statt. Ernst Hardt war zu dieser Zeit Leiter des Kölner Rundfunks, vgl. Hay 1968. Die erwähnte »Theorie«, die Brecht als Anlage beifügte, ist der folgende Text 9. Zur Interpretation des Textes siehe Steinweg 1972a S. 87, 88, 107, 161, 169, 170, 188.

9 *Brecht* FL = 29/2[hV]

[Musiktheorie]

zu projizieren:
im verfolg des grundsatzes: der staat soll reich sein, der mensch soll arm sein, der staat soll verpflichtet sein, vieles zu können, dem menschen soll es erlaubt sein weniges zu können, soll der staat, was die musik betrifft, alles hervorbringen, was besonderes studium, besondere apparate und besondere fähigkeiten verlangt, aber der einzelne soll alles das lernen, was zum genuss nötig ist. zum genuss der musik ist nötig, daß keine ablenkung möglich ist. freischweifende gefühle anlässlich von musik, besondere gedanken ohne folgen wie sie beim anhören von musik gedacht werden, erschöpfung des körpers wie beim blossen anhören von musik leicht eintritt sind ablenkungen von der musik und verringern den genuss an der musik. um diese ablenkungen zu vermeiden, beteiligt sich der denkende an der musik, hierin auch dem grundsatz folgend: tun ist besser als fühlen, indem er die musik mitliest und in ihr fehlende stimmen mitsummt oder im buch mit den augen verfolgt oder im verein mit anderen laut singt. so gibt der staat eine unvollkommene musik aber der einzelne macht sie vollkommen.

Deutsches Literaturarchiv Marbach/Neckar, Nr. 6336 masch. (Fotokopie: BBA 2181/05); die Worte »zu projizieren« hdschr. hinzugefügt von Brecht. Der Text ist vermutlich eine (leicht veränderte) Abschrift von BBA 433/37, wo die Interpunktion noch weitgehend fehlt. Er wurde, nach dem Foto der Uraufführung im ersten Heft der »Versuche« von 1930 (S. 16) zu schließen, tatsächlich in dieser Form projiziert. In die »Erläuterungen« zum »Ozeanflug« in den »Versuchen« wurde dann allerdings eine veränderte Fassung des Textes aufgenommen (s. Texte 49 und 51). Auf

Zum »Flug der Lindberghs« (1929)

dem Blatt 433/37 steht an erster Stelle der im folgenden wiedergegebene Satz (Text 7), es folgt die Keunergeschichte »Der Zweckdiener« (Pr 12, 377), und zum Schluß Text 6. Der Titel »Musiktheorie« ist der Vorbemerkung in den »Versuchen« entnommen, siehe Text 50. Zur Interpretation siehe Steinweg 1972a S. 87, 89, 91, 92, 97, 105, 106, 107, 135, 136, 178, 188, 190, 204.

10 Brecht

[Musik machen]

musik machen ist besser als musik hören.

BBA 433/37 masch. Der Text wird hier eingeordnet, weil er auf dem gleichen Blatt steht wie Text 9, obwohl er während der Uraufführung des »Badener Lehrstücks« verwendet wurde und nicht wie Text 9 beim »Lindberghflug«. Strobel (1929 S. 397) berichtet, bei der Uraufführung des »Badener Lehrstücks« habe »mit riesigen Lettern an der Wand« gestanden: »Besser als Musik hören, ist Musik machen«.

11 Brecht(?) $\qquad$ FL = 29/3^{Zh}

[Einführungsrede zur konzertanten Aufführung]

Die meisten von Ihnen haben gestern Abend den Lindberghflug Brechts in der Wiedergabe durch den Rundfunk gehört und zwar als eine Art akustischen Gemäldes. Das menschliche Erlebnis des Lindbergh wurde zu gestalten versucht, das Gefühlsmäßige wurde betont. Der Hörer wurde zur Empfindung angeregt ⟨und⟩ im Ganzen handelte es sich um eine künstlerische Suggestion, die auf den Hörer ausgeübt werden sollte, um in ihm Illusionen zu erzeugen. Da dies nur *eine* Möglichkeit ist, Werke wie den Lindberghflug zu verwerten, aber nicht die *einzige* Möglichkeit, möchten wir eine konzertante Aufführung des Werkes gleichzeitig dazu benützen, eine andere Verwendungsmöglichkeit solcher Werke zu demonstrieren, die zugleich auch eine andere Verwendung des Rundfunks bedeuten würde.

Sie sehen also auf der Bühne auf der einen Seite den Rundfunk placiert, auf der anderen Seite den Hörer und Sie werden sehen, daß Rundfunk und Hörer hier gemeinsam das Werk aufführen, sich also gegenseitig sozusagen in die Hände spielen und zwar so, dass der Rundfunk alles das dem Hörer ins Haus liefert, was der Hörer selbst schwer erzeugen kann, was er aber braucht, um seinen Part aufführen zu können. Was den Hörer betrifft so übernimmt er den ⟨zentralen⟩ Haupt-Part, nämlich jenen Part, der geeignet ist, ihn zu erziehen. Beim Lindberghflug spielt er den Lindbergh. Der ⟨Lindbergh⟩ Rundfunk liefert die Stimme der gegnerischen Elemente, des Nebels, der Stürme, des Schlafs, die Chöre zweier Kontinente, die den Flieger zur Abfahrt auffordern und ihn erwarten, aber auch einige primitive der Illusion dienende Geräusche, wie das Geräusch des Motors, des Windes und des Wassers.

Sie werden einwenden, daß dieses Experiment ⟨morgen abend⟩ sobald nicht durchgeführt werden kann ⟨z. B. bei der Sendung über die deutschen Sender⟩. Ganz abgesehen von den organisatorischen Schwierigkeiten – es müßten ja dem Hörer Partituren ins Haus geliefert werden ⟨und vor allem eine große Propaganda entfaltet werden⟩ und abgesehen von den pädagogischen Schwierigkeiten (es müßten breite Massen musikalisch geschult werden).

⟨Aber⟩ Sie werden vor allem fragen, warum soll der Hörer Musik machen, wenn ihm niemand zuhört, also nur für sich selbst. Nun könnte man dem Hörer etwa die Erbauung versprechen, die ein Mann erfährt beim Absingen des Lindberghparts, beim Sichhineinversetzen in einen zähen Mann, der sich zu seinem Ziel durchkämpft. ⟨Um bei der Wahrheit zu bleiben, denkt sich Brecht das nicht so. Dass *er sich* bei seiner Theorie für das Gefühlsleben des Hörers durchaus nicht interessiert⟩ Aber eine Beteiligung aus Genusssucht würde Brecht, da es hier [hier eingefügt von Brecht] um das Pädagogische geht, ablehnen. Auf die Frage also, was hier jemand zwingen könne, mitzutun und erzogen zu werden, antwortet Brecht: nur der Staat.

Dami[t] Sie sich den pädagogischen Wert vorstellen können, den Wert, den eine solche Kunstübung für den Staat besässe, stellen Sie sich etwa vor, dass die Knabenschulen mit dem Rundfunk zusammen solch ein Werk aufführten.

Tausende junge Leute würden in ihren Klassenzimmern angehalten werden, jene heroische Haltung einzunehmen, die Lindbergh in diesem Werke auf seinem Fluge einnimmt.

Selbstverständlich kann unsere kleine Demonstration nur ganz unvollkommen sein, da wir ⟨jene⟩ einfach ohne neue

Zum »Flug der Lindberghs« (1929)

Proben die gestrige Wiedergabe des Werkes benutzen müssen, eine Wiedergabe also, die nicht für diesen neuen Zweck gedacht war. An einzelnen Stellen wird Brecht vielleicht auf nötige Abänderungen hinweisen.

BBA 156/14-16 masch. mit hdschr. Korrekturen von Brecht und Unbekannt; Hay 1968 p. 126 (ohne die gestrichenen Teile und ohne Kennzeichnung der Handschriften); Steinweg 1972a S. 8. Zur Erörterung von Autorschaft und Datierung siehe Steinweg 1972a S. 8 f. Zur Interpretation siehe ebenda S. 87, 89, 139, 141, 161, 162, 163, 176, 189, 204.

Aus dem »Fatzer«-Komplex

12 Brecht

Über die Lehre

wie soll der einfache mensch die lehre betrachten?
wenn er sie beherzigt mag er sie verachten wenn er sie aber
nicht beherzigen kann soll er sie wenigstens ehren
warum kann er sie verachten?
weil sie mit leichter mühe gelehrt ist
warum kann er sie ehren?
aus dem selben grunde
warum soll er sie beherzigen?
da sie nutzen bringt
warum sollte er sie nicht immer beherzigen können?
weil er nicht stark genug ist
warum gesteht der lehrende ein, daß sie nicht immer beherzigt
werden kann?
weil dies die wahrheit ist
warum lehrt der lehrende daß er ⟨beherzig[en]⟩ ehren möge
was er nicht beherzigt?
weil er sonst verachtet was er nicht beherzigt
warum aber soll er es ehren?
daß es nicht in vergessenheit gerät und die wahren richtlinien
denen gewalt angetan wurde unverändert geblieben sind wenn
die gewalt eingegangen ist
kann die ⟨gewalt⟩ lehre die ⟨lehre⟩ gewalt zerstören?
möge die gewalt nicht die lehre zerstören!

was hilft gegen den gewalttätigen?
sein tod hilft wenn der gewalttätige gestorben ist und die leute
die lehre im gedächtnis behalten ⟨werden⟩ haben werden sie
an seinem grabe die lehre wiederholen
warum ist die lehre nicht in erz gegraben?
weil das erz zu vergänglich ist und verloren werden kann die
großen gebäude aus granit halten nicht aber die leichten
bauernhütten werden immer
erneuert und halten also
wielang halten die steine und wielange halten die bauernhütten?
solang das bedürfnis besteht
warum darf man die lehre verachten?
möge man die bedürfnisse nicht zu sehr achten und das
nützliche nicht für das höchste halten!

BBA 112/69 masch. Mehrere Sofortkorrekturen. Der Titel hdschr. mit Rotstift.
Zum Zusammenhang von »Fatzer« und den Lehrstücken siehe Steinweg 1972a S.
13-16 und 205-210: Es handelt sich um ein ziemlich umfangreiches, aus zahllosen
Notizen, Entwürfen, Schemata und Fabelzusammenfassungen bestehendes Stück-
fragment, an dem Brecht von 1927-1931 gearbeitet hat. Zur Datierung der Texte
12-26 siehe Steinweg 1972a S. 14 f. Die relativ geschlossensten Szenen des Fragments
veröffentlichte Brecht 1930 im ersten Heft der »Versuche« unter dem Titel: »Untergang des Egoisten Johann Fatzer«. In der Ausgabe von 1967 wurden einige wenige
Texte aus dem Nachlaß hinzugestellt, vgl. St 7, 2909-2912. Zum Zusammenhang der
verschiedenen Entwürfe und zur Entwicklung der Stückkonzeption siehe Steinweg
1969 Teil 1 S. 207-252 und Teil 2 S. 152-184. Eine Übersicht über die auf den
verschiedenen Arbeitsstufen geplanten Fabelentwürfe gibt die Tabelle Steinweg
1972a S. 238-242; zum »Kontext« der Archiv-Mappe, in der der Text liegt, s. ebenda
S. 244-251.

13 Brecht, Elisabeth Hauptmann

[Wie der kleinste Strohhalm]

die menge erwartet viel die klassiker sagten wenig
wie der kleinste strohhalm [durch] den ertrinkenden nur so
wird die größte Lehre aufgenommen
Wer die Gleichnisse widerlegt, hat nichts begriffen.

BBA 112/60 hdschr. mit Rotstift von Brecht, die letzte Zeile von Elisabeth Hauptmann. Die drei Sätze sind jeweils durch einen Strich voneinander getrennt. Vgl.
Anm. zu Text 12.

[Zum »Geschlechtskapitel«]

Geschlecht unnatürlich
aufklärung nur unter geschlechtlichen möglich ⟨»die sich
nicht nur⟩ »in worten berühren sollen sich nur die sich mit
händen berühren können.«

BBA 111/01 masch. Das Stichwort »Geschlechtskapitel« findet sich hdschr. auf Blatt
111/43: »aus dem geschlechtskapitel/ der nachteil unersetzlich zu sein«. Es handelt
sich wahrscheinlich um eine Notiz für Text 15. Zur Einteilung des »Fatzer«-Frag-
ments in »Kapitel« siehe Steinweg 1972a S. 13 f.

15 Brecht   FZ~29/1ᵘ

Über das Lehren der geschlechtlichen Liebe

Unrichtig handeln, die dem Lernenden das Geschlechtliche als
natürlich hinstellen, als sauber, harmlos und verständlich.
Recht aber haben, die es ihm als unnatürlich beweisen, also als
schmutzig, gefährlich und unverständlich. Jeder weiß, daß bei
allen Tieren das Geschlechtliche nicht natürlich ist, denn sie
leben ihre längste Zeit wie ohne Geschlecht. Aber nicht um
den Lernenden von der Liebe abzuhalten, soll man ihm die
Liebe so schmutzig oder unnatürlich schildern, sondern allein
um ihm die Wahrheit zu sagen. Nicht um ihm Abscheu zu
erregen, sondern um ihm Schrecken zu lehren. Darum ist die
beste Art ihm die geschlechtliche Liebe zu lehren, so wie es die
Knaben unter sich machen: sie reden lachend und erhitzt vom
Geschlechtlichen und zeichnen große und schmutzige Symbo-
le auf die Wände der Häuser, die jenen gleichen, die von den
Religionen der Weisesten aller Rassen benützt werden. Und
auch dadurch ist diese Art der Belehrung gut, weil sie unter
solchen vor sich geht, die sich nicht nur mit Worten sondern
ebenso auch mit Händen berühren können. Warum aber ist
das Geschlechtliche unnatürlich? Viele sagen, daß es wohl
grauenhaft sei, Leben zu erzeugen, und nur durch eine
schlimme Lust werde der Mensch verlockt, solches zu begehen. Dies scheint zu beweisen die Trauer nach dem Beischlaf,
die allen Tieren gemeinsam ist. Auch sind die Zuckungen des

Weibes beim Beischlaf so, als wäre es krank; denn wenn dieses Krankhafte auch Lust erzeugt, so ist es deswegen doch krank.

BBA 112/56 masch. (Kleinschreibung) und 112/64 Abschrift (mit Interpunktion und Großschreibung). Kleinere masch. Sofortkorrekturen. Auf beiden Blättern heißt es im dritten Satz irrtümlich »die« statt »den« Lehrenden. Links oben in der Ecke von 112/64 hdschr.: FTZ für Fatzer. Vgl. Anm. zu den Texten 12 und 14. Zur Interpretation siehe Steinweg 1972a S. 91, 124, 147, 172.

16 Brecht   FZ~29/2[u]

Das vierte Kapitel [von »Fatzer«]

Das vierte Kapitel ist das der lähmenden Gesichte. Das Kommen großer Veränderungen im Geist der Menschheit kündigt sich durch Furcht an. An ihrer eigenen Furcht oder der von anderen erkennen die Führenden das Kommen großer Veränderungen. Diese Veränderungen sollen sie durchführen. In unserer Zeit besteht eine große Furcht vor dem Überhandnehmen der Städte und viele hängen Gedanken nach, dem zu entrinnen. Die Führenden aber wissen, daß alle diese Gedanken von Übel sind und verwirklichen die großen Städte. So ist es auch mit dem Mechanischen und der kollektiven Moral. Die Führenden erklären den Sinn des Mechanischen und den Nutzen der kollektiven Moral. Das Schwimmen gegen den Strom ist Torheit; aber es gehört Weisheit dazu die Richtung des Stroms zu erkennen.

Das vierte Kapitel ist auch das der Zertrümmerung der Anschauungen durch die Verhältnisse.

BBA 112/58 masch. (Kleinschreibung), 112/65 Abschrift (Großschreibung). Der drittletzte Satz »Die Führenden ... Moral« fehlt in der Abschrift. Statt dessen heißt es dort im viertletzten Satz »... und dem Nutzen der kollektiven Moral.« Zur Interpretation siehe Steinweg 1972a S. 105, 125, 143, 147, 169, 196. Vgl. Anm. zu Text 12 und 14.

17 Brecht   FZ~29/3[h]

[Vernunft und Gefühl]
Viele machen einen Unterschied zwischen der Vernunft und dem Gefühl und stellen die Vernunft unter das Gefühl. Zwi-

schen der wahren Vernunft und dem wahren Gefühl ist kein
Unterschied, der zu einem Kampf führt. Der Führende stellt
das Gefühl aber unter die Vernunft, indem er die Vernunft nic
ohne Stoff benutzt, den sie vernimmt.

BBA 112/58 (Kleinschreibung) und 65 (Großschreibung), auf dem gleichen Blatt wie
Text 13, aber deutlich davon abgesetzt; Steinweg 1972a S. 14. Zur Interpretation
siehe Steinweg 1972a S. 189.

18 Brecht

[Revolutionäre Einwände gegen den Kommentar]

Bei der Besprechung der *jährlichen Rede mit den 3 revolutionären Einwänden gegen den Kommentar*

Die Lehre von der Rhetorik
1. Die Wahl der Stilart entscheidet über alles.
   Möglich nur die Stilart des Kommentars.
2. Das: wem nützt es.

BBA 112/45 hdschr. Brecht, 112/61 masch. Abschrift. Vgl. Anm. zu Text 12 und 19.

19 Brecht   FZ~29/4ᵘ

[Unvollkommenheit und Anwendung des Kommentars]

Bei der Abfassung der jährlichen Rede mit den 3 ketzerischen
Einwendungen gegen die Spielart, und bei der Abfassung der
großen Rede am Schluß der Lernzeit mit dem einen ketzerischen Einwand gegen den Kommentar, und bei der Abfassung
der monatlichen Rede mit der Anwendung des Kommentars
auf eine staatliche Frage bedient sich der Studierende der
Schreibweise des Kommentars.

Frage: Warum bedient sich der Studierende der Schreibweise
des Kommentars?

Antwort: Durch die Schreibweise wird die Auswahl der
Gedanken, die Haltung des Schreibenden und der Zweck des
Schreibens bestimmt. Unter vielen Gedanken sind wenige
nützlich. Damit der Studierende die Gedanken des Kommentars verstehen lernt, wendet er die Schreibweise des Kommen-

tars an. Unter den Gedanken wählt er durch die Schreibweise bestimmte Gedanken aus nach ihrer Größe oder Kleinheit, nach ihrer Reihenfolge und nach ihrem Geschmack. Denkend in den Gedanken des Kommentars erkennt er die Unvollkommenheit des Kommentars in seiner Größe und Kleinheit, in seiner Anordnung und seinem Geschmack. Unter vielen Haltungen sind wenige angenehm.

BBA 112/38 und 67 (Abschrift) masch.; unten auf Blatt 38 hat Brecht hdschr. notiert: »die moralische richtung der nützlichen«. Vgl. Text 18 und die Anm. zu Text 12. Zur Datierung siehe Steinweg 1972a S. 16; zur Interpretation ebenda S. 91, 136, 139. Die letzte fragmentarische Zeile ist hdschr. von Brecht hinzugefügt worden.

20 Brecht   FZ~29/5ᵘ

[Denken und Erscheinung]

alles was heute gedacht wird ist nur damit gut erscheine was alles gemacht wird. alles was heute gemacht wird, ist falsch. also ist alles was heute gedacht wird falsch.

BBA 112/63 hdschr. Brecht. Vgl. die Anm. zu Text 12. Über dem Text steht eine arabische 2.

21 Brecht

[Denken und nützliche Gedanken]

die dummen haben nur gedanken die ihnen nicht nützen. die klugen haben nur gedanken die ihnen nützen. auch über das denken haben die klugen nur gedanken die ihnen nützlich erscheinen.

BBA 112/41 hdschr. Brecht. Es folgt der fragmentarische Satz ⟨der denkende aber⟩. Vgl. die Anm. zu Text 12.

22 Brecht   FZ~29/6ᵘ

[Gedanken nützlich für den Staat]

warum befiehlt der staat den schülern das studium des kommentars?

um ihnen jene gedanken zu geben, die dem staat nützlich
sind

BBA 112/55 hdschr. Brecht, 112/62 masch. (Abschrift, Großschreibung). Auf dem
gleichen Blatt weiter oben steht der Text 25. Vgl. die Anm. zu Text 12. Zur
Interpretation siehe Steinweg 1972a S. 91, 204.

23 Brecht   FZ~29/7[u]

[Haltung nützlich für den Staat]

Warum hält der Staat die Schüler zum Studium der Doku-
mente an?
Um ihnen jene Haltung zu geben, die dem Staate nützt.

BBA 112/44 hdschr. Brecht, die Frage mit dickem Rotstift, die Antwort mit dickem
Bleistift (Kleinschreibung); BBA 112/40 masch. Abschrift (Großschreibung). Vgl.
die Anm. zu Text 12. Zur Interpretation siehe Steinweg 1972a S. 204.

24 Brecht   FZ~29/8[u]

[Schutz vor Mißbrauch durch den Staat]

um ihn vor mißbrauch zu schützen lehrt der staat den ⟨staat⟩
schüler

BBA 449/14 masch. Auf dem gleichen Blatt befindet sich noch, weit davon abgesetzt, folgender Satz: »die menschheit kann sich nie mehr vornehmen als sie zu
verwirklichen im stande ist«, ferner eine Notiz zu einem »Zwischenchor« für
»Fatzer«. Über dem Text steht FTZ für »Fatzer«. Zur Interpretation siehe Steinweg
1972a S. 204.

25 Brecht   FZ~29/9[h]

[Haltung, Handlungen, Not]

unsere haltung kommt von unseren handlungen, unsere handlungen kommen von der not.
wenn die not geordnet ist, woher kommen dann unsere
handlungen?
wenn die not geordnet ist kommen unsere handlungen von
unserer haltung.

BBA 112/54 hdschr. Brecht und 62 masch. (Abschrift, Großschreibung) fragmentarisch; Steinweg 1972a S. 18. Hinter dem letzten Wort steht ein Doppelpunkt; in der
maschinenschriftlichen Abschrift folgen nach einem großen Absatz die vier Worte
»Unsere Gedanken kommen von«, die in der handschriftlichen Vorlage auf einem
anderen Blatt stehen (BBA 112/53). Weiter unten auf Blatt 112/62 findet sich Text
22. Zur Interpretation siehe Steinweg 1972a S. 105, 135, 139, 155, 205, 207.

26 Brecht

[Gesten und Gesellschaft]

die gesten [?] der menschen sind entweder ⟨zu⟩ allzu erklär-
lich (jetziger zustand)
oder unerklärlich (einstiger zustand)
sie können nur nachgeahmt werden.

BBA 112/43 hdschr. Brecht. Vgl. die Anm. zu Text 12.

Aus dem Kontext

27 Brecht   AL~29/1^Tpx

Gespräch über Klassiker

[. . .] JHERING Gut, Sie halten Schmuckgegenstände nicht für
nützlich. Aber was müßten die Klassiker denn nach Ihrer
Ansicht sein, damit sie nützlich wären? Was sollte ihren
Wert ausmachen?
BRECHT Um diesen Wert festzustellen, müssen wir ein geisti-
ges Experiment machen. Wir stellen uns einfach vor, daß
irgendein klassisches Werk, nehmen wir den Faust oder den
Tell, von Knaben dargestellt wird, von einer Schulklasse.
Meinen Sie nun, daß dies einen Wert für diese Knaben
hätte? Würden die Gedanken, die sie aussprechen müßten,
eine Schulung für sie darstellen? Würden sie oder andere
Menschen von den Bewegungen, die sie auszuführen, von
den Haltungen, die sie einzunehmen hätten, einen Nutzen
haben? Würden diese Knaben lebensfähiger sein als andere
oder wäre die Gesellschaft lebensfähiger, die sie ausmach-
ten? Antworten Sie im Ernst, was hätten diese Knaben,

würde dieses Experiment gemacht, anderes getan als ein
paar schöne Worte gesprochen und ein paar edle Gesten
vollführt oder in welchen Situationen hatten sie gestanden
in denen sie im Leben je wieder stehen würden? Unsere
klassischen Werke sind nur für das Auge verfertigt nicht für
den Gebrauch.
[. . .]

BBA 332/07 masch. und 330/76 (Durchschlag); die Worte »von einer Schulklasse«
hdschr. hinzugefügt. T 15,182. Kontext s. T 15,176-184. Iherings Schrift »Reinhardt,
Jessner, Piscator oder Klassikertod?«, aus der Brecht einige Zitate entnommen hat,
erschien 1928. Wann Brecht, Piscator und Sternberg den im Text erwähnten Versuch
gemacht und abgebrochen haben, Shakespeares »Julius Caesar« zu inszenieren,
konnte ich nicht feststellen. Es ist möglich, daß der Text bereits 1928 geschrieben
worden ist, aber wahrscheinlicher als Entstehungsjahr ist 1929. Zur Interpretation
siehe Steinweg 1972a S. 175.

28 Brecht AL~29/2[Lx]

Aus der Musiklehre

[1] die bürgerlichen musiker haben in ihrer musik ihre gefühle
ausgedrückt und in ihren zuhörern stimmungen erzeugt auf
deren art es weniger ankam als auf deren stärke. diese musik
nennt der denkende asozial. anstatt die gefühle der menge zu
ordnen in gleiche richtung zu biegen [fragmentarischer Satz]

[2] wenn die musik gestisch ist handeln die musik machen. es
ist nicht nötig, daß solches handeln auf nützliche ziele gerichtet ist. das handeln selber, wenn es nur vorbestimmt ist und
weniger natürlich als künstlich vorgeht, hat einen nutzen in
sich [.]

[3] musikmachen um der unvernunft gerecht zu werden
bedeutet: anerkennen daß es vernünftig sei unvernünftiges
(unvernünftig) zu tun.

[4] musik [als] *lautes fühlen* (wobei es gleichgültig ist, ob
⟨singen⟩ gesungen wird oder ob das »werkzeugmachende
tier« instrumente benützt) gibt dem fühlen des einzelnen
soweit es allgemein werden will eine allgemeine form ist also
organisation von menschen auf grundlage der organisation
von tönen [.]

[5] in der musik muß soll sie musik bleiben das unvernünfti-
ge und die disziplin voll enthalten bleiben.

BBA 332/56-57 masch., die Überschrift mit blauem Stift; mehrere flüchtige Sofort-korrekturen; fragmentarisch. Ein Durchschlag von BBA 332/56 liegt in der Mappe 331 (Blatt 25); L 18,87. Vielleicht sind die Texte auch als Teile des umfassenderen »Fatzerkommentars« konzipiert, der u. a. Überlegungen zu einer »Lehre von der Rhetorik« (s. o. Text 18), zum »Lehren der geschlechtlichen Liebe« (s. o. Text 15) und weitere Texte zur Lehre im allgemeinen (Texte 12 und 61) enthalten sollte. Doch findet sich im gesamten »Fatzer«-Material nur eine einzige, noch dazu fragmentarische und nicht sicher auf »Fatzer« bezogene Zeile zur Musik (BBA 111/37). Zur Datierung siehe Steinweg 1972a S. 11, zur Interpretation siehe ebenda S. 93, 97, 101, 128, 135, 136, 142, 147, 163, 171.

28a Brecht

[Erfindungen sind Einverständnisse]

schwer ist es, einverstanden zu sein; denn schwer ist es, zu erkennen, was verlangt wird. die notwendigkeiten verlangen die erfindungen. die erfindungen sind einverständnisse.

BBA 330/51 masch. Auf dem gleichen Blatt befindet sich unten außer den Texten 28a und 28b auch der letzte »Kommentar« aus dem »Badener Lehrstück«, und zwar noch in der Fassung von 1929, vgl. Steinweg 1973 S. 112 f.

28b Brecht

[Zurschautragen von Zufriedenheit]

das zurschautragen von zufriedenheit schafft zufriedenheit. nicht mit was ihr zufrieden seid, sondern: daß ihr zufrieden seid, nicht mit wem ihr zufrieden seid, sondern: daß ihr zufrieden seid, ist es.

BBA 330/51 masch. Zur Datierung vgl. Anm. zu Text 28a.

1930

Zu den Lehrstücken allgemein

29 Brecht NN~30/2ʰˣ

[Die Große und die Kleine Pädagogik]

Die Grosse Pädagogik verändert die rolle des spielens vollständig sie hebt das system spieler und zuschauer auf ⟨es gibt⟩
sie kennt nur mehr spieler die zugleich studierende sind nach
dem grundgesetz »wo das interesse des einzelnen das interesse
des staates ist bestimmt die begriffene geste die handlungsweise des einzelnen« wird das imitierende spielen zu einem
hauptbestandteil der pädagogik demgegenüber führt die
Kleine Pädagogik in der übergangszeit der ersten revolution
lediglich eine demokratisierung des theaters durch die zweitei-
lung bleibt im grunde bestehen jedoch sollen die spieler
möglichst aus laien bestehen (die rollen so sein dass die laien
laien bleiben müssen) berufsschauspieler samt dem bestehenden theaterapparat zum zweck der schwächung der bürgerlichen ideologischen positionen im bürgerlichen theater selber
verwendet ⟨werden⟩ und das publikum aktivisiert werden
stücke und darstellungsart sollen den zuschauer in einen
staatsmann verwandeln [d]eshalb soll im zuschauer nicht an
das gefühl appeliert werden das ihm erlauben würde ästhetisch
abzureagieren sondern an seine ratio die *schauspieler müssen
dem zuschauer figuren und vorgänge entfremden so dass sie
ihm auffallen* der zuschauer muß partei ergreifen statt sich zu
identifizieren

BBA 521/96 masch. mit Sofortkorrekturen; Steinweg 1972a S. 23; »Alternative« Nr.
78/79 S. 126. Die Großbuchstaben von »Große« und »Kleine« Pädagogik wurden
über die zunächst geschriebenen Kleinbuchstaben getippt. Der hervorgehobene Satz
»Die Schauspieler müssen . . .« ist im Original mit einem dicken Rotstift unterstrichen. Der Text liegt zusammen in einer Mappe mit Fragmenten von »Aus Nichts
wird Nichts«, die aber auf anderen Papierformaten geschrieben sind. Vgl. Text 32.
Zur Datierung siehe Steinweg 1972a S. 24, zur Interpretation ebenda S. 92, 133, 139,
143, 148, 160, 167, 196 und v. a. 204 f. (Kap. 8.2); ferner Höger 1974 S. 119 f.,
Berenberg – Gossler/Müller/Stosch 1974 S. 151-154 und Steinweg s. unten S. 499 f.
Anm. 13.

Pädagogik

in allen bisherigen staatlichen Formen (sie sind auf klassenun-
terschieden aufgebaut) erzeugt der unterbau den ideologischen überbau, die kultur. von dieser waren die weitaus
wichtigsten, praktischen ergebnisse zweifellos die sitten und
gebräuche selber. daß diese auf den unterbau wiederum ein-
wirkten, wurde von den dialektikern immer betont. im neuen
klassenlosen staat (der ⟨ja⟩ kein staat mehr ist) ist zum ersten
mal die möglichkeit gegeben, diesen funktionellen zusammenhang bewußt zu *bestimmen*, die beziehungen werden direkt,
überbau und unterbau bilden eine einheit. der unterbau
schafft gebräuche welche direkt wieder auf den unterbau
einzuwirken bestimmt sind und zwar im hinblick auf überbau
oder die oberbaudinge werden

BBA 816/30 hdschr. Brecht, Notizheft; P 20,78. Der Titel ist mit Rotstift geschrieben, der Rest mit Bleistift. Zur Datierung siehe Steinweg 1972a S. 269, zur
Interpretation ebenda S. 204 und 269.

31 Brecht   AL~30/1ᵀ

[Über die Aufführung von Lehrstücken]

wenn ihr ein lehrstück aufführt, müßt ihr wie schüler spielen.
  durch ein betont deutliches sprechen versucht der schüler
immer wieder die schwierige stelle durchgehend ihren sinn zu
ermitteln oder für das gedächtnis festzuhalten. auch seine
gesten sind deutlich und dienen der verdeutlichung. andere
stellen wiederum müssen schnell und beiläufig gebracht werden wie gewisse rituelle oft geübte handlungen. das sind die
stellen die jenen passagen einer rede entsprechen, durch die
gewisse informationen gegeben werden die für das verständnis
des folgenden hauptsächlichen nötig sind. diese stellen die
ganz dem gesamtprozeß dienen sind als verrichtungen zu
bringen. dann gibt es teile die schauspielkunst benötigen
ähnlich der alten art. so wenn typisches verhalten gezeigt
werden soll. denn es gibt ein gewisses praktisches verhalten
des menschen das ebenfalls situationen schaffen kann die dann

neue haltungen nötig machen oder ermöglichen. um etwa die typischen gesten und redensarten eines mannes zu zeigen der einen andern überreden will muß man schauspielkunst anwenden.

BBA 331/02 masch., eine Sofortkorrektur; T 17,1022. Zur Datierung siehe Steinweg 1972a S. 27 Text BL~30/4 (gleicher Archivmappen-Kontext). Zur Interpretation siehe Steinweg 1972a S. 136, 138, 142, 143, 161, 163, 164.

32 Brecht NN~30/1[hp]

Aus Nichts wird Nichts und Lehrstücke

im lehren muß das lernen enthalten bleiben. die lehrstücke sind nicht lediglich parabeln, die eine aphoristische moral mit zeigbildern ausstatten. sie untersuchen auch. deshalb ist es nicht nötig daß die lösungen allzusehr konzentriert und auf allzu simple formen gebracht werden. in

aus nichts wird nichts

ist dieser satz teils beobachtung (fakt) teils forderung. die kommunistische forderung, der einzelne möge seine bedeutung von der masse beziehen kommt von der beobachtung dass in unserem (kap. [kapitalistischen]) wirtschaftssystem dies faktisch geschieht indem der einzelne die masse ausbeutet und seine bedeutung eben in der beute liegt. dass er seine bedeutung lediglich an den besitz der produktionsmittel bindet und dadurch sich davor gewalttätig schützt wieder *nichts* zu werden ist ein grund für die revolution ein ug [umwälzungsgrund]. im kampf der kapitalisten mit der masse wird die volle auswirkung dieses *fortschrittlichen* satzes verhindert, ohne den der kapitalismus nicht denkbar wäre – und zwar verhindert eben durch den kapitalismus. er behält seine gültigkeit im kampf der kapitalisten untereinander – auf der börse.

der tote punkt

ist jener *neutralitätsgürtel* in dem der satz scheinbar nicht wirkt (scheinbar, weil eben durch das nichtwirken das wirken wieder erfolgt, weil der sich künstlich haltende kap. [kapitalismus] eben die revolution erzeugt). in diesem *u. g.* muß also gezeigt werden, wie die bedeutung des helden in seinem besitz (geld, prod[uktions]mitteln) besteht, der für ihn handelt und bedeutung hat. er hat jetzt nur mehr für sich selber wert *und kaum das* und hält sich doch. ⟨hier bleibt etwas⟩ »etwas bleibt etwas« auf dieser ebene (des hochkapitalismus) und *ist doch nichts.* dies letztere kann – nach dem fallen der künstlichen aufhaltung in der börsenszene – im ganzen 2. teil gezeigt werden, wo also der held zunächst seine volle »bedeutung« von vor dem sturz noch haben muß, seine »persönlichkeit« aber keinerlei wirkung, keine methode keinerlei erfolg, seine kenntnisse keinerlei wert mehr haben.

die gesten + zwar die klassischen sind also in unserer zeit weder erfolgreich, indem sie völlige auswirkung besitzen, ⟨noch⟩ eben dadurch ⟨mit⟩ verschwinden sie aber auch nicht mit ihrer soziologischen tragfläche ohne weiteres. sie sind bereits so stark daß sie den unterbau beeinflussen und umstürzen können.

BBA 827/13-15, hdschr. Brecht, Notizbuch; Steinweg 1972a S. 22. im Titel sind die Worte »und lehrstücke« mit Rotstift geschrieben, ebenso der Zwischentitel »aus nichts wird nichts« nach dem ersten Absatz. – Zur Datierung s. Steinweg 1972a S. 23. In einem anderen Notat zu »Aus Nichts wird Nichts« definiert Brecht: »ein ug ist: daß individuen die sich *gesellschaftlich nützlich* gemacht haben *durch fortschrittliches (kapitalistisches) verhalten* sich durch ansammeln von kapital oder einfluß auf kapital dagegen schützen können, daß sie, zum hemmschuh geworden, wieder abgedankt werden.« (BBA 826/06, hdschr., Notizbuch). Zur Interpretation s. Steinweg 1972a S. 82, 99, 125, 143, 176, 205, ferner Berenberg-Gossler/Müller/Stosch 1974 S. 162 Anm. 66.

33 Brecht

[Institut ohne Zuschauer]

so ⟨über⟩ aus der opposition zu einem schon fortschrittlichen materialismus ⟨über⟩ zu einer teils idealistischen teils naturalistischen dialektik, über die forderung ⟨zum⟩ vom funktionswechsel des theaters zur entdeckung des theaters als gesellschaftlich ⟨zugel⟩ bestimmtem produktionsmittel wieder zurück zur dialektischen dramatik aber mit rein naturalistischer tendenz ausgestattet geht der weg dieser dramatik einerseits zum großen materialistisch dialektischen drama (episch-dokumentarische form) im grund nur restauration des vorhandenen theaters andrerseits zum aktiven lehrtheater, einem neuartigen

Zu den Lehrstücken allgemein (1930)

institut ohne zuschauer, deren spieler zugleich hörende und sprechende sind und dessen verwirklichung im interesse eines kollektivistischen, klassenlosen gemeinwesens liegt.

BBA 363/71-72, hdschr. Brecht, Notizheft. Zur Datierung vgl. Anm. zu Text 1; nach diesem Text sind in dem gleichen Notizheft jedoch u. a. Notizen für die »Anmerkung« zur »Oper Mahagonny« eingetragen (Blatt 63), die kaum vor Anfang 1930 notiert worden sein dürften, da der Druck mit den »Anmerkungen« erst in der zweiten Jahreshälfte erschien (vgl. Anm. zu Text 76). Möglicherweise handelt es sich bei dem Text um eine Notiz für Text 111, der vom Herausgeber auf 1931 datiert wird. Falls diese Datierung stimmt, könnte auch Text 33 später geschrieben sein.

34 Brecht   AL = 30/3^{Zv}

Die »geldliche Seite« des Dreigroschenprozesses

Von seiten der Filmgesellschaft, welche die »Dreigroschen-oper« verfilmte, wurde auf dem Umweg über einige Tages-schriftsteller, die zum Teil mit der Gesellschaft in geschäftli-chen Beziehungen stehen, die geldliche Seite meines Prozesses gegen die Gesellschaft in den Vordergrund gerückt. Was Geld betrifft, so ist es hierzulande, in der Zeit des Hochkapitalis-mus, unter Idealisten Sitte, nicht anders darüber zu reden als verächtlich. Ich muß bekennen, daß ich schon zu Beginn meines Prozesses (der nicht um Geld geführt wurde) meine Rechtsbeistände anwies, mit meinem Geld (auch was das Risiko betrifft) sehr genau zu rechnen. Ich habe nicht zuviel davon, und es ist das einzige Mittel, meine Arbeit, die zu großen Teilen (»Der Jasager«, »Die Maßnahme«, »Das Bade-ner Lehrstück«, »Das Lesebuch für Städtebewohner«, »Die Geschichten vom Herrn Keuner« usw.) nachweisbar kein Geld einbringt, von dem schädigenden Einfluß der großen Geldinstitute freizuhalten. Dieses Geld ist es auch, was mich instand setzt, gewisse idealistisch veranlagte Journalisten, die es gern für ihre Ideale ausgeben möchten, trotz aller Zudring-lichkeit abzuweisen. [. . .]

Der Scheinwerfer 4,1930/31, Heft 15, p. 17; der Artikel wird gekürzt wiedergegeben im Essay über den »Dreigroschenprozeß« »Versuche« Heft 3 S. 250 und L 18,148. Die Kürzung betrifft nicht die oben wiedergegebene Passage.

35 Brecht

Szene im Lehrstück

der denkende schüttet einen teller suppe aus weil sie schlecht
ist – obwohl die lage der esser bedroht ist.

BBA 816/15 hdschr. Brecht, Notizbuch. Zur Datierung s. Steinweg 1972a S. 269
Text AL~30/4.

36 Brecht

Lehrstück

der verfolgte wird vom verberger erpreßt.
er gestattet es und bleibt freundlich.

BBA 434/19 hdschr. Brecht, Notizheft. Die Datierung des Textes ist schwierig: Auf
den Blättern 04 und 05 stehen Texte zur Fassung IV des »Lindberghflugs«, die 1930
erschien (vgl. Text 51), auf Blatt 27 einige Zeilen zur »Maßnahme«, die ebenfalls
noch 1930 notiert sein müssen, vgl. Steinweg 1970 S. 16 f. zur Beschreibung des
Zeugen H 8. Auf Blatt 10 steht jedoch das Gedicht »Rat an Tretjakow, gesund zu
werden«, das von Elisabeth Hauptmann und Rosemarie Hill sicher nicht zu Unrecht
zu den nach 1933 entstandenen Gedichten gerechnet wird.

37 Brecht

Die Gegenrechnung

Der Lehrer spricht mit einem jungen Menschen. Er lehrt ihm,
er müsse gut sein wie die Guten, groß wie die Großen, tapfer
wie die Tapferen, entsagungsvoll wie die Entsagungsvollen
klug wie die Lehrer.

Der junge Mensch verlangt in sieben Szenen nunmehr, daß
die Guten gut, die Groß[en] groß usw. sind. Er tadelt alle
Menschen, weil sie nicht genug gut, groß usw. sind. Er
benimmt sich so, als ob jedermann ihm gegenüber ein Minimum von Pflichten hätte und siehe da, die Guten werden
dadurch schlechter, die Gerechten ungerechter, die Lehrer
dümmer usw.

Soll er sein Benehmen ändern? Soll er nichts verlangen? Ist er
auf sich allein angewiesen? Soll er gut sein? Dies versucht er.

Zu den Lehrstücken allgemein (1930)

Als er erkannt hat, daß dies nicht durchführbar ist, indem der
Mensch ohne die Menschen nicht gut sein kann, noch gerecht
usw., entschließt er sich dazu, nunmehr es mit der Schlechtig-
keit und Ungerechtigkeit zu versuchen. Spät belehrt ihn ein
Lehrer, daß er an seinem ersten Benehmen hätte festhalten
müssen: an ihm war es, die Geeigneten gut zu machen und die
Geeigneten tapfer usw.

BBA 520/10, masch.; Steinweg 1972a S. 227. Auf der Rückseite dieses Blattes hat
Elisabeth Hauptmann notiert: »Lehrstück«. Zur Datierung s. Steinweg 1972a S. 227.

Zum »Badener Lehrstück«

38 Brecht   BL~30/1ᵘ

[Sterben können]

es wird gefragt wer sterben kann
            (keiner)
daraus folgt: nötig umwandlung aller dinge.
            veräußerung allen besitzes.

BBA 827/25 hdschr. Brecht, Notizbuch. Unter dem Text steht ein langer Strich,
dann folgt: »bei der kommentarverlesung am schluß: die mitteilung es gebe eine
bewegung fern des verwertens.« Der Text muß zwischen der ersten und der zweiten
Fassung des »Badener Lehrstücks« entstanden sein, vgl. die Chronologie Steinweg
1972a S. 216 f. Zur Interpretation siehe Steinweg 1972a S. 124.

39 Brecht   BL=30/2ⱽᵛ

[Gebrauchswert des Sterbens]

Der siebente Versuch: Das Baden-Badener »*Lehrstück*« ist
nach dem »Flug der Lindberghs« ein weiterer Versuch im
Lehrstück. Das Lehrstück erwies sich beim Abschluß als
unfertig: dem Sterben ist im Vergleich zu seinem doch wohl
nur geringen Gebrauchswert zuviel Gewicht beigemessen.
Der Abdruck erfolgt, weil es aufgeführt, immerhin einen
kollektiven Apparat organisiert. Zu einigen Teilen existiert
eine Musik von Paul Hindemith.

Umschlaginnenseite des 2. »Versuche«-Heftes, das nach Thieme 1932 im Dezember 1930 erschien; St 2,3* (mit Änderung des Titels von »Der Lindberghflug« entsprechend Text 50). Zur Interpretation siehe Steinweg 1972a S. 82, 119, 122, 161.

40 Brecht

BL~30/4^{hx}

BL~30/4[hx]

[Sterben lehren]

leute sind wertlos für die gesellschaft
menschliche hilfe ist nicht üblich
trotzdem wird ihnen hilfe gegeben und obwohl der tod des
einzelnen rein biologisch für die gesellschaft uninteressant ist
soll das sterben gelehrt werden

BBA 331/130 masch.; Steinweg 1972a S. 27. Der kurze Text wird wegen des wörtlichen Anklangs an das »Badener Lehrstück vom Einverständnis« (cf. S. 2,592 Zeile 2) hier eingeordnet, obwohl er sich thematisch ebensogut auch auf andere Lehrstücke beziehen könnte. Auf demselben Blatt befindet sich weiter oben Text 81. Zur Datierung s. Steinweg 1972a S. 28, zur Interpretation ebenda S. 121, 124.

40a Brecht

[Sterben als Handeln]

heute werden wir erschlagen
morgen werden wir sterben

ihr sterbt nicht
wir sterben

genommen ist sein amt und gewesen ist sein gesicht

*

die lehre vom nichtsterben

*

wer aus dem fluß fällt

du bist aus dem fluß gefallen mensch
du

individuum nur unsterblich möglich
stirbt es, so hat es höchste eisenbahn sich zu entindividu-
[alisieren]

sterben als handeln

BBA 448/77 hdschr. Brecht. Die Zeilen 5–6 stehen, durch einen senkrechten Strich getrennt, *neben* den Zeilen 7–8.

Zum »Badener Lehrstück« (1930)

Anmerkung [zum »Badener Lehrstück«]

Ohne hier näher einzugehen auf die besonderen Gesetze des Lehrstücks (dies wird in einer ausführlichen »Theorie der Pädagogien« geschehen), müssen hier in aller Kürze die Anweisungen des Komponisten Hindemith (im Klavierauszug zum »Lehrstück«, dem die erste, ganz unvollständige Fassung des Textes zugrunde liegt) als abwegig korrigiert werden. Hindemith meint:

»Da das Lehrstück nur den Zweck hat, alle Anwesenden an der Ausführung eines Werkes zu beteiligen und nicht als musikalische und dichterische Äußerung in erster Linie bestimmte Eindrücke hervorrufen will, ist die Form des Stückes dem jeweiligen Zwecke nach Möglichkeit anzupassen. Der in der Partitur angegebene Verlauf ist demnach mehr Vorschlag als Vorschrift. Auslassungen, Zusätze und Umstellungen sind möglich. Ganze Musiknummern können wegbleiben, der Tanz kann ausfallen, die Clownszene kann gekürzt oder ausgelassen werden. Andere Musikstücke, Szenen, Tänze oder Vorlesungen können eingefügt werden, wenn es nötig ist und die eingefügten Stücke nicht den Stil des Ganzen stören. Kleinere Übungen können darin bestehen, das Examen allein oder den Anfang und das Examen auszuführen. Andere Teile können ebensogut allein geübt werden. Dem die Übung Leitenden und der Gemeinschaft der Ausführenden ist es überlassen, die für ihren Zweck passende Form zu finden.«

An diesem Mißverständnis ist wohl hauptsächlich meine eigene Bereitwilligkeit, einen unabgeschlossenen und mißverständlichen Textteil, wie es die in Baden-Baden aufgeführte Fassung des Lehrstücks war, zu rein experimentalen Zwecken auszuliefern, schuld, so daß tatsächlich der einzige Schulungszweck, der in Betracht kommen konnte, ein rein musikalisch formaler war. Aber die Baden-Badener Aufführung war natürlich lediglich zur Selbstverständigung und einmalig gedacht. Selbstverständlich wäre der Lehrwert einer solchen musikalischen Übung an einem »besinnlichen und die Fantasie des Übenden ansprechenden« Text viel zu gering. Selbst wenn man erwartete, daß der einzelne »sich in irgendwas dabei einordnet« oder daß hier auf musikalischer Grundlage gewisse

geistige formale Kongruenzen entstehen, wäre eine solche
künstliche und seichte Harmonie doch niemals imstande, den
die Menschen unserer Zeit mit ganz anderer Gewalt auseinander zerrenden Kollektivbildungen auf breitester und vitalster
Basis auch nur für Minuten ein Gegengewicht zu schaffen.

»Versuche« Heft 2, S. 141; T 17,1027 f.; vgl. die Kritik an der Bewegung für
»Gebrauchsmusik« in den »Anmerkungen zur Oper Mahagonny« (T 17,1014) und
die »Theorie der Pädagogien« (Text 53). Das zweite »Versuche«-Heft erschien nach
Thieme 1932 im Dezember 1930. Zur Interpretation s. Steinweg 1972a S. 88, 106,
119, 121, 143, 176.

42 Brecht

Baden Baden

als ich merkte daß das hervorstechendste vor allem seine
originalität war rückte ich sozusagen ab. dabei wäre es unge-
recht, zu ⟨verschweigen⟩ behaupten, daß mir nichts gefiel: die
musik an sich gefiel mir. sie war unoriginell [.]

BBA 823/62 hdschr. Brecht, Notizbuch. Die Blätter 03-31 des Notizbuches gelten
Texten zu »Fatzer«, die wahrscheinlich 1930 entstanden sind, s. Steinweg 1972a S.
251, die unmittelbar vorangehenden Blätter 60 und 61 weisen Notizen zu »Rosa
Luxemburg« auf. Da Brecht in Baden mit Hindemith zusammengearbeitet und sich
danach von ihm distanziert hat (vgl. Text 41), ist anzunehmen, daß dieser hier
gemeint ist.

Zu »Der böse Baal der Asoziale«

43 Brecht oder E. Hauptmann   BA~30/1[es]

[Notwendigkeit von Reihen]

1. FRAGE soll man nur einzelne stücke machen ohne verbindung?
1. ANTWORT nein. da es wichtig ist, die verschiebung in den
stellungen zu lernen und das einnehmen neuer standpunkte in
ihrer reihenfolge. denn bei der aufnahme des bösen baal
ändert sich sympathie in antipathie.
2. FRAGE soll man einen reichen gastgeber darstellen?

Zu »Der böse Baal der Asoziale« (1930)

2. ANTWORT wer sollte einen reichen gastgeber darstellen wollen, wenn er nicht entweder recht oder unrecht hat?
3. FRAGE soll man den gastgeber dumm machen?
3. ANTWORT nein. da er auch klug sein kann.

BBA 529/30; Schmidt 1968 (Hrsg.) S. 89. Auf dem gleichen Archivblatt, von Schmidt an der gleichen Stelle wiedergegeben, befindet sich noch ein zweiter Kommentar, der jedoch über die Lehrstücktheorie keinen unmittelbaren Aufschluß gibt und mit Sicherheit nicht zu dem oben zitierten Text gehört: Die von Elisabeth Hauptmann notierte Vorlage BBA 459/47-48 hat nur den zitierten. Die Worte »Baal. Kommentar«, die Schmidt als Überschrift über den Text gesetzt hat, sollten natürlich keinen Titel darstellen, sondern der Gruppierung der Entwürfe dienen. Im Original von E. Hauptmann heißt es: Kommentar: (Baal) 1. Szene. Zur Datierung s. Steinweg 1969, Teil 2 S. 229-31, zur Interpretation Steinweg 1972a S. 105, 107, 136.

44 Brecht $\qquad$ BA = 30/2[h]

[Einführung des Idsek]

DES BRÜCKENBAUERS LERNZEIT
zu dem brückenbauer kommt die mutter und der bruder. der bruder ersucht ihn die mutter aus dem streit herauszulassen da sie alt und heftig sei. auch ist sie zeitungsverkäuferin, also auf die leute angewiesen.

DIE EINFÜHRUNG DES IDSEK
das eingreifen des idsek (ideologischen sekretärs) in die handlung er kündigt diese absicht mit dem brückenbauer zu sprechen schon vorher an: jetzt kommt meine unterredung mit dem brückenbauer. er begreift nicht.

die 4 gründe des idsek:

das lehrstück vom bösen baal
das lehrstück vom bösen baal braucht keinen idsek. die personen können selber die papierrolle des idsek umnehmen wenn sie vortreten und den kommentar zitieren.
der idsek kann in gestalt eines knaben, eines kriegers, einer frau auftreten.

BBA 464/69; masch., fragmentarisch; der zweite Teil Steinweg 1972a S. 33. »die 4 gründe des idsek« mit Rotstift, der kleine Text zum »Bösen Baal« mit Tinte, hdschr. Brecht. Die Zeilen »des brückenbauers lernzeit« und »die einführung des idsek« in Großbuchstaben. Die Zugehörigkeit von »Des Brückenbauers Lernzeit« zum Lehrstück-Korpus ist unklar, s. Steinweg 1972a S. 228. Zur Datierung s. Steinweg 1972a S. 33. Zum Auftreten des »Idsek« in verschiedenen Gestalten cf. die Liste bei Schmidt (Hrsg.) 1968 S. 78. Zur Interpretation s. Steinweg 1972a S. 106.

45 *Brecht*   BA~30/3[es]

[Vom Mechanischen]

da ⟨spricht⟩ hört man vom mechanischen, da ist furcht vor dem mechanischen. in der furcht kündigt sich das kommende an.

der denkende ist nicht gegen das mechanische der denkende vergißt auch nicht das mechanische.

BBA 529/13-14 hdschr. Brecht; Schmidt (Hrsg.) 1968 S. 80. Zur Datierung s. Steinweg 1972a S. 33, zur Interpretation ebenda S. 107.

46 *Brecht*   BA~30/4[es]

[Einverständnis und Widerspruch]

einverstanden sein heißt auch: *nicht* einverstanden sein.

BBA 529/14; Schmidt (Hrsg.) 1968 S. 81. Zur Datierung s. Steinweg 1972a Text BA~30/3, zur Interpretation ebenda S. 85, 107.

Zum »Flug der Lindberghs« / »Ozeanflug«

47 *Brecht*

[Musikpädagogium]

d[as] radio ermöglicht d[em] *einzelnen* einen großen apparat zur verfügung zu stellen

1. satz vom zustandekommen des genusses
es gibt eine bestimmte freude am mechanischen, am rechtzeitigen einsatz, am klappen, am teilnehmen an einer mathematischen übung, eine art *stichwortgenuß* jeder von 4 spielern unterwirft sich demselben zahlensystem und jeder bereitet

seinen einsatz vor wie der kartenspieler seinen stich wie jeder
teil einer maschine seinen bestimmten schlag ausübt usw.
dies ist d[er] genuss an der mechanik und so kann d[ie]
mechanik zum genuß gemacht werden.

— — — — — — — — — — — — — — — — —

ermöglichung von bach durch radio, durch mechanisierung,
technisch eine idealkongruenz, partiturenlesen mit beteiligung
ist wichtig. (nicht lohengrin, sondern eben musikbuch nr. 1)
nicht mitsingen, sondern für sich mitsummen,
musikpädagogium muß an x sender angeschlossen werden,
jeder kann alles singen dort, =
wir haben ein zeitalter wo alle genüsse auf d[er] skala von
produktion und konsum zusammengedrückt werden. (von p
bis k)
es war immer als element da, aber eben als unbetontes
element.

der ergänzungssinn
die lust an der vervollständigung

BBA 332/26, masch. Die Notizen werden im Zusammenhang mit den Überlegungen
zum »Lindberghflug« bzw. zur »Musiktheorie« (vgl. Text 9) oder »Radiotheorie«
(vgl. die Anm. zu Text 49) entstanden sein. Der Satz: »wir haben ein zeitalter wo alle
genüsse auf der skala von produktion und konsum zusammengedrückt werden. (von
p bis k)«, ist mit blauem Stift eingerahmt. Die beiden letzten Zeilen sind hdschr.
hinzugefügt.

48 Brecht oder Hermann Borchardt

[Klassenteilung durch Radio]

Was immer aufgeführt wird im Radio, ob Schlechtes oder
Gutes, es ergibt sich schon wieder diese eigentümliche Klas-
senteilung zwischen d[en] Ausführenden und d[en] Aufneh-
menden Wir wissen daß diese Spaltung zur Verkürzung d[er]
Ausführung und zur Verkümmerung der Aufnahme führt.
Dies wird im Fall d[es] Lindberghfluges nur dadurch behoben

BBA 463/28 hdschr., fragmentarisch, von H. Borchardt, einem sozialistischen
Lehrer und Schriftsteller notiert, mit dem Brecht um 1930 Kontakt hatte und
gelegentlich zusammenarbeitete. Unten auf dem Blatt steht: »Thomaner Domchor
oder Frkft« [Frankfurt]. Aus der Verwendung des Titels »Der Lindberghflug« ergibt

sich, daß der Entwurf 1929 oder Anfang 1930 notiert wurde, vor der Drucklegung des ersten »Versuche«-Heftes, in dem der Titel dann lautete »Der Flug der Lindberghs« (vgl. die Chronologie Steinweg 1972a S. 215 f).

49 Brecht mit Elisabeth Hauptmann

[Entwurf für »Anmerkungen« zum Lindberghflug]

der lindberghflug wurde beim baden-badener musikfest 1929 durch den rundfunk aufgeführt als ein werk darstellend eine verherrlichung des fliegers lindbergh das die aufführung durch seinen bloßen kunstwert rechtfertigt. brecht ⟨veranstaltete⟩ demonstrierte am tag darauf die nach seiner ansicht richtige verwertung eines solchen stückes *und des rundfunks.* dabei ging er auf den wunsch der hörer nach ungestörtem musikalischen genuss nicht ein, sondern zeigte ⟨lediglich⟩, oftmals die vorführung unterbrechend, eine neue art ⟨von⟩ zusammenarbeit von hörer und rundfunk. brecht wünschte nämlich, daß der hörer sich betätige. er stellte auf der linken seite des podiums das rundfunkorchester mit seinen apparaten und sängern ⟨auf⟩, auf der rechten den hörer auf, der, eine partitur vor sich, den lindberghpart als den *pädagogischen* durchführte. zu der ⟨begleitung⟩ instrumentalen begleitung, die der rundfunk lieferte, sang er seine noten. die ⟨gesprochenen teile⟩ zu sprechenden teile las er, ohne sein eigenes gefühl mit dem gefühlsinhalt des textes zu identifizieren, also am schluss jeder verszeile absetzend, also in der art einer *übung.* auf der rückwand des podiums stand die theorie, die hier in praxis demonstriert wurde:

RADIOTHEORIE

im verfolg des grundsatzes [verbessert in: der grundsätze] der staat soll reich sein der mensch soll arm sein der staat soll verpflichtet sein vieles zu können dem menschen soll es erlaubt sein weniges zu können soll der staat was die musik betrifft alles hervorbringen was besonderes studium besondere apparate und besondere fähigkeiten verlangt aber der einzelne soll ⟨alles das lernen was zum genuss nötig ist. zum genuss der musik ist nötig daß keine ablenkung möglich ist.⟩ eine Übung hervorbringen. frei schweifende gefühle anlässlich von musik besondere gedanken ohne folgen wie sie beim anhören von musik gedacht werden erschöpfung des körpers wie ⟨sie⟩ beim bloßen anhören von musik leicht eintritt. ⟨freischweifende gefühle⟩ sind ablenkungen von der musik. ⟨und verringern den genuss an der musik.⟩ um diese ablenkungen zu vermeiden beteiligt sich der ⟨denkende⟩ einzelne an der musik, hierin auch dem grundsatz folgend: tun ist besser als fühlen, indem er die musik mitliest und in ihr fehlende stimmen mitsummt oder im buch mit den augen verfolgt oder im verein mit anderen ⟨laut⟩ singt. so gibt der staat eine unvollkommene musik aber der einzelne macht sie vollkommen.

⟨diese theorie den rundfunk selbst ebenso wie die literatur betreffend⟩

die demonstration blieb aus technischen gründen unvollständig. der lindberghpart wäre ⟨vor⟩ von mehreren zu singen gewesen damit ein wirkliches bild ⟨entstanden⟩ dieser art kunst entstanden wäre, – etwa von einer knabenklasse. die figur eines öffentlichen helden ⟨würde⟩ könnte von der bürgerlichen pädagogik in ganz anderer weise dazu benützt werden die schüler zu veranlassen sich ⟨in den helden⟩ durch hineinfühlen ⟨von⟩ in den helden von der masse zu trennen. durch *das gemeinsame »Ich«-singen* (*ich* bin der flieger 1, *ich* habe bei mir, *ich* bin nicht müde usw.) wird nicht nur dies vereitelt. dieses beispiel zeigt wie die anwendung über den wert des textes entscheidet.

in der allgemeinen entwicklung der musik steht die brechtsche theorie so: die zunehmende konzentration der maschinellen mittel sowie die zunehmende spezialisierung in der ausbildung, Faktoren, die zu beschleunigen sind erfordert eine art *auf[stand des hörers.]*

BBA 1354/26-27 masch., fragmentarisch. Die »Radiotheorie« steht für sich auf Blatt 26, auf Blatt 27 ist an der entsprechenden Stelle ein größerer Zwischenraum gelassen. Der Text ist insgesamt sehr flüchtig geschrieben mit zahlreichen Tippfehlern, die zum Teil hdschr. korrigiert sind. Die Veränderungen von Text 9 (Musiktheorie) zu Text 49 (Radiotheorie) könnten von E. Hauptmann stammen. Der statt »alles lernen, was zum genuß nötig ist . . .« eingefügte Satzteil stammt von ihrer Hand. Sie hatte zunächst unten auf dem Blatt anscheinend eine andere Lösung versucht, aber wieder gestrichen: »⟨von⟩ ⟨nur so viel für 1 ding lernen als er für mehr als 1 ding lernen kann.⟩

Auch in der letzten Zeile des Textes sind die Worte »Faktoren, die zu beschleunigen sind« von E. Hauptmann hinzugefügt worden. Das anschließende Blatt mit der

Fortsetzung des Textes ist nicht erhalten. Es handelt sich vielleicht um einen Entwurf zu Text 51. Möglich ist aber auch, daß E. Hauptmann den Text für einen anderen Zweck verwenden wollte; Indiz: es ist von der »Brechtschen Theorie« die Rede, was dafür spricht, daß Brecht nicht Autor des (Gesamt-)Textes ist oder als solcher in Erscheinung treten wollte.

50 Brecht   FL = 30/1^{Vv}

[Dichtung für Übungszwecke]

Der erste Versuch: »Flug der Lindberghs«[1] ein Radiolehrstück für Knaben und Mädchen, nicht die Beschreibung eines Atlantikflugs, sondern ein pädagogisches Unternehmen, ist zugleich eine bisher nicht erprobte Verwendungsart des Rundfunks, bei weitem nicht die wichtigste, aber einer aus einer Reihe von Versuchen, welche Dichtung für Übungszwecke verwenden.

Die Publikation der *Fotografie* soll praktische Demonstrationen solcher neuen Verwendungsarten empfehlen.

Die Erläuterungen zum »Flug der Lindberghs« enthalten Teile einer Musiktheorie.

1 Hierzu existieren Musiken von Paul Hindemith und Kurt Weill.

Umschlaginnenseite der Versuche Heft 1; St 2,1* (mehrfach gekürzt). Nach Thieme 1932 ist das Heft im Juni 1930 erschienen. Es enthält eine Fotografie der Uraufführung des »Lindberghflugs« in Baden-Baden 1929. Zu den erwähnten »Erläuterungen« siehe Text 50. Zur Interpretation s. Steinweg 1972a S. 82, 87, 89, 93, 170, 188.

51 Brecht, Peter Suhrkamp   FL = 30/2^{V}

Erläuterungen [zum »Flug der Lindberghs«]

[1] Der »Flug der Lindberghs« hat keinen Wert, **Der »Flug** wenn man sich nicht daran schult. Er besitzt **der Lind-** keinen Kunstwert, der eine Aufführung rechtfer- **berghs«,** tigt, die diese Schulung nicht bezweckt. Er ist ein **nicht Ge-** **Lehrgegenstand** und zerfällt in zwei Teile. Der **nuß-, son-** eine Teil (die Gesänge der Elemente, die Chöre, **dern** die Wasser- und Motorengeräusche usw.) hat die **Lehr-** Aufgabe, die Übung zu ermöglichen, d. h. einzu- **mittel.** leiten und zu unterbrechen, was am besten durch

einen Apparat geschieht. Der andere **pädagogische** Teil (der Lindberghpart) ist der Text für die Übung: der Übende ist Hörer des einen Textteiles und Sprecher des anderen Teiles. Auf diese Art entsteht eine Zusammenarbeit zwischen Apparat und Übenden, wobei es mehr auf Genauigkeit als auf Ausdruck ankommt. Der Text ist mechanisch zu sprechen und zu singen, am Schluß jeder Verszeile ist abzusetzen, der abgehörte Teil ist mechanisch mitzulesen.

[2] »In Verfolg der Grundsätze: der Staat soll reich sein, der Mensch soll arm sein, der Staat soll verpflichtet sein vieles zu können, dem Menschen soll es erlaubt sein weniges zu können, soll der Staat, was die Musik betrifft, alles hervorbringen, was besondere Apparate und besondere Fähigkeiten verlangt, aber der einzelne soll eine Übung hervorbringen. Freischweifende Gefühle anläßlich von Musik, besondere Gedanken, wie sie beim Anhören von Musik gedacht werden, Erschöpfung des Körpers, wie sie beim bloßen Anhören von Musik leicht eintritt, sind Ablenkungen von der Musik. Um diese Ablenkungen zu vermeiden, beteiligt sich der einzelne an der Musik, hierin auch dem Grundsatz folgend: tun ist besser als fühlen, indem er die Musik im Buch mit den Augen verfolgt und die für ihn ausgesparten Stellen und Stimmen hinzufügt, indem er sie für sich oder im Verein mit anderen singt (Schulklasse).«

[3] Dem gegenwärtigen Rundfunk soll der »Flug der Lindberghs« nicht zum Gebrauch dienen, sondern **er soll ihn verändern.** Die zunehmende Konzentration der mechanischen Mittel, sowie die zunehmende Spezialisierung in der Ausbildung – Vorgänge, die zu beschleunigen sind – erfordern eine Art Aufstand des Hörers, seine **Der Rundfunk nicht zu beliefern, sondern zu verändern.**

Aktivisierung und seine Wiedereinsetzung als Produzent.

[4] Die Verwertung des »Flug der Lindberghs« und die Verwendung des Radios in der veränderten Form ist durch eine Vorführung auf dem Baden-Badener Musikfest 1929 demonstriert worden. Auf der linken Seite des Podiums war das Rundfunkorchester mit seinen Apparaten und Sängern, auf der rechten Seite der Hörer aufgestellt, der, eine Partitur vor sich, den Lindberghpart als den pädagogischen durchführte. Zu der instrumentalen Begleitung, die der Rundfunk lieferte, sang er seine Noten. Die zu sprechenden Teile las er, ohne sein eigenes Gefühl mit dem Gefühlsinhalt des Textes zu identifizieren, am Schluß jeder Verszeile absetzend, also in der Art einer **Übung.** Auf der Rückwand des Podiums stand die Theorie, die so demonstriert wurde.

Das Baden-Badener Radioexperiment.

[5] Diese Übung dient der Disziplinierung, welche die Grundlage der Freiheit ist. Der einzelne aber wird zwar nach einem Genußmittel von selber greifen, nicht aber nach einem Lehrgegenstand, der ihm weder Verdienst noch gesellschaftliche Vorteile verspricht. Solche Übungen nützen dem einzelnen nur, indem sie dem Staat nützen, und sie nützen nur einem Staat, der allen gleichmäßig nützen will. Der Lindberghflug hat also weder einen ästhetischen noch einen revolutionären Wert, der unabhängig von seiner Anwendung besteht, die nur der Staat organisieren kann. Seine richtige Anwendung aber macht ihn immerhin so weit »revolutionär«, daß der gegenwärtige Staat kein Interesse hat, diese Übungen zu veranstalten.

Warum ist der »Flug der Lindberghs« nicht als Lehrgegenstand zu verwenden und der Rundfunk nicht zu verändern?

[6] Wie die Anwendung über den Text ent- **Vorstel-**
scheidet, zeigt folgendes Beispiel: die Figur eines **lung bei**
öffentlichen Helden im »Flug der Lindberghs« **falscher**
könnte dazu benutzt werden, die Hörer etwa **konzer-**
eines **Konzertes** zu veranlassen, sich durch Hin- **tanter**
einfühlen in den Helden von der Masse zu tren- **Verwen-**
nen. In einer konzertanten, also falschen Auffüh- **dung.**
rung muß wenigstens damit der Sinn des Ganzen
nicht völlig zerstört werde, der Lindberghpart
von einem **Chor** gesungen werden. Nur durch
das gemeinsame Ich-Singen (Ich bin Charles
Lindbergh, ich breche auf, ich bin nicht müde
usw.) kann ein Weniges von der pädagogischen
Wirkung gerettet werden[1].

1 Siehe Versuche 2, Geschichten vom Herrn Keuner:
Vorschlag, wenn der Vorschlag nicht beachtet wird.

»Versuche« Heft 1 S. 23 f.; L 18, 124-127. Die Wiedergabe im vorliegenden Band
folgt typographisch der der »Versuche« von 1930. Die erwähnte Keunergeschichte stand im gleichen Heft. Zum Fettgedruckten vgl. Texte 9 und 49. Der
Hinweis auf die Keunergeschichte (Pr 12,379) ist beim Abdruck in L 18, 124-127
unterblieben. Dort ist, gemäß der Anweisung Text 171, der Titel »Flug der Lindberghs« jeweils in »Ozeanflug« verändert und der Name Charles Lindbergh durch
»Derundder« ersetzt. Zur Interpretation s. Steinweg 1972a S. 87, 88, 89, 91, 99, 104,
107, 120, 122, 139, 142, 143, 154, 161, 163, 178, 189, 190, 196, 203, 204, 208.

52 *Brecht*

[Einfache Schulung des Geistes in der Mechanik]

teils der gewohnheit meinesgleichen folgend teils dem auftrag
habe ich ein gedicht geschrieben für das radio
schildernd den flug eines fliegers über das atlantische meer im
vergangenen jahr
ich habe dazu entworfen den genauen plan seiner verwendung
neue aufgaben der apparate im dienste der pädagogik
und alles drucken lassen nach meinem recht als schriftsteller

nach wochen das gedruckte durchlesend
schien mir der plan undurchführbar
die grossen institutionen

wurden in ihm angesprochen mit namen
der plan entsprach der genauen
betrachtung der vorhandenen apparate
er deutete kindlich die unverkennbaren anzeichen
entstehender bedürfnisse der massen
beruhte auf der zunehmenden konzentration der produk-
[tionsmittel
und der spezialisierung der arbeitskräfte
der dringenden notwendigkeit geistiger ausbildung möglichst
[vieler
zur bedienung unserer stetig feiner werdenden maschinen
und erstrebte zur ermöglichung für die arbeit notwendiger
[mechanisierung
eine einfache schulung des geistes in der mechanik
viele gründe ergaben den plan jener öffentlichen übung
neuer verwendung der vorhandenen ungenützten apparate
und entschuldigten ihn vor den fachleuten aber
wieviele gründe immer dafür sprachen einer zumindest
fehlte den Plan
auszuführen

nachdenkend über jenen grund der fehlte
vielen gründen gegenüber die vorhanden waren

BBA 354/114 masch. mit Tippfehlern; G 8,329; fragmentarisch. Rechts unter dem
Text hat Brecht hdschr. notiert: »ergriff mich zunehmend / und ich fühlte / daß ich
mich schäm[te] / luxus«; links unten sind ein Baum und ein Haus gezeichnet. Zur
Datierung s. Steinweg 1972a S. 272.

Aus dem »Fatzer«-Komplex

53 Brecht   FZ~30/11[T]

Theorie der Pädagogien

die bürgerlichen filosofen machen einen großen unterschied
zwischen den tätigen und den betrachtenden. diesen unterschied macht der denkende nicht. wenn man diesen unterschied macht, dann überläßt man die politik dem tätigen und
die filosofie dem betrachtenden während doch in wirklichkeit

die politiker filosofen und die filosofen politiker sein müssen. zwischen der wahren filosofie und der wahren politik ist kein unterschied. auf diese erkenntnis folgt der vorschlag des denkenden die jungen leute durch theaterspielen zu erziehen d. h. sie zugleich zu tätigen und betrachtenden zu machen wie es in den vorschriften für die pädagogien vorgeschlagen ist. die lust am betrachten allein ist für den staat schädlich; ebenso aber die lust an der tat allein. indem die jungen leute im spiele taten vollbringen die ihrer eigenen betrachtung unterworfen sind werden sie für den staat erzogen. diese spiele müssen so erfunden und so ausgeführt werden daß ⟨der spielende dadurch einen genuß und⟩ der staat einen nutzen hat. über den wert eines satzes oder einer geste oder einer handlung entscheidet also nicht die schönheit sondern: ob der staat nutzen davon hat wenn die spielenden den satz sprechen die geste ausführen und sich in die handlung begeben. der nutzen den der staat haben soll könnte allerdings von platten köpfen sehr verkleinert werden wenn sie zb die spielenden nur solche handlungen vollführen lassen würden die ihnen sozial erscheinen. aber gerade die darstellung des asozialen durch den werdenden bürger des staates ist dem staate sehr nützlich besonders wenn sie nach genauen und großartigen mustern ausgeführt wird. der staat kann die asozialen triebe der menschen am besten dadurch verbessern daß er sie, die von der furcht und der unkenntnis kommen, in einer möglichst vollendeten und dem einzelnen selbständig beinah unerreichbaren form von jedem erzwingt. dies ist die grundlage des gedankens das theaterspielen in pädagogien zu verwenden.

BBA 112/37 masch., die Überschrift mit Rotstift hdschr. von Brecht; eine masch. Sofortkorrektur; T 17,1022 f. Im Dezember 1930 kündigt Brecht eine »ausführliche Theorie der Pädagogien« an, s. Text 41. Es ist anzunehmen, daß der Text zu diesem Zeitpunkt bereits existiert hat. Die hdschr. Streichung des Satzes über den Genuß als Zweck der Übung entspricht der Veränderung von Text 9 zu Text 49, der spätestens im Mai 1930 (als Text 51) in Druck gegangen sein muß. Zum Kontext der Mappe BBA 112 s. Steinweg 1972a S. 247 f., zur Interpretation ebenda S. 91, 106, 118, 123, 124, 125, 132, 142, 147, 190, 204. Berenberg-Gossler/Müller/Stosch sehen in dem Text eine Paraphrase der 11. Feuerbachthese von Marx (1974 S. 131).

Theater [Pädagogium]

um seine gedanken zu ordnen, liest der denkende ein buch,
das ihm bekannt ist. in der schreibweise des buches denkt er.

 wenn einer am abend eine rede zu halten hat, geht er am
morgen in das pädagogium und redet die 3 reden des johann
fatzer. dadurch ordnet er seine bewegungen, seine gedanken
und seine wünsche.

 weiter: wenn einer am morgen einen verrat ausüben will,
dann geht er am morgen in das pädagogium und ⟨die⟩ spielt
die szene durch, in der ein verrat ausgeübt wird. wenn einer
abends essen will, dann geht er abends in das pädagogium und
spielt die szene durch, in der gegessen wird.

BBA 433/19 (Original), 433/18 (Durchschlag), masch., die Überschrift »Theater« in
Großbuchstaben; Steinweg 1972a S. 18. Unten auf Blatt 18 steht handschriftlich »ein
fehler ist eine falsche wahrheit«, unter 433/19 »die öffentliche vernichtung [?] der 33.
abweichung ein mann stellt sich (andere) zur verfügung und wird vernichtet«. Zur
Datierung s. Steinweg 1972a S. 18, zur Interpretation ebenda S. 91, 92, 93, 106, 126,
133, 138, 140, 141, 179, 210.

Fatzerdokument [als Untersuchungs- und Lehrgegenstand]

der zweck wofür eine arbeit gemacht wird ist nicht mit jenem
zweck identisch zu dem sie verwertet wird. so ist das fatzerdokument zunächst hauptsächlich zum lernen des schreibenden
gemacht. wird es späterhin zum lehrgegenstand so wird durch
diesen gegenstand von den schülern etwas völlig anderes
gelernt als der schreibende lernte. ich der schreibende muß
nichts fertig machen. es genügt daß ich mich unterrichte. ich
leite lediglich die untersuchung und meine methode dabei ist
es die der zuschauer untersuchen kann.

BBA 520/07 masch. und 109/14 (Durchschlag); Steinweg 1972a S. 22. Das als Titel
verwendete Wort »Fatzerdokument« steht abgekürzt über dem Text: »FTZDOK.« Als
»Dokument« scheint Brecht die dramatischen Teile des Stücks im engeren Sinne (die
szenische Darstellung der Fabel) verstanden zu haben. Zur Datierung s. Steinweg
1972a S. 22, zur Interpretation ebenda S. 176.

Das Fatzerkommentar

zum fatzerdokument gehört das fatzerkommentar. das fatzerkommentar enthält zweierlei anleitungen für die spieler:
solche, die die darstellung und solche die den sinn und die
anwendung des dokuments betreffen. das studium der anleitungen über den sinn ist zum verständnis der anleitungen für
die darstellung und also auch für die darstellung nicht nötig
während das studium dieser anleitungen für den sinn ohne das
studium der ersteren und das spiel sogar gefährlich ist. es
sollen also zuerst die anleitungen für das spiel gelesen werden
und erst nachdem der studierende das dokument dargestellt
hat soll das studium des sinns und der anwendung erfolgen.
die darstellung soll von den studierenden nach jener der ersten
künstler ihrer zeit ⟨kopier⟩ nachgeahmt werden. diese darstellung durch die ersten künstler der zeit soll von den studierenden mündlich und schriftlich kritisiert aber in jedem fall
solange nachgeahmt werden bis die kritik sie abgeändert hat.
vorschläge für abänderungen von gesten oder tonfällen sollen
schriftlich gemacht werden; sie dürfen die übungen selbst
nicht beeinträchtigen. auf diese weise können auch die anweisungen des kommentars jederzeit geändert werden. sie sind
voller fehlern [!], was unsere zeit und seine tugenden sie sind
unverwertbar was andere zeiten betrifft.

BBA 112/57 und 66 masch. (Abschrift, Großschreibung, mit zwei Abschreibfeh-
lern); Steinweg 1972a S. 21; »Alternative« Nr. 78/79 S. 127. Zum Zusammenhang
von »Kommentar« und »Lehrstück« vgl. Steinweg 1972a S. 104-107, zur Datierung
ebenda S. 21, zur Interpretation ebenda S. 91, 102, 103, 107, 144, 145, 151, 160, 167,
177. Zu »Fatzerdokument« s. Text 55.

[Inhalt des Kommentars]

was enthält der kommentar:
ansichten (theorien) die für ⟨die revolution⟩ den kollektivistischen staat + den weg dorthin: die revolution nötig sind

beispiele

1) die frage: wozu lebt der mensch ist nicht zuzulassen. sie muß an jeden einzelnen gestellt werden: wozu lebst du, mensch? er muß sie beantworten können.

oder

2) wie muß malerei sein? antwort: kopierbar von jedermann und dann so daß dem staat das kopieren nützt. also ist etwa die gestik wichtiger als der ausdruck, die stellung untereinander (komposition) wichtiger als die zentralisation der bildwirkung usw. usw.

BBA 827/06 hdschr. (Rotstift), Notizbuch; Steinweg 1972a S. 20. Zur Datierung s. Steinweg 1972a S. 21, zum Zusammenhang von »Kommentar« und Lehrstück ebenda S. 104-107, zur Interpretation S. 102, 103, 132, 140, 204.

58 Brecht   FZ~30/7ᵘ

[Auswendiglernen und Begreifen]

jene stellen des kommentars, die die lehrer als schwierig erkennen, sollen die schüler, vor sie sie begreifen, auswendig lernen.

BBA 112/42 masch. Über dem Text steht masch.: FKÄ. Das Ä ist sehr schwach getippt, sehr wahrscheinlich ein Tippfehler (»Ausrutscher«). FK steht für »Fatzerkommentar«, vgl. Text 56. Die Abkürzung wird erst benutzt worden sein, als der Ausdruck bereits schriftlich fixiert war. Zur Datierung s. Steinweg 1972a S. 21 f., zur Interpretation ebenda S. 91, 106, 142, 143, 152, 167, 176.

59 Brecht   FZ~30/4ᵘ

[Übertragbarkeit von Erkenntnis]

die erkenntnis kann an einem andern ort gebraucht werden als wo sie gefunden wurde. Die mathematik z. b. kann von der landvermessung, der inhaltsbestimmung von gefäßen und derartigen notwendigkeiten und sie kann dazu gebraucht werden daß es vielen leichter fällt zu glauben was zu glauben vielen nützlich ist.

BBA 109/06 hdschr. Brecht. Links am Rand der letzten Zeile hat Brecht notiert: »wenn du reden kannst dann lerne das reden wenn du nicht reden kannst dann lerne das schweigen.« Zur Datierung s. Steinweg 1972a S. 20, zur Interpretation ebenda S. 125, 141, 161.

[Wirklichkeit, Wahrheit, Nützlichkeit des Stücks]

1) *Wann ist der Gang des Fatzer durch die Stadt Mühlheim eine Wirklichkeit – obwohl kein Mann Fatzer durch die Stadt Mühlheim gegangen ist?*
Antwort:
Wenn genügend viele junge gute Leute, die genügend aufgeklärt sind, ihn als wahrhaftig erkannt haben.
Erklärung:
Außer den Taten des Menschen, die wirklich getan wurden, gibt es solche, die hätten getan werden können. Diese letzteren Taten sind ebenso abhängig von den Zeiten wie jene ersteren und es gibt von ihnen ebenso eine Geschichte, die ihre Zusammenhänge über weite Zeiten hinweg zeigt, wie von jenen. Gewisse Bilder, die die Menschen sich von sich selber machen, sind gewissen Zeiten eigentümlich, in denen eben diese Gesten von ihnen aneinander beobachtet werden, weil gerade diese Gesten von Wichtigkeit sind. Also erkennen die Menschen an gewissen Merkmalen die wahrhaftigsten Bilder ihres Lebens an den Zusammenstellungen von Figuren in bestimmten Haltungen, welche die wahrhaftigen Interessen der Menschen dieser Zeit zeigen. Wenn nun genügend viele, genügend gute Leute, die genügend aufgeklärt sind, den Gang des Fatzer als wahrhaftig erkannt haben, ist er eine Wirklichkeit wie die Rede für die Beendigung des Krieges unseres Genossen Lenin.

2) *Wann erkennen genügend viele gute Leute, die genügend aufgeklärt sind, den Gang des Fatzer durch die Stadt Mühlheim als wahrhaftig?*
Antwort:
Wenn ihnen der Gang des Fatzer für genügend viele oder gute oder genügend aufgeklärte Leute möglich erscheint.
Es müssen aber genügend viele Leute sein, weil nichts wahr ist was nicht im Interesse von vielen, und es müssen genügend gute Leute sein, weil nichts wahr ist, was nicht im Interesse von möglichst guten Leuten liegt, und es müssen genügend aufgeklärte Leute sein, weil nur solche die Wahrheit erkennen können.

3) Wann erkennen sie ihn aber als nützlich?
Antwort:
Wenn es ihnen bei ihrem täglichen oder jährlichen Leben
nützt, daß sie selber oder möglichst viele andere von diesem
Gang Kenntnis genommen haben; das ist bei ihrem Kampf um
Essen, Wohnung und Kleider, sowie bei ihren Begegnungen
mit Menschen, Gängen durch Städte, bei ihren Gesprächen
und Plänen.
Auch erwächst ihnen Nutzen daraus, wenn sie zeigen können,
daß sie gute, genügend aufgeklärte Leute sind, von denen es
genügend viele geben sollte.

BBA 330/15-16 (Original, Kleinschreibung); 330/49 masch. (erweiterte Abschrift);
die zweite Frage und der ganze dritte Abschnitt fehlen im Original. Einige Stellen
der Abschrift sind dagegen offensichtlich fehlerhaft; sie wurden nach dem Original
verbessert. Da bereits vom »Gang des Fatzer durch die Stadt Mühlheim die Rede ist«
wie in Text 64, ist anzunehmen; daß Text 60 um die gleiche Zeit, jedenfalls nicht
wesentlich früher, entstanden ist; vgl. die Datierungskriterien Steinweg 1972a
S. 231-236.

61 Brecht

[Zweierlei Arten von Menschen]

L wieviele arten von menschen gibts auf der welt?
M zweierlei arten
L was für arten sind dies?
M die herrschende und die beherrschte
L ist es gut, daß es zweierlei arten von menschen gibt?
M nein, es ist nicht gut
L wer aber will, daß es zweierlei arten von menschen gibt?
M die herrschende art will, daß es zweierlei arten von men-
schen gibt
L wer aber will nicht, daß es zweierlei arten von menschen
gibt?
M die beherrschten wollen nicht, daß es zweierlei art[en]
von Menschen gibt
L wer also wird abschaffen, daß es zweierlei art von
menschen gibt?
M die beherrschte art wird abschaffen, daß es zweierlei
art[en] von menschen gibt.

Aus dem »Fatzer«-Komplex (1930)

L wer aber ist die beherrschte art, welche abschaffen
            will, daß es zweierlei arten von menschen gibt?
M das ist die große unteilbare ⟨und unvernichtbare⟩
                                                    masse

M = MASSE
    wie aber wird abgeschafft, daß es zweierlei arten von
                                            menschen gibt
L = LEHRE
    durch die gewalt wird abgeschafft, daß es zweierlei
                                arten von menschen gibt
M wer aber wendet gewalt an?
L die große unteilbare und ⟨unvernichtbare⟩ unzerstörbare
    masse ⟨wendet gewalt an⟩ [an dieser Stelle hdschr. einge-
    fügt: »hier: nur der organisierte teil!?«]
M wir haben gehört, daß es ohne gewalt geht
L wer hat euch gesagt, daß es ohne gewalt geht?
M die herrschende art hat uns gesagt, daß es ohne gewalt geht
L woran also erkennt man die herrschende art?
M daran erkennt man die herrschende art, daß sie sagt,
                            daß es ohne gewalt geht
L wer aber weiß, daß es nur mit gewalt geht?
M wir die große unteilbare ⟨unvernichtbare⟩ unzerstörbare
                                                    masse

BBA 109/89 masch. Zu Form und Datierung s. Steinweg 1972a S. 18 f. Die von
Brecht selbst gegebene »Entschlüsselung« von M und L ist oben richtig wiedergege-
ben: Brecht schreibt nicht »Lehrer« für L sondern »Lehre«. Die Buchstaben L und
M sind im ersten Teil des Textes hdschr. vor die Zeilen gesetzt worden. Die
Veränderung von »unvernichtbar« in »unzerstörbar« erfolgte masch., die Streichung
von »wendet gewalt an« hdschr.

62 *Brecht*   FZ~30/2[h]

[Selbstverständigung]

Das ganze stück, *da ja unmöglich,* einfach zerschmeißen für
experiment, ohne realität! zur *»selbstverständigung«*

BBA 109/56 hdschr.; Steinweg 1972a S. 19. Da Brecht das letzte, hervorgehobene
Wort »Selbstverständigung« in Anführungszeichen setzt, wird er sich auf die
berühmte Bemerkung von Marx über das Manuskript der »Deutschen Ideologie«

beziehen: »Wir überließen das Manuskript der nagenden Kritik der Mäuse um so williger, als wir unsern Hauptzweck erreicht hatten – Selbstverständigung.« (Vorwort »Zur Kritik der politischen Ökonomie«, MEW 13 S. 10). Zur Datierung s. Steinweg 1972a S. 19, zur Interpretation ebenda S. 88, 107, 139, 161, 204, 208.

63 Brecht   FZ = 30/3[hu]

[Realität und Lehrstück]

realität	lehrstück
das exerzieren gegen das lernen	furcht zeigen
lernen als meuterei	
leeb der sergeant	
f[fatzer] bleibt sitzen + *denkt*	
abhauen:	
zum feind? fatzer	
heim koch leeb	
unentschieden: büsching	
mehrheitsbeschluß: heim	

BBA 826/31 hdschr., Notizbuch. Zur Datierung s. Steinweg 1972a S. 20, zur Interpretation ebenda S. 82, 125, 147, 208.

64 Brecht   FZ = 30/10[Vv]

[Titel zu »Fatzer«]

Der dritte Versuch: »*Fatzer, 3*« ist der 3. Abschnitt des Stükkes *»Untergang des Egoisten Johann Fatzer«*. Abschnitt 1 und 2 werden später in diesen Heften erscheinen.

Umschlaginnenseite »Versuche« Heft 1. Nach Thieme 1932 ist das erste Heft im Juni 1930 erschienen. Der hier verwendete Titel (in den übrigen Manuskripten in der Regel nur »Fatzer«) wird über dem abgedruckten Text nicht wiederholt. Zur Interpretation s. Steinweg 1972a S. 107. Die »Abschnitte 1 und 2« wurden nicht publiziert und sind auch als solche im Nachlaß nicht kenntlich (vgl. Steinweg 1969).

Zu »Der Jasager/Der Neinsager«

65 *Kurt Weill* *JS = 30/1^IZ

Aktuelles Zwiegespräch über die Schuloper
zwischen Kurt Weill und Dr. Hans Fischer

Dr. Fischer: Ich höre, daß auf dem diesjährigen Musikfest
»Neue Musik Berlin 1930« auch eine Schuloper von Ihnen
zur Uraufführung gelangen soll. Ich entsinne mich, daß es
schon beim Lindberghflug hieß, es sei ein Stück, das eigentlich für Volksschulen gedacht sei. Um unser Gespräch, das
die »Neue Musik und die Schulmusik« zum Thema haben
wird, einzuleiten, möchte ich Sie, Herr Weill, fragen, wie
Sie zu dem Stil der einfachen, volkstümlichen Musik gekommen sind.

Kurt Weill: Das Bestreben, eine einfache, volkstümliche Musik zu schreiben, habe ich wohl mit vielen der heute Schaf-
fenden gemein. Die Musik soll für uns keine Privat- und
Stubenangelegenheit bleiben, sondern wir suchen nach breiteren, neuen Auswirkungsmöglichkeiten. Diese Tendenz
wurde von mir bereits in der Dreigroschenoper angestrebt
und dort in ziemlich starkem Maße auch schon durchgeführt.

Dr. Fischer: Die Dreigroschenoper ist in der Tat ins Volk
gedrungen. Wenn wir in der Schule von Neuer Musik
reden, so sprechen die Jungens am liebsten von der Dreigroschenoper. Und sie reden nicht nur von ihr, sondern sie
singen und spielen sie. Die Schüler sind, glaube ich, Ihr
begeistertstes Publikum.

Kurt Weill: Was sie über die Dreigroschenoper sagen, freut
mich, weil ich gerade auf die Jugend als das Publikum der
Zukunft ziele. Was ich in meiner Musik aussprechen
möchte, das, wünsche ich, sollen zuerst einmal die Kinder
erfahren und besitzen, die ja mein eigentliches Publikum
sind. Wenn die heutige Schuljugend erwachsen sein wird,
wird das Publikum da sein, auf das ich rechne.

Dr. Fischer: Wenn Sie in Ihrer Musik auf die Jugend als Ihr
Publikum zielen, wie rechnen Sie dann, sagen wir in mu-
sikpsychologischer Hinsicht, mit der Aufnahmefähigkeit

der Kinder und wie wirkt sich diese Ihre Anpassung an die Kinder auf den Stil Ihrer Kompositionen aus?

Kurt Weill: Wenn ich für Schüler schreibe, so unterziehe ich mich vor allem einer verstärkten Selbstkontrolle. Das heißt: ich muß den äußersten Grad von Einfachheit erreichen, wenn ich für Schüler schreiben und ihnen verständlich sein will. Aber bei aller Einfachheit muß ich doch mein Bestes und Höchstes geben. Im Theater kann ich zwar auch einen einfachen Stil schreiben, aber ich kann immer noch mit einer Unterstützung kunstvollerer und komplizierterer Mittel rechnen. Ich kann im Theater immer noch bis zu einem gewissen Grade »kunstvolle« Einfachheit darstellen, aber bei Kindern muß ich ganz streng in meiner Einfachheit bleiben.

Dr. Fischer: Dies gerade scheint mir der springende Punkt zu sein. Um Gotteswillen keine »kindliche Kindermusik«, von Erwachsenen für Kinder geschrieben, etwa wie der Große sich das Lied der Kleinen vorstellt ... Solche Musik, die zum Kinde *herab*steigt, wollen die Kinder gar nicht. Die Musik soll einfach sein, aber nicht gewollt primitiv.

Kurt Weill: Sie haben recht. Die Einfachheit darf nicht zur konstruierten Primitivität werden, sondern es ist doch wohl so: entweder besitze ich diese Einfachheit oder ich habe sie nicht. Einfache Musik kann nur der einfache Musiker schreiben. Für ihn ist der einfache Stil kein Problem, sind die einfachen Werke keine Nebenwerke, sondern Hauptwerke.

Dr. Fischer: Leider gibt es noch nicht genügend solcher Hauptwerke der Einfachheit, die für die Schulen verwendbar wären.

Kurt Weill: Ja, und nicht nur für Schulen, sondern auch für andere Kreise. Es gibt für mich verschiedene Richtungen, mit einfacher Musik in die Breite – die nicht die »Tiefe« auszuschalten braucht – zu wirken. Die eine Richtung ist die Bewegung der *Arbeiterchöre*. In ihnen finde ich wirkliche Laien, für die es sich lohnt, einfache Musik zu schreiben. Ich würde es für keine Schande für einen Komponisten halten, sogar mit solchen Sängern zu rechnen, die keine Noten lesen können. Einfache Musik wird selbst von musikalischen Analphabeten verstanden werden. Eine weitere

Möglichkeit bietet das *Theater*, obwohl es immer schwerer wird, hier in einer klaren Richtung vorwärts zu schreiten. Vielleicht wird auch einmal der *Tonfilm*, jetzt noch eine künstlerische Unmöglichkeit, in diese Richtung gehören. Das läßt sich aber im Augenblick noch nicht übersehen. Aber wohl läßt es sich übersehen, daß die Schule dem Komponisten ermöglichen wird, in die Breite zu wirken.

Dr. Fischer: Ein Einwand ist aber bei der Schule zu machen. Gewöhnlich rechnen Außenstehende mit der Schule als dem Begriff einer festen, in sich geschlossenen Gemeinschaft. Die Schule ist ja heute noch keine homogene Anstalt. Die Schüler sind in Gruppen gespalten, die sich heftig befehden. Mit einer einheitlichen Hörerschaft ist in der Schule heute auch nicht für die Musik zu rechnen, sondern nur mit einer durch und durch zwiespältigen.

Kurt Weill: Diesen Zwiespalt fürchte ich aber gar nicht, sondern er ist es, den ich als Gewinn betrachten möchte. Ich halte es gerade für einen Vorteil, daß in der Schule die Dinge *diskutiert* werden.

Dr. Fischer: Wenn ich recht verstehe, so wünschen Sie eine Auflockerung der Musik durch die Auseinandersetzung der Schülerschaft untereinander?

Kurt Weill: Ja, Musik soll *Gesprächsthema* sein, nur nicht erstarrtes Formgebilde, sondern etwas Lebendiges, um das sich die Ereiferung lohnt. Gerade weil die Schule aus verschiedenen Elementen, Kreisen und Begabungen zusammengesetzt ist, die gezwungen sind, aufeinander einzuwirken, hat sie die größten Vorteile. Es ist schwer, aber sehr lohnend, eine solche Vielheit der allmählich ausreifenden Meinungen und Ansichten im Schnittpunkt und noch in der Entwicklung zu treffen. Deshalb nannte ich vorhin, als ich die verschiedenen Möglichkeiten zur Verbreiterung der Musik aufzählte, *nicht* den Rundfunk. Denn im Rundfunk ist eine anonyme Gemeinschaft von Erwachsenen aus verschiedensten Kreisen vorhanden, mit der wenig anzufangen ist. Diesen Erwachsenen kann man nichts bieten, weil ihre Meinungen viel zu weit auseinandergehen. Da ist kein Schnittpunkt mehr vorhanden und keine Entwicklung mehr möglich. Selbst die Äußerung über die verschiedenen Ansichten ist hier fruchtlos, sie wird auch niemals ernstlich versucht. Kinder können einen Streit noch austragen, Erwachsene ihn nur begraben oder in Permanenz erklären.

Dr. Fischer: Sie sprechen hierüber so lebendig, daß ich annehme, daß Sie eigene Schulerinnerungen eben erzählt haben. Wie war es denn mit Ihrer Musikbetätigung in der Schule?

Kurt Weill: Der Gesangsunterricht war zwar schlecht, aber dafür hatten der Direktor meines Dessauer Gymnasiums und der Ordinarius der oberen Klassen das größte Interesse für Musik. Sie haben mich damals bereits stark gefördert. Ich komponierte für das Schülerorchester und schrieb – für mich heute wunderlich genug – sogar Kriegschöre.

Dr. Fischer: Waren Ihre Kompositionen damals schon, abgesehen von dem Stofflichen, einfach und volkstümlich?

Kurt Weill: Ja, sie waren einfach, aber noch ganz kindlich, ohne Stilwillen. Das erste Werk, aus dem der einfache Stil zu erkennen ist, war wohl das Ballett »Zaubernacht«. Ich studierte damals bei Busoni. Dieses Werk, das mein erster Auftrag war, schrieb ich für ein *Kinder*theater. (Ich habe es später in der Suite Quodlibet benutzt). In den folgenden Jahren überwucherten in meinen Werken artistische Versuche, gekennzeichnet durch das Ringen nach neuen harmonischen und melodischen Ausdrucksmitteln. Im »Mahagonny«, der in Baden-Baden aufgeführt wurde, kam der neue einfache Stil zum Ausbruch, in der Dreigroschenoper fand er wohl seine erste vollgültige Prägung. Im Lindberghflug dachten Bert Brecht und ich zum ersten Mal direkt an die Schulen. In meinem neuesten Stück, dem *Lehrstück vom Ja-Sager*, einer Schuloper, möchte ich diesen Weg weiterbeschreiten.

Dr. Fischer: Wie ist denn Ihr neuestes Werk, das Lehrstück vom Ja-Sager, in der Form gebaut? Enthält es geschlossene Formen?

Kurt Weill: Es ist gut, daß Sie darauf zu sprechen kommen. In dem Lehr-Stück vom Ja-Sager möchte ich keine ausgesprochenen Songs mehr bringen, sondern geschlossene musikalische Formen. Dabei will ich alles, was ich bisher als richtig erkannt habe, übernehmen, also z. B. das, was ich den Gestus in der Musik einmal genannt habe. Durch die Melodie soll bereits eindeutig der Gestus ausgedrückt sein.

Klarheit, nicht Unklarheit soll über das herrschen, was der Komponist ausdrücken möchte. Und, wie gesagt, dieses Lehrstück soll ein vollwertiges Kunstwerk werden, kein Nebenwerk.

Dr.Fischer: Ich muß wieder einmal an die Dreigroschenoper erinnern. Was auf die Jungens so stark wirkt, ist dort der Rhythmus. Denn das musikalische Erleben der Jugend ist wesentlich auf dem Motorischen aufgebaut.

Kurt Weill: Gewiß, ich verzichte auch in der neuen Schuloper nicht auf die rhythmischen Wirkungen; aber es sind nicht mehr ausgesprochene Tanzrhythmen, sondern diese Rhythmen sind umgeformt, sind »verdaut«.

Dr. Fischer: Sie betonen, daß Sie eine absolut *ernst* zu nehmende Schuloper schreiben werden. Es war aber doch gerade das Parodistische, was den großen Erfolg bei der Jugend erzielt hatte. Ich möchte den Ausdruck parodistisch noch ergänzen. Ich meine nicht eine Parodie im Sinne einer Ulkerei, sondern eine Mischung von Ernst und Scherz.

Kurt Weill: Vielleicht sagen wir, es sei ein ernsthaft-ironischer Stil. Denn auch die Ironie in der Dreigroschenoper ist ernst gemeint. Es ist falsch, wenn die meisten Leute die Dreigroschenoper nur parodistisch, als Ulk aufgefaßt haben. Die modernen Komponisten sind ja überhaupt nicht so parodistisch eingestellt, wie es Publikum und Kritiker zu glauben pflegen. Es ist uns Ernst um Stoff und Musik. Die Kinder haben hierfür auch das rechte Verständnis. Sie glauben an den Ernst im Spiel. Es mag sein, daß nicht alle Texte der Dreigroschenoper für Kinder geeignet sind.

Dr. Fischer: Aber die Kinder merken das ja gar nicht. Selbst wenn sie etwas darum wüßten, so bedeutet es ihnen nichts.

Kurt Weill: Ja, das ist wahr und wunderbar. Aber wenn man das sagte, es würde einem niemand glauben. Man könnte sicher im Stoff eines Schülerstückes viel weitergehen, aber dies wäre im Augenblick für die Praxis wohl undurchführbar.

Dr. Fischer: Wie ist denn der Text Ihrer neuen Schuloper?

Kurt Weill: Absichtlich habe ich als Text der ersten Schuloper einen ernsten Stoff gewählt. (Ein lustiges Stück wird als zweite Schuloper folgen.) Den Text zum Lehrstück vom Ja-Sager haben wir in einem alten japanischen Märchen

»Der Wurf ins Tal« vorgefunden. Die Hauptfigur darin ist ein Knabe. Das schon brachte mich auf die Idee, dieses Stück auch von Schülern ausführen zu lassen. Der Inhalt ist kurz der: Der Knabe möchte mit dem Lehrer auf eine Wanderschaft gehen, um aus der Stadt Medizin für seine kranke Mutter zu holen. Die Reise ist gefahrvoll; deshalb will die Mutter den Jungen nicht gehen lassen. Auch der Lehrer rät ab. Der Knabe geht aber, um der Mutter zu helfen. Unterwegs, als man an die gefährlichste Stelle gekommen ist, macht er schlapp und gefährdet dadurch die ganze Reisegesellschaft. Man stellt ihn vor die Entscheidung: soll man umkehren oder soll man dem alten Brauch folgen, der befiehlt, Kranke in das Tal hinabzuwerfen? Der Knabe entscheidet sich für den Wurf ins Tal. »Er hat Ja gesagt« singt der Chor. Einiges an dem Text ist von Brecht anders motiviert worden, als es in dem japanischen Urtext vorlag. Vor allem haben wir eins hineingebracht: Wir haben uns überlegt, daß der Schüler aus einem Lehrstück auch etwas *lernen* soll. Deshalb haben wir den Satz über das Einverständnis hineingebracht, nämlich: »Wichtig zu lernen ist Einverständnis«. Das sollen die Schüler lernen. Sie sollen wissen, daß eine Gemeinschaft, der man sich angeschlossen hat, von einem verlangt, daß man tatsächlich die Konsequenzen zieht. Der Knabe geht den Weg der Gemeinschaft zu Ende, wenn er Ja zu dem Wurf in das Tal sagt.

Dr. Fischer: Der Text gefällt mir, auch vom Pädagogischen aus gesehen, sehr gut. Die Gefolgschaft, die vom Schüler verlangt wird, muß immer wieder betont werden. Sie kommt im Text sehr gut zur Geltung. Ebenso scheint mir pädagogisch wertvoll die Schilderung des Verhältnisses vom Schüler zum Lehrer zu sein. Ein drittes schönes Motiv im Text ist die Zeichnung der Liebe des Sohnes zur Mutter.

Kurt Weill: Die Motivierung mit der Medizin, die der Knabe für die kranke Mutter holen will, um sie zu retten, ist übrigens auch erst von Brecht in das Stück hineingebracht worden. Ich bin besonders froh darüber, daß auch Sie die Wichtigkeit der Gefolgschaft eben betont haben. Durch diese Tendenz des »Einverständnisses« wirkt das Lehrstück in einem höheren Sinne politisch, selbstverständlich nicht parteipolitisch.

Dr. Fischer: Wie denken Sie sich die szenische Ausgestaltung?

Kurt Weill: Einfach. Es kann in der Schulaula gespielt werden. Vorn auf dem Podium ist die Bühne. Auf dem Podium oder vor dem Podium sitzt der Chor. In der Mitte des Podiums ist ein Kreis gezogen, in der Mitte des Kreises befindet sich eine Tür. (Zimmer der Mutter.) Im zweiten Akt wird die Tür fortgenommen, auf der einen Seite des Kreises wird ein Podium mit einer Treppe aufgestellt, die den Berg darstellt. Sie sehen, Einfachheit ist das Prinzip dieser Schuloper. Auch im musikalischen Teil. Das Orchester und die Gesangspartien werden von Schülern ausgeführt. Als Besetzung des Orchesters denke ich mir Violinen (Bratschen *nicht!*) Celli, zwei Klaviere; Zupfinstrumente (Laute, Mandoline) und Kontrabaß *ad libitum*. Ferner Bläser (Flöten, Saxophon); eventuell auch Trompete. Alle Bläserstimmen können natürlich auch vom Harmonium ausgeführt werden. Halten Sie eine solche Besetzung für durchführbar?

Dr. Fischer: Sie ist durchführbar. Es gibt in vielen Schulen Saxophonbläser, Flötisten, ja, manche Schule hat ein eigenes großes Blasorchester. Schwerer sind nur Klarinettisten und Oboer zu finden. Es ist gut, daß Sie auf sie verzichten. Das Wichtigste aber scheint mir, daß die Freiheit der Besetzung gewahrt bleibt. Je nach den örtlichen Verhältnissen muß die Aufführungspraxis sich wandeln. So war es früher in der Schulmusik, so muß es wieder werden. In Süddeutschland gibt es z. B. viele Schüler, die Kontrabaß spielen, in Norddeutschland gehören sie zu den Ausnahmen. Man wird außerdem die Freude des Lehrers an dem Stück heben, wenn man ihm die Werkbesetzung freistellt. Wie steht es mit den Gesangspartien?

Kurt Weill: Alle vorkommenden Gesangpartien müssen von Schülern gesungen werden. Den Knaben denke ich mir von einem 10-12jährigen Schüler gesungen, den Lehrer von einem 16-18jährigen, die Mutter von einem 14-16jährigen Mädchen. Ebenso sind die drei Studenten, die die Wanderung mitmachen, von Schülern zu singen. Und schließlich hat auch der ganze Schülerchor mitzuwirken. Die Melodieführung ist einfach. Die Gesangstimmen sind an allen

exponierten Stellen von der Begleitung gestützt. (Kurt Weill
spielt den 1. Akt der Schuloper vor.)

Dr. Fischer: Ich habe mich an den eben gehörten Proben aus
dem 1. Akt Ihrer neuen Schuloper überzeugen können, daß
die Musik einfach ist und von den Schülern wohl ausgeführt
werden kann. Die Schulmusik, die auf wirklich aufführbare
Werke der Neuen Musik wartet, wird die Schuloper als
neue festliche Form der Schulmusik sicher gern aufnehmen.
Vielleicht werden wir bald wieder einen Aufschwung der
Schuloper erleben, die im 16. und 17. Jahrhundert in den
Lateinschulen Deutschlands bereits eine reiche Blütezeit
erlebt hat. Die erste Aufführung des Lehrstückes vom
Ja-Sager in Berlin im Juni d. J. wird uns weitere Klarheit
geben, ob dieser Weg der rechte ist. Mein Wunsch ist der,
daß Schulmusiker und Schaffender mehr als bisher *gemeinsam* am Ausbau der Schulmusik arbeiten möchten. Vielleicht kann schon unser Zwiegespräch in dieser Richtung
klärend wirken.

Die Musikpflege 1, 1930, S. 48-53. Auf den folgenden Seiten steht der »Jasager« in
der ersten Fassung (vgl. Szondi, Hrsg., 1966, S. 19 ff.) unter dem Titel: »Lehrstück
vom Jasager. Schuloper von Kurt Weill, Text nach einem japanischen Märchen
von Bert Brecht«. Zur Interpretation s. Steinweg 1972a S. 85, 99, 163.

66 Kurt Weill $^*JS = 30/2^z$

Über meine Schuloper ›Der Jasager‹

Die Absicht, eine Schuloper zu schreiben, liegt bei mir etwa
ein Jahr zurück. Das Wort »Schuloper« umfaßte für mich von
Anfang an mehrere Möglichkeiten, den Begriff »Schulung«
mit dem Begriff »Oper« zu verbinden. Eine Oper kann zunächst Schulung für den Komponisten oder für eine Kompo-
nisten-Generation sein. Gerade in dieser Zeit, wo es sich
darum handelt, die Gattung »Oper« auf neue Grundlagen zu
stellen und die Grenzen dieser Gattung neu zu bezeichnen, ist
es eine wichtige Aufgabe, Urformen dieser Gattung herzustellen, in denen die formalen und inhaltlichen Probleme eines
vorwiegend musikalischen Theaters auf Grund neuer Voraussetzungen neu untersucht werden. In diesem Sinne könnte
man auch Busonis »Arlecchino«, Hindemiths »Hin und Zu-

rück«, Milhauds »Armer Matrose« und die »Dreigroschen-oper« als Schulopern bezeichnen, da jedes dieser Werke eine Urform der Oper herzustellen versucht.

Eine Oper kann auch Schulung für die Operndarstellung sein. Wenn es uns gelingt, die gesamte musikalische Anlage eines Bühnenwerkes so einfach und natürlich zu gestalten, daß wir die Kinder als die idealen Interpreten dieses Werks bezeichnen können, so wäre ein solches Werk auch geeignet, die Opernsänger (oder solche, die es werden wollen) im Gesang und in der Darstellung zu jener Einfachheit und Natürlichkeit zu zwingen, die wir in den Opernhäusern noch so oft vermissen. In diesem Sinne könnte die Schuloper etwa als »Etude« für Opernschulen und Opernbetriebe dienen (täglich vor Beginn der Probe einmal aufzuführen).

Die dritte Interpretation des Wortes ›Schuloper‹ ist diejenige, die die beiden ersten in sich einschließt: Es ist die Oper, die für den Gebrauch in den Schulen bestimmt ist. Sie ist einzureihen in die Bestrebungen zur Schaffung einer musikalischen Produktion, in der die Musik nicht mehr Selbstzweck ist, sondern in den Dienst jener Institutionen gestellt wird, die Musik brauchen und für die gerade eine neue Musikproduktion einen Wert darstellt. Zu den älteren Absatzgebieten (Konzert, Theater, Rundfunk) sind jetzt hauptsächlich zwei neue hinzugekommen: die Arbeiterbewegung und die Schulen. Eine lohnende Aufgabe für uns besteht darin, für diese Gebiete nun auch Werke größeren Umfanges zu schaffen, die aber doch in den äußeren Mitteln sich so weit einschränken, daß die Aufführungsmöglichkeiten an den Stellen, für die sie bestimmt, nicht behindert sind. Ich habe daher den Jasager so angelegt, daß er in allen Teilen (Chor, Orchester und Soli) von Schülern aufgeführt werden kann, und ich kann mir auch denken, daß Schüler zu diesem Stück Bühnenbilder und Kostüme entwerfen. Die Partitur ist entsprechend den Besetzungsmöglichkeiten eines Schülerorchesters eingerichtet: als Stammorchester Streicher (ohne Bratschen) und zwei Klaviere, dazu ad libitum drei Bläser (Flöte, Klarinette, Saxophon), Schlagzeug, Zupfinstrument. Ich glaube aber nicht, daß man den Schwierigkeitsgrad der Musik bei einer Schuloper so weit herabsetzen soll, daß man eine besonders ›kindliche‹, leicht nachsingbare Musik für diese Zwecke schreiben soll. Die

Musik einer Schuloper muß unbedingt auf ein sorgfältiges, sogar langwieriges Studium berechnet sein. Denn *gerade im Studium besteht der praktische Wert einer Schuloper,* und die Aufführung eines solchen Werkes ist weit weniger wichtig als die Schulung, die für die Aufführenden damit verbunden ist. Sie soll aber mindestens ebensosehr eine geistige sein. Die pädagogische Wirkung der Musik kann nämlich darin bestehen, daß der Schüler sich auf dem Umweg über ein musikalisches Studium intensiv mit einer bestimmten Idee beschäftigt, die sich ihm durch die Musik plastischer darbietet und die sich stärker in ihm festsetzt, als wenn er sie aus den Büchern lernen müßte. *Es ist daher unbedingt erstrebenswert, daß ein Schulstück den Knaben außer der Freude am Musizieren auch Gelegenheit bietet, etwas zu lernen.* Das alte japanische Stück, das wir (Brecht und ich) als Textunterlage der ersten Schuloper auswählten, schien uns zwar seiner ganzen Grundhaltung nach sofort für den Gebrauch in Schulen geeignet, aber den Vorgängen fehlte noch jene Begründung, die erst eine pädagogische Verwertung berechtigt erscheinen läßt. Wir fügten daher den Begriff »Einverständnis« hinzu und änderten das Stück danach um: der Knabe wird jetzt nicht mehr (wie im alten Stück) willenlos ins Tal hinabgeworfen, sondern er wird vorher befragt, und er beweist durch die Erklärung seines Einverständnisses, daß er gelernt hat, für eine Gemeinschaft oder für eine Idee, der er sich angeschlossen hat, alle Konsequenzen auf sich zu nehmen.

Die Szene XX, 1930 S. 23 f.; vgl. Text 65. Zur Interpretation siehe Steinweg 1972a S. 85, 86, 89, 99, 168.

Zur »Maßnahme«

67 Brecht MA = 30/1[BV]

[Entwurf für den »Offenen Brief« an die Leitung der »Neuen Musik«]

Die Veranstaltung Neue Musik Berlin unter der Leitung von Professor Paul Hindemith Musikdirekt. Heinrich Burckard und ⟨Direktor⟩ Professor Schuenemann [!] hat ⟨das ⟨schon⟩

angekündigte⟩ die angekündigte Aufführung des neuen Lehrstück[s] von Brecht und Eisler aus politischen gründen ⟨zu-
rückgewiesen⟩ abgesagt [abgesetzt?]. es hängt dies mit der
⟨neuen um⟩ neuorganisierung des früheren donaueschinger
bzw. baden badener ⟨kam⟩ musikfestes unter nunmehr staat-
lichem ⟨regie⟩ protektorat zusammen.

BBA 329/57, hdschr. Brecht; verschiedene Schreibfehler, s. Steinweg (Hrsg.) 1972b
S. 275. Unter dem Text stehen zwei Berliner Telefonnummern (»Berg 86-90« und
»Berg 7645«). Es handelt sich um einen Entwurf für Text 68.

68 Brecht, Eisler $\qquad$ MA = 30/1[BV]

Offener Brief an die künstlerische
Leitung der Neuen Musik, Berlin 1930
Heinrich Burkard, Paul Hindemith
Georg Schuenemann

$\qquad$ Berlin, den 12. Mai 1930.
Sie haben es abgelehnt, die Verantwortung für die Aufführung
unseres neuen, zwischen uns verabredeten Lehrstückes vor
Ihrem uns namentlich nicht bekannten »Programmausschuß«
zu übernehmen und fordern uns auf, den Text diesem Ausschuß zur Zerstreuung politischer Bedenken vorzulegen.
(Diese Kontrolle, fügen Sie hinzu, komme für alle Werke in
Betracht.) Wir haben dies abgelehnt. Hier der Grund:
  Wenn Sie Ihre so wichtigen Veranstaltungen, in denen Sie
neue Verwendungsarten der Musik zur Diskussion stellen,
weiterführen wollen, dann dürfen Sie sich auf keinen Fall in
finanzielle Abhängigkeit von Leuten oder Institutionen begeben, die Ihnen von vornherein soundsoviele und vielleicht
nicht die schlechtesten Verwendungsarten aus ganz anderen
als künstlerischen Gründen verbieten. So wenig es Ihre künstlerische Aufgabe sein kann, etwa die Polizei zu kritisieren, so
wenig rätlich wäre es etwa, ausgerechnet von der Polizei Ihre
künstlerischen Veranstaltungen finanzieren zu lassen: Sie setzen sie nämlich eventuell der Vorkritik der Polizei aus. Es gibt
nämlich Aufgaben der neuen Musik, welche der Staat zwar
nicht verbieten, aber auch nicht gerade finanzieren kann. Seien
wir doch zufrieden, wenn der Polizeipräsident unsere Arbei-

ten nicht verbietet, fordern wir doch nicht auch noch das Schupoorchester an!

Im übrigen sind wir jetzt endlich auf dem Stand, den wir immer ersehnt haben: haben wir nicht immer nach Laienkunst gerufen? Hatten wir nicht schon lange Bedenken gegen diese großen, von hundert Bedenken gehemmten Apparate?

Wir nehmen diese wichtigen Veranstaltungen aus allen Abhängigkeiten heraus und lassen sie von denen machen, für die sie bestimmt sind und die allein eine Verwendung dafür haben: von Arbeiterchören, Laienspielgruppen, Schülerchören und Schülerorchestern, also von solchen, die weder für Kunst bezahlen noch für Kunst bezahlt werden, sondern Kunst machen wollen.

Sie müssen einsehen, daß in der jetzigen Situation Ihr Rücktritt von der künstlerischen Leitung der Neuen Musik Berlin 1930 als Protest gegen alle Zensurversuche der neuen Musik mehr nützen würde, als wenn Sie im Sommer 1930 noch einmal ein Musikfest feiern.

Gez. Bertolt Brecht. Hanns Eisler.

Versuche Heft 4 S. 351; BBA 238/74; Berliner Börsenkurier vom 13. 5. 1930 (leicht gekürzt, vgl. Steinweg, Hrsg., 1972b S. 319 f. Text G 30/1). Die masch. Vorlage BBA 238/74 hat an einigen Stellen einen anderen Text: Statt »Wir haben dies abgelehnt« (1. Absatz) hieß es »Ich habe dies abgelehnt«, statt »So wenig es Ihre künstlerische Aufgabe« (zweiter Absatz) hieß es nur »So wenig es Ihre Aufgabe . . .«; vor dem kursiv gedruckten Abschnitt (im Original in Großbuchstaben) steht: »Ein positiver Vorschlag:«; statt »der neuen Musik mehr nützen würde« (Schluß) hieß es »der neuen Musik mehr nützt«. Abweichungen finden sich auch in der Interpunktion. Die »Neue Musik« Berlin 1930 war eine Fortsetzung der Festtage neuer Musik, die 1921 und 1926 in Donaueschingen und 1927/1929 in Baden-Baden stattfanden (vgl. Texte 2 und 8). Hindemith, der 1929 noch die Musik zum »Badener Lehrstück« (vgl. Text 7) und zu Teilen des »Lindberghflugs« komponierte, hatte sich geweigert, die Brechtsche Bearbeitung bzw. Ergänzung des »Lehrstücks« zu vertonen (vgl. Text 41, der allerdings erst *nach* Text 68 geschrieben ist). Ob die Verlegung des Kammermusik-Festes nach Berlin tatsächlich mit Finanzierungsproblemen zusammenhing, konnte ich nicht ermitteln. Die Antwort der drei Briefadressen im Berliner Börsenkurier (s. Steinweg, Hrsg., 1972b S. 320 Text G 30/1) gibt darüber keine Auskunft. Der Text der »Maßnahme«, der, nach dieser Antwort zu urteilen, vorgelegt wurde, kann nur sehr fragmentarisch gewesen sein und ist verschollen (vgl. Steinweg, Hrsg., 1970 und 1972b). Zur Interpretation s. Steinweg 1972a S. 83, 167, 188, 208.

[Edelpleite]

lieber eisler,
ich habe schmitt überstanden und anfang nächster woche habe
ich wohl auch das mittelmeer überstanden. gearbeitet habe ich
einiges, aber noch nicht an der massnahme, da es hierfür zu
südlich babilonisch hier ist (trotz der engelsschen naturdialek-
tik auf dem tisch unter dem wallace). nächste woche fahre ich
an den ammersee. wunderbar wäre es, wenn wir uns da sehen
könnten und an mannistmann und so weiter gehen könnten.
meine verpflichtungen gegenüber dem verlag habe ich so
ziemlich weggearbeitet so daß wir den herbst für uns haben.
unser schöner erfolg bei der neuen musik hat mich gefreut, Sie
nicht? könnten Sie mir was über diese edelpleite schreiben? ich
freue mich auf neue arbeit!

herzlich Ihr alter brecht

BBA 1329/15-16 masch., Postkarte gerichtet an »Hanns Eisler, Berlin S 14, Seba-
stianstr. 39« aus Le Lavandou, Südfrankreich. Mehrere masch. Sofortkorrekturen;
Sinn und Form, Sonderheft Hanns Eisler 1964 S. 13; Steinweg (Hrsg.) 1972b S. 236.
Die Karte ist zum Abheften gelocht worden, so daß die Interpunktion nach »gefreut« und die Worte »mir« und »was« im vorletzten Satz mehr erraten als gelesen
werden müssen. Zum »Erfolg« bei der »Neuen Musik« vgl. Text 68. Schmitt war
Brechts Münchener Arzt. Zur Datierung s. Steinweg 1972b (Hrsg.) S. 276 (zu D
30/2), zur Interpretation s. Steinweg 1972a S. 202.

[Politischer Lehrwert]

Das Lehrstück ›Die Maßnahme‹ ist kein Theaterstück im
üblichen Sinne. Es ist eine Veranstaltung von einem Massenchor und vier Spielern. Den Part der Spieler haben bei unserer
heutigen Aufführung, die mehr eine Art Ausstellung sein soll,
vier Schauspieler übernommen. Aber dieser Part kann natürlich auch in ganz einfacher und primitiver Weise ausgeführt
werden, und gerade das ist sein Hauptzweck.
  Der Inhalt des Lehrstückes ist kurz folgender: vier kommunistische Agitatoren stehen vor einem Parteigericht, dargestellt durch den Massenchor. Sie haben in China kommunistische Propaganda getrieben und dabei ihren jüngsten Genossen

erschießen müssen. Um nun dem Gericht die Notwendigkeit dieser Maßnahme der Erschießung eines Genossen zu beweisen, zeigen sie, wie sich der junge Genosse in den verschiedenen politischen Situationen verhalten hat. Sie zeigen, daß der junge Genosse gefühlsmäßig ein Revolutionär war, aber nicht genügend Disziplin hielt und zu wenig seinen Verstand sprechen ließ, so daß er, ohne es zu wollen zu einer schweren Gefahr für die Bewegung wurde. Der Zweck des Lehrstückes ist also, politisch unrichtiges Verhalten zu zeigen und dadurch richtiges Verhalten zu lehren. Zur Diskussion soll durch diese Aufführung gestellt werden, ob eine solche Veranstaltung politischen Lehrwert hat.

BBA 348/61, masch. T. 17,1033 f. Es handelt sich vermutlich um die Vorlage zu dem in verschiedenen Kritiken erwähnten Text aus dem Programmheft der Uraufführung vom 13. 12. 1930 (vgl. u. a. Steinweg, Hrsg., 1972b, Text G 30/6). Das Programmheft war bisher trotz intensiver Suche in verschiedenen Archiven und Nachfrage bei einer Reihe noch lebender Zeitgenossen (Ernst Busch, Hans Curjel, Elisabeth Hauptmann, Herbert Ihering, Heinrich Strobel, Hans Heinz Stuckenschmidt) nicht zu ermitteln. Zur Interpretation s. Steinweg 1972a S. 89, 95, 99, 104, 167.

71 Brecht   MA = 30/4[ET]

Fragebogen

1. Glauben Sie, daß eine solche Veranstaltung politischen Lehrwert für den Zuschauer hat?

2. Glauben Sie, daß eine solche Veranstaltung politischen Lehrwert für den Ausführenden (also Spieler und Chor) hat?

3. Gegen welche in der Maßnahme enthaltenen Lehrtendenzen haben Sie politische Einwände?

4. Glauben Sie, daß die Form unserer Veranstaltung für ihren politischen Zweck die richtige ist? Könnten Sie uns noch andere Formen vorschlagen?

BBA 348/62 masch.; T 17,1034. Vermutlich handelt es sich um den im Text 72 erwähnten Fragebogen, den Brecht dem Programmheft der Uraufführung am 13. 12. 1930 beilegte. Ein Exemplar des gedruckten Fragebogens ist nicht erhalten, auch keine der Antworten, die Brecht, einer Zeitungsnotiz zufolge, bei der weiteren Bearbeitung des Stücks zu Rate gezogen hat (vgl. Steinweg 1972b, Hrsg., Text G 30/19). Die erreichbaren Zeugen der Uraufführung (siehe Kommentar zu Text 70) können sich an die Fragebogenaktion nicht erinnern. Zur Interpretation s. Steinweg 1972a S. 89, 119, 179.

[Änderbarkeit des Textes]

[1] [. . .] Brecht antwortete, das Stück sei so angelegt, daß man jederzeit Änderungen vornehmen könne. Es sei möglich, Teile hinein- oder herauszumontieren. Schon jetzt seien viele Änderungen, die sich aus den Anregungen der beantworteten Fragebogen ergeben hätten, vorgenommen worden.

Die Auffassung Brechts und Eislers, daß das ganze Werk mehr zu Lehrzwecken für Produzenten als für Konsumenten geschrieben sei, wurde scharf zurückgewiesen. [. . .]

[2] [. . .] Die Aussprache und die Beantwortung der Fragebogen hat die Autoren bereits dazu veranlaßt, an dem Text der »Maßnahme« *politische Änderungen* vorzunehmen. [. . .]

[3] [. . .] er [Brecht] würde, wenn es die Diskussion ergäbe, manche Stellen seines Stückes ändern, und zum Teil habe er es schon auf Grund von Einwendungen getan, zum Beispiel soll jetzt der zum Tode bestimmte Genosse selbst fragen, ob es denn keinen anderen Weg gäbe als seinen Tod, kommt aber selbst zur Verneinung dieser Frage. [. . .]

Der erste Bericht von den Beiträgen der Autoren während der Diskussion über die »Maßnahme« am 20. 12. 1930 (sieben Tage nach der Uraufführung) erschien in der »Welt am Abend«, der zweite in der »Roten Fahne«, der dritte wird von Karl Thieme wiedergegeben; zum jeweiligen Kontext siehe Steinweg (Hrsg.) 1972b Texte G 30/18 und 19, G 32/1. Zur Interpretation s. Steinweg 1972a S. 90, 92, 95, 100, 122, 151, 179.

73 *Eisler referiert von Unbekannt*   *MA = 30/6^{Zr}

[Massenwirkung]

»Der Genosse Hanns *Eisler* legt Wert auf die Feststellung, daß seine Worte in der Diskussion mißverstanden wurden (allerdings waren sie mißverständlich). Er wollte den politischen Lehrwert der »Maßnahme« für die an ihrer Einstudierung beteiligten Arbeitersänger betonen, ohne die ausschlaggebende Bedeutung der politischen Massenwirkung zu verkennen.«

Die Rote Fahne vom 24. 12. 1930. Die auf Eislers mündlichen oder schriftlichen Wunsch erfolgte Richtigstellung in der »Roten Fahne« ist einem Bericht über die

Diskussion nach der Uraufführung der »Maßnahme« angefügt, vgl. Steinweg 1972b (Hrsg.) Text G 30/19. Zu Eislers Haltung während und nach der Diskussion über die »Maßnahme« siehe Steinweg 1972a S. 90, 95.

74 *Eisler*

Über die Maßnahme

Das Stück ›Die Maßnahme‹ hat die Form einer Gerichtsverhandlung. Der Chor stellt eine Kontrollkommission dar, vor der sich vier Agitatoren zu verantworten haben, weil sie auf besondere Art bei ihrer revolutionären Tätigkeit einen Genossen verloren haben. Fünf Agitatoren der chinesischen Sowjetrepubliken haben in Süd-China agitiert, und zwar als Südchinesen verkleidet. Der jüngste von ihnen begeht eine Reihe von Fehlern, welche in einzelnen Szenen vorgeführt werden. Am Schluß gefährdet er die illegale Arbeit und kann nur noch durch freiwilligen Tod verhindern, daß die Arbeit seiner anderen Genossen nicht völlig vernichtet wird. Das Stück zeigt, daß es bei der revolutionären Tätigkeit Handlungen von solcher Schädlichkeit gibt, daß derjenige, der sie begeht, dem Proletariat eventuell nur noch durch sein Verschwinden helfen kann.

Mayer (Hrsg.) 1973, S. 108 f.

Aus dem Kontext

75 *Brecht*

[Experimentcharakter der »Versuche«]

Die Publikation der *»Versuche«* erfolgt zu einem Zeitpunkt, wo gewisse Arbeiten nicht mehr so sehr individuelle Erlebnisse sein (Werkcharakter haben) sollen, sondern mehr auf die Benutzung (Umgestaltung) bestimmter Institute und Institutionen gerichtet sind (Experimentcharakter haben) und zu dem Zweck, die einzelnen sehr verzweigten Unternehmungen kontinuierlich aus ihrem Zusammenhang zu erklären.

Umschlaginnenseite von Heft 1 der »Versuche«. Es folgen die Texte 50 und 64. Das Heft erschien nach Thieme 1932 im Juni 1930.

Aus dem Kontext (1930)

Anmerkungen zur Oper ›Aufstieg und Fall der Stadt Mahagonny‹

[. . .] *Wirkliche* Neuerungen greifen die Basis an.

5 Für Neuerungen – gegen Erneuerung!

Die Oper »Mahagonny« wurde 1928/29 geschrieben. In den anschließenden Arbeiten wurden Versuche unternommen, das Lehrhafte auf Kosten des Kulinarischen immer stärker zu betonen. Also aus dem Genußmittel den Lehrgegenstand zu entwickeln und gewisse Institute aus Vergnügungsstätten in Publikationsorgane umzubauen.

Musik und Gesellschaft, hrsg. von F. Jöde und H. Boettcher, Jg. 1, H. 4, S. 105 ff.; »Versuche« Heft 1, S. 107; T 17,1016. In den »Gesammelten Werken« von 1938 heißt es: »Die Oper »Mahagonny« wurde 1928/29 geschrieben.« Das Songspiel mit dem gleichen Titel wie die Oper wird in den »Versuchen« also als Teil oder Vorläufer der Oper gewertet, in den »Gesammelten Werken« nicht. In der ersten Fassung der »Anmerkungen« (in: Musik und Gesellschaft) wird Suhrkamp noch nicht als Koautor erwähnt. – Der zitierte Schluß-Absatz der »Anmerkungen zur Oper« muß sich nicht ausschließlich auf die Lehrstücke »Der Flug der Lindberghs« und »Das Baden-Badener Lehrstück vom Einverständnis« beziehen, wird aber v. a. diese beiden Stücke meinen, da in der Zwischenzeit (nach der Text-Fassung von 1938, die in T 17 übernommen wurde) außer dem »Fatzer«-Fragment keine anderen dramatischen Arbeiten veröffentlicht oder aufgeführt worden sind. Nach der Fassung der »Versuche« wäre allerdings auch die »Dreigroschenoper« hinzuzuzählen. Kontext s. T 17,1004-1016. Zur Interpretation s. Steinweg 1972a S. 99, 190.

77 Brecht

[Behandle dich wie einen Stein]

wer sich wie einen reichen mann behandelt der behandelt die reichen gut und sich selber schlecht
wer sich wie einen armen behandelt der behandelt die armen ⟨schlecht⟩ gut und sich gut.
behandle dich wie einen ⟨einfachen⟩ stein, ⟨der⟩ welcher ⟨ist⟩ plump einfach und unverletzlich. behandle dich wie einen dummen und schlechten. das bist du.

BBA 824/83-84 hdschr. Brecht, lose in ein Notizbuch eingelegte Blätter, unter denen sich auch ein aufgeklebter Zeitungsausschnitt befindet, der Carola Neher in der Rolle der »Halleluja-Lilian« in der Uraufführung von »Happy End« im Theater am Schiffbauerdamm zeigt. Die Uraufführung fand am 31. 8. 1929 statt.

[Über die Person]

»Ich« bin keine person. ich entstehe jeden moment, bleibe keinen, ich entstehe in der form einer antwort. in mir ist permanent was auf solches antwortet, was permanent bleibt.

*

⟨unsere⟩ »Meine« organe sind organisationen die sich ununterbrochen organisieren – zu einem bestimmten zweck.

*

Ich mache mich.

*

ich könnte die selbstkontrolle der materie sein.

*

seit der gott »weggedacht« ist, der dem menschen glich, gleicht der mensch auch nicht mehr dem menschen.
 sind 2 größen ⟨unter sich⟩ einer dritten gleich, so sind sie unter sich gleich.

*

»gott« war der unverläßlichste gedanke des menschen.

*

BBA 826/16, hdschr. Brecht, Notizheft. Zur Datierung und zum Kontext s. Steinweg 1972a S. 20, Text FZ=30/3 (= Text 63 im vorliegenden Band).

79 Brecht

[Zertrümmerung und neue Unentbehrlichkeit der Person]

in den wachsenden kollektiven erfolgt die zertrümmerung der person.

*

die mutmaßungen der alten philosophen von der gespaltenheit des menschen realisieren sich: in form einer ungeheuren *krankheit* spaltet sich denken und sein in der person.

*

Aus dem Kontext (1930)

sie fällt in teile, sie verliert ihren atem, sie geht über in anderes, sie ist namenlos, sie hört keinen vorwurf mehr, sie flieht aus ihrer ausdehnung in ihre kleinste größe aus ⟨der⟩ ihrer ent behrlichkeit in das nichts – aber in ihrer kleinsten größe erkennt sie tiefatmend übergegangen ihre neue und eigentliche unentbehrlichkeit im ganzen

BBA 363/76-77 hdschr. Brecht, Notizheft; auf dem gleichen Blatt steht noch: »die grünseidene passende tabernakeluhr.« P 20,61. Die beiden ersten Teile sind mit Bleistift, der dritte ist mit Tinte geschrieben. Zur Datierung s. Anm. zu Text 33.

80 Brecht

[Einbeziehung des Einzelnen]

An sich aber ist diese Abhängigkeit des Einzelnen von der Masse ein fortschrittlicher Prozeß. Der Einzelne wird mehr und mehr in große, die Welt verändernde Vorgänge einbezogen

81 Brecht

[Gleichgültigkeit des Einzelnen für das Kollektiv]

Zur Überwindung von Schwierigkeiten bilden sich in der Natur Kollektive (Schwalben beim Nachdemsüdenfliegen, Wölfe bei Hungerzügen und so weiter), negiert: Der Mensch ist nicht vorstellbar ohne menschliche Gesellschaft. (Das Denken des Individuums, das Denken findet anatomisch im Individuum statt, ist ohne die Sprache unmöglich, diese aber entsteht in der Gesellschaft.)

Ein Kollektiv ist nur lebensfähig von dem Moment an und so lang, als es auf die Einzelleben der in ihm zusammengeschlossenen Individuen nicht ankommt.

???

BBA 331/130 masch., P 20,61; auf dem gleichen Blatt wie Text 40, jedoch im Gegensatz zu diesem in Großbuchstaben. Zur Datierung s. Steinweg 1972a S. 28 Text BL~30/4, zur Interpretation ebenda S. 120 f., Berenberg-Gossler/Müller/ Stosch 1974 S. 135 (mit der falschen Ortsangabe BBA 816/31 statt 331/130) und unten S. 504 Anm. 28. Weitere Texte zum Thema »Individuum und Masse« s. P. 20,60-63.

[Verwandlung in unbedrohbaren Staub]

und er verglich nicht jene mit
andern
und auch nicht sich mit einem
andern sondern
schickt sich an, bedroht, sich rasch zu
verwandeln in
unbedrohbaren staub und
alles
was noch geschah vollzog er wie
ausgemachtes als erfülle er
einen vertrag. und ausgelöscht
waren
ihm im innern die wünsche
jegliche bewegung
untersagte er sich streng
sein inneres ⟨verschwand⟩ schrumpfte
ein und verschwand, wie ein
leeres blatt entging er allem
außer der beschreibung.

BBA 824/17-18, hdschr. Brecht, Notizheft. Zur Datierung vgl. Anm. zu Text 77, der jedoch nur lose in das Notizheft eingelegt ist. Auf Blatt 04 befindet sich eine Notiz »brecht, Verlag Kiepenheuer«, die darauf schließen läßt, daß Brecht in Beziehung zu dem Verlag treten wollte oder getreten war, in dem ab Mitte 1930 die »Versuche« erschienen. Später auf Blatt 44 findet sich eine Notiz zu einer Szene in der »Mutter«, die wohl erst 1931 notiert sein wird. Der obige Text muß jedoch nicht aus dem gleichen Jahr stammen, vgl. Anm. zu Text 33.

83 *Brecht*

[Dialektische Methode]

gibt es kriterien für die dial.[ektische] entwicklung des gedankens?
nein!

dial.[ektische] methode =
der gang der sache selbst

hlg. familie gegen bauer
kritik des III. teils der hegelschen rechtsfilosofie ›
(in 1 sache die dialektik finden
    = richtiger!!!)

BBA 107/06, hdschr. Brecht, Notizheft. Zur Datierung und zum Charakter des Textes vgl. Anm. zu Text 85.

84 Brecht

[Widersprüche und permanente Umwälzung]

einheit der einheit und des widerspruchs
= totalität
als prozeß
der widerspruch das tiefere
produzierende
theorie zum zweck der harmoniker-bekämpfung
schelling und gen.[ossen]
permanente umwälzung
system der bewegten widersprüche

BBA 107/03 hdschr. Brecht, Notizheft. Auf Blatt 02 hat Brecht Gedanken zu Hegel und Feuerbach notiert, zur Datierung vgl. die folgenden Texte.

85 Brecht

[Korsch, Philosophie, Wissenschaft]

korsch
die marxisten betonen die *unterschiede*
(marx vom toten hund)
lenin im Historischen Mat.[erialismus] *Lit[eratur] Po[litik]*
betreibt philosophie – wir wissenschaft
übereinstimmung »wahrheit – des gegenstands mit der vorstellung«
herbarth kritik + gleichmäßig
der begriff will die wahrheit als ergebnis finden

BBA 107/04, hdschr. Brecht, Notizheft. Brecht hat, wie Erich Gerlach mir versicherte, 1930/31 häufig an Vorlesungen von Korsch teilgenommen, vgl. Steinweg

1972a S. 200. Falls es sich um ein Notat *während* einer solchen Vorlesung handelt, müssen nicht notwendig auch die Texte 83, 84 und 86 in solchen Vorlesungen notiert sein oder sich darauf beziehen: Blatt 03 ist mit 3, Blatt 04 mit 5 und Blatt 05 mit 7 paginiert.

86 Brecht

[Einheit und Widersprüche]

das sein = [?]
das sein indem es nicht ist was es ist ist das wahre wesen.
unterschiede // gegensätze // widersprüche

bolzow

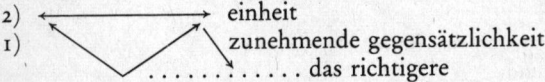

2) ⟵――――――――⟶ einheit
1)   zunehmende gegensätzlichkeit
. . . . ⟶ das richtigere

BBA 107/05, hdschr. Brecht, Notizheft; die zwei Striche jeweils zwischen »unterschiede«, »gegensätze« und »widersprüche« könnten Äquivalenz-Zeichen sein (»Parallelen«). Zur Datierung s. Anm. zu Text 85.

87 Brecht

[Denken bedeutet Verändern]

grundgesetz:
der denkende weiß was ⟨der menschheit⟩ / nützlich und was / ⟨ihr⟩ schädlich ist und ⟨der denkende weiß:⟩ sagt es, wenn das sagen nützlich ist.
1) . . . . .
2) wenn der denkende *sagt* was er weiß, so ist er unbestechlich.
der denkende ist unbestechlich.
wodurch wird die bestechlichkeit bekämpft?
durch den erkenntnisdrang.

K.[euner] der durst nach reiner erkenntnis dient zur bekämpfung der bestechlichkeit.
der bestechliche erkennt nicht.

was bedeutet: der D[enkende] ist unbestechlich?

Aus dem Kontext (1930)

das denken des D[enkenden] bedeutet verändern. der D[enkende] ist für die *änderung*. ihn hält von keinem Gedankengang der wunsch ab daß etwas bleiben soll. er ist einverstanden damit daß durch sein denken die welt verändert wird. sein denken ist ein wenigdenken, es ist beschränkt durch die verpflichtung der nützlichkeit. wählt man von allen dingen nur aus die nützlich sind so wählt man wenige aus. geht man vom zweck aus, dann verliert man sich nicht in gedankengänge die nichts ändern.

BBA 827/03-04 hdschr. Brecht, im gleichen Notizheft wie die Texte 32, 38, 57 und 88. Zur Datierung s. Steinweg 1972a S. 21, Text FZ ~30/5[h].

88 Brecht

[Erkenntnis und Haltung]

wenn der denkende eine lehre lehrt so tut er das weil eine solche gebraucht wird. der denkende denkt im auftrag. nicht eine bestimmte erkenntnis soll durch die lehre verbreitet sondern eine bestimmte haltung der menschen soll durch sie durchgeführt werden ⟨die wahrheit kommt vor in der lehre⟩

wo kommt die wahrheit vor?
die wahrheit kommt vor in der lehre vom einverständnis, d. i. der lehre von der richtigen haltung. bei dem einnehmen der richtigen haltung wird die wahrheit, d. h. das rechte erkennen der zusammenhänge zu tage treten.

die wahrheit ist ein kampfmittel der unterdrückten klassen.

wahrheit wissen heißt wissen: was? wem? nützt.

BBA 827/07 hdschr. Brecht, Notizheft, folgend auf Text 89 und 57. Zur Datierung und zum weiteren Inhalt des Notizheftes s. Steinweg 1972a S. 21.

89 Brecht

[Die Haltung der Ausgebeuteten]

die ausbeutung soll verschwinden
die ausbeuter sollen ⟨vernichtet⟩ ausgerottet werden

aber nicht verschwinden soll
die haltung der ausgebeuteten.

die bereit sind zu nehmen
sollen abtreten aber
die bereit sind zu geben
sollen an ihre stelle treten.

ihr sieg ist: die enteigner zu schlagen aber
ihr triumpf ist:
enteignet zu werden.

BBA 816/40, hdschr. Brecht, Notizheft. Zur Datierung s. Steinweg 1972a S. 269
Text AL~30/4.

90 *Brecht*

[Verhalten und Anschauung]

nicht das verhalten kommt aus der anschauung sondern umgekehrt.
es soll also die anschauung aus dem verhalten kommen.

BBA 434/08 hdschr. Brecht, Notizheft. Zur Datierung s. Anm. zu Text 36.

91 *Brecht*

[Die Geste als Ausdruck des Inneren]

verhalten des denkenden selbst
  der denkende zeigt 1) im täglichen leben kein interesse für die
⟨beschaffenheit⟩ güte der gegenstände die er zum täglichen
leben benötigt.
  um jedoch sein öffentliches interesse an dem zustand der
dinge zu beweisen die das volk zum leben benötigt und um
⟨zu beweisen⟩ ⟨darzutun daß⟩ zu bezeugen daß die wirkliche
verbesserung des täglichen lebens ein ziel des denkenden ist
und der wunsch danach ehrenvoll übt der denkende jedes jahr
öffentlich kritik am essen und den gebrauchsgegenständen.

Kommentar
1) ⟨den⟩ keinem menschen. wie gewöhnlich begnügt sich der

Aus dem Kontext (1930)

staat mit der vollkommenen geste des einzelnen. wäre die
geste nicht ⟨der⟩ ⟨sein⟩ ausdruck seines innern, so ⟨wäre⟩
wird sein inneres vielleicht ⟨durch die geste⟩ mit der zeit der
ausdruck der geste. es wäre ihm zu wünschen.

BBA 816/14 hdschr. Brecht, Notizheft. In dem gleichen Heft folgen die Texte 95
und 92. Zur Datierung s. Steinweg 1972a S. 269 Text AL∼30/4.

92 Brecht

Die Gestik

durch die industrielle mechanisierung verschwindet die gestik
scheinbar mehr und mehr: in wahrheit wird sie in eine höhere
form gehoben. natürlich nicht indem gestik gegen mechanisierung gesetzt sondern indem die mechanisierung gestisch wird.
also: das mechanische ist zu betonen, weiterzutreiben – bis
zur gestik. die individuelle geste erliegt der mechanisierung,
welche zur kollektiven gestik entwickelt werden muß.

BBA 816/18 hdschr. Brecht, Notizheft. Zur Datierung s. Steinweg 1972a S. 269.

93 Brecht

Die Begnügung mit der Geste

was immer du denkst verschweig es
geh hinaus mit uns mechanisch!
geh wie einer grüßt: weils üblich
vollführ die bewegung die
nichts bedeutet

BBA 827/12 hdschr. Brecht, Notizheft. Zur Datierung s. Steinweg 1972a S. 21 Text
FZ∼30/5, zum möglichen Kontext (»Fatzer«) ebenda S. 251. Vielleicht handelt es
sich nicht um einen »theoretischen«, sondern um den Entwurf für einen »dramatischen« Text.

[Gesten und Lautstärke]

der mensch produziert sich
gesten wie sätze
anfang und ende

*

heftige gesten, ton leiser
ton laut, gesten klein

BBA 448/122, die erste Zeile masch., der Rest hdschr. Brecht. Datierung unsicher.

95 Brecht

Über die Justiz

wozu soll der asoziale verurteilt werden?
der asoziale soll dazu verurteilt werden den staat zu sozialisieren.

was soll der tun dem der staat den prozeß macht?
er soll dem staat den prozeß machen.
worauf sonst sollte sich die justiz aufbauen?
die überführten asozialen sollen den staat anklagen weil er ihr
asoziales verhalten durch eine falsche erziehung oder durch
einen zustand indem der einzelne aus asozialem verhalten
gewinn zieht ihr verhalten ermöglicht hat.

BBA 816/16 hdschr. Brecht, Notizheft. Zur Datierung vgl. Steinweg 1972a S. 269
Text AL~30/4, zur Interpretation ebenda S. 124, 142 (an beiden Stellen ist irrtümlich BBA 816/12 statt 816/16 angegeben).

96 Brecht

[Revolution und Kunstwerke]

die revolution bringt keine ideologien (kunstwerke) hervor,
sondern die notwendigkeit zu revolutionen.

BBA 824/89, hdschr. Brecht, Notizheft. Zur Datierung vgl. Text 77.

Aus dem Kontext (1930)

[Fixierte Stellungen]

keine stühle für die zuschauenden
der boden mit kreidestrichen quadratiert. die stellungen
fixiert.
der mit dem sprechen beginnt, gibt am gong das zeichen.

BBA 329/55 hdschr. Brecht; Steinweg 1972a S. 34. Vor diesem Text liegen in der Mappe 329 Notizen für die Anmerkungen zu »Mahagonny«, die 1930 erschienen (vgl. Text 76). Zur Interpretation s. Steinweg 1972a S. 89, 169, 171, 172.

98 Brecht

Der größte Fehler wäre das Groteske

wären es leute in weißen arbeitsanzügen bald drei bald zwei
alles sehr ernst so wie akrobaten sehr ernst sind und sie nicht
klowns sind die vorbilder dann können die vorgänge einfach
wie zeremonien absolviert werden zorn oder reue als handgriffe der furchtbare darf überhaupt keine figur sein sondern
ich oder ein anderer wie eben jeder in der lage wäre sowie
leser lesen sollen diese spieler spielen indem keiner einen
bestimmten für sich oder ihn spielt sondern alle bestrebt sind
die wenigen grundgedanken herauszustellen wie eine fußball-
mannschaft dabei ist es erlaubt dass gewisse partieen die nur
voraussetzungen schaffen schnell herunter gesprochen und
deklamiert werden fast außerhalb der eigentlichen darstellung
das unter den tisch fallen als stilelement alle müssen *so agieren
als dächten sie an anderes: nämlich das ganze.*

BBA 521/95 masch.; Steinweg 1972a S. 164. Der Text bezieht sich auf das Stück »Aus Nichts wird Nichts« (vgl. Text 32). Als »der Furchtbare« wird der »Held« dieses Stückes, Bogderkahn, bezeichnet, vgl. St 7,2954 ff. Zur Interpretation s. Steinweg 1972a S. 164 f.

Zu den Lehrstücken allgemein

99 Brecht AL = 31/1^Vp

[Filmapparate im Lehrstück]

[. . .] Für die Dramatik ist die Stellung des Films etwa zur handelnden Person interessant. Er verwendet zur Verlebendigung seiner Personen, die nur nach Funktionen eingesetzt sind, einfach bereitstehende Typen, die in bestimmte Situationen kommen und in ihnen bestimmte Haltungen einnehmen können. Jede Motivierung aus dem Charakter unterbleibt, das Innenleben der Personen gibt niemals die Hauptursache und ist selten das hauptsächliche Resultat der Handlung, die Person wird von außen gesehen. Die Literatur braucht den Film nicht nur indirekt. Sie braucht ihn auch direkt. Bei der entscheidenden Verbreiterung ihrer gesellschaftlichen Aufgaben, die sich aus der Umfunktionierung der Kunst in eine pädagogische Disziplin ergeben, müssen die Mittel der Darstellung vervielfacht oder häufig gewechselt werden. (Wobei noch gar nicht die Rede sein soll vom eigentlichen Lehrstück, das sogar die Auslieferung der Filmapparate an die einzelnen Übenden verlangt!) Diese Apparate können wie sonst kaum etwas zur Überwindung der alten untechnischen, antitechnischen, mit dem Religiösen verknüpften, »ausstrahlenden« »Kunst« verwendet werden. Die Vergesellschaftung dieser Produktionsmittel ist für die Kunst eine Lebensfrage. [. . .]

»Der Dreigroschenprozeß, Ein soziologisches Experiment«, »Versuche« Heft 3 S. 257, L 18, 158; Das dritte »Versuche«-Heft wird im Sommer 1931 erschienen sein, da die beiden ersten Hefte nach Thieme 1932 im Juni und Dezember 1930 erschienen sind, also im Abstand von 6 Monaten. Zur Interpretation s. Steinweg 1972a S. 83, 93, 122, 166, 178, 181, 182, 202.

[Lehrstück für Beamte]

es ist nicht sache der beamten, die asocialen regungen zu unterdrücken (wenn es nicht ihre eigenen sind). das ist niemals sache eines einzelnen sondern immer der größeren einheit. deshalb müssen die beamten die unterdrückende tätigkeit ablehnen.

es ist sache der beamten, das beamtentum abzubauen. der beste satz des besten beamten lautet: ich bin überflüssig geworden. deshalb ist es sache der beamten überall wo eine masse vor aufgaben steht in ihr beamte zu erzeugen, welche die aufgaben zu bewältigen helfen, aber am ende von der bewältigten aufgabe selber bewältigt werden können.

das schlechteste organ des beamten ist sein gedächtnis.

es ist ein lehrstück für beamte nötig, in dem sie die disciplin-losigkeit des »publikums« unterstützen, akten verbrennen und die wahrheit anhören müssen.

BBA 326/44 masch., P. 20, 121. Zur Datierung s. Steinweg 1972a S. 40, zur Interpretation ebenda S. 125, 138.

Zu »Der Jasager/Der Neinsager«

[Oper für Schulen]

Der elfte Versuch: die Schulopern »*Der Jasager*« und »*Der Neinsager*« mit einer Musik von Weill ist für Schulen bestimmt. Die zwei kleinen Stücke sollten womöglich nicht eins ohne das andere aufgeführt werden.

Umschlaginnenseite von Versuche Heft 4; St 2,4*. Brechts Angabe ist ungenau: Weill hat nur zum »Jasager« (in der ersten Fassung) eine Musik geschrieben. Zur Interpretation s. Steinweg 1972a S. 85, 163.

Protokolle von Diskussionen über den »Jasager«
(auszugsweise) in der Karl-Marx-Schule, Neukölln

Diskutiert wurde eine dem Japanischen nahe Fassung des
Stückes, in der die Reise eine Forschungsreise war (der Knabe
schließt sich ihr an, um für seine Mutter Medizin und Unterweisung zu holen) und die Tötung des Knaben auf Grund
eines alten großen Brauches erfolgte. (Der Knabe ist damit
einverstanden.) Die beiden in den »Versuchen« abgedruckten
Fassungen sind unter Berücksichtigung dieser Protokolle hergestellt worden. Die berücksichtigten Einwände und Vorschläge sind durch Sperrdruck hervorgehoben.

Versuche Heft 4 S. 319-321; Szondi (Hrsg.) 1966 S. 59-63. An beiden Orten auch die
Protokolle. Zur Interpretation s. Steinweg 1972a S. 179, 180.

Zur »Maßnahme«

[Vorgänge und Begriffe]

Will man ⟨aus⟩ den Vorgängen der maßnahme begriffe abziehen, dann muß man für dieselben sehr genau die jeweilige
zuständigkeit bezeichnen. bekäme man zb den begriff gerechtigkeit, so müßte man sich durchaus auf einen begriff der
gerechtigkeit beschränken, welcher durch die ungerechtigkeit
der kapitalistischen gesellschaft gesetzt wird und durch deren
vernichtung erlangt werden kann.

BBA 324/28 masch.; Steinweg 1972a S. 35. Über dem Text stehen vier große L,
vielleicht für »Lehrstücke«, vielleicht auch nur, um die Taste der Maschine zu testen.
Der Text könnte eine Notiz für Text 105 sein. Zur Interpretation s. Steinweg 1972a
S. 154.

[Einübung eines eingreifenden Verhaltens]

Der zwölfte Versuch: *»Die Maßnahme«* mit einer Musik von Hanns Eisler ist der Versuch, durch ein Lehrstück ein bestimmtes eingreifendes Verhalten einzuüben.

Umschlaginnenseite von Heft 4 der »Versuche«, zusammen mit Text 101; St 2,4*.
Zur Datierung siehe dort. Zur Interpretation s. Steinweg 1972a S. 87, 90, 99.

105 Brecht, Dudow, Eisler MA = 31/3^V

Anmerkungen zur »Maßnahme«

I
[Der erste Teil der Anmerkungen enthält den Offenen Brief an die künstlerische Leitung der Neuen Musik Berlin 1930, der an seiner chronologischen Stelle wiedergegeben ist (Text 68); darunter folgender Zusatz:]
  Es blieb jedoch bei der Abhaltung des Musikfestes und der Ablehnung einer Aufführung der »Maßnahme« »wegen formaler Minderwertigkeit des Textes«.

II Die Musik zur »Maßnahme«
a) Die Einleitung (bis: . . . *anerkennen*) enthält im Text eine Situationsänderung. Die Agitatoren unterbrechen die ihnen dargebrachte Rühmung mit dem Antrag, über ihre Arbeit eine Untersuchung anzustellen. Indem die Musik, im Ganzen einen Brauch konstituierend, die Haltung des Kontrollchors *nicht* verändert, unterwirft sie rückwirkend auch die Rühmung des Anfangs ihrer allgemeinen Funktion, eine geschäftsordnende Haltung als eine heroische zu fixieren. Wird also der Gesamtvorgang als sich von a bis b entwickelnd vorgestellt, wobei a eine rühmende, b eine geschäftsordnende Haltung bedeutet, dann erhält dadurch, daß die Musik ihre heroisierende Haltung, die aus a genommen ist bei b beibehält, die rühmende Haltung des Anfangs rückwirkend einen geschäftsordnenden und die geschäftsordnende Haltung einen heroischen Charakter. Es ist jedoch denkbar, daß dies auch erreicht ist, wenn der Satz »Stellt dar, wie es geschah« ohne Musik kommt.

b) Die unterbrechenden Rezitativakte in dem Teil I (Die Lehren der Klassiker) haben eine disziplinierende Funktion. Sie legen die Zeitmaße der Sprechweise fest. Sie richten sich also keineswegs nach den Sprechern.

c) Bei den Stücken »Lob der U.S.S.R«, »Lob der illegalen Arbeit«, »Ändere die Welt, sie braucht es« und »Lob der Partei« wurden der Musik Theorien überliefert. Es handelte sich darum, den Chören nicht zu gestatten, »sich auszudrükken«, also waren Modulationen in der Tonstärke vorsichtig anzuwenden und auch melodische Buntheit zu vermeiden. Die Chöre sind hier mit voller Stimmstärke unter Anstrengung zu singen. Sie haben organisatorischen Charakter, die Theorien selber sind nicht bloße Widerspiegelungen (»wie sie es sehen«), sondern Kampfmittel.

d) Die Musik zum Teil II (Auslöschung) stellt einen Versuch dar, eine gesellschaftliche Umfunktionierung als heroischen Brauch zu konstituieren. Es ist denkbar, daß so etwas gefährlich ist, denn ohne Zweifel wirkt dadurch der Vorgang rituell, d. h. entfernt von seinem jeweiligen praktischen Zweck. Es wird darauf hinauslaufen, ob man in solchen Übungen Glorifizierungen psychischer Akte oder lediglich ihre Ermöglichung sieht. Jedenfalls wird hier (nur der Leiter des Parteihauses singt!) ein emotionelles Feld geschaffen. Es ist durchaus nötig, daß die drei ihr »ja« bewußt außerhalb der Konstruktion der Musik, also feldfrei sprechen.

e) Die Musik zu Teil V (Was ist eigentlich ein Mensch?) ist die Imitation einer Musik, die die Grundhaltung des Händlers widerspiegelt, des Jazz. Die Brutalität, Dummheit, Souveränität und Selbstverachtung dieses Typus konnte in keiner anderen musikalischen Form »gestaltet« werden. Auch gibt es hier kaum eine Musik, welche so provokatorisch auf den jungen Genossen wirken könnte. (Dennoch ist eine Ablehnung des Jazz, welche nicht von einer Ablehnung seiner gesellschaftlichen Funktionen herkommt, ein Rückschritt.) Man muß nämlich unterscheiden können zwischen dem Jazz als Technikum und der widerlichen Ware, welche die Vergnügungsindustrie aus ihm machte. Die bürgerliche Musik war nicht imstande, das Fortschrittliche im Jazz weiterzuentwickeln, nämlich das Montagemäßige, das den Musiker zum technischen Spezialisten machte. Hier waren Möglichkeiten gezeigt, eine neue

Einheit von Freiheit des Einzelnen und Diszipliniertheit des Gesamtkörpers zu erzielen (Improvisieren mit festem Ziel), das Gestische zu betonen, die Methode des Musizierens der Funktion unterzuordnen, also bei Funktionswechsel Stilarten übergangslos zu wechseln usw.

III Sätze des Sprechers bei öffentlichen Aufführungen
Bei öffentlichen Aufführungen kann ein Mitglied des Kontrollchores folgende Sätze sprechen:
Zu Beginn:
  Wir begrüßen jetzt die vier Agitatoren, die in Mukden gearbeitet haben.
Nach dem Satz: *Wir werden euer Urteil anerkennen.*
  (III 0,25):
  Wer war der Genosse, den ihr getötet habt, und wie war er?
Nach dem Satz: *Wir wiederholen das Gespräch.* (III 1,10):
  Spielt uns den Vorgang mit verteilten Rollen vor!
Nach ... *vor den Leiter des Parteihauses.* (III 1,105):
  Kannte der junge Genosse die Gefahren illegaler Arbeit?
Nach: ... *von der Ausmerzung des Urgrunds.* (III 3,110):
  Wie arbeitete der junge Genosse?
Nach: ... *der sie schnell zu verbessern versteht.* (III 3,178):
  Lernte der Genosse aus seinem ersten Fehler?
Nach dem Satz: *Wir sind einverstanden* (III 4,164):
  Stelltet ihr dem Genossen auch leichtere Aufgaben?
Nach: ...: *das Netz der Partei zu knüpfen.* (III 5,150):
  Brachte der Genosse die Bewegung in Gefahr?
Nach: *VIII. Die Grablegung* (III 8,1):
  Nennt jetzt eure Maßnahme!

IV Einübung der »Maßnahme«
Die dramatische Vorführung muß einfach und nüchtern sein, besonderer Schwung und besonders »ausdrucksvolles« Spiel sind überflüssig. Die Spieler müssen lediglich das jeweilige Verhalten der Vier zeigen, welches zum Verständnis und zur Beurteilung des Falles gekannt werden muß. (Der Text der drei Agitatoren kann aufgeteilt werden.) Jeder der vier Spieler soll die Gelegenheit haben, einmal das Verhalten des jungen Genossen zu zeigen, daher soll jeder Spieler eine der vier Hauptszenen des jungen Genossen spielen.
  Die Vorführenden (Sänger und Spieler) haben die Aufgabe,

lernend zu lehren. Da es in Deutschland eine halbe Million Arbeitersänger gibt, ist die Frage, was im Singenden vorgeht, mindestens so wichtig wie die Frage, was im Hörenden vorgeht. Jedoch sollten Versuche, aus der »Maßnahme« Rezepte für politisches Handeln zu entnehmen, ohne Kenntnis des Abc des dialektischen Materialismus nicht unternommen werden. Für einige ethische Begriffe wie Gerechtigkeit, Freiheit, Menschlichkeit usw., die in der »Maßnahme« vorkommen, gilt, was Lenin über Sittlichkeit sagt: »Unsere Sittlichkeit leiten wir aus den Interessen des proletarischen Klassenkampfes ab.« (Band XXV, S. 483.)

V Lenin über Lernen

»Es gibt noch keine Antwort auf die wichtigste, wesentlichste Frage: wie und was soll man lernen? Hier aber handelt es sich in der Hauptsache darum, daß zugleich mit der Umgestaltung der alten kapitalistischen Gesellschaft die Unterweisung, Erziehung und Bildung der neuen Generationen, die die kommunistische Gesellschaft aufbauen werden, nicht nach den alten Methoden betrieben werden kann.« (Rede auf dem III. allrussischen Kongreß des Kommunistischen Jugendverbandes Rußlands am 2. Oktober 1920. Band XXV, S. 474.)

»Versuche« Heft 4 S. 351-354; T 17, 1029-31. Zur Datierung s. Anm. zu Text 101. In Abschnitt III sind die Zeilenzahlen der »Versuche« durch die Zahlen bei Steinweg 1972b Text A 3 ersetzt worden. Zur Auseinandersetzung mit der »künstlerischen Leitung der Neuen Musik Berlin 1930« s. Text 68, zum Kontext des Leninzitates (Teil V) s. Steinweg (Hrsg.) 1972b Text F 1. in Brechts Handexemplar der »Versuche« ist Teil IIe der »Anmerkungen« hdschr. geändert worden (vermutlich für die Moskauer Ausgabe, s. Steinweg, Hrsg., 1972b, S. 198 f.). Der dritte Satz dieses Abschnitts ist erweitert worden um das Wort »andere« (eingefügt vor »Musik«). Der vierte Satz ist weitgehend gekürzt worden, die Klammern sind getilgt; statt »(Dennoch ist eine Ablehnung des Jazz, welche nicht von einer Ablehnung seiner gesellschaftlichen Funktionen herkommt, ein Rückschritt.)« heißt es nun: »Das bedeutet keine Ablehnung des Jazz«. Im letzten Satz ist der eingeklammerte Zusatz »(Improvisieren mit festem Ziel)« gestrichen worden. Alle Veränderungen sind in die Ausgabe der »Gesammelten Werke« von 1938 übernommen worden. Zur Interpretation s. Steinweg 1972a S. 88, 89, 90, 95, 98, 100, 101, 104, 109, 117, 136, 140, 141, 142, 146, 154, 161, 166, 178, 189, 193, 202.

Über praktikabel definierte Situationen in der Dramatik

[. . .]

es sind nur die proletarischen zuschauerschichten, die mitunter von der betrachtung der schilderungen ⟨auf⟩ zur betrachtung des geschilderten übergehen. dem verfasser ist ein fall bekannt, wo ein stück dieses typus, das die folgen des verbots der abtreibung behandelte, mehr als ein künstlerisches erlebnis, nämlich eine praktische kampagne auslöste, die eine kostenlose verabreichung von verhütungsmitteln durch die städtischen krankenkassen forderte und auch erreichte.

eine sorgfältige untersuchung zeigt diesen fall einer technisch gesehen alten dramatik als deutlichen grenzfall. die handlungsweise der zuschauer verrät eine genauere kenntnis sozialer causalkomplexe als das stück selber sie vermittelt. er zeigt vor allem die erstaunliche bereitschaft dieser zuschauerschichten für eine dramatik neuer art, die gesellschaftlich eingreifendes verhalten der zuschauer ermöglicht. für eine dramatik, die genaue abbildungen der wirklichkeit gibt, ⟨indem sie⟩ welche praktikable definitionen enthalten.

als beispiel dieser bereitschaft möge die skizze einer diskussion dienen, die zwischen dem verfasser und einem 300 mitglieder zählenden arbeitersängerchor in berlin über eine szene des stückes DIE MASSNAHME statt fand, das der chor aufzuführen im begriffe war.

BBA 158/72-73, masch. Sofortkorrekturen. Der fragmentarische Schluß-Abschnitt über die Einstudierung der »Maßnahme« ist T 15,246 f. nicht mehr abgedruckt. Die Gesprächsskizze ist anscheinend nicht geschrieben worden oder verloren gegangen. Vielleicht bezieht sich auch Brechts Bemerkung in »Volkstümlichkeit und Realismus« auf das gleiche Ereignis: Ein Arbeitersänger habe ihn, Brecht, zur Änderung eines Textes über die UdSSR veranlaßt (T 15,328). Das Stück, auf das Brecht hier anspielt, war Credés »§ 218«, das im Januar 1930 in Mannheim von Piscator uraufgeführt und bald ein »Riesenerfolg« wurde: Das Stück wurde innerhalb von 3 Monaten in 30 Städten vor über 100 000 Menschen gespielt und löste Demonstrationen usw. gegen den § 218 aus (vgl. Pfitzner 1966 S. 69, 91-93, 104 f.). Zur Datierung s. Steinweg (Hrsg.) 1972b S. 279 (zu Text D 31/4), zur Interpretation s. Steinweg 1972a S. 86, 89, 96, 151, 176, 179.

Fortschritte in der Arbeitermusikbewegung

[. . .]

Die Praxis hat uns gelehrt, daß wir unterscheiden müssen zwischen Musik zum Zuhören und Musik zum Ausüben. Bei dieser Formulierung mußten wir mit der konventionellen Meinung über das Chorsingen brechen. Es genügt uns nicht mehr, daß ein Stück, von einem Chor gut vorgetragen, auf den Zuhörer Wirkung ausübte, sondern wir mußten Methoden finden, auch den Sänger selbst nicht nur als Interpreten zu betrachten, sondern ihn zu revolutionieren. Die Praxis im DASB, in dem ja jahrzehntelang die Arbeitersänger zum Teil revolutionäre Lieder sangen, aber in ihrem politischen Leben Reformisten blieben, zwang uns, die Frage [der] Revolutionierung des Arbeitersängers neu aufzurollen. Ein Beitrag zur Lösung dieser Frage ist ›Die Maßnahme‹. ⟨Die Praxis der Agitprop-Truppen zeigte uns den großen Widerspruch zwischen den »seriösen« Chorgesängen und den aktuellen Kampfliedern der Truppen. Wir gehen jetzt daran, die merkwürdige Tatsache, daß die Arbeitersängerbewegung seit einem Jahrzehnt kein Kampflied mehr in die Massen brachte, im Gegensatz zu den Truppen, und damit ihre Zuhörer in eine Konzerthaltung drängte, zu ändern. Dabei sind wir uns aber bewußt, daß es falsch wäre, ein Kampflied nur anzuhören, sondern daß der aktivierende Zweck eines Kampfliedes nur durch das Selbersingen erreicht werden kann. Spontan bildet sich aus der Fichte-Organisation eine kleine Chorgruppe Sänger-Agitprop aus arbeitslosen Arbeitersängern, die in Massenversammlungen den Zuhörern neue Kampflieder einstudiert.

Zu der Frage, welchen Stil soll die revolutionäre Musik haben, konnten wir folgendes formulieren: Mit dem jeweiligen Zweck der Musik muß sich auch der Stil, die Organisationsmethode der Töne, ändern. Ein Kampflied, das selbst gesungen wird, muß anders konstruiert werden als ein Chorwerk, das einen theoretischen Inhalt hat. Wir haben also keine starren ästhetischen Maßstäbe, sondern kontrollieren unsere Produktion nach den jeweiligen revolutionären Zwecken.

Die Praxis brachte uns weiter zur Ablehnung der Konzertform. Die Konzertform, die sich im Zeitalter der Bourgeoisie ausbildete, ist für die Zwecke der revolutionären Arbeiterschaft unbrauchbar. Sie kann nur unverbindliche Genüsse bieten und den Hörer passiv machen. Es wird die Aufgabe der nächsten Jahre sein, den Gedanken des Lehrstücks durch praktische Versuche weiter zu entwickeln.

Zusammenhängend sei gesagt: ›All diese Versuche und Fortschritte können und konnten nur in engster Verbindung mit der kämpfenden Arbeiterschaft gefunden werden. Unser erster Grundsatz muß sein: Diejenigen Kulturorganisationen, die den Zusammenhang mit den politischen Organisationen der Arbeiterschaft verlieren, müssen zwangsläufig verflachen und verkleinbürgerlichen.

Wir dürfen es uns nicht bequem machen und mit den üblichen Wirkungen der Musik schon zufrieden sein, sondern ⟨wir⟩ müssen darüber hinaus streben, unsere Methoden immer wieder zu überprüfen und zu verbessern, damit die großartigen Aufgaben, die der Klassenkampf der Musik stellt, erfüllt werden können.

Kampfmusik (Berlin), 1. Jg., Nr. 4, S. 2, Mai 1931; »Die Welt am Abend« (Berlin) vom 9. 5. 1931 unter dem Titel »Was wir wollen« (gekürzt um die Teile, die im obigen Text in spitze Klammern gesetzt sind) Steinweg (Hrsg.) 1972b S. 243 f., Text D 31/5. Wiedergabe hier nach Mayer (Hrsg.), 1973 S. 113-115. Die »Kampfmusik« erschien seit Januar 1931 monatlich als Organ der revolutionären Arbeiter-Sänger und -Musiker Deutschlands im Interesse der Bildung und Orientierung einer Kampfgemeinschaft der Arbeiter-Sänger, die Pfingsten 1931 gegründet wurde (vgl. Mayer, Hrsg., 1973 S. 111 f.). Die »Welt am Abend« war eine der KPD nahestehende Tageszeitung. – Der DASB (Deutscher Arbeiter-Sänger-Bund) war eine alte, große sozialdemokratische Arbeiter-Bildungsinstitution, die in den zwanziger Jahren mehr und mehr zu einem klassischen unpolitischen Repertoire überging. Die »Marxistische Arbeiterschule« (MASCH) war im Winter 1926/27 auf Initiative der KPD in Berlin gegründet worden und wurde bald zum Zentrum marxistisch-leninistischer Bildungsarbeit in den Bereichen der Politik, Wissenschaft und Kultur. Im Frühjahr 1931 gab es in 26 Städten Marxistische Arbeiterschulen. Am stärksten ausgebaut war die Berliner MASCH. Hanns Eisler wurde bereits zu Beginn des dritten Schuljahres im Herbst 1928 unter den Vortragenden genannt (vgl. »Rote Fahne«, 22. 9. 1928). Er leitete die Arbeitsgemeinschaft »Dialektischer Materialismus und Musik«, die nach den Unterlagen des Hanns-Eisler-Archivs zumindest bis Ende Dezember 1931 arbeitete. Über zwei Sitzungen gibt es Protokolle. Danach nahmen außer Eisler Ernst Hermann Meyer, ein Genosse Bruck und eine bürgerliche »oppositionelle Gruppe« teil (Ehepaar Stern, Walther, van der Nüll, Rosenberg, Jakobi), nach: Mayer (Hrsg.) 1973 S. 116. Zur Interpretation s. Steinweg 1972a S. 95.

[Zur ›Kritik‹ des Genossen Klauder]

Die letzte Nummer ›Unser Lied‹ der Sängerzeitung des Gau Berlin, sonst ein harmloses Spießbürgerorgan, ist hochpolitisch.¹ Sogar der »linke« Genosse Klauder bemüht sich höchstpersönlich nachzuweisen, was für arge Verbrecher diese bösen Kommunisten sind: immer sind sie unzufrieden; immer wollen sie spalten; immer sind sie bemüht, die Ruhe des Sumpfes und die Behaglichkeit der Zigarrenhändler zu stören. [. . .]

Genosse Klauder benützt ein Zitat aus der ›Maßnahme‹, um uns als unmögliche Leute zu kennzeichnen. Es handelt sich um folgendes Zitat:

> »Wer für den Kommunismus kämpft, der muß kämpfen können und nicht kämpfen; die Wahrheit sagen und die Wahrheit nicht sagen; Dienste erweisen und Dienste verweigern; Versprechen halten und Versprechen nicht halten; sich in Gefahr begeben und die Gefahr [ver]meiden; kenntlich sein und unkenntlich sein. Wer für den Kommunismus kämpft, hat von allen Tugenden nur eine: Daß er für den Kommunismus kämpft.«²

Daß Genosse Klauder diese Sätze nicht versteht, ist ein deutlicher Beweis dafür, daß es seine Partei nicht mehr darauf angelegt hat, ihre Funktionäre zu revolutionären Marxisten zu erziehen. Seine Kritik dieser Sätze ist eine typisch kleinbürgerliche, idealistische. Dieses Zitat versucht, dialektisches Verhalten zu lehren, aber das hat Genosse Klauder nicht begriffen. »Die Wahrheit sagen und die Wahrheit nicht sagen« würde im Klassenkampf bedeuten, daß ich zwar in einer Versammlung die Wahrheit sagen werde, aber, wenn ich am nächsten Tage verhaftet werde, beim Verhör den Vertretern der Bourgeoisie nicht die Wahrheit z. B. über illegale Arbeit sagen werde. Denn wenn ich die Wahrheit in einer Versammlung sage, so

---

1 Vgl. Unser Lied, (Berlin), 11. Jg. Nr. 17, S. 74/75. Eisler bezieht sich auf den Artikel ›Die Spaltung des DAS (Eine Programmaufgabe der Bolschewisten)‹ von Karl Klauder in der Sängerzeitung für den Gau Berlin und Umgebung, der im Oktober 1931 in der genannten Nummer erschienen war.

2 Siehe Steinweg (Hrsg.) 1972b Text A 2 S. 41 f.

nütze ich der Revolution, wenn ich aber die Wahrheit über illegale Arbeit der Polizei mitteile, dann bringe ich viele Genossen ins Zuchthaus und schädige die Revolution. Deswegen, Genosse Klauder, gibt es für einen wahrhaften Revolutionär nur eine Tugend: Kampf gegen die Bourgeoisie und Vernichtung der Ausbeuterklasse, und so kommt es, daß ein Kommunist einmal die Wahrheit sagt und einmal nicht sagt. Wenn man so lange wie Genosse Klauder die Praktiken des Herrn Severing und die Interessengemeinschaft mit der Bourgeoisie verteidigen muß, dann kann man diese Grundsätze des dialektischen Materialismus nicht mehr verstehen. Während wir einem Klassengenossen Dienste gewähren würden, werden wir sie zur selben Zeit einem Ausbeuter verweigern. Aber der Genosse Klauder wurde dazu erzogen von seiner Partei, auch dem Klassenfeind, siehe Interessengemeinschaft, Dienste zu erweisen. So kommt es schließlich zu dem Ausspruch: »Läßt sich mit Menschen diskutieren, die diesem Glaubensbekenntnis leben?« Es muß sich diskutieren lassen, Genosse Klauder, denn ein Sechstel der Welt lebt nach diesem Glaubensbekenntnis in der USSR und die vielen Millionen der übrigen revolutionären Arbeiter der Welt. Aber für einen liberalistischen Kleinbürger ist die Revolution seit jeher das ärgste Schreckgespenst, und die Revolutionäre sind die Erbfeinde.

Wir verurteilen nicht nur die praktischen Maßnahmen der Bundes- und Gauleitung, sondern wir sind auch theoretisch und musikalisch die schärfsten Kritiker. Aber wir lehnen keine Diskussion ab, und wir hoffen noch, die revolutionäre Erziehung der Bundesbürokratie kräftigst durchführen zu können.

[...]

Mayer (Hrsg.) 1973 S. 134-137. Nach Mayer hat Eisler auf dem ersten Blatt des Typoskripts in der Mitte mit Bleistift notiert und unterstrichen: »(Theorie)«. Zum DAS(B) siehe Anm. zu Text 107. Anmerkung 1 ist von Mayer (Hrsg.) 1973 übernommen.

Die Erbauer einer neuen Musikkultur

[. . .]

F.) Die neuen Wege der Arbeitermusik.

Um die Arbeitermusikbewegung auf den Denkstandard der politischen Kämpfe zu bringen, ist es notwendig, nicht mehr kritiklos die Organisation der Bourgeoisie (das Konzert) zu benützen, sondern zu kritisieren. Weiterhin wäre auch die neue gesellschaftliche Situation der Arbeiterschaft zu analysieren.

§ 1. Die alte Tendenzmusik hatte die Aufgabe, sich vom klassenbewußten Arbeiter an den klassenunbewußten zu wenden. Die politische Situation der Gegenwart ist aber eine veränderte. Wir haben die großen Massen in den Organisationen, in den Gewerkschaften, den Parteien, den Kulturverbänden, den Sportverbänden. Diese Organisationen liegen in einem fortwährenden Kampf um das richtige revolutionäre Verhalten. Die Frage der Taktik ist die moderne Frage geworden, und nur wenn diese liquidiert wird, indem die richtige Taktik siegt, wird die Revolution ⟨entschieden⟩ siegreich sein. Eine Tendenzkunst, die mechanisch die Haltung der Arbeitermusikbewegung im Jahre 1880 kopiert, wird, auch wenn sie ästhetisch fortschrittlichere Elemente aufweisen sollte, doch eine zwecklose, konterrevolutionäre, weil – alle Gegensätze der Arbeiterschaft ignorierende – im tiefsten Sinn rückschrittliche sein müssen. Es kann nicht Aufgabe der Tendenzmusik sein, die Gefühle der sich bekämpfenden Arbeiter bloß unverbindlich zu erregen. Damit würde sich nichts ändern an der Situation. Diese Art von Tendenzmusik muß liquidiert werden als veraltet, als überholt, und ersetzt werden durch eine *revolutionäre Kunst,* deren Hauptzweck der Kampf- und Bildungscharakter ist. Was bedeutet das?

Das bedeutet die Verarbeitung der seit über 80 Jahren vorliegenden Resultate der dialektisch-materialistischen Denkmethode, es bedeutet die Verarbeitung der revolutionären Erfahrungen der letzten 20 Jahre. In einer Gesellschaft, in der sich zwar große Massen einig sind, daß es Klassenkampf geben muß, aber uneinig sind, wie er geführt werden muß, mit welchen Methoden, mit welchen Mitteln, wird die Kunst zum ersten Male die große Lehrmeisterin der Gesellschaft. Sie wird sich darauf beschränken, die ⟨Lehre der Klassiker und der Propagandisten⟩ Erfahrungen des Klassenkampfes in großen Bildern ⟨, fern von der Aktualität, aber auf sie einwirkend, weil ferne,⟩ darzustellen. Die bürgerliche Kunst hat als Hauptaufgabe die Befriedigung der Genußsucht. Die Arbeiterschaft, in einer der schwierigsten und kompliziertesten Perioden ihrer Klassengeschichte befindlich, voller Gegensätze in den eigenen Reihen, dabei aber stehend vor der Realität, Ergreifung der Macht, nimmt wieder als großen Verbündeten die Kunst. Sie verändert ihre Funktion. Was Hauptzweck war, aber bei der Tendenzkunst, der Genuß, wird Mittel zum Zweck. Der Text befriedigt nicht mehr das Schönheitsempfinden des ⟨Lesers⟩ Hörers, sondern er benützt die Schönheit, um den einzelnen anzulernen, um ihm die Denkmethoden der Arbeiterklasse, ⟨den dialektischen Materialismus⟩ die aktuellen Probleme des Klassenkampfes, faßlich und greifbar zu ⟨präsentieren⟩ machen. Die Musik benützt ihre Schönheit nicht mehr als Selbstzweck, sondern bringt in die verwirrten Gefühle der einzelnen Ordnung und Disziplin. Wir sehen, daß hiermit eine neuerliche große Funktionsveränderung der Kunst erfolgt. Kunst als Lehrmeisterin, als Kampfmittel, entstanden in der schwierigsten Situation der Klassengeschichte, verliert alles das, was der ⟨naturalistische⟩ bürgerliche Künstler ⟨»proletarisch« genannt hat.⟩ schön nennt. Sie enthält in stärkstem Maße bereits in ihren Anfängen die neue Funktion der Kunst in der klassenlosen Gesellschaft.

Zur gegenwärtigen Praxis der neuen Methoden der Arbeitermusikbewegung wäre soviel zu sagen: Es gibt hier kein Rezept wie beim Kuchenbacken, sondern es ist die Aufgabe der der Arbeitermusikbewegung angeschlossenen Spezialisten und Fachleute, zu überprüfen, welche Materialveränderungen diese neuen Funktionen der revolutionären Kunst zwangsläufig mit sich bringen. Es ist aber zugleich auch Aufgabe der breiten Massen der Arbeiter und ihrer Funktionäre, ihre Fachleute zu dieser Überprüfung zu zwingen und die Resultate durch Anwendung in der Praxis zu kontrollieren und zu kritisieren. Eine meiner Arbeiten, die in Düsseldorf hier aufgeführt werden soll, darunter meine ich vor allem mein Lehrstück ›Die Maßnahme‹, wird zeigen, wie sich diese Denkmethoden, die das Ergebnis einer jahrelangen Praxis sind, sich wieder in der Praxis auswirken.

[. . .]

Mayer (Hrsg.) 1973 S. 160-163. Der wiedergegebene Abschnitt ist Teil des Vortrages »Die Erbauer einer neuen Musikkultur«, der (gekürzt) 1960 von Winfried Höntsch veröffentlicht wurde. Er wurde höchstwahrscheinlich am 1. Dezember 1931 in Düsseldorf gehalten. Zur Datierung s. Mayer (Hrsg.) 1973 S. 163. Die erwähnte Aufführung der »Maßnahme« in Düsseldorf fand am 17. April 1932 durch den Bund für neue Volksmusik statt. Eislers Vortrag diente offensichtlich der allgemeinen Vorbereitung der Arbeitersänger und -musiker auf diese Einstudierung.

Das Typoskript enthält zahlreiche Korrekturen vor allem von Hanns Eisler und Erwin Ratz (der Eisler u. a. auch bei der Herstellung der »Maßnahme« half, vgl. Steinweg Hrsg., 1972b S. 182 »E. R.«). Die drei ersten Absätze des wiedergegebenen Abschnitts folgen einem Typoskipt, das Eisler mit Veränderungen (der ursprüngliche Text ist in spitze Klammern gesetzt) aus einem früheren Aufsatz in den vorliegenden übernommen hat, vgl. Mayer (Hrsg.) 1973 S. 163 und 166. Im früheren Aufsatz folgten nach »die neue Funktion der Kunst in der klassenlosen Gesellschaft« die Absätze, die unten als Text 113 (»Aus dem Kontext«) wiedergegeben sind. Der vollständige Text des früheren Aufsatzes ist wiedergegeben bei Mayer (Hrsg.) 1973 S. 120-139. Zur Interpretation s. Steinweg 1972a S. 98, 99, 165, 194, 204.

110 Tretjakow referiert Eisler   MA~31/7[Er]

[Politisches Seminar zu Strategie und Taktik der Partei]

[. . .]

»Das Lehrstück«, sagt Eisler, »ist nicht nur ein Musikstück, das Hörern vorgetragen wird. Es ist ein politisches Seminar besonderer Art zu Fragen der Strategie und Taktik der Partei. Chormitglieder werden bei den Proben politische Fragen besprechen, das wird aber in einprägsamer und interessanter Form geschehen. Das Lehrstück ist nicht für den Konzertgebrauch gemacht. Es ist nur ein Mittel der pädagogischen Arbeit mit Studenten marxistischer Schulen und proletarischen Kollektiven.«

Ich sah die Inszenierung der »Maßnahme« in Berlin.

Die vier Agitatoren erschienen auf einem besonderen Podium und demonstrierten dem Chor, wie sich die Ereignisse abgespielt hatten, eine Episode nach der anderen. Sie trugen gelbe Halbmasken mit schrägen chinesischen Augenschlitzen, warfen sich ein Seil über die Schultern, und die Pantomime begann. [. . .]

Sergej Tretjakow, Hanns Eisler (1935), aus dem Russischen übersetzt von Irina Belokonewa und Stephan Hermlin, in: Sinn und Form, Sonderheft Hanns Eisler 1964 S. 123. Tretjakow war 1931 in Berlin. Zur Interpretation s. Steinweg 1972a S. 95, 151.

Aus dem Kontext

111 Brecht

Die dialektische Dramatik

Grundgedanke: Anwendung der Dialektik führt zu revolutionärem Marxismus

1 Was ist wohl Dialektik?
Es ist heute üblich, sich auf den Standpunkt zu stellen – und beinahe alle berufsmäßigen Beurteiler des Theaters und der Dramatik stellen sich auf diesen Standpunkt –, daß man sich im Theater naiv einstellen muß, und man ist überzeugt davon, daß man dies kann. Versteht das Theater sein Handwerk, dann hat sich der Zuschauer lediglich einzufinden[.] (Und da die Kriktiker dafür bezahlt werden, finden sie sich immer ein.) Nun wäre vom Standpunkt des neuen Theaters aus gegen eine naive Einstellung des Zuschauers wenig zu sagen, wenn eine solche möglich wäre. Es wird hier davon zu reden sein, daß sie unmöglich ist und warum sie unmöglich ist. Ist sie aber unmöglich, dann muß vom Zuschauer verlangt werden, daß er den (unbequemeren) Weg beschreitet, etwas zu lernen, bevor er im Theater sich einfindet. Dann muß der Zuhörer »im Bilde«, vorbereitet, »gelehrt« sein. Selbst diese Vorbereitung aber ist schwierig genug. So wird im folgenden die Rede von »Dialektik« sein müssen, ohne daß erklärt wird, was dies ist; da die Dialektik ein Bestandteil nicht nur der proletarischen, sondern (wenigstens die idealistische) auch der bürgerlichen Bildung ist, wird ihre Kenntnis boshafterweise vorausgesetzt.
  Es handelt sich auch im folgenden weniger um die ausführliche Erklärung der neuen Dramatik als einer dialektischen

(obgleich es sich auch, da dies noch nie betont wurde, darum handelt), auch nicht so sehr um die Dialektik ihrer Entwicklung (diese zu zeigen, wäre die Aufgabe einer wirklichen Literaturwissenschaft), sondern hauptsächlich um einen primitiven Versuch, die revolutionierende Wirkung zu zeigen, welche die Dialektik überall, wo sie eindringt, ausübt, ihre Rolle als beste Totengräberin bürgerlicher Ideen und Institutionen.

[. . .]

6

Die dialektische Dramatik setzte ein mit vornehmlich formalen, nicht stofflichen Versuchen. Sie arbeitete ohne Psychologie, ohne Individuum und löste, betont episch, die *Zustände* in *Prozesse* auf. Die großen Typen, welche als möglichst fremd, also möglichst objektiv (nicht so, daß man sich in sie hineinfühlen konnte) dargestellt wurden, sollten durch ihr Verhalten zu anderen Typen gezeigt werden. Ihr Handeln wurde als nicht selbstverständlich, sondern als auffällig hingestellt: So sollte das Hauptaugenmerk auf die Zusammenhänge der Handlungen, auf die Prozesse innerhalb bestimmter Gruppen hingelenkt werden. Eine fast wissenschaftliche, interessierte, nicht hingebende Haltung des Zuschauers wurde also vorausgesetzt (die Dramatiker glaubten: *ermöglicht*). Demzufolge wurde diese Bewegung zu einer auf die Umänderung des ganzen Theaters einschließlich des Zuschauers gerichteten. Nicht weniger als ein *Funktionswechsel des Theaters* als gesellschaftliche Einrichtung wurde verlangt.

Man muß verstehen, daß es sich immer noch nur um einen *technischen Vorstoß*, keineswegs um irgendeine politische Aktion handelte. Alles blieb in der Sphäre des Bürgerlichen, auch stofflich. [. . .]

7 Das Theater als öffentliche Angelegenheit

8 Funktionswechsel des Theaters

Die Gesamtheit des Theaters muß umgestaltet werden, nicht nur der Text oder der Schauspieler oder selbst die ganze Bühnenaufführung – auch der Zuschauer wird einbezogen, seine Haltung muß geändert werden.

Diesem Wechsel der Haltung des Zuschauers entspricht die

Darstellung von menschlichen Haltungen auf der Bühne; die Auflösung des mimischen Materials nach *Verhältnissen* hin. Das Individuum fällt als Mittelpunkt. Der einzelne ergibt kein Verhältnis, es treten Gruppen auf, in denen oder denen gegenüber der einzelne bestimmte Haltungen einnimmt, die der Zuschauer studiert, und zwar *der Zuschauer als Masse.* Also auch als Zuschauer fällt der einzelne und ist nicht mehr Mittelpunkt, er ist nicht mehr Privatperson, die die Veranstaltung von Theaterleuten »besucht«, die sich etwas vorspielen läßt, die die Arbeit des Theaters genießt, er ist nicht nur mehr Konsument, sondern er muß produzieren. Die Veranstaltung ohne ihn als Mitwirkenden ist halb (wäre sie ganz, so wäre sie *jetzt* unvollkommen). Der Zuschauer, einbezogen in das theatralische Ereignis, wird theatralisiert. So findet weniger »in ihm« und mehr »mit ihm« statt, und so hat das zeitgenössische Theater lediglich als Geschäftsunternehmen, das aus dem Verkauf von Abendunterhaltung profitiert, hier ein Käuferkollektiv gebildet und so eine bloß quantitative Arbeit geleistet. Ein Schritt weiter, *allerdings ein Schritt gegen den Grundcharakter des Unternehmens,* und es entstünde eine qualitative Veränderung dieses Kollektivs: seine Zufälligkeit verschwände. Jetzt kann die Forderung erhoben werden, daß *der Zuschauer (als Masse) literarisiert* wird; das heißt, daß er eigens für den Theater»besuch« ausgebildet, informiert wird! Nicht jeder Hereingelaufene kann, auf Grund eines Geldopfers, hier »verstehen« in der Art von »konsumieren«. Dies ist keine Ware mehr, die jedermann auf Grund seiner allgemeinen sinnlichen Veranlagung ohne weiteres zugänglich ist. Das Stoffliche ist zum Allgemeingut erklärt, es ist »nationalisiert«, Voraussetzung des Studiums; das Formale, als die Art der Benutzung, wird in Form von Arbeit, eben von Studium, ausschlaggebend. An diesem Punkt wird begreiflich, warum *die Bearbeitung vorhandener Stoffe* eine Erleichterung der zu leistenden Arbeit bedeutet. Dies, daß in dieser Phase beinahe alle andern vorhergegangenen Elemente, welche in vorhergegangenen Phasen jeweils betont diese charakterisierten, enthalten sind, könnte sie dem, der die neue aus der alten, statt umgekehrt die alte aus der neuen Phase ableitet, als rein eklektische erscheinen lassen – da er ja das entscheidende Faktum des Funktionswechsels nicht beachtet. [. . .] Hier, im Herausstellen des *gestischen Gehalts* eines bekannten Stoffes, können (für Hersteller und Benutzer) die Haltungen, auf die es ankommen soll, richtig gesetzt werden, *gegen* den Stoff. Nun ist klar, daß *diese* Funktion des Theaters abhängt von einer beinahe absoluten Gemeinsamkeit aller Lebensinteressen aller Beteiligten. Gerade das unbestrittene Primat des Theaters vor der dramatischen Literatur, ein technischer revolutionärer Fortschritt, bleibt als Primat der Produktionsmittel vor der eigentlichen Produktion selber (ein Verständnis der revolutionären Ökonomie ist hier unerläßlich) ein Haupthindernis gegen den großen Funktionswechsel, den es erst ermöglicht.

Aufgefordert, eine nicht willenlose (auf Magie, Hypnose beruhende), hingegebene, sondern eine beurteilende Haltung einzunehmen, nahmen die Zuhörer sofort eine ganz bestimmte *politische* Haltung ein, nicht eine *über* den Interessen stehende, allgemeine, gemeinsame, wie die neue Dramatik gewünscht hätte. Ja, die Aufführung selbst schien plötzlich kein bloßer »Einfall« einiger Dramatiker mehr gewesen zu sein, sondern sie schien dem unausgesprochenen Diktat der Allgemeinheit zu entsprechen. Schien so ein Funktionswechsel des Theaters wieder möglich, wenn auch nicht im Sinn dieser Dramatik, so wurde er nur um so unmöglicher durch diese unvorhergesehene Art seiner Möglichkeit. Das Theater, selber eine Sache, stand als Sache dem Funktionswechsel im Wege. Der Funktionswechsel des Theaters war unmöglich.

[. . .]

T 15, 211-224; Kontext T 15, 211-225. Einen Beitrag über die dialektische Dramatik kündigt Brecht 1930 und 1931 auf den Umschlagseiten der beiden ersten »Versuche«-Hefte an; der hier wiedergegebene fragmentarische Text könnte also auch schon 1930 geschrieben sein. Zur Interpretation im Zusammenhang der Lehrstücktheorie s. Steinweg 1965 S. 49 f., 54 f. (»Der Weg zum Lehrstück«); Steinweg 1972a S. 110, 113, 119, 141, 152; Berenberg-Gossler/Müller/Stosch S. 130 f. und Steinweg im vorliegenden Band S. 500 Anm. 14.

[Niederlagen der Reflexologie]

die niederlagen der reflexologie (verursacht durch mechanistik) sind die siege der phänomenologie.

BBA 824/61 hdschr. Brecht, Notizheft. Auf der gleichen Heftseite stehen weitere Notizen zur Philosophie, von der wiedergegebenen durch Kreuzchen abgeteilt. Auf Blatt 59-60 stehen Notizen zur »Mutter«, die erst 1931 geschrieben sein dürften. Zur »Reflexologie« vgl. Steinweg 1972a S. 145-150 und Berenberg-Gossler/Müller/Stosch 1974 S. 147-150.

113 Eisler   *MA∼31/6ᴱᵉˢᵖ*

Die Kunst als Lehrmeisterin im Klassenkampf

[. . .]

F) Die neuen Wege der Arbeitermusik

[. . .] ja, wir können behaupten, daß die große klassische Periode der Kunst der klassenlosen Gesellschaft bereits angebrochen ist.

Es ist Aufgabe der der Arbeitermusikbewegung angeschlossenen Spezialisten und Fachleute zu überprüfen, welche Materialänderungen, Stiländerungen diese neue Funktion der ⟨revolutionären⟩ Kunst zwangsläufig nach sich zieht. Es ist Aufgabe der Organisationen der Arbeiterschaft, ihre Fachleute zu dieser Überprüfung zu zwingen und den alten Gegensatz zwischen Tendenzkunst und reiner Kunst mit folgender Formel zu liquidieren:

Der Einmarsch der Ratio, des Verstandes, in die Gesellschaft bedeutet den Sozialismus. Wenn wir die Musik wirklich ergreifen wollen und nicht nur an sie wie an eine ferne Utopie glauben, so müssen wir eine Kunstausübung vorbereiten, an der der neue Staat Interesse hat und die den Kunstsinn des Menschen im richtigen gesellschaftlichen Sinne ausnützt.

Liquidierung der Tendenzkunst, Liquidierung dessen, was Dummköpfe als Massenkunst bezeichnen, vorwärts zu einer neuen Umwälzung: *die Kunst als Lehrmeisterin im Klassenkampf.*

Mayer (Hrsg.) 1973 S. 129; die vorangehenden Passagen vgl. Text 109 und die Anm. dazu. Zur Interpretation s. Steinweg 1972a S. 98, 99, 165, 194, 204.

Zu den Lehrstücken allgemein

114 Brecht   AL~32/2[Lx]

Über Verwertungen

1

Die Frage, wie man die Kunst für das Radio, und die Frage, wie man das Radio für die Kunst verwerten kann – zwei sehr verschiedene Fragen –, müssen zu irgendeinem Zeitpunkt der wirklich viel wichtigeren Frage untergeordnet werden, wie man Kunst und Radio überhaupt verwerten kann.

2

Diese Frage wird, wenn wir recht haben oder recht bekommen, folgendermaßen beantwortet werden: Kunst und Radio sind pädagogischen Absichten zur Verfügung zu stellen.

[3]

die möglichkeit der durchführung einer solchen direkten pädagogischen verwertung der kunst scheint heute nicht gegeben weil der staat kein interesse daran hat seine jugend zum kollektivismus zu erziehen.

[4]

die kunst muß dort einsetzen wo der defekt liegt
wird das sehen ausgeschaltet so bedeutet das nicht daß man nichts sondern gerade so gut daß man unendlich viel »beliebig« viel sieht
diese wirkungen müßten natürlich in der akustischen fläche liegenbleiben
aber gerade dies daß die fehlende sieht in.

BBA 330/13 und 14; L 18,123. fragmentarisch. Die Texte 1 und 2 sind auf anderem Papier geschrieben als die Texte 3 und 4, die auch nicht numeriert sind. Es ist also möglich, daß die letzteren nicht zu den ersteren gehören; da sich jedoch unten auf Blatt 13 noch eine 3 befindet (ohne Text), die eine Fortsetzung verspricht, und die Blätter bei Brechts Tod hintereinander lagen, werden sie hier wie in L 18,123 zusammen wiedergegeben. Der Text könnte ein erster Entwurf zu Text 115 oder im Zusammenhang damit entstanden sein. Zur Interpretation s. Steinweg 1972a S. 84, 119, 188.

Der Rundfunk als Kommunikationsapparat
Rede über die Funktion des Rundfunks

[. . .] der rundfunk ist aus einem distributionsapparat in einen kommunikationsapparat zu verwandeln. der rundfunk ⟨ist⟩ wäre der denkbar großartigste kommunikationsapparat des öffentlichen lebens, ein ungeheures kanalsystem, d. h. er ⟨ist⟩ wäre es, wenn er es ver⟨steht⟩stünde, nicht nur auszusenden, sondern auch zu empfangen, also den Zuhörer nicht nur hören sondern auch sprechen zu machen und ihn nicht zu isolieren sondern ihn in beziehung zu setzen. [. . .]

[. . .] ⟨immer zu bedenken ist⟩ was die auszubildende *technik* aller solcher unternehmungen betrifft, so ⟨ist immer die hauptsache⟩ orientiert sie sich an der hauptaufgabe daß das publikum nicht nur belehrt werden ⟨will⟩ sondern auch belehren muß.

es ist eine ⟨auf⟩ formale aufgabe des rundfunks diesen belehrenden unternehmungen einen interessanten charakter zu geben, also die interessen interessant zu machen. einen teil, besonders den für die jugend bestimmten teil kann er sogar künstlerisch gestalten. diesem bestreben des rundfunks belehrendes künstlerisch zu gestalten, kämen bestrebungen der modernen kunst entgegen, ⟨die⟩ welche der kunst einen belehrenden charakter ⟨zu⟩ verleihen wollen.

als beispiel ⟨oder modell⟩ solcher möglichen übungen, die den rundfunk als kommunikationsapparat benutzen, ⟨möchte⟩ habe ich ⟨wie⟩ schon bei der badenbadener musikwoche 1929 den flug der lindberghs erläuter⟨n⟩t. dies ist ein ⟨beispiel⟩ modell für eine neue ⟨anordnung⟩ verwendung Ihrer apparate, ⟨und es ist nicht mehr⟩. [. . .]

[. . .] auch eine direkte zusammenarbeit zwischen theatralischen und funkischen veranstaltungen wäre organisierbar. der rundfunk könnte die chöre an die theater senden, sowie [!] er aus den meetings-ähnlichen kollektivveranstaltungen der lehrstücke die entscheidungen und ⟨publikationen⟩ reproduktionen des publikums in die öffentlichkeit leiten könnte usw. ein anderes modell wäre das badener lehrstück vom einverständnis. hierbei ist der pädagogische part, den der »hörer« übernimmt, der der flugzeugmannschaft und der der menge. ⟨ihn übernimmt der hörer⟩ er kom[m]uniziert mit dem vom rundfunk beizusteuernden part des gelernten chors, den der clowns, dem des sprechers. [. . .]

[. . .] dies ist eine neuerung, ein vorschlag, der utopisch erscheint und den ich selber als utopisch bezeichne, wenn ich sage: der rundfunk könnte oder das theater könnte, ich weiß, daß die großen institute nicht alles können was sie könnten, auch nicht alles was sie wollen. von uns wollen sie beliefert sein, erneuert, am leben erhalten durch neuerungen.

aber es ist keineswegs unsere aufgabe, die ideologischen institute auf der basis der gegebenen gesellschaftsordnung durch neuerungen zu erneuern, sondern durch unsere neuerungen haben wir sie zur aufgabe ihrer basis zu bewegen. also für neuerungen, gegen erneuerung! *durch immer ⟨neue⟩ fortgesetzte, nie aufhörende vorschläge zur besseren ⟨an⟩ verwendung der apparate im interesse der allgemeinheit* haben wir die gesellschaftliche basis dieser apparate zu erschüttern, ihre verwendung im interesse der wenigen zu diskutieren.

undurchführbar in dieser gesellschaftsordnung, durchführbar in einer anderen, dienen die vorschläge, welche doch nur eine natürliche konsequenz der technischen entwicklung bilden, der propagierung und formung dieser anderen ordnung.

BBA 155/53-60 masch. mit zahlreichen, hier berücksichtigten hdschr. Änderungen und Ergänzungen; L 18,127-134 (mit zwei Lesefehlern); Steinweg 1972a S. 40. Das Typoskript scheint einem Sprecher als Manuskript-Unterlage bei einem Vortrag gedient zu haben: Es enthält (in unbekannter Handschrift) ausgesprochene Vortragsbezeichnungen wie: langsam, absetzen usw. Ursprünglich stand an Stelle von »Rundfunk« durchgehend »Radio«. Unter demselben Titel, aber mit anderem Untertitel (»Aus einem Referat« statt »Rede über die Funktion des Rundfunks«) und in anderer Fassung erschien die Rede 1932 in: Blätter des Hessischen Landestheaters, 16. Juli 1932, p. 181-184. Diese Fassung ist wesentlich kürzer und verwendet einige der im Typoskript BBA 155 später geänderten Formulierungen. Wann die Änderung und Ergänzung des Manuskripts erfolgte, konnte ich nicht feststellen. Anschließend folgt in der gleichen Nummer der »Blätter« ein Aufsatz von Walter Benjamin mit dem Titel: »Theater und Rundfunk. Zur gegenseitigen Kontrolle ihrer Erziehungsarbeit«, der sich direkt auf Brechts Versuche und Vorschläge bezieht, s. W. Benjamin, Gesammelte Schriften, hrsg. von Rolf Tiedemann, Bd. 2, 1976 (Suhrkamp-Verlag, i. V.). Zur Interpretation s. Steinweg 1972a S. 93, 119, 120, 122, 151, 178, 182, 188, 196, 203, 204.

Mißverständnisse über das Lehrstück

einige versuche der neueren dramatik die sich auf der bühne
einer »epischen« (erzählenden) darstellungsweise bedient, einer antimetaphysischen dialektischen nichtaristotelischen dramatik, sind unter der bezeichnung »lehrstücke« in der öffentlichkeit diskutiert mißverstanden und in ihrer äußeren form
sofort imitiert worden. angesichts dieser niederschmetternden
erfahrung erscheint es fraglich, ob nicht die bezeichnung
lehrstück eine sehr unglückliche und die formale unterstreichung des lehrhaften in diesen stücken und ihrer darstellungsweise ein schwerer fehler war. die schultafel kann für den
unterricht nützlich sein ihre offizielle einführung in die stätten
der vergnügungen und erlebnise demonstrative bedeutung
haben, sie ist aber nicht die hauptsache der lehre. zumindest ist
sie ohne die lehre nichts besonders aufregendes. es war nicht
geplant der individuellen rechthaberei und ansichtskrämerei
der literaten eine dramatische und theatralische form zur
verfügung zu stellen. war es also unrichtig, hier mißverständnisse zu riskieren? waren mißverständnisse vermeidbar?

um ein neues mißverständnis zu vermeiden: die frage soll
nicht sein, ob es, im interesse des lehrens, besser gewesen
wäre, zu verbergen, daß gelehrt werden sollte. viele, darunter
»fortschrittliche« leute, verlangen tatsächlich diese caschie-
rung des lehrens, wollen auf eine unterirdische raffinierte
intrigante art belehrt werden, hassen den erhobenen zeigefin-
ger und wollen es durch die blume wissen. schon gesellschaftlich betrachtet gilt das doktrinäre als unfein. die angebliche
verpöntheit eine meinungsverschiedenheit erkennen zu lassen
in der vornehmen englischen gesellschaft wurde in unzähligen
zeitungsartikeln gepriesen. ich würde aber meinen freunden
die es durch die blume (auf graziöse art) wissen wollen,
unrecht tun, wenn ich ihre vorschläge und bedenken nicht
tiefer ansetzte. sie versprechen sich, absehend von den wirkungen des gesellschaftlichen chocks, tatsächlich einfach mehr
pädagogische wirkung von einer ganz konkreten, im rein
anschaulichen bleibenden, auf die abstrahierung verzichten-
den lehrart. sie fürchten wie gesagt nicht so sehr den gesell-

schaftlichen chock. es ist verhältnismäßig leicht, ihnen zu zeigen, daß dieser chock social bedingt ist und nur eine gesellschaftsschicht charakterisiert, die unter lernen etwas ganz bestimmtes, beinahe verächtliches versteht, die aneignung von Bildungsbesitz, den erwerb einer ware und das gelerntsein als fertigzurkarrieresein betrachtet, also eine schicht die für uns unbelehrbar ist und ausscheidet. sie fassen wie wir das lernen als prozeß auf und zwar als ständigen lebenslänglichen prozeß der angleichung an die verhältnisse. sie sind also nicht fertig bevor sie gestorben sind, sie sind nicht beleidigt wenn sie belehrt werden. sie verstehen es nicht nur, sich von den verhältnissen belehren zu lassen, sondern auch von menschen und sie wissen sogar, daß auch die verhältnisse zum großen teil von menschen produziert werden und zwar von ebenfalls belehrbaren. gerade diese art der verhältnisse, sonst so schicksalhafte fetischartige phänomene, macht die verhältnisse ja erst handhabbar. aber sie wollen es auf dem weg der erfahrung wissen und zwar der sensuellen erfahrung, auf dem weg des erlebnisses. sie wollen hineingezogen werden, nicht gegenübergestellt. ihnen gegenüber ist es nötig, den begriff des lehrstücks, der erkennbar pädagogischen dramatik zu verteidigen. er wird verteidigt, indem er vertieft wird.

es ist also jetzt nicht mehr die frage: soll gelehrt werden? es ist ⟨auch nicht mehr⟩ jetzt die frage: wie soll gelehrt und gelernt werden?

BBA 326/09-10 masch., fragmentarisch. Die Überschrift ist von fremder Hand (Elisabeth Hauptmann?) hinzugefügt worden und rot unterstrichen; im Text finden sich mehrere hdschr. Korrekturen von Brecht. Die Definition der epischen Dramatik als einer »antimetaphysischen, dialektischen, nichtaristotelischen« deutet auf die Zeit um 1932 (s. die Texte 117 und 124), wo jedoch beidemal statt »dialektische« Dramatik »materialistische« steht. Nach dem »Kontext« der Mappe BBA 326 kommt jedoch auch 1931 als Entstehungsjahr in Betracht, s. Anm. zu Text 100. Zur Interpretation s. Steinweg 1972a S. 86, 87, 102, 107, 125, 161; Berenberg-Gossler/Müller/Stosch 1974 S. 127-129.

117 Brecht   MU = 32/1^Vp

Anmerkungen zur »Mutter«

Das Stück »Die Mutter«, im Stil der Lehrstücke geschrieben, aber Schauspieler erfordernd, ist ein Stück antimetaphysischer, materialistischer, *nichtaristotelischer Dramatik.* Diese bedient sich der *hingebenden Einfühlung* des Zuschauers keineswegs so unbedenklich wie die aristotelische und steht auch zu gewissen psychischen Wirkungen, wie etwa der Katharsis, wesentlich anders. So wie sie nicht darauf ausgeht, ihren Helden der Welt als seinem unentrinnbaren Schicksal auszuliefern, liegt es auch nicht in ihrem Sinn, den Zuschauer einem suggestiven Theatererlebnis auszuliefern. Bemüht, ihren Zuschauer ein ganz bestimmtes praktisches, die Änderung der Welt bezweckendes Verhalten zu lehren, muß sie ihm schon im Theater eine grundsätzlich andere Haltung verleihen, als er gewohnt ist. Nachstehend einige Maßnahmen, die bei der Aufführung der »Mutter« in Berlin 1932 und in New York 1935 getroffen wurden.

[. . .]

»Versuche« Heft 5 S. 227; T 17,1036; Kontext T 17,1036-1070. Das 5. Heft erschien 1932. Zur Interpretation s. Steinweg 1972a S. 83, 155, 167, Mittenzwei im vorliegenden Band S. 229 und Steinweg ebenda S. 496 Anm. 2.

118 Eisler *AL = 32/4*[Zp]

Unsere Kampfmusik

[. . .] Die Arbeitermusikbewegung muß sich über die neue Funktion der Musik, das sind: Aktivierung zum Kampf und politische Schulung, klar werden. ⟨Dieses Klarwerden muß bedeuten,⟩ Dies bedeutet, daß sämtliche Musikformen und die Technik der Musikstücke aus ⟨diesem⟩ dem eigentlichen Zweck, das ist der Klassenkampf, entwickelt werden müssen. In der Praxis ergibt das nicht, was die Bourgeoisie »Stil« nennt. Ein bürgerlicher Komponist, der »Stil« ⟨schreibt⟩ hat, wird alle musikalischen Aufgaben auf ähnliche Weise lösen, so daß die bürgerliche Ästhetik dann von der einer »künstlerischen Persönlichkeit« spricht. In der Arbeitermusikbewegung streben wir ⟨also⟩ nicht einen »Stil« an, sondern neue Methoden der musikalischen Technik, die es möglich machen, die Musik noch besser und intensiver im Klassenkampf auszunützen.

Wenn wir die bürgerliche Musik am besten beschreiben wollen, so müssen wir den Ausdruck »Stimmung« gebrauchen, d. h. die bürgerliche Musik will den Zuhörer »unterhalten«. Die Aufgabe der Arbeitermusik wird es sein, die Sentimentalität, den Schwulst aus der Musik zu ⟨liquidieren⟩ entfernen, da diese Empfindungen vom Klassenkampf ablenken. Das wichtigste Prinzip der Kampfmusik ist, daß wir die Musik einteilen in solche, welche selbst ⟨musiziert⟩ ausgeübt werden soll, also Kampflieder, satirische Lieder usw., und solche, welche angehört werden soll, also Lehrstücke, Chormontagen, Chöre theoretischen Inhalts.

[...]

Musik zum Zuhören braucht nicht die gleiche Faßlichkeit wie die Kampflieder. Ihre Konstruktion richtet sich nach den jeweiligen Inhalten, ⟨aber⟩ und hier ist es möglich, größere und anspruchsvollere Musikformen zu entwickeln. Hier drohen andere Fehler den revolutionären Komponisten. Erstens die der Trockenheit und der Langeweile, zweitens aber auch die Möglichkeit, gleichsam den wilden Mann zu spielen, indem er überholte, formale Experimente der bürgerlichen Musik der ersten Nachkriegs⟨zeit⟩jahre wieder neu aufwärmt. Die Musik der Lehrstücke und Chöre wird eine scharfe, kalte Grundhaltung haben müssen, denn die muß ein Chor einnehmen, wenn er vor großen Massen politische Losungen oder Theorie aussagt.

[...]

Illustrierte Rote Post (Berlin), 2. Jg., Nr. 11, März 1932; Mayer 1973 (Hrsg.) S. 169 f.; Typoskript im Hanns-Eisler-Archiv unter der Überschrift »Neue Methoden der Kampfmusik«. Bei der Drucklegung in der Illustrierten Roten Post sind einige Formulierungen des Typoskripts gekürzt bzw. verändert worden. Der ursprüngliche Text ist wie bei Mayer in spitzen Klammern wiedergegeben. Zur Interpretation s. Steinweg 1972a S. 95.

119 Eisler

Die Aufgaben der Musikkonferenz der MRTO
[...]

Die Arbeitermusikbewegung
[...] Die revolutionäre Arbeiterschaft hat durch ihre eigentümliche Verwendung im kapitalistischen Produktionsprozeß

Zu den Lehrstücken allgemein (1932)

nur begrenzte Möglichkeiten des Musizierens. Aber diese begrenzten Möglichkeiten des Industrieproletariers, über die der bürgerliche Musikspezialist mitleidig lächelt, enthalten bereits im stärksten Maße gerade in der Verbindung mit der technischen Musikentwicklung die Fundamente einer neuen sozialistischen Musikkultur. Das Charakteristischste in der revolutionären Arbeitermusikbewegung ist die Aufhebung des Gegensatzes zwischen Musikkonsumenten und Musikproduzenten und zugleich die Aufhebung des Widerspruchs zwischen ernster und leichter Musik. ⟨Das Kampflied ›Die Internationale‹, von einem berühmten Tenor gesungen, wirkt lächerlich. Und wer würde wagen, die ›Internationale‹ als »Schlager« zu bezeichnen und ein Schubert- oder ein Schumannlied dagegen als seriöse Kunstmusik ausspielen.⟩ Die revolutionäre Arbeitermusikbewegung knüpft auf einer höheren Stufe an die primitivsten Methoden der Musik wieder an, sie hat keine technischen Produktionsmittel und so muß sie sich der natürlichen bedienen; des Gesanges als primitivstes musikalisches Produktionsmittel. Dieser für den bürgerlichen Fachmann scheinbare Nachteil schlägt um in einen ungeheuren Fortschritt der allgemeinen Musikentwicklung der Menschheit: Die Musik-Produktion und -Konsumption wird aus einer Angelegenheit für Kenner und Fachleute zu einer allgemein menschlichen Sache.

In allen Ländern hat der Arbeitergesang die spezifische Form der Musikausübung der revolutionären Arbeiterschaft gebildet. Dieses primitive Produktionsmittel ist zugleich auch stilbildend für das Musikmaterial für den Klassenkampf gewesen. Eine der interessantesten Sektionen ist die deutsche Arbeitersängerbewegung. [. . .]

⟨Für die Sozialdemokratie war das Tendenzlied eine Art Vertröstung auf ein »Übermorgen«⟩, während die kommunistischen Arbeiter von ihrer Kampfmusik verlangten, daß sie nicht nur die konkreten politischen Ziele widerspiegle, sondern auch die richtigen Methoden zur Erreichung dieser politischen Ziele popularisiere. Die deutsche Arbeitermusikbewegung hat aus der Erfahrung dieser Kämpfe einige wichtige praktische Erfahrungen gewonnen: die Aufgaben des Kampfliedes bei Streiks, bei Haus- und Hofpropaganda, bei Agitation auf den Stempelstellen, in Betriebskonzerten. Sie hat

schließlich als vorläufiges interessantes Ergebnis die Form des politischen Lehrstückes herausgearbeitet. ⟨Das Charakteristischste eines Lehrstückes ist die Verwandlung eines Konzertsaals in einen politischen Schulungskurs mit den Mitteln der Musik und des Theaters. In allen Ländern, die nicht die Eigentümlichkeiten der deutschen Arbeitersänger aufweisen, ist die revolutionäre Musikbewegung vor allem verknüpft mit der Agitproptruppenbewegung, wo sie ein unentbehrliches und wichtiges propagandistisches Mittel ist.⟩
[...]

Mayer (Hrsg.) 1973 S. 179-181 (Abschnitt III); gekürzt und geändert in Sowjetskoje iskusstwo Nr. 50/51 vom 4. November 1932; dt. von Ingrid Krause, in Beiträge zur Musikwissenschaft Heft 1/2, 1968. Die obige Wiedergabe folgt dem Typoskript; die in spitzen Klammern gesetzten Teile sind in der russischen Publikation nicht enthalten.

  MRTO ist die russische Bezeichnung des Internationalen Arbeiter-Theater-Bundes (IATB), der auf Initiative des Arbeiter-Theater-Bundes Deutschlands gegründet worden war. Auf der 1. Internationalen Konferenz (zum 1. Kongreß erklärt) der IATB wurde ein westeuropäisches und ein Ostbüro gewählt. Das zweite erweiterte Plenum des IATB fand vom 4. bis 14. November 1932 in Moskau statt (zum 15. Jahrestag der Revolution). Hier wurde die Organisation in Internationaler Revolutionärer Theater-Bund (IRTB, russisch MORT) umbenannt.

  Eisler hat auf dieser Konferenz wohl nicht gesprochen. Der Text erschien bereits vor Beginn der Konferenz, da kaum anzunehmen ist, daß die Musiksektion früher als das Plenum getagt hat. (Nach: Mayer, Hrsg., 1973 S. 182 f.).

Zur »Maßnahme«

120 Eisler   *MA = 32/1[z]

Einige Ratschläge zur Einstudierung der Maßnahme

  1. Vor allem muß man brechen mit einem für einen Gesangverein typischen »schönen Vortrag«. Das gefühlvolle Säuseln der Bässe, der lyrische Schmelz, man kann auch manchmal »Schmalz« sagen, der Tenöre ist für die ›Maßnahme‹ absolut unzweckmäßig.

  2. Anzustreben ist ein sehr straffes, rhythmisches, präzises Singen. Der Sänger soll sich bemühen, ausdruckslos zu singen, d. h. er soll sich nicht in die Musik einfühlen wie bei einem Liebeslied, sondern er soll seine Noten referierend bringen,

wie ein Referat in einer Massenversammlung, also kalt, scharf und schneidend.

3. Vor allem ist anzustreben nicht gefühlvolle Darstellung, sondern deutliche.

4. Der Text muß in jedem Moment von sämtlichen Zuhörern verstanden werden können. Am besten ist es, wenn der Chor, bevor er die Noten lernt, den Text im Rhythmus der Musik entsprechend übt. Das ist vor allem wichtig, damit eine einheitliche Aussprache der Worte erreicht wird.

5. Das Grundtempo der ›Maßname‹ ist ein gehendes, marschierendes, man hüte sich vor allem vor einem Schleppen der Tempis.

6. Sehr wichtig ist, daß die Sänger den Text nicht als selbstverständlich annehmen, sondern in den Proben diskutieren.

7. Jeder Sänger muß sich über den politischen Inhalt seines Gesanges völlig im klaren sein und ihn auch kritisieren.

8. Der Gesangchor ist in der ›Maßnahme‹ ein Massenreferat, der den Massen einen bestimmten politischen Inhalt referiert.

›Kampfmusik‹ (Berlin), 2. Jg., Nr. 3, S. 6, März/April 1932; Mayer (Hrsg.) 1973 S. 168. Zur Interpretation s. Steinweg 1972a S. 95, 96, 104, 126, 142, 144, 150, 168, 178.

Aus dem Kontext

121 Brecht

Das Operieren mit bestimmten Gesten

Das Operieren mit bestimmten Gesten
Kann deinen Charakter verändern
Ändere ihn.
Wenn die Füße höher liegen als das Gesäß
Ist die Rede eine andere, und die Art der Rede
Ändert den Gedanken.
Eine gewisse heftige
Bewegung der Hand mit dem Rücken nach unten bei
Einem Oberarm, der am Körper bleibt, überzeugt

Nicht nur andere, sondern auch dich, der sie macht.
Das Zurückblättern beim Lesen, das Zeichnen eines
　　　Schemas

G 8,377. Zur Interpretation s. Berenberg-Gossler/Müller/Stosch S. 143, denen ich auch den Hinweis auf diesen 1972 von mir übersehenen Text verdanke.

122 Brecht

[Stücke für kleine Gruppen]

[. . .]
III. stücke für kleine gruppen, für diejenigen, die nicht zu diesen gruppen gehören, als stücke über kleine gruppen verwendbar. die einseitigkeit, borniertheit, scheuklappennatur des bürgerlichen denkens, die totalität des kommunistischen. dieses totale denken für den kommunisten existenzfrage, kein sport. [. . .]

BBA 445/22 masch. Das Blatt liegt in einer Mappe mit Notizen für Anmerkungen zur »Mutter«. Das 5. Versuche-Heft erschien 1932; die Notiz könnte natürlich auch schon von 1931 datieren. Dem »Kontext« der Mappe ist nicht zu entnehmen, ob Brecht die Lehrstücke meinte oder andere.

123 Brecht

[Einmaligkeit der Figur in der »Mutter«]

wenn auch die figur so dargestellt werden muß, daß ihr verhalten transportierbar auf den beschauer ist (bei dem transport werden im gegensatz zu dem einfühlungsvorgang der aristotelischen dramatik die *unterschiede* zwischen beschauer und dargestellter figur zu tage treten müssen), wenn also in gewissem sinne ⟨auf⟩ die verknüpfung der person mit der umwelt gelockert dh. dem eingriff des beschauers preisgegeben werden muß, so ist doch zu ihrer darstellung gestaltung nötig, so ist sie doch im vollen umfassenden sinne eine ⟨gestalt⟩ individualität. ihr imitierbares mag für den beschauer ausschlaggebend sein, aber er muß es doch von einem nicht-imitierbaren lösen, das ihre einmaligkeit ausmacht. sie ist keineswegs einfach die resultante der kräfte ihrer umwelt, sie ist

　　　　　　　　　　　Aus dem Kontext (1932)

mehr und weniger. gewisse *denkbare* verschiebungen in den beeinflussungen denen sie unterliegt, würden ihr ein anderes verhalten ermöglichen, aber sie darf nicht als rein quantenmäßig zusammengesetzt vorgestellt werden, es sei denn daß man sich auch qualitäten vorstellt, die nicht so schnell wechseln.

BBA 445/55 masch., vgl. Anm. zu Text 122. Der Text aus den Notizen für Anmerkungen zur »Mutter« wird hier wiedergegeben (obwohl er einen Vorgang beschreibt, der für die Lehrstücke gerade *nicht* typisch ist, vgl. Steinweg 1972a S. 152-155) als Material für die Frage, ob das Stück »Die Mutter« zu den Lehrstücken zu zählen ist (vgl. die Anm. zu Text 117).

Zu den Lehrstücken allgemein

124 Brecht   MU=33/1^{Tp}

[Das Stück »Die Mutter«]

Das Stück »Die Mutter« wurde im Januar des Jahres 1932 in
Berlin aufgeführt. Die Aufführung war in mehrfacher Hinsicht bedeutungsvoll. Zusammen mit hochqualifizierten ersten
Schauspielern des bürgerlichen Theaters spielten Mitglieder
proletarischer Agitproptruppen. Der szenische Rahmen war
von großer Einfachheit, stellte aber zugleich mit seinem Verzicht auf jede Illusion – es gab weder richtige Zimmer noch
Straßen, nur einfache Leinwandwände, auf denen Texte und
Zitate standen – große Anforderungen an das Denken des
Publikums. Alles Russische war in Kostüm und Dekoration
vermieden. Die einzelnen Szenen wirkten wie Gleichnisse.
Was vorgezeigt wurde, konnte in vielen Ländern vorgehen,
überall, wo Zustände und Bewegungen wie die eben geschilderten vorkamen. Das Stück selber, eine Nachdichtung des
Gorkischen Romans »Die Mutter«, ist im Stil der Lehrstücke
geschrieben und war ein Stück antimetaphysischer, materialistischer, nichtaristotelischer Dramatik, also von einem sehr
hochentwickelten Typus, dramatisch betrachtet. Zu seiner
Herausarbeitung haben sehr komplizierte Erwägungen und
langjährige Theaterexperimente geführt. Die Gedankengänge,
die zu nichtaristotelischer Dramatik führten, waren beeinflußt
von den Gedankengängen einiger Wissenschaften, wie der
neueren Psychologie, der empirischen Philosophie der Physi-
ker und so weiter, und es ist kein Zufall, daß gerade dieser
Typus der Dramatik auf dem Gebiet der Politik von jener
Bewegung eingesetzt wurde, die die höchstentwickelte, am
weitesten fortgeschrittene politische Bewegung unserer Zeit
darstellt, der marxistisch-proletarischen Bewegung. Die Aufführung der »Mutter« wurde von großen proletarischen Organisationen herausgebracht. Sie verfolgt den Zweck, ihre Zuschauer gewisse Formen des politischen Kampfes zu lehren.

Sie wandte sich hauptsächlich an Frauen. Etwa 15 000 Berliner Arbeiterfrauen wohnten der Aufführung des Stückes bei, das Methoden des illegalen revolutionären Kampfes demonstriert. [...]

T 17,1071; Kontext T 17,1070-75. Zur Datierung s. Steinweg 1972a S. 45 f, zur Interpretation ebenda S. 83,155.

Zur »Maßnahme«

124a Eisler

Einiges über die Aufgaben der Arbeiterchorbewegung

[...]

5. Die Praxis hat uns gelehrt, daß wir unterscheiden müssen zwischen Musik zum Zuhören und Musik zum Ausüben. Wenn man so formuliert, bricht man mit der konventionellen Meinung über das Chorsingen. Es genügt nicht mehr, daß ein Stück, von einem Chor gut vorgetragen, auf den Zuhörer Wirkung ausübt, sondern man muß Methoden finden, auch den Arbeitersänger nicht nur als Interpreten zu betrachten, sondern ihn auch selbst zu revolutionieren. Einen Beitrag zu einer solchen Lösung wollten Brecht und ich mit dem Lehrstück ›Die Maßnahme‹ geben. ›Die Maßnahme‹ verlangt vom Arbeitersänger nicht nur ein mechanisches Auswendiglernen der Noten, sondern eine ständige Diskussion über den politischen Inhalt des Stückes.

6. Die Praxis der Spieltruppen zeigt uns den großen Widerspruch zwischen den »seriösen« Chorgesängen und den aktuellen Kampfliedern der Truppen. Man muß endlich die merkwürdige Tatsache, daß die Arbeitersängerbewegung seit über einem Jahrzehnt kein Kampflied mehr in die Massen brachte, im Gegensatz zu den Truppen, und damit ihren Zuhörer in eine rein passive Konzerthaltung drängte, zur Kenntnis nehmen. Dabei muß man sich klar sein, daß es falsch wäre, ein Kampflied bloß anzuhören, sondern daß der aktivierende Zweck eines Kampfliedes nur durch Selbstsingen erreicht werden kann. Es müßte sich jeder Arbeitergesangsverein zur

Pflicht machen, in jedem Konzert mindestens 1-2 einstimmige Kampflieder für den Zuhörer einzustudieren. Mit dieser Praxis würde sich der Gesangverein vom Kollektivcaruso zum musikalischen Lehrmeister der Arbeitergesangsbewegung entwickeln.

7. Die Praxis hat uns gezeigt, wie wenig ergiebig das konzertgemäße Musizieren für die revolutionären künstlerischen Zwecke der Arbeitermusikbewegung ist. Sie [Es] ist sehr geeignet, den Zuhörer unverbindlich zu unterhalten, weniger aber, ihn zu aktivieren und zu revolutionieren. Ein Programm, das eine Reihe Lieder enthält, die schweigend angehört und beklatscht werden, ist eine unverbindliche Abendunterhaltung. Ein Arbeitergesangsverein kann sich nur auf die Höhe einer wirklich revolutionären Aussage begeben, wenn er sich entschließt, auch mit den anderen Kultursparten, wie Arbeiterspieltruppen, Arbeitermusikvereine, Arbeiterbildungsinstituten, Arbeiterphotographen, ständig zusammenzuarbeiten. Durch diese Zusammenarbeit wäre es möglich, Veranstaltungen zu erzielen, die auch die technische Voraussetzung haben, große politische Themen aktueller oder prinzipieller Art auch mit den Mitteln der Musik eindringlich referierend dem Zuhörer zu vermitteln.

[. . .]

Mayer (Hrsg.) 1973, S. 190-193; »Die Politische Bühne« (Wien), 2. Jg. [1933] Heft 3/4, S. 51-53, hrsg. von der »Sozialistischen Veranstaltungsgruppe, Wien«. Mayer macht darauf aufmerksam, daß der Text noch vor dem Exil H. Eislers, das im Februar 1933 begann, geschrieben worden sein muß, vgl. die Formulierung: »Diese Praxis wird bei uns in Deutschland . . .«.

Zu den Lehrstücken allgemein

125 Brecht   AL∼34/1[h]

Zur Theorie des Lehrstücks

so wie ⟨bestimmte⟩ stimmungen und gedankenreihen zu
haltungen und gesten führen, führen auch haltungen und
gesten zu stimmungen und gedankenreihen.

  das anspannen der halsmuskeln und anhalten des atems wird
als begleiterscheinung ⟨oder folgeerscheinung⟩ des zorns ⟨be-
trachtet⟩ beobachtet. durch anspannen der halsmuskeln und
anhalten des atems kann aber auch zorn hervorgerufen werden. ein verlagern des körpergewichts auf das eine bein,
zittrighalten der muskeln, fahriges drehen des augapfels usw.
kann furcht erzeugen.

BBA 328/108 hdschr. Brecht; Steinweg 1972a S. 47. Der mit dem von Text 145
identische Titel könnte vermuten lassen, daß es sich um eine Vorarbeit bzw. Notiz
zu jenem Text handelt. Dagegen spricht, daß sich in Text 145 keine Andeutung einer
Übernahme dieser Sätze findet. Der Archiv-Mappen-Kontext ist ebenfalls kein
sicheres Indiz: einerseits finden sich Blätter, die noch in Berlin beschrieben sein
müssen (z. B. 328/84-89 mit Berliner Adressen), andererseits solche, die darauf
schließen lassen, daß Brecht sich bereits im dänischen Exil befand (z. B. 328/131
»Johanna auf dänisch . . .«). Da sich in der gleichen Mappe auch der Text zu »Die
Horatier und die Kuriatier« findet, das nach Brechts Angabe (Text 177) erst 1934
geschrieben ist, wird der Text hier eingeordnet. Zur Interpretation s. Steinweg 1972a
S. 125, 137, 142, 147; Berenberg-Gossler/Müller/Stosch 1974 S. 142-147.

Zu »Die Ausnahme und die Regel«

126 Brecht   (AR∼31/1[ů])

[Traktat über Vorteile und Nachteile der Konkurrenz]

I
traktat über vorteile und nachteile der konkurrenz
zwischen sprecher (für die vorteile) und chor (für die nachteile)

habt ihr gehört
jetzt beginnt die wüste
die wachen bleiben zurück
die verbindung ist abgebrochen
⟨aus dem ⟨⟨verwaltet⟩⟩ gesicherten bezirk⟩
der gesicherte bezirk ist zu ende
aus ihm treten die vereinzelten zögernd
unter neue gesetze noch nicht zu kennende
⟨ohne hilfsmittel muss der vereinzelte zeigen
wie er sich helfen kann.⟩

die gewohnheiten werden erprobt werden
die gepflogenheiten werden sich bewähren müssen
sandstürme und hochwässer werden die beziehungen der
ohne nachsicht prüfen.   [menschen

BBA 464/52 masch. mit zwei hdschr. Umstellungszeichen, die bei der obigen
Wiedergabe berücksichtigt sind. Die schriftliche Notierung weist Umlaute in der
üblichen deutschen Schreibweise (z. B. »zögernd«) und in der lateinischen auf (z. B.
»hochwaesser«). Es ist also anzunehmen, daß Brecht längere Zeit auf einer Maschine
ohne deutsche Umlautzeichen geschrieben hatte und sich an die dann besorgte
deutsche Maschine noch nicht wieder ganz gewöhnt hatte. Es ist wahrscheinlich,
daß dies eher in der Anfangszeit des Exils als später der Fall war. Zu diesem
Zeitpunkt kann auch nicht die Fassung des Stücks mit *zwei* Chören existiert haben
oder geplant gewesen sein (vgl. Steinweg 1972a S. 221 f.), deren Kern vielleicht Text
127 darstellt. Wenn das Umlautindiz hier richtig bewertet wird, ist die Datierung der
Texte 126, 127 sowie die der Fassung des Stücks mit zwei Chören in Steinweg 1969
und 1972a S. 210 falsch. Denkbar ist natürlich auch, daß Brecht die Umstellungs-
schwierigkeiten nach der Rückkehr von einer *Reise* ins Ausland *vor* 1933 hatte. Das
ist jedoch wenig wahrscheinlich, da kaum vorstellbar ist, daß er ohne Maschine
reiste. Zur Interpretation s. Steinweg 1972a S. 107.

127 Brecht   (AR~32/1ʰᵘ)

Über einen musikalischen Kommentar zu »Ausnahme und
Regel«

(ausführende: eventuell kleiner chor, der sich während des
stückes in zwei gegenchöre trennt und ein leiter.)

beispiel:
gegen schluss der ersten scene wird auf der bühne von den
spielern der wettlauf der beiden karawanen vorgeführt

(stumm). dazu behandelt leiter und chor die frage der konkurrenz. und zwar objektiv: auf solche weise, kämpfend, einander
besiegend, bauten die menschen dieser zeit riesige werke auf,
newjork, die neue mathematik, den verkehr usw. dieser aufbau war auf keine andere (zb weniger rohe oder kriegerische)
weise möglich.

am schluss der zweiten scene, wenn der kaufmann den polizisten nachsieht:
chor:
habt ihr gehört:
jetzt beginnt die wüste
die wachen bleiben zurück
die verbindung ist abgebrochen
der gesicherte bezirk ist zu ende
⟨jetzt marschiert weiter
in der gewohnten rangordnung⟩
aus ihm treten die vereinzelten zögernd
unter neue gesetze, noch nicht zu kennende
jetzt marschiert weiter
in der gewohnten rangordnung
nach den gepflogenheiten der volkreichen städte
der herr und der kuli:
die gewohnheiten werden erprobt werden
die gepflogenheiten werden sich bewähren müssen
sandstürme und hochwässer werden die beziehungen der
menschen ohne ⟨nachsicht prüfen⟩ nachsicht prüfen.

BBA 322/96-97 masch., Sofortkorrekturen masch. Der Text muß nach Text 126
geschrieben sein, da er die dort vorgenommenen Korrekturen berücksichtigt. Da er,
wie jener, Umlaute in beiderlei Gestalt aufweist, wird er in der gleichen Zeit
geschrieben sein. Zur Interpretation siehe Steinweg 1972a S. 107, 126, 127.

Zu »Die Horatier und die Kuriatier«

128 Brecht   HK = 34/1ᵘ

Vorarbeit zu »Die Horatier und die Kuriatier«

1

kann die fabel auf der basis der »gleichheit« der kräfte aufgebaut werden? es gibt diese gleichheit realiter nicht. anderer-

seits gibt es sie momentweise und ist herbeizuführen durch ungleichheit des terrains usw. ausserdem entstehen kriege nicht oder entwickeln sich nicht, wenn nicht eine gewisse gleichheit da ist. die list ist natürlich leichter zu demonstrieren, wenn man die gleichheit voraussetzt; dann schafft eben sie die entscheidung. die list besteht aber am besten vielleicht durch die ausnützung der eigenen besonderheit (schwäche oder überlegenheit) und der besonderheit des andern. die tricks allein beweisen nichts, sind zufall und wenig lehrbar, es bleibt dann ein klägliches anraten von list schlechthin.

2

kann die fabel auf der basis der ungleichheit der kräfte aufgebaut werden? schwer. denn von 3 schlachten gehen dem sieger 2 verloren. die 3. gewinnt er durch geistige überlegenheit. der stärkere müsste also unterliegen. aber wodurch war er dann stärker? war er besser gerüstet – das braucht auch intelligenz. (bessere produktion!) kraftvoller? das braucht gute wirtschaft. usw.

3

die erste schlacht könnte durch bessere ausnützung der besonderheit in der ausrüstung gewonnen werden. die zweite durch ausnützung des terrains. die dritte dann durch organisation.

BBA 328/118 masch. Brecht gibt an, das Stück 1934 geschrieben zu haben (s. Text 177). Zumindest die zweite Fassung des Stücks ist jedoch nachweislich 1935 entstanden (s. Anm. zu Text 139). Brechts Angabe im Text wird sich also auf den Arbeits-*Beginn* beziehen. – Auch das im dritten Abschnitt entwickelte Schema für »Die Horatier und die Kuriatier« hat Brecht verworfen, bevor er mit der Niederschrift begann, wie schon die erste Fassung des Stücks zeigt (vgl. Steinweg 1969 Teil 1, S. 144-153). Zur Interpretation s. Steinweg 1972a S. 101.

129 Brecht   HK = 34/2[P]

[Kultur, Lebensbedingungen und Erziehung]

wenn wir erkannt haben, welche ungeheure rolle die lebensbedingungen der menschen für ihre kultur spielen, werden wir unsere erziehung zunächst auf solche eigenschaften richten, welche gute lebensbedingungen schaffen, das heißt zustände beseitigen, in denen schon das nackteste, primitivste leben nur durch unaufhörlichen, unbedenklichen kampf gefristet werden kann.

was erzieht? es erzieht der hunger und die art, wie er gestillt werden kann. es erzieht die kälte und die art, wie ein obdach oder die kleidung errungen werden können. es erzieht die art, wie die menschen einander begegnen, wie einander zu begegnen sie durch ihre nöte gezwungen werden.
es erziehen die schönen künste nur, wenn sie nicht den lebenskampf schwächen.

lange sah man ihn noch rudern. bis zum fall
bemühte er sich, das ufer zu gewinnen. aber der fall
riß ihn doch hinab. das gefürchtete
trat ein. seinen feind
tötete er nicht, er blieb nicht am leben. aber
seinem mitkämpfer hinterließ er
den feind geschwächt.

so erzieht der mangel an brot in der hütte zum stehlen oder die bibel zum hungern. der eine kartoffel haben muß, der bückt sich, weil der boden das erheischt oder der herr. solcherart ist die erziehung zum bücken. in den schlecht geleiteten ländern zeigen die tugenden das elend an. wo man einen die gefahr verachten sieht, da ist vielleicht die maschine ohne schutzgitter.

BBA 325/44 masch.; P 20,84. Der im Text zitierte Abschnitt aus »Die Horatier und die Kuriatier« hat eine Fassung, die mit Sicherheit noch der ersten oder zweiten Stufe dieses Textes zugehört (vgl. Anm. zu Text 128 und 139), die noch vor der ersten erhaltenen durchgehenden Textversion (in der Zählung von Steinweg 1972a S. 233: T⁴) liegt: Die Zeilen 34-35 von S 3,1061 werden in Text 129 zwar in der *ersten* Fassung zitiert (»aber der fall/riß ihn doch hinab« statt »verschlang ihn doch«); die beiden anschließenden Zeilen unterscheiden sich dagegen von denen der ersten durchgehenden Textversion. Der P 20,84 gewählte Herausgeber-Titel »Erziehung guter Lebensbedingungen« muß ein Druckfehler sein. Zur Interpretation s. Steinweg 1972a S. 204.

Modell für die Wechselgespräche zwischen den Chören und den Zuschauern

(nach der schlacht der lanzenträger)

ZUSCHAUER:
  also entscheidet einzig die list?

SPIELER:
  nein. eben entschied doch die waffe.
  aber durch list erreicht der schwächer bewaffnete
  daß er, selber ausscheidend, den gegner doch schwächte.

ZUSCHAUER:
  also entscheidet nicht nur die maschine?

SPIELER:
  auch der horatier baute sich
  eine maschine. aus fluß und floß
  und einem lanzenstumpf baute er
  sich selbst in ein mächtiges geschoß um.

(nach der schlacht der bogenschützen)

SPIELER:
  was habt ihr gesehen?

ZUSCHAUER:
  wir haben gesehen:
  der gute kämpfer
  benutzt die sich bewegende umwelt.
  er berechnet
  voraus, wie der schatten fällt.
  wie eine große maschine bedient er verständig
  die sich bewegende umwelt.

BBA 304/13 masch., die »Rollenbezeichnungen« (Spieler und Zuschauer) in Groß-buchstaben. Der Entwurf gehört wahrscheinlich in eine frühe Phase der Arbeit an »Die Horatier und die Kuriatier«, vgl. Steinweg 1969 Teil 1 S. 153.

130 Brecht   MA~34/1[es]

Für das Einstudieren

1) suchen jene stelle des falschen verhaltens.

2) dazu erfinden von regiebemerkungen von der art: die 4 lachten, sahen sich an und sagten: . . .

3) die vorstellung, die vorführung geschehe zum anleiten jüngerer und unerfahrener darsteller. dann spielen also regisseure. ·

4) Vers III 3,67 z. B. kann als historisches moment aufgefaßt werden. vielleicht zum ersten mal stellt ein mensch diese frage? Sie wird auch nicht verstanden.

5) Vers III 1,27: die frage, wie die 6 neins gesagt werden, führt zu der frage, wieviel zu zeigen ist nötig?

BBA 1014/374 hdschr. Brecht auf der Rückseite des Szenenfotos von der Uraufführung der »Maßnahme« in Brechts Handexemplar der »Versuche« (BBA 1014); Steinweg 1972b, Hrsg., S. 249. Zur Datierung siehe die Zeugenbeschreibung von D[24], ebenda S. 198. Die von Brecht angegebenen Verszahlen der »Versuche« sind vom Herausgeber durch die entsprechenden Zahlen von Steinweg 1972b (Hrsg.) Text A 3 ersetzt worden. Zur Interpretation s. Steinweg 1972a S. 151, 161.

Zu den Lehrstücken allgemein

131 Brecht (?)

Als der Klassiker am Montag, dem siebenten Oktober 1935, es
verliess, weinte Dänemark

Geliebter, hast Du es denn nicht gelesen?
Rund tausend Jahre hielt es sich versteckt.
Um fünfzehnhundert wurd's jedoch entdeckt.
Es ist entdeckt! (Kolumbus ist's gewesen.)

Sieh seinen Ruhm wie einen Staub verwehen.
Seit lang ist's nur das Ei, von dem man spricht.

Gern steht das Allerneuste dort im Licht.
Ob sie jedoch ein Lehrstück schon verstehen?

Traust Du denn diesen, daß sie Dich erkennen
Trotz Deiner Größe einen Großen nennen?

Bald fährt das Schiff. Fährt nach Amerika.

Ich werde sehr allein sein und Dich lieben.
Du mußt mir schreiben: es ist so geblieben
Ich bin der alte und bald bin ich da.

G 9,539 f.; vgl. Steinweg 1972a S. 43. 1935 wurde in New York »Die Mutter«
aufgeführt; zur Frage, ob dies Stück zu den Lehrstücken zu zählen ist, vgl. die
Angaben in Anm. zu Text 117.

132 Brecht   AL~35/1^ZTp

[Das deutsche Theater der Zwanziger Jahre]
[...]
Als Brecht genügend Erfahrungen gesammelt hatte, wurde es
möglich, auch mit einem Minimum an Mitteln gewisse große

und verwickelte Vorgänge darzustellen. »Die Mutter«, eine historische Biographie, konnte mit ganz wenig Aufwand gegeben werden. Zu dieser Zeit führte eine andere Kette von Versuchen, die sich zwar theatralischer Mittel bedienten, aber die eigentlichen Theater nicht benötigten, zu gewissen Resultaten. Es handelte sich um pädagogische Versuche, um das Lehrstück.

Während einer Reihe von Jahren versuchte Brecht mit einem kleinen Stab von Mitarbeitern abseits des Theaters, das durch den Zwang, Abendunterhaltung zu verkaufen, allzu unbewegliche Grenzen hatte, einen Typus theatralischer Veranstaltungen auszuarbeiten, der das Denken der daran Beteiligten beeinflussen könnte. Er arbeitete mit verschiedenen Mitteln und in verschiedenen Gesellschaftsschichten. Es handelte sich um theatralische Veranstaltungen, die weniger für die Zuschauer als für die Mitwirkenden stattfanden. Es handelte sich bei diesen Arbeiten um Kunst für den Produzenten, weniger um Kunst für den Konsumenten. Brecht schrieb zum Beispiel kleine Lehrstücke für Schulen, eine winzige Oper (»Der Jasager«), die von Schülern aufführbar war. Die Musik hierzu schrieb, nach besonderen Gesichtspunkten, Kurt Weill. Ein anderes Lehrstück war »Der Flug der Lindberghs«, ein Stück, das eine Zusammenarbeit von Schulen mit dem Rundfunk vorsah. Der Rundfunk lieferte in die Schulen Orchesterbegleitmusik und den Gesang von Solisten, während die Schulklassen Chöre sangen. Zu diesem Lehrstück schreiben Hindemith und Weill die Musik; es wurde auf dem Baden-Badener Musikfest 1929 demonstriert. »Das Badener Lehrstück«, aufgeführt 1930, ist für Männer- und Frauenchöre geschrieben, verwendet aber auch Film sowie Clown-Szenen. Hindemith schrieb dazu eine Musik. Der 12. Versuch war das Lehrstück »Die Maßnahme«. Mehrere Arbeiterchöre Berlins taten sich zu seiner Aufführung zusammen, so daß ein Chor von etwa 400 Mann gebildet wurde. Einige erste Schauspieler wirkten mit [. . .]

BBA 347/33-36 masch. mit zahlreichen hdschr. Korrekturen von Brecht und Margarete Steffin (u. a. Ersetzung von »wir/ich« durch »b[recht]/er«, vgl. Steinweg, Hrsg., 1972b S. 282 zu Text D 35/1); T 15,239 f.; Kontext T 15,236-239. Unter dem Titel »The German Drama: pre-Hitler« erschien der Aufsatz, gekürzt, in anderer Form und englisch in: Left Review Bd. II, London Juli 1936, p. 504-08. Im folgenden werden die wichtigsten, das Lehrstück betreffenden Teile des englischen Aufsatzes wiedergegeben. Brecht muß daran mitgearbeitet haben:

»At this time, too, another series of experiments that made use of theatrical effects but that often did not need the stage in the old sense was undertaken and led to certain results. These led to the ›lehrstuecke‹, for which the nearest English equivalent I can find is the ›learning-play‹.

Mother is such a learning-play, and embodies certain principles and methods of presentation of the non-Aristotelian, or epic style, as I have sometimes called it; the use of the film projection to help bring the social complex of the events taking place to the forefront; the use of music and of the chorus to supplement and vivify the action on the stage; the setting forth of actions so as to call for a critical approach, so that they would not be taken for granted by the spectator and would arouse him to think; it became obvious to him which were right actions and which were wrong ones. [. . .]

With the learning-play, then, the stage begins to be didactic. (A word of which I, as a man of many years of experience in the theatre, am not afraid.) The theatre becomes a place for philosophers, and for such philosophers as not only wish to explain the world but wish to change it.

[. . .] Well, I can only say to that that there is not necessarily a difference between learning and having fun. Doubtless the sort of learning which we remember from our school days, from all those preparations for professions, is a most toilsome, wearying affair. But there is a learning that is full of joy, full of fun, a militant learning.

If there were not such entertaining learning, then the entire theatre would not be able to instruct. For theatre remains theatre even while it is didactic, and as long as it is good theatre it is also entertaining. In Germany, philosophers discussed these learning-plays, and plain people saw them and enjoyed them, and also discussed them.

I learned from these discussions. [. . .]

For some years, in carrying out my experiments, I tried, with a small staff of collaborators, to work outside the theatre, which, having for so long been forced to ›sell‹ an evening's entertainment, had retreated into too inflexible limits for such experiments; we tried a type of theatrical performance that could influence the thinking of all the people engaged in it. We worked with different means and in different strate of society. These experiments were theatrical performances meant not so much for the spectator as for those who were engaged in the performance. It was, so to speak, art for the producer, not art for the consumer.

I wrote, for example, plays for schools, and small operas. The Ja-Sager was one of them. These plays could be performed by students. Another of these plays was The Flight of the Lindberghs, a play that called for the collaboration of the schools with the radio. The radio broadcast into the schools the accompanying orchestral music and solo parts, while the

Zu den Lehrstücken allgemein (1935)

classes in the schools sang the choruses and did the minor rôles. For this
piece Hindemith and Weill wrote music. It was done at the Baden-Baden
Music Festival in 1929. The Baden learning-play, Experiment No. 7, is for
men and women choruses, and uses also the film and clowns as perfor-
mers. The music is by Hindemith. Experiment No. 12 was a learning-
play, Expedient. Several workers' choruses joined in performing it. The
chorus consistend of 400 singers, while several prominent actors played
the solo parts. The music was by Hanns Eisler.

[. . .]

Einige Änderungen müssen im deutschen Typoskript hdschr. erfolgt sein, *nachdem*
die Vorlage zu obigem Text gedruckt war. Zur Frage, ob und inwiefern »Die
Mutter« zu den Lehrstücken gerechnet werden kann, s. die Angaben in der Anm. zu
Text 117. Zur Interpretation s. Steinweg 1972a S. 83, 85, 86, 87, 92, 94, 102, 122, 139,
140, 180, 188.

133 Brecht   AL~35/2[Tp]

Über die Verwendung von Musik für ein episches Theater

[. . .]

Immer noch wird heute die »fortschrittliche« Musik für den
Konzertsaal geschrieben. Ein einziger Blick auf die Zuhörer
der Konzerte zeigt, wie unmöglich es ist, eine Musik, die
solche Wirkungen hervorbringt, für politische und philosophische Zwecke zu verwenden. Wir sehen ganze Reihen in
einen eigentümlichen Rauschzustand versetzter, völlig passiver, in sich versunkener, allem Anschein nach schwer vergifte-
ter Menschen. Der stiere, glotzende Blick zeigt, daß diese
Leute ihren unkontrollierten Gefühlsbewegungen willenlos
und hilflos preisgegeben sind. Schweißausbrüche beweisen
ihre Erschöpfung durch solche Exzesse. Der schlechteste
Gangsterfilm behandelt seine Zuhörer mehr als denkende
Wesen. Die Musik tritt auf als »das Schicksal schlechthin«.
[. . .]

Eine Aussicht für die moderne Musik eröffnet meiner Mei-
nung nach außer dem epischen Theater das *Lehrstück*. Zu
einigen Modellen dieses Typus haben Weill, Hindemith und
Eisler äußerst interessante Musik geschrieben. (Weill und
Hindemith zusammen die Musik zu einem Radiolehrstück für
Schulen, den »Flug der Lindberghs«, Weill zu der Schuloper

»Der Jasager«, Hindemith zum »Badener Lehrstück vom Einverständnis«, Eisler zur »Maßnahme«.)

BBA 42/28-30 masch. mit Korrekturen von Margarete Steffin (s. Steinweg 1972b, Hrsg., S. 283 zu Text D 35/2); die Umlaute sind teilweise durch ein hinzugefügtes e markiert worden wie in den Texten 126 und 127; BBA 42/40-42 (Abschrift). Hinter der Überschrift dieser Abschrift ist hdschr. eingefügt worden: »(1935)«; T 15,480-482; Kontext T 15,472-482. Zur Interpretation s. Steinweg 1972a S. 84.

134 Eisler $^{*}AL = 35/3^{Zp}$

Einiges über das Verhalten der Arbeitersänger und -musiker in Deutschland [Unser Lehrstück]

[. . .]
F) Proletariat und moderne Musik
Die revolutionären Schichten der Arbeiterklasse nahmen in Musikfragen immer eine fortschrittliche Haltung ein, denn die Arbeiter wußten sehr gut, daß der Kampf der Arbeiterklasse, der mit neuen Denk- und Organisationsmethoden geführt wird, auch einen neuen Musikstil braucht. [. . .] Diese Kampflieder in ihrer trockenen, aggressiven, unsentimentalen Weise waren auch technisch moderne Musik. Gewiß gibt es auch bei uns weniger fortschrittliche Musiktypen, wie es eben bei der Entwicklung einer Gattung vorkommt. Aber auch unsere Feinde müssen zugeben, daß unser Lehrstück und unser mehrstimmiger Chorgesang sowohl technisch, musikalisch, als auch in der Art der Wiedergabe den fortschrittlichsten Typen der Musik zuzurechnen sind. Wir wollen nicht verschweigen, daß wir auch Schwierigkeiten in unseren eigenen Reihen hatten, diesen stil durchzusetzen, können aber feststellen, daß einige unserer Kampflieder vom Proletariat der ganzen Welt gesungen werden.
[. . .]

Mayer (Hrsg.) 1973 S. 257; Kontext ebenda S. 242-262.

135 Eisler

Musik und Musikpolitik im faschistischen Deutschland [I]

[. . .] Eine kleine Gruppe von Musikern und Hanns Eisler suchte die Erfordernisse der revolutionären Arbeitersänger mit modernen Mitteln musikalischer Technik zu erfüllen. Das proletarische Kampflied – einstimmig – einerseits, der Versuch eines zweckentsprechenden modernen mehrstimmigen Chorstiles andererseits, neue Formen wie ›Chormontage‹ oder ›Lehrstück‹, die Verbannung der genußmäßigen Konzert-Funktion der Musik waren charakteristisch für die Arbeit ⟨im Kampfbund⟩ in der Kampfgemeinschaft der Arbeitersänger. Nachdrücklich wurde betont, daß nur die Änderung der Gesellschaft, nur die proletarische Revolution auch der Musikkrise einen Ausweg schaffen werde. Bewußt wurden alle diese Versuche in den Dienst der Vorbereitung der proletarischen Revolution gestellt.

Selbstverständlich wurde ⟨der⟩ die ›Kampf⟨bund⟩gemeinschaft der Arbeitersänger‹ verboten.

[. . .]

Mayer (Hrsg.) 1973 S. 346 f.; Kontext ebenda S. 334-353.

136 Eisler

[Gesellschaftliche Umfunktionierung der Musik]

[. . .]

Dieser Funktionswechsel der Musik ergibt für den Komponisten folgendes Schema für seine Praxis:

7.

Für den bisherigen Zweck	Für den neuen Zweck
Vorherrschaft der Instrumentalmusik	*Vorherrschaft der Vokalmusik*
[. . .]	[. . .]
Sonate, Quartett, Orchestersuite, Sinfonie: als Ausdruck einer Weltanschauung oder religiösen Ringens, auch als Darstellung »reiner« Formen. Selbstentwicklung des musikalischen Materials (konzertant und spielfreudig). Ort: Konzertsaal [. . .]	[Sonate, Quartett, Orchestersuite, Sinfonie:] als Materialprüfung für Typen von Lehrstückmusik, Filmmusik etc. Außerdem als Gebrauchsmusik für politische Versammlungen, ferner zur Zerstörung konventioneller musikalischer Vorstellungen Ort: Konzertsaal [. . .]

Chorlied: als mechanische Übertragung des Ausdrucks eines Individuums im Kollektiv, z. B. von hundert Leuten gesungen: »Ich weiß nicht, was soll es bedeuten, daß *ich* so traurig bin.«	*Chorlied:* Arbeiterchor übernimmt Einstudierung von Massen- und Kampfliedern bei seinem Publikum
Polyphones Chorstück: siehe oben	*Polyphones Chorstück:* ermöglicht die Erlernung und die Darstellung theoretischer Sätze, schafft Modelle für das Lehrstück
Oratorium: als Basis religiöse Stoffe aus der Bibel oder aus klassischen erzählenden Werken. Große musikalische Form, mitunter aber auch nur eine Zusammenstellung lyrischer Stücke [. . .]	*Lehrstück:* verwendet neben polyphonen Chorstücken, Balladen, Instrumentalzwischenspielen auch selbständige theatralische Darstellungen [. . .]
Theatermusik: atmosphärisch und illusionsfördernd ohne Selbständigkeit	*Theatermusik:* Selbständiges Element als musikalischer Kommentar
Der Komponist: als Persönlichkeit Stil	*Der Komponist:* als Spezialist mehrere Schreibweisen beherrschend
Der Interpret: hat reinen Lieferantencharakter	*Der Interpret:* hat Konsumentencharakter

Mayer (Hrsg.) 1973 S. 372-374; Kontext ebenda S. 370-375. Der Text ist in englischer Sprache 1936 durch Downton Music School als ›No 1 of a Series‹ unter dem Titel ›The Crisis in Music‹ (Hanns Eisler) als kleines Heftchen gedruckt worden. Die Downton Music School war der American Music League, »a national organization for the advancement of music and for the maintenance of culture against war, fascism and censorship« angeschlossen. (Nach Mayer, Hrsg., S. 375).

Zum »Badener Lehrstück«

137 Eisler

Einiges über das Verhalten der Arbeitersänger und -musiker in Deutschland [Der Fall Hindemith]

[. . .]
Der Fall Hindemith: Paul Hindemith ist einer der begabtesten Komponisten seines Jahrgangs. Er ist 39 Jahre alt. Seine Kompositionen waren zwar bis jetzt für das Proletariat nicht

recht brauchbar, aber seine ganze Haltung in musikalischen Fragen kann heute für den Kampf der revolutionären Arbeitersänger und -musiker ausgenützt werden. Hindemith war einer der ersten jungen Komponisten, die in Deutschland Gebrauchsmusik schrieben. Er benahm sich weniger als der über den Menschen schwebende gottbegnadete Künstler, sondern mehr als Handwerker, und der ist für uns viel brauchbarer als das »verrückte Genie« mit der Künstlermähne. Hindemith entfernte sich von der Anschauung, daß man Musik mache, um eben Musik zu machen, sondern schrieb Musik für bestimmte praktische Zwecke. Er war also einer der wenigen, die begriffen, daß der Stil und die Technik des Musizierens durch Zwecke bestimmt werden. Das kommt unseren materialistischen Anschauungen schon sehr nahe, denn wir sagen, daß Stil und Technik der Musik durch den *gesellschaftlichen* Zweck bestimmt werden. Der Standpunkt Hindemiths ist ein vulgär materialistischer, der aber immerhin mit der bürgerlichen Vorstellung von der Zwecklosigkeit der Kunst und der freischwebenden Individualität des Künstlers bricht. Aber Vulgärmaterialismus führt im Klassenkampf nicht zum Frontenwechsel, macht aus einem bürgerlichen Musiker noch keinen revolutionären, sondern vermindert durch Zersetzung nur seine Brauchbarkeit für den Faschismus. Denn der Faschismus braucht auch in der Kunst metaphysische Schwindler.

Hindemith ist ein zwischen den Klassen schwankender Kleinbürger und erscheint dadurch vielen mit Recht als Konjunkturritter. Er schrieb Musik für internationale Musikfeste und liefert heute dem deutschen Faschismus die Sinfonie ›Mathis, der Maler‹, die auf alte Volkslieder zurückgreift. Dazwischen liegt eine große Anzahl von Werken der widersprechendsten Art: Opern für ein snobistisches Inflationspublikum, ›Marienlieder‹ für die mit dem Katholizismus kokettierenden Kleinbürger, Gebrauchsmusiken für die sektiererische deutsche Jugendmusikbewegung, ein ›Lehrstück‹ für linke Intellektuelle und, teilweise ausgezeichnete, Orchester- und Virtuosenmusik für den Konzertsaal.

[...]

Mayer (Hrsg.) 1973 S. 258 f.; Kontext ebenda S. 242-262 und oben Text 134. Furtwängler hatte 1934 »Mathis der Maler« uraufgeführt und war aufgrund der dann einsetzenden Anti-Hindemith-Kampagne (vorübergehend) zurückgetreten.

Musik und Musikpolitik im faschistischen Deutschland [II]

[. . .] Hindemith gehört – das wird von niemandem bezweifelt
– zu den begabtesten Musikern seiner Generation, er hatte
sich eine sehr moderne charakteristische Technik der Komposition angeeignet. Politisch nahm er überhaupt keinen Standpunkt ein. Aus dem engen Kreis der erstarrten bürgerlichen
Musikformen suchte er herauszukommen, indem er auch für
Zwecke schrieb, denen andere Komponisten keine Aufmerksamkeit schenkten: für die Jugendmusikbewegung »zur Belehrung und Unterhaltung der musikliebenden Jugend«, für
Kinder, er versuchte ein ›Lehrstück‹, versuchte sich aber auch
in den überkommenen Formen, selbst im ›Oratorium‹. Wie
sehr er mit alledem von der herrschenden Ideologie abhing,
hat Hindemith wohl selbst nicht gesehen. Hier rächte sich sein
Mangel an weltanschaulicher Fixierung. [. . .]

Mayer (Hrsg.) S. 351; Kontext ebenda S. 334-353; vgl. Anm. zu Text 137.

Zu »Die Horatier und die Kuriatier«

139 Brecht   HK = 35/1[ZV]

Anweisung für die Spieler

I

Die Heerführer stellen zugleich ihre Heere dar. Nach einer
Gepflogenheit des chinesischen Theaters können die Heeresteile durch kleine Fahnen angedeutet werden, welche die
Heerführer auf einer Holzleiste im Genick tragen. Sie ragt
über die Schultern heraus. Die Bewegungen der Spieler müssen langsam sein und aus dem Gefühl des Tragens der Schulterleisten und einer gewissen Breite erfolgen. Die Spieler
deuten die Vernichtung ihrer Heeresteile dadurch an, daß sie
mit großer Geste eine Anzahl der Fahnen aus der Leiste
ziehen und wegwerfen.

2

Die Landschaft ist auf den Bühnenboden fixiert. Die Spieler sehen so wie die Zuschauer den Fluß oder das Tal aufgezeichnet. Auf ansteigendem Bühnenboden kann man eine Bodendekoration aufbauen, das ganze Schlachtfeld, kniehohe Wälder, Hügel und so weiter. Diese Dekoration darf aber nicht verspielt (zum Beispiel nicht farbig) sein, sie soll sein wie auf alten Landkarten. Im Kapitel »Die sieben Lanzenverwertungen« können die Hindernisse (Felsspalte, Schneewehe und so weiter) auf kleinen Tafeln am nackten Spielgerüst bezeichnet werden.

3

Auch die Positionen der Schritte sollten fixiert sein; die Spieler treten gewissermaßen in Fußtapfen. Das ist nötig, weil die Zeit gemessen werden muß. In der ersten Schlacht ist der Sonnenträger die Uhr. In der zweiten Schlacht ist während der »sieben Lanzenverwertungen« der Kuriatier die Uhr. Die Vorgänge werden so langsam wie unter der Zeitlupe dargestellt.

4

In der Schlacht der Bogenschützen sind Pfeile nicht notwendig.

5

Um das Schneetreiben anzudeuten, werden ein paar Hände Papierschnitzel über den Lanzenträger gestreut.

6

Was das Sprechen der Verse betrifft: Die Stimme setzt mit jeder Verszeile neu ein. Jedoch darf das Rezitieren nicht abgehackt wirken.

7

Man kann ohne Musik auskommen und nur Trommeln benützen. Die Trommeln werden nach einiger Zeit monoton wirken, jedoch nur kurze Zeit lang.

8

Die Titel sollen projiziert oder auf Transparente aufgemalt werden.

BBA 419/88-89; Internationale Literatur, 6, 1936 Nr. 1, S. 43 (im Anschluß an den Erstdruck des Stückes). »Versuche« Heft 14 S. 149 (unwesentlich verändert); St 3,1070 f.; T 17,1097 f. Ein schon weitgehend vollständiger, nur verhältnismäßig geringe Unterschiede aufweisender Entwurf für die »Anweisung« findet sich BBA 303/46-47 im Anschluß an ein zu Textstufe III von »Die Horatier und die Kuratier« gehörendes Manuskript (T⁶, s. Steinweg 1972a S. 224 f.); in Abschnitt 1 steht dort, hdschr. eingeklammert, nach »gewissen Breite erfolgen« der Satz: »die spieler gehen aufrecht mit etwas gespreizten beinen und die schultern folgen den beinen.« Der »Verzicht« auf eine Musik zu diesem Lehrstück (Abschnitt 7) läßt schließen, daß die Anmerkung *nach* Eislers Ablehnung der Komposition, d. h. nach seiner Abreise nach Prag im Sommer 1935 geschrieben ist (s. unten Text 184). Zu Abschnitt 1 (Andeutung der Heeresteile durch Fähnchen in Schulterleisten) vgl. T 16,619 f. Zur Interpretation s. Steinweg 1972a S. 83, 96, 142, 161, 169, 171, 172, 173, 178, 179.

Zur »Maßnahme«

140 Eisler

The Theatre Unions Production of ›Mother‹

[...]
In the Theatre Union these problems caused great difficulty: singing without sentimentality or pathos, coldness of recitation without dryness, exact understanding of the tempo, the avoiding of accelerandos or ritenutos where they are not marked. [...] The performance of the music of ›Mother‹ by the New Singers under their conductor Lan Adomian at the New School for Social Research at an early date should be instructive for they have set themselves the goal of presenting this music correctly. The presenting of the learning piece the ›Maßnahme‹ will also be an interesting contribution to this problem.

Mayer (Hrsg.) 1973 S. 360; Kontext ebenda S. 358-360. Der Text wurde im Auftrag der Kulturabteilung der KP der USA geschrieben und sollte im ›Daily Worker‹ publiziert werden. Ob die Veröffentlichung erfolgte, konnte vom Hrsg. der »Schriften« Eislers nicht ermittelt werden.

Die Theatre Union war ein linkes Gewerkschaftstheater ohne Berufsensemble, aber mit einem eigenen Haus in New York, das sich Schauspieler für die Aufführungen engagierte. Die Aufführung des Stückes von Gorki/Brecht, ›Die Mutter‹, fand am 19. November 1935 im Civil Repertory Theatre in New York statt.

[Über die deutsche revolutionäre Dramatik]

[...] Auch die revolutionären Schauspielerkollektivs und Agitproptruppen, wie zum Beispiel die des hervorragenden *Maxim Vallentin,* und die großen proletarischen Sängerorganisationen kämpften bis zuletzt. Die Veranstalter einer mitteldeutschen Aufführung der »Maßnahme« mit der Musik Hanns *Eislers* wurden verhaftet. Der Prozeß gegen sie, ausgedehnt auf die Verfasser, begann am Reichsgericht zu rollen. Dann kam der offene Faschismus. Schauspieler und Regisseure wurden festgenommen, andere emigrierten.
[...]

BBA 155/43 masch. mit zahlreichen hdschr. Eintragungen von Brecht, Margarete Steffin und möglicherweise Tretjakow (s. Steinweg 1972b S. 284 zu Text D 35/3); T 15,235 f.; Kontext T 15,234-236.

141a Eisler

Geschichte der deutschen Arbeiterbewegung von 1848

[...]
Die dritte Etappe: Von der Revolution 1918 bis zur Illegalität 1933

Den größten Nutzen bezog die revolutionäre Opposition aus der Mitarbeit des revolutionären Dichters Bert Brecht, dessen neuartige dramatische Arbeiten erst die praktischen Möglichkeiten boten, die Konzertform zu verändern. Brechts Praxis und Theorie des von ihm begründeten epischen Theaters übten großen Einfluß aus. ›Die Maßnahme‹, die Brecht mit Eisler zusammen schrieb, war das interessanteste Resultat dieser Periode. ›Die Maßnahme‹, *ein politisches Lehrstück,* verwendet und faßt die Resultate der Arbeiterkulturbewegung auf einer höheren Stufe zusammen. Das politische Lehrstück will nicht nur den Zuhörern, sondern auch den Ausführenden revolutionäres Verhalten lehren, indem es falsches politisches Verhalten darstellt. In kurzen Spielszenen wird durch Agitproptruppenschauspieler ein solches gezeigt, und durch große Massenchöre werden diese Spielszenen kommentiert. Das Zusammenwirken von Agitproptruppen, Arbeiterchören, Arbeiterorchestern und projizierten Schriften bot die technischen Möglichkeiten der Veränderung eines Konzertes in ein politisches Meeting. Die schon vorher entstandenen neuen Musiktypen (wie: kompliziertere polyphone Chöre, einstimmige Kampflieder, Sprechchöre, aggressive Chansons und Balladen) erhielten erst in dieser neuen Form eine richtige Funktion. Die Aufführung der ›Maßnahme‹ bewies die große politische Wirkung der neuen Form und wurde durch lange Zeit hindurch Mittelpunkt der proletarischen Kulturdiskussion. Da die Herstellung eines Lehrstückes nicht nur an den Fleiß der Sänger, sondern auch ⟨durch die Schwierigkeit der Herstellung⟩ an die Fachleute die größten Anforderungen stellt und außerdem die Ausführung einen großen Apparat benötigte, mußte man sich nach einem rasch herzustellenden Ersatz umsehen. Dieser Ersatz war die Chormontage, zu deren Herstellung keine neuen Kompositionen und Texte nötig waren. Von einem politischen Schlagwort ausgehend, wie: ›Solidarität‹, oder ›Schützt die Sowjetunion‹, wählte man sich aus den bereits vorhandenen Stücken eine Anzahl von Chören und Kampfliedern aus, die durch Zwischentext montiert wurden. Mit diesen Methoden wurden eine Menge Arbeiten hergestellt, die sich grundsätzlich von dem reformistischen Musikbetrieb unterschieden. Der revolutionären Opposition war es gelungen, die Konzertform zu durchbrechen und sich einen neuen revolutionären Musikstil zu erobern. Der Faschismus in Deutschland zwang auch die Kulturorganisationen in die Illegalität, und damit schließt vorläufig ⟨die interessante⟩ diese wichtige Etappe der revolutionären Opposition. Aber alle diese Versuche und Erfahrungen sind nicht verloren, denn an sie wird die Arbeiterklasse Deutschlands nach Niederwerfung des Faschismus, beim Aufbau einer sozialistischen Kultur wieder anknüpfen.

[. . .]

Mayer (Hrsg.) 1973 S. 224 f. Kontext ebenda S. 211-226. Der Aufsatz erschien nach Mayer Anfang 1935 während Eislers Aufenthalt in den USA unter dem Titel »History of the German Workers Music Movement from 1848« in: Music Vanguard, N.Y., März/April 1935 S. 33-48. Zum Kontext s. Mayer (Hrsg.) 1973 S. 211-226. Zu Szabó, Vogel und den Stücken von Eisler s. Mayer (Hrsg.) 1973 S. 230 Anm. 23.

Zu den Lehrstücken allgemein

142 Brecht AL~36/1[Tp]

Vergnügungstheater oder Lehrtheater?

Wenn man vor einigen Jahren über modernes Theater sprach, dann nannte man das Moskauer, das New Yorker und das Berliner Theater. [. . .]
  Die letzte Phase der Berliner Theaters, das damit, wie gesagt, nur die Entwicklungstendenz des modernen Theaters am reinsten aufzeigte, war das sogenannte *epische Theater*. Alles, was man Zeitstück oder Piscatorbühne oder Lehrstück nannte, gehört zum epischen Theater.
  [. . .]

BBA 59/41, 40/01 (Abschrift, ohne deutsche Umlautzeichen), 446/01 (Durchschlag) masch. mit hdschr. Veränderungen von Brecht, jedoch nicht im oben wiedergegebenen Abschnitt; T 15,262. Kontext BBA 59/41-51, 446/01-10; T 15,262-271. Zur Datierung s. Steinweg 1972a S. 50, zur Interpretation ebenda S. 86, 89.

Zu »Die Ausnahme und die Regel«

143 Brecht (AR~32/2[u])

Anmerkungen [zu »Die Ausnahme und die Regel«]

Das Lehrstück Die Ausnahme und die Regel ist im Jahre 1931 verfasst worden. Es soll zeigen, wie die aneignende Klasse unablässig den Klassenkampf betreibt, auch da, wo ⟨das Proletariat⟩ die hervorbringende Klasse zu grossen Teilen noch nicht kämpft. Die aneignende Klasse handelt unter allen Umständen so, wie es die Erwartung des Widerstandes der hervorbringenden Klasse ihr befiehlt.
  Es empfiehlt sich, einen der beiden Chöre ein Beispiel aus der Geschichte angeben zu lassen. So kann heute etwa der rechte Chor folgendes vortragen:

BBA 322/89 masch. fragmentarisch, Sofortkorrekturen masch., die Überschrift in
Großbuchstaben. Die Chorstelle ist nicht erhalten. Der Text setzt die Fassung mit
zwei Chören voraus (vgl. Anm. zu Text 126), in der sich, allerdings nur vergleichs-
weise wenige, Notizen von Margarete Steffin finden (vgl. dagegen Steinweg 1969
S. 142-175 zur Textgeschichte von »Die Horatier und die Kuriatier« oder 1970
S. 38-45 zur 5. Fassung der »Maßnahme«, wo oft nicht auszumachen ist, ob Brecht
oder Steffin der Autor ist). Diese Fassung mit Chören, für die die Anmerkung
gedacht ist, muß *nach* Text 126 (1934) und *vor* dem ersten Druck (1937, vgl.
Steinweg 1972a S. 220) geschrieben sein. Da nicht anzunehmen ist, daß Brecht
»Anmerkungen« verfaßt haben würde ohne konkrete Aussichten auf einen Druck,
und da er andererseits in der ersten Druckfassung auf die Chöre dann doch
verzichtet hat, ist eine Datierung um 1936 wahrscheinlich. Die Einordnung bei
Steinweg 1972a S. 43 ist also falsch; zur Interpretation s. ebenda 1972a S. 126, 193,
208. Vgl. Text 144.

144 Brecht

[Beispiel aus der Geschichte]

DER KAUFMANN: Ich führe folgende beispiele aus der geschichte
meines landes an. als der große staatsmann hitler die macht
ergriff, herrschte gerade eine tiefe unzufriedenheit in den
unteren volksschichten, bei den kulis meines landes. trotzdem kam es zu keinem aufruhr. in weniger monaten als
nötig sind, ein haus aufzubauen, vernichtete hitler die
macht der kulis, indem er alle ihre führer ins gefängnis warf
und alle ihre rechte aufhob. so behandelte er sie nicht
anders, als wenn sie einen blutigen aufruhr gemacht hätten.
ja, er ließ sogar ein öffentliches gebäude in brand setzen und
behandelte die führer der unteren schichten nicht anders, als
wenn sie es in brand gesetzt hätten. dies tat er, weil er sagte:
da sie hungern, haben sie genug grund zum aufruhr und da
wir hart sind, haben sie genug grund zu einem blutigen
aufruhr. es kann sein, daß sie ihn nicht durchführen, aber
wer weiß das? laßt sie uns behandeln als aufrührer, dann
werden wir keinen aufruhr haben. das war weise. ein jahr
später wurden diejenigen unzufrieden, welche ihm die
macht verschafft hatten, denn die versprechungen waren
ihnen nicht gehalten worden. bevor sie jedoch aufruhr
machten, ließ er ⟨sie⟩ ihre führer gefangen setzen und
erschießen und warf viele von ihnen ins gefängnis, sodass
ein aufruhr vermieden wurde. er sagte sich: haben sie nicht

Zu »Die Ausnahme und die Regel« (1936)

hunger und wurden ihnen nicht von mir versprechungen
gemacht? sie haben grund zum aufruhr. ich will sie als
aufrührer behandeln. das war wieder weise. niemand kann
anders verfahren, wenn er herrschen will.

BBA 322/78 masch. Der Text ist als Verteidigungsrede des Kaufmanns in der
Gerichtsszene gedacht; auf dem gleichen Blatt folgen zwei Repliken von Richter und
Kaufmann zur Frage, ob der Kaufmann einen wirtschaftlichen Schaden erlitten
habe; vgl. Text 143, wo jedoch ein *Chor* ein solches »Beispiel« vortragen sollte.

Zu den Lehrstücken allgemein

145 Brecht AL~37/1ᵀ

Zur Theorie des Lehrstücks

das lehrstück lehrt dadurch, daß es gespielt, nicht dadurch, daß es gesehen wird. prinzipiell ist für das lehrstück kein zuschauer nötig, jedoch kann er natürlich verwertet werden. es liegt dem lehrstück die erwartung zugrunde, daß der spielende durch die durchführung bestimmter handlungsweisen, einnahme bestimmter haltungen, wiedergabe bestimmter reden usw. gesellschaftlich beeinflußt werden kann.

die nachahmung hochqualifizierter muster spielt dabei eine große rolle, ebenso die kritik, die an solchen mustern durch ein überlegtes andersspielen ausgeübt wird.

es braucht sich keineswegs nur um die wiedergabe gesellschaftlich positiv zu bewertender handlungen und haltungen zu handeln; auch von der (möglichst großartigen) wiedergabe assozialer handlungen und haltungen kann erzieherische wirkung erwartet werden.

ästhetische maßstäbe für die gestaltung von personen, die für die schaustücke gelten, sind beim lehrstück außer funktion gesetzt. besonders eigenzügige, einmalige karaktere fallen aus, es sei denn, die eigenzügigkeit und einmaligkeit wäre das lehrproblem.

die form der lehrstücke ist streng, jedoch nur, damit teile eigener erfindung und aktueller art desto leichter eingefügt werden können. (in DIE HORATIER UND DIE KURIATIER etwa kann vor jeder schlacht ein freies rededuell der »feldherrn« stattfinden, in der MASSNAHME können ganze szenen frei eingefügt werden usw.)

für die spielweise gelten anweisungen des *epischen theaters*. das studium des V-effekts ist unerläßlich.

die geistige beherrschung des ganzen stücks ist unbedingt nötig. jedoch ist es nicht ratsam, die ganze belehrung darüber vor dem eigentlichen spielen abzuschließen.

prinzipiell kann der lehreffekt auch erreicht werden, wenn der spielende als partner im film auftretende hat.

die begleitmusik kann auf mechanische weise erstattet werden. andrerseits ist es für musiker lehrreich, zu mechanischen vorstellungen (im film) die musik zu erstellen; sie haben dann die möglichkeit, innerhalb des rahmens des für das spiel benötigten variationen eigener erfindung zu erproben.

auch für das spielen muß, innerhalb des rahmens gewisser bestimmungen, ein freies, natürliches und eigenes auftreten des spielers angestrebt werden. es handelt sich natürlich nicht um eine mechanische abrichtung und nicht um die herstellung von durchschnittstypen, wenn auch die herstellung eines hohen durchschnittlichen niveaus angestrebt wird.

im LEHRSTÜCK ist eine ungeheure mannigfaltigkeit möglich. bei der aufführung des BADENER LEHRSTÜCKS hielten sich der stückschreiber und der musikschreiber auf der bühne auf und griffen dauernd ein. der stückschreiber wies den clowns öffentlich den platz für ihre darbietung an und als die menge den film der tote menschen zeigte mit großer unruhe und unlust ansah, gab der stückschreiber dem sprecher den auftrag, am schluß auszurufen: »nochmalige betrachtung der mit unlust aufgenommenen darstellung des todes«, und der film wurde wiederholt.

BBA 58/09-11 masch., T 17,1024 f.; zur Datierung s. Steinweg (Hrsg.) 1972b S. 284 zu Text D 37/1. Zur Interpretation s. Steinweg 1972a S. 83, 84, 93, 96, 98, 102, 106, 107, 108, 123, 132, 133, 142, 143, 144, 149, 152, 155, 156, 159, 160, 163, 164, 169, 176, 178, 179, 181, 182, 192, 193. Berenberg-Gossler/Müller/Stosch S. 142-147 und in den Beiträgen des vorliegenden Bandes passim.

146 Brecht   AL~37/2[Tp]

[Spielen für sich selber]

so wie PISCATOR, der große baumeister des EPISCHEN THEATERS, das theater für jedes werk vollständig umbaute, die zuschauer mitunter auf die bühne setzte und die schauspieler ins parkett schickte, und das keineswegs, um einmal etwas anderes zu machen, verwendete ich für jedes werk neue bauprinzipien und änderte auch die spielweise der schauspieler. wir spielten mit schülern in schulen und mit schauspielern in schulen und mit schülern in theatern. wir spielten (in den LEHRSTÜCKEN) ohne zuschauer; die spieler spielten für sich selber. wir bildeten ensembles aus arbeitern, die nie eine bühne betreten hatten und hochqualifizierten artisten und bei aller verschiedenheit der »stile« konnte kein zuschauer die einheitlichkeit der darbietung in abrede stellen. solche schauspieler wie die WEIGEL erzielten eine anscheinend völlige einfühlung der zuschauer (sie sagten begeistert: sie spielte nicht die fischersfrau, sie war es), und doch wurde auch zugleich die kritische haltung der zuschauer erzielt, welche uns so wichtig ist. solche schauspieler wurden nicht beherrscht von prinzipien, sondern sie beherrschten sie. das einzige prinzip, das wir wissentlich nie verletzten, war: alle prinzipien unterzuordnen der gesellschaftlichen Aufgabe, die wir mit jedem werk zu erfüllen uns vorgenommen hatten.

BBA 159/31 masch.; T 15,316. Da im Text auf »Die Gewehre der Frau Carrar« angespielt wird, kann der Text frühestens 1937 entstanden sein. Zur Interpretation s. Steinweg 1972a S. 87, 92, 167.

Zum »Badener Lehrstück«

146a Brecht   BL~37/1[h]

[Gründe für Todesfurcht]

Auch die Todesfurcht ist mehr als Folge des Zustandes des Gemeinwesens zu betrachten.

BBA 1014/132 hdschr. in Brechts Handexemplar der »Versuche«; Steinweg 1972a S. 52; zur Datierung ebenda, zur Interpretation ebenda S. 124, 147.

Zu den Lehrstücken allgemein

147 Brecht

Die gute Genossin M. S.

Zu euch kam ich als Lehrer, und als Lehrer
Hätte ich von euch gehn können. Da ich aber lernte
Blieb ich. Denn auch später
Fliehend unter das dänische Strohdach
Ging ich doch nicht von euch.
Und eine von euch
Habt ihr mir mitgegeben.

Daß sie prüfe
Alles, was ich sage; daß sie verbessere
Jede Zeile von nun an
Geschult in der Schule der Kämpfer
Gegen die Unterdrückung.

Seitdem unterstützt sie mich –
Schwacher Gesundheit, aber
Fröhlichen Geistes, unbestechlich
Auch von mir. Oftmals
Streiche ich lachend selber eine Zeile durch, schon ahnend
Was sie darüber sagen würde.

Andern gegenüber aber verteidigt sie mich.
Ich habe gehört, daß sie vom Krankenlager aufstand
Euch den Nutzen der Lehrstücke zu erklären
Weiß sie doch, daß ich mich bemühe
Eurer Sache zu dienen.

G 9,595 f. Das Gedicht stammt aus den »Liedern des Soldaten der Revolution«, die Brecht für Margarete Steffin schrieb, die seine Mitarbeiterin im skandinavischen Exil war. Sie starb 1941 in Moskau. Die Herausgeber der »Gedichte« ordnen sie der Periode 1933-1938 zu.

Die Avantgarde

der dadaismus
der expressionismus
die neue sachlichkeit
das zeitstück
die gefrorene musik, die konzertante musik, die gebrauchsmusik, das massenlied, das lehrstück
die revue, der rote faden, der in szene gesetzte aphorismus, die gespielte losung
wir kritisierten die zeit und die zeit kritisierte uns

BBA 827/41 hdschr. Brecht, Notizbuch. Nachdem Brecht anscheinend das Notizbuch seit 1930 nicht mehr benutzt hatte, hat er es etwa 1938 wieder gelegentlich verwendet, wie eine Notiz zur Realismusdebatte auf Blatt 36 und die Verwendung des Verfremdungsbegriffs auf Blatt 37 zeigen. Vgl. die Überlegungen zur Datierung von Text 145 in: Steinweg (Hrsg.) 1972b S. 284 zu Text D 37/1 und Anm. zu Text 152. Unter dem Text folgen, nach einem Kreuzchen, die Worte: »glaube wird vernichtet, indem er in anspruch genommen wird.«

149 Brecht   AL~38/2[Tp]

Über rationellen und emotionellen Standpunkt

Die Verwerfung der Einfühlung kommt nicht von einer Verwerfung der Emotionen und führt nicht zu einer solchen. Es ist geradezu eine Aufgabe der nichtaristotelischen Dramatik, nachzuweisen, daß die These der Vulgärästhetik, Emotionen könnten nur auf dem Weg der Einfühlung ausgelöst werden, falsch ist. Jedoch hat eine nichtaristotelische Dramatik die durch sie bedingten und die in ihr verkörperten Emotionen einer vorsichtigen Kritik zu unterwerfen.

Gewisse Tendenzen in den Künsten, wie Provokationen der Futuristen und Dadaisten und die Verfrostung der Musik, weisen auf eine Krise der Emotionen hin. Die deutsche Nachkriegsdramatik nahm eine entschieden nationalistische Wendung schon in den letzten Jahren der Weimarer Republik. Der Faschismus mit seiner grotesken Betonung des Emotionellen und vielleicht nicht minder ein gewisser Verfall des rationellen Moments in der Lehre des Marxismus veranlaßte mich selber zu einer stärkeren Betonung des Rationellen. Jedoch zeigt gerade die rationellste Form, das *Lehrstück,* die emotionellsten Wirkungen. Ich selbst würde bei einem großen Teil zeitgenössischer Kunstwerke von einem Verfall der emotionellen Wirkung infolge ihrer Lostrennung von der Ratio sprechen und von einer Renaissance derselben infolge verstärkt rationalistischer Tendenz. Das kann nur diejenigen erstaunen, welche eine ganz konventionelle Vorstellung von den Emotionen haben.

Die Emotionen haben immer eine ganz bestimmte klassenmäßige Grundlage; die Form, in der sie auftreten, ist jeweils historisch, spezifisch, begrenzt und gebunden. Die Emotionen sind keineswegs allgemein menschlich und zeitlos.

[. . .]

BBA 59/17; 446/83;T 15,242 f.; Kontext ebenda. Der Text wird als Nr. 18 der Anmerkungen zu »Kurze Beschreibung einer neuen Technik der Schauspielkunst, die einen Verfremdungseffekt hervorbringt« zitiert. Zur Datierung s. Steinweg 1972a S. 53, zur Interpretation ebenda S. 189.

150 Brecht   AL = 38/1[esp]

Gesamtplan

die GEDICHTE AUS DEM EXIL sind natürlich einseitig. aber es hat keinen sinn, da im kleinen zu mischen. die vielfalt kann nur im ganzen entstehen, durch zusammenbau in sich geschlossener werke. der gesamtplan für die produktion breitet sich allerdings immer mehr aus. und die einzelnen werke haben nur aussicht, wenn sie in einem solchen plan stehen. zu DIE GESCHÄFTE DES HERRN JULIUS CAESAR muß DER TUIROMAN treten. zu den dramen die lehrstücke. wann werde ich die ABENTEUER DES BÖSEN BAAL DES ASOZIALEN anfangen können? und die HALTUNGEN LENINS? 30 jahre sind nicht zu viel für das noch zu schaffende. denn da muß noch ein haufen aktuelles dazwischendrin gemacht werden. so fehlt ein kleiner realistischer roman für die proletarische jugend mit helden, am besten einem kind, es kann auch koloman wallisch sein. und dabei schickt sich der anstreicher an, die welt zu erobern. gestern haben die großen deutschen manöver begonnen, die probemobilmachung.

Arbeitsjournal, Eintragung vom 16. 8. 1938. Zur Interpretation s. Steinweg 1972a S. 84, 193, 194.

Zu »Der böse Baal der Asoziale«

151 Brecht   BA = 38/1[esp]

[»Baal« und der »Böse Baal«]

BAAL überflogen, der gesamtausgabe wegen. schade drum. es war immer ein torso, er wurde dann noch mehrmals operiert, für die (zwei) buchausgaben und die aufführung. der sinn ging dabei fast verloren. baal, der provokateur, der verehrer der dinge, wie sie sind, der sichausleber und der andreausleber. sein ›mach, was dir spaß macht!‹ gäbe viel her, richtig behandelt. frage mich, ob ich mir die zeit nehmen soll. (vorbehalten immer die lehrstücke vom BÖSEN BAAL DEM ASOZIALEN.)

Arbeitsjournal, Eintragung vom 11. 9. 1938.

Aus dem Kontext

152 Brecht

Verfremdung

1) die darstellung der weltengeschehnisse in form von mechanischen modellen. von jetzt aus: merkwürdig, willkürlich, beschränkt. hatte man nur diese mittel? man hatte jetzt (endlich) diese mittel gehabt!

2) das sprechdenken der behavioristen. die sprache als sprechen. meßbare gebilde, zustandegebracht mit muskelportionen [statt ›portionen‹ hieß es erst ⟨strängen⟩] und nervensträngen: die worte. der gestus ist sogleich auf eine neue und aufregende art am denken beteiligt, die wendung des kopfes auf die seite, die handbewegung, kinnstellung, ein kleines kauen, das ist nicht nur anläßlich des denkens sondern denken selber.

*

wie wird verfremdet? durch zurückgehen vom entwickelbaren, nachfolgenden zum vorhergehenden »primitiveren« (fordauto, mechanische Modelle für das weltbild)

durch ein übergehen von einer klasse zu einer anderen, der potenteren zur schwächeren. (oder umgekehrt?)
durch übergehen von der sache als subjekt (wie es handelt) zu der sache als objekt (wie es behandelt wird)

*

man geht jedesmal vom ding weg zu etwas anderem über, vom allgemeinen entfernt man sich ins besondere und umgekehrt, es ist ein stetiges preisgeben und sammeln, distanzsuchen und herangehen,

BBA 827/37 hdschr. Brecht, Notizbuch fragmentarisch; zur Datierung vgl. die Überlegungen zu Text 145 in Steinweg 1972b (Hrsg.) S. 284 (zu Text D 37/1) und oben die Anm. zu Text 148. Zur Verfremdung im Lehrstück vgl. Text 145 und Milfull im vorliegenden Band; zur Frage der Bedeutung des Behaviorismus für die Lehrstücktheorie s. Steinweg 1972a S. 145-150, Balzer 1973 S. 28, Berenberg-Gossler/Müller/Stosch S. 147-150, Steinweg im vorliegenden Band S. 504 Anm. 29 und Richard 1976 (i. V.).

Zu den Lehrstücken allgemein

153 Brecht   AL~39/1[LP]

Über Fortschritte

es befriedigt mich, die fortschritte, die ich erzielt zu haben
glaube, als auf dem Rückzug erfochten mir vorzustellen.
vorausgegangen waren dem rückzug immer, oder faßt immer,
vorstöße. [...] nach einiger zeit war ich so weit, daß ich
sogar die einfühlung aufgab, an die selbst die weitest fortgeschrittenen noch fest glaubten. ich gab das alte, bei aller liebe
zum neuen, nicht ohne zähes daranfesthalten bis zum scheitern auf. als ich für das theater mit der einfühlung mit dem
besten willen nichts mehr anfangen konnte, baute ich für die
einfühlung noch das lehrstück. es schien mir zu genügen,
wenn die leute sich nicht *nur* geistig einfühlten, damit aus der
alten einfühlung noch etwas recht ersprießliches herausgeholt
werden konnte. übrigens habe ich nie etwas von revolutionären gehalten, die nicht revolution machten, weil ihnen der
boden unter den füßen brannte.

BBA 157/12 masch.; L 19,413 f.; Kontext BBA 157/10-12 und L 19, 411-416. Der
Text ist wie L 19,413 im Gesamtmanuskript mit 7 numeriert. Die beiden L 19,415 f.
wiedergegebenen Abschnitte 11 und 12 haben eine andere Vorlage. Die Datierung
Steinweg 1972a S. 54 ist also unsicher. Zur Interpretation s. Steinweg 1972a S. 84,
159, 162.

154 Brecht   AL~39/2[ZVp]

Über reimlose Lyrik mit unregelmäßigen Rhythmen

[...] Noch freier konnte ich vorgehen, als ich für moderne
Musiker Oper, Lehrstück und Kantate schrieb. Hier gab ich
den Jambus völlig auf und verwendete feste, aber unregel-
mäßige Rhythmen. Sie eigneten sich, wie mir Komponisten
verschiedenster Richtung[en] versicherten und wie ich selber
feststellen konnte, vorzüglich für die Musik.
  In der Folge schrieb ich außer Balladen und Massenliedern
mit Reim und regelmäßigem (oder doch nahezu regelmäßi-

gem) Rhythmus mehr und mehr Gedichte ohne Reim und mit unregelmäßigem Rhythmus. Man muß dabei im Auge behalten, daß ich meine Hauptarbeit auf dem Theater verrichtete; ich dachte immer an das Sprechen. Und ich hatte mir für das Sprechen (sei es der Prosa oder des Verses) eine ganz bestimmte Technik erarbeitet. Ich nannte sie gestisch.

Das bedeutete: Die Sprache sollte ganz dem Gestus der sprechenden Person folgen. [. . .]

BBA 447/98 masch.; »Das Wort« 1939, Heft 3; »Versuche« Heft 12, S. 144 (gegenüber dem Erstdruck erweitert); L 19, 397 f.; Kontext L 19, 395-403. Zur Interpretation s. Steinweg 1972a S. 84.

Zu »Der böse Baal der Asoziale«

155 Brecht BA = 39/1^{es}

[Asoziale Triebe]

heute begriff ich endlich, warum es mir nie gelungen ist, die kleinen lehrstücke von den abenteuern des BÖSEN BAAL DES ASOZIALEN herzustellen. die asozialen leute spielen keine rolle. es sind einfach die besitzer der produktionsmittel und sonstigen lebensquellen, und sie sind es nur als solche. natürlich sind es auch ihre helfer und helfershelfer, aber eben auch nur als solche. es ist geradezu *das* evangelium des feindes der menschheit, daß es asoziale triebe gibt, asoziale persönlichkeiten usw.

Arbeitsjournal, Eintragung vom 4. 3. 1939. Zur Interpretation s. Steinweg 1972a S. 86, 125.

Zu »Fatzer«

156 Brecht FZ~39/1^{Tp}

[Höchster Standard technisch]

[. . .]

LEBEN DES GALILEI ist technisch ein großer rückschritt, wie FRAU CARRARS GEWEHRE allzu opportunistisch. man müßte das stück vollständig neu schreiben, wenn man diese ›brise, die von neuen küsten kommt‹, diese rosige morgenröte der wissenschaft, haben will. alles mehr direkt, ohne die interieurs, die ›atmosphäre‹, die einfühlung. und alles auf planetarische demonstrationen gestellt. die einteilung könnte bleiben, die charakteristik des galilei ebenfalls. aber die arbeit, eine lustige arbeit, könnte nur in einem praktikum gemacht werden, im kontakt mit einer bühne. es wäre zuerst das FATZERfragment und das BROTLADENfragment zu studieren. diese beiden fragmente sind der höchste standard technisch.

Arbeitsjournal, Eintragung vom 25. 2. 1939.

Zur »Maßnahme«

157 Brecht

[6 Bretter von Neher]
ich besitze:
ein chinesisches rollbild DER ZWEIFLER
3 japanische masken
[. . .]
2 große bretter von neher, ALTER MANN und BAAL
6 bretter von neher DIE MASSNAHME
[. . .]

Arbeitsjournal, Eintragung vom 8. 12. 1939.

Aus dem Kontext

158 Brecht   AL~39/3[Tp]

Sechs Chroniken über Amateurtheater [Gliederung]

  1) *Lohnt es sich, vom Amateurtheater zu reden?*
  2) *Amateur und Dilettant.* Unterschied zwischen Amateuren und Dilettanten. Der Amateur im Sport ist kein Dilet-

tant. Der Amateur kann ein Künstler sein, auch ein großer. Nachahmung des Professionals ist Dilettantismus. Der Amateur muß seine eigene Kunst finden.

3) *Amateurtheater im vorhitlerischen Deutschland.* Versuche der Künstler (Musiker und Dramatiker), eine Volkskunst zu schaffen. Die Baden-Badener internationalen Musikfeste. Kinder spielen Theater. Die ›Gebrauchsmusik‹. Das Amateurtheater der Arbeiter.

4) *Was kann der Amateur spielen?* Es ist für den Amateur schwerer, naturalistisch zu spielen, als ›stilisiert‹. Jedoch ist er im Realistischen am stärksten.

5) *Amateure spielen eine Clownsszene.* Versuche mit einer schwedischen Amateurtruppe. Was ist elementares Theater? Feststellung, daß die Truppe über sehr viel komische Begabung verfügt und erstaunlich plastisch spielen kann, sobald ihre Phantasie sich frei entfalten darf.

6) *Dramatik für Amateure.* Die Revueform ist fortschrittlich. Die moderne Dramatik entwickelt Revueformen künstlerischer Art (Abell, Auden, Blitzstein, Wangenheim). Schlechte Revuen. Honorierung der Dramatiker, eine wichtige Frage. Dramatik der Amateure. Ausblick.

BBA 61/4; T 15, 11*. Zur Datierung s. Steinweg 1972a S. 55, zur Interpretation ebenda S. 167, 168.

159 Brecht   AL~39/3^{Tp}

Lohnt es sich, vom Amateurtheater zu reden?

[. . .]

Es wird oft vergessen, auf wie theatralische Art die Erziehung des Menschen vor sich geht. Das Kind erfährt, lange bevor es mit Argumenten versehen wird, auf ganz theatralische Art, wie es sich zu verhalten hat. Wenn das und das geschieht, hört (oder sieht) es, muß man lachen. Es lacht mit, wenn gelacht wird, und weiß nicht warum. Meist ist es ganz verwirrt, wenn man es fragt, warum es lacht. Und so weint es auch mit, vergießt nicht nur Tränen, weil die Erwachsenen das tun, sondern fühlt auch echte Trauer. Das sieht man bei Begräbnissen, deren Bedeutung den Kindern gar nicht aufgeht. Es sind theatralische Vorgänge, die da die Charaktere bilden. Der Mensch kopiert Gesten, Mimik, Tonfälle. Und das Weinen entsteht durch Trauer, aber es entsteht auch Trauer durch das Weinen.

Dem Erwachsenen geht es nicht anders. Seine Erziehung hört nie auf. Nur die Toten werden nicht mehr durch ihre Mitmenschen verändert. Wer das überlegt, wird die Bedeutung des Theaterspielens für die Bildung der Charaktere begreifen. Er wird begreifen, was es bedeutet, wenn Tausende vor Hunderttausenden Theater spielen. Ein Achselzucken wäre keine Antwort auf die Bemühungen so vieler Menschen um die Kunst.

[...]

BBA 60/42-45 masch., T 15, 430-433. Kontext 429-433. Das Manuskript ist rechts mit »Brecht« gekennzeichnet. Der Text war nach Angaben des Herausgebers der »Schriften zum Theater« als Teil des im Text 158 geplanten Essays gedacht. Zum Kontext s. T 15, 429-433, zur Datierung s. Steinweg 1972a S. 55, zur Interpretation ebenda S. 102, 133, 135, 137, 138, 168 und Berenberg-Gossler/Müller/Stosch S. 143 f.

160 Brecht   AL~39/4[Tp]

Über experimentelles Theater

[...] Verfremden heißt also Historisieren, heißt Vorgänge und Personen als historisch, also als vergänglich darstellen. Dasselbe kann natürlich auch mit Zeitgenossen geschehen, auch ihre Haltungen können als zeitgebunden, historisch, vergänglich dargestellt werden.

[...]

Für das zeitgenössische Amateurtheater (der Arbeiter-, Studenten- und Kinderschauspieler) macht sich die Befreiung von dem Zwang, Hypnose auszuüben, besonders günstig bemerkbar. Es wird denkbar, Grenzen zu ziehen zwischen dem Spiel von Amateur- und Berufsschauspieler, ohne daß eine der Grundfunktionen des Theaterspielens aufgegeben werden muß.

Auf der neuen Grundlage konnten zum Beispiel so divergierende Spielweisen wie die etwa der Wachtangow- oder Ochlopkowtruppe und die der Arbeitertruppen vereint werden.

Die so verschiedenartigen Experimente eines halben Jahrhunderts schienen eine Basis für ihre Ausnutzung gefunden zu haben.

Jedoch sind diese Experimente nicht so einfach zu beschreiben, und ich muß hier einfach behaupten, daß wir meinen, Kunstgenuß tatsächlich auf der Basis der Verfremdung ermöglichen zu können. Dies ist nicht allzusehr überraschend, da ja, rein technisch gesehen, auch das Theater vergangener Epochen schon künstlerische Wirkungen mit Verfremdungseffekten erzielt hat, so das chinesische Theater, das klassische spanische Theater, das volkstümliche Theater der Breughelzeit und das elisabethanische Theater.

[...]

T 15, 303; Kontext T 15, 285-305. Vortrag, am 4. 5. 1939 vor Mitgliedern der Studentenbühne Stockholm.

1940

Zur »Maßnahme«

161 Brecht   MA~40/1[Tp]

Kurze Beschreibung einer neuen Technik der Schauspielkunst, die einen Verfremdungseffekt hervorbringt.

Im folgenden soll der Versuch gemacht werden, eine Technik,
der Schauspielkunst zu beschreiben, die auf einigen Theatern
angewandt wurde (1), um darzustellende Vorgänge dem Zuschauer zu verfremden. Der Zweck dieser Technik des *Verfremdungseffekts* war es, dem Zuschauer eine untersuchende,
kritische Haltung gegenüber dem darzustellenden Vorgang zu
verleihen. Die Mittel waren künstlerische.
[...]

Anhang
(1) »Leben Eduards des Zweiten« nach Marlowe (Münchener
Kammerspiele). »Trommeln in der Nacht« (Deutsches Theater, Berlin). »Die Dreigroschenoper« (Schiffbauerdammthea-
ter, Berlin). »Die Pioniere von Ingolstadt« (Schiffbauerdamm-
theater, Berlin). »Aufstieg und Fall der Stadt Mahagonny«,
Oper (Aufrichts Kurfürstendammtheater, Berlin). »Die Maßnahme« (Großes Schauspielhaus, Berlin). Die Abenteuer des
braven Soldaten Schwejk« (Piscators Nollendorftheater). »Die
Rundköpfe und die Spitzköpfe« (Riddersalen, Kopenhagen).
»Die Gewehre der Frau Carrar« (Kopenhagen, Paris). »Furcht
und Elend des Dritten Reiches« (Paris). [...]

T 15,341 und 348; Kontext 340-357. Zu den Manuskripten, die dem Text zugrunde
liegen und zur (unsicheren) Datierung s. Steinweg (Hrsg.) 1972b S. 285-287; zur
Interpretation s. Steinweg 1972a S. 160.

Zu »Der böse Baal der Asoziale«

162 Brecht BA=41/1[es]

[Sozialismus und große Produktion]

der große irrtum, der mich hinderte, die lehrstückchen vom BÖSEN BAAL DEM ASOZIALEN herzustellen, bestand in meiner definition des sozialismus als einer GROSSEN ORDNUNG. er ist hingegen viel praktischer als GROSSE PRODUKTION zu definieren. produktion muß natürlich im weitesten sinn genommen werden, und der kampf gilt der befreiung der produktivität aller menschen von allen fesseln. die produkte können sein brot, lampen, hüte, musikstücke, schachzüge, wässerung, teint, charakter, spiele usw. usw.

Arbeitsjournal, Eintragung vom 7. 3. 1941. Zur Interpretation s. Steinweg 1972a, S. 86, 125.

Zu »Die Horatier und die Kuriatier«

163 Brecht

[Musik zu »Die Horatier und die Kuriatier«]

mit dem musiker parmet über das lehrstück DIE HORATIER UND DIE KURIATIER gesprochen. (er ist seit 8 jahren arbeitslos, obgleich der beste dirigent des landes, und kann jetzt noch keine publike stellung bekommen, da er für die schweden ein jude und für die finnen ein schwede ist.) eigentlich fehlt ein schlußkapitel. die horatier siegen militärisch, aber die kuriatier erleben eine umwälzung und kämpfen mit neuen mitteln, so daß ein echter friede möglich wird, der beiden völkern recht ist.

Arbeitsjournal, Eintragung vom 16. 1. 1941.

1942

Zu den Lehrstücken allgemein

164 Brecht

[Theater / Lehrstück und Film]

gespräch mit wiesengrund-adorno, der wegen des curfews
[Sperrstunde] sehr jumpy [nervös] ist, über die spezialität des
theaters gegenüber dem film. – man kann das *lehrstück* natürlich vollständig ausnehmen, da die spieler für sich selber
spielen. das theater hat zunächst dem film voraus die dramatik, dh die trennung von stück und aufführung. [. . .]

Arbeitsjournal, Eintragung vom 27. 3. 1942.

Zu »Der böse Baal der Asoziale«

165 Brecht

[Ausbildung von Führerbenehmen]

treffe viele leute [. . .] neue bekanntschaft: kurt lewin, der in
iowa unter scouts und arbeitern ›führerbenehmen‹ ausbildet
und mich einlädt, interessiert an dem BÖSEN BAAL DEM ASOZIALEN.
[. . .]

Arbeitsjournal, Eintragung unter »märz, april, mai 1943« (S. 568).

Zu »Der Jasager/Der Neinsager«

166 Brecht

[Widerruf vernünftig]

im GALILEI ist die moral natürlich in keiner weise absolut. wäre
die gesellschaftliche bürgerliche bewegung, die sich seiner
bedient, als absteigend dargestellt, könnte er ruhig wiederru-
fen und damit etwas recht vernünftiges besorgen. (siehe JASA-
GER und NEINSAGER!)
  [. . .]

Arbeitsjournal, Eintragung vom 23. 12. 1947.

Zur »Maßnahme«

167 Eisler im Verhör   *MA = 47/1 ᴵᴱᵖ

[Ein symbolisches, philosophisches Stück]

[. . .]
  Mr. Stripling: Haben Sie die Musik zu einem Stück Die
Maßnahme geschrieben?
  Mr. Eisler: Gewiß.
  Mr. Stripling: Würden Sie es dem Ausschuß beschreiben?
Beschreiben Sie dem Ausschuß die Fabel [plot].
  Mr. Eisler: Dieses Stück geht auf ein altes japanisches Stück
zurück und ist von einem deutschen Schriftsteller geschrieben
worden. Ich habe die Musik dazu geschrieben. Drei oder vier
Leute sind in organisatorischen Kampf [struggle] verwickelt.
Das ist der allgemeine Tenor [tone] des Stücks. Es ist tatsäch-
lich eine Kondensierung eines alten japanischen Stücks. Es ist
1929 in Deutschland geschrieben worden. [. . ., Unterbre-
chung des Verhörs]
  Mr. Stripling: Herr Eisler, Sie –
  Mr. Eisler: Das Stück ist nach einem alten klassischen japani-

schen Stück geschrieben worden. Ich habe den Namen vergessen. Es ist durch den Schriftsteller nur aktualisiert worden [brought up to date], und es war ein symbolisches, philosophisches Stück, und das ist alles.

Mr. Stripling: Es handelte von Partei-Strategie?

Mr. Eisler: Ja.

Mr. Stripling: Es hatte mit vier jungen Kommunisten zu tun, nicht wahr?

Mr. Eisler: Ja, Sir.

Mr. Stripling: Und drei der Kommunisten ermordeten den vierten, weil sie den Eindruck hatten, er gefährde das Ziel [the cause]; ist das richtig?

Mr. Eisler: Ja.

Mr. Stripling: Ist das das Thema?

Mr. Eisler: Ja.

Mr. Stripling: Wir wollen nicht weiter darauf eingehen. Als die Einwanderungsbehörden Sie über dieses Stück befragten, erinnern Sie sich, was Sie ihnen gesagt haben?

Mr. Eisler: Ich denke, daß ich die Musik zu dem Spiel geschrieben habe.

Der Vorsitzende: Sie sagten, es war nur ein Stück?

Mr. Stripling: Als er darüber befragt wurde, nannte Eisler das Stück Ausweg [expedient] und äußerte, es sei in Wirklichkeit [in nature] nicht kommunistisch. Der wahre Titel des Stückes ist »Disziplinarmaßnahmen«, ist das richtig?

Mr. Eisler: Ja, es ist ein poetisches, philosophisches Stück.

[. . .]

Hearings before the Committee on Un-American Activities, House of Representatives. Eigthieth Congress, First Session, Public Law 601 (Section 121, Subsection Q (2)), September 24, 25 und 26, 1947. Government Printing Office, Washington 1947. [Amtliches Protokoll. Der Teil des Verhörs, in dem Eisler nach der »Maßnahme« gefragt wird, steht Seite 49 ff.] Übersetzung vom Herausgeber; Übersetzung des gesamten Verhörs vor dem Ausschuß für »Unamerikanische Aktivitäten s. »Alternative« Heft 89.

[Hingabe an ein Ideal bis zum Tod]

[. . .]

Mr. Stripling: 1930 haben Sie, mit Hanns Eisler, ein Stück geschrieben mit dem Titel »Die Maßnahme«?

Mr. Brecht: Die Maßnahme.

Mr. Stripling: Haben Sie so ein Stück geschrieben?

Mr. Brecht: Ja; ja.

Mr. Stripling: Würden Sie dem Ausschuß das Thema des Stücks erklären – wovon es handelte?

Mr. Brecht: Ja ich will es versuchen.

Mr. Stripling: Zunächst, erklären Sie, was der Titel bedeutet.

Mr. Brecht: »Die Maßnahme« bedeutet . . . [Brecht spricht deutsch, der Übersetzer schaltet sich ein]

Mr. Baumgardt: zu ergreifende Maßnahmen oder zu unternehmende Schritte – Maßnahmen [measures to be taken or steps to be taken – measures]

Mr. Stripling: Könnte es Disziplinar-Maßnahmen [disciplinary measures] bedeuten?

Mr. Baumgardt: Nein; nicht Disziplinar-Maßnahmen; nein. Es bedeutet Maßnahmen, die man ergreifen muß [measures to be taken].

Mr. McDowell: Sprechen Sie ins Mikrophon.

Mr. Baumgardt: Es bedeutet nur Maßnahmen oder Schritte, die man ergreifen bzw. unternehmen muß.

Mr. Stripling: All right. Sagen Sie dem Ausschuß nun, Herr Brecht –

Mr. Brecht: Ja.

Mr. Stripling (fortfahrend): Wovon dies Stück handelte.

Mr. Brecht: Ja. Dies Stück ist die Bearbeitung [adaption] eines alten religiösen japanischen Spiels und wird No-Spiel genannt, und [es] folgt sehr eng dieser alten story, die die Hingabe für ein Ideal bis an den Tod zeigt.

Mr. Stripling: Was ist das Ideal, Herr Brecht?

Mr. Brecht: Die Idee in dem alten Stück war eine religiöse Idee. Diese jungen Leute –

Mr. Stripling: Hatte es nicht mit der Kommunistischen Partei zu tun?

Mr. Brecht: Ja.

Mr. Stripling: Und Disziplin innerhalb der Kommunistischen Partei?

Mr. Brecht: Ja, ja; es ist ein neues Stück, eine Bearbeitung. Es hat das Rußland-China der Jahre 1918 oder 1919, oder so, zum Hintergrund. Da gingen einige Kommunistische Agitatoren in eine Art Niemandsland zwischen Rußland, das damals kein Staat war und keine wirkliche – [and had no real –]

Mr. Stripling: Mr. Brecht, darf ich Sie unterbrechen? Würden Sie das Stück als ein prokommunistisches oder antikommunistisches ansehen, oder nimmt es eine neutrale Position hinsichtlich der Kommunisten ein?

Mr. Brecht: Nein; ich würde sagen – sehen Sie, Literatur hat das Recht und die Pflicht, dem Publikum die Ideen der Zeit zu vermitteln [to give the public the ideas of the time]. Nun, in diesem Stück – natürlich, ich habe über zwanzig Stücke geschrieben, aber in diesem Stück versuchte ich die Gefühle und Ideen der deutschen Arbeiter auszudrücken, die damals gegen Hitler kämpften. Ich habe in künstlerischer [Weise] auch formuliert – [I also formulated in an artistic –]

Mr. Stripling: Kämpfen gegen Hitler, sagten Sie?

Mr. Brecht: Ja.

Mr. Stripling: Geschrieben 1930?

Mr. Brecht: Ja, ja; oh, ja. Dieser Kampf fing 1923 an.

Mr. Stripling: Dennoch sagen Sie, es geht über China; es hat nichts zu tun mit Deutschland?

Mr. Brecht: Nein, es hatte nichts damit zu tun.

Mr. Stripling: Lassen Sie mich Ihnen vorlesen.

Mr. Brecht: Ja.

Mr. Stripling: Im ganzen Stück wird Bezug genommen auf Lenin, das ABC des Kommunismus und andere kommunistische Klassiker, und die Aktivitäten der Chinesischen Kommunistischen Partei im allgemeinen. Das Folgende sind Auszüge aus dem Stück: [Es werden aus einer Übersetzung des Klavierauszugs die Verse III 1,0-20 (Zählung nach Steinweg 1972b) vorgelesen, unter Auslassung von »für die klassenlose Gesellschaft«; »Parteihaus« ist mit »party headquarters« übersetzt] Nun, Mr. Brecht, werden Sie dem Ausschuß sagen, ob eine der Figuren in diesem Stück von seinem Genossen [his comrade] ermordet wurde oder nicht, weil es zum Besten der Partei [in the best interest of the party], der Kommunistischen Partei war; stimmt das?

Mr. Brecht: Nein, es entspricht nicht ganz der Fabel [story].

Mr. Stripling: Weil er sich der Disziplin nicht beugen wollte, wurde er von seinen Kameraden ermordet, stimmt das nicht?

Mr. Brecht: Nein; das steht nicht wirklich drin. Sie werden finden, wenn Sie es sorgfältig lesen, ähnlich wie in dem alten japanischen Spiel, wo es um andere Ideen ging, daß dieser junge Mann, der starb, überzeugt war, daß er dem Auftrag [the mission], an den er glaubte, Schaden zufügte und daß er damit [mit dem Tod] einverstanden war [agreed to that]. Und er war bereit zu sterben, um diesen Schaden nicht noch zu vergrößern. Also bittet er seine Genossen, ihm zu helfen, und alle zusammen helfen ihm zu sterben. Er springt in einen Abgrund, und sie führen ihn zärtlich [tenderly] zu diesem Abgrund, und das ist die Fabel [story].

Der Vorsitzende: Ich entnehme Ihren Bemerkungen, Ihrer Antwort, daß er getötet wurde; er wurde nicht ermordet?

Mr. Brecht: Er wünschte zu sterben.

Der Vorsitzende: So töteten sie ihn?

Mr. Brecht: Nein; sie töteten ihn nicht – nicht in dieser Geschichte [story]. Er tötete sich selbst. Sie unterstützten ihn, aber natürlich hatten sie ihm gesagt, daß es besser wäre, wenn er verschwände, für ihn und sie und für die Sache, an die er glaubte. [. . .]

Ort und Kontext s. Anm. zu Text 167 (unter dem 26. Oktober). Zur Interpretation s. Steinweg 1972a S. 99, 103.

169 Brecht

[Kein disziplinarischer Mord]

vorm[ittags] in *washington* vor dem un-american activities committee. [. . .] der ankläger stripling verliest viel aus der MASSNAHME und läßt sich von mir die fabel erzählen. ich verweise auf das japanische vorbild, gebe als inhalt an die hingabe an eine idee und verneine die ausdeutung, es handle sich um einen disziplinarischen mord mit der richtigstellung, es handelt sich um eine selbstauslöschung. ich gebe zu, daß die

Zur »Maßnahme« (1947)

grundlage meiner stücke marxistisch ist, und stelle fest, daß stücke, besonders historischen inhalts, anderswie nicht intelligent geschrieben werden können. [. . .]

Arbeitsjournal, Eintragung vom 30. 10. 1947.

Zum »Badener Lehrstück«

170 Verfasser unbekannt

[Diskussion über das »Badener Lehrstück«]

Bericht über die Diskussion nach unserer Veranstaltung im Kabelwerk Oberspree mit dem Publikum (12. Dezember 1949).

Anwesend waren ca. 300 Personen, darunter nach Feststellung 20 Arbeiter, sonst Funktionäre und geladene Gäste.

Das *Clownspiel* wurde am stärksten diskutiert, und zwar gingen die Diskussionen darauf aus, daß der Name »Michel« geändert werden müßte, aus den Gründen, weil der »Michel« der Vertreter des Volkes ist, das die von der Bourgeoisie eingebrockte Suppe auslöffeln muß. Es käme so heraus, daß das deutsche Volk am Boden liegt, ohne sich zu wehren. Es sind aber auch andere Kräfte im Volk, die nicht wie Michel mit der gezeigten Art Hilfe einverstanden sind. Dieser Widerstand müßte in unserem Spiel zum Ausdruck kommen.

Regievorschläge aus dem Publikum, um das Spiel um den deutschen Michel fortschrittlicher zu machen:

1) eine Stimme aus dem Hintergrund, der sich immer mehr warnende Stimmen anschließen, die gegen das Verhalten von Michel sprechen und zum Schluß, wenn der Michel am Boden liegt, auf die Bühne kommen, ihm sagen, daß er so nicht handeln darf, ihn aufheben und dem Michel gemeinsam zu einem fortschrittlichen Handeln helfen.

2) Daß Michel sich wehren muß, wenn man ihm die Glieder abnimmt.

3) Zukunftslied mit in das Spiel einbeziehen, dem Michel die Glieder wieder wachsen lassen im Rahmen des Zweijahrplanes.

4) Einen neutralen Ausrufer, der mahnend Michel aufzurütteln versucht.

5) Prolog und Epilog in Form von Songs.

6) Es gab eine Diskussion darüber, ob man nun alles klar servieren sollte oder etwas zum Denken offen lassen soll.

Ein Arbeiter zog folgenden Vergleich: Wenn der Mensch eine Torte ißt, muß er sie auch verdauen, also ihm nicht schon alles vorgekaut servieren.

Eine Arbeiterin: Wir haben hier bisher nur Mehlsuppe bekommen und das Spiel, was wir heute gesehen haben, besteht im Verhältnis dazu aus Knödeln, daran müssen wir uns erst gewöhnen.

BBA 216/11 masch. Brecht hatte das »Clownspiel«, die »dritte Untersuchung«, für diese Aufführung umgeschrieben, vgl. Steinweg 1972a S. 58 und 218. Zum möglichen Stellenwert der Aktualisierung der Clownsszene siehe u. a. Haarmann/Walach, unten S. 271 und 279.

Zu »Der Flug der Lindberghs«/»Ozeanflug«

171 Brecht   FL = 50/1^{BV}

Erklärung Brechts zum »Ozeanflug«

An den
Süddeutschen Rundfunk
Stuttgart

Sehr geehrte Herren,
Wenn Sie den Lindberghflug in einem historischen Überblick
bringen wollen, muß ich Sie bitten, der Sendung einen Prolog
voranzustellen und einige kleine Änderungen im Text selber
vorzunehmen. Lindbergh hat bekanntlich zu den Nazis enge
Beziehungen unterhalten; sein damaliger enthusiastischer Bericht über die Unbesieglichkeit der Nazi-Luftwaffe hat in
einer Reihe von Ländern lähmend gewirkt. Auch hat L. in den
USA als Faschist eine dunkle Rolle gespielt. In meinem Hörspiel muß daher der Titel in DER OZEANFLUG umgeändert werden, man muß den Prolog sprechen und den Namen Lindbergh ausmerzen.

1) in 1 (Aufforderung an Jedermann)
        anstatt: »Den Ozeanflug des Kapitän Lindbergh«
        nunmehr: »Die erste Befliegung des Ozeans«.
2) in 3 (Vorstellung des Fliegers und sein Aufbruch . . .)
        anstatt: »Mein Name ist Charles Lindbergh«
        nunmehr: »Mein Name tut nichts zur Sache«.
3) in 10 (Während des Fluges sprachen alle . . .)
        anstatt: »Ich bin Lindbergh. Bitte, tragt mich«
        nunmehr: »Ich bin derundder. Bitte, tragt mich«.

 Wenn Ihnen diese Fassung recht ist, habe ich nichts gegen
eine Aufführung. Die Änderungen mögen eine kleine Schädi-
gung des Gedichts bedeuten, aber die Ausmerzung des Na-
mens wird lehrreich sein.

                              Mit den besten Grüßen
                                        Ihr
                              gez. Bertolt Brecht

Berlin, 3. 1. 50

N. B. Sollten die Titel gelassen werden, muß es da auch immer
»Die Flieger« heißen.

Prolog, vor einer Sendung des »Ozeanflugs« zu sprechen

An die Veranstalter und Hörer des Lindberghflugs.

Hier hört ihr
Den Bericht über den ersten Ozeanflug
Im Mai 1927. Ein junger Mensch
Vollführte ihn. Er triumphierte
Über Sturm, Eis und gefräßige Wasser. Dennoch
Sei sein Name ausgemerzt, denn
Der sich zurechtfand über weglosen Wassern
Verlor sich im Sumpf unserer Städte. Sturm und Eis
Besiegten ihn nicht, aber der Mitmensch
Besiegte ihn. Ein Jahrzehnt
Ruhm und Reichtum und der Unselige
Zeigte den Hitlerschlächtern das Fliegen
Mit tödlichen Bombern. Darum
Sei sein Name ausgemerzt. Ihr aber
Seid gewarnt: Nicht Mut noch Kenntnis
Von Motoren und Seekarten tragen den Asozialen
Ins Heldenglied.

BBA 1120/9-11 (Durchschlag); mit Sofortkorrekturen; der »Prolog« auch auf Blatt
210/24 (masch. Abschrift). Die Überschrift »An die Veranstalter . . .« fehlt im
Druck. Rechts neben dieser Überschrift steht auf Blatt 210/24 von fremder Hand
»bleibt!« Das Blatt ist rechts oben mit einer »2« numeriert. Die beiden letzten (nicht
paginierten) Seiten von Heft 4 der »Versuche« (Neudruck von 1959); St 2,2*. Der
oben wiedergegebene Text folgt den Vorlagen im Archiv, die in der letzten Zeile
»Heldenglied« haben, statt »Heldenlied« im Druck. (Zur Frage, welche Lesart die
richtige sei, vgl. Steinweg 1969 Teil 1 S. 41). Elisabeth Hauptmann hat den Abdruck
des Briefes mit folgender Anmerkung versehen: »Als der Süddeutsche Rundfunk im
Dezember 1949 Brecht um die Aufführungsgenehmigung für den ›Lindberghflug‹
bat, schickte Brecht den hier abgedruckten Antwortbrief, dessen Inhalt von Brecht
dann für alle weiteren Anfragen als bindend erklärt wurde. Für den Druck des
Hörspiels ordnete Brecht an, daß das Wort ›Die Lindberghs‹ ausblockiert und
durch ›Die Flieger‹ ersetzt werden sollte; sein Brief an den Süddeutschen Rundfunk
und der Prolog sollten abgedruckt werden. E. H.« Zur Interpretation s. Steinweg
1972a S. 89.

Zu »Die Ausnahme und die Regel«

172 Brecht   AR = 5 1/1ᵛᵛ

[Kurzes Stück für Schulen]

»Die Ausnahme und die Regel«, ein kurzes Stück für Schulen,
ist der 24. Versuch. Es wurde 1930 geschrieben. Mitarbeiter:
Elisabeth Hauptmann und *Emil Burri*. Hierzu gibt es eine
Musik von *Paul Dessau*.

»Versuche« Heft 10 S. 145; St 2,4* (gekürzt). Dessau wird nicht als »Mitarbeiter«
bezeichnet, weil er die Musik erst für die französische Aufführung 1949/50 schrieb;
vgl. Steinweg 1972a S. 220 (D¹⁸); zur Interpretation s. ebenda S. 85.

Zu »Fatzer«/»Garbe«

173 Brecht

[Fatzervers]

ahrenshoop. studiere den garbe-stoff. garbe hat uns in drei sitzungen sein leben erzählt, und nun habe ich vor mir die notate. es wäre der stücktypus der historien, dh, es würde von keiner grundidee ausgegangen. in frage käme der fatzervers; heft 1 der VERSUCHE habe ich mitgenommen.

Arbeitsjournal, Eintragung vom 10. 7. 1951.

Zu »Die neue Sonne«

174 Brecht

Aus dem Lehrstück »Die neue Sonne«

O: muß ich nicht zu meinem land stehen?
X: du hast einen hund. mußt du zu ihm stehen? wie, wenn er
die tollwut bekommt? darfst du ihn auf die leute loslas-
sen? er wird auch dich beißen. du stehst zu ihm, indem du
ihn heilst.
O braucht wissen. O braucht einen job.
O hat das wissen. sie haben die laboratorien.
loyalität zum freund. loyalität zum staat.
loyalität zur wissenschaft. loyalität zum land.
er verrät den staat. er verrät den freund.

du mußt lehren. aber du darfst nicht alles lehren.

die entdeckung: es gibt einen widerspruch zwischen deinem
staat und der menschheit.

BBA 673/15 masch. auf Papier, wie es um 1950 in der DDR verwendet wurde. Die
Überschrift »Aus dem Lehrstück« usw. muß bei Brecht nicht bedeuten, daß andere
Teile eines solchen Lehrstücks bereits fixiert waren.

174a Brecht   MA = 53/1^U

[»Garbe« im Stil der »Maßnahme« oder »Mutter«]

fahre mit helli nach wien, um an der scala die MUTTER zu
inszenieren. [. . .] – viel mit eisler zusammen. seine produk-
tionskrise dauert an. er lebt von filmmusik und theatermusik.
[. . .] wir besprechen einen GARBE, im stil der ›maßnahme‹ oder
›mutter‹, zu schreiben in märz und april, mit einem vollen akt
über den 17. juni.

Arbeitsjournal, Eintragung unter dem Datum 15.-30. 10. 1953 (S. 1012).

Zu »Jasager«/»Neinsager«

175 Brecht referiert von Hella Brock   JS = 54/1[IEr]

[Zum Nachdenken zwingen]

Hella Brock berichtet, Brecht habe ihr in einem Gespräch
gesagt, er habe mit dem »*Jasager*« »ausdrücklich ein Stück
schreiben wollen, das zum Nachdenken zwingt«.

H. Brock, Musik in der Schule, Eine Dramaturgie der Schuloper, Leipzig 1960, p.
34. Das Gespräch fand 1954 statt. Zur Interpretation s. Steinweg 1972a S. 150, 151.

176 Brecht referiert von Hella Brock   JS = 54/2[IEr]

[Musik zum »Neinsager«]

Hella Brock berichtet, Brecht habe ihr in einem Gespräch
gesagt: »Die Musik kann ganz anders sein, kann aber auch
ähnlich sein« wie die zum »*Jasager*«.

Hella Brock, Musik in der Schule, Eine Dramaturgie der Schuloper, Leipzig 1960, p.
50. Das Gespräch fand 1954 statt. Zur Interpretation s. Steinweg 1972a S. 85.

Zu »Die Horatier und die Kuriatier«

177 Brecht HK=55/1ᵛᵛ

[Lehrstück über Dialektik für Kinder]

»Die Horatier und die Kuriatier«, 1934 geschrieben, ist ein Lehrstück über Dialektik für Kinder. Es gehört zum 24. Versuch (Stücke für Schulen).

»Versuche« Heft 14 S. 120; S. 3, 2*. Die Vorbemerkung dürfte erst für das 14. Heft der »Versuche« geschrieben sein. Es erschien 1955. Zum 24. Versuch zählt Brecht auch »Die Ausnahme und die Regel« (»Versuche« Heft 10), vgl. Text 173. Zur Interpretation s. Steinweg 1972a S. 85, 95, 109.

Zu den Lehrstücken allgemein

178 Brecht AL = 56/1[BZ]

[Aufführungsverbot für »Die Maßnahme«]

Sehr geehrter Herr Patera,
»Die Massnahme« ist nicht für Zuschauer geschrieben worden, sondern für die Belehrung der Aufführenden. Aufführungen vor Publikum rufen erfahrungsgemäß nichts als moralische Affekte für gewöhnlich minderer Art beim Publikum hervor. Ich gebe daher das Stück seit langem nicht für Aufführungen frei. Viel besser eignet sich das kleine Stück »Die Ausnahme und die Regel« für Einstudierungen für unprofessionelle Theater. Mit herzlichen Grüßen

BBA 708/137 (wahrscheinlich Durchschlag eines nach Diktat geschriebenen Briefes); Steinweg (Hrsg.) 1972b S. 258. Der Brief ist vom 21. 4. 1956 datiert und gerichtet an »Paul Patera, Gropgränd 4, 2 tr, Uppsala, Schweden.« Patera hat die »Maßnahme« trotzdem aufgeführt und dabei Brechts Intentionen bewußt ins Antikommunistische verkehrt, vgl. Steinweg (Hrsg.) 1972b Text G 56/1 S. 426. Zur Interpretation s. Steinweg 1972a S. 93, 94, 167.

179 Brecht referiert von Pierre Abraham AL = 56/2[IZt]

[Geschmeidigkeitsübungen]

– »Dieses Stück ist nicht gemacht, um gelesen zu werden. Dieses Stück ist nicht gemacht, um gesehen zu werden.
– Warum dann?
– Um gespielt zu werden. Damit man es unter sich spielt. Es ist nicht für ein Publikum von Lesern, nicht für ein Publikum von Zuschauern, sondern ausschließlich für die paar Jungen [garçons] gemacht, die sich die Mühe machen wollen, es einzuüben. Jeder von ihnen muß von einer Rolle zur nächsten wechseln und nacheinander den Platz des Angeklagten, der Kläger, der Zeugen, der Richter einnehmen. Unter dieser Bedingung wird jeder von ihnen sich den Übungen [exercices] der Diskussion unterziehen können und schließlich die

Kenntnis [la notion] – die praktische Kenntnis – von dem bekommen, was Dialektik ist.«

Das ist das Gespräch, das ich, überraschend genug wie man zugeben wird, im Frühjahr 1956 mit Brecht über dieses Stück führte. Und Brecht fügte hinzu:

– »Sie tun gut daran, auf Die Maßnahme zu kommen. Das erinnert mich daran, daß ich für dieses Stück und für einige andere der gleichen Art ein gemeinsames Vorwort schreiben muß. Darin würde ich erklären, was ich Ihnen gerade gesagt habe, und warum, zu welchem besonderen Zweck ich sie geschrieben habe. So wird der Leser darauf hingewiesen werden, daß er darin nicht These oder Gegenthese zu suchen hat, Argumente für oder gegen solche Meinungen, Anklage- oder Verteidigungsreden, die seine besondere Weise, [die Dinge] zu sehen, ins rechte Licht rücken [mettre en cause], sondern ausschließlich Geschmeidigkeitsübungen [exercices d'assouplissements], die für jene Art Geistes-Athleten bestimmt sind, wie es gute Dialektiker sein müssen. Die richtige oder falsche Begründung eines Urteils [d'un jugement] ist eine ganz andere Sache, die auf Dinge zielt [fait appel à des élements], die ich in jene Debatten [débats] nicht eingeführt habe.

– Mit anderen Worten, Sie bieten hier eine Methode des Trainings an, eine Art vorbereitender Gymnastik für Sportler, deren Muskulatur daraus stärker und lockerer hervorgeht, um sie darauf für ihre speziellen Unternehmungen [leurs propres performances] zu gebrauchen? Und Sie wollen sich nicht darum kümmern, ob es sich für sie darum handelt zu laufen, zu springen, Fußball zu spielen oder aufs Fahrrad zu steigen?
– Genau.

Europe, Revue mensuelle 35, 1957, S. 173 f. (Teil eines Vorwortes zur Übersetzung der »Maßnahme« durch E. Pfrimmer). Übersetzung ins Deutsche vom Herausgeber (Steinweg, Hrsg., 1972b S. 261 f.), eine andere Übersetzung in: »Alternative« Nr. 78/79 S. 131. Die Notiz des Gespräches hat folgenden französischen Wortlaut:

– »Cette pièce n'est pas faite pour être lue. Cette pièce n'est pas faite pour être vue.
– Pour quoi, alors?
Pour être jouée. Pour être jouée entre soi. Elle est écrite, non pas pour un public de lecteurs, non pas pour un public de spectateurs, mais exclusivement pour les quelques garçons qui vont s'atteler à l'étudier. Chacun d'eux doit passer d'un rôle à l'autre et tenir successivement la place de

Zu den Lehrstücken allgemein (1956)

l'accusé, des accusateurs, des témoins, des juges. A ce prix, chacun d'eux pourra se rompre aux exercices de la discussion et finira par acquérir la notion – la notion pratique – de ce qu'est la dialectique.«

Tel est le dialogue, assez inattendu, on en conviendra, que j'échangeais avec Brecht, au printemps de 1956, au sujet de cette pièce-ci. Et Brecht ajoutait:

– »Vous avez raison de me parler de La Décision. Cela me rappelle qu'il faut que, pour cette pièce et pour quelques autres de même nature, j'écrive une préface d'ensemble. J'y expliquerais ce que je viens de vous dire, et pourquoi, dans quel but précis, je les ai écrites. Ainsi le lecteur sera averti de ne pas avoir à y chercher de thèse ou de contre-thèse, d'arguments pour ou contre telles opinions, de plaidoiries ou de réquisitoires qui mettent en cause ses propres façons de voir, mais exclusivement des exercices d'assouplissement destinés à ces sortes d'athlètes de l'esprit que doivent être les bons dialecticiens. Le bien ou le mal-fondé du jugement, c'est une tout autre affaire, qui fait appel à des éléments que je n'ai pas introduits dans ces débats.

– En d'autres termes, vous offrez là une méthode d'entraînement, une sorte de gymnastique préparatoire pour des sportifs dont la musculature en sortira plus robuste et plus souple afin de l'utiliser ensuite à leurs propres performances? Et vous ne voulez pas vous préoccuper de savoir s'il s'agira pour eux de courir, de sauter, de jouer au football ou de monter à bicyclette?

– Exactement.« [. . .]

Abraham gibt an, das Gespräch im Frühjahr 1956 geführt zu haben. Anfragen bei Abraham nach weiteren Informationen sind nicht beantwortet worden (oder nicht angekommen). Zur Interpretation s. Steinweg 1972a S. 84, 93, 97, 101, 109, 110, 118, 119, 126, 128, 146.

180 Brecht AL = 56/3[s]

Anmerkung [zu den Lehrstücken]

Um Mißverständnisse zu vermeiden: von den kleinen Stücken »Die Gewehre der Frau Carrar«, »Die Ausnahme und die Regel«, »Der Jasager« ⟨und »Der Neinsager«⟩, »Die Maßnahme« und »Die Horatier und die Kuriatier« sind die letzten vier Lehrstücke.

Diese Bezeichnung gilt nur für Stücke, die für die *Darstellenden* lehrhaft sind. Sie benötigen so kein Publikum.

Der Stückeschreiber hat Aufführungen der »Maßnahme« vor Publikum immer wieder abgelehnt, da nur der Darsteller des

Jungen Genossen daran lernen kann, und auch er nur, wenn er auch einen der Agitatoren dargestellt und im Kontrollchor mitgesungen hat.

BBA 975/24-25 (ein Blatt) masch. mit hdschr. Veränderungen von Brecht und Elisabeth Hauptmann; T 17,1034 f. (geändert). Den Titel »Die Gewehre der Frau Carrar« hat E. Hauptmann eingeklammert und unter dem Text notiert »Gewehre?«, offensichtlich als Frage an Brecht. Die Antwort wird mündlich erfolgt sein. Möglicherweise später hat E. Hauptmann dazu notiert: »Für Band 5 der Gesammelten Stücke. Nach den ›Horatiern + Kuriatiern‹. Ende Juli 56.« Dort erschien der Text in veränderter Form. Der erste Satz heißt dort: »Um Mißverständnisse zu vermeiden: Von den kleinen Stücken sind ›Das Badener Lehrstück vom Einverständnis‹, ›Die Ausnahme und die Regel‹, ›Der Jasager und der Neinsager‹, ›Die Maßnahme‹ und ›Die Horatier und die Kuriatier‹ Lehrstücke.« Die Herausgeberin beruft sich auf eine mündliche Anweisung Brechts, vgl. Text 194. Zur Interpretation s. Steinweg 1972a S. 85, 86, 87, 90, 93, 138, 145, 148, 154.

Zur »Maßnahme«

181 Eisler referiert von Unbekannt $*MA = 56/1^{IZp}$

Gespräch mit Prof. Hanns Eisler
Klavierspieler und Komponist beim »Roten Sprachrohr«

Es war diese Art zu singen und zu musizieren, die das Interesse Bertolt Brechts fand, der damals schon der führende Dramatiker Deutschlands war. Es begann eine Zusammenarbeit mit Bertolt Brecht, Helene Weigel und Slatan Dudow. Mit Brecht schrieb ich »Die Maßnahme«, ein politisches Lehrstück, das große Diskussionen auslöste; »Die Mutter« (in den Hauptrollen Helene Weigel und Ernst Busch), eine »rote Revue«, und den Film »Kuhle Wampe« (mit Ernst Busch in der Hauptrolle). Das war aber nur ein Teil meiner Tätigkeit. [. . .]

Der Sonntag (Berlin), 22. 4. 1956.

182 Brecht referiert von Manfred Wekwerth $MA = 56/2^{lesr}$

Die letzten Gespräche

[. . .] Brecht gefiel der Gedanke von der »verschwenderischen« neuen Klasse so gut, daß er meinte, man müsse das in

Zukunft beschreiben: Genüsse als Klassenkampf, Luxus als Revolution, Schnittlauch am Salat als Klassenbewußtsein. Dabei sei es zunächst nicht so wichtig, solche Genüsse sofort materiell zu befriedigen, sondern sie als Genüsse überhaupt kennenzulernen.

Wir sprachen über das Theater der Zukunft. Wie würde es aussehen, wenn es – wie in Brechts typisch globaler Übertreibung – Genüsse zu Kampfposten machen wolle. Ich fragte Brecht, der solche Fragen nicht mochte, da sie aus der Pistole geschossen wurden: »Brecht, nennen Sie ein Stück, welches Sie für die Form des Theaters der Zukunft halten.« Ebenso aus der Pistole geschossen kam die Antwort: »Die ›Maßnahme‹.«
[. . .]

Aus: Wekwerth 1973 S. 78. Vorabdruck mit Kontext in: Steinweg, Hrsg., 1972b S. 262-266. Zur Interpretation s. Steinweg 1972a S. 123, 210.

Zu den Lehrstücken allgemein

183 Eisler im Gespräch mit Notowicz

[Schlechtes Gewissen der Künstler]

[. . .]

N.: Aber es war doch damals so: das schlechte Gewissen der Künstler ging doch bis weit in bürgerliche Kreise.

E.: Ja, ich fand meine Noten wirklich in den unmöglichsten Salons in Westberlin, die roten Hefteln fand ich in den unmöglichsten Salons.

N.: Erstens das, und zweitens, wenn man dran denkt, wer sich alles Ende der zwanziger Jahre beteiligt hat an den Lehrstücken, das ging also bis Hindemith, Fortner und so weiter.

E.: Ja.

[. . .]

Elsner (Hrsg.) 1971 S. 184 f. Prof. Hans Notowicz war ein Freund von Hanns Eisler. Das Gespräch fand 1958 statt.

Zu »Die Horatier und die Kuriatier«

184 Eisler im Gespräch mit Bunge   *HK = 58/1*[IEp]

[Musik zu »Die Horatier und die Kuriatier«]

Naja, Brecht ist ein edler Mensch.

Aber ich muß sagen, es gab ja wirklich viele Konflikte unter uns.

Es gab einen abscheulichen Krach in Dänemark.

Ist ja wurscht, wer da recht hat.

Verstehen Sie, ich behaupte ja nicht, ich hab recht.

Aber ich sage noch einmal, man darf sich nicht vorstellen, daß so eine alte Freundschaft, wo man jahrelang doch fast in denselben Dörfern zusammen gelebt hat, ohne Konflikte abgeht.

Ich wäre also nicht überrascht.

Ich habe das nie notiert, außer in meinen Briefen. Da werden Sie es sehen können.

Da gibt es einen Brief, wo ich sage: »Ich will außer den mündlichen Diskussionen über unseren Konflikt oder unseren Streit nicht noch eine schriftliche Debatte haben.«

Wir hatten einen furchtbaren Krach in Dänemark.

Und das wurde in Ordnung gebracht auf eine echte Brechtsche Weise.

Er schickte mir, um mich zu versöhnen – ich war nämlich wütend auf ihn, wirklich echt wütend, was ich sehr selten bin; ich bin überhaupt nicht auf Leute wütend; ich tobte und sagte es aber auch sehr deutlich – schickt mir einfach nichts als zwei wunderbare Gedichte.

»Nun«, sagt er, »lieber Eisler, da sind zwei Gedichte, vielleicht kannst du damit was anfangen.«

Und das war der Friedensschluß, der echte Brechtsche. Man produziert weiter.

Nun, das war eine geringe Kränkung, ich war ja auch ärgerlich.

Ich kanns ja erzählen, da es auch interessant ist.

Ich war furchtbar lange auf der Reise und kam dann von Moskau über Leningrad, Stockholm zum Brecht zurück und wollte wirklich mit ihm wieder etwas arbeiten.

Nach acht Tagen kommt ein Telegramm, ich möchte sofort nach Prag fahren zu einem internationalen Musikkongreß.

Weil: dort sind Einheitsverhandlungen zwischen der sozialdemokratischen Arbeitersängerschaft und der kommunistischen. Und ich muß unbedingt hin.

Das war nicht ein Parteiauftrag, aber es war so etwas Ähnliches.

Eine politische Stelle bat mich, dort einzugreifen.

Von Prag kommend, hatte ich nur noch Zeit, über Paris – mit dem Schiff »Lafayette«, wo ich schon Karten hatte – nach New York zu fahren, denn meine Universitätsvorlesungen fingen an.

Nun machte Brecht damals gerade »Die Horatier und die Kuriatier«.

Und an sich wollte er das mit mir noch besprechen. Und es sollte das auch komponiert werden.

Und ich rechnete aus, da hätte ich keine Zeit. Ich könnte höchstens zwei Tage Zeit dann noch für Skovsbostrand aufbringen.

Das ist mir zu anstrengend.

Ich fahre lieber nach Paris und bleibe zwei Tage in Paris.

Mein Bruder war dorten, und ich wollte mich ein bißchen erholen.

Daß ich mich in Paris erholen will zwei Tage, statt – um jeden Preis! auch um Anstrengungen! – nach Skovsbostrand zu kommen, um die »Horatier und die Kuratier« weiterzumachen, das fand er einfach eine Unverschämtheit von mir.

Das ging mir zu weit.

Ich bin ja schließlich ... Das ging nicht.

»Verstehe, großer Mann. Ich bin auch ein großer Mann!«

Ich kann mich nicht kaputtmachen. Ich muß mich in Paris ausruhen.

»Macht mir auch Spaß!« sagte ich.

»Ich habe keine Lust, wegen zwei Tagen ... Ja für vier Wochen!«

Und so fort.

Und es wurde ein sehr böses Gespräch.

Ich wurde sehr ärgerlich und verließ das Haus in großem Zorne.

Und am Abend fuhr ich dann nach Prag.

Und da wurde noch eine Unterhändlerin geschickt, unsere prachtvolle Genossin Grete Steffin.

Aber ich habe mich nicht zu Verhandlungen herbeigelassen, weil – wie sagt man in Berlin? –: es platzte mir der Kragen.

Ich hatte in Prag sehr viel zu tun.

Dann kam eben ein Brieflein von Brecht mit zwei Gedichten und zwei Zeilen.

Und damit war der Fall aber auch sofort erledigt.

Und es wurde auch davon nie mehr gesprochen. Dieser Konflikt wurde auch nie ausgetragen.

[...]

Bunge 1970 S. 195-198. Das Gespräch fand am 6. 5. 1958 statt. Zur Interpretation s. Steinweg 1972a S. 83, 85.

Zu »Die Horatier und die Kuratier« (1958)

Zur »Maßnahme«

[Parabel, Gegenstück zum »Jasager«]

[. . .]

Die Genialität Brechts ist, daß er von allen lernen konnte.

Er konnte auch zum Beispiel mitten in den hitzigen Debatten über seine Sachen produzieren. Ich bin doch jeden Tag ein halbes Jahr von neun Uhr vormittags bis ein Uhr mittags in seiner Wohnung, ich glaube, am Knie, gewesen, um die »Maßnahme« zu produzieren, wobei der Brecht gedichtet hat und ich jede Zeile kritisiert habe. Ein anderer hätte mich entweder herausgeworfen oder hätte gesagt: »Hören Sie zu, ich kann so nicht arbeiten!« Brecht hat das zum Arbeiten angeregt. Das Erstaunliche war, daß diese Debatten, dieser lebendige Widerspruch, den er in seinem Zimmer sitzen hatte, ihn anregte, denn literarisch kann ich ja nur stören, keineswegs helfen. Er braucht ka Hilfe, nicht.

N.: Das ist aber wie mit der »Maßnahme«. Schon damals gab's doch Diskussionen; nicht über die Musik, sondern

E.: Auch! Das Ganze!

N.: Über den Text, in erster Linie über den Text, über die politischen Fragen.
Das ist so ein Problem. »Die Maßnahme« ist ein Werk, das zu hören sehr wichtig wäre.

E.: Ja, enorm, ich bin auch sehr dafür, das zu machen.

N.: Aber jetzt diese Fragestellung!

E.: Es ist ein Parabelstück.

N.: Sie ist doch, etwas scharf gesagt, leicht versnobt, nicht.

E.: Nein, gar nicht. Leider . . . entschuldige, die Erfahrungen zeigen, das ist in keiner Weise versnobt, da die Wirklichkeit leider noch viel über die Parabel herausgegangen ist.

N.: Ja schön. Ich wollte sagen, was ich meine. Wie können unsere Menschen das verstehen, junge Menschen heute? Sie können das verstehen als ein Stück Geschichte.

E.: Nein.

N.: So hat man's damals bestellt.

Aber die Frage steht: Sie müssen sterben.

Und sie sollen leben!

E.: Aber das ist doch eine Parabel!

Dann darfst Du auch nicht die Andersen-Märchen lesen, darfst keine Parabelstücke lesen, auch von Shakespeare nicht, weil Du glaubst, das ist die . . . Das ist doch ka Gerhart Hauptmann, wo ein Mensch stirbt.

Der stirbt doch gar nicht, der junge Genosse, der steht auf der Bühne . . . der wird doch nicht erschossen oder so etwas.

N.: Nein, dort irrst Du.

E.: Er verliert gewissermaßen sein Gesicht, wie die Chinesen gesagt haben, er verliert sein Gesicht. Das Ende ist ja doch ganz uninteressant.

In Wirklichkeit soll gezeigt werden politisches Verhalten. Und das war ganz neuartige deutsche Literatur. Außerdem gehört es zu den klassischen Versen, die Brecht geschrieben hat. Dinge wie »Ändere die Welt, sie braucht es« gehören einfach zu den großen Dichtungen des Jahrhunderts und werden sehr lange dauern.

»Lob der UdSSR«, nicht wahr! Ich brauch nichts dazu sagen, das ist fabelhaft.

Und welch mutige Haltung hat der Brecht.

Nun haben wir uns aber sehr ernsthaft damit beschäftigt.

N.: Das ist doch beim »Jasager« eine ähnliche Sache.

E.: Ja, es ist ja wegen »Jasager« entstanden. Das ist die Schuloper »Jasager«.

Denn wir haben dem Brecht gesagt: Das ist sehr schöne Musik und so, aber das ist doch ein schwachsinniges feudalistisches Stück.

Da sagt er: »Weißt Du was, da werden wir ein anderes Stück, ein Gegenstück schreiben, ›Die Maßnahme‹, wo ein Mensch einverstanden ist, aus der Gemeinschaft, aus dem Kollektiv sich auszuschalten.«

Das kann in der Parabelform der Tod sein, in einer anderen Form kann es ein Weggehen sein.

»Das werden wir jetzt einmal wirklich untersuchen.«

Und da haben wir auf diesen gräßlichen Erfolg . . .

Für Brecht war der »Jasager« ein grauenvoller Erfolg, weil er ein japanisches hochfeudales Stück genommen und es wunderschön umgeformt hat mit der Hilfe Eilsabeth Hauptmanns, die ja das Hauptverdienst hat. Und der Weill hat eine reizende Musik dazu geschrieben. So war ja vom bürgerlichen Standpunkt alles in schönster Ordnung. Brecht fing an, drüber wütend zu werden.

Und das muß an Brecht gerühmt werden: Welcher Dichter wird nach einem schallenden Erfolg wütend und schreibt ein Gegenstück. Das ist doch ein großartiges Verhalten, nicht wahr, fabelhaft.

N.: Ich hab den »Jasager« nämlich einstudiert, damals auf der Schule, und ich weiß noch sehr genau, wie wenig mir das geschmeckt hat, musikalisch schon,

E.: Ja, es ist sehr hübsche Musik.

N.: aber einfach diese ganze Ideologie . . .

E.: Die feudale Dumpfheit.

Warum soll denn der Knabe sterben, nicht?

Sag mal, der Brecht hat doch wohl geschrieben ein Stück »Der Neinsager«?

N.: Ja.

E.: Einige seiner witzigen Freunde sagten: »Hoffentlich schreibst Du kein Stück ›Der Vielleichtsager‹«.

N.: Aber er hat dafür das »Vielleicht-Lied« geschrieben.

E.: Ja. [. . .]

Mit der »Maßnahme« werden wir noch etwas warten müssen. Gute Dinge haben Weile. Inzwischen lasse ich ja die einzelnen Stücke drucken, und man kann sie auch singen. Aber wir müssen erst noch mal eine Parabel als Parabel sehen und nicht als einen naturellen Vorgang.

Also so entfernt.

N.: Aber heut sieht man's natürlich nicht als Parabel.

E.: Nein, so viel Dinge der Realität kommen uns hier ins Gehege.

Ich habe gerade jetzt – es wird Dich interessieren, es ist ein Telegramm – vor drei Wochen eine Aufführung in London verboten. London wollte die Aufführung machen, ich hab's verboten, weil ich das Gefühl habe, daß wahrscheinlich irgendwelche Kreise, die es nicht mit uns günstig meinen, das gegen uns ausspielen wollen. Folglich hab ich es verboten.

Elsner (Hrsg.) 1971 S. 188-193 (aus dem gleichen Gespräch wie Text 183). Das Gespräch fand 1958 statt. Zur Interpretation s. Steinweg 1972a S. 83, 94, 140.

186 Eisler im Gespräch mit Notowicz

[Wichtiger als 300 Kanonen]

[. . .]

»Wissen Sie«, sage ich, »Herr Thomas, gewiß, solche Artikel schreib ich ja hier und da immer wieder, aber es ist eigentlich nicht meine Theorie. Es ist Napoleons Aussage. Jawohl, das ist sie. Napoleon I., wissen Sie, Kaiser von Frankreich, hat gesagt, als er die Marseillaise gehört hat: Das ist mir lieber wie dreihundert Kanonen.

Schweigen.

Mit einem Wort, ich habe meine ganzen Theorien in den Schoß Napoleons gelegt, und das ist auch die Wahrheit.

Erstmal war er verblüfft, dann brüllte er: »Wir reden hier nicht von Napoleon. Wir reden von Ihnen!«

Sag ich: »Ja, ich habe da gar nichts zu zu sagen, ich habe nur eine napoleonische Idee.«

Und so ähnliche Fälle. Zum Beispiel: Sie lasen mir alle meine Lieder vor, die ja in der American Library sind durch das Copyright-Gesetz, die Vokalwerke, auch aus der »Maßnahme«, in schlechten englischen Übersetzungen, ohne zu sagen, daß es von Brecht ist, und haben auch behauptet, das sind also meine Werke. Und ich hab das auch so genommen. Ich hab den Namen Brecht nicht genannt, ich tat so, als ob ich das auch alles gedichtet hätte, was Brecht ungeheuer amüsiert hat.

Es hat ihm nichts genützt, Brecht mußte doch vors Komitee.

Aber jedenfalls, ich habe den Namen nicht erwähnt, ich habe überhaupt keine Namen erwähnt.

[. . .]

Elsner (Hrsg.) 1971, S. 204 f. Vgl. Text 167 und 187.

[Erfolgreicher literarischer Diebstahl]

[. . .]

Bunge: Ihre Vernehmung hing nicht mit Brecht zusammen?

Eisler: Nein, ich hatte ja drei Tage lang allein eine Vernehmung. Ich war ein Spezialfall.

Wie gesagt, das sind nicht meine politischen Verdienste, leider nicht, sondern mehr verwandtschaftliche Verdienste.

Bunge: Sie haben doch eine gewisse »Schuld« Brechts auf sich genommen?

Eisler: Ja, das war ganz einfach. Es blieb mir gar nichts anderes übrig.

Die Leute wollten mich doch reinlegen.

Sie lasen mir also aus meinen Werken von den Übersetzern angefertigte Übersetzungen vor und behaupteten, das wäre von mir.

Na ja, ich kann doch nicht sagen: »Entschuldigen Sie, ich bin nur Komponist.«

Das ist ja ein läppisches Verhalten. Das ist ja unmöglich. Folglich habe ich diese Texte dann verteidigt als mein Werk. Denn ich wußte damals noch nicht, ob Brecht in die Sache hineingezogen wird.

Und mein Prinzip war: ich nenne überhaupt keine Namen.

Es gibt keinen Namen auf der Welt, den ich dort nenne irgendwann. Und was man mir vorwirft, das nehme ich auf meine Kappe. Danach handelte ich.

Und die Leute wußten wahrscheinlich ganz genau: links stand der Name Bertolt Brecht.

Sie haben ihn auch später vorgeladen. Mir sagten sie das damals nicht . . .

Und gut, dann ging das weiter. »›Die Maßnahme‹, was ist das wieder für ein Stück da von Ihnen?«

Ich habe mir die besten Werke von Brecht angeeignet.

Es war einer der erfolgreichsten literarischen Diebstähle, die man überhaupt begehen kann.

Der Brecht, der ja selbst, wie Sie wissen – weil er sich ein paar Zeilen wo ausgeliehen hat von einer Villonübersetzung – auf dem Gebiet ein Kenner ist, sagte, das war eine Virtuosenleistung. Dagegen wäre er ein reiner Anfänger. Er hätte es nur mit zwanzig Zeilen gemacht, ich hätte das mit ganzen Opussen von Brecht gemacht.

Er war aber darüber sehr gerührt. Er hat mir das wirklich nicht vergessen, obwohl es keine Leistung war. [. . .]

Bunge 1970 S. 205. Hans Bunge war 1958 Archivar im Bertolt-Brecht-Archiv (jetzt Dramaturg am Deutschen Theater in Ost-Berlin). Das Gespräch fand am 6. 5. 1958 statt. Vgl. Text 167 und 186. Die Anspielung auf Eislers Verwandtschaft bezieht sich vermutlich auf Eislers Schwester Ruth Fischer. Ruth Fischer scheute sich nicht, zu diesem Zeitpunkt eine mehrteilige Serie in einer bürgerlichen amerikanischen Zeitung zu veröffentlichen, in der sie ihren Bruder Gerhart als »notorischen« GPU-Agenten verleumdete. Vgl. auch Steinweg 1972b Text G 48/1 S. 416-418.

188 Eisler im Gespräch mit Hans Bunge   *MA = 58/2*[IEp]

[Schönbergs Beurteilung der »Maßnahme«]

[. . .]
Bunge: Welchen Eindruck hat denn Brecht auf Schönberg gemacht?

Eisler: Schönberg sagte mir: »Ich weiß, in der Weimarer Republik, in Berlin, haben Sie doch diese ›Maßnahme‹ mit ihm geschrieben. Das habe ich ja nie angehört.«

»Meine Schüler sagten, das wäre gar nichts – und waren gar nicht bei der Aufführung dabei. Es wäre doch nicht so interessant, und sie wollten das nicht anhören.«

Darauf hat der Schönberg einem von den Schülern, sagte er mir, einem jüngeren Schüler, einen furchtbaren Krach gemacht und gesagt: »Wieso kommen Sie dazu, das Werk eines meiner besten Schüler nicht anzuhören!«

Also die Schüler, die dem Schönberg schmeicheln wollten, daß sie meine Stücke nicht mal anhören, bekamen von ihm einen furchtbaren Krach.

Er hatte von Brecht keine Ahnung.

Ich sagte ihm immer nur, er wäre der größte deutsche Dichter der letzten fünfzig Jahre.

»Nun«, hat der Schönberg gesagt, »na, hoffen wir.« [. . .]

Bunge 1970 S. 176. Das Gespräch fand am 6. 5. 1958 statt.

[Gemeinsame Arbeit]

[...]

Bunge: Es gibt noch eine Menge über die frühe Zeit zu fragen, in der Sie mit Brecht zusammengewesen sind. Darüber existieren kaum Unterlagen.

Eisler: Da würde ich sehr gern eine Sitzung haben mit Elisabeth Hauptmann zusammen, die damals Sekretärin von Brecht war. Da kann sie mich korrigieren. Ich kann sie kaum korrigieren, denn sie war mit Brecht wirklich sehr oft zusammen. Also ich war während der Arbeit an der »Maßnahme« und während der Arbeit an der »Mutter« jeden Vormittag, meistens von neun bis ein Uhr, in Brechts Wohnung »Am Knie«. Das war eine lange Zeit. Da haben wir wirklich vormittags zusammen gearbeitet. Da wird uns die Hauptmann unersetzliche Dienste leisten. Die frühe Zeit kennt sie sehr gut.
[...]

Auszug aus dem gleichen Gespräch wie Text 186 (6. 5. 1958), aber in der Münchner Auswahlausgabe nicht enthalten; Steinweg (Hrsg.) 1972b S. 269, Vorabdruck aus der vollständigen Ausgabe der Gespräche im Rahmen der Eisler-Gesamtausgabe im Deutschen Verlag für Musik, Leipzig. Vgl. Text 194 (Elisabeth Hauptmann) und Text 195 (Ernst Busch). Zur Interpretation s. Steinweg 1972a S. 83.

Zur »Maßnahme«

190 Eisler im Gespräch mit Hans Bunge   *MA = 61/1*[IEp]

Der Bote der Arbeiterbewegung

[...]
Bunge: Es handelte sich um Zusammenarbeit.
 Eisler: Das ist richtig. Es war eine echte Zusammenarbeit.
 Vor allem 1929, als der große Sprung kam von »Dreigroschen-oper« und »Mahagonny« bis zur »Maßnahme«. Da funktio-nierte ich eigentlich mehr wie der Bote der Arbeiterbewegung. Ich war nur der Bote.
 Ich war doch keine Persönlichkeit, sondern der Bote, der dem Brecht noch etwas mehr Praktisches von der Arbeiter-bewegung mitteilte, was auf ihn, ein sehr empfindsamer Mann – ich sage »empfindsamer Mann«: nämlich für Haltungen emp-findsam –, einen gewissen Eindruck machte. [...]

Bunge 1970 S. 256. Das Gespräch fand am 18. 7. 1961 statt. Zur Interpretation s. Steinweg 1972a S. 169.

191 Eisler im Gespräch mit Hans Bunge   *MA = 61/2*[IEp]

[Schrecklicher Satz aus der »Maßnahme«]

[...]
Ich warne doch nur unsere Feinde – wir haben eine Menge –, unsere Anfänge, die oft barbarisch klingen, zu unterschätzen. [...]
 Also ich meine doch nur das: Es ist eine großartige Haltung, die wir als Marxisten haben, daß wir auf das Neue sehen, wie immer es ankommt.
 Es gibt einen großartigen Satz von Brecht in der »Maßnah-me« [...] Ich will ihn nicht zitieren, er ist so schrecklich, Brecht und ich haben ihn gestrichen.
 Bunge: Vielleicht kann man einen anderen zitieren: »Alles

Neue ist besser als alles Alte.«

  Eisler: Gewiß.

  Aber: »Alles Neue ist schmerzhafter als das Alte« wäre
vielleicht besser gesagt. [. . .]

Bunge 1970 S. 270. Das Gespräch fand am 24. 8. 1961 statt.

Zu »Der Jasager/Der Neinsager«

192 Elisabeth Hauptmann   *JS=66/1*[IE]

Wie kam es zum »Jasager« und zum »Neinsager«?
(Fragen an Elisabeth Hauptmann)

O. S.: In dem vierten Heft der »Versuche« von Brecht steht
am Ende dieser zwei Schulopern Ihr Name als Mitarbeiter
neben denen von Brecht und Weill. Sie können mir also sicher
sagen, wie es zum »Jasager« und zum »Neinsager« kam.
E. H.: Vorn, *vor* den Schulopern, steht: »Nach dem japanischen Stück »Taniko« in der englischen Nachdichtung von
Arthur Waley«. Damit müssen wir anfangen. (Genau muß es
übrigens heißen »No-Stück«.) Arthur Waley, der berühmte
englische Japanologe und Sinologe, hat 1921 eine Sammlung
alter No-Stücke in seiner Bearbeitung herausgegeben »The
No-Plays of Japan«.

O. S.: No-Stück, was bedeutet das?
E. H.: Ich wußte es auch nicht, als ich das Buch [von Waley]
zum ersten Mal sah. ⟨Darf ich Ihnen dazu eine kleine Geschichte erzählen?⟩ Im Winter 1928/29 brachte mir jemand
Waleys Buch aus London mit. Ich war ganz betroffen von
diesen kurzen Stücken. Von der ruhigen intensiven Fabelführung, von der schönen dramaturgischen Vielfalt und von den
zugrundeliegenden ästhetischen Gesichtspunkten. Ich ⟨las sie
immer wieder und⟩ entdeckte immer neue interessante
Punkte. Ein Beispiel: die Einführung, die sogenannte Exposition eines Stückes, wird hier fast immer berichtet, in Prosa
oder Versen oder abwechselnd in beiden, bis zu dem Punkt,
wo die eigentliche Handlung einsetzt. Welch ein Gegensatz,
fand ich damals, zu den künstlich konstruierten, zeitrauben-
den Expositionen vieler Stücke, die ich kannte, ⟨in denen ein
wahrer Kult mit dem Bau solcher Expositionen getrieben
wurde⟩. Durch solche Berichte, oft von einem Chor vorgetragen, wurden auch die ⟨einzelnen⟩ wichtigen Handlungsteile
verbunden.

Besonders gefiel mir auch Waleys Vorwort. Ich lernte, was No bedeutet: fähig sein, Talent haben; ein No-Stück ist also etwa eine Demonstration, eine Darbietung von Talent, von Fähigkeiten. No-Stücke gehen zurück bis ins Mittelalter; sie werden heute noch, neben anderen Arten von Theater, in Japan gespielt.

Seine heutige Form verdankt das No vor allem dem Genie zweier Männer: dem Schauspieler Kwanami Kiyotsuga (1333-1384) und seinem Sohn Seami Motekiyo (1363-1444), der der größte aller No-Schauspieler war. Das meiste, was uns über No-Stücke überliefert ist, findet sich in seinen Schriften. (Was mich an Seami frappierte, war eine Ähnlichkeit mit Brecht, der bis zuletzt, wie wir wissen, als Dramatiker, als Bearbeiter von Stücken, als Regisseur und durch viele Theoretische Schriften versuchte, ein Theater des wissenschaftlichen Zeitalters, das Vergnügen und Belehrung in einem vermittelt, herbeizuführen. Jetzt las ich in dem Buch von Waley von einem Theatermann, der im 14./15 Jahrhundert in Japan konsequent und umfassend an einer Verbesserung des Theaters arbeitete: als Schauspieler, Bearbeiter von Stücken, Bühnenbildner, Komponist, Regisseur und Verfasser von theoretischen Schriften. Neben vielen No-Stücken hinterließ er mehr als zwanzig teils sehr umfangreiche Schriften zum Theater. Nicht alle Stücke müssen einem heute gefallen; auch vieles in den Schriften ist zu sehr an die damalige Gesellschaftsstruktur gebunden, um uns heute noch etwas zu sagen. Ich wünschte, ich könnte Ihnen ausführliche Proben aus seinen Schriften geben. Sie sind konkret, lebendig, mit vielen Beispielen versehen und mit großer Autorität geschrieben. Immer wieder wird man an Brecht erinnert, wenn man z. B. Seamis Ausführung über die Nachahmung liest. Seine Lehren umfassen das ganze Gebiet des Theaters einschließlich das Schreiben von Stücken.)

In den letzten Jahrzehnten sind übrigens seine Arbeiten in mehreren Sprachen erschienen und viele Publikationen über ihn.

Ich habe mich jetzt aber weit entfernt von Ihrer Frage.

O. S.: Welcher Weg führt von Waley zum »Jasager«?

E. H.: Auf Grund der Waleyschen Bearbeitungen übersetzte ich damals eine Reihe von No-Stücken über das Englische ins

Deutsche, ⟨ziemlich frei und dabei eingedenk dessen, was Waley in seinem Vorwort schreibt, nämlich daß durch die Übersetzung viel von der Eigenart und Schönheit des Originaltextes verloren geht.⟩ Meine Übersetzungen waren nicht für eine Veröffentlichung gedacht, weil ich u. a. gegen das Übertragen über eine dritte Sprache bin. [Dann erfuhr ich auch durch japanische Studenten, die mir kurz darauf einige No-Stücke und Teile von Seamis Schrift »Kwadensho« aus dem Original übersetzten, daß Waleys Übertragungen, die sehr schön sind, zugleich sehr frei gehandhabt waren.] Ich machte sie aus reinem Spaß [vor allem, um mit einigen Freunden besser über diese hochinteressanten Dinge sprechen zu können.] Der Redakteur einer Theaterzeitschrift, mit dem ich über die No-Stücke sprach, überredete mich, ihm meine Übersetzung von »Taniko« zum Abdruck zu geben. Dies Stück ist übrigens nicht von Seami, sondern von seinem Schwiegersohn Zenchiku. Später schrieb ich ein Hörspiel über das Leben und das Werk von Seami, das ich »Die Rollen des Schauspielers Seami« nannte. Es wurde 1931 vom Berliner Rundfunk gesendet.

O. S.: Sie haben Brecht Ihre Übersetzung von »Taniko« gezeigt, und er schlug sie Kurt Weill zum Komponieren vor?

E. H.: Nein, es war gerade andersherum.

Kurt Weill, der seit einigen Jahren mit Brecht zusammenarbeitete, suchte damals nach einer Idee, nach einer Fabel, einem Stoff, kurz, nach einem Text für eine Schuloper, die während der Tage der »Neuen Musik Berlin 1930« zur Vorführung kommen sollte. Als er eines Tages meine Übersetzung las, schlug er Brecht eine Bearbeitung von »Taniko« vor. ⟨So lernte Brecht meine Übersetzung kennen.⟩ Er ging auf Weills Vorschlag ein, da er selbst sehr interessiert war an dem Experiment einer Oper für Kinder ⟨und an dem japanischen Stück.⟩

⟨In diesem Fall war also Weill der Initiator.⟩

Bei »Taniko« handelt es sich um einen kleinen Jungen, der das Opfer eines alten Brauches wird. Brechts Bearbeitung, die den Titel »Der Jasager« bekam, hielt sich eng an die Vorlage. Die Aufführung im Juli 1930 wurde ein großer Erfolg. . . .

O. S.: Aber warum entschloß sich Brecht zu einer weiteren Bearbeitung, war er nicht zufrieden?

Zu »Der Jasager / Der Neinsager« (1966)

E. H.: Nein, Brecht und einige von uns Mitarbeitern hatten Bedenken. Brecht, der die Aufführung im Sommer nicht sehen konnte, bat seine Freunde von der Karl-Marx-Schule in Neukölln, Lehrer und Schüler, die Schuloper einzustudieren, um die Wirkung von Stück und Aufführung auf ein junges Publikum zu überprüfen.

Nach der Aufführung gab es in einzelnen Klassen Diskussionen, deren Protokolle sich Brecht geben ließ. Einige der Meinungen und Vorschläge der Schüler fand er so wichtig und nützlich, daß er sie bei der Änderung des »Jasagers«, die er anschließend vornahm, berücksichtigte. Zu dem »Jasager« kam jetzt als weitere Bearbeitung »Der Neinsager«.

Zwei Programmhefte mit unterschiedlichem Wortlaut, das spätere mit einem Szenenfoto der »Jasager«-Aufführung durch die »Zweite erweiterte Oberschule, Berlin« versehen. In beiden Heften wird der 28. 4. 1966 als Tag der Aufführung genannt, ein Aufführungsort (das Maxim-Gorki-Theater, Berlin) dagegen nur im Heft mit Szenenfoto. Bei dem früheren Heft wird es sich folglich um ein schulinternes Programm handeln.

Dieses Heft scheint den ursprünglichen Wortlaut des Interviews wiederzugeben, der wesentlich ausführlicher als der spätere ist, den E. Hauptmann dann für das offizielle Theater-Programm bearbeitet zu haben scheint. Bei dieser Bearbeitung hat sie einige Bemerkungen hinzugefügt, andere gestrichen. Der obige Text folgt der ersten Fassung. Die später gestrichenen Teile, sofern kein Äquivalent dafür eingesetzt wurde, sind in *spitze*, später ergänzte in *eckige* Klammern gesetzt. Geringfügige stilistische Glättungen in der späteren Fassung sind bei obiger Wiedergabe nicht berücksichtigt. Zu Anfang bezieht sich E. Hauptmann auf Artur Waley, »The No-Plays of Japan«, London 1921 (eine 2. Auflage erschien 1950). Das Programmheft bietet folgende Angaben zur Aufführung:

Die Personen und ihre Darsteller
Der Knabe

          Ralf-Ingo Bossan
          13. Oberschule

Der Lehrer   Peter Fanger
1. Student   Reiner Döll
2. Student   Dietrich Fritz
3. Student   Jörg Pietsch
Die Mutter   Helga Ernst

Aufführung durch die 2. Erweiterte Oberschule, Berlin, am 28. April 1966.
Chor und Orchester der 2. Erweiterten Oberschule
Leitung: Oberlehrer Gerhard Plüschke
Szenenstudio: Kurt Birkholz
Regie: Ruth Berghaus, Andreas Reinhardt (Berliner Ensemble)

Zur Interpretation s. Steinweg 1972a S. 85, 99, 165, 179.

Zu den Lehrstücken allgemein

193   Elisabeth Hauptmann   *AL=68/1^Irh

[Zur Entstehung der Lehrstücke]

Wenn »*Fatzer*« in die Untersuchung des Lehrstückkomplexes einbezogen werde, könne man auch den »*Brotladen*« hinzunehmen. Vom »*Ozeanflug*« müsse noch ein Typoskript existieren mit der Variante *Irland* statt *Schottland*. »*Die Maßnahme*« sei unter dem Einfluß Eislers, der Weill abgelehnt habe, als »Anti-»*Jasager*«« konzipiert. Die Arbeit an der »*Maßnahme*« habe sich vermutlich mit der an »*Die Ausnahme und die Regel*« überschnitten: Brecht habe häufig mit Teams, die an verschiedenen Orten tagten, an mehreren Projekten zugleich gearbeitet (mit Eisler und Dudow an der »*Maßnahme*«, mit Hauptmann und Burri an »*Die Ausnahme und die Regel*«). Die Bearbeitung des von ihr aus dem Französischen übersetzten chinesischen Stücks »Die Zwei Mantelhälften« sei zunächst als großes (Schau-)Stück konzipiert gewesen. Erst später habe man ein Lehrstück daraus gemacht.

Steinweg 1972a S. 66. Referat eines Gesprächs zwischen E. Hauptmann und dem Hrsg. am 27. 9. 1968. Zum »Brotladen« s. Steinweg 1972a S. 229 und die Bühnenfassung von Manfred Karge und Matthias Langhoff, edition suhrkamp Nr. 339. Zur Interpretation s. Steinweg 1972a S. 94.

Zur »Maßnahme«

194 Elisabeth Hauptmann *MA = 70/1[les]

[Zu Entstehung, Textwiedergabe und Aufführungsverbot der »Maßnahme«]

1. *Zur Entstehung der »Maßnahme«:* Die Szene III Der Stein ist sehr wahrscheinlich in Augsburg entstanden. Ich kann mich deutlich an die Arbeitssituation erinnern. Ob der erste Korrekturabzug [d[13]] vollständig vorlag oder nicht, weiß ich nicht mehr. Es ist jedenfalls unwahrscheinlich, daß ein unvollständiges Manuskript in den Druck gegeben wurde. Korrekturfahnen wurden damals in der großen Druckerei Otto v. Holten häufig sehr schnell gesetzt. Den Sonderdruck der »Versuche« [d[13], d[14], D[17]] wollte Brecht gerne für die Proben haben. Es läßt sich heute schwer feststellen, wieviel Exemplare hergestellt worden und an wen sie gegangen sind.

2. *Zum Text der »Stücke«:* Auf meine Frage, welchen Text man als Grundlage für den Abdruck in den »Stücken« [D[35]] nehmen sollte, nannte Brecht den »Versuche«-Heft-Text [D[24]]. Als er dann den ausgedruckten Band durchblätterte, meinte er, man solle für eine spätere Auflage doch vielleicht die Malik-Fassung [D[32]] nehmen. (»Vielleicht« bedeutete oft, nicht immer, bei Brecht eine präzise Forderung.) Wie es im speziellen Fall der »Maßnahme« zu den wenigen Änderungen in den »Stücken« gegenüber dem alten »Versuche«-Heft-Text kam, kann ich nicht mehr genau sagen. In Zweifelsfällen gab es verschiedene Möglichkeiten für das Klären von Fragen Texte betreffend: Entweder wir sprachen so direkt darüber, oder ich rief ihn auch wohl an. Manchmal schickte ich ihm auch eine ganze Liste mit für mich fraglichen bzw. fragwerten Stellen und meinen Vorschlägen dazu hinüber in seine Wohnung oder ins Theater.

3. *Zum Aufführungsverbot:* Brecht informierte Eisler in meiner Gegenwart darüber, daß er die Aufführung der »Maßnahme« bis auf weiteres untersagt und seinen Verleger dem-

entsprechend angewiesen habe. Eisler schloß sich sofort an, und sagte sinngemäß, er werde auch seinen Verlag anweisen, auf Anfragen betreffend einer Aufführung des Stücks ebenso zu reagieren wie Brecht bzw. sein Verleger. Brecht hatte natürlich keine Einwände gegen das Stück. Er hielt nur die Mißdeutungen bei Inszenierungen und Aufführungskritik damals für der Sache schädlich.

Steinweg 1972b (Hrsg.) S. 270 f. Der Text wurde von E. Hauptmann aufgrund von Fragen des Verfassers formuliert. Das Gespräch fand am 1. 9. 1970 statt. Die in eckige Klammern gesetzten Chiffren kennzeichnen in der kritischen Edition der »Maßnahme« (Steinweg, Hrsg., 1972b) die verschiedenen Ausgaben. Zur Interpretation s. Steinweg 1972a S. 94.

195 Ernst Busch

[Wenige Proben der »Maßnahme«]

Die Musik zur »Maßnahme« wurde von Hanns Eisler in der Gegend vom Dönhoffplatz, im Konfektionsviertel des alten Berlin, in meinem möblierten Zimmer bei der Mutter Hoffmann, Sebastianstraße 39, gegenüber der Luisenkirche, komponiert. Es war im Sommer 1930. Ich hatte Eisler im Herbst 1929 bei der Aufführung des »Kaufmann von Berlin« bei Piscator kennengelernt, zu dem Eisler die Musik geschrieben hatte. Die Piscatorbühne wurde wieder einmal aus finanziellen Gründen zeitweise geschlossen, – Eisler zog zu mir.

In unserem Zimmer war ein Bett, ein Stuhl, eine Chaiselongue, auf der Eisler schlief und ein Klavier. Jeden Morgen klopfte Eislers Schüler Herbert Breth-Mildner an unsere Stubentür und brachte die Brötchen. Er war Korrepetitor der Musik im »Kaufmann von Berlin« und Dirigent des kleinen Orchesters bei den Aufführungen. Wir hatten uns angefreundet und er war vor Eisler mein ständiger Begleiter bei meinen Auftritten außerhalb des Theaters.

Ich war damals ein viel beschäftigter Schauspieler, hatte ein Engagement in der »Volksbühne« und ringsherum zu tun. Die Sachen von Brecht und Eisler konnte ich nur nebenbei machen. Die wenigen Proben der »Maßnahme« fanden für uns Schauspieler in Privatzimmern statt. Es war ja auch nicht soviel zu spielen. Ich spielte die Rolle des Jungen Genossen, mit dem alle Mitleid hatten. Ich brauchte nicht zu singen, sondern nur den Text aufzusagen und mich in die Kalkgrube werfen zu lassen. Der Sänger war Topitz, ein Tenor. Alles andere machten die drei Berliner Arbeiter-Chöre, die übrigens von Karl Rankl sehr diszipliniert geführt wurden. Wir kamen mit den Chören aber erst zusammen, als alles einstudiert war.

Es war nicht viel Regie zu führen bei unseren Proben. Wir waren ja nur vier und alles brauchbare Schauspieler. Die »Maßnahme« war kein Theaterstück, sondern ein Oratorium, ein Podiumsstück. Wir saßen auf Stühlen und standen auf, wenn wir an der Reihe waren. So war es auch bei der Aufführung. Es war ein Bericht, und wir mußten ihn in einer Form geben, daß er dem ganzen Chor verständlich wurde. Brecht hat, soweit ich mich erinnern kann, kaum Regieanweisungen gegeben.

Steinweg (Hrsg.) 1972b S. 465 f. Der Text wurde von Ernst Busch aufgrund von Fragen des Herausgebers formuliert. Das Gespräch fand am 9. 9. 1970 statt.

Theorie

Werner Mittenzwei
Die Spur der Brechtschen Lehrstück-Theorie
Gedanken zur neueren Lehrstück-
Interpretation[1]*

Die marxistischen Analysen der fünfziger und sechziger Jahre beschrieben das Lehrstück entweder als Sackgasse oder als Umweg in der Bewältigung einer realistischen Gestaltung. Ich selbst sah damals in Brechts Lehrstücken einen notwendigen Umweg, der sich allerdings insofern als lohnend erwies, da er zum Erfahrensschatz der Brechtschen Kunsttheorie in den späteren Jahrzehnten nicht unwesentlich beitrug. Für mich war das Lehrstück ein im dialektischen Sinne aufgehobenes Element innerhalb der Entwicklung Brechts. Daß jedoch die Lehrstücktheorie Brechts keineswegs eine so überwundene Phase war, wie allgemein angenommen wurde, signalisierte der internationale Brecht-Dialog 1968. Hier meldete sich ein ausgesprochen aktuelles, operatives Interesse an der Brechtschen Lehrstücktheorie zu Wort. Es erwies sich als notwendig, bereits verabschiedete Thesen neu zu überdenken und in einen größeren historischen und gegenwärtigen Zusammenhang zu stellen.

Einen neuen Anstoß erhielt die Lehrstück-Theorie Anfang der siebziger Jahre durch Reiner Steinweg. Sein Buch »*Das Lehrstück – Brechts Theorie einer politisch-ästhetischen Erziehung*« (1972a) ist das Ergebnis einer intensiven Forschung. Sie begann 1965 mit Untersuchungen zu den Lehrstücken Brechts. Eine Seminararbeit zu dem sehr konventionell formulierten Thema *Das Problem der Individualität in den Stücken Bertolt Brechts* führte zu einer sorgfältigen Besichtigung der Brechtschen Stücktypen. Die Arbeit basierte auf dem Versuch, das gesamte Archivmaterial zu den Lehrstücken Brechts textkritisch aufzuarbeiten. Ein Nebenprodukt dieser Materialstudien bildete die kritische Ausgabe der *Maßnahme* innerhalb des Bandes ›*Die Maßnahme*‹, *Texte und Materialien*

---

* Anmerkungen zum Aufsatz von Mittenzwei s. S. 481.

(1972b), der *Vollständige kritische Apparat zur ›Maßnahme‹*
(1970), der diese Ausgabe ergänzte, sowie der Textvergleich
und die Rekonstruktion der Entstehungsfolge aller Lehrstück-
Fassungen einschließlich der Fragmente im Bertolt-Brecht-
Archiv (1969). In einer für ein breiteres Publikum gedachten
Vorabpublikation stellte Steinweg erstmals seine Ergebnisse
der Öffentlichkeit vor (alternative-Heft »*Große und Kleine
Pädagogik. Brechts Modell der Lehrstücke*«. 1971a-c).

Steinweg verknüpft seinen Rekonstruktionsversuch der
Brechtschen Lehrstück-Theorie mit einer radikalen Kritik an
der bürgerlichen Lehrstückdarstellung. Er weist nach, daß die
bürgerlichen Interpreten weder die theoretischen Grundlagen
noch die politisch-pädagogische Zielstellung dieser Kunstrichtung begriffen haben. Die eigentlichen polemischen Schlußfolgerungen aus Steinwegs Untersuchungen zieht jedoch Hildegard Brenner. Sie spricht von einem »exemplarischen Versagen der Germanistik« (Brenner 1971 S. 101). Völlig zu Recht
weist sie nach, daß die Lehrstücktheorie Brechts aus der Sicht
bürgerlich-konventioneller Kunstvorstellungen gewertet
wurde. In einer Montage dogmatischer Textstellen von Martin
Esslin, Benno Wiese, Hannah Arendt, Herbert Lüthy, Hans
Egon Holthusen, Jürgen Rühle u. a. demonstriert sie, wie die
bürgerliche deutsche Philologie zu Werke ging. Nun ist aber
ein solches Resultat keineswegs nur auf das methodologische
Versagen der westdeutschen Germanistik zurückzuführen.
Vielmehr kommt hier zum Ausdruck, wie beflissen sich diese
Wissenschaft in den fünfziger und sechziger Jahren in den
Feldzug gegen Brecht einreihte, der Teil des kalten Krieges
gegen die DDR war. Diese Zusammenstellung hat dokumen-
tarischen Wert, weil sie enthüllt, wie diese angeblich unpoliti-
sche Philologie Dichtung vergewaltigte und verfälschte. Es
zeigt sich, daß diese Philologie im Grunde immer »im Dienst«
war, im Dienst einer antikommunistischen Politik. Das wäre
von Hildegard Brenner im Sinne einer revolutionär gehand-
habten materialistischen Literaturtheorie herauszustellen
gewesen.

Steinweg setzt sich in seinem Buch auch mit der marxistischen Forschung der DDR der fünfziger und frühen sechziger
Jahre auseinander. Ihre Ergebnisse findet er im Ansatz verfehlt und unbefriedigend. Allerdings räumt er ein, daß sich

»einige Autoren zu einer vorsichtigen Revision ihres Verdikts (cf. u. a. Mittenzwei 1965 und Schumacher 1965)« veranlaßt gesehen hätten. (Steinweg 1972a S. X) Was Steinweg sehr vorsichtig und immer am konkreten Material bleibend formuliert, verallgemeinert Hildegard Brenner polemisch. Die von Steinweg angemerkte Revision wird von ihr nicht akzeptiert, wenn sie schreibt: »Die Verlegenheit, in die die Lehrstücke nun schon fast ein halbes Jahrhundert lang ihre kommunistischen Kritiker bringen, hält an.« (Brenner 1971 S. 153).

Ist es tatsächlich so? – Ich glaube nicht!

Die neue Interpretation der Brechtschen Lehrstück-Theorie fordert zur Stellungnahme heraus, nicht zuletzt deshalb, weil sie mit strategischen Vorstellungen über die Weiterentwicklung der sozialistischen Literatur verknüpft ist. Für die literaturwissenschaftliche Forschung der DDR sind diese Interpretationen aus mehreren Gründen von Interesse. Zunächst kommt in der Art und Weise, wie in den neueren Untersuchungen die Lehrstückprobleme aufgeworfen werden, die veränderte Situation der westdeutschen Literaturwissenschaft gegenüber den fünfziger und sechziger Jahren zum Ausdruck. Zum anderen geht es um einen Gegenstand, der unmittelbarer Teil der sozialistischen Literatur ist. Und nicht zuletzt werden mit dieser Interpretation konzeptionelle Fragen über die geschichtliche Entwicklung der sozialistischen Literatur alternativ zur Diskussion gestellt. Hier kann freilich nicht skizziert werden, welchen Standpunkt die marxistische Forschung der DDR heute insgesamt zum Lehrstück einnimmt. Das ist ein zu weites Feld; denn es müßten viele Standpunkte berücksichtigt und analysiert werden. Hier können nur die eigenen Ansichten zur Sprache kommen. Zu klären wäre: Gibt es die von Steinweg vermerkte »Revision« der Forschungsergebnisse der fünfziger Jahre, und wie wird heute Theorie und Geschichte des Lehrstücks im Gesamtfeld der sozialistischen Literatur und des ästhetischen Denkens gesehen?

In Steinwegs Buch wurde eine Vielzahl von Dokumenten und Materialien zusammengetragen, die den imposanten Umfang der Brechtschen Lehrstücktheorie abstecken. Insbesondere der neu gefundene Text über die *Große Pädagogik* ist ein wichtiger Baustein in Brechts Theorie. Aber es sind letztlich nicht die Materialfunde, die den Wert des Buches ausmachen.

Wichtig ist die Rekonstruktion des Gesamtzusammenhangs. Brechts Lehrstücktheorie ist kein in sich geschlossener Komplex innerhalb seiner theoretischen Schriften. Sie besteht aus vielen kleinen Textstellen, Notaten, Hinweisen. Oftmals ist eine Bemerkung, die Brecht in ganz anderem Zusammenhang machte, aufschlußreich für die Entwicklungsgeschichte des Lehrstücks. Dieses zersplitterte Material hat Steinweg zusammengetragen und zu historisieren versucht. Sein umfassender Rekonstruktionsversuch verdient Respekt, denn nunmehr sind die gesamten Äußerungen des Dichters zum Lehrstück besser überschaubar. Steinweg dürfte schwerlich eine wichtige Bemerkung zu diesem Gegenstand entgangen sein.[2]

Das aus der Arbeitsweise der Edition abgeleitete Darstellungsverfahren, das Steinweg durchgängig anwendet, kann durch den breiten Strom der Fakten leicht ausufern. Steinweg begegnet dieser Gefahr, indem er sich auf eine Hauptprämisse eingrenzt, von der er sich durch keinen noch so schwerwiegenden Vorgang abbringen läßt. Diese Hauptprämisse bildet bei ihm die Definition des Lehrstücks als eine Darstellungsform der Produzenten, als Spiel ohne Zuschauer. In dieser Eingrenzung liegt allerdings auch das Eingeständnis, vieles nicht sehen zu wollen.

Worin aber besteht der neue Zugang zur Lehrstücktheorie, den Steinweg mit seinem Buch erschloß?

Die bisherige marxistische Forschung faßte diesen Stücktypus sehr weit und großzügig, definierte ihn aber nie oberflächlich. Als Lehrstück wurde jene kleine Form bezeichnet, wie sie sich Ende der zwanziger und Anfang der dreißiger Jahre in der proletarisch-revolutionären Literatur herausbildete. Differenziert wurde dieser Typus in Hinsicht auf die Formen innerhalb der revolutionären Literaturbewegung, wie ihn Wolf oder Wangenheim im Gegensatz zu Brecht anwandten. Auch die Unterschiede im Typus der Lehrstücke, wie sie im Werk eines Dichters sichtbar wurden, fand eine differenzierte Darstellung. Steinweg nimmt die Typusbestimmung ausschließlich vom inneren Verwendungszweck vor. Dabei stützt er sich vor allem auf die 18 Sätze *Zur Theorie des Lehrstücks*, die Brecht aller Wahrscheinlichkeit nach im Exil schrieb. Die ersten zwei Sätze lauten: »Das Lehrstück lehrt dadurch, daß es gespielt, nicht dadurch, daß es gesehen wird.

Prinzipiell ist für das Lehrstück kein Zuschauer nötig, jedoch kann er natürlich verwertet werden. Es liegt dem Lehrstück die Erwartung zugrunde, daß der Spielende durch die Durchführung bestimmter Handlungsweisen, Einnahmen bestimmter Haltungen, Wiedergabe bestimmter Reden und so weiter gesellschaftlich beeinflußt werden kann.« (s. o. S. 164 Text 145) Dementsprechend arbeitete Steinweg als Basisregel des Lehrstücks heraus: »Spielen für sich selber«, wie sie Brecht für das Lehrstück entwickelt hatte. (Steinweg 1972a, S. 87)

Daß Lehrstücke Spiele für Spieler, nicht für Zuschauer sind, ist für Steinweg die wegweisende Prämisse. Sie wird zum ordnenden Prinzip für die widerspruchsvolle Gedankenwelt der Brechtschen Lehrstücktheorie. Das hat auch zur Folge, daß er einige Bezeichnungen aus dem Werke Brechts heraushebt, die er dann mit Konsequenz seinen Untersuchungen zugrunde legt. So werden diese Bezeichnungen zu wichtigen Dominanten seines Gedankenaufbaus. Nun war Brecht aber dafür bekannt, daß er Begriffe oft lax handhabe und nicht selten seine eigenen Formulierungen bis ins Paradoxe führte. Das erschwert die Forschung, zumal der absolute, konsequente Gebrauch bestimmter Begriffe die Gefahr des Mißverständnisses nicht abbaut, sondern oftmals noch verstärkt. Steinweg verfährt mit Strenge. So nimmt er zum Beispiel den Begriff »Schaustück«, um ihn dem Lehrstück gegenüberzustellen. Auch Brecht verwendet diesen Begriff, aber eben nur gelegentlich. Seine dramatischen Werke führen meist ganz konkrete Genrebezeichnungen wie Chronik, Parabel usw. Wenn er verallgemeinerte, nannte er sie einfach »Stücke«. Für Brechts »Mutter« findet Steinweg bei Brecht die Bezeichnung »Biographie«. Aber bei der Veröffentlichung im Heft 7 der »Versuche« nannte Brecht »Die Mutter« ein »Schauspiel«. Diese Bezeichnung hielt ihn wiederum nicht davon ab, in den Anmerkungen zum Stück zu formulieren, daß es »im Stile der Lehrstücke geschrieben« sei. Daß ein Wissenschaftler seine Begriffe klar und eindeutig verwenden muß, versteht sich von selbst. Auch ist es durchaus legitim, daß er sich einen eigenen Begriffsapparat aufbaut, der geeignet ist, seine Erkenntnisse hervorzuheben.

Wenn hier die Frage nach der Verwendung des Brechtschen Lehrstückbegriffs aufgeworfen wird, so deshalb, weil ich meine, daß die Steinwegsche Begriffsordnung trotz beträchtlicher Vorteile und einem nicht zu leugnenden Erkenntniszuwachs dennoch den widerspruchsvollen Prozeß verdeckt, aus dem sich das Lehrstück entwickelt. Steinweg vertritt die Auffassung, daß Brecht mit dem Lehrstückbegriff selbst sehr streng verfahren sei. Will man nicht in einen unfruchtbaren Auslegungsstreit, in ein formalistisches Philologengezänk geraten, muß die kulturpolitische Praxis und die Theaterarbeit Brechts in jenen Jahren rekonstruiert werden, nicht allein die Brechtsche Begriffswelt. Deshalb sind hier einige kurze Hinweise angebracht, auf die später noch konkreter eingegangen werden soll.

1926 schrieb Brecht: »*Ein Theater ohne Kontakt mit dem Publikum ist ein Nonsens.*« (Hervorhebung von Brecht. T 15,83). Das bürgerliche Theater dieser Zeit war für ihn ein Nonsens. Als Brecht dann 1929 mit dem Lehrstück experimentierte, sah er darin einen Versuch, sinnvolles Theater in einer Gesellschaft zu machen, die kein Theaterpublikum mehr besaß. Fast zur gleichen Zeit, um 1930 und 1931, wandte sich Brecht jedoch stärker der revolutionären Arbeiterklasse und ihrer Partei zu. In den verschiedenen proletarischen Besucherorganisationen lernte Brecht ein neues Publikum kennen, das ihn zu neuen Möglichkeiten der Theaterarbeit mit dem Publikum anregte. Dieser Faktor veränderte auch seine Sicht auf den Zuschauer oder, wie er später formulierte, auf die Zuschaukunst. Und in dieser Zeit kam Brecht auch mit neuen Vorstellungen über die Produzentenkunst in Berührung. Die Lehrstückidee vom »Spielen für sich selber« weitete sich zu der umfassenderen Anschauung über das Zusammenrücken von Produzenten und Konsumenten. So kam es, daß Brecht den Lehrstückbegriff in zweifacher Bedeutung gebrauchte. Einmal bezeichnete er damit jenen Stücktypus, der kein Publikum benötigte, zum anderen verwendete er ihn in dem Sinne, wie er durch die Arbeit an der »*Mutter*« geprägt wurde. Brechts Anmerkung zu diesem Stück, daß es »im Stil der Lehrstücke geschrieben« sei, gibt den Entwicklungsprozeß genau wieder. Es bildete sich ein erweiterter Lehrstückbegriff heraus, der aber von Brecht auch nicht eindeutig bezeichnet wurde. Mit ihm beschrieb der Dichter einen Typus, der eine größere Operativität bot, der vor allem die Technik der »planetarischen Demonstration« ermöglichte. An diese Eigenschaften dachte Brecht in erster Linie, wenn er später auf die Vorteile der Lehrstücke zu sprechen kam. Als er im Exil »Fatzer« und kurz vor seinem Tode »Die Maßnahme« als den Typ eines Theaters beschwor, das ihm stets vorgeschwebt habe, so dachte er dabei nicht an die Basisregel »Spielen für sich selber«, sondern an die Möglichkeiten der »planetarischen Demonstration«. Denn die Entwicklung dieser Technik war mit dem Lehrstück unmittelbar verbunden gewesen.

Diese Vorgänge läßt Steinweg beiseite, obwohl sie aus dem Lehrstückkomplex nicht wegzudenken sind. Aber deshalb würde ich Steinwegs Darlegungen nicht als Fehlinterpretation bezeichnen. Seine Forschung richtet sich auf eine Seite der Brechtschen Lehrstücktheorie. Und zwar auf eine wichtige, wesentliche Seite, die bisher ungenügend, ungenau beschrieben wurde. Zu kritisieren ist die damit verbundene rigorose Eingrenzung des Lehrstücktypus auf das Spielen ohne Zuschauer. Dadurch wird der verzweigte Entwicklungsprozeß des Lehrstücks weggeschnitten, wie er sich mit der »Mutter« vollzog. Zu kritisieren ist, daß eine Seite, ein Entwicklungsstadium des Lehrstücks verabsolutiert wird. Die Folge ist die Dogmatisierung einer Variante der Produzentenkunst zum sozialistischen Theater der Zukunft.

Die Brecht-Texte über »Kleine und Große Pädagogik« bilden die Grundpfeiler von Steinwegs Lehrstückauffassung. In der »Kleinen Pädagogik« ging Brecht noch von der Trennung zwischen Spieler und Zuschauer aus, orientierte aber bereits auf eine Darstellungsform, in der der Zuschauer eine aktive Rolle ausübt. Das Publikum ist bereits keine passive Zuschauermasse mehr. In der »Großen Pädagogik« ist Trennung von Zuschauer und Spieler gänzlich aufgehoben. In dieser These kulminiert das eigentliche Anliegen Steinwegs. Hierin sieht er das Theater einer zukünftigen sozialistischen Gesellschaft, innerhalb der kapitalistischen Verhältnisse aber könne ein solches Theater nur »konkrete Utopie« sein. Im Lehrstück vollzieht sich für ihn die Wiedereinsetzung des Zuschauers und Hörers als Produzenten.

Steinweg will das Lehrstück nicht als politisches Thesenstück, nicht als Vermittlungsform von politischen Lehren aufgefaßt wissen. Er wendet sich auch dagegen, daß das

Lehrstück bei Brecht die Aufgabe habe, den Marxismus zu lehren. »Mit der Gleichsetzung von *Lehrstück*-Lehre und Marxismus wäre der Anspruch an die relativ kurzen Lehrstückstexte auch entschieden überzogen, und Brecht erhebt ihn in der Lehrstücktheorie an keiner Stelle.« (Steinweg 1972a S. 109) Als eigentliches Lehrziel wird von ihm die materialistische Dialektik erkannt. Steinweg folgt Brecht, wenn er in den Lehrstücken Übungen im dialektischen Denken sieht. Charakterisierte Brecht doch seine Lehrstücke als eine Trainingsmethode im dialektischen Denken. Für ihn waren sie: »Geschmeidigkeitsübungen für die Art Geistesathleten, wie sie gute Dialektiker sein müssen.« (s. o. S. 197 Text 179) Steinweg ist allerdings gezwungen, den Beweis für diese These ausschließlich aus dem theoretischen Werk Brechts zu bringen, da er über kein ergiebiges Material aus der direkten Lehrstückpraxis verfügt.

In seinem Buch stellt Steinweg sehr genau dar, wie Brecht die materialistische Dialektik zum Lehrziel seines neuen Stücktypus machte. Durch die Darstellung von Verhaltensweisen, durch die Abbildung von Vorgängen und Haltungen werde bei den Spielenden eine ständige Dialektik von Verhalten und Denken ausgelöst. Auf diese Weise trügen die Lehrstücke dazu bei, eine neue Denkweise zu etablieren, mit der zugleich praktische Kenntnisse und »politischer Instinkt« vermittelt werden. Allerdings stellt Steinweg diesen Vorstoß Brechts in der Lehrstückgestaltung vorwiegend als einen kontinuierlichen Erkenntnisprozeß dar. Dadurch bleibt der Entwicklungssprung im weltanschaulichen Denken Brechts, der zwischen dem »*Ozeanflug*« und der »*Maßnahme*« liegt, ohne tiefere Begründung. Beansprucht von seinem Bemühen, das reine Lehrstück herauszudestillieren, kommt es Steinweg vorwiegend darauf an, sich von allen anderen Lehrstücktypen abzugrenzen. Der weltanschauliche Differenzierungsprozeß im Werk Brechts selbst wird dabei vernachlässigt. Steinweg verabsolutiert den Produzentengedanken, den er von der weltanschaulichen Entwicklung Brechts loslöst. Diese Unschärfe erhebt dann Hildegard Brenner noch zum methodologischen Prinzip, indem sie erklärt, man pervertiere die Frage nach dem historischen Verfahren, wenn man nur untersuche, ob Brecht »als er die ›Maßnahme‹ schrieb, mit einem oder mit beiden Beinen auf dem Boden des dialektischen Materialismus« gestanden habe. (Brenner 1971 S. 154)

Mit dem Lehrziel Dialektik hat Steinweg den eigentlichen Kernpunkt des Lehrstücks herausgearbeitet und zu einem vertiefteren Verständnis der gesamten Lehrstückproblematik beigetragen. Denn Brecht ging es nicht vorwiegend um neue Darstellungsformen, sondern um eine neue Denkweise. Die Lehrstücke sind eine Seite, eine experimentelle Linie in der praktischen Erprobung dieser Denkweise und Denkkultur. Hier wird experimentell vorgeführt, was Brecht in seinen späteren großen Stücken mit einer neuen Methode und auf neue Weise realisierte.

Steinweg erarbeitete den neuen Forschungsstand mit der Methode des dialektischen Materialismus. Deshalb ist ein Vergleich mit den Forschungsergebnissen der DDR aus den fünfziger Jahren nicht nur aufschlußreich, sondern auch notwendig. Die marxistische Forschung der DDR über das Lehrstück erfolgte zu einer Zeit, in der die junge marxistische Literaturtheorie den »Kreuzzug« der bürgerlichen Literaturwissenschaft gegen Brecht zurückschlagen mußte. Diese Auseinandersetzung war vor allem ein Kampf um den Realismus, um die Existenz einer sozialistischen Kunst überhaupt. Wie die Gegenseite aussah und mit welchen Methoden sie arbeitete, davon gibt die Zitaten-Montage *»Deutsche Philologie am Werke«* im alternative-Heft einigermaßen ein Bild. Außerdem vollzogen sich die Forschungen in der DDR innerhalb eines langanhaltenden Selbstverständigungsprozesses über Grundfragen der Realismusentwicklung. Es galt, Brechts Beitrag zur Entwicklung des sozialistischen Realismus herauszuarbeiten und gegenüber dem bürgerlichen Modernismus-Dogma zu verteidigen. Dabei mußten auch engstirnige Auffassungen gegenüber Brechts Kunstvorstellungen in den eigenen Reihen überwunden werden. Zu dieser Zeit stand noch keine wohlgeordnete Brecht-Gesamtausgabe zur Verfügung und selbst für gute Kenner des Archivbestandes war es schwer, das Gesamtfeld der theoretischen Äußerungen Brechts zum Lehrstück zu überblicken.

Seit dieser Zeit haben sich wesentliche Veränderungen in der marxistischen Auffassung über das Lehrstück vollzogen. Es handelt sich dabei keineswegs nur um eine »vorsichtige Revision«, wie Steinweg meint, sondern in einigen Punkten um eine gründliche Korrektur. Diese Korrektur wurde in neueren Arbeiten vorgenommen, die sich allerdings nicht hauptsächlich mit dem Lehrstück beschäftigen, sondern allgemeine Fragen der Brechtschen Realismustheorie oder seiner Auffassung vom epischen Theater zum Gegenstand hatten (s. hierzu Mittenzwei 1969 und 1975a).

Die Korrektur bezog sich vor allem auf drei thematische Gesichtspunkte:

Sie richtete sich einmal auf die Lehrmethode und die Art und Weise, wie das Lehrstück angewendet werden sollte. Allerdings wurden hierzu kaum neue Quellen erschlossen, so daß erst Steinwegs Forschungen mit Brechts Text über die Unterscheidung von *Großer und Kleiner Pädagogik* wirklich weiterführten. Zweitens wurde die Verabsolutierung in Hinsicht auf die Aussagekraft der »verzweigten Fabel« (Mittenzwei 1962, S. 120) aufgegeben. Die ästhetische Eigenständigkeit, die dem Typus innewohnende Schönheit wie die spezifische Gesetzmäßigkeit des Figurenaufbaus im Lehrstück fanden eine vertiefte Analyse. Drittens: Eine Korrektur erfuhr auch die Auffassung, daß für Brecht die Beschäftigung mit dem Lehrstück nur eine kurze Übergangsphase gewesen sei. Diese Korrektur vollzog sich jedoch, wie noch zu zeigen sein wird, in einer ganz anderen Richtung als die, die Steinweg bevorzugt. Gerade diese Korrektur macht deutlich, daß sich die marxistische Forschung über die Lehrstücktheorie in der DDR in einer anderen Richtung bewegte. Diese Forschungen und auch die kunstpraktischen Unternehmungen in der DDR konzentrierten sich nicht ausschließlich auf den Gedanken der Kunst für den Produzenten, sondern auf die Verwendung des Lehrstücks im Sinne der kleinen operativen Form, wie sie Brecht auf dem Schriftstellerkongreß 1956 selbst empfohlen hatte.

Die DDR-Forschung griff den Produzentengedanken in einem breiten Zusammenhang auf. Denn tatsächlich war die Aufhebung der Trennung von Spieler und Zuschauer nur eine Seite der Produzentenkunst. Ihre Hauptanstrengung richtete diese Kunst auf die Aktivierung des Zuschauers, auf das Zusammenrücken von Spieler und Zuschauer. In dieser Richtung wurden die vielfältigsten Formen ausprobiert, radikale und weniger radikale. Vor allem sollte der Zuschauer nicht mehr bloßes Objekt der Kunst sein. In dieser Hinsicht vollzog sich in der DDR die Modifizierung der ursprünglichen Gedanken über die Produzentenkunst. Es galt, einen Stücktypus zu entwickeln und durchzusetzen, der der politischen Selbstbetätigung der Massen diente. Nicht vorwiegend als geistige »Geschmeidigkeitsübung« sollte dieser Typus gebraucht werden, sondern als kleine wendige Kampfform; denn sie gestattet, wie Brecht 1956 formulierte, »ein direktes Sichengagieren im Kampf. Sie kann direkt politisch sein. Denn wir werden mit einer Kampfphase rechnen müssen, und wir werden unsere Gemütlichkeit irgendwann ablegen, bekämpfen müssen.« (Siehe hierzu »Theater in der Zeitenwende«, 1972, S. 39 ff.) Von diesen praktischen Erfordernissen gingen die neuen Überlegungen zum Lehrstück aus. Nicht die Eingrenzung, sondern die Ausweitung des Produzentengedankens stand im Mittelpunkt der theoretischen Bemühungen. Damit rückte das Lehrstück in ganz andere Zusammenhänge. Als Vorbild erschien nicht die Lernmethode der Lehrstücke, die keinen Zuschauer benötigen, sondern die Methode und Technik der »Mutter«. Die Verbindung von Laien und Schauspielern, von künstlerischen und politischen Impulsen interessierte. Es war Brecht selbst, der Mitte der fünfziger Jahre diese Richtung initiierte. Nicht zuletzt durch seine Anregung und Unterstützung kam es zu einer neuen Phase des Laientheaters und des didaktischen Theaters. Die reine Produzentenkunst wurde von ihm nicht wiederaufgenommen.

Während in der BRD bis Ende der sechziger Jahre das Lehrstück als eine völlig abseitige Kunstform galt, die der bürgerlichen Literaturwissenschaft vorwiegend zur Diffamierung der sozialistischen Kunst geeignet erschien, kam es in der DDR zu zwei Entwicklungsetappen, die zu einer Renaissance des Lehrstückgedankens führten. Die eine Etappe wurde von Brecht 1956 mit der schon erwähnten Rede auf dem IV. Schriftstellerkongreß eingeleitet und führte zu einer Vielfalt von Formen des operativen Theaters (Helmut Baierl, Heiner Müller u. a.). Die zweite Entwicklungsetappe erfolgte Ende der sechziger Jahre, ausgelöst durch Versuche des Hallenser Theaters im Zusammenhang mit der theatralischen Gestaltung von Problemen der technisch-wissenschaftlichen Revolution.[3] Diese Phase, die sich nicht auf fertige neue Stücke stützen konnte, sondern weit mehr auf Theaterexperimente angewiesen war, verlief etwas kurzatmig und vermochte nicht so deutliche Spuren zu hinterlassen wie die Etappe der fünfziger Jahre. Im Zusammenhang mit diesen Problemen entwickelte die DDR-Forschung die Lehrstücktheorie im Sinne des operativen Theaters, in Richtung auf die Bewährung im praktischen Leben und auf die Veränderung in der politischen Praxis. Dabei wurde der Produzentengedanke nicht aufgegeben, sondern in neuer Weise produktiv gemacht.

In der Verabsolutierung des Produzentengedankens, der Kunst ohne Zuschauer, liegt auch die auffälligste Schwäche der Steinwegschen Analyse, und zwar in literaturgeschichtlicher wie kulturpolitischer Hinsicht. Darauf wurde bereits von anderen Kritikern aufmerksam gemacht, allerdings mit unzureichender Argumentation. Diese Kritiker wiesen darauf hin, daß der Produzentengedanke eine »retrospektive Interpretation« von Brecht sei, ein nachträglicher Versuch, von der eigentlichen Problematik der Lehrstücke abzulenken. Wenn Steinweg diese Argumentation zurückweist, ist er völlig im Recht. Der Produzentengedanke war gerade zu Beginn der dreißiger Jahre ein wichtiges, vieldiskutiertes Element, das aus dem marxistischen ästhetischen Denken dieser Jahre überhaupt nicht wegzudenken ist. Brechts Lehrstückstheorie und -praxis stellt den am weitesten ausgearbeiteten Plan dar, diesen Gedanken zu verdeutlichen und praktisch zu erproben. Das wieder ins Bewußtsein gerückt zu haben, ist ein Verdienst Steinwegs.

Die eigentliche Problematik des Steinwegschen Buches liegt im Begreifen des historischen Schicksals, der dialektischen Genesis dieser Idee. Mit seinem Rekonstruktionsversuch gleicht er einem Manne, der aus einer Vielzahl von Teilen ein Mosaikbild zusammengesetzt hat, der aber am Ende seiner Arbeit feststellen muß, daß eine Masse von Einzelheiten außerhalb des Bildes geblieben ist. Steinweg hat Logik ins Bild gebracht. Aber der Schönheit der Logik ist die schöne Widersprüchlichkeit zum Opfer gefallen. Er rekonstruierte die Reinheit einer Idee, nicht die Idee innerhalb eines widerspruchsvollen Prozesses. Erlag die marxistische Forschung Ende der fünfziger Jahre dem Irrtum, das Lehrstück sei ein Umweg in der Richtung auf den Realismus gewesen, so erliegt

Steinweg zu Beginn der siebziger Jahre dem Irrtum, das Lehrstück sei die Idee Brechts, die seine Vorstellung vom Theater der Zukunft verkörpere. Das Lehrstück als Theater der Zukunft charakterisiert Steinweg mit dem Blochschen Begriff der »konkreten Utopie«. Die ›konkrete Utopie‹ ist eine Antizipation mit der Funktion, den Prozeß ihrer Verwirklichung hic et nunc einzuleiten. Die Lehrstücke sind Entwürfe eines sozialistischen *Theaters der Zukunft*.« (Steinweg 1972a S. 210) Noch deutlicher wird diese These von Hildegard Brenner formuliert, die sich auf Steinwegs Forschungen stützt: »Damit ist der bisherige Befund der Germanistik vom Kopf auf die Füße gestellt: Die Lehrstücke sind keinesfalls Ausdruck einer vulgär-marxistischen Übergangsphase Brechts. Sie sind vielmehr ein Modell, das die Trennung Zuschauer/Schauspieler, damit Theater als gesellschaftlichen Sonderbereich, aufhebt und erst in einer sozialistischen Gesellschaft voll realisierbar sein wird. Die sogenannten reifen Stücke sind demgegenüber eher als Kompromißformen für die Zeit vor und während der proletarischen Revolution anzusehen.« (Brenner 1971 S. 101) Hier wird nichts auf die Füße gestellt! So wertvoll und wegweisend die Forschungsergebnisse im einzelnen sind, mit den daraus entwickelten Schlußfolgerungen wird eine Einseitigkeit nur durch eine andere ersetzt.

Die Richtung der Kunst für den Produzenten bildet sich Ende der zwanziger Jahre heraus. Zu ihrer Entwicklung trugen verschiedene marxistische Künstlerpersönlichkeiten wie Eisler, Piscator, Tretjakow bei. Aber diese Entwicklung verlief nicht in reinen Phasen. Brecht brach aus diesen Versuchen immer wieder aus, und zwar nicht in erster Linie deshalb, weil die damaligen kapitalistischen Verhältnisse solche reinen Formen nicht zuließen, sondern weil er sie als unzureichend zur Bekämpfung der Ausbeutungsverhältnisse empfand. Diese Erkenntnis veranlaßte ihn aber wiederum nicht, die Produzentenkunst als unbrauchbare, überholte Idee beiseite zu schieben. Vielmehr verknüpfte er sie mit neuen Vorstellungen. Ausschlaggebend für die Verknüpfungsart und die jeweilige Modifizierung war die politische Praxis. In der praktischen Erprobung weitete sich die Vorstellung über die Produzentenkunst. Brecht verband den Grundgedanken dieser

Richtung mit anderen revolutionären kulturpolitischen Initiativen. Der Wechsel in der Form von der »*Maßnahme*« zur »*Mutter*« ist dafür nur ein Ausdruck. »*Die Mutter*« verstand Brecht als Lehrstück. Er korrigiert damit keineswegs den bisherigen Lehrstückbegriff, wie er bei Steinweg durchgängig verwendet wird. Nur trat neben die Lehrstückauffassung im engeren Sinne der erweiterte Lehrstückbegriff. »*Dansen*« und »*Was kostet das Eisen*« werden als Lehrstücke mit der Begründung abgewiesen, Brecht habe sie nicht mit in die Ausgabe seiner Stücke aufgenommen.[4] Hier schneidet Steinweg alles weg, was nicht in seine Konzeption paßt. Er versteht nicht, daß das Lehrstück, das Brecht von der Produzentenidee her aufgriff, durch die Erfahrungen im Klassenkampf eine Veränderung, eine Ausweitung in Hinsicht auf die Profilierung zu einer operativen Form erfuhr. Brecht erkannte, daß sich der Lehrstücktypus nicht nur für die Produzentenkunst eignete, sondern daß er hier auf eine enorm geschmeidige, operativ brauchbare Kunstform gestoßen war. In diesem Sinne wurde sie nunmehr von ihm weiterentwickelt. Zugleich gingen diese Erfahrungen auch in die Arbeit an den großen Stücken, an den »Schaustücken« ein.

Alle diese Faktoren spielen bei Steinweg kaum eine Rolle. Seine vorwiegend aus der Arbeitsweise der Edition entwickelte Methodologie hindert ihn daran, die Probleme der praktischen Bewältigung in seine Lehrstückdarstellung einzubeziehen. Das Lehrstück wird von ihm im Grunde außerhalb der proletarisch-revolutionären Literatur- und Theaterbewegung betrachtet und analysiert. Hier fällt Steinweg hinter den Forschungsstand der fünfziger Jahre zurück. Für ihn sind nur die terminologischen und geistigen Reflexionen dieses Kampfes wichtig. Herauszuarbeiten aber wäre gewesen, wie die Produzentenidee innerhalb der konkreten Klassenkämpfe angewendet wurde, welche Schwierigkeiten und Widersprüche sich ergaben, welche Übergänge, neuen Verbindungen und Kombinationen eingegangen werden mußten. Man kann nicht umhin, Steinweg hier einen Mangel an historischem Materialismus vorzuwerfen. Trotz klarer Herausarbeitung des Lernziels Dialektik bekommt nämlich bei ihm die Produzentenidee geradezu etwas Esoterisches, eben weil er diese Richtung nicht aus den Bedingungen des Klassenkampfes jener Jahre entwickelte.

In jeder neuen Entwicklungsphase Brechts sieht Steinweg nur ein Festhalten an der ursprünglichen Lehrstückidee. Allein die eklatante Tatsache, daß Brecht zwar die Lehrstückform nie aufgab, aber nie wieder ein Lehrstück in der strengen Definition Steinwegs schrieb, macht Steinweg nicht nachdenklich. Die gesamte praktische und theoretische Theaterarbeit des späten Brecht läuft weit eher auf die Erkenntnis hinaus, daß Theater ohne Zuschauer ein Nonsens ist, als daß er dem Gedanken des »Spielen für sich selber« nachgehangen habe. Seine vielfältigen Ausführungen über die Zuschaukunst beweisen es. Daß für die späte Produktion Brechts gerade der erweiterte Lehrstückbegriff an Bedeutung gewann, wie die Arbeit am »*Büsching*«-Stück zeigt, bleibt ebenfalls außerhalb des Denkrahmens von Steinweg. Bei ihm verwandelt sich das große revolutionäre ästhetische Prinzip der Produzentenkunst in ein Dogma.

In einer Hinsicht muß allerdings die Beschäftigung Brechts mit dem Lehrstück durchaus als Übergangsphase charakterisiert werden; das betrifft den weltanschaulichen Entwicklungsprozeß des Dichters, der mit dieser Phase zusammenfiel. Steinweg ist von seinem Grundanliegen so fasziniert, daß er der Frage, warum Brecht gerade diese und nicht andere Themen und weltanschauliche Probleme für seine Lehrstücke bevorzugte, kaum Beachtung schenkt. Am deutlichsten zeigt sich das in seiner Analyse der »*Maßnahme*«, obwohl es sich hier um eine brillante Untersuchung handelt. Steinweg gelingt zunächst eine überzeugende Widerlegung der bürgerlichen Interpretationen, indem er nachweist, mit wie vielen ideologischen Vorbehalten und mit welcher blamablen philologischen Sorglosigkeit, wenn nicht mit beabsichtigter Fälschermanier Brechts Kritiker an das Werk herangetreten sind. Steinweg konzentriert sich vor allem auf die Figur des *jungen Genossen*. Durch die sorgfältige Analyse der Sprachmuster dieser Figur weist er nach, daß es sich hier um »schön gearbeitete Muster idealistischer Denkweise« handelt (Steinweg 1972c S. 147). Brecht fügte sie in provozierender Absicht ein. Bestand doch der Zweck der Lehrübung darin, sich mit solchen ideologischen Auffassungen auseinanderzusetzen, um den richtigen, den dialektischen Standpunkt zu finden. »Aus der besonderen Konstruktion der Sprach-›Muster‹, aus denen die Rolle junger

Genosse zusammengesetzt ist, resultiert der ›Lehrwert‹ für die Spielenden. Gerade durch ›Übungen‹ wie ›Die Maßnahme‹ sollen sie ihre Fähigkeit steigern, ähnliche Situationen auf ›untragische‹ Weise zu meistern.« (Steinweg 1972c S. 152) Von diesem Standpunkt ausgehend, weist Steinweg die von der bürgerlichen Kritik strapazierten Probleme wie die Tötung des Jungen Genossen, die Auslöschung des Gesichts als in ihrem Ansatz nicht begriffen zurück. Sein Aufsatz schließt mit einer bei diesem Autor sonst seltenen polemischen Heftigkeit gegen die bürgerlichen Interpreten: »›Die Maßnahme‹ ist eben kein Text für Leser . . . Allerdings setzt die Annahme Spieler voraus, die aufgrund ihrer ökonomischen Situation gar keine andere Möglichkeit haben, die ›Maßnahme‹ zu spielen, als mit der Absicht, daraus für den konkreten politischen Kampf zu lernen und das Spiel in diesem Kampf einzusetzen. Für sie ist der Text (und die Musik von Hanns Eisler) gemacht, nicht für bürgerliche Schriftsteller, deren unvermittelte Sympathie für die ›Revolution‹ des *Jungen Genossen* angesichts ihrer sonstigen politischen Haltung nur mit dem (bestenfalls unbewußten) Wunsch erklärt werden kann, die soziale Revolution, die auf sie zukommt, möge ebenso schlecht vorbereitet und leicht niederzuschlagen sein wie jene.« (Steinweg 1972c S. 156).

Man muß auch zugeben, daß Steinwegs Analyse, vor allem sein methodologischer Ausgangspunkt, überzeugendere Lösungen bietet als die verschiedenen marxistischen Interpretationsversuche der fünfziger Jahre, die dem Problem durch historische Konkretisierung beizukommen suchten. Dieser Weg war schon durch den Ausgangspunkt mit großen Umwegen verbunden. So richtig der analytische Hauptgedanke Steinwegs ist, den er mit großer Konsequenz durchhält, so ist andererseits die Frage, warum gerade Brecht zu diesem Thema, zu dieser Konfliktsituation kam, nicht unberechtigt. Es wäre falsch, den Inhalt und die Entstehungsgeschichte der Lehrstücktexte, weil sie Übungstexte sind, herunterzuspielen. Sie sind nicht zufällig und nicht beliebig auswechselbar. Die Gedankenwelt der *»Maßnahme«* enthält eben eine weltanschauliche, philosophische Problematik, die Brechts Übergang von antibürgerlichen Positionen auf die Seite der revolutionären Arbeiterklasse und ihrer Partei kennzeichnet. Wie von vielen anderen fortschrittlichen Schriftstellern, die nach neuen Positionen suchten, wurde auch von Brecht in dieser Phase das Problem der Gewalt, der proletarischen Disziplin gedanklich durchreflektiert. »*Die Maßnahme*« ist nicht nur ein aufschlußreicher Übungstext; dieses Stück zählt zu den interessantesten literarischen Dokumenten des 20. Jahrhunderts. Mehr als mancher autobiographische Text geben die inhaltliche Problematik und die Struktur dieses Werkes Auskunft über die komplizierte geistige Situation von Intellektuellen, die sich zum Gesamtverständnis der weltrevolutionären Bewegung emporarbeiten. Insofern muß die »*Maßnahme*« als ein Werk des Übergangs verstanden werden. Man wird weder der Biographie noch der Entwicklung der Brechtschen Kunsttheorie gerecht, wenn man hier nur eine mehr oder weniger bedeutsame »Übungs-Vorlage« sieht, die in keinerlei Zusammenhang mit konkret historischen Ereignissen und weltanschaulichen Entwicklungsprozessen steht.

Dem Grundgedanken über die Kunst für die Produzenten wird man nur gerecht, wenn man ihn im Gesamtzusammenhang analysiert, aus dem er sich herausbildete. Steinweg, der diesen Gedanken über alles schätzt, macht aber aus einer hochbedeutsamen Idee des marxistischen ästhetischen Denkens wider Willen eine isolierte Besonderheit. Er muß diese Idee im Werk Brechts in dem Maße verabsolutieren, wie er Brecht aus der allgemeinen Entwicklung des marxistischen ästhetischen Denkens zu Beginn der dreißiger Jahre herauslöst. Die Kunst für die Produzenten war eine Hauptlosung der Materialästhetik, die sich innerhalb des Differenzierungsprozesses des marxistischen ästhetischen Denkens zu Beginn der dreißiger Jahre herausbildete. Diese Differenzierung vollzog sich auf der Grundlage des Funktionswechsels, der Ausrichtung der Künste und der künstlerischen Praxis auf die Ziele der revolutionären Arbeiterbewegung. Auf die Richtung der Materialästhetik muß hier etwas näher eingegangen werden.[5]

Im Gegensatz zu den verschiedenen sozialistischen Kunstvorstellungen, die alle mehr oder weniger von dem ästhetischen Grundsatz des »lebendigen Menschen«, der Nacherlebbarkeit ästhetischer Darstellung ausgingen, probierte die Materialästhetik andere Lösungsmöglichkeiten aus. Sie verband den Funktionswechsel der Künste mit dem Gedanken der

Materialrevolution. Obwohl diese Richtung nicht in ihrer Gesamtheit und in ihrem komplizierten Entwicklungsprozeß vorgestellt werden kann, muß Brecht innerhalb dieses Kreises revolutionärer Künstler gesehen werden, die als Vertreter der Materialästhetik eine spezifische Richtung des marxistischen ästhetischen Denkens bilden. Nur im Zusammenhang mit der Dialektik von Vorstoß und der Zurücknahme der Materialästhetik, wie Hanns Eisler formulierte, kann das Problem der Kunst für die Produzenten wirklich differenziert erfaßt werden.

Brecht selbst hat den Kreis der Materialästheten, zu denen er Eisler, Piscator, Heartfield, Grosz und als Theoretiker Benjamin zählte, umrissen, als er schrieb: »Die fünf, die ich im Auge habe, und dazu noch einige, die, weil sie entweder schwächer waren, oder auch nur, weil sie weniger Glück hatten, nicht so bekannt wurden, waren alle im Besitz einer hochentwickelten Technik, und die Entwicklungslinie der Künste lief ununterbrochen zu ihren Werken . . .« (L 19,336 f.). Es war vor allem Tretjakow, der zu Beginn der dreißiger Jahre in Deutschland weilte und durch seine Vorträge über die junge Sowjetkunst die wesentlichen Anstöße und Impulse zur Materialästhetik lieferte. Seine Vorstellungen vom Autor und Leser als Produzenten haben vor allem Brecht, Eisler und Benjamin angeregt. Von Tretjakow ausgehend entwickelten sie ihre Vorstellungen. Es ist sicherlich nicht zu weit gegangen, wenn man darauf hinweist, daß durch Tretjakows Gedanken über die operative Kunst, über den Autor als Produzenten Brecht wesentliche Anregungen für die Weiterentwicklung seines Lehrstückmodells erhielt und neue ästhetische Lösungen ausprobierte, die sich wesentlich von dem Weg unterschieden, den er anfangs mit dem »Ozeanflug« eingeschlagen hatte.

Um zu zeigen, in welchen Gedankenkreisen und materialtechnischen Überlegungen sich die Idee der Produzentenkunst entwickelte, sei hier auf die konstituierenden Elemente der Materialästhetik verwiesen. Das kann allerdings nur in einem knappen Umriß, in wenigen Andeutungen geschehen, da hier nicht der Ort ist, die Ursachen, die verzweigten Kampfpositionen und die vielfältigen individuellen Seiten dieser Richtung im marxistischen ästhetischen Denken zu beschreiben:

- Einheit von Gesellschaftsrevolution und Materialrevolution.

  Die Materialästhetik geht davon aus, daß bereits vor der entscheidenden Gesellschaftsumwälzung, in der alten, überholten spätbürgerlichen Gesellschaft, hochbedeutsame qualitative Veränderungen im künstlerischen Material vor sich gehen, die radikale Veränderungen in der künstlerischen Technik nach sich ziehen. Diese Materialrevolution bleibt jedoch für Künstler, die sich nicht aus den Fesseln der bürgerlichen Gesellschaft zu lösen vermögen, ohne wirkliche Folgen. Die Materialrevolution kann in diesem Falle sogar einen zerstörerischen, destruktiven Charakter annehmen. Die dialektische Erkenntnis besteht darin, daß beide Vorgänge einander bedingen, obwohl Materialrevolution und Gesellschaftsrevolution nicht synchron verlaufen. Daraus ergeben sich auch die Schwierigkeiten für die revolutionäre Kunstentwicklung. Brecht hat versucht, sie in seiner Vorkämpfer-Theorie zu beschreiben. Erst mit dem Zusammenfallen von Materialrevolution und Funktionswechsel der Künste bildet sich eine künstlerisch-politische Basis heraus, die eine wirklich eingreifende Kunstentwicklung möglich macht.

- Das Zusammenrücken von künstlerischer Produktion und Konsumtion.

  Im Zusammenrücken beziehungsweise im Zusammenfallen von künstlerischer Produktion und Konsumtion artikuliert sich ein Hauptanliegen der Materialästhetik, das in verschiedenartigen Modellen und theoretischen Varianten vorgetragen und auch praktisch ausprobiert wurde. Dabei ist die Vorstellung über das direkte Zusammenfallen von künstlerischer Produktion und Konsumtion nur ein Aspekt, nur eine Möglichkeit. Mit dieser These wendet sich die Materialästhetik gegen eine Kunstvorstellung, in der der proletarische Leser und Zuschauer nur das Objekt von Belehrung und Unterhaltung ist. In einer solchen Form der Kunstbelehrung, die im sozialdemokratischen Kunstbetrieb und Bildungsprinzip ihren typischen Ausdruck fand, sieht die Materialästhetik die konterrevolutionäre Eindämmung revolutionärer Kunstvorstellungen.

- Die Veränderungen in der Entgegennahme von Kunstwerken.

  Im Zusammenhang mit dem Gedanken über die Einheit von künstlerischer Produktion und Konsumtion strebt die Materialästhetik eine Revolutionierung der Rezeptionsebene an. Die konventionellen Formen, Kunstwerke entgegenzunehmen – indem sich zum Beispiel der Leser oder Zuschauer in die dargestellten Vorgänge einlebt –, sollten gesprengt werden. Die Anstrengungen der Materialästhetik richten sich darauf, einen neuen, souveränen Zugang zum Kunstwerk zu erschließen.

- Die Materialästhetik begreift die künstlerische Technik als Transmission von Kunstgegenstand und sozialem Vorgang, von künstlerisch-politischer Gestaltung und politisch-künstlerischer Wirkung. Damit wies sie der künstlerischen Technik eine ganz neue Rolle zu. Ihr obliegt die Kanalisierung und dialektische Verknüpfung von künstlerischer und sozialer Phantasie, wie sie sich im künstlerischen Aneignungsprozeß vollzieht. Bereits im Kunstwerk wird die soziale Wirkung projiziert, die über den Erkenntnisgenuß , den die materialistische Dialektik gewährt, Aufnahme beim Zuschauer, beim Leser findet.

Die Vorstellung über eine Kunst der Produzenten ist in einer ganzen Reihe von Modellen verdeutlicht und praktiziert worden. Brechts Lehrstückmodell ist nur eins von vielen. Sergej Tretjakow entwickelte den Produzentengedanken am Beispiel der sozialistischen Presse, Hanns Eisler am Konzert, Walter Benjamin am Film. In diese Zusammenhänge muß die Lehrstücktheorie gerückt werden, um zu vermeiden, daß sie als esoterische Idee eines Künstlers mißverstanden wird. Erst aus dem Gesamtfeld der Materialästhetik lassen sich Brechts Bemühungen wirklich rekonstruieren und beurteilen. Hier handelt es sich um kollektiv erarbeitete Vorstellungen einer relativ geschlossenen Richtung innerhalb des marxistischen ästhetischen Denkens. Brecht hat diese Zusammengehörigkeit immer betont. Die Vorstöße, Schwierigkeiten und Widersprüche der Materialästhetik müssen in Verbindung mit den konkreten Klassenkämpfen analysiert werden, um wirklich objektiv beurteilen zu können, was in die Zukunft wies, was aufgegeben und was im dialektischen Sinne aufgehoben wurde. Das alles ist nicht allein aus theoretischen Reflexionen und Textvergleichen zu erschließen. Die tatsächlich eingreifenden Tendenzen und Veränderungen ergeben sich aus der zugespitzten Klassenkampfsituation zu Beginn der dreißiger Jahre. Hier muß eine materialistische Analyse einsetzen. Die zunehmende Faschisierung aller Lebensbereiche, die sich damals vollzog, machte die Bündnisfrage auch auf dem Gebiete der Literatur und Kunst immer dringlicher. Obwohl gerade die Materialästhetik es nicht an neuen Ideen hatte fehlen lassen, wie man an ein neues Publikum herankommt, zeigten die Experimente aber, daß die gewonnene Basis viel zu schmal war, um im politischen Klassenkampf etwas auszurichten. Weist doch gerade der mehr als vierzigjährige Diffamierungsfeldzug der bürgerlichen Kritik gegen die »Maßnahme«, der nicht erfolglos blieb, darauf hin, daß auf diesem künstlerischen Weg eine tiefgreifende Wende in der Bündnisfrage nicht vollzogen werden konnte. Brecht und Eisler waren viel zu bewußte politische Künstler, als daß sie diese Problematik nicht gesehen hätten. Sie suchten die neue Situation als Dialektiker zu meistern, indem sie die Dialektik von Vorstoß und Zurücknahme auf ihre eigene künstlerische Produktion und Entwicklungswege anwandten. Sie zogen sich von vorgeschobenen ästhetischen Positionen wieder zurück, um andere, neue Wege zu beschreiten. Diese Dialektik von Vorstoß und Zurücknahme hat nicht das geringste mit der Vorstellung von Verzicht, von Resignation, von der »Unfreiheit« des Künstlers zu tun. Eben weil es hier nicht um das Durchsetzen bloßer künstlerischer Experimente ging, sondern um Kunst im Sinne einer eingreifenden gesellschaftlichen Praxis, mußten künstlerische Idee und revolutionäre Bedingungen in ein produktives Spannungsverhältnis gebracht werden.

In den Jahren des Exils und nach der Rückkehr aus dem Exil entwickelte Brecht jene Probleme weiter, die er erstmals mit dem Lehrstück ausprobiert hatte, nämlich die Anwendung der materialistischen Dialektik als neue Denkweise, als Denkkultur sozialistischer Menschen. Hier lagen der konkrete Anknüpfungspunkt und das fruchtbare Moment für die Weiterentwicklung, nicht aber in der äußeren Lehrmethode, nicht in der Aufhebung der Trennung von Spieler und Zuschauer. Daraus ergibt sich zwangsläufig, daß zwischen den Lehrstückexperimenten und den späteren großen Stücken durchaus kein solcher Bruch besteht, wie ihn Hildegard Brenner festzustellen glaubt. Sie spricht von den großen Stücken als »Kompromißformen«. In einer solchen vereinfachten Vorstellung ist die Dialektik von Vorstoß und Zurücknahme auf die bloße Gegenüberstellung von »konkreter Utopie« und »Kompromiß« herunternivelliert. Der eigentliche dialektische Prozeß ist weggeschnitten.

Die wesentlichste Erfahrung, die Brecht im Exil aus den Lehrstückexperimenten zog, bestand darin, den Produzentengedanken, das Zusammenrücken von Spieler und Zuschauer, in den Zuschauer selbst zu verlagern. Die Art und Weise des Lernens, wie sie sich im Lehrstück vollzog, wurde modifiziert und in die Rezeptionsebene verlagert. Der dialektische Prozeß, der Lerneffekt, den das Lehrstück dadurch erzielte, daß der Rezipierende zugleich Spieler und Zuschauer war, wurden auf die Rezeptionsebene, auf die Entgegennahme des Werkes durch den Zuschauer übertragen. Der Produzentengedanke ging in der Verfremdungsmethode auf, dem Kernstück des epischen Theaters. Denn in den Jahren des Exils vollzog sich der eigentliche Methodenausbau. Brecht entwickelte seine Theorie und Methode des epischen Theaters, in die allerdings auch viele praktische Erkenntnisse und theoretische Überlegungen früherer Jahre eingingen und auf neuer Stufe theoretisch verallgemeinert wurden.

Um die Weiterentwicklung des Produzentengedankens besser demonstrieren zu können, möchte ich diesen Prozeß an zwei Modellen darlegen. Modell I stellt das Übungsverfahren der Lehrstücke zu Beginn der dreißiger Jahre dar. Modell II verdeutlicht die Verfremdungsmethode als Transmission zwischen Produzenten und Publikum, wie sie Brecht Mitte der dreißiger Jahre entwickelte.

Modell I	Modell II
Theorie des Lehrstücks (Nichtaristotelisches Theater)	*Methode des epischen Theaters* (Nichtaristotelisches Theater)
Ziel »Also aus dem Genußmittel den Lehrgegenstand zu entwickeln und gewisse Institute aus Vergnügungsstätten in Publikationsorgane umzubauen.« (s. o. S. 94 Text 75)	*Ziel* »Das Theater hat die würdige Aufgabe, an der gründlichen Umgestaltung des Zusammenlebens der Menschen mitzuarbeiten ... Es hat dies in schöner, unterhaltender Weise zu besorgen ...« (T 16, 934 f.)
Grundvorgang Aufhebung der Trennung von Spieler und Zuschauer. Aufhebung des Theaters als gesellschaftlicher Sonderbereich. »Es handelte sich um theatralische Veranstaltungen, die weniger für die Zuschauer als für die Mitwirkenden stattfanden. Es handelte sich bei diesen Arbeiten um Kunst für den Produzenten, weniger um Kunst für den Konsumenten.« (s. o. S. 149 Text 132)	*Grundvorgang* Trennung zwischen Spieler und Zuschauer; jedoch wird der Rezeptionsbereich als unmittelbarer Teil der Kunst aufgefaßt. »Es gilt zwei Künste zu entwickeln: die Schauspielkunst und die Zuschaukunst.« (T 16,710) »Es wird denkbar, Grenzen zu ziehen zwischen dem Spiel von Amateur- und Berufsschauspieler, ohne daß eine der Grundfunktionen des Theaterspielens aufgegeben werden muß.« (T 15,304)

Pädagogische Realisierung
»Ästhetische Maßstäbe für die Gestaltung von Personen, die für die Schaustücke gelten, sind beim Lehrstück außer Funktion gesetzt.« (s. o. S. 164 Text 145)

Ästhetische Realisierung
»Widerrufen wir also, wohl zum allgemeinen Bedauern, unsere Absicht, aus dem Reich des Wohlgefälligen zu emigrieren ... Behandeln wir das Theater als eine Stätte der Unterhaltung, wie es sich in einer Ästhetik gehört, und untersuchen wir, welche Art der Unterhaltung uns zusagt!« (T 16,662 f.)

Methodische Basis
Abbildtheorie und materialistische Dialektik
»Es ist also jetzt nicht mehr die Frage: Soll gelehrt werden? Es ist jetzt die Frage: Wie soll gelehrt und gelernt werden?« (s. o. S. 130 Text 116)
»Jedoch sollten Versuche, aus der ›Maßnahme‹ Rezepte für politisches Handeln zu entnehmen, ohne Kenntnis des Abc des dialektischen Materialismus nicht unternommen werden.« (s. o. Text 105 S. 112)
Das Lehrziel besteht im Üben der materialistischen Dialektik.
Im Lehrstück handelt es sich »ausschließlich (um) Geschmeidigkeitsübungen für die Art Geistesathleten, wie sie gute Dialektiker sein müssen.« (s. o. S. 198 Text 179)

Methodische Basis
Abbildtheorie und materialistische Dialektik
»Das Theater muß sich in der Wirklichkeit engagieren, um wirkungsvolle Abbilder der Wirklichkeit herstellen zu können und zu dürfen.« (T 16,672)
»Welche Technik es dem Theater gestattet, die Methode der neuen Gesellschaftswissenschaft für seine Abbildungen zu verwerten. Diese Methode behandelt, um auf die Beweglichkeit der Gesellschaft zu kommen, die gesellschaftlichen Zustände als Prozesse und verfolgt diese in ihrer Widersprüchlichkeit. Ihr existiert alles nur, indem es sich wandelt, also in Uneinigkeit mit sich selbst ist. Dies gilt auch für die Gefühle, Meinungen und Haltungen der Menschen, in denen die jeweilige Art ihres gesellschaftlichen Zusammenlebens sich ausdrückt.« (T 16,682)

Methodische Elemente
Anwendung der materialistischen Dialektik ohne spezifisch künstlerische Umsetzung.
Didaktische Elemente:
– Nachdenken
– Diskussion
– Kollektive Reflexion
– Politisches Seminar (Eisler, s. o. S. 120 Text 110)

Methodische Elemente
Umsetzung der Elemente der materialistischen Dialektik in eine ästhetische Methode und in ästhetische Kategorien.
Ästhetische Elemente:
– Verfremdung
– Vergnügen/Genuß
– Produktivität
– Naivität
»Der Zweck dieser Technik des *Verfremdungseffekts* war es, dem Zuschauer eine untersuchende, kritische Haltung gegenüber dem dar-

zustellenden Vorgang zu verleihen. Die Mittel waren künstlerische.« (T 15,341)

Die Elemente der materialistischen Dialektik werden von Brecht in der Anwendungsweise der Verfremdung als dialektische *künstlerische* Methode herausgebildet.

Wie Brecht die Elemente der materialistischen Dialektik in der Verfremdungsmethode ausbaute, zeigt sein Schema: Dialektik und Verfremdung (T 15,360)

»Das Theater des wissenschaftlichen Zeitalters vermag die Dialektik zum Genuß zu machen.« (T 16,702)

Dialektik von Genuß und Produktivität:

»Es ist ein Vergnügen des Menschen, sich zu verändern durch die Kunst wie durch das sonstige Leben und durch die Kunst für dieses. So muß er sich und die Gesellschaft als veränderlich spüren und sehen können, und so muß er, in der Kunst auf vergnügliche Weise, die abenteuerlichen Gesetze, nach denen sich die Veränderungen vollziehen, intus bekommen. In der materialistischen Dialektik sind Art und Gründe dieser Veränderungen gespiegelt.« (T 16,920 f.)

Verhältnis Zuschauer–Spieler
Die Mitwirkenden am Lehrstück sind zugleich Zuschauer und Spieler.

»Das Lehrstück lehrt dadurch, daß es gespielt, nicht dadurch, daß es gesehen wird. Prinzipiell ist für das Lehrstück kein Zuschauer nötig ...« (s. o. S. 164 Text 145)

Materialistische dialektische Erkenntnisse und Erfahrungen werden dadurch gewonnen, daß die Mitwirkenden zugleich Spieler und Zuschauer sind.

Über die *»Maßnahme«*:

»Jeder von ihnen muß von einer

Verhältnis Zuschauer–Spieler
Das Publikum ist unmittelbarer Teil der Theaterkunst. Durch die neue Art der Entgegennahme von Kunst verwandelt sich der Zuschauer »selber in einen Erzähler«, in einen »Ko-Fabulierer.« (T 16,924)

»Damit auf spielerische Weise das Besondere der vom Theater vorgebrachten Verhaltensweisen und Situationen herauskommt und kritisiert werden kann, dichtet das Publikum im Geiste andere Verhaltensweisen und Situationen hinzu und hält sie, der Handlung folgend,

Rolle zur nächsten überwechseln und nacheinander den Platz des Angeklagten, der Ankläger, der Zeugen, der Richter einnehmen. Unter diesen Bedingungen kann sich jeder in die Diskussion einüben und erlangt schließlich die Kenntnis – die praktische Kenntnis – dessen, was Dialektik ist.« (s. o. S. 198 Text 179)

Haltung des Zuschauers, der zugleich Spieler ist
Die Bemühungen in Richtung auf eine aktive, produktive Zuschauerhaltung, auf eine neue Zuschaukunst entfällt, da der Zuschauer im Spieler aufgeht.
Die Herausarbeitung der Erscheinungen als Prozesse, das Aufspüren der Widersprüche wird durch das Verfahren erleichtert, da das Lehrstück nur den Spieler kennt, der im Spiel verschiedene Haltungen einnimmt. Die Einheit der Gegensätze wie die Erkenntnis des Widerspruchs wird durch den Spieler realisiert, der zugleich Darsteller und Kritiker ist. Er erkennt einen Vorgang, indem er ihn neu darstellt. Wechsel zwischen Kritik und Darstellung.
Im *Nachahmen* ist das *Kritisieren*.
Große Pädagogik: »sie kennt nur mehr spieler die zugleich studierende sind.« (s. o. S. 51 Text 29)

Wirkungsfaktoren
Belehrung statt Unterhaltung. Politik statt Ästhetik.
Selbstverständigung.

Neue Denkkultur als Basis und Wirkungsfaktor der Selbstverständigung.

gegen die vom Theater vorgebrachten. Somit verwandelt sich das Publikum selber in einen Erzähler.« (T 16,924)
»Wenn wir dies festhalten und nachdrücklich hinzufügen, daß das Publikum in seinem Ko-Fabulieren den Standpunkt der produktivsten, ungeduldigsten, am meisten auf glückliche Veränderungen dringenden Teils der Gesellschaft muß einnehmen können . . .« (T 16,924)

Haltung des Zuschauers
Kritische, aktive Haltung. Der Zuschauer wird instand gesetzt zu produzieren.
»ein moralischer imperativ ›ändert sie!‹ braucht nicht wirksam zu werden. das theater bekommt einfach einen zuschauer, der die welt produziert. es muß sich natürlich nicht darum handeln, daß jeder zuschauer eine patentlösung der welträtsel ausgehändigt bekommt. nur als mitglied der gesellschaft wird er instand gesetzt zu praktizieren. und der begriff *praxis* bekommt eine ganz neue mächtige bedeutung.« (Arbeitsjournal, 1. 11. 40)
»Wir haben auch bezeichnet, worauf dieser Erzähler ausgeht: auf den Spaß, den es seinem Publikum bereitet, menschliches Verhalten und seine Folgen kritisch, das heißt produktiv zu betrachten.« (T 16,924)

Wirkungsfaktoren
Einheit von Belehrung und Unterhaltung.
Ausgerichtet auf ein großes Publikum.
»Das Theater dieser Jahrzehnte soll die Massen unterhalten, belehren und begeistern.« (T 16,941)
»Es handelt sich nicht nur darum, daß die Kunst zu Lernendes in vergnüglicher Form vorbringt. Der Widerspruch zwischen Lernen und

Bevorzugung der Ratio.
»stücke und darstellungsart soll den
zuschauer in einen staatsmann verwandeln. deshalb soll im zuschauer
nicht an das gefühl appelliert werden das ihm erlauben würde ästhetisch abzureagieren sondern an
seine ratio.« (s. o. S. 51 Text 29)

Wirkungsabsicht
Dialektik von Verhalten und
Denken.
Die Spielweise des Lehrstücks hebt
die Trennung zwischen Tätigen und
Betrachtenden auf. Hierin bestand
eine der Hauptthesen der *Theorie
der Pädagogien.*

Sichvergnügen muß scharf und als
bedeutend festgehalten werden – in
einer Zeit, wo man Kenntnisse er-
wirbt, um sie zu möglichst hohem
Preis weiterzuverkaufen, und wo
selbst ein hoher Preis denen die ihn
zahlen, noch Ausbeutung gestattet.
Erst wenn die Produktivität entfes-
selt ist, kann Lernen in Vergnügen
und Vergnügen in Lernen verwandelt werden.« (T 16,701)
Einheit von Gefühl und Verstand.
»Das epische Theater bekämpft
nicht die Emotionen, sondern untersucht sie und macht nicht halt bei
ihrer Erzeugung.« (T 15,277)
»Uns drängen die Gefühle zur äußersten Anspannung der Vernunft,
und die Vernunft reinigt unsere Gefühle.« (T 16,919)

Wirkungsabsicht
»Damit ist gewonnen, daß der Zuschauer eine neue Haltung bekommt. Er bekommt den Abbil-
dern der Menschenwelt auf der
Bühne gegenüber jetzt dieselbe
Haltung, die er als Mensch dieses
Jahrhunderts der Natur gegenüber
hat. Er wird auch im Theater empfangen als der große Änderer, der in
die Naturprozesse und die gesellschaftlichen Prozesse einzugreifen
vermag, der die Welt nicht mehr
nur hinnimmt, sondern sie mei-
stert . . . Das Theater legt ihm nunmehr die Welt vor zum Zugriff.«
(T 15,302 f.)
Die Aufhebung der Trennung zwischen Tätigen und Betrachtenden
erfolgt nicht mehr durch die Aufhebung der Trennung von Spieler und
Zuschauer, sondern durch den aktiven, produzierenden Zuschauer des
epischen Theaters.
»Die Einsichten, welche die materialistische Dialektik gewährte, änderten das Bild des Menschen, auch
für die Künste. In Anbetracht der
gewaltigen Veränderung seiner Basis und seiner Funktion sind die

bisher erfolgten Veränderungen des
Theaters nicht allzu groß. Es stellte
sich auch hier heraus, daß das ganz
Andere doch auch zugleich das
Eine in veränderter Form war. Die
Kunst, befreit, bleibt Kunst.«
(T 16,909)

Die Einführung der Dialektik als bewußt strukturbildendes
Element und praktische Denkweise vollzog sich in den Lehrstücken mit einer forcierten Rationalität, mit einer polemischen Wendung gegen den Kunstgenuß, gegen die Naivität.
Wer Sinn für dialektische Wendungen hat, wird heute begreifen, daß es sich bei Brechts Attacke Ende der zwanziger Jahre
gegen das Kunstschöne, gegen das Kulinarische, bei seiner
Forderung nach Lehrwert statt Unterhaltung, nach Politik
statt Ästhetik nicht einfach nur um Überspitzungen handelte.
Es sind vielmehr die Gestehungskosten, die für den künstlerischen Fortschritt, für eine neue Methode aufgebracht werden
mußten.

Betrachten wir den späten Brecht, so stehen im Mittelpunkt
seiner Ästhetik die drei Kategorien: Produktivität, Naivität
und Genuß. Einem oberflächlichen Betrachter mögen die
Ausführungen des späten Brecht wie eine große Korrektur des
Weges von 1930 vorkommen. Sie sind jedoch nicht Korrektur,
nicht »Kompromiß«, sie sind Resultat einer Entwicklung. In
diesen drei Kategorien als wesentlichen Faktoren seiner Methode etablierte Brecht jenen Vorgang, der im Lehrstück mit der
Dialektik als Übungsgrundlage verbunden war. Denn was der
späte Brecht unter Produktivität versteht, ist im Grunde die
Weiterentwicklung und ästhetische Bewältigung der materialistischen Dialektik als praxisbezogene Denkweise. In seinen
letzten Lebensjahren sprach Brecht oft davon, daß man die
Dialektik zu einer Sache des Gefühls, des Genusses machen
müsse. Was Brecht um 1930 noch mehr rational zu postulieren
als ästhetisch umzusetzen vermochte, ist nunmehr als ästhetische Kategorie und dichterische Praxis entwickelt. Produktivität bedeutet für ihn, daß der Mensch sich und die Gesellschaft als veränderlich spürt und diesen Prozeß einsehen kann.
Die Kunst soll auf vergnügliche Weise dazu beitragen, daß der
kunstgenießende Mensch die abenteuerlichen Gesetze, nach

denen sich die gesellschaftlichen Veränderungen vollziehen, wie Brecht sich ausdrückt, intus bekommt. Die Anwendung der materialistischen Dialektik als künstlerischer Vorgang heißt für Brecht, die Lust des Menschen auf Veränderungen, auf Einflußnehmen, auf Verbessern, auf Vervollkommnungen hervorzurufen. Darauf kommt es ihm an, wenn er die Dialektik als eine Gefühlssache charakterisiert.

Anfang der dreißiger Jahre schrieb Brecht skeptisch zu dem Problem der Naivität: »Es ist heute üblich, sich auf den Standpunkt zu stellen ..., daß man sich im Theater naiv einstellen muß, und man ist überzeugt davon, daß man dies kann ... Nun wäre vom Standpunkt des neuen Theaters aus gegen eine naive Einstellung des Zuschauers wenig zu sagen, wenn eine solche möglich wäre.« (T 15,211). In den fünfziger Jahren polemisiert Brecht gegenüber der Geringschätzung des Naiven unter Marxisten: »Die glauben doch ernstlich, es gäbe große Schönheiten in der Kunst ohne Naivität. Das Naive ist eine ästhetische Kategorie, die konkreteste.« (In: Wekwerth 1960 S. 33) Unter Naivität versteht er aber nicht den primitiven Gesichtspunkt, die von tieferen Kenntnissen unbelastete Anschauung. Ihm geht es um eine Naivität, wie sie erst die Kenntnis der materialistischen Dialektik möglich macht. Das Naive als künstlerisches Element soll seine Schönheit dadurch empfangen, daß Vereinfachungen, Vergröberungen ihre Ergänzung aus dem mitgedachten Gesamtzusammenhang erfahren. Das Undifferenzierte, das Primitive als Ausdruck des Naiven lehnt er ab. Der Genuß soll durch eine souveräne Denkweise entstehen, die großzügige Vereinfachungen und Aussparungen ohne Erkenntnisverlust möglich macht. Die Eigenart dieser dialektisch angewandten Kategorie besteht gerade darin, daß der künstlerische Impuls die Erkenntnis auf genußvolle Weise vertieft.

Produktivität, Naivität und Genuß sind Kategorien, die einander bedingen. Produktivität ist für Brecht nicht nur die Sicherung des menschlichen Unterhalts, sondern auch der Quell der Unterhaltung und des Vergnügens. Im Genuß sieht er die Rechtfertigung des Standpunkts, erkennt er eine Stärkung des Lebenswillens. Wenn man die Entwicklung überblickt, die die Ideen der Materialästhetik im Werk Brechts erfuhren, so kann man feststellen, daß er von seinem ursprünglichen Anliegen nicht abgewichen ist, daß er es nur auf andere Weise realisiert hat. Am Ende eines langen Weges stellte Brecht in Hinsicht auf die grundlegenden Veränderungen der Kunst fest, »daß das ganz Andere doch auch zugleich das Eine in veränderter Form war. Die Kunst, befreit, bleibt Kunst.« (T 16,909).

Brechts Lehrstückgedanke verweist nicht auf ein imaginäres Theater der Zukunft, sondern die Lehrstückerfahrungen gehen in die Theorie des epischen Theaters ein. Das Brecht-Theater zerfällt nicht, wie Hildegard Brenner aus den Untersuchungen Steinwegs folgert, in die Lehrstücke als »Theater der Zukunft«, als »konkrete Utopie« und die »Kompromißform der reiferen Stücke«. Das heißt wiederum nicht, daß mit dieser dialektischen Aufhebung die Idee von der »Kunst für die Produzenten« erledigt und aus der Geschichte verabschiedet wäre. Die Produzentenkunst bleibt die Essenz einer Theorie, die gedanklich, konzeptionell noch immer zur Verfügung steht. Für Brecht markierte sie einen radikalen Neuanfang, sie war die Tabula-rasa-Situation, die er in der Erinnerung immer wieder gern beschwor, weil sie der Anfang von allem Neuen war.

Steinwegs Buch hat zu wichtigen Erkenntnissen geführt. Durch exakte Materialanalysen und Textzusammenstellungen trug es dazu bei, veraltete konzeptionelle Schlußfolgerungen endgültig zu überwinden. Dieses Buch gehört zu den Standardwerken der marxistischen Brechtrezeption.

Steinweg arbeitete an seinem Buch, als sich innerhalb der westdeutschen Jugend wesentliche Veränderungen vollzogen. Die gesellschaftlichen Vorgänge nach 1968 prägten und beeinflußten auch seine Forschungen. Steinweg wurde sich bewußt, daß das Lehrstück immer eine politisch eingreifende Angelegenheit gewesen ist. Doch zugleich ist Steinwegs Buch auch der Ausdruck einer verpaßten Chance. In dem Moment, wo der politische Kampf der antiimperialistisch gesinnten Jugend die Nutzung revolutionärer Kunsterfahrungen geradezu forderte, war Steinwegs Forschung nicht operativ genug. Er hätte mit seinem Gegenstand wesentlichen Einfluß auf die Entwicklung der westdeutschen Straßentheaterbewegung gewinnen können. Ausgerüstet mit wertvollem Material, mit der Kenntnis wichtiger kunstrevolutionärer Entwicklungswege wäre er in der Lage gewesen, sich zu einem theoretischen Wortführer des Straßentheaters, des operativen Theaters überhaupt zu machen. Verpaßt wurde diese Chance nicht zuletzt durch die Verabsolutierung des Produzentengedankens, durch die esoterische Behandlung einer revolutionären Kunstidee. Der erweiterte Lehrstückgedanke, wie ihn Brecht 1956 in die Debatte warf, hätte nach 1968 der Theaterbewegung außerhalb der »großen Apparate« starke Impulse zuführen können. Steinweg kultivierte eine feinziselierte Forschungsmethode, die ein summa cum laude wert ist, zu einer Zeit, wo ein Buch nötig gewesen wäre, das das spontan entstandene Straßentheater mit den revolutionären Kunsterfahrungen der zwanziger und dreißiger Jahre operativ hätte konfrontieren müssen. Aber anstatt den Lehrstückgedanken für die neuen praktisch anstehenden Fragen zu öffnen, riegelte seine Definitionsstrenge, sein Produzenten-Rigorismus das Lehrstück von allen anderen Einflüssen ab, und zwar von alten und neuen. Als ein Radikalismus in der Erweiterung des Lehrstückgedankens notwendig gewesen wäre, demonstrierte Steinweg die radikale Eingrenzung. So blieb ein entscheidender Durchbruch aus. Steinwegs Arbeiten wurden akademisch verwertet, wo sie operativ hätten wirken können.[6]

Hermann Haarmann, Dagmar Walach
Brechts Theater – Theater als Wissenschaft

Vorbemerkung

Die beiden Abschnitte 1 (Betreffend: revolutionäre Kritik) und 2 (Brechts Theater in der Übergangsgesellschaft) sind entgegen ihrer Aufteilung unmittelbar aufeinander bezogen. Liegt im ersten Teil der Schwerpunkt auf der kategorialen Ebene des Begriffszusammenhangs von Lehrstück- bzw. epischem Theater mit der marxistischen Theorie, so soll damit die Diskussion um Brechts Theaterarbeit verstärkt werden, die sich um deren materialistische Fundierung, d. h. um die Verhältnisbestimmung von historischem Materialismus und Kunstpraxis, bemüht. Daß Brecht Marxist war, genügt da nicht. Es geht vielmehr darum, seine Praxis als durch den Kopf gegangene Erfahrung politischer Kämpfe zu begreifen, als Ergebnis und Anstoß realer Geschichte zu vermitteln. Deshalb unser Bemühen, die theoretischen Ausführungen stets in ihrer historischen Virulenz zu reflektieren: »damit die elfte Feuerbachthese Tat werde, ist der Kommunismus ein Geschäft auch der Anstrengung des Begriffs« (Reinicke, H.: Materie und Revolution, I); die historische Kategorie ›episches/Lehrstück-Theater‹ ist so immer zugleich politische Kategorie. Der zweite Teil versucht, diesen Zusammenhang in seiner geschichtlichen Entfaltung am Beispiel der SBZ/DDR zu präzisieren und den Unterschied zwischen den beiden Typen des Brechtschen Theaters zu verdeutlichen. Episches und Lehrstück-Theater sind jedoch nicht nur Momente revolutionärer Kritik an der Übergangsgesellschaft, sondern auch und gerade an der kapitalistischen.

Bei diesem Aufsatz handelt es sich um eine überarbeitete Fassung des Artikels »Zum Verhältnis von Epischem und Lehrstück-Theater«, den wir zusammen mit J. Baumgarten in der ›alternative‹, Nr. 91, veröffentlichten. Leider war es nicht möglich, auch diesen Aufsatz gemeinsam zu schreiben. Wenn wir uns auch in großem Umfang auf den ›alternative‹-Artikel stützen, so tragen doch wir allein die Verantwortung für die Umarbeitung.

1 Betreffend: revolutionäre Kritik

Jede Haltung, auch die künstlerische, muß, will sie nicht in Agonie jenseits der Gesellschaft verharren, auf die konkret-historische Wirklichkeit bezogen sein. Folgenreich für den Eingriff in die Geschichte wird die der Wirklichkeit gegenüber eingenommene Haltung, wenn sie Resultat und Mittel eines praktischen Erkenntnisprozesses ist, dem die Wirklichkeit gemachte und damit machbare ist. Hier nimmt revolutionäre Praxis ihren Anfang. Mit dieser Maßgabe korrespondieren Haltung und Handeln; Voraussetzung für jede Art von eingreifendem Handeln ist die richtige Einschätzung der historischen Wirklichkeit. Die Einheit von subjektiver Tat und objektiven Bedingungen, welche sich nur in der Praxis herstellt, begründet Praxis als revolutionäre.

1.1. Dialektisches Denken: Genesis und Geltung

Die kapitalistische Wirklichkeit in ihrer arbeitsteiligen Entfaltung und Differenzierung aufzuschlüsseln ist dann möglich, wenn das sie als Totalität konstituierende Prinzip der Produktion erkannt ist. Produktion meint die Beherrschung der Natur und die Emanzipation von der Natur: die Menschen sind also immer zugleich in der Natur wie in der Geschichte. Die bürgerliche Gesellschaft ist dadurch gekennzeichnet, daß sie den unmittelbaren Einblick in ihre Geschichtlichkeit nicht gestattet. Diese Abstraktion von der Geschichte ist Ausdruck der kapitalistischen Produktionsweise, der realen Subsumtion der konkreten unter die abstrakte Arbeit. Erfahrung, an Gebrauchswertproduktion gebunden, wird so in dem Maße blockiert, als die Universalherrschaft des Werts mit der kapitalistischen Produktion sich durchsetzt. Dem allgemeinen Bewußtsein ist die Oberfläche der bürgerlichen Gesellschaft zunächst unbefragter Gegenstand. So wird zum Beispiel der Austausch von Kapital und Arbeit, in der Zirkulation sich vollziehend, als Äquivalententausch erfahren. Im Arbeitslohn erscheint der Wert und Preis der Arbeit. Der Ausdruck ›Wert der Arbeit‹ läßt den qualitativen Unterschied zwischen Wert der Ware Arbeitskraft und dem der von ihr geschaffenen Produkte nicht mehr zu. »Der Austausch zwischen Kapital und Arbeit stellt sich der Wahrnehmung zunächst ganz in derselben Art dar wie der Kauf und Verkauf aller anderen Waren«[1]. Dieses Verhältnis begreift das gewöhnliche Bewußtsein als eines von assoziierten, gleichrangigen Partnern; das Wesentliche, daß nämlich Kapital Kommando über unbezahlte Arbeit ist, ist hier in der Form des Lohns aufgelöst. Dort liegt auch der Grund für Rechtsverhältnisse, die, aus den Produktionsverhältnissen hervorgegangen, diese in ihrem Kern verschleiern. Die Logik des Lohnfetisch impliziert so zum Beispiel solche reformistischen Flausen wie Verteilungs- bzw. Umverteilungstheorien, die jedoch das Fundament der bürgerlichen Gesellschaft nicht berühren: immer stehen einander gegenüber die, die den gesellschaftlichen Reichtum produzieren, und die, die diesen privat aneignen.

Der Oberfläche der bürgerlichen Gesellschaft sind die Individuen so lange ausgeliefert, wie sie den Doppelcharakter des kapitalistischen Produktionsprozesses, Arbeits- und Verwertungsprozeß zu sein, nicht erkennen. Erscheint der Austausch zwischen Arbeit und Kapital zwar als Äquivalententausch, so steht dieser Erfahrung jene gegenüber, die der Konsumtion der Ware Arbeitskraft im Produktionsprozeß entspringt. Spätestens hier spürt das Individuum die »Gerbung seiner Haut«. Materialistisch läßt sich konkrete Erfahrung, und das heißt in diesem Zusammenhang: Erfahrung über Wesen und Struktur des Geschichtsprozesses, über den Begriff des Gebrauchswerts herleiten. Gilt der kapitalistischen Produktionsweise allein die abstrakte, wertbildende Arbeit als produktive, bleibt doch die konkrete, Gebrauchswert schaffende Arbeit stete Voraussetzung. (Die abstrakte Arbeit ist gegen jede Besonderheit leer, und nur deshalb sprechen wir oben von der Blockierung konkreter Erfahrung über den historischen Charakter der Gesellschaft.) Als Bildnerin des stofflichen Reichtums kommt der konkreten Arbeit objektiv Erfahrungsqualität zu; »die unmittelbare Erfahrung von Menschen vollzieht sich nicht als bloße Aneignung und Kumulation von Wissen; sie stellt, wenn sie gelingt, keinen Aneignungsprozeß allein dar, sondern der Mensch wird von den Gegenständen so angeeignet, wie er diese sich aneignet« (Negt, O./Kluge, A.: Öffent-

* Anmerkungen zum Aufsatz von Haarmann/Walach s. S. 481.

lichkeit und Erfahrung, S. 57). Jene Klasse, die durch ihre Existenz Subjekt der Geschichte ist, muß sich selbst gleichsam zum Gegenstand haben, um den vordergründigen, aber auch hartnäckigen Legitimationszusammenhang bürgerlicher Gesellschaft zu durchbrechen. Insofern erfordert die notwendige Rekonstruktion unmittelbarer Erfahrung über den Subjektcharakter der revolutionären Klasse, welcher zugleich die Erkenntnis des Geschichtsprozesses fundiert, deren Organisierung. Eine Theorie, die jener Besonderheit der revolutionären Klasse verpflichtet ist und sie befördert, »liefert nicht nur adäquate Mittel zur Beschreibung der gegebenen gesellschaftlichen Wirklichkeit, sondern enthält eine *Antizipationsstruktur,* einen permanenten Vorgriff auf richtige, das heißt: revolutionär umwälzende Praxis«[2]. Hier hat dialektisches Denken seinen Platz.

Das Wissen davon, daß sich Geschichte im Kapitalismus ›hinter dem Rücken‹ der Menschen vollzieht, erlaubt, über die Analyse der Erscheinungen zum Wesen des Gesellschaftsprozesses vorzudringen und – wie Brecht sagt – »eine ergiebige haltung«[3] einzunehmen. Solche Haltung impliziert Handeln. Deshalb ist für Brecht dialektisches Denken konsequenterweise »*gesellschaftliches* Verhalten. Aussichtsreich nur, wenn es um sich selbst und das Verhalten der Umwelt Bescheid weiß. Aussichtsreich nur, wenn es imstande ist, die Umwelt zu beeinflussen« (P 20,168). Hier nimmt er den Marx der Feuerbachthesen auf, indem er auch und gerade angesichts der Objektivisten bei der Basis-Überbau-Bestimmung auf der Versubjektivierung des Objekts im Aneignungsprozeß durch das Individuum besteht. Die Dialektik von subjektivem und objektivem Faktor, aufgehoben und vollzogen in der revolutionären Tat, qualifiziert den historischen Materialismus erst zu wirklichem Wissen, zur »wirklichen, positiven Wissenschaft«. Dieses Wissen als die Methode des historischen Materialismus ist die wirkliche und wirksame Existenz von Geschichtswissenschaft, der Wissenschaft, die den Menschen in seiner sinnlich-konkreten Tätigkeit faßt. Wirksam und wirklich, weil diese Wissenschaft in der einzig produktiven Klasse, dem Proletariat, ihren materiellen Träger hat. »Von diesem Augenblick an wird die Wissenschaft bewußtes Erzeugnis der historischen Bewegung, und sie hat aufgehört, doktrinär zu sein, sie ist revolutionär geworden« (MEW 4,143). Materialistische Wissenschaft erfährt ihre Voraussetzung und revolutionäre Gewalt mit dem Hervorbringen des Proletariats, das, selbst doch Produkt des Kapitalismus, die konkrete Negation der bürgerlichen Gesellschaft ist. »Das dialektische Denken, das auf dem Gebiet der Ökonomie in Erscheinung trat und seine Existenz der Existenz des Proletariats verdankt, greift mehr und mehr auf andere Gebiete über, bleibt aber eine proletarische Denkweise« (T 20,76). Indem Brecht für sein Theater das dialektische Denken benutzt, erfüllt sich in der Umsetzung des historischen Materialismus in episches wie in Lehrstück-Theater die Vergesellschaftung von Theater in der Form seiner Verwissenschaftlichung. Die Haltung dieses Theaters zur Wirklichkeit ist jetzt die der materialistischen Wissenschaft. Mit dieser Voraussetzung ist Brechts Theater bestimmte Negation, Kritik, indem es – gemäß dem geschichtsdynamischen Prinzip der Revolutionierung der Produktionsmittel und dementsprechend der Produzenten durch die kapitalistische Produktionsweise – nicht nur auf die gesellschaftliche Wirklichkeit *reagiert*, sondern als Mittel zur Befriedigung ›objektiver‹ Bedürfnisse der fortschrittlichen Klasse revolutionäre Funktion erlangt und so an der historischen Grundlage für die »Befreiung des Menschen« mitbaut. Jetzt wird einsehbar, daß »die proletarier (. . .) zusammen mit der gesamten produktion eben auch die künstlerische von den fesseln befreien« (AJ 2,517).

1.2. Episches Theater

Bürgerliches Theater heute aufgrund seiner Hilflosigkeit gegenüber der gesellschaftlichen Wirklichkeit und damit aufgrund ideologischer Apologie ablehnend, besteht Brecht für sein Theater auf dem Prinzip revolutionärer Praxis. »Das Theater, wie wir es vorfinden, zeigt die Struktur der Gesellschaft (abgebildet auf der Bühne) nicht als beeinflußbar durch die Gesellschaft (im Zuschauerraum)« (T 16,676 f.) Die Möglichkeit zur gesellschaftlichen Einflußnahme ergibt sich dann, wenn Theater nicht nur als Resultat, sondern als materieller Faktor menschlicher Produktionstätigkeit behandelt wird. Künstlerische Praxis ist damit integraler Bestandteil gesellschaftlicher Produktion. Brecht läßt sein Theater an der je historischen Wirklichkeit sich entfalten und ist damit in der Lage, dem Theater seine historische Aufgabe zuzuweisen: die gesellschaftliche Oberfläche aufzubrechen, jene angeblich naturhaften Verhältnisse als geschichtliche zur Anschauung zu bringen. Theater »muß sein Publikum wundern machen, und dies geschieht vermittels einer Technik der Verfremdung des Vertrauten. – Welche Technik es dem Theater gestattet, die Methode der neuen Gesellschaftswissenschaft, die materialistische Dialektik, für seine Abbildungen zu verwerten« (T 16,682). So wie der historische Materialismus den Eingriff in die Gesellschaft fordert, so ermöglicht heute nur die Inanspruchnahme dieser Wissenschaft durch das Theater, die Menschen so auf der Bühne zu zeigen, daß und wie die Verhältnisse, die die Menschen selbst produzieren, sie wiederum bedingen. Episches Theater ist also zuvörderst nicht der bloße Versuch, die bürgerliche Form des Theaters zu überwinden (was sozusagen als Nebenprodukt sich einstellt); es ist vielmehr Ergebnis geschichtlicher Notwendigkeit, der heute notwendigen Anstrengung, die Methode des historischen Materialismus auf und mit dem Theater zu praktizieren. »Es gibt Wissenschaften über seelische Regungen, die sich jeden Tag vervollkommnen, und Wissenschaften über ökonomische Vorgänge und historische Geschehnisse, die es uns ermöglichen, die Dinge zu begutachten, die uns auch das Theater vorführt; aber wir denken kaum daran, diese unsere Kenntnisse und Methoden im Theater anzuwenden. Wir (. . .) akzeptieren Äußerungen über die Welt im Theater, die wir nirgend sonst akzeptieren würden. (. . .) Das Theatermachen (. . .) heißt nicht weniger, als diese Äußerungen den Kritizismen unterwerfen wollen, die für solche Äußerungen im allgemeinen gelten, heißt, von den Zuschauern nicht mehr verlangen, daß sie ein Auge zudrücken, und von den Theatern verlangen, daß sie auf alle Praktiken verzichten, die ihre Zuschauer veranlassen, ein Auge zuzudrücken« (T 15,255 f.).

Dem Illusionstheater und dessen Mittel der Einfühlung, deren historischer Berechtigung und erkenntniskritischer Qualität sich Brecht sehr wohl bewußt ist, setzt er das epische Theater entgegen. Einfühlung war durchaus ein fortschrittliches Mittel: für das aufsteigende Bürgertum leistete es die

Vermittlung bürgerlichen Klassenbewußtseins. In seinem Theater wurden die zentralen Begriffe des Bürgertums wie Treue, Würde und Menschlichkeit als Kampfpositionen gegen den Adel bestätigt. So fordert Lessing als einer der entschieden bürgerlichen Aufklärer Illusion gerade als Voraussetzung des gemeinsamen Mitleidens mit dem tragischen Helden, um in der kollektiven Katharsis den Bürger für die Bewältigung gesellschaftlicher Konflikte außerhalb des Theaters zu befähigen.[4] Einfühlung war also »das große Kunstmittel einer Epoche, in der der Mensch die Variable, seine Umwelt die Konstante ist. Einfühlen kann man sich nur in den Menschen, der seines Schicksals Sterne in der eigenen Brust trägt, ungleich uns« (T 15,300). – Dies ist eine treffende Charakteristik bürgerlichen Selbstbewußtseins mit dem Beginn des Kapitalismus. Jedoch »heute, wo die ›freie‹ Einzelpersönlichkeit zum Hindernis einer weiteren Entfaltung der Produktivkräfte geworden ist, hat die Einfühlungstechnik der Kunst ihre Berechtigung eingebüßt« (T 15,244).

Episches Theater ist Theater der Verfremdung. Verfremdung ist Resultat jener Anstrengung, das bisherige Theater gesellschaftlich-möglicher, wissenschaftlich-praktischer Erkenntnis anzugleichen; mehr noch: episches Theater knüpft an fortschrittliches Bewußtsein an, um es auf jene Stufe zu heben, die seiner gesellschaftlichen Aufgabe als fortschrittliches *Klassen*bewußtsein entspricht. Damit befördert episches Theater den Prozeß revolutionärer Kritik.

»Einen Vorgang oder einen Charakter verfremden heißt zunächst einmal, dem Vorgang oder dem Charakter das Selbstverständliche, Bekannte, Einleuchtende zu nehmen und über ihn Staunen und Neugierde zu erzeugen« (T 15,301). Die Vorgänge auf der Bühne sollen der Natürlichkeit entkleidet werden, die ihnen in der bürgerlichen Gesellschaft anhaftet. Brecht sieht mit seinem Theater der Verfremdung die Möglichkeit, einen Erkenntnisprozeß in Gang zu bringen über das, was ist, und darüber, warum es so ist. Es gilt, die Vorgänge hinter den Vorgängen aufzudecken, also zum Wesen der gesellschaftlichen Verhältnisse vorzudringen. Diese werden derart verfremdet, daß die Ursache für ihr quasi naturhaftes So-Sein in der Darstellung mitgeliefert wird. Erst dadurch eignet dem Theater jene Qualität, die seinen Realismus ausmacht und es für den Klassenkampf benutzbar werden läßt: solches Theater wird zur bewußten Parteinahme für den revolutionären Kampf des Proletariats. Insofern ist auch die Forderung nach realistischem Theater nicht vorrangig und entscheidend eine des »Stils«, sondern der praktisch-kritischen Haltung des Theaters der gesellschaftlichen Wirklichkeit gegenüber.

1.3. Lehrstück-Theater[5]

»Das Lehrstück lehrt dadurch, daß es gespielt, nicht dadurch, daß es gesehen wird. Prinzipiell ist für das Lehrstück kein Zuschauer nötig, jedoch kann er natürlich verwertet werden« (s. o. Text 145). Erstes Ziel des Lehrstücks ist also Selbsterfahrung beim und im Spiel. Die ehedem durch das epische Theater zu kritisch-produktivem Verhältnis entwickelte Trennung Zuschauer-Schauspieler wird jetzt aufgehoben im identischen Produzenten-Rezipienten. »Es liegt dem Lehrstück die Erwartung zugrunde, daß der Spielende durch die Durchführung bestimmter Handlungsweisen, Einnahme bestimmter Haltungen, Wiedergabe bestimmter Reden und so weiter gesellschaftlich beeinflußt werden kann« (s. o. Text 145). Wie oben ausgeführt, beinhaltet die gesellschaftliche Beeinflussung für Brecht das Verfügen über diejenige Methode, die, weil »proletarische Dialektik« (Brecht), zum Instrument des revolutionären Klassenkampfs wird. Die Dialektik von Theorie und Praxis in der aktualen Geschichte gründet in der Dialektik von Wissen und Handeln. »Jeder revolutionäre Akt wirkt nicht nur durch dasjenige, was er erreicht, sondern auch durch das, was er zu denken gibt« (Merleau-Ponty, M.: Die Abenteuer der Dialektik, 92). Solches Denken aber bliebe folgenlos, wenn es nicht als konstitutiver Bestandteil gesellschaftlicher Praxis verstanden wird. Weil Denken eingreifendes Denken ist – »das Denken als ein Verhalten« (T 20,166) –, ist es imstande, in revolutionäres Handeln umzuschlagen. Zentraler Lerngegenstand der Lehrstücke ist die Einheit von Theorie und Praxis als Methode, d. i. die materialistische Dialektik. War diese auch stets Voraussetzung für das epische Theater, so verhandelt das Lehrstück-Theater die materialistische Dialektik gleichsam in ihrem Begriff. Hier eröffnet sich die eigentliche Schwierigkeit des Lehrstück-Theaters.

Der marxistischen Theorie und Praxis ist Dialektik kritisch-revolutionäre Dialektik. Sie ist Inbegriff der geschichtlichen Bewegung als geschichtlicher Notwendigkeit. »In ihrer mystifizierten Form ward die Dialektik deutsche Mode, weil sie das Bestehende zu verklären schien. In ihrer rationellen Gestalt ist sie dem Bürgertum und seinen doktrinären Wortführern ein Ärgernis und ein Greuel, weil sie in dem positiven Verständnis des Bestehenden zugleich auch das Verständnis seiner Negation [. . .] einschließt, jede gewordne Form im Flusse der Bewegung, also auch nach ihrer vergänglichen Seite auffaßt, sich durch nichts imponieren läßt, ihrem Wesen nach kritisch und revolutionär ist« (MEW 23,27 f.). Dieses emphatische Moment materialistischer Dialektik kommt zur Geltung einzig in der wirklichen Aktion, im konkreten Handeln der Menschen. Gerade im aktiven Subjekt-Objekt-Verhältnis konstituiert sich also Dialektik. Unter der Herrschaft des Kapitals nun erscheint jenes aktive Verhältnis nurmehr als »naturhaftes«. Das eben meinten wir, als wir die bürgerliche Gesellschaft dahingehend charakterisierten, daß sie aufgrund ihrer kapitalistischen Produktionsweise den unmittelbaren Einblick in ihre Geschichtlichkeit nicht ohne weiteres freigibt (um einem möglichen Mißverständnis vorzubeugen: auch der unmittelbare Einblick bleibt natürlich über Sinnlichkeit vermittelt). Insofern ist materialistische Dialektik Ausdruck und Mittel des Klassenkampfs. Klassenkampf als Form proletarischer Subjektivität muß notwendig bezogen sein auf die Totalität gesellschaftlicher Verhältnisse. Oder anders: proletarischem Klassenbewußtsein eignet jener Totalitätsanspruch, der allein den historischen Charakter der bürgerlichen Gesellschaft begreifen läßt. Dieses Begreifen intendiert zwingend Eingreifen. Damit resultiert aus dem Eingriff in den Gesellschaftsprozeß zugleich das Bewußtsein von der materiellen Gewalt der dialektischen Methode des historischen Materialismus als Kampfmittel in den Händen der Klasse, die den geschichtlichen Auftrag zur revolutionären Veränderung hat. Einerseits also Ergebnis, geht dialektisches Denken der eingreifenden Tat geltungslogisch voraus. Unter kapitalistischen Verhältnissen nun bleibt materialistische Dialektik schwer handhabbar, zumal wenn die Arbeiterbewegung sich nach der

Niederlage durch den Faschismus in Deutschland (nach 1945) erst allmählich als subjektiver Faktor regeneriert. Der aktuelle Stand der Klassenkämpfe ist Gradmesser für proletarisches Klassenbewußtsein und insofern auch der Boden, auf dem die dialektische Methode als das Bewegungsprinzip der Geschichte zum Bewußtsein kommt.

Wenn nun – wie im Lehrstück – Dialektik selbst zum Gegenstand gemacht wird, wird diese als Methode vom Subjekt-Objekt-Verhältnis und damit von der Geschichte (Klassenkampf) getrennt. »Losgelöst von der Wirklichkeit ist die Dialektik aber keine«[6]; materialistische Dialektik verkäme dann zur bloßen Denkmethode. Welche Konsequenz eine derartige Idealisierung zeitigt, dafür steht die große Philosophie Hegels. »Die Hegelsche Dialektik endet trotz der dialektischen Verflüssigung aller vorgefundenen Verfestigungen im Ergebnis mit einer neuen Verfestigung. (. . .) Die im Ansatz der dialektischen Methode enthaltene revolutionäre Pointe wird von Hegel künstlich zurückgebogen zum ›Kreise‹, zur begrifflichen Wiederherstellung der unmittelbar gegebenen Wirklichkeit und zur Versöhnung mit dieser Wirklichkeit, zur Verklärung des Bestehenden«[7]. Eine ähnliche Degradierung materialistischer Dialektik durch das Lehrstück-Theater wird einzig vermieden, wenn die an der Durchführung des Lehrstücks Beteiligten Vertreter hohen proletarischen Klassenbewußtseins sind. Ihre im täglichen Kampf errungene Erfahrung, welche als potenziertes Klassenbewußtsein Grundlage zum Begreifen der gesellschaftlichen Wirklichkeit ist, läßt das Einüben von Dialektik zu einer Verstärkung der Verfügung über die revolutionäre Methode und deren materieller Gewalt im Klassenkampf werden. Indem so Dialektik dem Klassenkampf vermittelt bleibt, ist die Gefahr der Idealisierung gebannt.

Mit der Erprobung materialistischer Dialektik in ihrem umfassenden Begriff offenbart sich das eigentlich emanzipatorische Moment des Lehrstück-Theaters. Es antizipiert die klassenlose Gesellschaft, denn Dialektik ist ihm nicht nur Voraussetzung, sondern zugleich Material. Dialektik kommt als Bewegungszentrum gesellschaftlicher Verhältnisse unmittelbar zur Anschauung, womit aber ihr notwendig kritisch-revolutionäres Wesen nicht eliminiert ist in Harmonie, vielmehr zwingt es »einen gerade dazu, in allen prozessen, institutionen, vorstellungen den konflikt aufzuspüren und zu benützen« (AJ 1, 364). Weil das Lehrstück eine konkrete Form proletarischer Eigenschulung ist, um »die Denkmethoden der Arbeiterklasse, ⟨den dialektischen Materialismus⟩ die aktuellen Probleme des Klassenkampfes, faßbar und greifbar zu ⟨präsentieren⟩ machen«, enthält es in Anfängen bereits heute »die neue Funktion der Kunst in der klassenlosen Gesellschaft« (Eisler 1931 in: Mayer, Hrsg., 1973 S. 161). Es nimmt vorweg, was erst post-kapitalistisch Realität: gesellschaftliches Selbstverständnis entfaltet sich zu dialektischem Selbstbewußtsein im Verein mit bewußt produzierten Verhältnissen, denen die totale, universelle Entwicklung der Produktivkräfte selbst wieder Voraussetzung ist – Voraussetzung der Gesellschaft und ihrer Reproduktion, weil die Bedingungen, unter denen die Menschen produzieren, Bedingungen ihrer Selbstbetätigung, von dieser Selbstbetätigung produziert, weil Produktion und Selbstbetätigung identisch sind.[8] Denn Ziel ist nicht länger wirtschaftliches Wachstum an sich, sondern die Bedürfnisbefriedigung der Gesellschaft durch die wissenvermittelnde Praxis als Erschließung und Gestaltung aller subjektiven und objektiven Möglichkeiten der Menschen. Damit wird gesellschaftliches Verhalten als allseitiges Verhalten Wirklichkeit, wird der Mensch im ganzen Reichtum seines Werdens, der bedürfnisreiche, weil eigenschafts- und beziehungsreiche Mensch, als stete Realität produziert.[9] Dies ist nicht das Ergebnis »humanistischer« Erziehung, »moralischer« Erneuerung des Menschen, sondern der von ihm hervorgebrachten und beherrschten Aktion, seiner revolutionären Praxis. Es ist die Tat der radikalen ökonomischen und politischen Umwälzung, denn nur in der Revolution kann das Proletariat als Subjekt der Geschichte »dahin kommen (. . .), sich den ganzen alten Dreck vom Halse zu schaffen und zu einer neuen Begründung der Gesellschaft befähigt zu werden« (MEW 3, 70). Mit Vollzug dieser wirklichen, alles umfassenden revolutionären Tat erscheint die reale Freiheit in der allgemeinen Verfügung über die Produktionsmittel, der Ausrichtung des Produktionsprozesses auf die Bedürfnisse der Gesamtheit, der Verkürzung des Arbeitstages auf ein Minimum und der aktiven Teilnahme aller an der Verwaltung des Ganzen.

Damit wäre auch Theater, ebenso Ausdruck der aktiven Auseinandersetzung der Menschen mit ihrer gesellschaftlichen Wirklichkeit, in der planvollen Organisation als Sonderbereich in dem Maße aufgehoben, als es in die gesellschaftliche Verkehrsform selbst einginge und integraler Bestandteil derselben würde. Dieser Prozeß wiederum erfährt seine Verwirklichung, so das »Reich der Freiheit« sich durchsetzt. Dieses »beginnt in der Tat erst da, wo das Arbeiten, das durch Not und äußere Zweckmäßigkeit bestimmt ist, aufhört; es liegt also der Natur der Sache nach jenseits der Sphäre der eigentlich materiellen Produktion« (MEW 25, 828). Allein praktisch wahr kann es nur werden auf der Grundlage des Reichs der Notwendigkeit, das, indem planvoll organisiert, in sich bereits den Charakter der Freiheit trägt. Denn nur weil die Menschen im Reich der Notwendigkeit die Wirklichkeit ihrer Freiheit erfahren, können sie ihre Freiheit gestalten. Und Dialektik, im gesellschaftlichen Verkehr dann sich offen und direkt vollziehend, wird so selbst Produktivkraft, zweckmäßige produktive Tätigkeit. »Unter den antagonistischen Faktoren (. . .) spielt als eine der Produktivkräfte die Technik eine entscheidende Rolle. Zu dieser Technik muß gerechnet werden auch die Denktechnik« (P 20, 76).

Das Lehrstück ermöglicht die Antizipation materialistischer Dialektik in ihrer freien unbeschränkten Entfaltung; damit wird materialistische Dialektik zur großen Lehrmeisterin des proletarischen Klassenkampfs. Was Holzkamp[10] in anderem Zusammenhang »Gebrauchswert-Antizipation« nennt, kommt auch dem Lehrstück-Theater zu: »Was für die klassenlose Gesellschaft ›vorgesehen‹ (im doppelten Wortsinn!) wird, ist wirklich und gehört zum Überbau dieser klassenlosen Gesellschaft« (P 20,78). Im Lehrstück wird praktisch erfahren, was erst morgen allgemein wird.

Exkurs zu »Die Maßnahme«

Brechts umstrittenes Lehrstück »Die Maßnahme« fällt mit seiner Uraufführung (1930) in die Phase des steigenden Aufschwungs der KPD zur Massenpartei, Ausdruck der vorrevolutionären Krise von 1929 bis 1932, damals von der Komintern als »Dritte Periode« bezeichnet. Die Reife der Situation besteht in dem hohen Grad der Verschärfung der Klassenwidersprüche, in dem weit fortgeschrittenen Klassenbewußtsein der Arbeiter, von denen ein großer Teil, wenn auch nicht die Mehrheit, schon zu der Erkenntnis gelangt ist, daß der Grundwiderspruch der kapitalistischen Produktionsweise nur revolutionär zu lösen ist. Inwieweit die KPD ihre Rolle als Avantgarde infolge ihrer katastrophalen Politik (verwiesen sei hier auf die RGO-Politik und auf die sogenannte Sozialfaschismustheorie) erfüllen bzw. nicht erfüllen konnte, bleibt hier unberücksichtigt. Wichtig aber für unseren Zusammenhang ist, den entwickelten Stand der deutschen Arbeiterbewegung festzuhalten. Dafür stehen auch jene Organisationen, deren Aufgabe die Koordinierung und Verstärkung der fortschrittlichen Kräfte auf dem Gebiet der Künste ist: der Arbeiter-Theater-Bund-Deutschlands, der Arbeiter-Sänger-Bund und die ›Kampfgemeinschaft der Arbeiter-Sänger‹[1], um gerade die Organisationen zu nennen, deren Mitglieder erste Addressaten für das Lehrstück-Theater gewesen wären. Die enge Verbindung mit der Arbeiterbewegung hätte verhindert, was immer möglich ist, nämlich das Lehrstück als Modell sozialintegrierenden Rollenspiels zu mißbrauchen, – eine Gefahr, die sich zwingend ergibt, wenn der *klassen*spezifische Charakter des Lehrstück-Theaters als *gruppen*spezifischer mißverstanden wird. – Der Sieg des Faschismus läßt jedoch eine breite Erprobung dieses Mittels für die Eigenschulung der revolutionären Klasse nicht zu.

Angesichts des drohenden Faschismus ist fraglich, ob nicht die Arbeiterklasse dringender der Darbietung von bzw. der Konfrontation mit Stoffen bedurft hätte, die zum Beispiel die konkreten Erfahrungen der italienischen Arbeiter mit dem Faschismus aufnahmen und für die aktuellen Auseinandersetzungen bereitstellten, anstatt im Vollzug des Lehrstück-Theaters materialistische Dialektik, die zur uneingeschränkten Herrschaft ja erst gelangt durch die politische Herrschaft des Proletariats – und damit zugleich die höchste Stufe proletarischer Subjektivität –, vorwegzunehmen. Denn »am wenigsten lebt der Mensch in Verhältnissen (zumal mit Beginn des Faschismus – d. Verf.), die ihm zur Identität mit sich verhelfen, das ist, die sein Dasein vermenschlichen lassen. Der russische Demokrat Alexander Herzen fand daher das vor-

treffliche Wort, Dialektik sei die Algebra der Revolution«
(Bloch, E.: Subjekt-Objekt, S. 131). Gerade in der Phase
schärfster Klassengegensätze, wie sie mit dem Ende der Weimarer Republik zu verzeichnen sind, muß also Brechts Lehrstück kritisch hinterfragt werden, zugleich aber ist jene Zeit
die Voraussetzung für die Entwicklung des Lehrstück-Theaters und für die Nutzung seiner progressiv-klassenkämpferi-
schen Qualität.

Die Zerschlagung der revolutionären wie reformistischen
Organisationen der Arbeiterklasse durch den Faschismus bedeutet auch die Zersetzung proletarischer Individualität. Deren Regeneration muß jetzt unter erschwerten Bedingungen
wiederaufgenommen werden. Brecht ist sich der historischen
Veränderung wohl bewußt und wendet sich deshalb dem
epischen Theater verstärkt zu, das in breiter Fabelführung
(»Fabel ist [. . .] Kenntlichmachung der Verhältnisse, die die
Menschen untereinander eingehen«)¹² gesellschaftliches Verhalten als Folge und mit seinen Folgen demonstrierend zur
Anschauung bringt, sehr genau wissend, daß dieses, das
epische, Theater nicht eigentlich den objektiven Möglichkeiten im wissenschaftlichen Zeitalter entspricht. So geht aus
einer Tagebucheintragung hervor, daß Brecht den »Galilei«
technisch für einen großen Rückschritt hält. »In bezug auf
eine Umarbeitung des »Galilei« wäre zunächst das Fratzerfrag-
ment und das Brotladenfragment zu studieren. diese beiden
fragmente sind der höchste standard technisch« (s. o. S. 174
Text 156). Denn das Lehrstück-Theater verdeutlicht, was angesichts der Reife der Produktivkräfte als Form menschlicher
Kommunikation möglich, gesellschaftlich-allgemein wäre, erschiene der materielle Reichtum der Gesellschaft nicht als eine
»ungeheure Warensammlung«.

Der Vorwurf, der damals von den Kommunisten erhoben
wird, gründet auf einem Mißverstehen dieses Typs von Theater. Die neue Qualität des Lehrstücks, die Versinnlichung von
allseitigem Verhalten in seinem Prinzip als Dialektik zu praktizieren, d. h. vorwegzunehmen auf dem sicheren Boden und
dem sich entfaltenden Klassenbewußtsein der revolutionären
Klasse, wird nicht erkannt. Vielmehr sei die Brecht vorgewor-
fene »Abstraktheit« Folge der von ihm noch nicht vollzoge-
nen Verbindung zur revolutionären Klasse, was unter damali-

gen (und heutigen inzwischen auch wieder)[13] Verhältnissen nur heißen kann: zustimmende Unterstützung der KPD und ihrer Politik; Brechts Standpunkt ist damit nicht der der Partei. »Der Text der ›Maßnahme‹ in seiner Gesamtheit ist eine Vergewaltigung der revolutionären Wirklichkeit durch gehirnliche Konstruktionen« (Durus in: Steinweg, Hrsg., 1972b S. 372; im Original kursiv.). Was Durus hier als Konstruktion erscheint, ist die notwendig sich einstellende Abstraktionshöhe des Lehrstück-Theaters, das ja gerade die jedem Handeln zugrunde liegende Dialektik begrifflich klärt, das heißt: Dialektik als Bewegungszentrum der Geschichte materialistisch begreifen lehrt. Ähnlich kritisiert Kurella Brecht: »Eine idealistische Grundauffassung geht durch das ganze Stück hindurch«, so sei Brechts »Denkweise« die des »radikalen Kleinbürgers« (in: Steinweg, Hrsg., 1972b S. 385). Heute sieht Lethen das Lehrstück schlicht zum »Experimentierfeld der Schauspieler« reduziert, »auf dem durch das Einüben dialektischer Darstellungsprozesse sich ›ein politischer Instinkt‹ einstelle.«[14] Daß diese Form des Einübens innerhalb kapitalistischer Verhältnisse mit der – und darauf müssen wir bestehen – unabdingbaren Voraussetzung proletarischen Klassenbewußtseins eine Möglichkeit ist, die revolutionäre Bewegung, die eben auch eine der materialistischen Wissenschaft ist, vorwärts zu bringen, diese Erkenntnis kann hier nicht erwartet werden. Der Versuch, an diesem Lehrstück zu prüfen, »in welchem Maße (. . .) die brennenden Fragen der Klassenkämpfe in den Jahren 1929 bis 1932 realistisch widergespiegelt sind, d. h. die Spaltung der Arbeiterklasse durch die kapitalfreundliche SPD, die Umwandlung der ökonomischen Streikkämpfe in den politischen Kampf gegen den Staatsapparat; der Kampf gegen die nationalsozialistische Massenpartei; die Bündnispolitik der Kommunistischen Partei«[15], muß ebenso an der Problematik des Lehrstück-Theaters vorbeigehen wie seinerzeit das Unterfangen Kurellas, seinen Vorwurf der nicht ganz tauglichen Mittel zu verdeutlichen, indem er das Verhalten der Genossen im Lehrstück »durch konkrete Personen aus den Parteikämpfen der K.P.D. *im Jahre 1923*« (Kurella, a.a.O., S. 381) ersetzte. Diese krampfhafte Versicherung historischer Fakten (damit die ›*Maßnahme*‹ realistisch werde) geht an der zentralen Idee des Lehrstücks vorbei: Erprobung materialistischer Dialektik, »die Kenntnis – die praktische Kenntnis – dessen, was Dialektik ist.« (s. o. S. 198 Nr. 179).

Die Aufführung der ›Maßnahme‹ erfolgt durch die Teilnahme von ungefähr 300 Mitgliedern aus Arbeitersängervereinen; den Part der Spieler übernehmen zwar Schauspieler (E. Busch, H. Weigel u. a.), ist doch die Aufführung nicht eigentlich Lehrstück-Theater, sondern »mehr eine Art Ausstellung« (T 17,1033). Gleichwohl ist die Vorführung eingebettet in proletarisches Klassenbewußtsein, ist Ausdruck für das gemeinsame revolutionäre Einverständnis, und nur so kann die Trennung Zuschauer-Schauspieler tendenziell aufgehoben werden: »das Publikum wird *handelnde Person* in dem Sinne, in dem man von einem *Chor* als ›dramatis persona‹ sprechen kann« (Steinweg 1972a S. 88). Auch für das Vorzeigen von Lehrstücken ist also hohes proletarisches Klassenbewußtsein nötig, damit sich das Publikum mit der Teilnahme am Spiel, was Voraussetzung für den gemeinsamen Lernprozeß ist, als Publikum quasi auflöst. Es muß also über Theorie und Praxis der Arbeiterbewegung verfügen.

1.4. Episches und Lehrstück-Theater im Kapitalismus

Solange die notwendige Bedingung für die Praktizierung des Lehrstücks als Lehrstück, der hohe Stand der Arbeiterbewegung, nicht gegeben ist – und sie ist es zum gegenwärtigen Zeitpunkt in der BRD nicht in dem Maße –, so lange ist Lehrstück-Theater als Mittel zum Erproben von Dialektik nicht unmittelbar einsetzbar.

Marxistische Theaterproduzenten brauchen somit weiterhin das epische Theater, das für die Beeinflussung ja gerade den Zuschauer annimmt, der nicht bzw. schwer in der Lage ist, die gesellschaftliche Wirklichkeit in ihrem Wesen zu erfassen. Der reale Schein der (in unserem Falle) bürgerlichen Produktionsverhältnisse drückt den Menschen seinen Stempel auf. In diesem Zusammenhang hat episches Theater seine Aufgabe im Kampf gegen »bürgerliche Borniertheit«, da dieses Theater hilft, die gesellschaftliche Oberfläche, den produzierten Schein des Naturhaften, aufzubrechen und als Resultat einer historischen, der kapitalistischen, Produktionsweise zu erkennen zu geben.

Episches wie Lehrstück-Theater, so verschieden in der Voraussetzung, sind Formen des wissenschaftlichen Theaters. Lehrstück-Theater beginnt da, wo episches endet. Episches Theater versucht, den historischen Prozeß, in dem materialistische Dialektik zu revolutionärem Bewußtsein der Massen wird, kritisch zu begleiten, d. h. diesen Prozeß zu beschleunigen, während Lehrstück-Theater vorauseilt und jenes Stadium der Geschichte antizipiert, wo die assoziierten Produzenten im Denken und Handeln ihr identisches Bewußtsein finden. Das Lehrstück ermöglicht also die Erfahrung allseitigen Verhaltens: »undurchführbar in dieser Gesellschaftsordnung, durchführbar in einer anderen, dienen die Vorschläge, welche doch nur eine natürliche Konsequenz der technischen Entwicklung bilden, der Propagierung und Formung dieser *anderen* Ordnung« (s. o. Text 115). Lehrstückpraxis wäre damit Teil einer revolutionären Transformationsstrategie. Dieser Zusammenhang läßt sich dem Publikum vermitteln, nur ändert sich dann der Lehrstück-Charakter. Die mit dem Lehrstück weggenommene, gleichwohl praktizierte Allseitigkeit menschlichen Verhaltens muß jetzt als »*konkrete* Utopie«, als historisch möglicher Fall verdeutlicht werden: Lehrstücke, heute *vor*geführt, werden dem epischen Theater angeglichen, sollen sie über die Eigenschulung revolutionärer Kollektive hinaus Erkenntniswert für unsere, die bürgerliche Wirklichkeit haben. Selbst unter objektiv veränderten gesellschaftlichen Verhältnissen wie beim Aufbau des Sozialismus in der SBZ/DDR bedurfte Brecht des Hilfsmittels der Episierung, als er die Clownsszene im *»Badener Lehrstück vom Einverständnis«* Arbeitern und Funktionären des Kabelwerks Oberspree vorführte (s. o. S. 189 Text 170 und »alternative« 91, S. 197 bzw. 209). Der riesige Clown wird zum ›deutschen Michel‹, die anderen Figuren zu ›Adenauer‹ und ›Marshall‹. Zum Zwecke der Demonstration verändert sich Lehrstück-Theater zu epischem: das Lehrstück wird episiert.[16] Als Lehrstück bleibt es eingegrenzt auf das revolutionäre Kollektiv. Diese Beschränkung ist zugleich Beschränkung des eigentlichen Anspruchs von Theater, denn Theatermachen ist eine »bestimmte Form der öffentlichen Äußerung« (T 15,255). Insofern ist Theater, eben auch das Lehrstück-Theater, welches zwar erst mit der sozialistischen Produktion allgemein-öffentlich wird, immer auf Öffentlichkeit bezogen. Nur dadurch erfüllt sich die Intention des Eingreifens in den Geschichtsprozeß, wird Theater revolutionäres Mittel. Die mit dem Kapitalismus notwendige Fixierung auf das revolutionäre Kollektiv erscheint nun als beschränkte Öffentlichkeit, jedoch als Teil revolutionärer Gegenöffentlichkeit, welche sich gegen Formen bürgerlicher Öffentlichkeit durchsetzt.[17]

2 Brechts Theater in der Übergangsgesellschaft (SBZ/DDR)

Mit dem Vollzug der Revolution, mit dem Absterben der kapitalistischen Warenproduktion reift die Möglichkeit des Lehrstück-Theaters als *allgemeine* Form gesellschaftlichen Verhaltens in dem Maße, wie sich im Verein mit der Organisierung des gesellschaftlichen Lebens Bewußtsein als Geschichtsbewußtsein entwickelt. Da die Umwälzung des sog. Überbaus sich so schwierig und schleppend vollzieht, solange ideologische Verkehrungen im materiellen Verkehr noch eine Stütze haben, kommt dem epischen Theater auch nach der Revolution eine wichtige Funktion zu: die Revolutionierung der Revolution.

2.1. Die »importierte« Revolution und ihre Folgen

Die heutige DDR ist bekanntlich nicht Produkt einer Revolution. Die Umwandlung des imperialistischen 2. Weltkrieges in den revolutionären Bürgerkrieg war unter den objektiven und subjektiven Bedingungen im Deutschland von 1945 nicht möglich. Im Ausbleiben der sozialistischen Revolution 1945 wirkt die Niederlage der deutschen Arbeiterklasse gegenüber dem Faschismus 1933 nach. Der Sieg des Faschismus war nicht unvorhersehbar, er wurde ermöglicht durch die Unfähigkeit und Unwilligkeit von SPD und KPD, die Arbeiterklasse zu einer Aktionseinheit gegen den Nationalsozialismus zusammenzuschließen. Auf den militanten Antikommunismus der sozialdemokratischen Führer antwortete die KPD mit der folgenschweren Politik des Sozialfaschismus, der Einheitsfront von unten und der Revolutionären Gewerkschafts-Opposition (RGO). Das solchermaßen gespaltene Proletariat mußte dem Faschismus unterliegen. (Daß die fatale Fehleinschätzung der Lage durch die KPD u. a. Ausdruck ihrer undialektischen Analyse des Reformismus in der Arbeiterbewegung ist, darauf kann hier nicht weiter eingegangen werden.) Die besondere Art und Weise der Überwindung des bürgerlichen Staats und des Kapitalismus in der SBZ bzw. DDR ist selbst noch Folge dieses historischen Rückschlags. Die subjektiven Fehler der Kommunisten in der Endphase der Weimarer Republik sind jetzt objektive Bedingungen ihres gegenwärtigen Handelns.

Die Ausgangssituation charakterisiert Erpenbeck, parteioffizieller Theaterkritiker (der damals die ästhetische Position Georg Lukács' vertritt) mit dem treffenden Satz, daß »bei uns keine zersetzte, verfaulte Klasse revolutionär durch eine andere abgelöst, ja 1945 nicht einmal der schwächste Versuch dazu gemacht wurde« (›Vorwärts‹ vom 20. 1. 1949). Zwar erklärt Dimitroff (›Tägliche Rundschau‹ vom 29. 12. 1948) auf dem Parteitag der bulgarischen Kommunistischen Partei, Rätedemokratie und Volksdemokratie, so wie sie sich in Osteuropa nach dem Krieg entwickelt hätten, seien in ihrem Klassencharakter identisch, seien nur verschiedene Formen ein und derselben Macht: »zwei Formen der Diktatur des Proletariats«; doch gerade aus dieser *Form*verschiedenheit resultiert die Spezifik der sozialistischen Transformation der SBZ/DDR.

Rätesystem oder Volksdemokratie, diese alternativen Formen der Diktatur des Proletariats entscheiden über die Frage, ob die Arbeiterklasse wirklich, realhistorisch zum Subjekt der Geschichte wird und zum Bewußtsein ihrer selbst kommt oder nicht.

Anstelle der eigenen revolutionären Tat, in deren Vollzug der Aufbau des Sozialismus entsprechend den gesellschaftlichen Bedürfnissen der Arbeiterklasse hätte beginnen können, erfolgt 1945 die Rückkehr der alten Parteiführung, soweit sie überlebt hatte. Das bedeutet unter der damaligen Bedingung der Abhängigkeit von der sowjetischen Entwicklung unvermeidbar die Etablierung einer stalinistischen Bürokratie, welche zudem durch das Fehlen selbständiger Massenaktionen, die Verschüttung revolutionären Klassenbewußtseins und den wirtschaftlichen Ruin (als Auswirkungen des Faschismus) begünstigt wird. Die Aufgaben der sozialistischen Revolution, deren erste und dringendste die Zerschlagung des bürgerlichen Staatsapparats ist, werden keineswegs durch die massenhafte Selbsttätigkeit der Arbeiter übernommen: der bürgerliche Staat bricht mit dem Faschismus zusammen, teils wird er aufgelöst durch die antifaschistischen Maßnahmen der Alliierten, durch die Vorschriften des Potsdammer Abkommens (ergänzt durch plebiszitäre Elemente wie Abstimmungen, Kundgebungen, Volksentscheide)[18]. Damit ist die alte Bourgeoisie weitgehend entmachtet. Aber an ihre Stelle treten nicht Räte, sondern Parlamente, Bezirksverwaltungen, Landesregierungen (Weber, S. 22 bzw. 33 ff.). Die Trennung des Staates von der Gesellschaft dauert fort, von Abwählbarkeit der Volksvertreter und imperativem Mandat kann keine Rede sein. Doch Brecht betont mit Recht, »daß ein befohlener sozialismus besser ist als gar keiner« (AJ 2,864). Und dieser ist durch die Anwesenheit der Roten Armee garantiert: mit ihrer Hilfe und unter ihrem Schutz übernimmt die SED (damit in verzerrter Form die Arbeiterklasse) die führende Rolle. So ist der äußere Rahmen, das institutionelle Gerüst der Arbeitermacht errichtet, aber es bleibt ein Rahmen. Brecht, sich dieses Dilemmas durchaus bewußt, notiert dazu im Dezember 1948: »es ist (...) nicht nur so, daß die deutschen arbeiter im augenblick nicht erkennen, daß ihre eigene diktatur ›drinnen ist‹, sondern daß sie wirklich nicht bereit scheinen, sie zu übernehmen, die volksherrschaft in der form der diktatur (nach außen *und* innen) leuchtet ihnen nicht ein« (AJ 2,865). Der Grund dafür? Die antifaschistisch-demokratischen Maßnahmen, additiv und auf dem Wege der Gesetzgebung erfolgend, sind grundverschieden vom revolutionären Akt des Proletariats. Die Differenz zwischen Rätedemokratie und antifaschistisch-demokratischer Ordnung ist die zwischen der authentischen sozialistischen Revolution und der »importierten Revolution« von oben; die quasi neben und außer der Gesellschaft bestehende Staatstätigkeit wird nicht aufgehoben in der Selbsttätigkeit der Massen. Diese Art der Umwälzung zeitigt folgenreiche Auswirkungen auf das Bewußtsein nicht nur der Arbeiterklasse, sondern der Bevölkerung allgemein.[19] Der Aufbau des Sozialismus in der DDR ist nicht Folge der revolutionären Bewegung der Arbeiter, die im Verlauf dieser Aktionen lernen, die Geschichte mit Willen und Bewußtsein zu machen. Sie sind mehr Objekt denn Subjekt des Geschehens, an dessen Ende die Diktatur des Proletariats in Form der administrativ-bürokratischen Diktatur über das Proletariat steht. Diese entfremdete Form der Herrschaft des Proletariats als die einer sie substituierenden Bürokratie bedingt so auch ein entfremdetes Bewußtsein der Arbeiterklasse von ihrer eigenen Herrschaft. Und wenn Brecht zu Recht konstatiert, es habe eine »ungeheure Steigerung der Lust an öffentlichen Geschäften bei der Masse« erfolgen müssen, »damit sie fähig werde, den Staat zu übernehmen« (P 20,49), so hätte er hinzufügen müssen, daß wirkliche revolutionäre Praxis ihre revolutionären Organisationsformen erfordert und voraussetzt. Jene sind nicht nur nicht gegeben, sie werden von vornherein unterbunden. So werden die Antifa-Komitees, die sich selbständig bilden, bereits im Mai 1945 wieder aufgelöst.[20] Betriebe, von Arbeitern eigenhändig wieder in Gang gesetzt und unter ihre Kontrolle gebracht, werden demontiert und als Reparationsleistung in die Sowjetunion transportiert – demobilisierende Maßnahmen, die nicht ohne Wirkung sind. »die übernahme der produktion durch das proletariat erfolgt in einem zeitpunkt (und scheint vielen also zu erfolgen zu dem zweck) der auslieferung der produkte an den sieger. volkseigenen betrieben, die aus maschinentrümmern heterogenster art sich wieder produktionsstätten zusammengebastelt hatten, wurden *mehrere male* die maschinen wieder als reparationen weggenommen. und die arbeiter bedenken nicht eben, daß der zerstörungskrieg gegen die sowjetunion zwar ohne ihre billigung, aber nicht ohne ihre mithilfe gemacht wurde« (AJ 2,864 – Hervorheb. im Original). Zudem bringt die Politik der Sowjetischen Aktiengesellschaften (SAG) die Sowjetunion weiter in Mißkredit und damit auch die SED, von der sie als großes Vorbild gepriesen wird.[21] Die Befreiung – objektiv unzweifelhaft eine solche – Deutschlands vom Nationalsozialismus durch die Rote Armee erscheint also mehr als Besatzung durch eine fremde Macht, die ihre eigenen Interessen versieht; die Unterordnung der unmittelbaren Bedürfnisse des deutschen Proletariats unter die der Sowjetunion stößt zunehmend auf den Protest gerade der klassenbewußten Arbeiter: »vor allem ältere Arbeiter, die in der Weimarer Republik den Aufbau der UdSSR mit regelmäßigen Geldspenden an die

Rote Hilfe unterstützt hatten, und die mit Straßendemonstrationen und Sabotageakten in kriegswichtigen Industrien gegen die politische und militärische Unterstützung der Weißgardisten durch die Weimarer Republik gekämpft hatten, verlangten jetzt von der KPD eine entschiedenere Vertretung der Interessen des deutschen Proletariats gegenüber der UdSSR« (Schmidt/Fichter, Der erzwungene Kapitalismus, S. 90). Die Rücksichtnahme auf die bürgerlichen Bündnispartner gar führt die SED dazu, selbst den Arbeitern gegenüber nur undeutlich ihr Ziel auszusprechen. Erst im nachhinein wird ihnen entschleiert, daß die antifaschistisch-demokratischen Maßnahmen durch die Tatsache, daß die Frage der Staatsmacht durch die Anwesenheit der Roten Armee objektiv zugunsten der Arbeiterklasse entschieden war, eindeutig sozialistischen Charakter hatten, also konkrete Schritte auf dem Wege zum Sozialismus waren. Jedoch während dieser Aufbauphase ist dieses Ziel nicht gegenwärtig; es begleitet nicht als Bewußtsein die aktuellen Auseinandersetzungen, sondern verschwindet in der ideologischen Nebelwand von Frieden, Demokratie und Freiheit, von Nationaler Front und unteilbarer Republik.

2.2. Die Aufgaben des wissenschaftlichen (sozialistischen) Theaters in der SBZ und DDR

Wenn für Brecht »zur wirklichkeit des künstlers (...) auch sein publikum« (AJ 2,863) gehört, was nur Konsequenz Brechtscher Theorie und Praxis ist, so muß er den geschilderten durchschnittlichen Bewußtseinsstand für seine Theaterarbeit in Rechnung stellen. Nicht alle seine Schauspiele sind dann unter den Bedingungen der Nachkriegszeit aufführbar; ihr Inhalt wie ihre künstlerische Methode haben sich an den subjektiven und objektiven Erfordernissen des Wiederaufbaus resp. der antifaschistisch-demokratischen Umwälzung zu orientieren.

Die Inszenierung der »Dreigroschenoper« im August 1945 im Berliner Hebbel-Theater kann als Beispiel für die Nichtübereinstimmung von dramatischer Vorlage und Aufführungssituation außerhalb des Theaters gelten. Hans Jendretzky, einer der Unterzeichner des KPD-Aufrufs vom 11. Juni 1945, weist in einem offenen Brief an den Intendanten Karl Heinz Martin darauf hin, daß der Satz »Verfolgt das Unrecht nicht zu sehr« für alle Antifaschisten und Widerstandskämpfer unerträglich sei. Ebenso beinhalte der Satz »Erst kommt das Fressen, dann kommt die Moral« »*genau die entgegengesetzte Tendenz*« dessen, was »wir heute beim Wiederaufbau unserer Stadt Berlin und der Enttrümmerung unseres geistigen Lebens brauchen.«[22] Brecht, noch im amerikanischen Exil, teilt diese Kritik, als sie ihm bekannt wird: »ich selbst hätte das stück nicht aufführen lassen. in abwesenheit einer revolutionären bewegung wird die ›message‹ purer anarchismus« (AJ 2,756). Was in Anlehnung an Büchners »Woyzeck« (»Wenn ich ein Herr wär und hätt einen Hut und eine Uhr und eine Anglaise und könnt vornehm reden, ich wollt schon tugendhaft sein«) unter den Bedingungen einer entwickelten revolutionären Bewegung dem klassenbewußten Zuschauer als vulgär-materialistische Erklärung klassenspezifischen Verhaltens hätte gelten können, muß 1945 auf ein zu großen Teilen noch in faschistischer Ideologie befangenes Publikum wie ein Freibrief zur sozialen Verantwortungslosigkeit wirken.

Ebenso wie die Fabel gilt es, auch die künstlerischen Mittel auf ihre Wirkung unter den spezifischen Verhältnissen in der Nachkriegszeit zu überprüfen. Das epische Theater als die Umsetzung der Methode, die dem Zuschauer den Prozeß des Durchbrechens der Erscheinungsebene der gesellschaftlichen Wirklichkeit und des Vordringens zu den wesentlichen Zusammenhängen in *praktischer* Absicht vorführt, erweist sich als das der nicht-revolutionären Situation von 1945 adäquate. So ist es kein Zufall, daß Brecht jetzt, wo er »Ideologiezertrümmerung«[23] im allgemeinen und die Vermittlung von revolutionärem Bewußtsein für das Proletariat im besonderen als vorrangige Aufgabe ansieht, an deren Bewältigung ja gerade sein Theater mitzuarbeiten sich vorgenommen hat, vorerst Versuche mit dem Lehrstück-Theater nicht wiederaufnimmt, bedarf doch dieser Typus – wie wir bereits sahen – des unmittelbaren Zusammenhangs mit der revolutionären Klasse und ihren mannigfaltigen Organisationsformen, jener unabdingbaren Voraussetzung für die Praktizierung des Lehrstücks, die in dieser historischen Situation in dem Maße nicht gegeben ist. (Wie recht Brecht hat, zeigt u. a. eine Umfrage des amerikanischen Informationsdienstes in der amerikanischen Zone von 1947: »Auf die Frage ›Meinen Sie, daß der National-sozialismus eine schlechte Idee war oder ein guter Gedanke, der schlecht ausgeführt wurde‹ äußern 47 Prozent die Ansicht, er sei ein guter Gedanke gewesen, 41 Prozent lehnen ihn als Idee ab, 12 Prozent haben keine Meinung. Bei der Frage ›Kommunismus oder Nationalsozialismus‹ lehnen 66 Prozent beides ab« [›Der Tagesspiegel‹ vom 30. 7. 1972]).

Jedoch nicht nur im »eigenen Lager« besteht die gesellschaft-liche Notwendigkeit, mittels des Theaters die alte faschistische Ideologie zu zerstören; zugleich ist auch Aufklärung nötig über die neue Ideologie, mit der die Bourgeoisie in den Westzonen darangeht, ihre ökonomische und politische Herr-schaft zu restaurieren. Angesichts der allgemeinen Verwü-stung und Verelendung verkündet sie das Ende des Klassen-kampfs: der Krieg habe den Unterschied zwischen Arm und Reich nivelliert, folglich gäbe es keine herrschende und damit zu stürzende Klasse mehr, Klassenkampf und Sozialismus seien längst überholt, gehörten in die Mottenkiste. Es gehe um die Reinthronisierung geistig-sittlicher Werte.[24] Trotz aller Ideologie: der zerstörte Kapitalismus ist nichtsdestoweniger Kapitalismus; »auch wenn es mühe macht, muß man in dieser zeit im kopf behalten, daß d(eutschland) eben ein völlig zu boden geworfener kapitalistischer staat ist« (AJ 2,749). Die Mühe, von der Brecht spricht, ist die analytische Anstren-gung, derer es in jeder, zumal veränderten, Situation bedarf, um zur Einschätzung der gesellschaftlichen Wirklichkeit zu kommen – Voraussetzung jeglichen politischen Handelns.

Im Prozeß der Rekonstituierung revolutionären Klassenbe-wußtseins erweist sich episches Theater mit seinem Prinzip der Verfremdung als angemessenes Mittel (im Unterschied zum Lehrstück-Theater, das auf eine erstarkte sozialistische Bewegung angewiesen ist, um von den fortschrittlichen Teilen der Arbeiterklasse praktiziert werden zu können, bzw. die sozialistische Gesellschaft zur Voraussetzung hat, soll es allge-mein werden). Zweifelsohne hätten sich auch in der SBZ/DDR klassenbewußte Arbeiter oder Intellektuelle finden lassen, mit denen zusammen Brecht das Lehrstück als Material zur Selbstverständigung der Revolutionäre hätte weiterent-wickeln können. Doch angesichts der nicht nur materiell schwachen Grundlage für den Übergang zum Sozialismus hat Vorrang, der Arbeiterklasse als dem Subjekt der Geschichte das Bewußtsein dieser ihrer Besonderheit zu vermitteln. Sicher kommt auch und gerade dem Lehrstück in diesem Prozeß wichtige Funktion zu, freilich setzt es auf einer höheren Stufe der Entwicklung ein; gemessen an Brechts Anspruch, sich selbst als determinierenden Faktor einzuschalten, d. h. auf den Prozeß der Rekonstituierung beschleunigenden Einfluß zu nehmen, wäre eine Beschränkung auf die Arbeit mit revolutionären Kollektiven gleichbedeutend mit einer Selbstbeschränkung. Unter den geschilderten gesellschaftlichen Bedingungen eröffnet das epische Theater größere Möglichkeit und damit Wirksamkeit im Prozeß der Umwälzung. Allerdings gibt es einen Lehrstückplan Brechts von 1953: »Die neue Sonne« (s. o. S. 194 Text 174), und im Zusammenhang mit dem Garbe-Projekt heißt es, das Stück solle »im stil der ›maßnahme‹ oder ›mutter‹« geschrieben werden (ebenda Text 174a). Wenn also auch die objektiven Voraussetzungen eine Fortführung der Experimente mit dem Lehrstück-Theater be- bzw. verhindern, so bleibt die subjektive Kontinuität des Wissens und Bewußtseins von seiner Problematik erhalten. Davon zeugt ebenso die Anmerkung Brechts zu den Lehrstücken von 1956 (s. o. S. 199 Text 180). Kommt es hingegen zu Aufführungsversuchen von Lehrstücken, so bestätigen Äußerungen der Mitarbeiter offensichtlich unsere These, daß in einer historischen Situation, in der dialektisches Denken sich erst entwickeln muß, Lehrstücke episiert werden müssen. Das Beispiel der aktualisierten Clownsszene haben wir schon gegeben. Aus Bessons Bericht über Proben zu »Die Ausnahme und die Regel« (1952 S. 396) geht hervor, daß die geplante Inszenierung den Akzent weniger auf die Parabel als den Zeitbezug legt: »Wir ersetzten den Prolog durch eine Pantomime, die die Aufmerksamkeit der Zuschauer auf eine der gegenwärtigen Formen des Klassenkampfes, auf den Kampf der imperialistischen Kriegstreiber gegen die Kräfte des Friedenslagers lenken sollte.« (Besson 1952 S. 396; in der Pantomime wird die Erschießung eines Arbeiters durch die Polizei gezeigt, der Plakate gegen die französische Kolonialpolitik geklebt hat.)

*2.3. Die Aktualität des Epischen Theaters in der Übergangs-
gesellschaft*

Die Schwierigkeit der Arbeiterklasse, das Bewußtsein ihrer
historischen Besonderheit (Subjekt der Geschichte) zu entwickeln, ist doppelter Natur. So wie es keine Klasse ohne
geschichtliches Bewußtsein (was nicht notwendig Bewußtsein
von Geschichte) gibt, so gilt hier: die Arbeiterklasse hat ein
entfremdetes Bewußtsein von der eigenen Herrschaft, Resultat der bürokratischen Form dieser ihrer Herrschaft. Zudem
produziert die materielle Wirklichkeit nach wie vor jenes
entfremdete Bewußtsein der unmittelbaren Produzenten von
sich, der Gesellschaft und ihrer Tätigkeit, denn das Fortbestehen von Warenbeziehungen neben Planverhältnissen in der
Übergangsgesellschaft ruft immer noch Formen des Fetisch
und der Verdinglichung hervor. Die wenn auch nurmehr
partielle Herrschaft von Marktverhältnissen und -kategorien
erschwert weiterhin die allgemeine Durchsetzung von Geschichtsbewußtsein.

Dieses gesellschaftspolitische »Handikap« ist ein Problem,
das über die DDR hinausreicht. Es ist das der Übergangsgesellschaft, das erst mit der Aufhebung der Arbeitsteilung, d. i.
der Klassen, lösbar ist; lassen sich doch die Entfremdungsfor-
men nur allmählich und in dem Maße überwinden, wie die
objektiven Bedingungen auch für das Absterben des Staates
als dem politischen Ausdruck für die Existenz von Klassen
reifen und sich durchsetzen.

Solange diese Stufe der gesellschaftlichen Entwicklung nicht
erreicht ist, solange also die Mystifizierung gesellschaftlicher
Beziehungen durch partielles Fortbestehen von Warenbeziehungen andauert, bleibt auch das epische Theater aktuell und
notwendig, indem es Mystifizierung und Verdinglichung
ebenso beharrlich aufzubrechen versucht, wie jene »Ideologien« produziert werden. Damit bedient sich das epische
Theater der revolutionären Kraft materialistischer Dialektik,
die sich als wissenschaftliche Methode dadurch auszeichnet,
daß sie die verdinglichten Formen der gegenständlichen und
ideellen Welt einer Untersuchung unterzieht, in der sie ihre
»Fixiertheit, Natürlichkeit und angebliche Ursprünglichkeit
verlieren und sich auf diese Weise als abgeleitete und vermit-

telte Erscheinungen, als Sedimente und Gebilde der gesellschaftlichen Praxis der Menschheit zeigen« (Kosík, Die Dialektik des Konkreten, S. 16). Verfremdung als die Methode des historischen Materialismus auf dem Theater versetzt dieses in die Lage, die Aufgabe materialistischer Erkenntnis zu bewältigen: nicht zu kapitulieren vor der Faktizität der Dinge und Verhältnisse, sondern in ihnen die »erloschenen menschlich-geschichtlichen Prozesse« (ihre Subjekt-Objekt-Struktur) offenzulegen und damit die gesellschaftliche Wirklichkeit als von Menschen hervorgebracht, folglich auch als von ihnen veränderbar zu erweisen.

Der Irrtum Steinwegs und der ›Alternative‹-Redaktion, die Schaustücke des epischen Theaters als »Kompromisse«, als »Not- und Übergangslösungen« zu bezeichnen, welche unter dem Eindruck und den Folgen der Niederlage der deutschen Arbeiterbewegung von 1933 entstehen, ist offensichtlich. Eine künstlerische Methode, die der Tatsache Rechnung trägt, daß auch die Arbeiterklasse ständig in Gefahr ist, der Verdinglichung der gesellschaftlichen Verhältnisse, dem Warenfetisch, zu erliegen und in reformistischen Strategien den Ausweg aus der Kapitalherrschaft zu suchen, wird dort reduziert zu einem Produkt widriger historischer Umstände. Zweifellos sind die »großen« Dramen des Exils (*»Mutter Courage und ihre Kinder«*, *»Herr Puntila und sein Knecht Matti«*, *»Der kaukasische Kreidekreis«*, *»Der gute Mensch von Sezuan«*, *»Leben des Galilei«*) unter ungünstigen Umständen entstanden, ohne kontinuierliche Verbindung mit einem Publikum; doch selbst wenn diese Stücke nur Zugeständnisse an die defensive historische Situation wären, so bleibt dadurch unbeantwortet, warum Brecht nicht sogleich nach seiner Rückkehr aus dem Exil die Weiterentwicklung des Lehrstücks durch praktische Versuche in Angriff nimmt, sondern mit dem Berliner Ensemble jene Stücke aufführt, die er zur Zeit der Herrschaft des Faschismus geschrieben hat, bzw. eine Anzahl klassischer Werke (*»Der Hofmeister«* von Lenz, *»Coriolan«* von Shakespeare oder *»Don Juan«* von Molière) bearbeitet, d. h. sich bemüht, die aufgeführten Dramen als historische Fälle und nicht als zeitlos-allgemeinmenschlich aufzuzeigen. Brechts Praxis der Bearbeitung »wird nur verständlich, wenn man sie – wie Brecht selbst – als notwendigen Umweg sieht, um die

Originale einst unbearbeitet spielen zu können. Das ist aber erst dann möglich, wenn das Geschichtsbewußtsein und die Fähigkeit zum selbständigen Historisieren der Vorgänge beim Publikum so ausgeprägt sind, daß es dieser ›Brücken‹ nicht mehr bedarf.« (Theater in der Zeitenwende 1972 Bd. 1 S. 290). Gerade dieses Geschichtsbewußtsein, dessen Bestandteil die Fähigkeit dialektischen Betrachtens gesellschaftlicher Verhältnisse ist, kann sich unter den spezifischen Bedingungen der Überwindung des Kapitalismus in der SBZ und DDR nur mühsam entfalten. Dies ist der Grund, warum das epische Theater Vorrang vor dem Lehrstück-Theater hat: als ästhetisches Mittel, die Entwicklung revolutionären Bewußtseins voranzutreiben, d. h. immer zugleich auch die Fähigkeit, dialektisch zu denken, zu verstärken. Ist dieses Vermögen erst allgemein, was nur durch revolutionäre Praxis und Selbsttätigkeit der Massen mit dem Überwinden der Warenproduktion und der Klassen sich einstellen wird, dann kann auch Lehrstück-Theater allgemein werden. Und Steinweg hat recht, wenn er sagt: »Nicht das epische Schaustück, sondern das Lehrstück kommt als Modell für ein sozialistisches Theater in einer sozialistischen Gesellschaft in Frage« (1971a S. 103). Ein solches Theater hat dann allerdings mit dem heutigen nicht mehr gemein als den Namen.

Diskussion (Auszug)

Reiner Steinweg: Was bedeutet in Eurem Aufsatz »Rekonstruktion unmittelbarer Erfahrung«?

Hermann Haarmann: Das Leiden daran, daß das Proletariat sich nicht als Proletariat tagtäglich darstellt, hat einen objektiven Grund, und die Frage ist die nach der Vermittlung von Klassenbewußtsein. Wie stellt es sich dar, stellt es sich dar als sozusagen überhistorisches Wissen, das vermittelt wird an diese Klasse oder stellt es sich dar, indem diese Klasse ihren Subjektcharakter erfährt, und den kann sie nur erfahren, indem sie ihren Lebenszusammenhang produziert. Das heißt, daß bestimmte Formen der Organisierung einfach notwendig sind, damit das Proletariat sich als Subjektklasse, als Subjekt der Geschichte, d. h. als diejenige Klasse, die objektiv die Geschichte macht, erfährt, und nicht nur erfährt, sondern entsprechend *handelnd* sich erfährt. Es gab Formen proletarischer »Subjektivität« in der Weimarer Republik und im Exil, im Untergrund. Es gab sie in der Exil-KPD, das wissen wir, aber die Frage ihrer Rekonstruktion ist eine, die die Klasse in Angriff nehmen muß, und nicht eine, die ihr angetragen wird.

Ernst-Christian Wosgien: Nun ist ja eine Rekonstruktion immer gleichzeitig auch eine Produktion. Und da läge doch z. B. gerade die Aufgabe des Lehrstücks, bestimmte verschüttete Wahrnehmungsfähigkeiten aufzubrechen, denn was als unmittelbare Wahrnehmung erscheint, ist in Wirklichkeit ideologisch vermittelt. Die reine sinnliche Erkenntnis ist eben keine reine sinnliche Erkenntnis, sondern eine ideologisierte Erkenntnis, und gerade dieses Verhältnis zwischen unmittelbarer und vermittelter Erfahrung ist der Ansatzpunkt, wo Lehrstücke, wenn ich Dich richtig verstanden habe, bewußtseinsaufbrechend und gleichzeitig auch bewußtseinsbildend einsetzen können.

Hermann Haarmann: Ich bin ja von der Nützlichkeit des Lehrstücktheaters für die ›Avantgarde‹ überzeugt. Da seh ich den Erkenntniswert des Lehrstücks, so wie Du eben sagtest. Die Sache ist nur die, daß es einen Unterschied gibt zwischen der Fabel im epischen Theater und dem, was noch übrig geblieben ist von der Fabel im Lehrstück. Und woher kommt jetzt die Fähigkeit, diese Abstraktion zu kompensieren? Woher kommt die Fähigkeit zur historischen Konkretion? Die Spieler müssen in der Lage sein, diese hohen Abstraktionen (die eigentlich das Lehrstück so »sperrig« machen, wie Reiner Steinweg zu Recht gesagt hat) wieder als konkreten historischen Fall benutzen zu können für sich selbst. Und da sind wir der Meinung, daß als Voraussetzung, um mit dem Lehrstück wirklich umgehen zu können im Sinne einer revolutionären Strategie, Klassenbewußtsein notwendig ist.

Hans Ritter: Ich würde zunächst einen sehr starken Widerspruch sehen zwischen dem, was Brecht gemacht und selbst gesagt hat zu den Lehrstücken, und dem, was Hermann Haarmann geschrieben hat oder auch meinetwegen, was Brecht an anderer Stelle geschrieben hat. Z. B. wenn er den »Jasager und Neinsager« geschrieben hat, eine Schuloper für Schüler, oder wenn er sagt »Die Maßnahme ist geschrieben für eine Handvoll Jungen, die sich die Mühe machen, das Stück einzustudieren«, dann ist das eine Zuordnung, die man einfach nicht übergehen kann. Ich könnte mir also kaum ein proletarisches Kollektiv mit hohem Bewußtsein oder ein Kollektiv mit hohem proletarischem Bewußtsein vorstellen, das *»Jasager und Neinsager«* als Stück ansieht, das die eigenen Probleme oder den eigenen Bewußtseinsstand erheblich erweitert.

Hermann Haarmann: Zweierlei würde ich dazu sagen: Erstens, daß man die Lehrstücke bei Brecht wirklich als Versuchsreihe ernst nimmt, was Reiner Steinweg ja geschrieben hat, daß also eine Entwicklung stattgefunden hat, ähnlich wie im epischen Theater. Zweitens, daß es darauf ankommt, entsprechend der historischen Situation, das Material zu schaffen, das benutzbar ist, d. h. die Lehrstücke müssen neu geschrieben werden für unsere heutige Situation. Wir können von solch einem Lehrstück, das in einer historischen Situation eine Funktion hatte, lernen für andere, die heute brauchbar werden.

Reiner Steinweg: Es kann durchaus sein, daß Ihr *faktisch* recht bekommt mit der These, daß eine Voraussetzung für die Realisation von Lehrstücken mit Proletariern ein Klassenbewußtsein ist, das allgemein weiter entwickelt ist als das, was wir jetzt haben, – jedenfalls hinsichtlich der Motivation, ein Lehrstück überhaupt zu beginnen, Texte und Melodien auswendig zu lernen usw. Aber ich möchte trotzdem das Argument von Hans Ritter aufnehmen: Die Annahme einer solchen Voraussetzung bleibt dann doch im Widerspruch zu der Tatsache, daß Brecht eben auch Lehrstücke für Schüler geschrieben hat, die über Klassen*bewußtsein* in dem anscheinend von Euch gemeinten strengen Sinne nur sehr begrenzt verfügen können (allenfalls über bestimmte Zugehörigkeits*gefühle*, Klassenhaß usw.). Am Ende der »Versuchskette« Brechts stehen zwei Lehrstücke für Schüler; das letzte, »*Die Horatier und die Kuriatier*«, könnte an ein bereits vorhandenes Klassenbewußtsein wohl schon anknüpfen, setzt es aber vom Text her ebensowenig *voraus* wie die ersten (»*Der Ozeanflug*«, »*Der Jasager*« und »*Der Neinsager*«). Man kann diese Stücke mit Sicherheit auch mit Schülern spielen, die wenig Klassenbewußtsein haben oder gar keins.²⁵ Ist es wirklich ausgemacht, daß z. B. eine Gruppe von jüngeren Schülern, – Brecht hat ja offensichtlich auch an Kinder gedacht, an 12jährige z. B., – anhand eines Lehrstücks nicht lernen kann? Ich meine, sie könnte es, auch wenn man nicht voraussetzen kann, daß sie über proletarisches Klassenbewußtsein als bewußtes Sein verfügt. – Weiter bin ich mir auch nicht so sicher, ob die Unterscheidungen, die Ihr trefft, haltbar sind. Ihr sagt, glaub ich, das Lehrstück diene der *Verstärkung* der Möglichkeit, Dialektik einzusetzen, mit der dialektischen Methode praktisch umzugehen, und um *verstärkt* werden zu können, müsse schon vorher etwas da sein. Das epische Theater hingegen brauche diese Voraussetzung nicht. So ungefähr ist wohl Euer Argumentationsgang. Nun gibt's eine ganze Reihe von Stellen in den Theaterschriften von Brecht, wo er gerade davon ausgeht, daß auch der *Zuschauer* im epischen Theater Voraussetzungen (Information, Arbeit, Studium) benötigt [s. o. S. 123 Text 111]. Wenn Ihr an anderer Stelle sagt, das epische Theater diene der *Beschleunigung* von Lernprozessen, so weiß ich nicht, wo der Unterschied liegt zu Eurer These, das Lehrstück diene im Gegensatz dazu der *Verstärkung* dieser Prozesse.

Bert Kok (Gruppe »leren leren«): Ich glaube, worum es sich handelt, ist die Relation zwischen Lehrstückmethode und gesellschaftlicher Realität, und das ist eine der wichtigsten Fragen, die wir uns hier stellen können. Besser als zu sagen, man brauche Klassenbewußtsein, wäre es, uns zu fragen, welche *Bedingungen* von Klassenbewußtsein, welche Bedingungen bei der Anwendung der Lehrstückmethode gegeben sein müssen. Und ich denke, man kann das relativieren: Die Lehrstückmethode kann man besser verwenden, wenn die Verschärfung der Klassenwidersprüche deutlich ist. Woher stammt z. B. dieses neue Interesse am Lehrstück bei uns in Holland? Das hat mit der neuen, langsam – zu langsam leider – deutlich werdenden Verschärfung der Klassenwidersprüche zu tun. Das müssen wir bei allem Theoretisieren, das wir hier treiben, in Rechnung stellen. Und wenn wir hier reden über die Relation Theorie-Praxis, dann ist das natürlich nicht nur die Praxis der Theaterarbeit, sondern die Praxis in gesellschaftlichen Verhältnissen, das dürfen wir nicht vergessen. Ich denke, daß Hermann Haarmann in seinem Beitrag versucht hat, diese Relation darzustellen, daß das wichtig ist und in manchen Beiträgen, die wir hier vorliegen haben, fehlt.

Hermann Haarmann: Sehr wohl hat derjenige, der mit dem epischen Theater konfrontiert ist, eine Leistung zu erbringen, um sozusagen den Lernprozeß, den ja auch das epische Theater will, mitmachen zu können. Derjenige, der das epische Theater mitvollzieht, hat die Erfahrung seines gesellschaftlichen Lebens. Das ist nicht notwendig Bewußtsein von Geschichte, sondern es kann auch falsches Bewußtsein sein. Denn darum gehts Brecht ja gerade, das falsche Bewußtsein als notwendige Konsequenz bürgerlicher Verhältnisse darzustellen. Gesellschaftliche Erfahrung ist natürlich immer vorhanden; wir haben also keinen bewußtseinslosen Menschen im Theater.

Ernst-Christian Wosgien: Ich muß sagen, in dem ganzen Kommentar von Hermann Haarmann ist mir ein bißchen zu viel Rationalismus drin, so als ob man aus Lehrstücken nur Rationalismus lernen solle. Mir fehlt da Sinnlichkeit. Wekwerth referiert aus einem Gespräch mit Eisler und Brecht: »Sie [die Arbeiterklasse] dürfe sich selbst gegenüber keinesfalls asketisch sein [Eisler]. Brecht gefiel der Gedanke von der verschwenderischen neuen Klasse so gut, daß er meinte, man müsse das in Zukunft beschreiben. Genüsse als Klassenkampf, Luxus als Revolutionsschritt, Schnittlauch am Salat als Klassenbewußtsein. Dabei war es zunächst nicht so wichtig, solche Genüsse sofort materiell zu befriedigen, sondern sie als Genüsse überhaupt kennenzulernen.«[26] Und das ist eine ganz entscheidende Frage. Bei Hermann Haarmann ist von Emanzipation auf rein rationaler Ebene die Rede, aber er vergißt, daß Emanzipation, und zwar eine bedeutende Emanzipation, auf der Ebene der Sinnlichkeit nötig ist; und insofern sehe ich auch nicht, warum Lehrstücke nicht auch eine eminent politische Funktion haben können beispielsweise als Kindertheater; denn Sinnlichkeit wird ja pervertiert erzeugt im Kapitalismus und pervertiert auch befriedigt, und die Aufhebung dieser Perversion ist genau-so eine Emanzipation. Diese Emanzipation hat Brecht ganz sicher doch auch im Auge gehabt, als er die *Musik* zum Lehrstück gefordert hat und als er immer wieder darauf hinwies, daß eigentlich alle seine Lehrstücke Musik haben müßten. Diesen Aspekt muß man ganz deutlich sehen, um daraus auch abzuleiten die Berechtigung, Lehrstücke nicht nur für ein paar Asketen zu schreiben, sondern Lehrstücke für Leute, die *sinnlich* was davon haben sollen. Diese Dimension geht aber verloren, wenn Lehrstük-ke aufgefaßt werden als abstraktes Material für die dialektische Schulung von Kaderorganisationen leninistischen Typs, deren organisatorische Struktur und politische Funktion eher zur Entpolitisierung als zur Politi-sierung der Massen führen. Dagegen hat sich auch Negt gewandt, gegen solche Organisation von Kadern, und Negt hat sich dafür ausgesprochen, daß man den gesamten Menschen in noch zu bildenden politischen Organisationen anspricht, also zu *Menschen* über Sachen spricht. Das ist doch eine entscheidende Frage und das fehlt einfach vollkommen an Deinem Beitrag.

Hermann Haarmann: Das ist eine immens wichtige Frage. Denn gerade über die Sinnlichkeit können sich auch Erfahrungsprozesse nur vermitteln lassen, das ist uns ja auch klar. Die Sache ist nur die, daß es natürlich einen Unterschied gibt zwischen dem Material, das zu versinnlichen das epische Theater bietet, und dem Material, das das Lehrstücktheater zur Versinnli-chung bietet. Nichtsdestotrotz ist Lehrstücktheater sinnliches Theater, und da kommen wir wieder auf die Frage zurück, die wir hier noch nicht geklärt haben: wie sieht die Fabel (als Voraussetzung für die Versinnli-chung) im epischen Theater aus und wie sieht sie im Lehrstücktheater aus?

Ernst-Christian Wosgien: Beim Lehrstück kann Sinnlichkeit viel eher reproduziert werden als beim epischen Theater.

Hermann Haarmann: Sie kann dort erspielt werden, d. h. gespielt wer-den, und sie wird nicht im Sinne einer produktiven Rezeption mitgenom-men, wie im epischen Theater. Das ist der Unterschied. Aber ich bin doch der Meinung, daß das Lehrstücktheater bei all seiner Abstraktheit notwendig gebunden ist an eine Fabel, d. h. also, daß so etwas wie eine Fabel, eine Geschichte vorhanden sein muß. Denn das, was ja auch das Lehr-stück eigentlich intendiert als Lernprozeß: die praktische Kenntnis des-sen, was Dialektik ist (wie Brecht es einmal formuliert),[27] setzt sich ja historisch nur in konkreten Handlungen durch. Und von daher ist eine Fabel notwendig. Über die Fabel*führung* angesichts der Frage, an wen wende ich mich mit dieser Fabel, müßte man sich hier unterhalten. Darüber hatte Brecht, glaube ich, ganz klare Vorstellungen.

John Milfull
Zur Funktion der »Verfremdung« in den Lehrstücken Brechts

Wenn die lebhafte *Lehrstück*-Diskussion der letzten Zeit auch zu einer etwas übertriebenen Polarisierung in der Brecht-Forschung geführt hat, so wird sie wohl wenigstens erreichen, daß niemand mehr glaubt, durch bloße formale Vergleiche zwischen Lehrstück und Mysterienspiel, antiker Tragödie oder Schuldrama an den wirklichen Kern dieser Stücke heranzukommen. Reiner Steinweg hat sicher recht, wenn er behauptet, die Lehrstücke seien von der Kritik fast ausnahmslos mißverstanden worden, weil sie ihre Funktion als Lehrstücke nie genügend beachtet hat. Der Zugang über die Lehrstücktheorie hat vor allem in Steinwegs »*Maßnahme*«-Aufsatz (Steinweg 1972c) nicht nur eine neue politische und pädagogische Einschätzung dieser Stücke ermöglicht, er hat auch eindeutig gezeigt, wie ihre politische und ästhetische Provokation sowohl die bürgerliche wie auch die marxistische Kritik so sehr verunsichert hat, daß sie einfach nicht mehr imstande war, die Texte genau zu interpretieren. Im Westen hat man vor allem versucht, der politischen Provokation dadurch auszuweichen, daß man auf die (gewiß vorhandenen) formalen Parallelen zur antiken Tragödie und zur christlichen Mystik hingewiesen hat und die Lehrstücke dementsprechend in eine praxisferne Zeitlosigkeit entrückt hat; im Osten hingegen hat man die »naturalistische Oberfläche« der Lehrstücke immer zu wörtlich genommen und ihre verfremdende Perspektive fast völlig außer acht gelassen (so vor allem Schumacher 1955).

Wenn Brecht das Lehrstück von dem »großen epischen Theater« auch unterscheidet (vgl. Haarmann u. a. 1973), will er keineswegs damit sagen, daß das Lehrstück nicht auch zum »Theater der Verfremdung« gehört – im Gegenteil: es muß auffallen, daß die Erarbeitung der wichtigsten Erkenntnisse der Verfremdungstheorie gerade in die Zeit der ersten Lehrstücke fällt.'* Man möchte sogar meinen, daß die Schwierigkeiten in der Rezeption der Lehrstücke gleichzeitig Schwierigkeiten in der Rezeption der Verfremdungstheorie sind, die in der bürgerlichen wie in der marxistischen Kritik auf Unverständnis und Ablehnung stieß. Von Grimms Brecht-Dissertation² an hat die bürgerliche Kritik immer wieder versucht, die Verfremdung zu ästhetisieren, indem sie in eklatantem Widerspruch zu Brechts eigenen Aussagen die philosophisch-politische Funktion der Verfremdung ignoriert und sie als ästhetisches Stilmittel aufgefaßt hat; in der marxistischen Kritik ging es eher um eine prinzipielle Ablehnung der Verfremdungstheorie, die mit dem »sozialistischen Realismus« Lukács'scher Prägung bekanntlich nicht auf einen Nenner zu bringen war. Das hatte natürlich zur Folge, daß gerade die Lehrstücke, in denen die Verfremdungstheorie am konsequentesten entwickelt war, abgelehnt wurden, während die späteren Stücke, die offensichtlich eine Art Kompromiß mit den Forderungen der Realismustheorie anstrebten, nur noch gemäßigte Proteste hervorriefen. Im nachhinein will es aber scheinen, als ob es gerade die »naturalistischen« Elemente in den späten Stücken sind, die zu einer Abschwächung der politischen Intention geführt haben: die Darstellung des Dreißigjährigen Krieges in *Mutter Courage* z. B. läßt die Vergangenheit nicht als überholtes Stadium der Geschichte erkennen, sondern als nur leicht verfremdetes Sinnbild der Gegenwart von 1939, eben weil die größere »Wirklichkeitsnähe« des Stücks den geschichtlichen Abstand gewissermaßen aufhebt. Zwar sollten sich nach Brechts Absicht Vergangenheit und Gegenwart gegenseitig verfremden; in der Praxis zeigte sich aber, daß die »realistischere« Darstellungsweise der späteren Stücke nur allzu oft den Trugschluß ermöglicht hat, daß für Brecht alle geschichtlichen Zeiten finstere Zeiten sind und daß die trostlose Lage der »Unteren« sich immer gleich bleibt. Die Flucht in das zeitlich oder geographisch Abgelegene, die für den späten Brecht so kennzeichnend ist, hatte in den Lehrstücken noch nicht diese (wenn auch unbeabsichtigte) verallgemeinernde Funktion; der Modellcharakter der Fabel war deutlich zu erkennen, eben weil die vielgeschmähte »Ab-

* Anmerkungen zum Aufsatz von Milfull s. S. 484.

straktheit« dieser Stücke und die extremen Situationen, die Brecht darin behandelte, eine solche Identifikation unmöglich machten. Die politische Wirksamkeit wurde durch die größere geschichtliche Konkretheit der späteren Stücke nicht gesteigert, sondern abgeschwächt. Das hatte natürlich auch seine Gründe: gerade in den schwierigen Jahren der Emigration lag es nahe, von weiteren Experimenten mit dem unbequemen Lehrstückmodell abzusehen und sich auf das große epische »Schaustück« zu konzentrieren, das die unterschiedlichen Erwartungen der Zuschauer wenigstens teilweise befriedigen möchte. In den letzten Lebensjahren waren es wohl andere Gründe, die Brecht das Lehrstück meiden ließen. Nicht nur hätte die Rolle des Lehrstücks in der neuen Gesellschaftsform der DDR neu definiert werden müssen, wie Haarmann sehr richtig hervorhebt – man muß leider auch feststellen, daß die provokative Wirkung, die dem Lehrstück eigen ist und die auch in einer sozialistischen Gesellschaft erhalten bleiben müßte, nicht in die damalige kulturpolitische Landschaft der DDR paßte.

Jeder, der die Lehrstücke oder auch verwandte Texte wie die *»Geschichten vom Herrn Keuner«* mit Studenten besprochen hat, wird die Erfahrung gemacht haben, daß die erste große Schwierigkeit, die überwunden werden muß, in einer zu »realistischen« Auffassung der Texte liegt. Eine Keunergeschichte wie *»Der hilflose Knabe«* z. B. (die bezeichnenderweise fast unverändert aus dem Lehrstückfragment *»Der böse Baal der asoziale«* übernommen worden ist, wo Baal die Rolle des »Erziehers« spielt –vgl. Schmidt 1968 S. 88) erregt immer heftigen Widerspruch; viele Studenten können und wollen sich mit der Handlungsweise Keuners nicht abfinden, die ihnen grausam und ungerechtfertigt erscheint, wobei sie natürlich die Absicht Brechts verkennen, gerade durch diese Schockwirkung den »gewöhnliche[n] ausgang aller appelle der schwachen« zu verdeutlichen. Die *Keunergeschichten* sind eben keine getreuen Abbilder der »Wirklichkeit«; nachahmenswert ist nicht die konkrete Handlungsweise Herrn K.s, die den Leser vor allem dazu provozieren soll, »in jeder neuen Lage neu nachzudenken« (St 2,629), sondern die Haltung, die ihr zugrunde liegt. Es ist die gleiche Haltung, die im Prolog zu *»Die Ausnahme und die Regel«* gefordert wird:

Betrachtet genau das Verhalten dieser Leute:
Findet es befremdend, wenn auch nicht fremd.
Unerklärlich, wenn auch gewöhnlich.
Unverständlich, wenn auch die Regel.
Selbst die kleinste Handlung, scheinbar einfach
Betrachtet mit Mißtrauen! Untersucht, ob es nötig ist
Besonders das Übliche!
Wir bitten euch ausdrücklich findet
Das immerfort Vorkommende nicht natürlich!
Denn nichts werde natürlich genannt
In solcher Zeit blutiger Verwirrung
Verordneter Unordnung, planmäßiger Willkür
Entmenschter Menschheit, damit nichts
Unveränderlich gelte. (St 2,793)

Schon in seinem ersten Lehrstück, »*Der Flug der Lindberghs*«, war Brecht zu der Überzeugung gelangt, daß Fortschritt nur möglich ist, wenn das sogenannte »Natürliche«, das »Übliche«, nicht mehr als natürlich gesehen wird. Der Ozeanflug kann Lindbergh nur gelingen, wenn er »gegen die Natur und gegen [sich] selber« (St 2,576) kämpft, das heißt, wenn er das scheinbar Unmögliche als möglich betrachtet. Im XIV. Abschnitt tritt dieser Widerspruch in der Reaktion der Fischer auf die Sichtung von Lindberghs Maschine »unweit Schottlands« ganz deutlich hervor:

»Schau doch wenigstens!«
»Wozu da schauen, wo es
Doch niemals sein kann?«

»Jetzt ist es fort
Ich weiß auch nicht
Wie es sein kann.
Es *war* aber.« (St 2,583)

Die Möglichkeit des Fliegens – das hat Brecht im »*Badener Lehrstück*« noch deutlicher ausgeführt – ist nicht an sich wichtig, sie ist beispielhaft, auch in späteren Gedichten wie »*Der Schneider von Ulm*«, für die Art und Weise, wie das »Unerreichbare« zum »noch nicht Erreichten«[3] und das »lange nicht Geänderte« plötzlich doch veränderbar wird. Das gilt natürlich auch für den gesellschaftlichen Fortschritt; erst wenn das Ziel als erreichbar aufgefaßt wird, kann es seine »Gesetzmäßigkeiten« in die Gegenwart hineinprojizieren[4].

Das »eingreifende Denken«, das in den Lehrstücken und den *Keunergeschichten* eine so große Rolle spielt, ist vor allem ein Denken vom Ziel her, dessen schönstes Beispiel wohl das dritte Bein des Huhns in der Zeichnung von Herrn Keuners Nichte ist: »'Hühner können doch nicht fliegen‹, sagte die kleine Künstlerin, ›und darum brauchte ich ein drittes Bein zum Abstoßen.‹« (Pr 12,400). So verfremdet Brecht den Verfremdungseffekt selber, um die Haltung zu zeigen, aus der er hervorgeht.⁵ Wie es im *»Neinsager«* heißt: »Wer a sagt, der muß nicht b sagen. Er kann auch erkennen, daß a falsch war.« (St 2,629) Der »alte große Brauch«, das »Natürliche«, muß von einem »neuen großen Brauch, . . . nämlich de[m] Brauch, in jeder neuen Lage neu nachzudenken«, abgelöst werden. Dieser »neue Brauch« ist aber nur möglich, wenn a richtig erkannt wird, d. h. vom Standpunkt der Vernunft verfremdet wird, damit es nicht mehr als selbstverständlich erscheint.

In den beiden Lehrstücken *»Der Jasager«* und *»Der Neinsager«* scheint Brecht in der Tat das Grundmodell eines dialektischen »Theaters der Verfremdung« geschaffen zu haben. In einem Nachwort schreibt Peter Szondi (1966, S. 105): »Brecht konnte in einer Vorbemerkung . . . nur darum vorschreiben, daß ›die beiden Stücke . . . womöglich nicht eins ohne das andere aufgeführt werden‹ sollten, weil sie einander nicht ausschließen, sondern in Wahrheit ergänzen«. Diese Ergänzung ist eine dialektische; erst durch das Nebeneinander der beiden Stücke wird es dem Zuschauer bzw. Mitspielenden ermöglicht, dem Ja des Knaben im ersten Stück nur so viel Gewicht beizumessen, wie es wirklich verdient, während das Nein des *»Neinsagers«* durch dieses Ja stark relativiert wird. Beide aber wenden sich gegen das »Gesetz«, den »alten großen Brauch«, das ein unreflektiertes, falsches Einverständnis von dem Knaben verlangt.

Gerade am Paradebeispiel, *»Die Maßnahme«,* lassen sich die Konsequenzen einer Nichtbeachtung der verfremdenden Perspektive des Stückes am klarsten zeigen. Die Handlung der *»Maßnahme«,* wie die der *»Keunergeschichten«,* ist nicht wörtlich zu nehmen; sie ist eben kein naturalistisches Drama über die Schwierigkeiten kommunistischer Agitatoren im vorrevolutionären China, sondern sie will anhand einer extremen Modell-Situation Handlungsweisen kritisch betrachten, die nach Meinung Brechts überwunden werden müssen. Das heißt, die extreme Situation der »*Maßnahme*« ist selber Verfremdungseffekt; es geht Brecht in erster Linie nicht darum, daß der Zuschauer bzw. Mitspielende lernt, wie er sich in der konkreten Situation des jungen Genossen verhalten soll, sondern daß durch das Scheitern des jungen Genossen gewisse Verhaltensweisen als »falsch« erkannt und durch »richtige« ersetzt werden, die auch auf andere Situationen übertragbar sind. In den späteren Fassungen wird es immer deutlicher, daß es gerade diese Verhaltensweisen sind, die Brecht am meisten interessieren; es ist vor allem die falsche Einschätzung der gesellschaftlichen Lage durch den jungen Genossen, seine Unfähigkeit, »in jeder neuen Lage neu nachzudenken«, die immer stärker betont wird. Das b des jungen Genossen ist falsch, weil er a nicht richtig erkannt hat. Er handelt nicht »nach der Wirklichkeit«, sondern nach den unreflektierten Glaubenssätzen eines linksradikalen Gefühlskommunismus (Steinweg 1972c, passim). Durch seine Fehleinschätzung bringt er nicht nur seine Genossen, sondern die ganze Entwicklung der Revolution in Gefahr; erst in seinem Ja zur eigenen Auslöschung gelingt es ihm, der gemeinsamen Sache zu dienen. Diese paradoxe Lösung, die die Strategie Eustache de St. Pierres in Kaisers »*Bürger von Calais*« materialistisch »auf die Füße stellt«, kann und soll nicht wörtlich genommen werden; der Spieler soll erkennen, daß die Auslöschung des jungen Genossen nur durch seine eigenen Fehler notwendig geworden ist, und seine Einsicht teilen, daß diese Fehler vom Standpunkt seines jetzigen »richtigen« Einverständnisses aus zu vermeiden wären. *Die »Maßnahme«* ist schon allein deswegen keine »Tragödie« (vgl. Steinwegs Kritik an Grimm), weil der »Held« im Laufe der Handlung zu dieser Einsicht gelangt – seine Handlungen entbehren der tragischen Notwendigkeit, sie sind weder vom Schicksal noch von der Psychologie vorbestimmt, sondern ganz einfach falsch. Daß er weiterhin Fehler macht, ist nicht psychologisch zu erklären, sondern dramaturgisch. Aus seinen Fehlern soll eben der Spieler lernen; er darf den Lernprozeß des jungen Genossen auf weniger schmerzhafte Weise nachvollziehen. Nur durch die Überwindung von Fehlern ist Fortschritt möglich:

> Wenn man nur an sich denkt, kann man nicht glauben, daß man
> Irrtümer begeht, und kommt also nicht weiter. Darum muß man an
> jene denken, die nach einem weiter arbeiten. Nur so verhindert man,
> daß etwas fertig wird. (Pr 12,401)

Diese »*Keunergeschichte*« liest sich wie ein Kommentar zur
»*Maßnahme*«. Eben weil der junge Genosse »nur an sich
denkt«, fällt es ihm schwer, aus seinen Fehlern zu lernen, er
»kommt also nicht weiter«. Herrn Keuners Haltung ist vor
allem deswegen für Brecht exemplarisch, weil er »in jeder
neuen Lage neu nachdenkt«, jedoch ohne der Versuchung zu
unterliegen, irgendeine Lösung für die endgültige, »fertige« zu
halten. Auf diese Weise erkennt er die Gegenwart, ohne die
Richtung aufs Ziel, die ihr immanent ist, zu »zerstören«.

Mit »*Die Ausnahme und die Regel*« hat die Kritik es leichter
gehabt, weil hier die verfremdende Perspektive so deutlich
hervortritt, daß sie kaum übersehen werden kann. Daß die
»Ausnahme« eben keine ist, sondern nur verhüllter Ausdruck
der »Regel«, erhöht die dialektische Ironie. Der Kuli handelt
nicht aus Menschenliebe, sondern aus Furcht:

> Ich muß ihm die Flasche aushändigen, die mir der Führer auf der
> Station gegeben hat. Sonst, wenn sie uns finden, und ich lebe noch,
> er aber ist halb verschmachtet, machen sie mir den Prozeß.
> (St 2,811-12)

Die verfremdende Darstellung des Kapitalismus als *rat race*
läßt ihn aber selber als »Ausnahmezustand« erscheinen, der
der »Regel« einer menschlichen Gesellschaft weichen muß,
wo Hilfe keine Ausnahme mehr zu sein braucht. Im »*Badener
Lehrstück*« hatte Brecht festgestellt, daß »Hilfe und
Gewalt . . . ein Ganzes [geben] / Und das Ganze muß verändert werden.« (St 2,599) Erst in der heilen Welt der Nachge-
borenen, »wenn es so weit sein wird / Daß der Mensch dem
Menschen ein Helfer ist« (G 9,725), wird die Ausnahme zur
Regel werden. Das wäre vermutlich im »zweiten Teil« des
Lehrstücks, *Die Regel und die Ausnahme*«, noch deutlicher
geworden, den Brecht wieder als dialektische Ergänzung geplant hat. In dieser »Umkehrung« des ersten Teils sollte nach
Steinweg 1969 II S. 185 ff. der Kuli den »gütigen« Fabrikbesit-
zer, der ihn trotz wiederholter Beweise seiner (klassenbeding-
ten) feindlichen Einstellung immer wieder fördert, aus Angst

niederschlagen, weil er an dessen »Güte« nicht mehr glauben kann. Das »Übliche«, die Regel, macht solche Ausnahmen zu Katastrophen.

Wenn »*Die Ausnahme und die Regel*« in mancherlei Hinsicht das gelungenste von Brechts Lehrstücken zu sein scheint[6], so liegt das vielleicht daran, daß hier die Fabel nicht nur verfremdend dargestellt wird, sondern gleichsam einen eingebauten Verfremdungseffekt enthält. Während die extreme Situation der »*Maßnahme*« wohl gegen Brechts Absicht von bürgerlicher wie marxistischer Seite nur zu leicht als direkter Bezug auf wirkliche Begebenheiten im revolutionären Klassenkampf aufgefaßt werden konnte, so daß die didaktische Absicht des Stückes kaum mehr zum Zuge kam und die heikle Problematik der Liquidierung die Diskussion fast ausschließlich beherrschte, war die »befremdende« Handlung zwischen Kaufmann und Kuli von vornherein eine ideale Verfremdung der bestehenden gesellschaftlichen Verhältnisse. Da die Verfremdung schon durch die Fabel »garantiert« war, konnte Brecht bei der durchaus realistischen Motivierung des Geschehens viel gründlicher vorgehen als in den früheren Lehrstücken, wo die Darstellungsweise selber für die Verfremdung sorgen mußte. Auch hier erscheint die spätere Dramaturgie in gewissem Sinne als ein Rückfall. Vor allem durch die Abhängigkeit von historischen Stoffen gerät Brecht wieder in den Zwang, eine realistische Fabel verfremdend darzustellen; nur im »*Guten Menschen von Sezuan*« ist es ihm gelungen, den Verfremdungseffekt in der Fabel selbst zu verankern. Man muß es bedauern, daß die Lösung, die er in »*Die Ausnahme und die Regel*« gefunden hatte, kaum aufgegriffen wurde; sie scheint eher Anfang als Ende.

Frischs Modewort von der »durchschlagenden Wirkungslosigkeit« des Klassikers Brecht bezieht sich ganz bestimmt nicht auf die Lehrstücke. Wenn die späteren Stücke schon eine gewisse Patina angesetzt und ihre Nachahmungen nur zu deutlich gezeigt haben, wie wenig Gras mehr auf diesem Boden wachsen kann, so bleiben die Lehrstücke eine Herausforderung, der allzu wenige sich zu stellen bereit sind. Das »Befremdende« ist geblieben; die Rezeption auf der Bühne wie in der Literaturwissenschaft läßt darauf schließen, daß man mit dieser vielleicht wichtigsten und konsequentesten Neuerung Brechts noch lange nicht »fertig« geworden ist. Das zeigt sich am allerdeutlichsten in der ästhetischen Bewertung; entweder wird das Formale der Stücke verabsolutiert oder ihre »Wirklichkeitsebene«. Dabei wird übersehen, daß Brecht die formalen Mittel nicht in nachahmender, sondern in verfremdender Absicht einsetzt, und daß die »Wirklichkeit« der Lehrstücke bereits eine verfremdete ist. Die dialektische Einheit von Form und Inhalt ergibt sich erst, wenn die didaktische Intention und ihre Methode, die Verfremdung, ernst genommen werden. Gerade weil die Lehrstückdiskussion diese didaktische Intention endlich wieder mit allem Nachdruck betont hat, darf man von ihr erwarten, daß sie eine wichtige neue Phase nicht nur in der Brecht-Forschung, sondern auch in der Auseinandersetzung mit der Verfremdungstheorie einleiten wird, die inzwischen nichts von ihrer Aktualität und Schlüssigkeit eingebüßt hat. Dabei könnte sich herausstellen, daß gerade die Lehrstücke Brechts sich als Anknüpfungspunkt für ein neues sozialistisches Theater anbieten – die Stücke Heiner Müllers deuten schon lange in diese Richtung. Der »wirkungslose« Klassiker könnte auf diese Weise aus der musealen Sterilität eines stilisierten Realismus befreit werden und die vorwärtsweisende Bedeutung, die er für sich gern in Anspruch genommen hat, zurückgewinnen.

Erfahrungen

Paul Binnerts
»Die Maßnahme« von Bertolt Brecht.
Ein politisch-didaktisches Experiment im
Fachbereich Regie-Pädagogik an der
Theaterschule Amsterdam*

I. Einleitung und Überblick

Im Herbst 1971 begann im Fachbereich Regie-Pädagogik der
Amsterdamer Theaterschule außerhalb des Normalprogrammes ein Brecht-Projekt. Von den sieben Studenten nahmen
einige an diesem Projekt teil aufgrund eines schon vorhandenen gezielten Interesses für das politische Theater Brechts. Die
übrigen waren in erster Linie motiviert durch ihr Interesse an
einer detaillierten Analyse und Interpretation des Textes eines
bestimmten Theaterstückes, das dann – vielleicht – auch aufgeführt werden sollte. Das hatten weder sie noch die anderen
eingeschriebenen Teilnehmer während ihrer bisherigen Ausbildung zum Regisseur und/oder Dozenten für dramatische
Gestaltung mitgemacht. Keiner von ihnen war ausgesprochen
politisch motiviert, d. h. interessiert an einer *politischen Schulung,* die zu politischem Bewußtsein, politischem Standpunkt
und politischer Praxis führen könnte.
  Das aber war genau meine Motivation, ein solches Projekt zu
entwerfen. Ich ging dabei davon aus, daß alle Teilnehmer
gleichermaßen interessiert waren an Theater und Didaktik
und deren möglichen Verbindungen. Die politischen Standpunkte der Teilnehmer (mich selbst eingeschlossen) waren sehr
unterschiedlich. Ich hatte mir vorgenommen, die politische
Bedeutung (theoretisch und praktisch) des Brechtschen Theaters zu untersuchen, ferner die Möglichkeit, einen Theatertext
auf die, die diesen Text untersuchen, und auch auf ein Publikum inhaltlich und formal zu übertragen. Das konnte keine
rein historische Untersuchungsarbeit, nicht nur eine Überprüfung des Werkes von anderen werden. Wir mußten auch uns

* Übersetzung aus dem Holländischen von Renate Holy.

selbst überprüfen, unsere eigene Position und Funktion und
unsere eigenen Möglichkeiten. Unter Zuhilfenahme und Gebrauch unserer eigenen Mittel, nämlich der Didaktik und
des Theaters, wollten wir unsere Theorie und unsere Praxis
politisch bestimmen.

In einer Schule mit einer edukativen Tradition, die die Studenten mit dem angebotenen Lehrstoff machen läßt, was sie
wollen, ist das ein Experiment. Es bringt die Gefahr mit sich,
daß Teilnehmer aufgrund anderer als rein formaler oder psy-
chologischer Motive aussteigen.[*] Anders ausgedrückt: Ich
versuchte, mit diesem Projekt den Teilnehmern ein Bewußtsein ihrer eigenen zukünftigen, bis dahin vage umschriebenen
beruflichen Praxis als Dozent oder Regisseur zu vermitteln.
Die politische Bedeutung dieses Berufes muß erst einmal
erkannt werden, bevor man in der Lage sein wird, dieser
politischen Bedeutung auch praktisch gerecht zu werden.

Erst, wenn man sich die politischen Grundlagen des Werkes
von Bertolt Brecht zu eigen macht, ist man in der Lage, ohne
unüberlegt in reine Reproduktion zu verfallen, dieses Werk
selbständig zu benutzen, anzuwenden und mit eigenen Erfahrungen anzureichern. Also das Gegenteil einer wertfreien
Untersuchung mit einer doppelten Zielsetzung: einer poli-
tisch-didaktischen und einer politisch-theatralischen.

Daß man für eine solche Untersuchung gerade von Brechts
Lehrstücken ausgeht, wird niemanden verwundern. Genauso-
wenig ist es erstaunlich, daß wir Brechts differenziertestes
Lehrstück, *»Die Maßnahme«*, als eigentlichen Untersu-
chungsgegenstand wählten. Das Stück stand uns in einer
holländischen Übersetzung (von einem Studenten der Arnhei-
mer Theaterschule) zur Verfügung: *»De Maatregel«*.[2]

Vom allerersten Augenblick an hatten wir das Projekt in drei
mögliche Phasen eingeteilt:

Phase 1: Textanalyse und Interpretation
Phase 2: Einstudierung
Phase 3: Aufführung

Alle Phasen sollten protokolliert werden. Vom Ergebnis der
einzelnen Phasen sollte es abhängen, ob und, wenn ja, wie wir
den Schritt in die jeweils nächste Phase machen würden. Ein

---

* Anmerkungen zum Aufsatz von Binnerts s. S. 485.

erster Grund für diese Einteilung in mögliche Phasen lag bei Brecht selbst. Er behauptete, daß die Lehrstücke nicht vorgeführt werden sollten, sie seien nur Lehrmittel und Übungsmaterial für die Teilnehmer, eine theoretische und praktische Erfahrung, um ein politisches Bewußtsein und einen politischen Standpunkt zu erwerben (s. o. Seite 164, Text 145). Der zweite Grund für die Einteilung in Phasen lag in der erwähnten doppelten Zielsetzung. Wir liefen nämlich sonst Gefahr, durch eine vorzeitige Praxis zu leichtfertig die theoretische Basis zu übergehen oder zu vernachlässigen. Schon während der ersten Phase waren wir überzeugt, daß Phase 2 in jedem Falle verwirklicht werden sollte. Zwischen Phase 1 und 2 wurde dann noch eine theoretische Zwischenphase eingeschoben, in der ausführlicher als während der Arbeit an Analyse und Interpretation Brechts Lehrstücktheorie und die übrige, neu erschienene Lehrstückliteratur (Steinweg 1971a-c) behandelt werden konnten.

Einerseits wuchs also in der ersten Phase bei uns das Bedürfnis nach mehr theoretischen Kenntnissen. *Andererseits* hielten wir es für notwendig, unsere theoretischen Einsichten sowohl politisch als auch theatralisch an der Praxis zu kontrollieren und zu modifizieren. In der Entwicklung der Arbeitsgruppe war das ein wichtiger Augenblick, weil jetzt die Motivationen der Teilnehmer langsam identisch wurden mit meinen ursprünglichen Zielsetzungen und mit dem Ziel der Lehrstücke. Wir merkten ferner in dieser Phase, daß wir nicht länger ohne einen Musiker auskommen konnten, da die »Maßnahme« ein Oratorium ist. Zu dem Zeitpunkt trat der Komponist Louis Andriessen in die Gruppe ein. Außerdem wurde uns bewußt, wie nützlich es wäre, wenn wir unsere bis dahin rein theoretischen Einsichten über eine politische Theaterpraxis (und dabei insbesondere die des Lehrstückes) mit den Erfahrungen der DDR vergleichen könnten. Es erschien uns notwendig, innerhalb der sozialistischen Staatsform der DDR Theaterpraxis und -didaktik zu untersuchen, die viel adäquater, als die bürgerliche Theater- und didaktische Praxis im Westen es zulassen, Brechts Prinzipien anwenden kann. Außerdem wollten wir mehr darüber wissen, wie diese Prinzipien weiterentwickelt worden waren, ob Lehrstücke überhaupt aufgeführt werden und, wenn ja, wie. Wir bereiteten eine Exkursion in die

DDR vor, die im Anschluß an Phase 1 und die theoretische Zwischenphase stattfinden sollte. Wir fuhren erst dann dorthin, als wir die Stücke, die wir da zu Gesicht bekommen sollten, gelesen und besprochen hatten.

Nach der Berlinreise (siehe unten Seite 351 f.) begannen wir mit Phase 2, der praktischen Arbeit. Dabei stellte sich sehr schnell heraus, daß die bei der Einstudierung gewonnene Erfahrung erst gesichert war, wenn das Resultat in Form einer Aufführung einem Publikum zur Beurteilung vorgestellt würde. Unser in einer bestimmten Form gestalteter *politischer Standpunkt* sollte in der Diskussion mit einem Publikum geprüft werden. Trotz der formalen Einsprüche, die wir in der DDR erfuhren, wurden also unsere Vermutungen aus der ersten Phase in der zweiten verstärkt. Unser Entschluß gründete sich jedoch auf die Erfahrungen während der zweiten praktischen Phase. Er war verknüpft mit den Gestaltungsprinzipien (mise-en-scène, Bewegung, Textbehandlung und Musik), die wir nach der Trial-and-Error-Methode experimentell gefunden hatten. Der langwierige Lernprozeß, den wir durchgemacht hatten, sollte sich beim Publikum in komprimierter Form während der Vorstellung und der folgenden Diskussion wiederholen. Das heißt, wir hatten in einem Lernprozeß einen Standpunkt erworben, den wir, komprimiert in der theatralischen Form, in der Aufführung anderen zeigen und sie dadurch zur Diskussion, nicht zuletzt der eigenen politischen Standpunkte anregen wollten.[3] Wir gingen also weiter als Brecht, der sagte, daß das Lehrstück kein Publikum braucht. Wir glaubten schon, daß man sich mit einer Einstudierung begnügen könnte, die nur für uns selber von Nutzen sein würde. (Das war sie auch.) Aber das mußte noch nicht unbedingt echte politische Erfahrung für die Teilnehmer bedeuten. Die Konfrontation mit einem Publikum, das sich schon politisch organisiert hat, hielten wir aber bereits für eine solche Erfahrung.

Aus dieser Überlegung ergab sich eine notwendige Beschränkung: wir hielten es in jedem Falle für völlig sinnlos, uns an ein nicht definiertes Publikum zu wenden, da wir uns dann, um aufführen zu können, der gängigen bürgerlichen (d. h. unpolitischen) Produktionsmethoden bedienen würden. Wir suchten also Publikumsgruppen, die für eine Aufführung der

»*Maßnahme*« in Frage kamen. Die ausgewählten Gruppen wiesen entweder politisch oder sozial Gemeinsamkeiten mit unserer Arbeitsgruppe auf. Die Delegierten der politischen Gruppen luden wir zu einer Probe ein, und erst nach einer Diskussion mit ihnen wurde festgestellt, ob es sinnvoll wäre, für die Gruppe zu spielen oder nicht.

Gut ein Jahr, nachdem wir angefangen hatten, schlossen wir das Projekt mit einer Auswertung und Beurteilung ab. Für einige war das wirklich ein Schlußpunkt. Für andere aber eher ein Anfang.

II. Der Arbeitsprozeß

Phase 1: Textanalyse und -interpretation

Ich will mich nicht in einen tiefschürfenden Disput über Theorie und Praxis dramaturgischer Arbeit stürzen (hier: Textanalyse und -interpretation eines dramatischen Textes), behaupte daher nur kurz und bündig, daß die gründliche Analyse und Interpretation eines dramatischen Textes der Aufführung dieses Textes vorangehen müssen. Ein dramatischer Text muß angesehen werden als Anleitung zur Realisierung auf der Bühne (in seiner ursprünglichen Form ist der Text vielleicht nicht mehr als ein schriftlicher Niederschlag dieser Realisierung). Ein Bühnentext ist also nichts anderes als eine Partitur mit einer bestimmten Struktur, für eine bestimmte Handlung (oder einen Handlungsablauf) auf der Bühne. Sie enthält u. a. Angaben über die Personen und ihren Sprachgebrauch sowie über Ort und Zeit der Handlung. Bei der Analyse und Interpretation eines Bühnentextes muß man also immer die auf der Bühne entstehende Form einkalkulieren, die strikt zu trennen ist von der literarischen Form des Geschriebenen. Man kann sogar eine definitive Analyse und Interpretation eines Bühnentextes erst dann abschließen, wenn er auch auf der Bühne ausprobiert und realisiert ist. Das gilt für alle Formen und Stile der geschriebenen dramatischen Literatur. Die Tatsache, daß sie geschrieben ist und also gelesen werden kann, ist dabei nicht so wichtig wie die Tatsache, daß sie gespielt werden kann.

Methodisch gibt es nun zwei Zielsetzungen. Man analysiert und interpretiert den Bühnentext, indem man das Werk nach den ursprünglichen Absichten des Autors durchforscht und erklärt. Dabei geht es ausschließlich darum, das Stück so adäquat wie möglich auf der Bühne wiederzugeben. Wir nennen das die *historische Methode.* Die zweite Zielsetzung erfordert, darüber hinaus festzustellen, ob und inwiefern ein Stück auch heute noch seine frühere oder eine vergleichbare Bedeutung hat. Danach erst kann man beschließen, das Stück im Original oder verändert zu spielen. – Der Entschluß, ein Werk in seiner ursprünglichen oder in einer geänderten Bedeutung aufs neue entstehen zu lassen, wird davon bestimmt, welche inhaltliche oder formale Bedeutung dem Werk heute noch beigemessen werden kann. Ein so bestimmter Entschluß setzt zudem voraus, daß man den historischen Charakter der eigenen Zeit, die historischen Verbindungen zwischen der Vergangenheit und heute und die Perspektive der Geschichte gründlich kennt und versteht. Wir nennen das die *historisch-materialistische Methode.* Die Möglichkeit, ein historisches Stück zu produzieren, das selbst schon eine historische Situation wiedergibt (doppelte Historizität), ist also abhängig von der Funktion, die es in der eigenen Zeit haben kann. Die Funktion liegt also außerhalb des Theaters, in der Gesellschaft. Die Funktion der »historischen« Methode wird aber nur bestimmt durch das Theater, beziehungsweise den Theaterbetrieb, losgelöst von dem Platz, den die Institution Theater in der Gesellschaft einnimmt.

Für uns war es selbstverständlich, daß wir bei der »*Maßnahme*« die zweite Methode wählten. Schon allein deshalb, weil Brecht selbst bei der Analyse und Interpretation des Stoffes, den er auswählte und in ein Theaterstück umsetzte, denselben Weg beschritt. Sein Werk – und das gilt nicht nur für die »*Maßnahme*« oder nur für die Lehrstücke – beruht auf der historisch-materialistischen Analyse.

Wir wußten, daß wir das Stück unter Umständen verändern, *adaptieren*, also erneut produktiv machen mußten, wenn wir uns entschließen würden, es aufzuführen.

In seinen Anmerkungen zu »*Mahagonny*« (T 17, 1009 f.) entwickelt Brecht seinen Begriff vom – wie er es nennt – »dramatischen« und »epischen« Theater. Unter diesen beiden

Formen von Theater versteht er die Produktionsverhältnisse des bürgerlichen Theaters (das Verhältnis Zuschauer–Bühne inbegriffen), die dem dramatischen Theater, und die Produktionsverhältnisse des sozialistischen Theaters (Theater mit sozialistischer Zielsetzung), die dem epischen Theater zugrunde liegen. Aus den Identifikationsmöglichkeiten des Publikums mit den Ereignissen auf der Bühne wird deutlich, daß die Bedeutung des »dramatischen« Theaters für den Zuschauer auf moralisch-philosophischer Ebene liegt. Der Zuschauer sozialistischen, »epischen« Theaters bewertet auf moralisch-politischem Niveau. Das heißt: keine beschaulichen Betrachtungen, sondern Erfahrungen, nicht Illusion, sondern Wirklichkeit.

Dieses »epische« Theater hat also politische Zielsetzungen und lehnt die bürgerlichen Bedingungen von Theaterproduktion und -konsumtion ab. Das »epische« Theater bezeichnet das historisch-dialektische Denken als Voraussetzung, um die gesellschaftliche Wirklichkeit begreifen und enthüllen und dann auch verändern zu können. Das »epische« Theater wird im Dienste dieser Veränderung produziert.

Die pointierte und eingeschränkte Zielsetzung des Brechtschen Lehrstücktheaters ist in erster Linie eine politisch-didaktische. Wir sollen lernen, dialektisch zu denken und daraus eine politische Haltung zu entwickeln, die zu politischem Handeln führt. Brecht selbst nennt das die *Große Pädagogik* (s. o. S. 51, Text 29) und stellt dem die *Kleine Pädagogik* seiner späteren großen Stücke (wie »*Mutter Courage*« und »*Galilei*«) gegenüber, die gesellschaftlich bestimmtes Handeln in einer bürgerlichen Gesellschaft nur dialektisch *erklären*. Diese Stücke sind also geschrieben für eine (noch) nicht revolutionierte Gesellschaft, die revolutionär-bewußtseinsweckende Impulse wie diese braucht, um sich revolutionieren zu können. Das Lehrstück aber hat Brecht bestimmt für eine Gesellschaft nach der Revolution oder für revolutionäre Gruppierungen, die eine Veränderung der Gesellschaft im sozialistischen Sinne propagieren. Sie sind geschrieben für den internen Gebrauch.

»*Die Maßnahme*« hatte Brecht daher für sozialistische Produzenten (drei Arbeitersängervereine aus Berlin und vier Schauspieler, von denen einer Solosänger war) und für ein sozialistisches Publikum bestimmt. »*Die Maßnahme*« war kommunistische Propaganda und funktionierte auch als ein Beitrag zum antifaschistischen Kampf zu Beginn der dreißiger Jahre.

In unserer gegenüber dieser Zeit veränderten spätkapitalistischen Gesellschaft sind natürlich nicht nur die Lehrstücke, sondern das gesamte Werk von Brecht der übergroßen Gefahr ausgesetzt, den heute herrschenden bürgerlichen Produktionsverhältnissen zum Opfer zu fallen – besonders, wenn man sich den ursprünglichen historischen Kontext nicht genügend klar macht.

Man könnte sagen, daß auch wir, durch den zumindest für die Teilnehmer willkürlichen Charakter der Stückauswahl, in diese Falle gegangen wären. Aber die didaktische Situation, in der das Stück behandelt werden sollte, und der konkrete politische Inhalt des Stückes haben das vereitelt. Der historische Charakter des Stückes ermöglichte es uns, mit der »*Maßnahme*« als Schulungsanleitung zu arbeiten. So konnte das Stück uns Erkenntnis und Bewußtsein der konkret politischen Verhältnisse unserer eigenen Zeit verschaffen.

Im folgenden werde ich die Ergebnisse unserer Textanalyse darstellen, wobei eine gewisse Synthetisierung, d. h. die Einbeziehung auch von einigen Einsichten, zu denen wir erst während der Einstudierung kamen, nicht ganz zu vermeiden war. Ich gehe Szene für Szene vor und gliedere diese Abschnitte jeweils nach den Gesichtspunkten (a) *Fabel* (wie lasen wir die in einer Szene berichtete »Geschichte?«), (b) *Situations- und Formanalyse,* (c) *Interpretation* (welche Bedeutung hat die Szene im Zusammenhang der anderen Szenen, wie sind die geschilderten Vorgänge und Verhaltensweisen zu verstehen und zu bewerten?), (d) *Bedeutung für uns* (welche politischen Einsichten ergaben sich für uns, worin bestehen Unterschiede zwischen der von Brecht im Text angenommenen Situation, der Situation in der und für die er den Text schrieb und unserer eigenen? Welche Faktoren sind gleich geblieben, welche Konsequenzen ergeben sich?). – Diese Gliederung ist nicht allzu streng gemeint – natürlich geht in die Wiedergabe der »Fabel« und in die »Situations- und Formanalyse« ebenfalls Interpretation ein; die Einteilung soll nur die unterschiedlichen Akzentsetzungen kennzeichnen und die Orientierung erleichtern.

Introduktion

Fabel: In dem Teil des Stückes, den man als die Exposition ansehen kann, werden uns *Der Kontrollchor* und *Die vier Agitatoren* vorgestellt, die handelnden Personen des Stückes. Der Kontrollchor fordert die vier Agitatoren auf, von ihren revolutionären Erfahrungen zu berichten. Der Chor weiß, daß sie gut gearbeitet haben, denn: »auch in diesem Lande marschiert die Revolution und geordnet sind die Reihen der Kämpfer auch dort (0,2-4).⁴ Nur dieses Ergebnis interessiert den Chor. Er rechnet auch nicht mit Widerspruch, und die vier Agitatoren müssen ihn unterbrechen (»Halt, wir müssen etwas sagen!« 0,7), um ihn zum Zuhören zu zwingen. Die Formalität des Ablaufs ähnelt einer Parade, die vom Zentralkomitee der Partei abgenommen wird. Sie wird nur durchbrochen, weil die Agitatoren den Kontrollchor bitten, die Richtigkeit ihres Handelns zu beurteilen. Sie waren durch die Umstände gezwungen worden, einen Mitkämpfer zu töten. Wenn er auch das Gute wollte, tat er doch oft das Falsche, und »zuletzt gefährdete er die Bewegung« (0,18). Der Kontrollchor geht auf den Antrag der Agitatoren ein und bittet sie, die ganze Geschichte zu erzählen: »Stellt dar, wie es geschah und warum« (0,21).

Interpretation: Das nun folgende Spiel, teilweise unterbrochen durch die Diskussionen mit dem Kontrollchor, wird also ausdrücklich für den Chor, dem etwas vorgespielt wird, veranstaltet. Der Chor ist damit etwas anderes als die Stimme oder das Gewissen des Publikums oder das Bindeglied zwischen Spielern und Publikum. ›Der Kontrollchor‹ hat genau wie ›die Agitatoren‹ eine Rolle, eine dramatische Funktion. Hier in der Exposition funktioniert er als mit politischer Macht bekleideter Partei- und Staatsorganismus, der nicht gewohnt ist zuzuhören, sondern gewohnt ist zu befehlen. Das zeigt sich daran, daß er selbstverständlich unterstellt, es sei schon alles in Ordnung. Die Agitatoren durchbrechen diese autoritäre Haltung, und es folgt eine Diskussion, eine Form, die auch in den Spielszenen immer wiederkehrt. Dramatischer Kern der Einleitung ist der Moment, in dem der Kontrollchor zum Zuhören gezwungen wird. Dieser Moment ist wichtig. Er macht die Einleitung zu mehr als einer Exposition im »dramatischen« Sinne, nämlich zu einer »epischen« Exposition. Wir wissen jetzt schon, *was* mit den Agitatoren geschehen ist, so daß wir jetzt zusammen mit dem Kontrollchor zuhören und zusehen können, *wie* es geschehen ist. Das ist eine der Charakteristika des epischen Theaters.

1. Szene: »Die Lehren der Klassiker«

Fabel: Die Agitatoren zeigen hier dem Kontrollchor, wie sie vor Beginn ihrer revolutionären Arbeit, die in der Stadt Mukden stattfinden sollte, kurz vor der chinesischen Grenze an ihren ›jungen Genossen‹ kamen. Er ist ein enthusiastischer, junger Revolutionär auf einem Grenzposten (»Mein Herz schlägt für die Revolution.« 1,15). Er benutzt zwar die Slogans der Revolution, füllt sie aber mit seinen humanistischen Prinzipien und seinen menschlichen Emotionen. Die Forderungen der Revolution begreift er nur als Lösungen von Notsituationen (»Habt ihr Lokomotiven mitgebracht?« 1,33, »Habt ihr Traktoren bei euch?« 1,37), also als soziale und nicht als politische Maßnahmen. Das politische Ziel der Agitatoren heißt jedoch, »den Unwissenden Belehrung über ihre Lage, den Unterdrückten das Klassenbewußtsein und den Klassenbewußten die Erfahrung der Revolution« zu bringen (1,68-71). In diesem Augenblick heißt das praktisch, daß der Grenzposten ein Auto und einen Führer zur Verfügung stellen muß. Anstatt Hilfe zu bekommen, muß er Hilfe leisten. Eine bittere Pille und eine harte Lektion für den jungen Revolutionär, (»So habe ich schlecht gefragt?« 1,74), die er aber tapfer schluckt, nachdem er darüber nachgedacht hat (»Ich verlasse also meinen Posten, der zu schwierig war für zwei« 1,81). Seinen revolutionären Elan verliert er dabei nicht (»Ich werde mit euch gehen. Vorwärts marschierend, ausbreitend die Lehren der kommunistischen Klassiker: die Weltrevolution.« 1,82-85).

Situations- und Formanalyse: Wie alle Teile des Stückes beginnen im Teil I die Agitatoren damit, dem Kontrollchor die ›Lage der Dinge‹ zu schildern. Am Anfang des Stückes informieren sie kurz, wie sie zu viert aus Moskau kamen, um in der Stadt Mukden Propaganda zu machen und die chinesische Partei zu unterstützen. Danach teilen sie sich in drei Agitatoren (die die vier Agitatoren darstellen) und den jungen Genossen. Sie spielen dem Kontrollchor vor, wie sie an den jungen Genossen gekommen sind. Diese Struktur wird im ganzen Stück durchgehalten, auch wenn die Struktur im Verlauf des Stückes allmählich komplizierter wird. In diesem Teil ist das Gespielte sehr einfach in der Form. Die Begegnung mit dem jungen Genossen findet in Form eines Gesprächs statt, in dem der junge Genosse das große Wort führt. Er empfängt die Agitatoren mit offenen Armen (»Wir haben euch erwartet.« 1,25). Er glaubt, daß sie zu ihm kommen, und bestürmt sie mit Fragen um konkrete Hilfe, die er von ihnen erwartet (von Lokomotiven bis zu Waffen und Instruktionen des Zentralkomitees). Auf alle seine ungeduldigen Fragen erhält er von den Agitatoren die Antwort »Nein«. Am Ende wirft er den Agitatoren und der Partei vor: »Ihr aber bringt uns nichts?« Dann erst nehmen die Agitatoren das Wort und erklären, warum sie gekommen sind, theoretisch und praktisch (»das ABC des Kommunismus« 1,68). Sie bitten selbst um konkrete Hilfe: ein Auto und einen Führer. Der junge Genosse ist enttäuscht und sucht den Fehler bei sich selbst. Aber die Agitatoren versichern ihm, daß seine Fragen nicht schlecht und sehr verständlich waren und verweisen auf das langfristige revolutionäre Ziel.

Der junge Genosse zögert anfangs noch, aber dann entschließt er sich doch, mit ihnen zu gehen.

Wie auch in den folgenden Teilen schließt der Kontrollchor die Szene mit einem Lied ab *(»Lob der UdSSR«)*. Es wird ein Lob auf die Geduld und das Durchhaltevermögen der Revolutionäre gesungen, die die UdSSR zu einem leuchtenden Vorbild gemacht haben. Das im Verlauf des Stückes immer wiederkehrende, kommentierende Chorlied verstärkt die Funktion des Chors als Beurteiler der Agitatoren, aber er wird den Agitatoren durch die Form entfremdet, in der er sich ausdrückt. Auch das ist eine Eigenschaft des epischen Theaters. Der Kommentar des Chores hat einen allgemeinen theoretischen Standard, mit dessen Hilfe der Chor die Taten der Agitatoren überprüft. Nach dem Chorlied beschließen die Agitatoren die Szene mit ihrem Kommentar zum Vorgefallenen (»So war der junge Genosse von der Grenzstation einverstanden mit der Art unserer Arbeit« 1,103 f.) und verkünden ihren folgenden Schritt (»wir traten vor den Leiter des Parteihauses«. 1,105). Auch dieser Schluß wiederholt sich der Form nach in den anderen Szenen.

Interpretation: Der emotionalen Menschlichkeit des jungen Genossen steht die rationale Menschlichkeit der Agitatoren gegenüber. Ihre Menschlichkeit steht im Dienste der umfassenden Theorie. Dem Wunsch des jungen Genossen nach unmittelbarer Erfüllung einzelner revolutionärer Forderungen steht das Streben nach Erfüllung der langfristigen revolutionären Ziele gegenüber: die Weltrevolution. Dieses Credo wird am Ende des Teiles vom jungen Genossen anfänglich zögernd, aber später mit Überzeugung übernommen. Wir können jedoch zweifeln, ob er die Folgen dieser Überzeugung wirklich übersieht, wenn man den leidenschaftlichen Elan beobachtet, mit dem er sich – mit allen möglichen Losungen – auf sein neues Ziel stürzt.

Bedeutung für uns: Einerseits werden uns interessante historische Informationen gegeben über den Stand der Revolution in Rußland fünf Jahre nach 1917 (»Es gibt Unordnung und Mangel, wenig Brot und viel Kampf . . .« 1,29 f.) und über die Aktivitäten der Komintern, die versuchte, die Revolution auch jenseits der Grenzen, in diesem Fall nach China hinein, zu verbreiten (Gründung der chinesischen kommunistischen Partei mit Mao Tse Tung 1922). Andererseits können wir sehen, daß Emotionen wie Wut und soziale Entrüstung für eine Revolution nicht ausreichen und daß die Unvollkommenheiten der Revolution nicht durch soziale Maßnahmen beseitigt werden, sondern durch politische Taten, die auf Erkenntnis und Bewußtsein der bestehenden Verhältnisse basieren. Das gilt sowohl für ein Land, in dem die Revolution noch ausbrechen muß (China im Stück, Holland z. B. für uns), als auch für ein Land, indem die Revolution als einmaliges Moment eines Umsturzes – denn damit fängt es erst an – schon stattgefunden hat (Rußland im Stück, China heute). Ein solches Land – hierzu vergleiche man das Chorlied über die UdSSR – hat für »alle Unterdrückten« (1,92) Modellcharakter. Auch das ist historische Information, denn Rußland war in den zwanziger und dreißiger Jahren das Vorbild, auf das die Revolutionäre in Westeuropa sahen. Viele, auch aus Holland, zogen dorthin. Und heute, wo an der Fortsetzung und Vollendung der Russischen Revolution gezweifelt wird, sieht man auf Länder wie China und Cuba, wo die Revolution erfolgreich vollzogen ist. In diesem Zusammenhang muß dringend die Frage beantwortet werden, ob im Wohlfahrtsstaat Holland überhaupt noch von einer unterdrückten Klasse, die die Hoffnung auf eine Revolution rechtfertigt, gesprochen werden kann. Die historische Unterdrückungsphase, von der in der »Maßnahme« die Rede ist, die Befreiung daraus durch die Revolution in Rußland und die 1930 erwartete baldige Befreiung in China, ist nicht zu vergleichen mit der historischen Phase, in der der Kapitalismus (der Spätkapitalismus) sich heute befindet. Dessen Ausdruck ist eine sehr verfeinerte Form von Unterdrückung und Ausbeutung. Damals konnte man von einer sehr groben Form von Ausbeutung sprechen: dem Zwang zur Leibeigenschaft der vornehmlich agrarischen Bevölkerung. Heute sieht man sich einem hochentwickelten und gut organisierten (Gewerkschaften) Industrieproletariat gegenüber. Es hat einige soziale Verbesserungen erkämpft, aber auf dem Gebiete der politischen Macht ist es kaum weiter als ein Jahrhundert zuvor, trotz solcher »Fortschritte« wie z. B. des allgemeinen Wahlrechts. Der Kapitalismus hat sich inzwischen so entwickelt, daß er schwierig zu durchschauen ist. Es kostet sicherlich viel Mühe, sich in dieses System Einsicht zu verschaffen. Aber der jahrhundertealte Widerspruch zwischen Kapital und Arbeit ist noch nicht gelöst. Im Gegenteil, er hat sich verschärft, wenn man bedenkt, daß die Gewinne der Unternehmer sich um ein Mehrfaches gesteigert haben, ohne daß die Arbeiterklasse dafür reelle Lohnsteigerungen zurückerhielte. Außerdem ist ein großer Teil der Mittelklasse lohnabhängig geworden und faktisch proletarisiert, auch wenn das nicht allgemein bewußt ist. Konkret bedeutet dies alles, daß sich die Situation zwar graduell, aber nicht prinzipiell verändert hat und daß es für uns kein überflüssiger Luxus ist, uns der herrschenden Widersprüche bewußt zu werden.

2. Szene: Die »Auslöschung«

Fabel: In diesem Teil zeigen die Agitatoren dem Kontrollchor, wie der junge Genosse sich während der wichtigsten Augenblicke verhalten hat, bevor sie als kommunistische Agitatoren die Grenze nach China überschreiten. Er mußte gemeinsam mit den anderen einsehen und akzeptieren, daß er anonym, namenlos, als Chinese unter den Chinesen seine Arbeit würde verrichten müssen. Der junge Genosse tritt in dieser Szene erst auf, als die Agitatoren verkünden, daß er mit dieser revolutionären Forderung einverstanden ist. (»Auch der junge Genosse sagte ja.« 2,57). Nach dem Chortext (»*Wer für den Kommunismus kämpft*« 2,60 ff.) hat er die Einschätzung der Agitatoren scheinbar übernommen. Er zitiert nämlich wörtlich, was die Agitatoren in der ersten Szene gesagt haben: die chinesischen Arbeiter zu unterstützen durch »die Lehren der Klassiker und der Propagandisten, das ABC des Kommunismus« (2,72-74). Die Agitatoren zeigen also dem Chor, daß sie korrekt gehandelt haben und sehr sorgfältig vorgegangen sind. Ihrer Verantwortlichkeit als Revolutionäre sind sie sich voll bewußt gewesen, auch soweit es den jungen Genossen betraf.[5]

Situations- und Formanalyse: Der Anonymisierungsprozeß wird dem Kontrollchor in einer Spielszene gezeigt. Sie wird nach einer einleitenden Information in Form einer Instruktion gestaltet. (»Aber die Arbeit in Mukden war illegal, darum mußten wir, vor wir die Grenze überschritten, unsere Gesichter auslöschen.« 2,2-5). Die vier Spieler teilen sich auf in den *Leiter des Parteihauses, Die vier Agitatoren* (gespielt von zwei Agitatoren) und den *Jungen Genossen.* Der Leiter des Parteihauses erklärt die aktuellen und praktischen Gründe, warum die Illegalität für die Agitatoren absolut notwendig ist (»Es sind aber Unruhen in den Fabriken von Mukden . . .« 2,12 f.). Die Agitatoren dürfen darum »nicht gesehen werden« (2,22), »wenn einer verletzt wird, darf er nicht gefunden werden« (2,26), und wenn einer stirbt, muß der Tote versteckt werden. Die Agitatoren stimmen diesen Forderungen zu mit einem einfachen »Ja« oder mit einer zustimmenden Wiederholung der Forderung, zum Beispiel: »Ihr dürft nicht gesehen werden.«. »Wir werden nicht gesehen.« (2,22-24). Dadurch erhält diese Instruktion einen fast rituellen und feierlichen Charakter. Das wird dadurch verstärkt, daß der Leiter des Parteihauses sie ihrer Namen entledigt. Sie werden zu Namenlosen, zu Niemand. Daraufhin folgt die Verteilung von Masken an die Agitatoren, wodurch sie von Niemand zu »unbekannten Arbeitern« werden, zu »Kämpfern, Chinesen, geboren von chinesischen Müttern, gelber Haut, sprechend in Schlaf und Fieber chinesisch« (2,45-49).[6] Der Leiter des Parteihauses beendet die Zeremonie mit einer Bekräftigung: »Im Interesse des Kommunismus einverstanden mit dem Vormarsch der proletarischen Massen aller Länder, ja sagend zur Revolutionierung der Welt.« (2,53-55). Die Agitatoren berichten dem Chor dann direkt, nicht mehr im Spiel, daß auch der junge Genosse dem zugestimmt und die Anonymität akzeptiert hat. Danach hebt der Chor die Forderungen für die Revolution auf ein allgemeines Niveau: »Wer für den Kommunismus kämpft . . .« (2,60-67). Erst danach mischt sich der junge Genosse persönlich ein und übernimmt die Aufgabe der Agitatoren, den Kontrollchor zu informieren, indem er aus Szene 1 zitiert. Danach folgt das übliche Chorlied (»Lob der illegalen Arbeit« 2,79-105), und die Agitatoren beenden gemeinsam die Szene mit den ersten Informationen über ihre Arbeit in Mukden.

Die Rollenverteilung in dieser Szene verursacht eine merkwürdige und unnötige Inkonsequenz. Die vier Agitatoren werden von zwei Agitatoren gespielt. Das geht nicht anders, denn die anderen zwei spielen den Leiter des Parteihauses und den jungen Genossen. Aber trotzdem nennt der Leiter des Parteihauses drei Namen statt vier. Seinen eigenen Namen unterschlägt er, weil er den Leiter des Parteihauses spielt. Konsequent wäre es gewesen, entweder vier Namen zu nennen oder die Namen als überflüssigen Realismus ganz weg zu lassen. Letzteres hätte in jedem Fall am wenigsten verwirrt. Es ist unwahrscheinlich, daß mit dem dritten Namen – und das müßte dann Anna Kjersk aus Kasan gewesen sein, die anderen kommen aus Berlin beziehungsweise Moskau – der junge Genosse gemeint war. Denn nichts weist darauf hin, daß der junge Genosse eine Frau sein könnte. Die Mitteilung nach dem ersten Kommentar des Chores »Wir gingen als Chinesen nach Mukden, vier Männer und eine Frau.« (2,69 f.) ist nichts Ungewöhnliches. Als sie die Grenze überschritten, waren sie zu fünft, jetzt, wo sie von ihren Erfahrungen berichten, sind sie nur noch zu viert.[7]

Interpretation: Die instruktive Form dieses Teiles und der lange Ausschluß des jungen Genossen hängen miteinander zusammen: Die Instruktion ist für ihn bestimmt. Die Art und Weise, mit der die Agitatoren sich von ihren Namen, von ihrer individuellen Identität trennen, soll ein Vorbild sein für den jungen Genossen.

Das Auslöschen des Gesichtes (». . . leere Blätter, auf die die Revolution ihre Anweisung schreibt.« 2,39 f.), das Ablegen der individuellen Identität und die Annahme einer kollektiven Identität (». . . unbekannte Arbeiter . . . Chinesen . . .« 2,47 f.) für die Dauer ihres Auftrages sind eine politische Forderung. Sie wird diktiert durch die gesellschaftlichen Voraussetzungen des Landes, in dem die Agitatoren ihre Arbeit verrichten werden. Dort ist die Situation so explosiv – wie der Leiter des Parteihauses am Anfang meldet –, daß es unverantwortlich wäre, nicht illegal über die Grenze zu gehen. Die Agitatoren stimmen dem ohne Vorbehalte zu. Sie wissen, worum es geht, sie wissen, daß ihre Feinde wirklich auf der Lauer liegen, ob »sie nicht einen von uns aus den Hütten der chinesischen Arbeiter treten sehen«, damit sie als Aufhetzer angeprangert werden können. Ihre Arbeit könnten sie dann nicht mehr verrichten. Darum ist das Ablegen der eigenen Identität kein blinder Gehorsam gegenüber dem Leiter des Parteihauses oder gegenüber der Partei, sondern Einsicht in die Forderungen der revolutionären Arbeit und die Befolgung der daraus resultierenden persönlichen Konsequenzen. Das beinhaltet dieser Teil, und es erklärt einigermaßen seinen feierlichen Charakter.

Bedeutung für uns: Im Deutschland um 1930 war illegale Arbeit eine historische Notwendigkeit. Uns ist im Holland des Jahres 1970 die

Illegalität für revolutionäre Bewegungen nicht direkt einsichtig. In dieser prä-revolutionären Phase geht es vor allem um einen Bewußtwerdungsprozeß. Das Bewußtsein der eigenen gesellschaftlichen Position ist – wie auch immer – eine der Voraussetzungen für eine fundamentale gesellschaftliche Umwälzung. Bewußtseinsweckende Bewegungen, wie die Studentenbewegung in den sechziger Jahren mit ihrem Höhepunkt im Mai 1968, haben durch harte Konfrontationen mit den herrschenden Kräften die Widersprüche öffentlich aufgezeigt. Nur in Ausnahmefällen, so wie z. B. bei der Baader-Meinhof-Gruppe, folgten daraus Untergrund-Aktivitäten.

3. Szene: Der Stein

Fabel: Wir sehen, wie der junge Genosse seinen ersten Auftrag ausführt. Er soll einigen Kulis, die einen Reiskahn schleppen, deutlich machen, daß sie die Verbesserung ihrer Arbeitsbedingungen fordern müssen. Obwohl die Agitatoren ihn gewarnt hatten, verfällt er sofort in Mitleid, als er sieht, unter welch unmenschlichen Umständen die Kulis ihre Arbeit verrichten. Er trifft eine falsche Entscheidung. Anstatt sich an die Kulis selbst zu wenden, richtet er sich entrüstet an ihren Aufseher. Bei ihm findet der junge Genosse natürlich kein Gehör, und das bringt ihn zu einer zweiten, falschen Entscheidung: er will den Kulis eigenhändig helfen. Um ihnen das Laufen zu erleichtern, legt er ihnen bei jedem Schritt einen Stein unter die Füße, so daß sie nicht ausrutschen können. Dann bricht er selbst vor Müdigkeit zusammen. Propaganda hat er nicht machen können. Im Gegenteil, der Aufseher greift das Ereignis auf, um die Kulis gegen den jungen Genossen aufzuhetzen und ihn in die Flucht zu jagen. Aus den Schlußworten der Agitatoren hören wir, wie sich das auswirkt: sie können eine Woche lang ihre Arbeit nicht verrichten.

Situations- und Formanalyse: Die Form dieser Szene ist viel komplizierter als der beiden vorausgegangenen Szenen. Nach der Situationsbeschreibung der Agitatoren gegenüber dem Kontrollchor – wobei sie vor allem auf das Verhalten des jungen Genossen hinweisen, das dann gezeigt wird (nicht das *Was*, sondern das *Wie* ist wichtig) – teilen sich die vier Agitatoren auf in den jungen Genossen, den Aufseher und die zwei Kulis. Nachdem sie sich als solche vorgestellt haben, beginnen die Kulis mit ihrem Lied: (»*Gesang der Reiskahnschlepper*« 3,26 ff.), das den Verlauf der ganzen Szene beherrscht. In diesem Lied werden die ökonomischen Bedingungen und die damit zusammenhängenden Arbeitsverhältnisse aufgedeckt. Die Kulis haben resigniert und stehen mit dieser Haltung in scharfem Widerspruch zu dem Aufseher, der einen Auftrag erfüllen muß (»Ich muß den Reis bis zum Abend in der Stadt Mukden haben« 3,20 f.). Der Gesang der Kulis, ein echtes Arbeiterlied, betont das elende Los derjenigen, die in dieser Gesellschaft am stärksten unterdrückt sind: ein unumstößliches Schicksal, von dem Generation nach Generation betroffen ist. Das Klagelied der Kulis, das ihren aussichtslosen Zustand wiedergibt – die Kulis kennen ihre Situation, aber ihnen fehlt die Einsicht in die Gründe und Zusammenhänge – läßt den jungen Genossen sofort mit Mitleid reagieren: »Häßlich zu hören ist die Schönheit des Liedes . . . (3,37). Nach der zweiten Strophe gleitet einer der Kulis aus und wird vom Aufseher mit der Peitsche gezwungen, aufzustehen. Ihre Resignation ist in der dritten Strophe ganz deutlich spürbar. Da geht es um das Tau, mit dem sie das Boot schleppen, und um die Peitsche des Aufsehers, die schon vier Generationen alt ist. Jetzt wird der junge Genosse so vom Mitleid gepackt, daß er sich falsch entscheidet. Er glaubt, es sei schon genug, wenn der Aufseher die Kulis nicht so unmenschlich behandelt. Er sieht auch den Aufseher als einen Menschen mit Gefühlen (»Bist du kein Mensch?« 3,112), nicht als einen Menschen mit einer gesellschaftlichen Funktion. Der Aufseher benutzt aber diese Funktion, um dem jungen Genossen eine Falle zu stellen und seine agitatorische Aufgabe bloßzustellen. Durch seine widersprüchlichen Interessen kann der Aufseher in dieser Situation kein Bundesgenosse sein, und die Argumente für den Widerstand der Kulis gegen ihre Arbeitsbedingungen sind also auch nicht für seine Ohren bestimmt. Aber jetzt erreichen die Argumente die Kulis über den Aufseher, der genau weiß, worum es geht, wenn die Kulis nach Schuhen mit Brettscheiben fragen. Wie unsicher sie mit ihrer plötzlichen Forderung sind, wird deutlich, wenn sie das Tau wiederaufnehmen, sobald die Peitsche des Aufsehers ihnen droht. Sie haben als Einzelne überhaupt keine Macht, um ihren Forderungen Nachdruck zu verleihen. Und das genau hätte der junge Genosse ihnen beibringen müssen. Dem jungen Genossen bleibt in dieser Situation nichts anderes übrig, als – immer noch voll Mitleid – einen provisorischen Notverband anzulegen und den Kulis selbst zu Hilfe zu kommen. Mit einem Stein gegen das Ausrutschen und nicht mit Propaganda: eine fast christliche Mildtätigkeit. Der Aufseher sieht zufrieden zu. Die Kulis fahren fort mit ihrem Gesang, resigniert und unterwürfig. Der junge Genosse fällt nach weiteren drei Strophen erschöpft nieder und fleht die Kulis an – jetzt um seinetwillen – neue Schuhe zu fordern. Für die Kulis eine lächerliche Forderung und für den Aufseher ein Grund, sich endgültig des jungen Genossen zu entledigen, mit Hilfe der Kulis.

In der folgenden kurzen Diskussion mit dem Chor stellt dieser, mehr oder weniger rhetorisch, die Frage, ob es nicht richtig sei, »zu unterstützen den Schwachen« (3,163) und den Ausgebeuteten zu helfen. Aber die gespielte Szene hat ausreichend gezeigt, daß niemandem geholfen wurde. Die Agitatoren melden dann, daß der junge Genosse auch selbst eingesehen hat, daß er »das Gefühl vom Verstand getrennt hatte« (3,172 f.) und wie sie ihn trösteten mit den Worten Lenins: »Klug ist nicht, der keine

Fehler macht, sondern klug ist, der sie schnell zu verbessern versteht.«
(3,176 f.). Die Diskussion mit dem Chor beendet die Szene.

Interpretation: Die kleine, kurzfristige Verbesserung der Arbeitsbedingungen kann nicht zu einem langfristigen Ziel führen: nämlich dafür zu sorgen, daß die Kulis *gemeinsam* ihre Forderungen stellen würden. Die Einlösung dieser Forderungen als kurzfristige soziale Maßnahme ist für eine langfristige revolutionäre Umwälzung weniger bedeutsam als die Schaffung einer Voraussetzung (unter anderen) für diese Umwälzung: nämlich, daß die Arbeiter ihre Situation erkennen und begreifen und sich zusammenschließen, um *gemeinsam* gegen ihre Unterdrücker in den Kampf zu ziehen. Der junge Genosse hätte sich weniger kümmern müssen um die »Schönheit« des »Abscheulichen«. Vielmehr mußte er aus dem Inhalt des Kuli-Liedes begreifen, daß sie nicht weiter sehen als ihre unmittelbaren Bedürfnisse: »einen Mund voll Reis« (3,28). Wie gut es auch gemeint war, dies ist Mitleid an der falschen Stelle, nicht nur im Zusammenhang mit den Kulis, denen nicht geholfen wird, sondern auch in Hinsicht auf die Bewegung.

Bedeutung für uns: In dieser sehr logischen Szene geht es um politisch falsche Entscheidungen, die auf Grund uneigentlicher Argumente getroffen werden (Mitleid, das hervorgerufen wurde durch die Resignation gegenüber einem harten Los). Auch wenn die aktuellen ökonomischen Verhältnisse und die Arbeitsverhältnisse heute ganz anders und durch unzählige soziale Maßnahmen stark verbessert sind, geht es bei uns im Prinzip um dieselben Fragen. Auch wir wenden uns in aufrechter Entrüstung gegen das Falsche und können von diesem Beispiel lernen, zu unterscheiden zwischen einem langfristigen revolutionären Ziel (wie zum Beispiel Solidarität in der gesamten Arbeiterklasse) und einem kurzfristigen sozialen Ziel (die Linderung der ersten Not). Wenn es gut vorbereitet und als Strategie eingesetzt wird, kann dies durchaus in Übereinstimmung gebracht werden.

4. Szene: Das kleine und das große Unrecht

Fabel: In dieser Szene wird dem Kontrollchor die zweite Aufgabe des jungen Genossen vorgeführt. Er erhält die Aufgabe, vor dem Fabriktor an arbeitswillige Arbeiter Flugblätter auszuteilen, in denen sie aufgefordert werden, sich ihren streikenden Kameraden anzuschließen. Der Streik ist ausgebrochen, weil die Löhne gekürzt worden sind. Der junge Genosse verteilt wirklich die Flugblätter, aber sobald ein Polizist, der von den Herrschenden sein Brot dafür bekommt, daß er die Unzufriedenheit bekämpft (4, 33-35), bei den Arbeitern auftaucht, mischt er sich in die Diskussion über die Herkunft der Flugblätter ein. Er verstrickt sich selbst und die Arbeiter so weit in die Sache, daß am Ende einer der Arbeiter arrestiert und, auf der Höhe des Durcheinanders, niedergeschlagen wird. Danach entwaffnen der junge Genosse und der andere Arbeiter den Polizisten und schlagen ihn nieder. Das Ergebnis ist ein »Scherbenhaufen«. Kaum Flugblätter wurden ausgeteilt, die beiden Arbeiter können nicht in die Fabrik zurück, und ihre Kollegen bleiben uninformiert.

Situations- und Formanalyse: Der Aufbau dieser Szene ist wieder komplizierter als derjenige der vorhergehenden. Eröffnet wird mit der üblichen Information des Chors über den Stand der Dinge, und wir erfahren, daß entscheidende Erfolge zu verbuchen sind: »Wir gründeten die ersten Zellen in den Betrieben« (4,3). Die Agitatoren haben also das industrielle Proletariat erreicht. Das bedeutet einen gewaltigen Schritt nach vorn, verglichen mit den Reiskahnschleppern, die nicht mehr sind als Leibeigene. Es gibt eine Parteischule, die Funktionäre ausbildet und die lehrt, »die verbotene Literatur heimlich herzustellen«. (4,5 f.). Durch den Einfluß, den die Agitatoren schon in den Betrieben erreicht hatten, trat bei der Lohnkürzung »ein Teil der Arbeiter« in den Streik, obwohl »der andere Teil« weiterarbeitete und den Streik in Gefahr brachte (4, 8-9). Der Auftrag des jungen Genossen gilt diesen »Streikbrechern«.

Aber um sicher zu sein, daß der junge Genosse diesmal den Auftrag richtig ausführen wird, sind die Agitatoren vorsichtig genug, ihn zuvor noch einmal gründlich zu instruieren. Auch das sehen wir – in sehr komprimierter Form – dem Kontrollchor vorgespielt, quasi als Auftakt zum Verteilen der Flugblätter: Die vier Agitatoren (gespielt von dreien) diskutieren mit dem jungen Genossen ausdrücklich darüber, was er bei den Vorfällen mit den Reiskahnschleppern gelernt hat. Erst dann folgt das Austeilen der Flugblätter: »Wir zeigen jetzt das Verhalten des jungen Genossen . . .« (4,26 f.). Die Agitatoren teilen sich auf in zwei Textilarbeiter und einen Polizisten. Sie stellen sich vor, und da mischt sich der Kontrollchor plötzlich in die Handlung und singt in zwei Strophen das *Streiklied.* »Komm heraus, Genosse!« (4,37) Diese Intervention des Kontrollchores in die Handlung[8] ist außergewöhnlich und darin unterscheidet sich auch dieses Lied von den anderen. Es enthält einen Aufruf, eine unumwundene Propaganda für den Streik, wie es auch in den Flugblättern selbst stehen muß. Der Chor identifiziert sich hier mit der Handlung des jungen Genossen, der zwischen der ersten und der zweiten Strophe ausruft: »Gib preis, was du hast, Genosse. Du hast nichts!« Der Aufruf des Chores ist ein Aufruf zur Solidarität unter allen Arbeitern in dieser Fabrik. Die beiden Textilarbeiter geben zu erkennen, daß sie nicht wissen, wie sie sich verhalten sollen. Der junge Genosse drückt ihnen ein Flugblatt in die Hand, das ihnen der Polizist gleich darauf wieder abnimmt. Die Diskussion über die Herkunft des Flugblatts ist ein blitzschnelles Wortgefecht und die Arbeiter haben sicher nicht vor, so schnell aufzugeben. Ihr schon früher geäußerter Zweifel über ihre Situation hat also auch positive Seiten, das wird hier bewiesen. Sie verraten den jungen Genossen nicht. Das macht er selber. Wieder mit der aufrechten Entrüstung desjenigen, der sich nicht beherrschen kann, mischt er sich in diese Diskussion ein, obwohl gerade er sich davon hätte fernhalten müssen. Er sagt: »Ist denn die Belehrung der Unwissenden über ihre Lage ein Verbrechen?« (4,77 f.). Er hatte gelernt, daß dies die erste revolutionäre Phase ist. Hierdurch legt er zumindest offen – vollkommen unnötig –, auf wessen Seite er steht. Für den Polizisten sind im übrigen Flugblätter Flugblätter, und Flugblätter enthalten immer Aufrührerisches. (»Dieses kleine Flugblatt ist gefährlicher als zehn Kanonen« 4,82 f., stellt er zufrieden fest.) Was genau darin steht, interessiert ihn nicht. Der Polizist rennt also in die Falle, die der junge Genosse ihm gestellt hat. Aber so ein »intellektueller« Sieg des jungen Genossen bringt einen Polizisten durchaus nicht von seinem Dienstauftrag ab. Er wendet sich wieder an die Arbeiter: »Was steht denn drin?«. (4,89) Die Suche nach der Herkunft der Flugblätter beginnt aufs neue, aber jetzt ist der junge Genosse unwiderruflich darin verstrickt. Vollkommen willkürlich wird der zweite Arbeiter festgenommen, mitgenommen und geschlagen, nachdem der junge Genosse – weil er naiv auf die Klassensolidarität des Polizisten rechnete – gefragt hat: »Warum willst du, daß er ins Gefängnis geworfen wird? Bist du nicht auch ein Prolet, Polizist?« (4,105 f.). Aber einmal so in die Sache verwikkelt, fühlt der junge Genosse sich verpflichtet, den Arbeiter zu befreien, – vor allem, weil er weiß, daß dieser vollkommen unschuldig ist. Er tritt dem Polizisten entgegen: »Er war es nicht.« (4,111) Jetzt wird er selber beschuldigt und verteidigt eine bemerkenswerte solidarische Tat des zweiten Arbeiters. Der erste rät ihm, abzuhauen, bevor es zu spät ist (»du hast die Tasche voller Flugblätter« 4,119). Da schlägt der Polizist den zweiten Arbeiter nieder. Aus Wut über diese Tat an einem Unschuldigen schlägt der junge Genosse mit Hilfe des ersten Arbeiters den Polzisten nieder. Heldenhaft, aber sinnlos: »Und er mußte sich in Sicherheit bringen, anstatt Flugblätter zu verteilen, denn die Polizeibewachung wurde verstärkt.« (4,141-143) In der Diskussion danach fragt der Chor, ob es nicht richtig sei, »das Unrecht zu verhindern, wo immer es vorkommt?« (4,146 f.) Die Agitatoren leugnen das keinesfalls, aber »er hatte ein kleines Unrecht verhindert, aber das große Unrecht, der Streikbruch, ging weiter«. (4,149 f.) Dem stimmt auch der Chor zu.

Interpretation: Auch hier sehen wir wieder, daß der junge Genosse sich in seinem Verhalten von seinen unmittelbaren Gefühlen leiten läßt. Er verstößt damit gegen die Forderungen des revolutionären Kampfes. Die Worte des Kontrollchors vom Anfang hat er vergessen: »Wer für den Kommunismus kämpft, der muß . . . die Wahrheit sagen und die Wahrheit nicht sagen . . .« (2,60 ff.) Er nimmt die zwei Arbeiter ohne Zögern vor der Polizei in Schutz, obwohl sie sich scheinbar ganz gut selbst raushauen können. Das Bewußtsein ihrer Situation ist viel größer, als wir anfänglich angenommen haben, das wird ohne weiteres aus ihrer Solidarität mit dem jungen Genossen sichtbar. Der junge Genosse hätte sich in jedem Fall abseits halten müssen, auch wenn sie nicht ihren Mann gestanden hätten. So schießt der junge Genosse nicht nur über sein direktes Ziel hinaus, sondern schafft auch noch unnötig eine gefährliche Situation – genauer: nicht nur eine Gefahr für sich selbst, sondern nun auch noch für die zwei Arbeiter, denen er so gerne helfen will, und natürlich auch für die Bewegung.

Bedeutung für uns: Sicher können wir verstehen, daß die leidenschaftliche Entrüstung des jungen Genossen auf alle Fälle gerechtfertigt ist. Diese und ähnliche Emotionen nähren das revolutionäre Denken, und zwar stetig. Man muß jedoch im revolutionären Kampf in entscheidenden Augenblicken seinen Verstand gebrauchen, seine unmittelbaren Emotionen verdrängen und je nach Situation handeln. Wir werden uns klar darüber, daß die meisten von uns auch das getan hätten, was der junge Genosse machte. Auf jeden Fall wären wir dazu geneigt, wenn wir in eine solche Situation kämen. Das Verhalten des jungen Genossen kann man sogar als mutig bezeichnen. Aber wer sich in einer solchen Situation befindet, bewegt sich in ihr als ein Moment einer umfassenderen Strategie. Die hieß in diesem Fall zu versuchen, was auch immer passieren würde, die Streikbrecher auf andere Gedanken zu bringen, denn sie machten den Streikeffekt ihrer Genossen zunichte. Auch bei uns, in unserem derzeitigen historischen Stadium gibt es die Erscheinung der Streikbrecher – das führt uns nun wieder sehr nahe an unsere Realität heran. Auch in Holland werden während der Streiks an den Fabriktoren Flugblätter verteilt, um die Streikbrecher aufzurufen, die »schmutzige Arbeit« nicht zu tun. Streikende und Streikbrecher geraten aneinander und die Polizei greift ein zugunsten der Fabrik und ihrer Besitzer. Wir können die Situation begreifen, aber wir sind (noch) nicht darin verwickelt. Das macht ein Urteil über das Verhalten des jungen Genossen vielleicht allzu einfach und in gewissem Sinne sogar ›literarisch‹. Denn wir beschäftigen uns immerhin mit einem Theatertext. Und doch ist es durchaus nicht so, daß wir erst dann gut urteilen können, wenn wir auch wirklich an einer Kampfsituation teilhaben, wie sie in dieser Szene dargestellt wird. Wir werden, vor allem am Anfang, über die umfassende Strategie informiert, die zur Befreiung der Arbeiterklasse von dem Joch der Ausbeutung führen soll. Wenn wir einsehen, daß dies im Prinzip auch für uns in Holland gilt, dann heißt das, daß man eine Entscheidung treffen muß: sich dieser Strategie anzuschließen oder nicht. Den meisten von uns beginnt es klarzuwerden, daß sie schon durch die Teilnahme an diesem Projekt eine Entscheidung getroffen haben. Das ist eine politische Entscheidung, die auch politische Konsequenzen haben wird. Einige andere verdrängen dieses wichtige und entscheidende Bewußtseinsmoment.

Fabel: Hier wird demonstriert, wie sich der junge Genosse verhält, wenn er einem der mächtigsten Vertreter des örtlichen Kapitals Auge in Auge gegenübersteht. Er soll versuchen, durch Verhandlungen vom »reichsten der Kaufleute« (5,12 f.) Waffen zu erhalten, um die Kulis zu bewaffnen. Das Ganze steht unter dem Vorwand, den Händlern im Streit gegen die »Engländer, die die Stadt beherrschten« zu helfen (5,9 f.). Der junge Genosse hält sich lange Zeit tapfer in dem delikaten Gespräch, das sich zwischen ihm und dem Händler entwickelt. Während ihn der Händler auf seine Zuverlässigkeit und seine ehrlichen Absichten hin überprüft, verhält er sich vorsichtig und läßt sich nie auf die listigen Provokationen des Händlers ein. Im Gegenteil, er fragt weiterhin hartnäckig nach den Waffen. Er läßt sich nicht herausfordern, »Meinungen« zu äußern, sondern bleibt bei seiner Aufgabe. Der letzte Test, der *»Song von der Ware«,* der ihm vom Händler vorgesungen wird (»mein Leiblied« 5,76), nimmt ihm seine Selbstbeherrschung. Als der Händler in der letzten Strophe über den Menschen als Ware (als ›Ware‹ im marxistischen Sinne, mit ›Gebrauchswert‹ und ›Tauschwert‹) spricht, wird es dem jungen Genossen zu viel: »Ich kann nicht mit Ihnen essen.« (5,115) Er beendet die Zusammenkunft, trotz »Gelächter« und »Drohung« von seiten des Händlers, und »die Kulis wurden nicht bewaffnet«. (5,119). Wiederum ein negatives Resultat.

Situations- und Formanalyse: Qua Struktur ist diese Szene nicht viel komplizierter als Szene 4. Man kann jedoch, auch in der Form, sehr wohl von einem Fortschritt sprechen, ›Progression‹: es wird schwieriger. Hier kann man zum ersten Mal von einem Dialog im Sinne eines Zwiegespräches reden: das Gespräch zwischen dem jungen Genossen und dem Händler. Außerdem wird zum ersten Mal ein Solo gesungen vom Händler: *»Der Song von der Ware«* (5,77-111). Diese ›Komplikationen‹ stimmen überein mit dem Fortschritt, der Progression, in der revolutionären Tätigkeit der Agitatoren; ein Fortschritt, an dem der junge Genosse zweifellos – auch durch sein Verhalten – Anteil hat. In der Explikation am Anfang erfahren wir, wie weit die Agitatoren inzwischen sind. Gegen die sogenannten »alten Verbände« (5,3) konnte der Kampf aufgenommen werden. Den Arbeitern wurde gelehrt, den »Kampf um den besseren Lohn in den Kampf um die Macht zu verwandeln« (5,5 f.), was eine deutliche politische Forderung ist. »Die Kunst der Demonstration« (5,7) wird ihnen beigebracht. Auch das ist eine direkte, sehr wichtige politische Aktivität, weil sie sich auf der Straße abspielt. Schließlich wurden die Arbeiter darauf vorbereitet, mit Waffen umzugehen. Wir erhalten den Eindruck einer politischen Entwicklung, die die herrschenden Widersprüche scharf herausarbeitet. Ein Konflikt zwischen den Herrschenden untereinander (zwischen den Engländern und den Händlern) kann ausgenutzt werden »für die Beherrschten«. Der junge Genosse muß hier eine wichtige, wenn nicht die wichtigste Rolle spielen, und das nicht, weil er als Revolutionär getestet werden soll (dafür ist die Sache zu ernst), sondern weil er als Gewerkschaftler der richtige Mann ist, um das zu tun. Aus dem vorgespielten Gespräch mit dem Händler geht direkt hervor, warum: er ist ein Abgesandter (also Vertrauensmann) des Kulibundes (den es in der Szene »*Der Stein*« noch nicht gab). Er hat also bewiesen, jemand zu sein im revolutionären Kampf. Am Ende dieser Szene wird das von den vier Agitatoren bekräftigt, wenn sie sagen: ». . . er hatte einen großen Anhang unter den Arbeitslosen . . .« (5,148 f.). Das wird auch im Gespräch selbst deutlich. Lange Zeit kann sich der junge Genosse beherrschen, und er vermeidet direkte Antworten auf die Provokationen des Händlers. Seine taktischen Fähigkeiten sind gewachsen. Das Herz liegt ihm nicht mehr auf der Zunge. Erst das zynisch-herausfordernde Lied des Händlers bringt den jungen Genossen um seine Beherrschung. Das Schockierende daran ist, daß der Händler die Grundlagen des Kapitalismus (der Wert der Waren) bis in seine äußerste Konsequenz (der Mensch als Ware) schamlos ausspricht. Für die Beschreibung der brutalen Praktiken benutzt er, *provozierend*, die Kategorien der marxistischen Analyse und nicht die übliche ideologische Phraseologie: er braucht ja in dieser Situation keine verhüllende Entschuldigung. Für den jungen Genossen ist das der Tropfen, der das Faß zum Überlaufen bringt. Er kann nicht mit dem Reishändler essen, nicht mehr weiter mit ihm verhandeln. Ethische Prinzipien und heftige Emotionen der Entrüstung über soviel Unmenschlichkeit gewinnen wieder die Oberhand. Aber doch auf solche Art und Weise, daß er hinterher »kaum auf der Treppe« (5,145), wie die Agitatoren melden, seinen Fehler schon einsieht. Auch hier ist also ein Fortschritt zu verzeichnen. Die Diskussion mit dem Chor nach der vorgespielten Szene ist ziemlich kurz. Der Chor stellt die Frage, ob es nicht richtig ist, »die Ehre über alles zu stellen« (5,123). Die Antwort der Agitatoren kann zu diesem Zeitpunkt bereits ohne Begründung kurz und bündig: »Nein« (5,125) lauten. Hierauf folgt ein kommentierendes Chorlied, das in übertragender Weise beschreibt, daß man flexibel sein muß, wenn es darum geht, ein einmal gestelltes Ziel zu erreichen. Hier zeigt sich wiederum etwas Neues: Der Chor meldet seine eigenen »Fortschritte«. »Lange nicht mehr hören wir euch zu als Urteilende. Schon als Lernende.« (5,141-143). Für die weitere Teilnahme des Chores am Stück ist das eine entscheidende Wendung. Der Chor hat seine allwissende Haltung vom Beginn aufgegeben und gibt nun zu erkennen, daß auch er etwas lernen kann von den Erfahrungen der Agitatoren.

Interpretation: Die Entwicklung des jungen Genossen in diesem Teil ist wichtiger als die Tatsache, daß er schließlich doch einen fatalen Fehler macht. Es geht auch nicht so sehr um den Fehler. Vielmehr wird gezeigt, wozu man überhaupt imstande sein muß, um wirklich revolutionär zu handeln, und wieviel Aufopferungsvermögen und Selbstverleugnung man dafür aufbringen muß. Der junge Genosse ist schon ziemlich weit (sonst wäre er nicht beauftragt worden) und arbeitet auch lange Zeit gut. Das genau lernt dann auch der Kontrollchor an dieser Szene: die Realität der revolutionären Arbeit stellt sehr hohe Forderungen.

Bedeutung für uns: Die Frage nach der Eignung des jungen Genossen für seine Arbeit ist in diesem Teil die wichtigste. Auch in dem Bericht der Agitatoren am Ende spielt das eine Rolle: »Er stellte uns anheim, ihn über die Grenze zurückzuschicken.« (5,146 f.). Wenn er jedesmal scheitert, warum wird dann gerade er für solch gewichtige Aufgaben eingesetzt? Trotz seiner bekannten emotionalen Schwäche? Das wird nicht nur durch die Antwort der Agitatoren erklärt: ». . . wir brauchten ihn, denn er hatte großen Anhang unter den Arbeitslosen« (5,148 f.). Das ist zwar eine realistische Antwort, innerhalb der Termini einer plausiblen Fabel; es geht hier aber auch darum, dem Kontrollchor die Situation als *Beispiel* vorzulegen. Solcherart Situationen kommen vor, mehr oder weniger extrem, klein und groß. Darum geht es. Und die Wirklichkeit dieser Situationen ist noch viel komplizierter und verwirrender, als die Theorie uns sagt. Die raffinierte Taktik und die provozierende Schmeichelei, wie der Händler sie zum Beispiel praktiziert (»Ihr seid auch kluge Leute, denn ihr versteht es, von den Kulis Gehälter zu bekommen« 5,39 ff.), sind Schliche, mit denen man rechnen muß. Dieses Beispiel, ebenso wie die anderen Teile, zeigt uns die Möglichkeiten und die Schwierigkeiten, *damit wir davon lernen.* Nicht um sagen zu können: Die Agitatoren hätten lieber einen anderen nehmen sollen oder hätten den jungen Genossen zurückschicken müssen. Denn dann würden wir nichts lernen. Darum verändert auch der Chor an diesem Punkt des Stückes seine Haltung: von Urteilenden zu Lernenden. Für uns ist es wichtig, dieselbe *Haltung* einzunehmen. Die meisten von uns sind nun schon »dabei«. Eine Minderheit empfindet den beispielhaften Charakter des Stückes als zu abstrakt, um daraus die Konsequenz abzuleiten, daß der junge Genosse bleiben soll (was ja auch zu seinem Untergang führt).

6. Szene: Der Verrat

Fabel: In diesem entscheidenden Teil des Stückes sehen wir, wie der junge Genosse außerhalb des Unterschlupfes der Agitatoren mit dem Propagandamaterial angetroffen wird. Aus dem folgenden Gespräch erkennen wir, daß der junge Genosse im Alleingang zur Tat geschritten ist. Er wurde dazu angestiftet durch den »neuen Führer der Arbeitslosen des oberen Stadtteiles« (6,21 f.). Der hat ihm vorgemacht, daß die Situation reif sei für einen sofortigen Aufstand (»unter den Arbeitslosen herrscht große Erregung« 6,20 f.) und daß das Stadthaus ohne Gefahr besetzt werden könne, weil es »ohne Bewachung« (6,27) sei. Als die Agitatoren ihn nach den Gründen für den Aufstand fragen, antwortet der junge Genosse: »Das Elend wird größer und die Unruhe wächst in der Stadt.« (6,35 f.). Für die Agitatoren ist das nicht genug. Sie analysieren den Bewußtseinsstand der Arbeiterklasse und entlarven »den neuen Führer der Arbeitslosen« als einen »Agenten der Kaufleute« (6,52).[9] Der junge Genosse »glaubt« das nicht (6,54), aber er kann das Gegenteil nicht beweisen. Die Agitatoren verfügen über weitere unwiderlegbare Informationen (»Und auf unserem Weg hierher haben wir Soldaten mit Kanonen gesehen, die sich auf das Stadthaus zu bewegten« 6,56 f.) und nennen das Stadthaus »eine Falle« und seinen »neuen Führer« einen »Provokateur« (6,58 f.). Der junge Genosse weigert sich, das zu glauben, und will »nicht mehr warten« (6,64). Die Agitatoren versuchen den jungen Genossen von der Unbesonnenheit seines Vorhabens (jetzt den Aufstand auszurufen) zu überzeugen. Sie verlangen von ihm, statt dessen den Spion der Kaufleute zu demaskieren und die Arbeitslosen zu einer Demonstration aufzurufen. Die Agitatoren wollen versuchen, auch die Soldaten zur Demonstration zu bewegen. Das macht den jungen Genossen sehr wütend. Er verachtet die »Klassiker«, weil sie »dulden, daß das Elend wartet« (6,111 f.), während »der Mensch, der lebendige, brüllt« (6,123). Und er beginnt, die Flugblätter zu zerreißen. Die Agitatoren versuchen, ihn davon abzuhalten, schließlich sogar, indem sie sich auf die Partei berufen. Aber auch das hilft nicht (»Wer aber ist die Partei?« 6,153). Auch nicht, als die Agitatoren ihm erklären, daß die Partei gerade eine Verkörperung ihrer Kollektivität und ihres kollektiven Strebens ist. Der junge Genosse stellt sich taub für diese Argumente, denn »alles das gilt nicht mehr« (6,199). Er verwirft, was »gestern noch galt«, und tut »das allein Menschliche« (6,200 f.). Er »schweigt nicht länger« (6,217), reißt seine Maske herunter, zerreißt und zerstört damit seine Anonymität und schreit heraus: »Wir sind gekommen, euch zu helfen. Wir kommen aus Moskau.« (6,224 f.). Aus dem Bericht der Agitatoren hören wir dann schließlich, daß sie sich hierauf genötigt fühlten, ihn niederzuschlagen und in aller Eile aus der Stadt zu verschwinden.

Situations- und Formanalyse: In diesem längsten Teil des Stückes stehen sich erstmals nur die Agitatoren und der junge Genosse ständig gegenüber. Es werden keine anderen Rollen mehr angenommen. Der Übergang vom informativen Teil am Anfang zur vorgespielten Szene ist dann auch abrupt. Der Chor wird kurz darüber informiert, daß die Situation in Mukden sich explosiv entwickelt hatte, daß es »starke Hungerunruhen in der Stadt« gab (6,6 f.), aber auch, daß »die Verfolgungen außerordentlich zunahmen« (6,1). Auch sie selbst waren davon betroffen. Das zeigt ihren engen Bezug zur Situation in der Stadt und erklärt ihre peinlich genauen Untersuchungen der Argumente und Informationen des jungen Genossen. Was im Spielteil dann folgt, ist eigentlich nicht mehr als eine Diskussion. Eine sehr einfache und unzweideutige Form, aber sehr sorgfältig aufgebaut und deutlich eingeteilt in verschiedene Phasen.

Die erste Phase hat den Charakter eines Verhörs. Die Agitatoren bitten den jungen Genossen, seine Argumente für den Aufstand vorzubringen. Sie widerlegen seine Argumente, mit ihrer Interpretation der Situation (»Die Unwissenden fangen an, ihre Lage zu erkennen« 6,38, gegenüber »Die Unruhe wächst in der Stadt« vom jungen Genossen und »die Unterdrückten werden klassenbewußt« gegenüber seinem »Die Arbeitslosen haben unsere Lehre angenommen«, 6,35-42, was zurückverweist auf das ABC des Kommunismus aus Szene 1) und mit anderen Informationen, besonders über den neuen Leiter der Arbeitslosen. Wie gefühlsmäßig und wenig den Tatsachen Rechnung tragend die Einstellung des jungen Genossen ist, läßt er durch sein »das glaube ich nicht« (6,54) erkennen.

Hiermit beginnt die zweite Phase der Diskussion, die nun die Meinungsverschiedenheit zwischen dem jungen Genossen und den Agitatoren bloßlegt. Es handelt sich vor allem um eine unterschiedliche Beurteilung der Situation. Der junge Genosse beurteilt die Situation nach menschlichen Kriterien (»Ihre Leiden sind ungeheuerlich« 6,69, und »Unglück und Armut sind Menschenwerk« 6,75 f.). Die Agitatoren leugnen das nicht, aber sie ordnen die einzelne Situation in die revolutionäre Entwicklung insgesamt ein und – strategische und taktische Denker, die sie sind – wägen die Chancen eines sofortigen Aufstandes sehr sorgfältig ab, wobei alle Fakten bekannt sein müssen. Emotional mögen »die Unterdrückten«, von denen der junge Genosse spricht, »alles« ahnen, aber sie *wissen* faktisch zu wenig und praktisch gibt es zu wenig Waffen. Der junge Genosse sieht außerdem »nur das Elend der Arbeitslosen, aber nicht das Elend der Arbeitenden«, »nur die Stadt, aber nicht die Bauern«, (6,87-89). Für eine Revolution, die gelingen soll, braucht man jedoch. Deshalb schließlich der Auftrag, den Spion zu demaskieren und zu einer Demonstration aufzurufen, bei der auch die Soldaten hinzugezogen werden sollen. Denn sie können »erkennen, daß es falsch war, auf die Elenden ihrer eigenen Klasse zu schießen.« (6,105 f.). In dieser Phase der Diskussion versuchen die Agitatoren, den jungen Kameraden davon zu überzeugen, daß er falsch handeln wollte. Sie haben ihm einen Weg aus den Schwierigkeiten gewiesen. Er aber weist das zurück.

Damit sind wir im dritten Teil des Gespräches, das jetzt auf ein prinzipielleres Niveau gehoben wird: auf das Niveau der Grundlagen revolutionären Handelns. Den »Klassikern« (folgend auf den »Rat des Genossen Lenin«) wird der Prozeß gemacht, sie werden wütend vom jungen Genossen abgelehnt: »Denn ich brülle und ich zerreiße die Dämme der Lehre.« (6,125 f.). Er will zur Aktion übergehen. Auf diesem Höhepunkt der Auseinandersetzung beschwören die drei Agitatoren den jungen Genossen, die Flugblätter nicht zu zerreißen und »der Wirklichkeit« in die Augen zu sehen: »Deine Revolution ist schnell gemacht und dauert einen Tag« (6,131). Dieser Textteil, dieses beinahe feierliche Plädoyer erhält nicht umsonst eine poetische Form. Aber der junge Genosse kann nicht mehr warten. Er sagt, daß »das Elend nicht warten kann.« (6,140). Er distanziert sich von seinen Genossen. Er kündigt an, daß er »an der Spitze der Arbeitslosen« das Stadthaus besetzen wird (6,142). In der folgenden Phase der Diskussion können die Agitatoren nichts anderes tun, als ihm das zu verbieten (»Du hast uns nicht überzeugt« 6,148), und sie tragen ihm auf, »im Namen der Partei« zu den Arbeitslosen zu gehen (6,151). Dieser notwendige, an die Disziplin erinnernde Zusatz ist ihre letzte Chance, den jungen Genossen auf andere Gedanken zu bringen. Aber so, wie er schon die Klassiker angefochten hat, so ficht er jetzt die Bedeutung der Partei an. Er klagt sie an als einen bürokratischen Apparat, mit »Gedanken geheim, ihre Entschlüsse unbekannt« (6,155). Und wiederum antworten die Agitatoren in Poesieform. Sie erklären ihm das Wesen der Partei (»wir sind sie«), das sich verbirgt hinter der Kollektivität, und zum letzten Mal beschwören sie ihn, seinen individuellen Weg aufzugeben: »Trenne dich nicht von uns!« dreimal (6,170, 172, 179). Der junge Genosse weigert sich halsstarrig: »Weil ich recht habe, kann ich nicht nachgeben« (6,181). Das folgende Chorlied *Lob der Partei* (6,185-197) stellt den Einzelnen der Partei gegenüber »denn sie ist der Vortrupp der Massen und führt ihren Kampf mit den Methoden der Klassiker, welche geschöpft sind aus der Kenntnis der Wirklichkeit.« (6,194-197). Das Lied fungiert auf zwei Ebenen: an erster Stelle, so wie immer, als ein Kommentar zu dem, was die drei Agitatoren richtig über die Partei gesagt haben (der Chor bezeugt die allgemeine und prinzipielle Gültigkeit ihrer Argumente[10], aber an zweiter Stelle (und das gab es schon einmal bei dem Streiklied in Szene 4) als Intervention in die Diskussion zwischen den Agitatoren und dem jungen Genossen. Der Chor identifiziert sich also auch hier mit der Handlung. Der junge Genosse sagt deutlich auf das Lied reagierend: »Alles das gilt nicht mehr« (6,199). Und hiermit eröffnet er aufs neue die Diskussion, die man jetzt auch eine Konfrontation nennen kann. Er wendet sich vollkommen ab von den Agitatoren (»Ich stelle mich an ihre [der Arbeitslosen] Spitze« 6,201 f.). Er wiederholt, was er in der ersten Szene, bei der ersten Begegnung mit den Agitatoren schon sagte: »Mein Herz schlägt für die Revolution.« (6,202 = 1,15 f.). Wie wenig er gelernt hat oder wieviel er jedesmal wieder vergißt, zeigt sich hier sehr deutlich. Die Agitatoren versuchen, ihn zum Schweigen zu bringen, denn »Du verrätst uns!« (6,209) und »wenn du nicht schweigst, sind wir verloren!« (6,213 f.). Aber in seiner schon fast hysterischen Erregung läßt sich der junge Genosse das alles nicht mehr sagen, und er zerstört die sichere Anonymität »Darum trete ich vor sie hin als der, der ich bin, und sage, was ist.« (6,221 f.). Er nimmt seine Maske ab und schreit: »Wir sind gekommen, euch zu helfen,

wir kommen aus Moskau.« (6,224 f.). Mit diesem polemischen Zitat^[10]
endet der Spielteil und geht über in den Bericht der Agitatoren an den
Chor. Wie sie sein argloses Gesicht sahen, wie die Menschen auf das
Geschrei des jungen Genossen reagierten, wie die Agitatoren merkten,
daß sie recht hatten, als sie »hörten, daß die Kanonen donnerten.«
(6,238), wie er immer noch nicht aufhörte zu schreien und wie sie ihn
schließlich niederschlagen mußten und in aller Eile die Stadt verließen,
weil sie entdeckt waren.

Interpretation: Die Eindeutigkeit dieser immer heftiger werdenden Diskussion, die auf eine direkte Konfrontation hinausläuft, verdeutlicht
auf einfache Weise die Bedeutung der Szene. Die Argumente des jungen
Genossen für den Beginn des Aufstands stützen sich anfänglich auf
unvollständige, da unüberprüfte Faktenkenntnis und unzureichende Analyse der Situation, die durch die Entwicklung von großer Unruhe gekennzeichnet ist. Da er für emotionale »Argumente« sehr empfänglich und
durch sie sehr beeinflußbar ist, vertraut er seinem neuen Idol blindlings.
Er nennt ihn einen »echten Sozialisten«, denn »die Gewalt seiner Rede ist
mitreißend« (6,44-46). Obwohl er es besser hätte wissen müssen, weil er
so lange schon unter *echten Sozialisten* verkehrt hat, hat er sich mitreißen
lassen, und die Gegenargumente der Agitatoren wirken auf ihn wie ein
rotes Tuch auf den Stier. Er widerlegt nichts von dem, was sie sagen,
sondern beruft sich ausschließlich auf seine Entrüstung. Seine Geduld ist
am Ende, und jetzt muß alles weichen. Indem er sich darauf beruft,
entfernt er sich als Individuum von seinen Genossen und von den
Interessen der Arbeiterklasse. Durch die vernünftigen Argumente der
Agitatoren wird er nur immer gereizter und vergißt darüber sogar den
Führer der Arbeitslosen: »Ich stelle mich an ihre Spitze« (6,201 f.) und
»Heute nacht noch besetze ich *an der Spitze der Arbeitslosen* das Stadt-
haus« (6,141 f.): Individuum gegen Kollektiv, Einzelner gegen Partei, die
Verkörperung der Interessen der Massen. Und schließlich zerstört er die
kollektive Anonymität und verrät sich selbst und seine Genossen. Die
Reaktion auf sein Geschrei von den »Ausgebeuteten« und »der
Unwissenden« und »der Unbewaffneten« (6,233-240) ist vielsagend und
gibt den Agitatoren recht: die Zeit ist noch nicht reif.

Bedeutung für uns: Auch wenn das Modell für eine Revolution, in diesem
Fall das russische Modell, nicht vollkommen anwendbar ist auf unsere
Gesellschaft, weil Situation und Entwicklung unterschiedlich sind, so sind
doch die revolutionären Prinzipien, die aus dem »Bewußtsein der Wirklichkeit« entstanden, auch für uns gültig. Auch bei uns gilt, daß wir ohne
optimale Faktenkenntnis und Bewußtsein der Situation nicht aktiv werden dürfen. Wir dürfen nicht aufgrund von Gerüchten handeln. Wir
müssen die Sicherheit haben, daß wir siegen können. Und vor allem
dürfen wir uns nicht durch unsere Erregung mitreißen lassen. *Wie* die

Vorhut der Massen, die Partei, in unserem Falle genau aussehen muß, können wir (noch) nicht sagen. Wichtig ist aber, die Notwendigkeit einer solchen Partei einzusehen. Die Notwendigkeit zur Kollektivierung, zur Organisation einer Vorhut und zur Verbannung von politischem Individualismus. Wenn man aus dieser Szene den Schluß zieht, daß die strenge Parteidisziplin die Ursache für den Untergang des jungen Genossen gewesen sei, übergeht man die gesellschaftlichen und politischen Zielsetzungen, für die diese Disziplin notwendig ist. Der junge Genosse geht schließlich an sich selbst zugrunde. Die Situation, die in dieser Szene geschildert wird, funktioniert, wie alles andere im Stück, als ein Beispiel.

7. Szene: Die Flucht

Fabel: Dieser Übergangsteil behandelt die Situation der Agitatoren nach ihrer Flucht aus der Stadt. Er erzählt von ihrer Zeitnot und der Notwendigkeit, in der Sache des jungen Genossen zu entscheiden. Wir erfahren, daß der junge Genosse wieder zu sich gekommen ist. Als er den Kanonendonner in der Ferne hört, sieht er ein, »was er getan hatte« und nennt ihre »Sache« verloren (7,18 f.). Die Agitatoren glauben das nicht, aber »er ist erkannt und kann nicht entkommen.« (7,21). »Er darf nicht gefunden werden.« (7,24 f.). Das bezieht sich auf die Maßnahme, die sie treffen müssen. Entschieden wird aber in dieser Szene noch nicht.

Situations- und Formenanalyse: Außer der Kürze fällt an dieser Szene auf, daß es sich nur um einen Bericht an den Kontrollchor handelt und nicht zusätzlich um eine gespielte Szene. Das hängt damit zusammen, daß es ausschließlich um die Agitatoren geht, um ihr Verhalten und ihr Problem.[12] Deshalb führen sie den jungen Genossen nur mit Zitaten ein: ». . . sah ein, was er getan hatte und sagte: unsere Sache ist verloren.« (7,18 f.). Die Agitatoren diskutieren mit dem Chor, der diese Szene beherrscht. Der Chor eröffnet die Szene mit seinem Kommentar zur Flucht der Agitatoren. Er gibt deutlich zu erkennen, daß er nicht einverstanden ist, daß die Agitatoren beschlossen haben, zu flüchten. »Die Unruhe wächst in der Stadt, aber die Führung flieht über die Stadtgrenze!« (7,4 f.). Er fordert sie auf zu erzählen, welche Maßnahme sie bezüglich des jungen Genossen getroffen haben. Und wieder weisen die Agitatoren den Chor zurecht: ». . . es ist leicht, das Richtige zu wissen . . . wenn man Monate Zeit hat« (7,9-11). Ihre Zeit ist sehr begrenzt und ihre Situation sehr kritisch. Sie berichten dem Chor weiter, daß die Verfolger ihnen auf den Fersen sitzen. Der Chor muß das wissen, weil diese Tatsache unentbehrlich ist für die Beurteilung der Maßnahme, die sie treffen mußten. Der Chor versteht die Zurechtweisung und beschreibt in einem kommentierenden Lied die gefährliche Position derjenigen, die für die Unterdrückten kämpfen. Am Ende des Liedes identifiziert sich der Chor mit diesen

Kämpfern und spricht nicht mehr über sie in der dritten Person, sondern sagt: »Wir dürfen nicht gefunden werden.« (7,43) Er erklärt sein Einverständnis mit der Aussage der Agitatoren zur Begründung ihrer Maßnahme: »Er darf nicht gefunden werden.« (7,24 f.). Das ist die Praxis zu den Worten, die der Leiter des Parteihauses in Szene 2 gesprochen hat.

Interpretation: Obwohl also dieser Übergangsteil informiert über die Position der Agitatoren, dient er vor allem dazu zu zeigen, daß der Chor die Situation kennt und begreift und damit einverstanden ist, daß der junge Genosse verschwinden muß. Also antizipiert dieser kurze Teil die eigentliche Maßnahme, die im folgenden Teil gezeigt wird.

8. Szene: »Die Maßnahme«

Fabel: Der Titelteil von »*Die Maßnahme*« berichtet von dem unvermeidbaren Beschluß der Agitatoren, den jungen Genossen zu töten (»und ihn können wir nicht mitnehmen und nicht da lassen« 8,6), der Verantwortung für diesen schrecklichen Beschluß gegenüber dem Chor und schließlich, wie der junge Genosse ihre Entscheidung begreift und akzeptiert. Wir erfahren von den Agitatoren, daß sie keinen anderen Ausweg sahen. Dazu trug auch ihre schwierige Situation bei (»Bei der Kürze der Zeit fanden wir keinen Ausweg«, 8,14) und »fünf Minuten im Angesicht der Verfolger« 8,18). Auch sie fanden ihre Entscheidung furchtbar (»FURCHTBAR IST ES, ZU TÖTEN.« 8,26). Vom jungen Genossen erfahren wir, daß er sich beschuldigt, ein schlechter Revolutionär gewesen zu sein, der total gescheitert ist. Aber die Agitatoren widerlegen das und sagen, daß er »nicht nur« geschadet hat (8,69) und der Revolution von großem Nutzen gewesen ist. Schließlich sieht der junge Genosse ein, daß es für die Revolution notwendig ist, daß er verschwindet. Als er darum bittet, helfen ihm seine Genossen in den letzten Minuten.

Situations- und Formanalyse: Die Verantwortung der Entscheidung dem Kontrollchor gegenüber ist für die Agitatoren sehr wichtig, aber auch für den Chor selbst, denn nach der üblichen Information über die Situation unterbricht er sie mit der Frage: »Fandet ihr keinen Ausweg?« (8,12). Durch die Information wird die Entscheidung schon motiviert: »dann muß er verschwinden, und zwar ganz. *Denn wir müssen zurück zu unserer Arbeit*« (8,4 f.). Weiterhin wird berichtet, woraus die Maßnahme zu seinem Verschwinden besteht. Es ist eine äußerste Maßnahme (»also müssen wir ihn erschießen und in die Kalkgrube werfen denn der Kalk verbrennt ihn.« (8,9 f.). Tod und Verbrennung: daher die Frage des Chores. Als Antwort folgt eine noch sorgfältigere Verantwortung, wobei nicht nur die praktischen Umstände eine Rolle spielen, sondern auch ihr Gewissen: »Fünf Minuten ... dachten wir nach über eine bessere Möglichkeit.« (8,18-20). Nachdem sie das gesagt haben, bitten sie den Chor, ebenfalls über eine bessere Möglichkeit nachzudenken. Nach der im Text angegebenen *Denkpause* (8,23) drücken die Agitatoren ihre Meinung und ihre Gefühle aus über die Tötung des jungen Kameraden. ». . . abzuschneiden den eigenen Fuß vom Körper.« (8,25). Sie sehen den jungen Genossen als ihren *Genossen* an und sind solidarisch mit ihm. Sie sehen ihn *nicht als einen Verräter*. Sein Tod ist auch *keine Strafe*. Angesichts der Situation und für den Fortschritt der Revolution ist er unvermeidlich: »Aber nicht andere nur, auch uns töten wir, wenn es nottut« (8,27). Der Satz, der ihre Gefühle zum Ausdruck bringt, ist im Text hervorgehoben: »FURCHTBAR IST ES, ZU TÖTEN.« (8,26). Die Anwendung von Gewalt zur Veränderung einer »tötenden Welt« (8,29 f.) ist eine bittere Notwendigkeit und nur zu motivieren, so die Agitatoren, »mit dem unbeugsamen Willen, die Welt zu verändern« (8,33 f.). Der Chor begreift jetzt, daß es für die Agitatoren nicht einfach war, ihre Maßnahme auszuführen. Er sieht ein, daß nicht sie »ihm sein Urteil« sprachen, »sondern die Wirklichkeit« (8,41 f.).

Es folgt kurz und schlicht das letzte Gespräch zwischen den Agitatoren und dem jungen Genossen. Zum letzten Mal wird dem Chor etwas vorgespielt. Wir erfahren, daß die Agitatoren ihn noch fragten, ob er mit ihrem Beschluß einverstanden ist. Nicht, um ihm die Chance zu geben, seinen Tod zu verhindern, sondern um ihn begreifen zu lassen, daß und warum es nicht anders geht: »Wenn du gefaßt wirst, werden sie dich erschießen, und da du erkannt wirst, ist unsere Arbeit verraten. Also müssen wir dich erschießen . . .« (8,52-54). Da auch der junge Genosse keinen anderen Ausweg weiß, erklärt er sich damit einverstanden. Seine Selbstanklage wird von den Agitatoren widerlegt. Ihre Frage: »Willst du es allein tun?« (8,73) beantwortet der junge Genosse: »Helft mir.« (8,75). Er schließt mit einer hoffnungsvollen Losung, die er vom Leiter des Parteihauses aus Szene 2 übernommen hat: »Im Interesse des Kommunismus . . .« (8,80-84 = 2,53-55).[13] Die vorgespielte Szene ist da zu Ende. Die Agitatoren beschließen ihren Bericht an den Chor: »Dann erschossen wir ihn . . . kehrten wir zurück zu unserer Arbeit.« (8,86-89). Über diese Arbeit urteilt der Chor in seinem Schlußgesang und zitiert dabei seine eigenen Worte vom Anfang »Und eure Arbeit war glücklich« (8,91; 0,2).[14] Er zitiert auch die Agitatoren aus Szene 1: »ihr habt verbreitet die Lehren der Klassiker, das ABC des Kommunismus . . .« (8,92-94; 1,67 f.).[14] Und wieder seine eigenen Worte aus der Einleitung »Und die Revolution marschiert auch dort« (8,98; 0,3).[14] All diese Klischees vom Anfang, diese Sprüche sind damit zu Feststellungen geworden, die auf Wirklichkeit beruhen. Die letzten Worte des Chors gelten den Erfahrungen der Agitatoren, die – auf einem höheren und allgemeineren Niveau – als Beispiel angeführt wurden für alle, die die Wirklichkeit als Lehrmeister im revolutionären Kampf akzeptieren. »Nur belehrt von der Wirklichkeit können wir die Wirklichkeit ändern.« (8,107 f.).

Interpretation: Die Bedeutung dieser Szene und auch des ganzen Stücks sind in diesen Schlußbetrachtungen des Chors enthalten.[15] Die Ereignisse um den jungen Genossen zeigen, »wieviel nötig ist, die Welt zu verändern« (8,101 f.). Das Stück handelt also nicht vom tragischen Untergang eines ungestümen Revolutionärs, dessen redliche Gefühle ihn schließlich teuer zu stehen kommen und der sich selbst zum Opfer fällt. Nicht der junge Genosse spielt die Hauptrolle in dem Stück, sondern der Kontrollchor. Der *lernt* anhand der gezeigten Beispiele, daß im revolutionären Kampf die Wirklichkeit bestimmt, wie die revolutionären Prinzipien angewandt werden müssen, um die herrschende gesellschaftliche Wirklichkeit zu verändern. Das *Verhalten* des jungen Genossen, dem *Verhalten* der Agitatoren gegenübergestellt, hat die Funktion eines *Beispiels* und darf sicher nicht ›realistisch‹ aufgefaßt werden.

Bedeutung für uns: Wir begreifen nun gerade aufgrund dieser Analyse, daß der *Chor* die Hauptrolle spielt: er lernt, nach den Maßstäben der Wirklichkeit zu urteilen, er und nicht der junge Genosse oder die Agitatoren erfahren eine wesentliche Veränderung. Das macht es überflüssig, ausführlich zu diskutieren, ob der Tod des jungen Genossen verhindert werden kann. Die Tatsache, daß er getötet werden *mußte,* ist der »Stoff«, an dem der Chor lernt, und allein auf diesen Lernprozeß kommt es an. So streng sind die Anforderungen an die revolutionären Kämpfer.

Das Tagebuch von Che Guevara berichtet einen vergleichbaren Vorfall zur Zeit des Aufmarsches der noch kleinen revolutionären Einheiten auf der Insel Cuba. Die Wirklichkeit dieses Kampfes zwang ihn, einen Mitkämpfer *im Interesse dieses Kampfes* zu töten.

In diesem Stadium unserer »Analyse« zweifelt nur noch einer aus unserer Gruppe. Aber dieser Zweifel gilt nicht der Unvermeidbarkeit des Todes des jungen Genossen oder der Anwendung von Gewalt im allgemeinen, sondern der *Notwendigkeit des Kampfes.*

Phase 2: Einstudierung

Der Entschluß, *»Die Maßnahme«* auch einzustudieren, wurde in dem Augenblick gefaßt, als die Teilnehmer des Projektes begriffen, daß die körperliche Erfahrung, die Umsetzung des Textes in Bild, Gebärden, Klänge und Raum eine Erweiterung ihres inhaltlichen Textverständnisses sein würde. Schon bei der Analyse von Szene 3, *»Der Stein«,* sahen wir ganz deutlich, wie die Kulis ihr eigenes Elend in einer sehr disziplinierten Form *besingen.* Auf diese Art und Weise schaffen sie eine Distanz und kommentieren gleichzeitig ihre gesellschaftliche

Funktion. Auch der junge Genosse distanziert sich von seinen Emotionen, wenn er *darüber spricht:* »Schwer ist es, ohne Mitleid diese Männer zu sehen«. Der Unterschied zwischen Spieler und Rolle, die Nicht-Identifikation, die sich formal schon durch die Ankündigungen, wer welche Rolle spielt (»Ich bin der Leiter des letzten Parteihauses . . .« etc.) und durch den Gebrauch der Masken in Szene 2 andeutet, erhält nun auch Gestalt im Spiel. Die Verfremdung, die Brecht selbst in der äußeren *und* in der inneren Form des Textes anwendet,[16] gilt in erster Linie für den Spieler selbst. Ihm wird Gelegenheit gegeben, den *Beispiel-* oder *Modell*charakter des Stückes darzustellen. Das heißt, der Spieler *demonstriert.*

Um Menschen *mit* ihren Emotionen darzustellen (und darum geht es hier auf jeden Fall), ohne sich damit zu identifizieren, benötigt man besondere Techniken. Die aber werden, besieht man sich den heutigen Stand von Theaterspiel und dessen Untersuchung in der Ausbildung von Schauspieler und Regisseur, gar nicht oder kaum angeboten. Die Kenntnisse und Erfahrungen mit Theaterspiel bei den Projektteilnehmern, die ja alle an der Theaterschule die Regieausbildung belegt hatten, reichen nicht weiter als bis zu einer unanalysierten Mischung von Rhetorik und Stanislawski-artigen Einfühlungstechniken. Die theoretische Arbeit mit der *Maßnahme* ließ in dem Maße, in dem die Einsicht für die gesellschaftliche und politische Bedeutung stieg, das Bedürfnis nach der Entwicklung adäquater Ausdrucksmittel sehr stark werden. Der Bedeutung des Stückes in sicht- und tastbarer Form Ausdruck zu verleihen, so nahmen wir außerdem an, würde uns die Auffassungen über Gesellschaft und die Funktion des Theaters in ihr näherbringen; wir würden gezwungen sein, uns dem verbindlicher zu stellen als in der rein theoretischen Arbeit. Wie notwendig diese Konkretisierung war, wird ersichtlich aus der herrschenden Unzufriedenheit über das ›Fach‹ und die Ausbildung. Wir hatten jetzt die Gelegenheit, unser Fach mit den geeigneten Mitteln kritisch zu befragen und ihm vielleicht durch eine andere gesellschaftliche Zuordnung einen neuen Inhalt zu geben.

Sehr schnell entschlossen wir uns dann auch, unsere Inszenierung einem Publikum vorzuführen. Und das aus einfachen Gründen: wir wollten unsere Befunde in der Praxis beweisen können. Es war uns ebenso schnell klar, daß wir uns dadurch auch Einschränkungen auferlegen mußten hinsichtlich der Auswahl eines bestimmten Publikums. Wir wußten, daß diese Einschränkung vor allem eine politische war, weil wir begriffen, daß »Die Maßnahme« keine Tragödie, sondern ein *Beispiel politischen Verhaltens* ist.

Bevor wir mit der praktischen Einstudierung des Stückes begannen, waren diese Überlegungen für die Gestaltung unserer Praxis deutlich und bekannt. Das hat aber nicht verhindern können, daß wir – da die früheren Erfahrungen eines jeden von uns sehr verschiedene waren – während der Proben lange Zeit sehr chaotisch und ins Blaue hinein nach adäquaten Ausdrucksformen gesucht haben. Erst sehr spät konnten wir alles einigermaßen ordnen. Dann erst konnten wir auch wirklich vor einem Publikum spielen. Im Bericht sollen die Gründe dafür angegeben werden.

1. ›Experimente‹

Nach der Phase der Textanalyse und -interpretation und dem ausführlicheren Einblick in das Brechtsche Theater durch unsere Exkursion nach Berlin (s. u. S. 351 f.), hatten wir den »Alternative«-Artikel von Reiner Steinweg über das Lehrstück von Brecht (Steinweg 1971 a) gründlich durchgearbeitet. Trotzdem schien es uns, als ob wir das, wie auch die im gleichen Alternative-Heft abgedruckten Äußerungen Brechts zum Lehrstück, vergessen hätten, sobald wir anfingen, ›praktisch‹ zu arbeiten. Es ging uns darum, eine adäquate Ausdrucksform zu finden für die Bedeutung, die wir im Stück festgestellt hatten. Aber sogar dafür fehlten uns die geeigneten Techniken. Wir stützten uns auf verschiedene andere Erfahrungen, die wir gemacht hatten, und fingen an, weit entfernt von der Bedeutung des Stückes, zu improvisieren. Fälschlicherweise hielten wir das für das ›soziologische Experiment‹, von dem Reiner Steinweg in seinem Artikel sprach. Unsere ›Experimente‹ betrafen in erster Linie die räumlichen Anordnungen. Logisch, denn der erste Schritt von der Theorie zur Praxis ist es, sich vom Stuhl zu erheben, aufzuhören zu sprechen und zu laufen anzufangen. Willkürlich fingen wir an, willkürliche Szenen im Raum aufzubauen. Das Verhältnis

zwischen den Agitatoren und dem Chor überschlugen wir
zunächst und entschieden uns für die sogenannten Vorspiel-
szenen. Mit Szene 3 »Der Stein«, einer spektakulären »Laufsze-
ne«, beschäftigten wir uns besonders. Wir hatten nicht vergessen, daß Brecht für das Prinzip des kontinuierlichen Rollentausches plädierte[17], und jeder mußte vor allem die Rolle des
jungen Genossen spielen. Wir zogen Kreise, Geraden und
Diagonalen, bis wir schließlich einsahen, daß wir herumliefen
wie Pferde mit Scheuklappen in einer Tretmühle.

Das gleiche passierte, als wir genauso willkürlich versuchten,
einzelne Szenen rhythmisch zu strukturieren – einzeln und
gemeinsam. Wir versuchten sie stehend, laufend oder sitzend
darzustellen. Auch hier mußten wir sehr bald einsehen, daß
die Wahl einer bestimmten Sprech- oder Bewegungsart oder
einer bestimmten räumlichen Organisation vollkommen zufällig war und nicht unabwendbar und unvermeidlich sich
entwickelte aus dem vorher festgelegten stilistischen Prinzip.

2. Stilistische Prinzipien

Die erste Diskussion, in der wir versuchten, richtungweisende
stilistische Prinzipien festzulegen, führte uns zum *Grundgestus* des ganzen Stückes. Brecht selbst unterstützte uns dabei
mit seinen Ausführungen in seinen theoretischen Schriften
(u. a. dem »Kleinen Organon, T 16). Wir verstanden unter
»Grundgestus« – ebenso wie Brecht – das *Basismotiv* (Motiv
bedeutet hier *Beweggrund*), auf dem das *Verhalten* und die
Handlungen der Personen in den einzelnen, aufeinander folgenden Situationen aufgebaut sind. Dieses Basismotiv wurde
uns klar anhand der politischen Bedeutung des Stücks. Der
Kontrollchor lernt von den Agitatoren, daß die Wirklichkeit
der revolutionären Aktivitäten bestimmt, ob die gewünschte
revolutionäre Veränderung zustande kommt und nach welchen Maßstäben darüber zu urteilen ist. In der »*Maßnahme*«
ist nicht der junge Genosse die Hauptperson, sondern der
Kontrollchor. Das brachte uns dazu, den Grundgestus der
»*Maßnahme*« als eine *Belehrung* aufzufassen. Die geschichtete
Struktur der »*Maßnahme*« (die Agitatoren berichten von ihren Erlebnissen und spielen dem *Chor* Teile davon vor) ließ
uns begreifen, daß die gespielten Szenen, in denen der junge

Genosse vorkommt, den Charakter einer *Demonstration* haben mußten. Um so mehr, als es sich um *Beispiele politischen Verhaltens unter bestimmten Umständen* handelte. Damit stand fest, daß auf jeden Fall der Spielstil der vorgespielten Szenen und der Diskussionsrahmen, der diese Szenen umschließt, scharf voneinander abgegrenzt werden mußten. Bevor wir jedoch einen echten konsistenten Spielstil entwickelten, mußte noch sehr viel Wasser den Rhein hinunterfließen. Denn auch wenn wir die Notwendigkeit schon festgestellt hatten, – eine *Methode* zur Entwicklung eines solchen Stiles hatten wir nicht.

Nachdem wir den Grundgestus für das ganze Stück herausgefunden hatten, fiel es uns nicht schwer, den Grundgestus jeder einzelnen Szene zu bestimmen. Wir achteten dabei auf das Verhältnis der Agitatoren zum Kontrollchor und auf die Entwicklung dieses Verhältnisses.

Musik setzten wir zum ersten Mal im Eingangschor ein. Das brachte uns dazu, dem Wort *Belehrung* das Wort *agitatorisch* hinzuzufügen. Der Chor lernt nämlich nicht nur etwas, sondern er tut das auf *agitatorische* Art und Weise: Von den Agitatoren selbst zur Einsicht gebracht, lernt der Chor sichtbar für uns so, daß wir auch davon lernen. Das, was der Chor lernt, spornt zur Nachahmung an. Die Musik sollte diesen agitatorischen Charakter tragen und das Spiel auch. Im Prozeß der Gestaltung dieses Stilprinzips hat lange (zu lange) Zeit hindurch der konsequente Rollentausch eine sehr wichtige Funktion gehabt. Abgesehen davon, daß Brecht das selber angeraten hat, wandten wir dieses Prinzip an, um zu verhindern, daß wir uns mit einer bestimmten Rolle identifizierten. Zusätzlich wollten wir das von Steinweg vorgeschlagene Prinzip der Kopie ausprobieren und entwickeln. Der Rollentausch hängt auch damit zusammen, daß das Stück für den Produzenten selbst Lerncharakter hat (jeder muß die Gelegenheit erhalten, dieselbe Lernerfahrung zu machen). Das warf uns auf unsere eigene gesellschaftliche Position zurück, auf die von *Studenten*, die sich auf eine *didaktische* Berufspraxis vorbereiteten. Wir beschlossen daher, in der Gestaltung von den räumlichen Möglichkeiten eines Klassenzimmers auszugehen.

3. Gestaltung

a) Mise-en-Scène

In der nun folgenden Periode versuchten wir zuerst einmal, dem von uns bestimmten Grundgestus *räumlich* Ausdruck zu geben. Wir fingen an, von uns als Schülern ausgehend, ein *Mise-en-Scene* festzulegen. Die Beziehungen zwischen den verschiedenen Rollen (Agitatoren – Chor, Agitatoren – junger Genosse) und unsere eigene Beziehung zu den zu spielenden Rollen wurden im Raum eines Klassenzimmers festgelegt. Wir benutzten dabei ein Basiselement von Klassenzimmern: *Stühle*. Ungewöhnlich für ein Klassenzimmer war das Klavier, das wir auch benötigten. Wir wollten das lieber als mechanisch erzeugte Musik, weil der Komponist auch bei der Produktion des Stückes ständig einbezogen bleiben sollte. Mit dem Klavier begannen wir also schon wieder, vom Klassenzimmer-Stil abzuweichen. Auch deswegen, weil wir – analog zu dem zentralen Platz, den der Kontrollchor einnimmt – das Klavier in die Mitte stellten und also direkt in Verbindung brachten mit der zentralen *Position* des Chores. Auch die Stühle stellten wir nicht ›normal‹ auf. Wir stellten sie im rechten Winkel auf beiden Seiten vom Klavier auf. Vier links und vier rechts vom Klavier. Auf diesen Stühlen sollten wir als wir selber sitzen, als Schüler, und aufstehend würden wir ›im Spiel‹ sein. Die ab Szene 2 vorgeschriebenen Masken sollten uns dabei hilfreich sein. Anfänglich meinten wir, für den Chor sei ein Auftritt nötig. Der fast feierliche Charakter des Anfangs rechtfertigte das. Der Parade-Charakter dieser Einleitung und die Tatsache, daß der Chor durch die Agitatoren unterbrochen wird, brachten uns dazu, zwischen den beiden Gruppen einen Niveauunterschied zu konstruieren. Dadurch gaben wir dem Chor die Gelegenheit, buchstäblich über die Agitatoren hinwegzusehen. Das brachte uns auf die Idee, den Chor auf das Klavier zu stellen. Anfangs erklomm der Chor das Klavier auch tatsächlich. Als wir später wieder davon absahen, uns ausdrücklich als Schüler einer Schule zu präsentieren, war das nicht mehr nötig. Von Anfang an stand der Chor auf oder hinter dem Klavier (im letzteren Fall auf einem Tisch.) Wir wurden uns wohl bewußt, daß das durch uns ausgesuchte Publikum wissen sollte, wer wir waren und mit welcher

Absicht wir dieses Stück spielten. Nicht als ›Schauspieler‹, sondern als ›Diskutanten‹, die mit Hilfe eines Theaterstückes eine Diskussion zustande bringen wollen, sollten wir bekannt sein.

Obwohl wir schon so weit abstrahierten, gaben wir doch anfangs die Stühle noch nicht auf. Im Gegenteil. Wir behielten die Stühle, weil wir entdeckt hatten, daß wir etwas damit tun konnten. Wir benutzten sie nicht nur, um darauf zu sitzen (zuerst als wir selber, dann als Agitatoren), wenn wir nicht ›im Spiel‹ waren. Wir nahmen sie sogar mit auf die Spielfläche vor dem Klavier und benutzten sie für alles, was wir ›andeuten‹ wollten, als Dekorationsstücke. Sie dienten uns als Reiskahn in Szene 3, als Fabriktor in Szene 4, weil wir gerne eine Platzandeutung geben wollten, als gewöhnliche Stühle in Szene 5 für den Händler und den jungen Genossen und als Säcke mit Propagandamaterial in Szene 6. Das führte zu fast expressionistischem Theaterspiel, als der junge Genosse begann, das Propagandamaterial zu zerreißen. Er schmiß also die Stühle auf einen Haufen und bahnte sich dann durch das Chaos von umgefallenen Stühlen einen Weg und rief aus: »Wir sind gekommen, euch zu helfen. Wir kommen aus Moskau.«

b) V-Effekt

Der Chor auf dem Klavier als Ausdruck seiner autoritären Position und der Gebrauch der vorhandenen Mittel in jedem beliebigen Raum (Stühle) waren Anwendungen des V-Effektes, im Bild wie auch im Spiel. Der Beispielcharakter der aufeinanderfolgenden Szenen ließ uns die Szenen als *Bilderreihen* auffassen. Der Chor auf dem Klavier mußte die Erinnerung an große Podeste wachrufen, mit roten Fahnen verziert, wie wir sie von den Paraden zur Erinnerung an die Oktoberrevolution oder den Feiern zum 1. Mai kennen. Die Bilder, die wir zeigen wollten, sollten diese Bilder nicht kopieren, sondern ›darüber erzählen‹, also *zitieren*. So beschlossen wir, die Spielszenen mit sogenannten *Tableaux* (lebenden Bildern) zu beginnen und zu beenden, die die Spieler für ein paar Sekunden »einfroren«. Danach fingen sie entweder an zu spielen oder lieferten den folgenden Kommentar der Agitatoren zu einer bestimmten Szene. Diese Tableaux hatten die Funktion, den sich steigernden Spannungsmomenten, die immer am

Ende der Szenen kommen, die Spannung der Steigerung selber zu nehmen und das Resultat davon zu behalten. So wird z. B. die Flucht des jungen Genossen am Ende der dritten Szene ›eingefroren‹, um das Flüchten und die Konsequenzen mit Nachdruck zu versehen. Das ist eine fast mechanische Benutzung des Spieles, und zwar so, daß das Spiel jedesmal aus solchem ›Einfrieren‹ aufgenommen wird und man sich deshalb nicht erst einstimmen muß. Auch für Wiederholungen vor einem Publikum wäre das nützlich. Es wirkt genauso wie das Zurückspulen oder Anhalten eines Bandes oder Filmes. Das war die gleiche Anwendung des V-Effektes wie die der unterbrechenden und kommentierenden Lieder.

Ein anderer V-Effekt innerhalb des Spieles war der Einsatz von Stühlen für alles, was wir szenisch andeuten wollten, und wofür Stühle die geeigneten Objekte waren. Um so gut wie möglich demonstrieren zu können, wollten wir in den Spielszenen ›realistische‹ Darstellungen möglichst vermeiden. Aber der Kampf zwischen dem Polizisten und dem jungen Genossen in Szene 4 ist ein realistisches Detail. Laut Regieanweisung geht dabei sogar die Pistole des Polizisten los. Wir glaubten, davon abstrahieren zu müssen, indem wir den Kampf nur andeuteten. Die Diskussion sollte stattfinden, aber anstatt den Polizisten niederzuschlagen, wollten wir nur einen Stuhl umschmeißen. Wir haben das dann nicht wirklich gemacht, denn daß diese Art von Abstraktion nur die Lachmuskeln reizen würde, war uns sofort klar. Es ging um das Prinzip, daß das, *was gesagt wurde, nicht auch getan werden mußte*. Mit anderen Worten, das Tun, die Aktion auf der Bühne, durfte *keine Illustration* des Textes sein. Jede Gebärde, jede Bewegung, jede Handlung mit Requisit mußte ihre eigene Bedeutung haben. Wenn man einen Stuhl umschmeißt anstatt einen Polizisten niederzuschlagen, während man sagt, daß man einen Polizisten niederschlägt, bleibt es für den Zuschauer doch ein Stuhl, der umgeschmissen wird. Er wird sich vielleicht fragen, warum man nicht den Darsteller des Polizisten berührt hat, sondern den Stuhl. Das Ganze wäre nicht nur lächerlich, sondern auch äußerst verwirrend und hat mit Verfremdung nichts mehr zu tun. Wir kamen davon ab, Stühle als Verfremdungsobjekte zu benutzen und hielten es für geboten, Verfremdung im Spiel selbst anzubringen. Von weiteren äu-

ßerlichen Mitteln sahen wir ab. Das hatte logischerweise zur
Folge, daß wir auch auf die Masken verzichteten, die im
Prinzip die gleiche Wirkung hatten wie die Stühle (zur ge-
naueren Begründung siehe unten).

c) ›Realismus‹

Im Rahmen der bis dahin gefundenen Formen, die vor allem
szenisch waren (der räumliche Ausdruck für die Beziehung
Chor-Agitatoren, die ›eingefrorenen‹ Tableaux), versuchten
wir, einen Spielstil zu entwickeln, der genau wie die ›Bilder‹
einen demonstrierenden Charakter hatte und den V-Effekt
einsetzte. Die Identifizierung mit der Rolle mußte – zwar
nicht nur, aber doch in besonderem Maße – bei der Rolle des
jungen Genossen vermieden werden. Der ständige Rollentausch war eine Möglichkeit, das zu garantieren. Wir sahen in
der vorgeschriebenen, depersonalisierenden Anwendung von
Masken eine weitere Möglichkeit – ebenso in der oben beschriebenen Benutzung von Stühlen. Als wir aber die Stühle
einsetzten, merkten wir, daß sie eine *Stellvertreter*funktion
erhielten. Wir ersetzten eine Szenenandeutung, die die Wirklichkeit wiedergibt, durch ein Objekt, das diese Wirklichkeit
erhellen mußte, indem es auf ungewöhnliche Weise dargestellt
wurde. Unsere praktischen Versuche bewiesen uns das Gegenteil: wir erreichten *stellvertretende Realität, aber immer
noch Realität*. Das heißt, wenn einmal die Stilkonvention
eingebürgert ist, wird jeder ohne Mühe akzeptieren, daß
Reiskähne durch Stühle dargestellt werden, und jeder wird also
Reiskähne sehen, auch wenn deren physische Erscheinungs-
form ein Stuhl ist. Es geht aber gar nicht um die Reiskähne,
sondern um das *Schleppen* dieser Reiskähne. Die Kulis ließen
wir deshalb vornübergebeugt gegen ein dickes Tau hängen,
damit der Nachdruck auf das Schleppen gelegt wurde. Das
Tau, das wegen des Gegengewichtes hinter dem Klavier verlief, fungierte als reines ›Technikum‹. Vom Lied der Reiskahnschlepper wurde nur der Refrain gesungen, die Strophen
wurden rhythmisch gesprochen, mit erhobenem Haupt.

Mutatis mutandis gilt das gleiche ebensosehr für den Gebrauch von Masken im Stück von dem Augenblick an, in dem
die Agitatoren »als Chinesen über die Grenze« gehen. Die
Szenen, in denen die Agitatoren als Chinesen auftreten, sind

die demonstrierenden Spielszenen vor dem Chor. Zwischendurch diskutieren die Agitatoren dauernd mit dem Chor, und *die* Beziehung ist auf jeden Fall die wichtigste im Stück. Das würde für die Inszenierung bedeuten: Maske auf, Maske ab. Nicht nur, daß das lächerlich wäre, – eine solch irrelevante und überflüssige Handlung müßte eigentlich ›verborgen‹ bleiben. Aber genau wie bei den Stühlen ergäbe die Anwendung von Masken *stellvertretenden Realismus*. Damit und nur damit würden die Agitatoren darstellen, daß sie Chinesen spielen. Merkwürdig genug konnten wir gerade deshalb die von Brecht eindeutig für einen V-Effekt bestimmten Masken und die von uns selbst erfundenen Stühle für ›realistisch‹ halten. *Symbolischer Realismus* ist vielleicht ein besserer Terminus.

Aber geht es überhaupt darum, daß sie Chinesen sind? Nein, es geht darum, daß sie *zu Chinesen werden*. Der Grundgestus von Szene 2 ist das Einverständnis mit der Anonymität bzw. mit der Illegalität. Und darum reicht es, wenn der Leiter des Parteihauses sagt: »Dann seid ihr von dieser Stunde an nicht mehr Niemand, sondern . . . Chinesen . . .«. Wir verzichteten also darauf, die von Brecht vorgeschriebenen Masken zu benutzen, und kristallisierten dadurch im Bild den Grundgestus besser heraus: die Anonymität zu akzeptieren, zu Chinesen zu *werden*. Aus diesem Grunde verzichteten wir ebenfalls darauf, die Namen der (drei) Agitatoren zu nennen. Entsprechend brauchten die Säcke mit Propagandamaterial in Szene 6 nicht gezeigt zu werden, da die Agitatoren sie schon in ihrer Information an den Chor erwähnt hatten. Und den Kampf mit dem Polizisten in Szene 4 stellten wir durch drei aufeinander bezogene Laufbewegungen und mit drei Griffen in Zeitlupe dar.

Was das Spiel betrifft, so waren wir vollkommen auf uns selber angewiesen. Auch hier verfielen wir sehr schnell dem (symbolischen) Realismus und nannten es der Einfachheit halber Peyton-Place-Stil (in Anlehnung an ein superrealistisches amerikanisches Fernseh-Familiendrama mit endlosen Folgen). Wir verstanden darunter das nachahmende Theaterspielen, die *Imitation* der Wirklichkeit der Figuren, so wie wir uns das mit den Gegebenheiten, die uns zur Verfügung standen, vorstellen konnten. Auch wenn wir recht gut wußten, daß es in der »*Maßnahme*« nicht um eine Entwicklung von Emotionen ging, sondern um eine Demonstration von Verhalten, so kann man doch bei den verschiedenen Figuren von Emotionen reden. Vor allem beim jungen Genossen, aber auch bei einer so unpersönlichen ›Figur‹ wie dem Chor.

Das sogenannte realistische Theaterspiel basiert auf der Darlegung von Emotionen. Das führt automatisch zum ›Psychologisieren‹, und man denkt nach über Umstände und Gründe, die außerhalb des Textes liegen und die das Motiv für die gemeinte Emotion oder den Gefühlsstrom liefern. Aber in der »*Maßnahme*« geht es nicht um derartige realistische Erklärungen dieser Emotionen, es geht darum, *daß es sie gibt.* Weil es sie gibt und *weil sie eine Rolle spielen,* müssen sie demonstriert werden. Es gibt sie, weil es verschiedene *Bewußtseinsstadien* gibt. Und die verschiedenen Bewußtseinsstadien führten zu dem Verhalten, um das es geht. Wir mußten also beim Theaterspiel auch vermeiden, *so-zu-tun-als-ob.*

d) Zitieren

Ohne die Arbeit an der Maßnahme zu unterbrechen, arbeiteten wir ein paar Wochen lang an einer Einstudierung von »*Der Jasager*« und »*Der Jasager und der Neinsager*«. Einige politische Gruppen hatten uns darum gebeten. Dabei erhielten wir mehr Einblicke in den demonstrierenden Charakter von Lehrstücken, wahrscheinlich, weil diese beiden einfacher strukturiert und abstrakter sind. Wir spielten sie völlig ohne Musik. Wir ahmten keine Situationen nach, wir taten nicht so, als ob es echt war, real, sondern wir *erzählten* eine Situation auf solche Art und Weise, daß man sich ein Urteil darüber bilden konnte. Das heißt, wir *zitierten.* Wir begriffen, daß wir bei der »Maßnahme« mit unseren zitierenden Bildern auf dem richtigen Wege waren und daß unser Spiel genau den gleichen Charakter tragen mußte. Und so landeten wir bei einer auch durch Brecht selbst beschriebenen *Übungsmethode* (s. o. S. 146, Text 130), die uns zeigte, wie wir beim Gebrauch des Textes deutlich machen konnten, daß es sich um Zitate handelt. Wir nannten diese Methode einfach die Zitatmethode. Sie bestand darin, den Texten der verschiedenen Figuren, besonders in den Spielszenen, ein »Er sagte . . .« (bzw. »sie sagten . . .«) oder ». . . sagte er.« (bzw. ». . . sagten sie.«) voranzustellen oder folgen zu lassen. Dadurch wurden verschiedene Trennungen bewirkt, eine unterschiedliche Tonhöhe zwischen »Er sagte . . .« und dem, was auf den Doppelpunkt folgte, dem eigentlichen Text. Sowohl das »Er sagte« als auch der folgende Text mußten deutlich herausgebracht werden. Anfangs neigten wir dazu, das wie ein Atemholen herunterzuschlucken. Es ging aber im Gegenteil darum, zwischem dem »Er sagte« und dem folgenden Text Atem zu holen. Auf diese Art und Weise wurde der eigentliche Text ent-fernt, es fand eine »Auseinander-Setzung« statt. Eine weitere Distanz entstand dadurch, daß das Zitat in der dritten Person zustande kam: »Er (oder sie) sagt (sagten)«. Was nach dem Doppelpunkt folgte, stand in der ersten Person. Hier wurden zu Anfang auch vielsagende Fehler gemacht. Man versprach sich und sagte: »Ich sagte . . .«, was auf Identifizierung hindeutet. Diese Übungsmethode hat wirklich zu einem Spielstil geführt, unter Anwendung verschiedener Techniken (s. u. Abschnitte f und g), die noch im ersten Stadium ihrer Entwicklung standen. Bei der weiteren Entwicklung dieser Techniken wurden wir jedoch durch zwei Faktoren stark behindert.

e) Rollentausch und Interpretation
Der bisher angewandte konsequente Rollentausch sollte nicht nur die Identifizierung mit einer bestimmten Rolle verhindern. Jeder von uns machte auch die Erfahrung aller Phasen einer Rolle. Das galt zwar vor allem für die Rolle des jungen Genossen, die jeder von uns spielen mußte, aber auch für die Rollen der Agitatoren und die Rollen, die sie innerhalb der Spielszenen annahmen. Wenn jeder wegen der spezifischen Erfahrung jede Rolle einstudierte, kann man sich denken, daß das eine sehr unpraktische Methode war, die unsere Arbeit nicht weniger als versiebenfachte. Wir konnten entweder unser Spiel überhaupt nicht intensivieren, oder wir verwahrlosten die anderen wegen eines einzigen Spielers. Dieser drohenden Oberflächlichkeit wegen kamen wir auch nicht dazu, einander zu kopieren. Es kostete schon Mühe genug, jeden mindestens einmal alles tun zu lassen. Deshalb beschlossen wir schließlich doch, eine Art Rollenverteilung festzulegen. Das Prinzip des Rollentausches ließen wir jedoch weiterhin bestehen. Wir verteilten die sieben Spieler in einen Chor von

drei Spielern und in vier Agitatoren. Zwei Versionen, A und B, haben wir dann einstudiert. Das heißt, drei der vier Agitatoren konnten den Chor ersetzen und die Chormitglieder konnten die Agitatoren spielen. Ein Spieler trat also nicht mehr in den Chor ein. Bei den vier Agitatoren machten wir eine feste Rollenverteilung per Szene. In Szene I spielte Nummer 1 den jungen Genossen, in Szene II Nummer 2 usw., so daß jeder den jungen Genossen spielen mußte und auch jedesmal bei einer anderen Agitatoren-Rolle landete. Jetzt aber war es so geregelt und festgelegt, daß man es nicht mehr ständig verändern konnte. Wir schufen damit auch die Möglichkeit, uns gegenseitig – wenn auch begrenzt – zu kopieren. Jede Rolle in jeder Szene war nun immer doppelt besetzt, außer der des Agitators Nummer 4, der sowohl in der Version A wie auch in B dieselben Rollen spielte.

Bei allem, was wir bisher (nach der Trial-and-Error Methode) ausprobiert hatten, hatten wir ein sehr wichtiges Element überschlagen und in den Hintergrund gerückt. Weil lange Zeit überhaupt nichts definitiv feststand, hatten wir auch die Intonation des Textes nicht bestimmt. Die Art der Aussprache ist jedoch ein direkter Niederschlag der eigenen Textinterpretation, sie ist ein Ausdruck davon. Sie gehört zum Gestaltungsprozeß und steht in direktem Zusammenhang mit der Gestaltung im Spiel, also auch mit den Techniken, die wir entwickeln und anwenden wollten. Erst nachdem wir die genaue Interpretation bei der Behandlung des Textes festlegten, konnte wir uns auch über Übungen und Methoden Gedanken machen, die uns dem gewünschten Spielstil näherbringen würden. Nachdem wir den Rollentausch in einen übersichtlichen Rahmen gebracht hatten, war es uns nun auch möglich geworden, den Text auswendig zu lernen. Das ist für die Übungen und die Einstudierung zweifellos wichtig. Dadurch war jetzt neben einer prinzipiellen Basis auch eine technische Basis für unsere Arbeit gegeben.

f) Spielstil

Das Ziel eines zitierenden Spielstils war die Demonstration. Die ebenfalls zitierenden szenischen Bilder, die wir bis dahin entworfen hatten, demonstrierten eine bestimmte Haltung oder ein bestimmtes Verhältnis. Indem wir beispielsweise die uns bekannten Bilder einer 1.-Mai-Feier positiv kritisierten, kamen wir zu einer Aufstellung des Chores. Diese *materialistische* Beschäftigung mit bestehenden Formen, um daraus neue Formen zu entwickeln, fanden wir auch bei Brecht selbst. *»Die Maßnahme«*, aber auch *»Der Jasager und der Neinsager«* sind Bearbeitungen von in einer anderen Kultur verankerten literarischen Texten. Die kritische Haltung diesem Stoff gegenüber führt *in der Anwendung, im Gebrauch,* zur bewußten gesellschaftlichen Benutzung dieses Stoffes. Der Einsatz von Eislers Musik bei der *»Maßnahme«* folgt ebenfalls diesem Prinzip (s. u. S. 364 f. den Aufsatz von Andriessen). Auch in unserer Version des Stückes wurde dieses Prinzip bei der Musik verfolgt, was automatisch zu neuer Musik führte (s. Andriessen).

Neue Spielstile sollten neu sein, soweit sie auf materialistische Art und Weise zustande gekommen sind als Kritik der bestehenden und uns bekannten Formen. Wir konzentrierten uns bei der Entwicklung von Spieltechniken auf die *Stimme,* die *Bewegung* und die *Gebärde.* Ausgangspunkt war die folgende Feststellung: Das, was gesagt oder getan wird, war nicht das Privateigentum des zufälligen Spielers. Deshalb mußte er versuchen, alles von sich ab-, von sich wegzusetzen: seinen Text über seine Stimme in den Raum zu projizieren und seine Handlung mit seinen Körperbewegungen und seinen Gebärden in den Raum zu stellen. Das Verhältnis der Spielflächen der einzelnen Spieler zueinander wurde sehr wichtig. Es führte zu fast geometrischen Figuren, die einen festen Verlauf hatten und auch rhythmisch strukturiert waren.

Es war wichtig, daß Stimme und Bewegung (oder Gebärde) so konsequent wie möglich voneinander getrennt wurden. Jede Gebärde mußte eine Bedeutung haben und begriffen werden können. Keine einzige Gebärde sollte Illustration des Textes sein. Illustrationen des Textes durch Gebärden wirken immer als Identifikationsmomente. Das heißt, der Spieler unterschreibt *aus seinen eigenen Emotionen heraus* die Aussage des Textes, anstatt sie zu demonstrieren. Gebärde, Bewegung und Gebrauch der Stimme mußten den Gestus der Szene wiedergeben und durften nicht direkt der Oberflächenstruktur folgen. Wenn beispielsweise in Szene 6 am Anfang erzählt wird, daß die Agitatoren unter großer Gefahr ihr Versteck erreichten, so ist das noch kein Grund, die Agitatoren zum Beispiel rennend und hinter sich blickend oder vorsichtig schleichend auf die Bühne kommen zu lassen. Aus ihrer Position als Informanten des Chores, die zu Beginn jeder Szene die gleiche war (mit dem Gesicht zum Klavier, mit dem Rücken zum Publikum), drehten sich die Agitatoren einfach um, suchten sich eine Position im Raum, drei als Agitatoren, einer als junger Genosse, und begannen direkt danach zu sprechen: »Was sind das für Säcke?«. Aus der Art, wie dieser Satz intoniert und vorgebracht wurde, mußte die ganze Haltung der Agitatoren sprechen: Hast, Erregung, Wut über das Verhalten des jungen Genossen, Angst davor, daß etwas schiefgehen könnte; sie wollen die Sache korrigieren, aber sie beherrschen sich noch. Eben deshalb standen die Agitatoren weit verstreut und der vorderste sagt den Satz. Die dann folgende Diskussion führten sie alle drei. In dem Maße, in dem die Diskussion immer heftiger wurde, rückten die Agitatoren näher zusammen, und der junge Genosse entfernte sich von ihnen. Die Agitatoren veränderten nichts am Volumen ihrer Stimmen, wohl aber am Rhythmus ihres Textes, wobei ihnen die beiden poetischen Passagen dieses Teiles sehr halfen. Der junge Genosse schraubte sein Stimmvolumen immer mehr auf. Er machte mit seiner Stimme nicht die Wellenbewegung der verschiedenen Phasen der Diskussion mit (beginnen, durchführen, abbrechen, aufs neue beginnen usw.). Nein, er baute sein Volumen planmäßig auf von klein nach groß, immer mehr, immer lauter, als ob man langsam die Lautstärke am Radio aufdreht. Am Ende brüllte er dann wirklich. Nicht in dem Augenblick, wenn er sagt: ». . . denn ich brülle«, sondern bei seinen allerletzten Worten, die er an ›die Menschheit‹ richtet: »Wir sind gekommen, euch zu helfen. Wir kommen aus Moskau.« Das brüllte er jedoch, nachdem er sich vom vorderen Teil der Spielfläche immer mehr nach hinten zurückgezogen hatte. Er stand jetzt mit dem Rücken zum Publikum, halb abgedeckt durch die Agitatoren, die sich zu einer kleinen Gruppe zusammengeschlossen hatten. Dort hinten drosch er seine pathetischen Phrasen. Für das Publikum fast nicht mehr zu verstehen und durch den Spieler auch mit der äußersten Kraftanstrengung vorgebracht. Die Stille, die danach eintrat, war sehr tief und schien länger zu dauern als sonst. Aber das stimmte nicht. Genauso wie am Ende aller anderen Szenen wurde auch dieses Schlußbild kurz eingefroren und festgehalten. Danach wurde es abgebrochen für den folgenden Bericht der Agitatoren an den Chor. Konsequenterweise berichtete der Spieler, der den jungen Genossen gespielt hatte, über seine Rolle, so daß er darüber dann in der dritten Person sprach. Am Ende von Szene 5 sagt der junge Genosse zum Beispiel zum Händler: »Ich kann nicht mit Ihnen essen«. Danach geht der Bericht weiter: »Das sagte er«. Das sagte derselbe Spieler. Die eingefrorene Haltung verdeutlichte den Übergang auf ein anderes Spielniveau. Der direkte Kommentar zum eigenen Spiel vergrößerte den Abstand. Die Projektion der Stimme in den Raum hinein sollte verhindern, daß der Eindruck entstand, als unterhielten sich ein junger Revolutionär und drei Agitatoren wie in Szene 1, wobei das Publikum zufällig zuhört und zusieht. Das, was sie sagen, hatte zu gleicher Zeit propagandistischen Wert und eine didaktische Funktion, nicht nur für die Produzenten, sondern auch für das Publikum. Weiterhin setzten wir unregelmäßig Pausen dazwischen, um den Text durch ungebräuchliche Betonungen zu unterbrechen. Diktion, Betonung und Rhythmisierung des Textes waren von Anfang an stark beeinflußt durch die Musik und die Art und Weise unseres Gesangs, die unsere Auffassung von ›Agitprop‹ wiedergaben. Wenn beispielsweise der junge Genosse am Ende von Szene 2 die Agitatoren zitiert, dann erst, nachdem er nach vorne gesprungen war und sich halb vornüber gebeugt und seine Faust in die Luft gestoßen hatte (alles nacheinander), mit hoher Stimme, auf gleicher Stimmlage, ohne Pausen, in einem Atemzug, als ob ein Maschinengewehr leergeschossen würde. Die Agitatoren sahen sich das ein wenig aus der Entfernung an. Die leicht vornübergebeugte Haltung und die erhobene Faust bildeten eine *exemplarische* Gebärde. Exemplarisch, weil sie die Haltung und das Verhalten des jungen Genossen verdeutlichten. Die Gebärde war mehr als eine Illustration, weil sie dem Text *voran*ging, der zitiert, was die Agitatoren gesagt hatten. Wenn die Gebärde gleichzeitig oder danach gekommen wäre, dann hätte sich der junge Genosse lächerlich gemacht oder sich selbst kommentiert, was nicht gemeint ist. Außerdem kritisierte die Gebärde die Posterkunst des sozialistischen Realismus in positivem Sinne. Nicht, indem sie sie lächerlich machte, sondern gerade um zu zeigen, was das alles bedeutet und wie wenig der junge Genosse in diesem Augenblick noch davon begreift. Dadurch war schon angelegt, daß das Publikum begreift: ».. . wieviel nötig ist, die Welt zu verändern«.

Ein anderes Beispiel für exemplarische Gebärden findet man in Szene 5, wo der Händler dem jungen Genossen gegenübersaß. Weil wir keine Stühle mehr benutzten, saßen die beiden auf dem Boden, genau einander gegenüber. Der junge Genosse setzte sich als erster, nachdem der Händler ihn aufgefordert hatte: »Setze dich bitte (ausladende große Gebärde mit der Hand, als ob er auf ein komfortables Sofa weist) hierhin«. Der junge Genosse saß wie auf einer Stuhlkante: er lehnte sich nach vorne und konnte durch seine Schneidersitzhaltung nur schwer sein Gleichgewicht halten. Der Händler lehnte sich jedoch komfortabel an und verlagerte sein Gewicht nach hinten. Bei der Diskussion kam der Händler immer nur ein wenig nach vorne, wenn er etwas sagte und blieb immer auf Abstand. Der junge Genosse steht ganz deutlich unter Spannung und will nur ein Ding: Waffen, und zwar so schnell wie möglich. Er beugte sich vornüber und lehnte sich praktisch nie an. Erst beim Lied des Händlers tat er das. Der Händler selbst stand dann auf und sang sein Lied an drei verschiedenen Stellen. Er stand wirklich extra dafür auf, und wenn er sich für die nächste Strophe vom einen zum anderen Platz begab, kündigte er sich quasi selber an, wie ein Conferencier eine Berühmtheit auf dem Podium vorstellt. Ich muß mich notwendigerweise sehr beschränken und kann nur einige Beispiele für den Einsatz von Stimme, Ton, Bewegung und exemplarischen Gebärden anführen. Es muß aber auch gesagt werden, daß es uns längst nicht immer geglückt ist, diese Techniken anzuwenden oder zu entwickeln. Das war der Grund dafür, daß wir am Ende unserer Übungs- und Probenzeit einen ziemlich ungleichgewichtigen Aufbau feststellen konnten, trotz einer dreimonatigen Verlängerung.

g) Proben

Weil wir nur noch wenig Zeit hatten, legten wir in der letzten Phase in endlosen Proben das, was wir gefunden hatten, in den zwei Spielversionen fest. Ungefähr einen Monat lang probten wir etwa dreimal pro Woche. Die einzelnen Rollen zu kopieren, auf materialistische Weise unsere Rollen zu kritisieren, indem wir sie weiterentwickelten, gelang uns nur in Ausnahmefällen. Meistens begnügten wir uns damit, die Rollen nach den entwickelten Auffassungen einzupauken. Wir konnten wohl dadurch die Rollen der anderen auch übernehmen, konnten von einer Version in die andere übergehen, aber innerhalb des Spiels jedes einzelnen mußte man von unterschiedlichem Aufbau sprechen. Auch dem Aufbau der Szene, dem gleichmäßigen *Ablauf*, hätte mehr Aufmerksamkeit gewidmet werden müssen. Die montageartige Technik, die durch die Bildeinfrierungen am Anfang und Ende zustande kam, brachte wichtige Markierungspunkte, aber an der Rhythmisierung des Textes ist viel zu wenig gearbeitet worden. Das gilt sowohl für die einzelnen Rollen als auch für das Verhältnis der Rollen zueinander. Durch die Musik unterstützt, glückte das noch am ehesten beim Lied der Kulis. Nur der Refrain wurde gesungen, die Strophen durch die zwei Kulis zusammen gesprochen. Ebenfalls durch Musik unterstützt, schafften wir eine deutliche Rhythmisierung der poetischen Stücke der Agitatoren in Szene 6. Wir sahen davon ab, die Agitatoren ihre Texte gemeinsam sprechen zu lassen, obwohl das in den Anweisungen steht.[18] Wir wurden dazu durch den autoritären Eindruck gebracht, den solch ›massenhaftes‹ Sprechen hinterließ. Dadurch wurde die Aufgabe für die einzelnen Spieler außerdem einfacher. Wir entfernten uns von der kollektiven Idee und entnahmen daraus für uns die Möglichkeit, eine bestimmte Art gemeinsamen Textvortrages zu entwickeln, die etwas anderes sein sollte, als eine Lektion aufzusagen, und trotzdem kein Singen sein würde. Schließlich aber wurde es uns doch klar, daß wir zum Publikum hin eine zu geschlossene Form entwickelt hatten. Da wir die Agitatoren mit dem Rücken zum Publikum mit dem Chor diskutieren ließen, hatten wir Spielfläche und Publikum getrennt, anstatt die Spielfläche mit Hilfe von Diagonalen zum Publikum hin durchzuziehen.

Bei einem Gestaltungsprozeß gibt man einem Inhalt, einer Bedeutung eine Form. So war es auch bei uns. Man stellt in einer bestimmten Form dar, was in dem Text enthalten ist. Der Text an sich ist schon eine Form, eine *Veräußerlichung*. Das Begreifen eines Textes läuft in erster Linie auf intellektuelle Art ab, über das Lesen. Man stellt sich meistens etwas dabei vor. Die Veräußerlichung in tastbaren, dreidimensionalen Formen fügt dem eine Dimension hinzu. Obwohl man sich mit dem Begreifen auf intellektuellem Niveau begnügen kann, fügt die *körperliche* Erfahrung, die durch das Spiel, durch Stimme und Bewegung zustande kommt, diesem Begriff etwas hinzu. Auf dem Niveau dieser *praktischen* Erfahrung wird deutlich, daß man aufgrund eines politischen *Standpunkts* eine bestimmte Form wählt, aber dazu die verschiedenen Möglichkeiten, die es gibt, daß das Ausprobieren dieser verschiedenen Möglichkeiten der Formgebung diesen Standpunkt vertieft, manchmal auch *ändert* und jedenfalls dazu zwingt, ihn sich in verstärktem Maße zu eigen zu machen. Denn dieser Standpunkt und nicht bloß die Form muß übertragen und verteidigt werden, und zwar eindeutig. So wurde uns z. B. durch die Auseinandersetzung mit unseren Realismus-Problemen klar, daß es um *Haltungen* geht und nicht um Stimmungen. Für die politische Bedeutung dieses Stückes ist das außerordentlich wichtig.

Eine besondere Eigenschaft der Veräußerlichung ist aber auch ihre Wahrnehmbarkeit. Man könnte natürlich die während der Einstudierung gefundene Gestaltung für sich behalten. Aber dann vergißt man eine ihrer wichtigsten Eigenschaften: Die Wahrnehmung der Form wird nämlich den Teilnehmern, den Produzenten selbst, wohl gestattet. Denn sie spielen ja nicht nur, sie sehen auch zu. In erster Linie für sie ist es wichtig, denn die Produzenten sind der erste Prüfstein, daß die Form die Bedeutung so scharf wie möglich und vollkommen eindeutig wiedergibt. Wenn (wie bei der »Maßnahme«) die Bedeutung *im propagandistischen Charakter des Textes liegt und mit dem Text Agitation betrieben werden soll, dann wäre es merkwürdig, wenn man, mit möglichst scharfen Formen, die Agitation an sich und für sich allein betriebe.* Mit anderen Worten, die Behauptung, daß das Lehrstück nur für seine Produzenten gedacht sein soll, ist in jedem Fall für die »Maßnahme« nicht haltbar.[19] Die Arbeit an dem Stück, in all seinen Stadien, hatte in erster Linie eine politisch-didaktische Bedeutung für die Teilnehmer. Diese politisch-didaktische Bedeutung wird vergrößert durch eine Konfrontation mit dem Publikum. Das Publikum würde nicht nur wahrnehmen müssen, sondern durch die Wahrnehmung angespornt werden, teilzunehmen. Das Publikum würde *Mitproduzent,* indem es beispielsweise nach der Aufführung über das Stück diskutiert, eventuell Vorschläge macht für Veränderungen oder Fragen stellt zur Bedeutung einer bestimmten Szene, die vielleicht dann noch einmal gespielt werden kann.

Das brachte uns schon sehr bald während der Probenzeiten zu dem Entschluß, das Stück einem Publikum vorzuspielen. Dabei war es für uns selbstverständlich, daß man nur vor einem Publikum spielen konnte, von dem zu erwarten war, daß es durch das Stück auch zum Mitproduzenten gemacht werden konnte. Das hieß, wir wollten vor Gruppen spielen, die auf die eine oder andere Weise politisch organisiert waren und bei denen einerseits eine vergleichbare gesellschaftliche Situation und andererseits Interesse an der im Stück behandelten Problematik vorhanden war. Wir besuchten also unser Publikum vor der Aufführung und informierten über unsere Arbeit und unsere Absichten mit einem Informationspapier. Vertreter der verschiedenen Gruppen besuchten unsere Proben und beschlossen danach (und nach kurzer Diskussion), ob das Stück vor ihrer Gruppe aufgeführt werden sollte. Wir spielten zweimal vor politisierten Gruppierungen von Sozialarbeiterfachhochschulen in Amstelhoorm und de Horst (wegen der vergleichbaren Ausbildungssituation), zweimal vor politischen Theatergruppen (Proloog und Sater), zweimal vor den kommunistischen Chören »Morgenrood« in Rotterdam und Amsterdam (wegen des oratorischen Charakters der »Maßnahme«), zweimal vor dem Arbeitskreis Sjalom,[20] einmal für Mitglieder, einmal für die Kader (Entwicklung von der Theorie zur Praxis), einmal für die vor allem praktisch operierende Stadtteilgruppe »De Starke Arm«, einmal vor der portugiesischen Vereinigung »Widerstand und Arbeit« (auf Wunsch eines aus Portugal geflüchteten Mitstudenten, der sich inzwischen unserer Gruppe angeschlossen hat), einmal vor einer Gruppe von Schülern der Utrechtschen Akademie für »Expression durch Wort und Gebärde«, weil die sich auch schon einige Zeit mit der »Maßnahme« beschäftigt hatte. Schließlich spielten wir einmal für Interessenten und Freunde, die einzige öffentliche Vorstellung also, und einmal vor Mitstudenten und Dozenten der eigenen Schule. – Die beiden letzten Vorstellungen fielen aus dem engen politischen Rahmen heraus, den das Stück fordert. Sie hatten daher vor allem informativen Charakter.

Am liebsten spielten wir das Stück am gewohnten Versammlungsort der Gruppen. Dem technischen Nachteil, immer wieder in einem anderen Raum spielen zu müssen, stand der Vorteil gegenüber, daß damit für das Publikum die günstigsten Voraussetzungen geschaffen waren, sich zum Mit-Produzenten machen zu lassen. Das Interesse, das man an der Vorführung nehmen mußte, wurde dann eher begriffen. In einem Fall (bei der Vorstellung für den »Starken Arm«) spielten wir in unseren Probenräumen, und es entstand beim Publikum deutlich der Eindruck, daß es unseretwegen dasaß, obwohl wir doch für die Zuschauer spielten. Natürlich hatte das auch mit dem Stück selbst zu tun, das auf einem abstrakten Niveau ein politisch-ideologisches Problem behandelt: Den pragmatischen Stadtteilarbeitern, die regelmäßig im Clinch lagen einerseits mit den Autoritäten und der Polizei und andererseits mit der KP und deren ideologischen Parolen, lag diese Problematik ziemlich fern. Den Gruppen, für die die politische Praxis über einen ähnlichen Umweg zustande kam wie bei uns (die Theatergruppen, die Gruppen in Sozialarbeiter-Fachhochschulen), lag das Stück am nächsten, und das Bedürfnis zusammenzuarbeiten, war hier am größten. Während der Diskussionen nach den Vorstellungen wurde immer erst über die Situation im Stück gesprochen und – meistens ohne daß wir das selbst zu steuern brauchten – über unsere eigenen Situationen, unsere eigene Praxis, Berufsausübung, Organisationszusammenhänge, Schulung, usw. Das Stück wurde so von den verschiedenen Gruppen wirklich als eine politisch-didaktische Erfahrung begriffen, und unsere eigene politisch-didaktische Erfahrung wurde damit ausgeweitet. Auch wenn die Aufführung also schon den Effekt einer

Belehrung hatte, spielte sich doch die Agitation vor allem auf intellektuellem Niveau ab. Im Gegensatz zu der Uraufführung von 1930, die ein aktiver Beitrag zum anti-faschistischen Kampf war und wo die Agitation in direktem Zusammenhang stand mit der aktuellen politischen Situation, vermittelte unsere Vorstellung Einsicht in die eigene Situation und in die Konsequenzen einer politischen Haltung. Zumindest erreichten wir eine Reflexion über das eigene politische Handeln. Für uns als Produzenten war die Produktion vor einem Publikum und alles, was dem vorangegangen war, de facto schon politisches Handeln. Wir hatten gemeinsam einen Standpunkt erworben und konnten den auch während der Diskussion verteidigen. Mit diesem Standpunkt waren wir außerdem imstande, nicht nur unsere eigene, sondern auch andere Situationen zu beurteilen und eventuell daran teilzunehmen. Das galt für uns alle, bis auf eine. Sie konnte nach der dritten Vorstellung nicht länger verantworten, wirklich den Standpunkt der notwendigen Veränderung der Welt zu vertreten und zu verteidigen. Alle anderen zogen – jedenfalls bis auf weiteres – praktische Schlüsse aus dem erworbenen Standpunkt.

III. Ergebnisse und Konsequenzen

Genau wie der Arbeitsprozeß selbst lassen sich auch die Konsequenzen dieses Arbeitsprozesses in Phasen beschreiben. Dabei geht es mir vor allem um die politischen Konsequenzen, die die Arbeit an der »Maßnahme« für alle Teilnehmer gehabt hat: Sie ergaben sich erstens bezüglich ihrer Einschätzung, wie das Fach Theater in ihrer zukünftigen Berufstätigkeit als Dozent oder Regisseur eingesetzt werden konnte; zweitens bezüglich ihrer Einschätzung des Stellenwertes von Theater in der Gesellschaft und drittens bezüglich ihres Verständnisses von Gesellschaft überhaupt. Ein großer Teil der Teilnehmer vertrat am Ende des Arbeitsprozesses in dieser Hinsicht einen eindeutigen, auf die marxistische Analyse gestützten Standpunkt.

1. Die erste Phase – *Textanalyse und -interpretation* – erzeugte vor allem ein gesellschaftliches und politisches Be-

wußtsein auf theoretischer Ebene. Anhand der textanalytischen Arbeit fand eine ausführliche, wenn auch noch einführende, politische Schulung statt. Die Verbindung der historischen Information über internationale Arbeiterbewegung und Revolution mit der aktuellen internationalen politischen Situation machte es möglich, einen eigenen Standpunkt zu erarbeiten.

Die Kernfragen, die dabei von uns diskutiert wurden, waren: die Notwendigkeit, illegal zu arbeiten (Szene 2, *Die Auslöschung*); die Notwendigkeit, für die langfristige Arbeit ein revolutionäres Ziel festzulegen und – um das erste zu erreichen – eine Strategie und Taktik für die kurzfristigen Ziele zu entwickeln, anstatt ausschließlich in soziales Unrecht einzugreifen (Szene 3 und 4, *»Der Stein«* und *»Das kleine und das große Unrecht«*); die Notwendigkeit, Gewalt anzuwenden (Szene 5, *»Was ist eigentlich ein Mensch?«*); die Notwendigkeit der Solidarität in und mit der Arbeiterklasse und das Interesse an der Organisierung (Szenen 6-8, *»Der Verrat«*, *»Die Flucht«*, *»Die Maßnahme«*).

Diese inhaltliche Analyse lief parallel mit der strukturellen Analyse, auf deren Basis vorläufige Ausgangspunkte für eine eventuelle Inszenierung festgelegt wurden. Auch das blieb in dieser Phase rein theoretisch und spekulativ, sogar so sehr, daß am Anfang der praktischen Arbeit diese Ausgangspunkte schlicht vergessen wurden.

Direkte praktische Folgen der *analytischen* Arbeit waren die Hinzuziehung des Komponisten, die Exkursion in die DDR und die Entscheidung, das Stück auch aufzuführen.

Das Studium der inzwischen vorhandenen Lehrstückliteratur während einer Zwischenphase (zwischen Textanalyse und Einstudierung) wirkte sich bei der Einstudierung anfänglich nicht spürbar aus. Erst als die Einstudierung schon ziemlich weit fortgeschritten war, und wir auf wichtige Probleme gestoßen waren (siehe Kapitel 2), konnten wir darauf zurückgreifen.

2. Die *Studienreise* in die DDR brachte uns mit dem Brechttheater in Berührung, wie es heute vom Berliner Ensemble, am Deutschen Theater und an der Volksbühne betrieben wird. In Gesprächen mit Regisseuren, Dramaturgen und Wissenschaft-

lern wurde uns deutlich, daß von einer Lehrstückpraxis in der DDR bis dahin kaum oder überhaupt nicht gesprochen werden konnte.[21] Im allgemeinen sah man die Lehrstücke von Brecht im Zusammenhang der historischen Entwicklung der DDR als nicht aufführbar an. Man konnte sich jedoch eine Lehrstückpraxis im Hinblick auf die Entstehungsgeschichte des Brechtschen Lehrstückes vorstellen, besonders außerhalb der DDR, in noch nicht revolutionierten Ländern. Für die praktische Anwendung des Lehrstückes, vor allem für die Einstudierung, brachte uns die Reise also wenig. Doch erhielten wir ein wenig Einblick in die Funktion, die das Theater in der DDR hat und wie von den Theatermachern dort der V-Effekt eingesetzt wird.

3. Die wichtigste Folge der *Einstudierungsphase* war die Einsicht, daß diese praktische Arbeit die Vollendung der theoretischen Analyse bedeutete. Dadurch, daß wir nach einer umstrukturierten, ›experimentellen‹ Phase ein stilistisches Prinzip festlegten für das ganze Stück, waren wir eher imstande, unser theoretisches Verständnis des Inhalts in die Festlegung eines Grundgestus umzusetzen. Und da sowohl für das ganze Stück als auch für jeden einzelnen Teil, um dann von hier aus die *Verhältnisse* räumlich zu bestimmen und die *Haltungen* in Bewegung und Gebärde festzulegen.

Die *Musik* hatte auf die Festlegung des stilistischen Prinzips, das wir *agitatorische Belehrung* nannten, einen großen Einfluß. Der unerbittliche Charakter des ersten Chorliedes (Einleitung, »*Tretet vor!*«) ließ uns dann einsehen, daß der Chor, und also auch die Musik, im Stück sehr dominant ist und darum auch räumlich einen zentralen Platz einnehmen muß.

Dadurch trat der Chor – noch deutlicher als in der Phase der Textanalyse – als Hauptperson in den Vordergrund. Er macht die für das Stück wichtigste Veränderung durch, wenn ihm von den Agitatoren die ›Beispiele politischen Verhaltens‹ vorgespielt werden. Die gegliederte Struktur: Information an den Chor, Spiel und Diskussion, wurde so viel klarer. Das förderte außerdem die Möglichkeit, Unterschiede zu machen in der Art und Weise des Sprechens (Ton, Tonhöhe, Tempo, Rhythmus), der Bewegung und der Gebärde. Die Darstellung vor dem Chor wirkte aber dermaßen geschlossen, daß dem Publikum der ganze Vorgang (um den es im Stück geht) später schwieriger, als wir dachten, zu vermitteln war.

Als wir das räumliche Zueinander festlegten und Haltungen ausprobierten, merkten wir, daß der meist gleichzeitig sprechende Block der vier Agitatoren (dargestellt durch zwei oder drei Spieler) dem jungen Genossen eine autoritäre Unzugänglichkeit suggerierte. Das hätte den jungen Genossen leicht als Schlachtopfer hinstellen können. Das Stück hat aber aufgrund seiner Bedeutung eine starke Tendenz, das zu verhindern. Außerdem ist das Auftreten der Agitatoren von Anfang an ja gerade Ausdruck von Verständnis, Menschlichkeit und Mitgefühl. Meistens, wenn die Agitatoren mit dem Chor diskutieren, teilten wir den Text auf und verteilten ihn auf die Spieler. Was bei der Textanalyse noch nach indiskutablem Dogmatismus aussehen konnte, wurde hier korrigiert zu rechtmäßiger und gerechtfertigter Strenge.

Weiterhin wurde uns die Realismus-Problematik deutlich, wie wir es nannten. Daraus ergab sich für uns folgerichtig die Notwendigkeit, einen demonstrierenden, zitierenden Spielstil zu entwickeln. Wir fanden Körperhaltungen und exemplarische Gebärden aber erst heraus, nachdem die Interpretation der Intonation und der Textrhythmisierung endgültig festgesetzt war. Beispielsweise saßen der Händler und der junge Genosse in Szene 5 in Haltungen, die für sie exemplarisch sind. All unsere (oben S. 341 ff.) beschriebenen Anwendungen einer demonstrierenden Art zu spielen basierten auf der Interpretation und verdeutlichten sie. Jede Körperhaltung, jede physische Handlung war motiviert. Die Möglichkeit, einander zu kopieren, wurde dadurch größer, auch wenn das Mittel bei uns noch zu wenig eingesetzt wurde. Die Festlegung der Interpretation eröffnete uns die Möglichkeit, spezifische Stimm- und Bewegungsübungen zu machen. Auch hier blieb es bei einem Anfang, aber wo diese Übungen ausgeführt wurden, zum Beispiel vom jungen Genossen in Szene 6, führte das zu einer stärkeren Profilierung des jungen Genossen. Das gilt auch für die ›Zitat-Methode‹, die an manchen Stellen angewandt wurde, besonders in den Szenen 2, 4 und 5.

Diese manchmal minuziöse Art und Weise zu produzieren, dazu noch unter sehr günstigen Produktionsbedingungen, hatte zur Folge, daß wir uns das Stück und seine Bedeutung vollständig aneignen konnten. Das ist vielleicht die wichtigste Voraussetzung, um vor einem Publikum – auch vor einem gezielt ausgesuchten – spielen zu können. Diese langsame Aneignung war jedenfalls der Grund dafür, daß sich die Teilnehmer voll verantwortlich fühlten (für die Interpretation) und daß sie bei den Vorstellungen und den anschließenden Diskussionen die Konsequenzen daraus zu ziehen wußten.

4. Bei den *Vorstellungen* stellte sich heraus, daß das Stück vor allem Anklang fand bei den uns verwandten Gruppen: bei Sjaloom, den beiden Sozialarbeiter-Fachhochschulen und den politischen Theatergruppen Proloog und Sater. Gesellschaftlich waren wir uns nahe, weil wir uns entweder auch in einer Unterrichtssituation befanden (Sozialarbeiter-Fachhochschulen) oder später auch mit Unterricht und Bildung zu tun haben würden (Sjaloom, Sozialarbeiter-Fachhochschulen, Theatergruppen) oder dadurch, daß unser gemeinsames Medium Theater war (Theatergruppen). Die Diskussionen handelten dann immer direkt von der Bedeutung des Stückes und der Relevanz für uns in diesem Augenblick, bezogen auf unsere (gemeinsame) Situation. Der Einsatz des Mediums Theater weckte vor allem bei den Sozialarbeiter-Fachhochschulen und Sjaloom großes Interesse. Es ging ihnen um die Ausweitung didaktischer Möglichkeiten bei politischer Schulung und Erziehung. Die Theatergruppen interessierten sich vor allem für den Einsatz gerade dieser Form von Theater (das Lehrstück). Auch oder gerade mit ihnen wurde eine Fortsetzung des Kontaktes für notwendig gehalten und später auch wirklich in die Praxis umgesetzt. Die Diskussion mit ihnen konzentrierte sich auf die Problemkreise Kulturpolitik, Organisierung und Solidarität untereinander.

Die Initiativgruppe ›De Starke Arm‹ hatte aufgrund ihres pragmatischen Charakters und ihrer aktuellen Situation mit dem Stück nur wenig zu tun, obwohl auch von dieser Gruppe der Einsatz des Mediums Theater in der politischen Erziehung und im Kampf für wichtig gehalten wurde. Mit dieser Gruppe entwickelte sich über eine längere Zeit hinweg eine enge Zusammenarbeit, weil ein Mitglied unserer Gruppe sich der Initiative anschloß und dort mehrmals Aktionstheater machte.

Für die ziemlich traditionellen kommunistischen Chöre war

vor allem die Anwendung einer neuen Form von Kampfmusik wichtig. Mit Eisler aufgewachsen hatte man einige Mühe mit unserer ›modernen‹ und ›harten‹ Musik, man war aber überrascht von ihrem kämpferischen Charakter.

Die Vorstellungen für nicht spezifisch ausgerichtetes Publikum bewiesen, daß eine bestimmte, von vornherein festgelegte Einstimmigkeit bezüglich der Ziele vorhanden sein muß, wenn man zu einer sinnvollen, politischen Debatte kommen will.

Eine wichtige Folge der Vorstellungen war die Einsicht, daß das Stück aufgrund seines ziemlich hohen Abstraktionsgrades nur begrenzt für Publikum zugänglich sein würde. (Und das, obwohl wir unser Publikum im allgemeinen wirklich gut ausgewählt hatten.) Denn erst in einer vergleichbaren, konkreten politischen Situation wird das Stück bei einem breiteren kommunistisch orientierten Publikum Gehör finden können. Für den internen Schulungsgebrauch ist es jedoch außerordentlich geeignet.

Eine zweite wichtige Folge war, daß die Teilnehmer an unserem Projekt praktische Erfahrungen machten, wie politische Debatten zu führen sind, in denen Standpunkte verteidigt werden und Menschen überzeugt werden müssen.

Eine dritte, sehr wichtige Folge war, daß wir durch diese praktische Erfahrung begriffen, wie man das Medium Theater in der politischen Erziehung, Schulung und Praxis besser einsetzen kann (siehe unten). Außerdem sahen wir, daß für einen solchen Einsatz des Mediums ein außerordentlich starkes Interesse besteht, besonders für die Möglichkeiten des Lehrstückes.

5. Das »Maßnahme«-Projekt steht am Anfang einer lebendigen Lehrstückpraxis, die besonders ausgerichtet ist auf interne Schulung. So arbeitete beispielsweise eine Teilnehmerin zusammen mit einem ›projektfremden‹ Kollegen lange Zeit mit einer Gruppe von Lehrlingen an dem Lehrstück »Die Ausnahme und die Regel«, von dem erst eine Übersetzung, dann eine auf die konkrete Wirklichkeit zugespitzte Paraphrase und später eine Bearbeitung gemacht wurden. Danach arbeitete sie in einer Gruppe von Landwirtschaftsstudenten aus Wageningen mit beim sogenannten Bauerntheater, das

Stücke schreibt über die Bauernproblematik und sie vor Bauernorganisationen aufführt. Beim Anfertigen und Spielen dieser Stücke wurden die Techniken und Methoden angewandt, die bei der »*Maßnahme*« entwickelt und erweitert worden waren. In dieser Gruppe arbeitete noch ein weiterer Teilnehmer von uns mit.

Wieder ein anderer (Bert Kok) schrieb, mit der Gruppe »leren leren«[22] aus Delft, fast ausschließlich Studenten, sogar selbst ein eigenes politisches Lehrstück über den Vorgang des Lernens selbst.

Zwei Teilnehmer arbeiteten an verschiedenen Orten an »*Der Jasager und der Neinsager*«.

Fast alle Teilnehmer arbeiteten zweimal als Dozenten über das Lehrstück während eines Studentenfestivals, das den Charakter einer Studientagung hatte.

Der im »Maßnahme«-Projekt begonnene Chorgesang fand seine Fortsetzung im Chorgesang mit Orchester der Musiker-Gruppe »*De Volharding*« (Die Ausdauer) unter der Leitung des Komponisten Louis Andriessen. Chor und Orchester traten mit Kampfliedern, unter anderem auch mit zwei Liedern aus der »Maßnahme«, auf politischen Massenveranstaltungen und Kundgebungen auf. Auch dieses Beispiel wurde von anderen übernommen.

Schließlich haben drei Teilnehmer der ursprünglichen Gruppe sich mit einigen anderen zu einer professionellen politischen Theatergruppe unter dem Namen »*De Voortzetting*« (Die Fortsetzung) zusammengeschlossen.

Diskussion (Auszug)

Reiner Steinweg: Du schreibst, daß Ihr davon ausgegangen seid oder angenommen habt, daß die Zuschauer, mit denen Ihr ja von Anfang an – entgegen der Lehrstücktheorie – gerechnet habt, die Lernprozesse, die Ihr bei der Einstudierung des Stücks durchgemacht habt, »in komprimierter Form« während der Vorführung wiederholen können. Das scheint mir eine allzu optimistische Erwartung zu sein. Ich halte es für unwahrscheinlich, daß die komplizierten Lernprozesse während der Einstudierung, die Du, teilweise jedenfalls, beschreibst – und die man Euch anmerkt, wenn man mit Euch diskutiert –, sich tatsächlich wiederholen lassen, also »nachvollziehbar« sind an *einem* Abend, in der bloßen Konfrontation mit dem Stück und Eurer Arbeit. Ich will nicht bezweifeln, daß solche Abende nützlich sein können, daß solche Vorführungen einen Sinn haben – in der Form, wie Ihr das gemacht habt, also wenn man so ein Lehrstück einem ganz spezifischen Publikum vorführt, nicht vor irgend einer allgemeinen, zufälligen »Öffentlichkeit«. Aber man müßte, glaub ich, das, was die Zuschauer lernen, genauer unterscheiden von dem, was es für Euch bedeutet hat.

Paul Binnerts: Denselben Lernprozeß kann man nicht wiederholen an einem Abend; aber der Akzent in der zitierten Formulierung von der »komprimierten Form« liegt auf *»Form«*. Ich meine, das endgültige Resultat des Lernprozesses, den eine Gruppe mit einem Lehrstück durchmacht bis zum Zeitpunkt einer Vorführung, ist die Inszenierung, und diese Inszenierung hat eine Form, und diese Form, die sie trägt, ist eine Aussage über den ganzen Prozeß. Das also meine ich mit »komprimiert«. Die komprimierte Form ist also das Stück aufgrund unserer Interpretation, unserer Überlegungen für die Form und für die Vorführung, alles zusammen komprimiert zu einer Vorführung selber als ein aktuelles Ereignis.

Ernst-Christian Wosgien: Ich muß aber sagen, daß die Form bei der Aufführung doch erstarrt. Es bekommt doch den Charakter des Fertigen, Abgeschlossenen für ein Publikum, während bei einem Lernprozeß einzelne Lernschritte immer wieder kritisiert und aufgehoben werden, also fließend sind. Dialektisches Verhalten erschöpft sich ja nicht darin, daß man Prinzipien ausarbeitet, sondern es besteht in einem bewegten Verhalten, ja in Haltungen, die immer wieder Veränderung möglich machen. Einem Publikum vorgeführt, verwandelt es sich mehr in ein episches Theaterstück.

Paul Binnerts: Ich muß eigentlich noch etwas hinzufügen. Es ist so, daß bei einer Vorführung jedesmal der Lernprozeß sich vollzieht anhand eines Resultats eines früheren Lernprozesses der Produzenten. Wenn diese Form wiedergegeben wird und zur Diskussion anregt, dann vollzieht sich ein neuer, in sich vollständiger Lernprozeß für die Teilnehmer unter Einschluß des Publikums. Vielleicht muß man sagen, daß es sich bei der komprimierten Form um die Resultate eines langen Lernprozesses handelt, der im Verlauf des Abends während einer Vorführung wiederholt wird.

Hans Ritter: Ich hab das so verstanden nach Deiner Erklärung, daß mit dem komprimierten Lernprozeß nicht der Zuschauer gemeint ist, sondern der Spieler. In der Form der Aufführung wird der Lernprozeß der Spieler komprimiert. Davon müßte man unterscheiden den Lernprozeß, den die Zuschauer oder die Gruppe der Spieler jetzt mit den Zuschauern durchmachen, das ist ja noch was anderes. Der in der Form komprimierte

Lernprozeß ist ja irgendwie verschlüsselt durch Handlungen oder Bilder. Ich erinnere an die von Dir beschriebene »exemplarische Geste«. Das ist ja sozusagen die Form, in der ein ganz bestimmter Lernprozeß oder Untersuchungsprozeß zum Schluß kristallisiert ist. Diese Form muß für das Publikum oder für die Leute, die zuschauen, erst einmal wieder entschlüsselt werden: Was ist eigentlich abgelaufen, bis Ihr zu diesem Punkt gekommen seid? Dann wird ein neuer Lernprozeß einsetzen, der zugleich dann auch die Spieler wieder betrifft, das wäre aber ein *anderer* Lernprozeß als der, der bis zur Erstellung des Stückes gelaufen ist, der evtl. nur so weit geht, daß man den Zuschauenden sozusagen den Lernprozeß klarmacht, wie er bis dahin verlaufen ist, ohne daß man annehmen kann oder damit rechnen kann, daß dieser Lernprozeß jetzt auch übergreift und das akzeptiert wird, was die Spieler gelernt haben. Ist das verständlich?

Jörg Richard: Ich meine, daß die Fragen an Paul falsch gestellt sind, wenn nicht überlegt wird, was da eigentlich mit Publikum gemeint ist. Wenn es sich um historisches, also Brechtsches Lehrstücktheater handelt, dann muß man doch überlegen, mit was für einem Publikum man da in den Prozeß einer Aufführung eintritt und damit auch in eine bestimmte Form der Diskussion. Und dann müßte sich die Frage wieder neu stellen: Läßt sich da nicht wirklich in komprimierter Form ein Lernprozeß wiederholen? Wenn dort ein Publikum vorhanden ist, das als organisiertes Proletariat z. B. gelten kann, dann kann hier ein spezifischer Lernprozeß beginnen, nämlich der, den auch der Junge Genosse in der »Maßnahme« durchmacht; und es werden sicher viele »Junge Genossen« unten im Parkett sitzen, die in diesen Lernprozeß mit den dort Vorführenden einsteigen. Vielleicht sollte dieser Punkt von der Seite noch ein bißchen angegangen werden. Das ist ein Problem, das mir auch bei vielen anderen Aufsätzen noch aufgefallen ist, daß man bezüglich des Vorführungsproblems beim Publikum *allgemein* stehen geblieben ist. Teilweise wurde nur vorher abgeklärt: wir haben die und die Zielgruppen und haben bewußt da und da gespielt. Dann aber wird der Prozeß, der jeweils abgelaufen ist zwischen Zuschauern und Spielern, nicht mehr ins einzelne wieder rückreflektiert.

Hermann Haarmann: Wenn Du sagst, daß der Lernprozeß des Jungen Genossen sozusagen sich verdoppeln kann bei einem Genossen, der im Publikum sitzt, dann ist aber zu fragen, inwieweit sich so ein Lernprozeß unterscheidet von dem, den z. B. *»Die heilige Johanna«* ermöglicht. Dort zeigt Brecht genau den Weg der Johanna: wie sie bestimmte Schritte im konkreten Klassenkampf machen muß, daß sie scheitert und, daraus resultierend, zu neuen Schritten kommt. Wie unterscheidet sich dem vom Lehrstück? Ich glaube, es ist nicht Ziel des Lehrstücks, Einverständnis dadurch zu erreichen, daß die Faust [in der von Binnerts beschriebenen

»exemplarischen Geste«] als Ergebnis einfach da ist, sozusagen als verständliches Bild, sondern gerade der *Weg* zu dieser Faust. Es kommt im Lehrstück darauf an, daß, was sich sozusagen schon verfestigt hat, wiederum aufgebrochen wird und auf seine historische Notwendigkeit hin reflektiert wird. Das ist ein Ziel des Lehrstücks, das gemeinsam erarbeitet werden sollte. Wie geschieht das? Wie ist dann dieser Arbeitsprozeß, der ein Begründungsprozeß dessen ist, daß diese Faust zum Schluß da ist, wiederum zu vermitteln an ein Publikum, das eben diesen Arbeitsprozeß nicht mitgemacht hat?

Paul Binnerts: Ich meine, daß so eine Vorführung dann wieder einen Lernprozeß in Gang setzt. Ich meine, wenn ich ein Stück lese, dann habe ich ja Zeit. Ich kann mir die Zeit nehmen, um das zu lesen, um das zu verstehen, zu analysieren und dann fängt ein Prozeß an, ein langsamer Prozeß. Und das kann man so lange machen, wie man will, aber wenn man beschlossen hat, so etwas vorzuführen, ist es nicht eine ästhetische Angelegenheit, sondern eine didaktische. Dann muß man mindestens erreichen, daß die Neugier für weitere Studien angeregt wird beim Publikum, zum Weitermachen, Selbermachen: nicht Lehrstücke, sondern Politik. Wenn Sie sagen, unser Lernprozeß muß ans Publikum vermittelt werden, dann glaub ich das nicht. Er wird vermittelt in der *Form,* die wir gewählt haben, nicht willkürlich gewählt haben, sondern aufgrund des Lernprozesses, den wir gemacht haben. Diese Form ist ein statement. Daher ist die Vorführung auch Propaganda, findet von einem Standpunkt aus statt: so sieht das aus bei uns, das meinen wir. Und das ist auch unsere Erfahrung gewesen, daß das Publikum das so erfährt und daß dann *darüber* diskutiert wird und nicht über die ästhetische Frage und den Lernprozeß. Wir waren der Meinung, daß das Publikum eigentlich nicht interessiert ist an diesen Lernprozessen, sondern am Resultat und dann angeregt wird, auch so einen Prozeß anzufangen, zu dem in erster Instanz wir ihm verhelfen, weil wir die Anregung geben.

Hermann Haarmann: Ich finde, dabei hast Du eigentlich genau das gesagt, was Aufgabe des epischen Theaters ist und nicht des Lehrstücktheaters, und darauf wollte ich hinaus. Die Intention, die Ihr formuliert habt (und die Ihr auch in Eurem Resultat, wie Du sagst, in Eurem »statement«, an das Publikum weitergegeben habt mit dem Hinweis, das produktiv weiterzuentwickeln, und zwar nicht ästhetisch, sondern politisch) ist ja völlig legitim. Die Frage ist nur eine der Mittel. Was Du eben beschrieben hast, ist genau, was das epische Theater produzieren soll. Das sollten wir klären.

Paul Binnerts: Die Folgen sind sehr wichtig, und wir als Arbeitsgruppe von der Theaterschule hatten natürlich im Kopf, daß wir mit den Leuten, für die wir erst spielten, dann auch später arbeiten können sollten. Und dann kann doch ein Lehrstück-Prozeß in Gang gesetzt werden. So ein

Lernprozeß, wie wir ihn durchgemacht haben, gehört zum Lehrstücktheater, das ist unstrittig, aber sobald man das Resultat vorführt, ist es episches Theater; und was dann wieder anfängt mit so einer Aufführung, gehört dann wieder zum Lehrstücktheater.

Dieter Richter: Wenn ich recht sehe, ist aber aus den Schaustücken des epischen Theaters die »Lehre« für ein Publikum leichter abziehbar als aus den Lehrstücken. Sie ist eindeutiger im Sinne eines »positiven Wissens«. Der Lernprozeß kommt zu einem gewissen Abschluß, und das Ergebnis dieses Lernprozesses kann beim Zuschauer internalisiert werden. Er kann also, nachdem er beispielsweise »Mutter Courage« gesehen hat, als »Lehre« mit nach Hause nehmen: Der Krieg ist ein Geschäft, und die kleinen Leute kommen darin um. Weniger eindeutig ist die Lehre im Lehrstück, und das könnte zu Mißverständnissen führen, jedenfalls bei einer schlechten Inszenierung. Denn wenn man (analog dem Beispiel von »*Mutter Courage*«) als Lehre aus der »*Maßnahme*« etwa abziehen würde: In extremen Situationen dürfen Genossen Genossen töten, dann wäre das nur falsch. Es könnte ja auch sein, daß der »Junge Genosse« Recht hat. Und ich meine, daß die Spieler, die die »Maßnahme« einüben, überlegen müßten, unter welchen Veränderungen oder, besser, *Konkretisierungen* der historischen Situation, vielleicht nicht die »Agitatoren«, sondern der »Junge Genosse« recht hat. Und das wäre dann auch das soziologische Experiment: mögliche Veränderungen der angenommenen Situation und des Verhaltens durchzuspielen und zu diskutieren. Aus Lehrstücken kann man lernen: sich mit Verhaltensweisen auseinanderzusetzen und ihre gesellschaftlichen Konsequenzen im Hinblick auf umwälzende Praxis zu beurteilen. Und das können dann doch eigentlich nur diejenigen lernen, die es produzieren, wenn sie darüber diskutieren und die Versuchsanordnung auch verändern, – es sei denn, es würde auch in einer Inszenierung gelingen, die Versuchsanordnung so zu verändern, daß diese Lehre so differenziert und dialektisch erscheint, wie sie eigentlich ist.

Paul Binnerts: Weder in der »*Maßnahme*« noch in einem anderen Lehrstück, wie abstrakt sie auch sein mögen, handelt es sich darum, wer recht hat und wer kein Recht hat, oder wie würde das historisch anders ausgesehen haben, wenn die Umstände oder die Bedingungen andere gewesen wären. Es handelt sich nur um Vorbilder in der »*Maßnahme*« und in »*Die Ausnahme und die Regel*«, Vorbilder von gesellschaftlichem Handeln, die gezeigt werden, damit man sie diskutieren kann. Es geht ja nicht um diese Geschichte, es ist keine Geschichte, wie Sie es gesagt haben, »entweder/oder«. Beide Alternativen, die Sie gegeben haben, sind doch Geschichten. Es sind aber keine Geschichten, sondern Vorbilder, Exempel von gesellschaftlichem Handeln unter bestimmten Bedingungen. In der »*Maßnahme*« sind es sehr extreme Bedingungen, die den Bedingungen sehr ähnlich sind im Deutschland Ende der zwanziger Jahre, in dem die kommunistische Bewegung doch immer die Hoffnung hatte, daß es zu einem Umsturz kommen könnte innerhalb kurzer Frist. Daher ist so ein Stück wie dieses, sind alle Lehrstücke wichtige Faktoren im antifaschistischen Kampf gewesen. Das können sie aber nicht mehr sein jetzt, so wie der Text geschrieben ist. »Die Ausnahme und die Regel« und »Die Maßnahme«, das sind *historische* Vorbilder für uns, die durch Lehrstück-Praxis und Lehrstück-Theorie bekannt gemacht werden müssen, um dann neue Lehrstücke zu machen mit Lehrlingen und Arbeiter-Sängern und wem auch immer. Das ist doch eigentlich, worum es sich handelt. Ich meine, es ist eine Übung für uns, weiter geht's nicht.

Louis Andriessen
Komponieren für »Die Maßnahme«*[1]

Hanns Eislers Partitur für *Die Maßnahme* ist für Solotenor, vierstimmigen Männerchor, vierstimmigen gemischten Chor, drei Trompeten, zwei Hörner, zwei Trombonen, Schlagzeug und Klavier geschrieben.[2]

An der Uraufführung am 13. Dezember 1930 nachts um 23.30 Uhr in der Berliner Philharmonie waren drei Arbeiterchöre beteiligt: der Berliner Schubertchor, der Gemischte Chor Groß-Berlin und der Gemischte Chor Fichte. Die Instrumentalisten waren sehr wahrscheinlich professionelle Musiker. Ernst Busch sang die Sololieder. Die Aufführung war ein großer Erfolg. Alle Kritiker erwähnen, daß die drei Chöre unter Leitung von Karl Ranke die nicht gerade einfache Partitur mit Begeisterung und Präzision realisierten.

Der Kritiker H. H. Stuckenschmidt findet die Musik sehr gut und weist auf den Zusammenhang des Kompositions-Stils mit Eislers Stellung als Komponist in der Arbeiterbewegung hin. Er erwähnt einen Vortrag von Goebbels anläßlich eines Konzertes nationalsozialistischer Studenten, das einige Stunden vor der Première der *»Maßnahme«* ebenfalls in Berlin stattfand, in dem Goebbels die Distanz zwischen dem Volk und der zeitgenössischen Kunst beklagt. Eisler, so meint Stuckenschmidt, ist gerade ein gutes Beispiel für das, was Goebbels ›den Intellekt als Diener des Volkes‹ nennt. Der Kritiker H. Strobel findet die Musik naiv und zu einfach: der Chorstil sei von Strawinsky und Hindemith, die Lieder seien von Kurt Weill übernommen worden; die Musik habe keine selbständige musikalische Wirkung; es handele sich um rein funktionelle Musik zur Unterstreichung der Handlung, während es doch darauf ankomme (»auch in einem politischen Stück«) die (belehrende) Wirkung des Textes zu verstärken. – Mit dem letzteren hat er zweifellos recht. Aber dann muß man fragen:

---

* Aus dem Holländischen übersetzt von Lo van Twist und Reiner Steinweg; Anmerkungen siehe S. 488.

welche Wirkung und für wen? Und gerade diese Fragen hatte Eisler sich gestellt und Strobel nicht. Beim Komponieren der Musik hat Eisler sich sowohl theoretisch als auch praktisch vorgestellt, was »Die Maßnahme« bezweckte: politische Bildung für die damals in Deutschland stark florierenden Arbeiterchöre. Der Zweck war nicht das musikalische Behagen von Herrn Strobel.

Ein großer Teil der Aktivitäten des DAS, des »Deutschen Arbeiter-Sängerbundes«, an den auch die drei mitwirkenden Chöre angeschlossen waren, war in der sozialdemokratischen Praxis festgefahren, die Arbeiterklasse dem zufriedenen Bürgertum anzunähern: viele Arbeiterchöre hatten ihre jährlichen Aufführungen der »Matthäus Passion« von Bach oder der »Schöpfung« von Haydn. In den dreißiger Jahren war eine organisierte linke Volksfront sehr notwendig, und »Die Maßnahme« sollte direkt und unzweideutig als Agitations-Propaganda für die Kommunistische Partei funktionieren und hätte bei entsprechendem Einsatz auch so funktionieren können. Von 1930 bis 1932 wurde das Werk von acht verschiedenen Chören in Deutschland und Österreich aufgeführt; 1933 wurde es verboten: eine Aufführung in Erfurt wurde von der faschistischen Polizei unterbrochen, und von geplanten Aufführungen in vier anderen Städten ist nicht bekannt, ob sie stattgefunden haben.

Eisler war sich seiner Stellung sehr bewußt. Eine lange Praxis mit Arbeiter-Amateurmusikern hatte ihn gelehrt, daß nicht alle Kunst ›nutzlos‹ ist. Im Gegenteil: man muß sich die Frage stellen, für wen welche Kunst nützlich ist. 1935 schrieb er in einer antifaschistischen Broschüre[3]: »Diese Art ›geistige Emporhebung‹ bedeutet für den Arbeiter, daß er sich ›emporheben‹ muß über die ›banalen‹ Tatsachen nämlich, daß die Löhne sinken und die Preise steigen (. . .). Wem nutzt daher die ›geistige Emporhebung‹ des Arbeiters, gleichgültig ob sie durch die große klassische Kunst oder durch nationalsozialistischen Kitsch zustande kommt? Der Bourgeoisie«. Das heißt: der herrschenden Klasse. Wirkliche Anhebung kann nur bedeuten: die Entwicklung des kritischen, d. h. des politischen Bewußtseins des Produzenten.

Eisler war sich wahrscheinlich als erster Komponist dessen bewußt, daß ein Zusammenhang besteht zwischen der musikalischen Konzeption (dem Komponieren), der Produktion (dem Ausführen) und der Konsumtion von Musik. Wenn ein Komponist meint, daß er »tun kann was er will«, impliziert dies automatisch, daß er sowohl die Ausführung wie die Konsumtion von dem, was er sich ausgedacht hat, ausschließlich auf sich selbst bezieht und damit ausschließlich sich selbst dient. Diese bürgerlich-individualistische Auffassung ignoriert vollkommen, daß ein Mensch aus konkreten Ereignissen lernt und aus der Einsicht in die, per definitionem, gesellschaftliche Stellung seiner Arbeit und seines Arbeitsproduktes; und außerdem: daß man lernen kann, indem man andere etwas lehrt.

Beim Komponieren der »*Maßnahme*« ging Eisler von der technischen und musikalischen Kenntnis der Arbeiterchöre in jener Zeit aus, nicht um es ihnen leicht zu machen, sondern um ihnen das Lernen zu erleichtern. Denn mit der Entwicklung einer kritischen politischen Haltung geht die Entwicklung einer kritischen musikalischen Haltung (als eine der unzähligen menschlichen Arbeitsprodukte) Hand in Hand. Die Musik für »*Die Maßnahme*« beginnt mit einem fast »wörtlichen« Verweis auf den Anfang der »*Matthäus Passion*« von Bach.

Beispiel 1

Ohne jeden Zweifel kannten alle Chöre dieses Stück. Eisler verwendet jedoch das Zitat nicht als Huldigung, sondern als

Kritik. Es geht ihm bei der »*Maßnahme*« darum, den Sängern bürgerlich-ästhetische Gesangtechniken abzugewöhnen und diese zu ersetzen durch eine entästhetisierte agitatorische Art zu singen. Dazu verfremdet er musikalisches Material, das bei den Sängern bekannt ist und mit dem diese Ästhetik zusammenhängt.[4] Auch die Wahl der Begleitinstrumente ist nicht zufällig: Blechbläser. Die Blas- und Fanfarenorchester stehen der Arbeiterklasse näher als die Sinfonieorchester – in jeder Hinsicht: ästhetisch, sozial, organisatorisch.

Beim Komponieren der neuen Musik für »*Die Maßnahme*« standen mir Eislers Auffassungen klar vor Augen. Das Studium seiner Partitur hat mich verschiedene Auffassungen gelehrt, die in meiner Musik direkt wiederzufinden sind (darüber im folgenden mehr); auf »wörtliche« Zitate aus Eislers Partitur habe ich jedoch verzichtet.

Von Anfang an stand fest, daß eine neue Musik komponiert werden sollte: sieben Studenten der Schauspielerschule Amsterdam sollten sie produzieren, und das ist ein anderes musikalisches Produktionsmittel als drei deutsche Arbeiterchöre 1930. Mit dieser Entscheidung – eine *neue* Musik zu schreiben – handelte ich bereits entsprechend Eislers Konzeption. Die allgemeinen Anforderungen, die ich mir stellte – sie sind alle zurückzuführen auf die von Eisler – waren die folgenden:

1. Die Musik für die »Maßnahme« ist ein Mittel der politischen Bildung und kein Selbstzweck.

2. Der Komponist hat auszugehen von den technischen Möglichkeiten der Produzenten.

3. Der Text fordert maximale Verständlichkeit.

4. Die Musik muß mit progressiven musikalischen Mitteln das musikalisch-gesellschaftliche Bezugsnetz der Produzenten kritisieren und entwickeln.

In technischer Hinsicht hängen diese Forderungen eng miteinander zusammen. Zusammenfassend kann man sagen, daß die Musik optimal dazu dient, die agitatorischen Qualitäten des Textes zu verstärken und die musikalische Kenntnis der Produzenten zu vergrößern.

ad 1. In meiner Partitur fehlt autonome Musik fast vollständig. Es gibt fast keine Vorspiele, Zwischenspiele oder Nachspiele.

ad 2. Ich verfügte nicht über Instrumentalisten, die während des gesamten Projektes hätten mitarbeiten können, was Bedingung für die Arbeit an einem Lehrstück ist. Deshalb ist die Partitur für einstimmigen Chor und Klavier geschrieben. Mehrstimmige Fassungen für Amateure erfordern unnötig viel Probenzeit, und es fragt sich, ob es die agitatorische Wirkung erhöhen würde: mehrstimmigen Chorgesang trifft man in der Musik der siebziger Jahre fast ausschließlich noch in, meist dreistimmigen, ›backing‹-Chören in der Popmusik und in verschiedenen Sorten der religiösen Musik an. Ich selber spielte Klavier. (Eisler sang ›im Chor versteckt‹ in Berlin bei der Premiere mit.)

ad 3. Anschließend an das Vorangehende: im allgemeinen kommen in den Melodien keine großen Intervalle vor. Die Melodien sind fast überall *syllabisch*⁵. Für die Art zu singen gilt in noch viel stärkerem Maße das, was Eisler bereits über die Art, seine Musik zu singen, geschrieben hat: unsentimental, entästhetisierend; in meiner Musik sind im Gegensatz zu Eisler sogar dynamische Unterschiede weggefallen: alles ist *hart*.

ad 4. Die allgemeine Frage scheint zu sein: ob die Musik tonal sein muß oder nicht. Tonale Musik ist Musik, die ausgeht von einer Tonleiter und die Spannungen suggeriert zwischen den Dreiklängen auf der 1., 4. und 5. Stufe dieser Tonleiter bzw. zwischen der Tonika, der Unterdominante und der Dominante (Bach, Wagner, Charlie Parker, Johnny Hoes[6] etc.). Nicht tonal in diesem Sinn sind Webern, Stockhausen, chinesische Musik, amerikanische Avantgarde wie Riley, Ornette Coleman, etc.

Die Musik für »*Die Maßnahme*« versucht nachzuweisen, daß diese Trennung nur Schein ist: bestimmte Fragmente hören sich tonal an, sind es aber nicht, und umgekehrt.

Das kommt daher, daß der Eindruck der Tonalität durch mehr musikalische Aspekte bestimmt wird als nur durch die sogenannten tonalen Funktionen (1., 4. und 5. Stufe), beispielsweise durch den Rhythmus, oder durch die Anwendung bestimmter Zusammenklänge.

Der Kontrollchor kommt im Text der »*Maßnahme*« auf drei Ebenen vor. Die Ebenen sind auch für das Komponieren von Bedeutung gewesen und in der Partitur unterscheidbar. Obwohl der Kontrollchor faktisch die Hauptrolle des Stückes ist (die Schicksale des Jungen Genossen sind lediglich ein Hilfsmittel für die politische Meinungsbildung des Kontrollchors), verteilt sich diese Rolle auf drei Ebenen: 1. Der Chor singt allgemein kommentierende Texte (wie die Ode an die UdSSR); 2. Der Chor tritt handelnd auf in den von den Agitatoren nachgespielten Szenen (Streiklied); 3. Der Chor diskutiert mit den Agitatoren.

Im allgemeinen kann man sagen, daß die sogenannten freien Chöre (Ebene 1), die kommentierenden, verallgemeinernden Texte, musikalisch so weit wie möglich einen neuen Rahmen schaffen und weiter von der konventionellen tonalen Musik entfernt sind als die Musik, die Teil der nachgespielten Szenen ist. Die freien Chöre sind im allgemeinen in der Melodie rhythmisch sehr unregelmäßig als Folge der unregelmäßigen Metrik des Satzbaues und der Wortakzente im Text, sie suggerieren in geringerem Maße tonale Funktionen, sind in diesem Sinne progressiver.

Die Chöre auf der zweiten Ebene (die von den Agitatoren nachgespielten Szenen) sind eher *Stilzitate*; auch die Agitatoren spielen die Handlung nach: sie »zitieren«. Auf diese Ebene gehören auch die beiden Lieder: das Lied des Reishändlers (Song von der Ware) und der Gesang der Reiskahnschlepper.

Die Diskussionen des Chors mit den Agitatoren (Ebene 3) werden nicht gesungen. Im nachhinein stellt sich heraus, daß diese Unterschiede keine starren Gegensätze sind; bei allen oben erwähnten Regeln werden Ausnahmen gemacht: die Eröffnungsdiskussion wird beispielsweise doch gesungen; die *Ode auf die UdSSR* steht ziemlich unzweideutig in d-Moll, das Couplet (d. i. der variierende Textteil im Gegensatz zum Refrain) im Lied des Reishändlers (dem »Song von der Ware«) ist nicht tonal.

Ob nun mehr oder weniger tonal, eine allgemeine Eigenschaft der Musik für *»Die Maßnahme«* ist, daß sie von musikalischen Konventionen ausgeht, die den Mitgliedern der Gruppe bekannt sind, daß sie aber diese Konventionen kritisiert und durchbricht. Scheinbar einfache Melodien werden buchstäblich ›angegriffen‹ durch parallel laufende Dissonanzen im Klavierpart, die nicht aufgelöst werden.

Beispiel 2

Um zu warten ist es
jetzt zu spät

Alle Musiken legte ich der Gruppe vor, sie wurden ausführlich besprochen. Daraus folgte, daß die Musik mehrmals von mir verändert wurde, sogar bis hin zu bestimmten Zusammenklängen.

Im folgenden werden die einzelnen Nummern meiner Musik erörtert.

Nr. 1 Eröffnungschor

Das Klavier setzt ein mit einem durchlaufenden Baß (›marschiert die Revolution‹) und vermeidet damit das größte Klischee der tonalen Klaviermusik: die Oktave im Baß. Um dies zu Gehör zu bringen, ist der vierte Schlag des Taktes doch eine Oktave:

Beispiel 3

Die Melodie läuft fast fortlaufend in Achteln weiter und hat hier die schärfsten Akkorde des ganzen Stückes, eine musikalische Analogie zu der schwerwiegenden Mitteilung, die im Text gemacht wird. Auch die stets wiederkehrenden fallenden Sekunden, sowohl in der Melodie wie auch im Baß sind daraus abzuleiten.

Beispiel 4

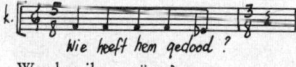

Wer hat ihn getötet?

Sowohl die Melodie als auch der Baß (siehe Beispiel 3) suggerieren die phrygische Tonleiter. Die kleine Sekunde von 1 bis 2 ist darin wesentlich.[7]

Beispiel 5

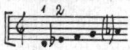

Der ständige Taktwechsel ergibt sich aus den Wortakzenten; das gilt für die gesamte Partitur: kein Ton zu viel. Lediglich im Eröffnungschor trifft man Nachsätze im Klavier an.

Nr. 2 Lob der UdSSR. Chor.

Alle Chöre haben miteinander gemein, daß sie einen eigenen durchlaufenden festen Rhythmus haben. Das ist sowohl eine Eigenschaft jeder leichten Musik als auch der klassischen Tanzformen und einer instrumentellen Form wie der Etüde. Dem steht gegenüber, daß alle Chöre einen *anderen* Basisrhythmus haben: jede Nummer hat ihr eigenes Material, und in jedem Chor wird neues Material vorgestellt. Das ist eine Folge der Diskussionen: Wie kann man den politischen Fortschritt im Chor musikalisch umsetzen? Der Chor hat eine Hauptrolle und wird in »Die Maßnahme« von einem politischen Standpunkt überzeugt. Einen derartigen Fortschritt umzusetzen, indem man mit einfacher Musik anfängt und mit komplexer Musik aufhört, ist eine anekdotische Banalität. Der musikalische Fortschritt ist eine Eskalation: Jede Chornummer besitzt einen neuen musikalischen Inhalt.

Die Ode auf die UdSSR ist wahrscheinlich aufgrund des poetischen Inhalts musikalisch die konventionellste Nummer. Sie fängt in d-Moll an, mit einer über der Oktave hinzugefügten Sekunde (Eröffnungschor?)

Beispiel 6

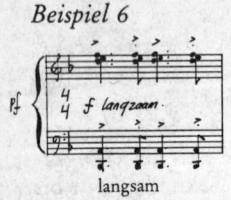

langsam

Dieser Rhythmus durchzieht das gesamte Stück, Taktwechsel inbegriffen. Die Melodie ist sehr eintönig, unmelodisch. Die ›Hoffnung aller Unterdrückten‹ musikalisch auszudrücken, ist mir doch zu anspruchsvoll. Die Eintönigkeit wurde daher bewußt gewählt. Das Klavier spielt die Melodie *nicht* mit, was fast noch in jeder Amateurchormusik vorkommt. In der Behandlung der linken Hand des Basses finden wir neben den in Nr. 1 eingeführten parallelen Septimen auch Quinten. Die Oktave fehlt.

Mit fast allen anderen Chören hat die *Ode* den offenen Schluß gemein. Es ist kein musikalischer Abschluß, sondern ein sich wiederholender dissonierender Akkord. Mit einem offenen Schluß weist die Musik zurück auf die Handlung.

Beispiel 7

wereld—   Welt

Nr. 3 *Wer für den Kommunismus kämpft.*

Dies ist der erste Chor mit einem konkret politischen Inhalt. Der Text handelt von Gegensätzen (›kämpfen und nicht kämpfen‹). Musikalisch ist dies die Antipode zu Nr. 2: kein fester Takt, keine tonalen Akkorde. Die Takte ergeben sich aus der Anzahl der Silben, inklusive der kurzen Pausen zwischen den Sätzen, um den agitatorischen Charakter zu verstärken. Durch die vielen Tonwiederholungen in der Melodie (die in der »*Maßnahme*«-Musik eine immer wichtigere Rolle spielen) wird das Singen beinahe agitatorisches Sprechen. Der Klavierpart unterstützt lediglich die Wortakzente und insbesondere die Gegensätze in dem Text. Im allgemeinen bekommt die Antithese in jeder Phrase eine andere Tonhöhe als die These.

Beispiel 8

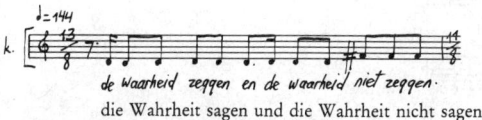

die Wahrheit sagen und die Wahrheit nicht sagen.

Eine solche Idee zum Prinzip zu erheben, wäre undialektisch: Auch zu einer solchen Regel gibt es Ausnahmen:

Beispiel 8a

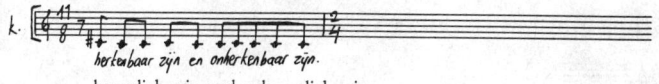

kenntlich sein und unkenntlich sein

Damit kreiert man *musikalische* Gegensätze (siehe auch Nr. 8). Auch für diese Nummer gelten einige allgemein angewandte Kompositionstechniken:

1. Ein durchlaufender Rhythmus ist gegeben.
2. Durch die vielen Tonwiederholungen und Taktwechsel nähert sich der gesungene Text einem agitatorisch gesprochenen Text.
3. Tonale Klischees fehlen in der Melodie und im Klavierpart.

4. Die Begleitung und der Baß enthalten beide mit der Melodie dissonierende Tonhöhen.

5. Der Chor hat einen offenen Schluß.

Nr. 4 Lob der illegalen Arbeit.

Dadurch, daß Nr. 4 im Text relativ schnell auf Nr. 3 folgt, funktioniert der Schlußakkord Nr. 3 (nicht tonal) nunmehr tonal als Unterdominate (übermäßiger Quintsechstakkord) des Anfangs von Nr. 4.

Beispiel 9

Es ist dies eins der vielen Beispiele, wie scheinbar nicht-tonale Musik tonale Funktionen suggerieren kann. Der durchlaufende Baß in Nr. 4 ist eine Adaption von Popmusik. Das wird noch verstärkt durch die später vorkommenden Begleitakkorde:

Beispiel 10

Sogar die Wahl der Quinte e-h (Beispiel 9) hängt mit der tiefsten leeren Saite der in der Popmusik üblichen Gitarre zusammen.

Daß Brecht sehr musikalisch war, geht deutlich aus der *Form* der Chortexte in der »*Maßnahme*« hervor. Wenn ein Komponist versucht, eine dramatische Entwicklung musikalisch umzusetzen, verfällt er unvermeidlich in spekulative ästhetische Analogien. Keine bestimmte Musik drückt einen spezifisch psychischen oder dramatischen Prozeß aus, jedenfalls nicht

unzweideutig: Débussys »Pelléas und Mélisande« hat musika-
lisch wenig gemein mit der gleichnamigen sinfonischen Dich-
tung von Schönberg. Brecht wußte das. Die Texte enthalten
keine dramatischen Entwicklungen, sondern *Gegensätze:*
Reden, aber
Zu verbergen den Redner.
Siegen, aber
Zu verbergen den Sieger.
Sterben, aber
Zu verstecken den Tod.

   Die Gegensätze werden geschärft z. B. dadurch, daß das
gleiche Wort (oder ein eng verwandtes) nach einem entgegen-
setzenden ›aber‹ wiederholt wird (»Reden, aber . . . Redner«)
oder dadurch, daß die Glieder von Gegensatzpaaren auf expo-
nierte Plätze in aufeinander folgenden gleich gebauten Sätzen
gestellt werden (Satzanfang: »Siegen/Sterben«; Satzende:
»Sieger/Tod«). Solche Sprachkonstruktionen stammen meiner
Meinung nach aus sehr alten Gesangsformen: der Litanei, den
antiphonischen Gesängen, die nicht nur im Gregorianischen
Choral vorkommen (worin übrigens die Fundamente aller
europäischen Musik liegen), sondern in vielen primitiven rituellen Formen und Tanzformen.

   Weil in einer derartigen literarischen Form das Kombinieren
der Gegensätze und die Wiederholung als solche einen Gegensatz darstellen, hat die Musik die Freiheit, sowohl den Gegensatz als auch die Wiederholung hörbar oder nicht hörbar zu
machen. Natürlich betrifft in den meisten Fällen der Gegensatz den Inhalt und die Wiederholung die Form des Textes.

   Der Baßpart im Klavier wiederholt sich, er entwickelt keine
dynamische (›tonale‹) Funktion, er ist in sich dynamisch. Eine
derartige instrumentale Technik ermöglicht es, die Texte
selbst nicht zu wiederholen. Die Wiederholung eines Textes
aus musikalischen Gründen macht ihn – ebenso wie die
Anwendung der Melismatik – undeutlicher. In der amerikanischen elektronischen Avantgardemusik werden oft Wörter
oder Sätze endlos wiederholt. Binnen kürzester Zeit hat der
Zuhörer die Bedeutung des Textes vergessen, und das Wort
wird zum bloßen Klang. In der Musik zu *»Die Maßnahme«*
kommt keine Melismatik vor und wird kein Wort wiederholt.

   In Nr. 4 wird eine neue Kompositionstechnik angewandt:

die Tonhöhe liegt fest, aber der Rhythmus wird dem Ausführenden überlassen, und es wird durch das natürliche Metrum des Textes bestimmt. Das Singen hat sich dadurch dem Sprechen noch mehr angenähert.

Beispiel 11

aber es lädt der ärmliche Esser die Ehre zu Tisch

In der Praxis wird ein solcher Satz durch das hohe Tempo ♩ = 152) zu:

Beispiel 11a

aber es lädt der ärmliche Esser die Ehre zu Tisch

Nr. 5 Gesang der Reiskahnschlepper

Die beiden Lieder, der »Gesang der Reiskahnschlepper« und der »Song von der Ware« – ebenso wie das vom Chor gesungene Streiklied – spielen innerhalb der von den Agitatoren nachgespielten Handlung und werden auch von ihnen gesungen. Der Text hat eine konventionelle Liedform: er besteht aus einem 5-zeiligen Vers mit wechselndem Text und einem 4-zeiligen Refrain mit stets gleichem Text. Der Vers wird in dieser Version gesprochen, aber vom Klavier begleitet. Im Klavier werden zwei neue Techniken angewandt:

1. Im Mittelteil wird ein Stück dünnes Papier zwischen Hämmern und Saiten angebracht. Mit diesen Klängen wird der Vers eintönig begleitet: kleine Gruppen von 3 oder 4 Tönen mit vielen Vorschlägen. Es wird improvisiert. Durch das Papier wird der Klavierklang völlig verformt. Man hört ›die Peitsche des Aufsehers‹.

2. Drei Tasten werden präpariert. Zwischen die Saiten des tiefsten 3-saitigen Tones (meistens im Bereich der kleinen Oktave um e) ebenso einen halben Ton höher und eine kleine Terz darüber werden Münzen eingeklemmt. Das Präparieren von Klaviersaiten ist eine Technik des amerikanischen Komponisten John Cage. Indem er den Klavierklang auf eine solche Art und Weise veränderte, hoffte Cage seine Musik völlig von westlichen (bürgerlichen) ästhetischen Qualitäten zu befreien. In den vierziger Jahren gelang ihm das. Cages erster Auftritt in Europa (Expo Brüssel 1958) wurde ein Skandal. In der »*Maßnahme*« hat das präparierte Klavier zwar noch eine entästhetisierende Funktion (das Verformen des Klavierklanges), aber gleichzeitig auch eine ästhetisierende. Der Klang der mit Münzen präparierten Saiten ähnelt nämlich orientalischen Gongs und Glocken, so daß die Anwendung von präparierten Saiten in der »*Maßnahme*« (das Stück spielt ja in China) sehr anekdotisch wirkt. Zu Beginn dieses Jahrhunderts bezeichnete man das als Chinoisieren. In der Musik waren das Salonstücke, die ›chinesisch‹ klangen: viele pentatonische Reihen (auf den schwarzen Tasten). Mit chinesischer authentischer Musik hatte das nichts zu tun, es war Musik der Art, wie die westliche Kleinbourgeoisie sich chinesische Musik vorstellte (ungefähr so, wie die Chinesen jetzt *selber* komponieren). Die drei präparierten Töne begleiten den Refrain des »Gesangs der Reiskahnschlepper«. Er ist einstimmig. Der Rhythmus liegt fest, aber nicht die Tonhöhe, weil der tiefste drei-saitige Ton nicht bei allen Klavieren der gleiche ist. Die Sänger mußten bei jeder Aufführung blitzartig reagieren. Wir probten das nie. Außerdem ist der gongartige Klang sehr diffus, so daß der Ton oft schwer nachzusingen war.

Eine solche Unsicherheit paßte jedoch sehr wohl zu der Anspannung der ständig hinfallenden Kulis.

Nr. 6 Streiklied. Chor.

Das Streiklied spielt, ebenso wie die beiden Lieder, innerhalb der von den Agitatoren nachgespielten Handlung. Daher stellt es andere Anforderungen als die »freien« Chöre. Es ist ein *Stilzitat*. Es hat den *Anschein* eines konventionellen Kampfliedes, aber es ist befreit von bürgerlichen ästhetischen Konventionen:

1. Es ist ein Marsch. Aber Märsche sind im Vierviertel-Takt geschrieben und dieses Lied im Dreiviertel-Takt. Der Vierviertel-Takt erscheint lediglich *zwischen* den gesungenen Teilen.

2. Die Melodie steht in f-Moll, hingegen suggerieren die Akkorde auf den ersten Schlag F-Dur.

Beispiel 12

Komm heraus, Genosse!

3. In den Bässen erscheint ein ungebräuchliches Intervall: Die Quart, vgl. Beispiel 2. Die unaufgelösten Dissonanzen in der rechten Hand wurden bereits genannt (Beispiel 2).

4. Die Melodie entwickelt sich nicht. Abgesehen von einer kleinen Ausweitung in der Mitte verbleibt die Melodie im gleichen Umfang. Dies beispielsweise im Gegensatz zur Melodie der »Internationale« (mit der das »Streiklied« verglichen werden kann. Beide sind schnelle Märsche in F, ebenso wie die Marseillaise; französische Märsche haben ein höheres Tempo als deutsche und holländische Märsche). Die »Internationale« hat einen deutlichen Höhepunkt auf den Worten »die Internationale«. Die Vermeidung von Höhepunkten dieser Art dient neben anderen Mitteln dazu, eine konventionelle Form zu entkonventionalisieren.

5. Es hat einen offenen Schluß.

Nr. 7 Song von der Ware
Ebenso wie der »Gesang der Reiskahnschlepper« hat der Text des »Songs von der Ware« eine konventionelle Form: Dreimal Strophe und Refrain. In beiden Liedern enthält der Refrain *anderes* musikalisches Material als die Strophe im »Song von

der Ware« sogar stark kontrastierend. Der Text ist ein deutliches Beispiel von Brechts dialektischer Technik, wie sie bei der Nr. 4 skizziert wurde. In dem Couplet (d. i. der variierende, dem Refrain vorausgehende Strophenteil) *argumentiert* der Reishändler; im Refrain bestätigt er seine Schlußfolgerungen. Das Verändern der Wörter »Reis« in »Baumwolle« und später in »Mensch« ist auch hier wieder keine dramatisch-psychologische Entwicklung, sondern ein Gegensatz, wenn auch mit stark dramatischer Wirkung.

Für das Argumentieren im Vers (»wenn wir den Reis in den Lagern lassen, wird der Reis für sie teurer«) wird jetzt die Gesangs-Technik kompositorisch weiterentwickelt, die in Nr. 4 eingeführt wurde: die Tonhöhe liegt fest, und das Metrum wird durch den Rhythmus des Textes bestimmt. Eine solche Technik ist natürlich nur gut realisierbar, wenn sie von einer Solostimme ausgeführt wird. In der Praxis war kaum zu unterscheiden zwischen freien und notierten Rhythmen. Die Taktwechsel und die nicht aus der Melodie, sondern aus dem Text stammenden ausgeschriebenen Pausen garantierten bereits eine dem Sprechen nahe stehende Vortragsweise. Die festgelegte Tonhöhe im »Song von der Ware« resultiert ebenfalls aus den Wortbetonungen: in dem Satz »die den Reiskahn schleppen, kriegen dann noch weniger Reis, dann wird der Reis für mich noch billiger« ist deutlich, daß das zweite ›noch‹ eine stärkere Betonung hat als das erste.

Beispiel 13

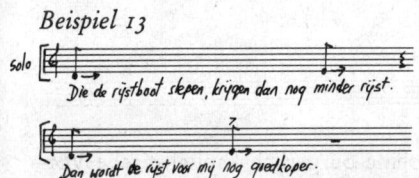

Die den Reiskahn schleppen, kriegen dann noch weniger Reis. Dann wird der Reis für mich noch billiger.

Der Klavierpart begleitet das Couplet mit einer Tonwiederholungstechnik (die ich aus meinem Stück ›de Volharding‹ entnommen habe), welche dem Wortrhythmus und der Tonhöhe der Melodie einigermaßen folgt. Die Motorik der Tonwiederholungen suggeriert die ›Betriebsamkeit der freien Wirtschaft‹.

Über den musikalischen Inhalt des Refrains (»Weiß ich, was ein Reis ist?«) ist sehr lange diskutiert worden. Eisler schrieb für den verächtlichen Kapitalisten, wie es der Reishändler ist, einen Tango, begleitet von Saxophon und Klavier.

»Leichte Musik ist für den Kapitalismus unzertrennlich verbunden mit Alkoholismus und Prostitution und ist ein gefährliches Gift für die breiten Volksmassen« schrieb Eisler 1935 in der Prawda. Der Reishändler bedient sich, um seine bürgerliche Zufriedenheit zum Ausdruck zu bringen, in Eislers »Maßnahme« dieses 1931 sehr populären Tanzes, und zum ersten Mal in der »Maßnahme« erklingt an dieser Stelle das ›bürgerliche‹ Instrument, das Klavier, als Soloinstrument. Obwohl ich bezweifle, daß die Produzenten der »Maßnahme« 1931 den Tango wirklich verachteten oder so zu verachten lernten, wie sie den Reishändler zu verachten lernten, versuchten wir 1972 ein Äquivalent für das zu finden, was der Tango 1931 (für Eisler) vertritt. Viele Genres von leichter Musik passierten die Revue: Burt Bacharach, Ramses Shaffy, Brasil 66, Beatles usw. usw., alles Beispiele zeitgenössischer Musik mit einem ›Waren‹-Charakter. Wir griffen jedoch zu hoch: alle genannten Beispiele enthielten über die kommerzielle Qualität hinaus auch noch in unterschiedlichen Maßen *Reste* authentischer musikalischer Qualitäten. So bekam Bacharach in den sechziger Jahren beispielsweise einen großen Einfluß auf die Popmusik durch die rigorose Anwendung eines neuen Baßrhythmus:

Beispiel 14

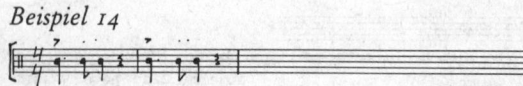

Der Reishändler durfte seine bürgerlich-kapitalistische Vorstellung nur darstellen mit den niedrigsten Formen musikalischer Abfälle; jeglicher musikalische Fortschritt (welcher gerade in der Musik für den Kontrollchor angestrebt wurde) sollte tunlichst vermieden werden. Das Resultat war ein Dreiviertel-Takt in A-Dur, ohne irgendeinen originellen musikalischen Gedanken, ausschließlich musikalisch abgegriffene Klischees, welche von der Bourgeoisie den ›breiten Volksmassen‹ freundlicherweise angeboten werden. Die Arbeiterchöre, für die wir die »Maßnahme« aufgeführt haben, fanden dieses Lied dann auch am lustigsten. Gerade durch diese Unzweideutigkeit der Musik konnte die Melodie bei dem Gegensatz *Mensch* zu *Baumwolle* und *Reis* unverändert bleiben.

Nr. 8 *Ändere die Welt, sie braucht es. Chor.*

Die Einstimmigkeit, die bereits im Refrain des »Gesanges der Reiskahnschlepper« eingeführt wurde, ist im Chor »Ändere die Welt« zum Prinzip erhoben worden. Sowohl die Melodie als auch die rechte und linke Hand des Klavierparts haben dieselbe Melodie. Der stets wiederkehrende Anfangsakkord

Beispiel 15

ist eine Bestätigung der repetierenden d-e in dem direkt vorangehenden »Song von der Ware«, suggeriert aber jetzt eine phrygische Tonalität auf cis (vgl. Eröffnungschor). Die Wiederholungen im Text durch das Wort ›welche‹ finden ihre Bestätigung in der Melodie, welche stets mit demselben Intervall d-e beginnt. Das Notenmaterial entwickelt sich zu einer pentatonischen Melodie:

Beispiel 16

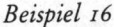 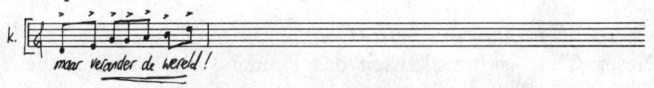

aber ändere die Welt!

– ein zweiter und letzter Hinweis auf chinesische Musik.

In diesem Text wendet Brecht eine andere, man könnte sagen, platonische Form der Dialektik an: die von Frage und Antwort. In der Musik wird das nicht ignoriert: es ist ein musikalischer Gegensatz vorhanden zwischen dem ständig wiederkehrenden statischen Anfangsakkord und der laufenden Melodie. Aber dieser Gegensatz folgt dem Text nicht präzise. Zu dem Anfangsakkord klingt sowohl eine Frage (›wer bist du‹) als auch eine Antwort (›sie braucht es‹). Keine Regel ohne Ausnahme.

Nr. 9 Lob der Partei. Chor.
Innerhalb der Aufteilung der Chöre auf die drei Ebenen ist »*Lob der Partei*« ein Grenzfall, jedenfalls was die Musik betrifft. Das Stück hat den Charakter eines Kampfliedes, was mit der Tatsache zusammenhängt, daß der Text einen spezifisch politischen Inhalt hat und keinen allgemeinen. Die Musik ist tonal (c-Moll). Es erscheinen jedoch keine tonalen Funktionen, es gibt keine tonale Entwicklung. Es gibt lediglich eine stufenweise Entwicklung: in der zweiten Hälfte wechselt das Lied nach e-Moll. Auch hier spielt der Baßpart wiederum eine kritisierende Rolle: der Grundton des Akkordes erscheint allein auf den ersten Schlag. Die Oktave im Baß ist ein Stilzitat.

Der Gegensatz Einzelner-Partei wird von Eisler hörbar gemacht, indem er ›der Einzelne‹ allein vom Tenor singen läßt und ›die Partei‹ vom gesamten Chor. In meiner Musik ist das gesamte Stück (ausnahmsweise) zweistimmig, außer jenen Sätzen, die vom Einzelnen handeln, sie sind einstimmig.

Die letzte Zeile, die übrigens in der »*Maßnahme*« eine wesentliche Rolle erfüllt, antizipiert den Schluß. Die Musik tritt zugunsten des Textes völlig zurück und bleibt stehen auf einem sich wiederholenden Akkord. Auch hier ein offener Schluß.

Nr. 10 Wenn man uns trifft. Chor.
Dieser Chor ist musikalisch das Pendant zur Ode auf die UdSSR (auch in der Nummerierung: das Vorletzte bzw. das Nach-Erste). Der Basisrhythmus stimmt überein mit dem Rhythmus vom Chor 2. Bis hierhin haben sich allgemein geltende Techniken für die Musik abgezeichnet, entsprechend den drei Ebenen des Kontrollchors. Eine Technik, die ich noch nicht ausdrücklich genannt habe, ist die Übereinstimmung zwischen der Gesangs- und der Klaviertechnik, es ist die der *Tonwiederholungen*. Was die Melodie betrifft, so hat dies seinen Grund in dem allgemeinen Prinzip, daß die Musik

der Deutlichkeit des Wortes zu dienen hat. Auch im Klavierstil wird dadurch, und auch schon durch das Fehlen von Vor-, Zwischen- und Nachspielen, eine Bestätigung des Singstiles.

Ein deutliches Beispiel für eine ›agitatorische‹ Singtechnik ist folgende Zeile:

Beispiel 17

weiß man: die Herrschenden sollen vernichtet werden

Die Betonung liegt auf ›heersers‹ und ›moeten‹. Durch das Hinausschieben des Einsatzes ›de‹ auf einen betonten Schlag bekommt ›moeten‹ einen Gegenakzent und wird dadurch verstärkt. Gleichzeitig verschluckt das Klavier ein punktiertes Achtel. Die Betonung auf ›vernichtet‹ wirkt besonders verstärkend. Die Figuren aus dem Baß

Beispiel 18

stammen eindeutig aus der Popmusik. Sie sind hier brauchbar, weil im allgemeinen die Musik für die »Maßnahme« *chromatisch* ist (viele kleinste Tonabstände) und eine solche Baßfigur eine der wenigen Beispiele von Chromatik in der Popmusik ist. Popmusik ist im allgemeinen *diatonisch*.

Nr. 11 Schlußchor.
Auch über den musikalischen Inhalt des Schlußchors wurde lange diskutiert. Die Frage blieb: kann man musikalisch,

durch einen analogen musikalischen Fortschritt, hörbar machen, daß der Kontrollchor von der Richtigkeit der Maßnahme überzeugt worden ist? Sollte z. B. die Musik zu einem allgemein erkennbaren musikalischen Stil durchbrechen, was bis dahin nur in den Stilzitaten geschah? Sollte der authentisch entwickelte Chorstil nicht verallgemeinert werden? Aber zu welchem Stil dann? Und »allgemein« – für wen? Derartige rhetorische Fragen – einen »allgemeinen« (allgemein gültigen) Stil kann es nicht geben, wenn man für *bestimmte* gesellschaftliche Gruppen spielt – deuteten bereits an, daß nur *innerhalb* des musikalischen Materials der »*Maßnahme*«, das in ständiger Diskussion mit den Produzenten zustande gekommen und ihnen dadurch vertraut geworden war, der Fortschritt hörbar gemacht werden konnte. Ein Durchbruch zu einem ›positiven‹ Schlußlied, mit regelmäßigem Takt und melodischem Aufbau beispielsweise, das nicht Teil der von den Produzenten entwickelten musikalischen Konzeptionen wäre, würde in der Anekdote steckenbleiben. Es würde ebenfalls ein Stil*zitat* bleiben, und das stünde im Widerspruch zu dem Inhalt des Textes.

Eisler machte es sich leichter, indem er für den Schlußchor Material gebrauchte, das mit dem Eröffnungschor identisch war. Diese Entscheidung war richtig, weil er damit zeigte, daß es völlig spekulativ ist, den entwickelten politischen Standpunkt des Kontrollchors musikalisch hörbar machen zu wollen.

Von ›Zorn und Zähigkeit‹ ab zitiere ich daher so wie Eisler direkt die Musik des Eröffnungschores. Das Material, das dem vorangeht, stammt zum größten Teil aus anderen Chornummern, so wie die fallende Septime im Baß aus dem Eröffnungschor. Zu dem Text »wir sind einverstanden mit euch« erscheint, zum ersten Mal nicht als Stilzitat, die Oktave in der linken Hand. Der Schluß ist eine harmonische Erweiterung des Schlusses von Nr. 9. Auch der letzte Chor hat einen offenen Schluß.

Hansjörg Maier, Willy Praml, Mathias Schüler
Einfühlung und Nachahmung
Probleme einer Lehrstückübung mit dem
Text der »Maßnahme«

Vorbemerkung

Mit dem vorliegenden Bericht wird ein Versuch dargestellt,
die philologische Rekonstruktion der Lehrstückmethode
Brechts durch Reiner Steinweg als Ausgangspunkt einer
möglichen Lehrpraxis zu nutzen. Dies war das erklärte Ziel
der Gruppe, wobei Einzelne oder durch gemeinsame Arbeit
miteinander bekannte Teile der Gruppe unterschiedlich konkrete Interessen verfolgten. Bevor auf Art und Umfang der
Arbeit weiter eingegangen wird, sollen die Hauptschwierig-
keiten bei der Abfassung dieses Berichtes genannt werden.
2 Jahre trennen den Bericht von der Arbeit, über die berichtet
werden soll. Es handelt sich also nicht um ein Protokoll der
Arbeit im strengeren Sinn, obwohl wir uns bemüht haben, zu
trennen zwischen unserem Verständnis damals und heute. In
den ersten Abschnitten haben wir versucht, unsere damalige
Arbeit am Lehrstück zumindest im Kern zu rekonstruieren
unter Berücksichtigung der Interessen und Hoffnungen, wie
sie vorhanden waren. Am Schluß (Abschnitt 5) versuchen wir
eine Einschätzung der Fehler und der Ansätze, wie wir sie
heute sehen. Die Autoren bildeten damals den Kern der
Arbeitsgruppe. Ihre Interpretationen oder Lösungsversuche
bei Schwierigkeiten setzten sich in der Regel durch, da sie
vermutlich das noch am ehesten genau definierte Interesse an
der Arbeit einbrachten. Es war bestimmt von ungelösten
Problemen bei der Theaterarbeit mit Lehrlingen, wie wir sie
vor der Arbeit an der Maßnahme machten und auch noch
heute machen.'* Der Bericht ist also gewiß geprägt von der
damals »herrschenden Meinung«; dies scheint uns prinzipiell
kein Mangel.

* Anmerkungen zum Aufsatz von Maier/Praml/Schüler s. S. 489.

1. Unser Interesse am Lehrstück

> Die Requirierung des Theaters für Zwecke des
> Klassenkampfes bietet eine Gefahr für die wirk-
> liche Revolutionierung des Theaters ...
> Die politisch verdienstvolle Übertragung revolu-
> tionären Geistes durch Bühneneffekte, die ledig-
> lich eine aktive Atmosphäre schaffen, kann das
> Theater nicht revolutionieren und ist etwas Pro-
> visorisches, das nicht weiter führt, sondern nur
> durch eine wirklich revolutionierte Theaterkunst
> abgelöst werden kann (T 15, 175).

Unser Interesse an der Lehrstückmethode oder, genauer, an
einigen Bestandteilen davon, war aktuell bezogen auf vermu-
tete Ähnlichkeiten zwischen dieser Methode und derjenigen,
die wir in unsere Theaterarbeit mit Lehrlingen entwickelt
hatten. Diese Arbeit kann hier nicht umfassend dargestellt
werden. Wir hoffen aber, daß es gelingt, einige dieser Parallelen deutlich zu machen, z. B. die der Arbeit an »Mustern
asozialen Verhaltens« (s. o. S. 164 Text 145), oder weniger
prononciert: Lernen durch Kritik falschen Verhaltens (negativer Muster).

Auf einem von uns angeleiteten Theaterkurs im Rahmen
eines einwöchigen Bildungsurlaubes arbeitete eine Gruppe
von Lehrlingen an einem Stück, das Schwierigkeiten bei der
Interessenvertretung im Betrieb darstellen sollte. Das »Material« für die Produktion des Stückes waren ausschließlich die
Erlebnisse der Lehrlinge; da sie zu einem großen Teil einen
Lehrlingsstreik erlebt hatten, war nicht verwunderlich, daß
das Thema Streik im Theaterstück wieder auftauchte. In dem
Stück sollte dargestellt werden, wie eine Fließbandkolonne
durch Erhöhung des Akkords in Zeitdruck gerät und vom
Meister unter Druck gesetzt wird. Einer der Arbeiter kann
schließlich seine Kollegen zum Teil für den Streik gewinnen;
er wird als Rädelsführer entlassen, worauf den Kollegen der
Ernst der Situation deutlich wird. Sie verschaffen sich Infor-
mationen über die derzeitige wirtschaftliche Situation des
Betriebs und überzeugen die Mehrheit der anderen Arbeiter.
Der Streik findet statt; als der Unternehmer bei der Streikver-

sammlung abwiegeln will, wird er unter Schimpftiraden und Jubel verjagt.

Besondere Schwierigkeiten ergaben sich, da der Darsteller des streikwilligen Arbeiters, der bei dem Lehrlingsstreik als Jugendvertreter eine wichtige Funktion gehabt hatte, bei seiner Fürsprache für den Streik nur gefühlsmäßig argumentierte. »Wir leisten unmenschliche Arbeit, wir müssen uns wehren!« ist ein Beispiel für seine Argumentation. Darauf konnten die Mitspieler nicht reagieren, die Schwierigkeiten bei der Agitation konnten nicht dargestellt werden². Die Parallelen der Argumentation mit der des jungen Genossen in der »*Maßnahme*« waren deutlich: »Ich bin für die Freiheit . . . ich glaube an die Menschheit etc«.

Wir vermuteten damals aber auch Unterschiede zur Lehrstückmethode. Diese sahen wir u. a. darin, wie die Argumentationsmuster kritisiert werden. Beim Lehrlingstheater wurde die platte Argumentation des Agitators durch ein fast technokratisches Vorgehen überwunden. Es wurden die angenommenen Produktionsbedingungen des Unternehmens so genau bestimmt, daß der Agitator nun auch mit »Tatsachen« argumentieren konnte, ohne daß an seiner Haltung politische Kritik geübt worden wäre. Beim Lehrstück zielt die Kritik der Sprachmuster aber gerade auf die mit ihnen verbundenen Haltungen. Bei den Sprachmustern des jungen Genossen liegt das falsche politische Verhalten auf der Hand, es ist überdeutlich, provoziert Kritik. Unsere Hoffnung war es, daß es unter Rückgriff auf solche überdeutliche Muster bei der Arbeit mit Lehrlingen leichter sein könnte, ihr weitgehend naives Verhältnis zu ihrer Situation zu erschüttern.³

Als vielversprechend sahen wir deshalb Äußerungen wie die folgende an:

»Aus der besonderen Konstruktion der Sprach-Muster, aus denen die Rolle *Junger Genosse* zusammengesetzt ist, resultiert der »Lehrwert« für die Spielenden. Gerade durch »Übungen« wie »Die Maßnahme« sollen sie ihre Fähigkeiten steigern, ähnliche Situationen auf »untragische« Weise zu meistern.« (Steinweg 1971a, S. 140).

Es war uns klar, daß es unmöglich sein würde, mit unserem ungenauen Verständnis der Lehrstückmethode unsere Arbeit mit Lehrlingen zu modifizieren. Es bot sich an, in einem

»Selbstversuch« an einer Umsetzung der Lehrstückmethode in ein praktikables Verfahren zu arbeiten. Wir planten ein Seminar, zu dem je fünfzehn deutsche und französische Teilnehmer (Schüler, Studenten, Theaterleute, Pädagogen) eingeladen wurden, die sich aus früheren Veranstaltungen im Bereich kultureller Bildungsarbeit kannten. Nach einer knappen Einführung in die Lehrstückmethode wurde selbständig in drei Gruppen gearbeitet. Diese Gruppen bestanden bis zum Ende des Kurses.

Als Text wählten wir die »Maßnahme«. Dafür war neben dem Thema, das Auseinandersetzung mit »idealistischen« Positionen linker studentischer Politik versprach, der Hinweis Steinwegs ausschlaggebend, es handele sich um das am weitesten ausgeführte Lehrstück. Weil uns Methode wie Anleitung für eine geplante Vorgehensweise fehlten, gehörte es zur Aufgabe der Untersuchungsgruppen, durch regelmäßige Reflexion der mehr oder minder zufällig sich ergebenden Vorgehensschritte Grundlagen für eine zu entwickelnde Methodik zu erarbeiten.

2. Unser Vorverständnis der Lehrstücktheorie und ihrer Lernziele

Wir hatten uns vor dem Seminar mit den Veröffentlichungen über die Lehrstückmethode beschäftigt (v. a. Steinweg 1971a-c, 1972a, b). Faszinierend war der Eindruck, hier handele es sich tatsächlich um »neues Lernen«.[4] Konkret auf die Arbeit an der »Maßnahme« bezogen bedeutete das: die von Steinweg 1972a beschriebenen »Basisregeln« und auch die Thesen der Redaktion der »alternative« zu den Lehrstücken galten als selbstverständliche Grundlage der Arbeit. Dieses Selbstverständnis war dabei eher privater Natur: jeder nahm für sich stillschweigend die richtige Interpretation in Anspruch. Als Arbeitsgrundlage war das Verständnis zu diffus, aber es gab hohe Erwartungen in bezug auf Ergebnisse des Kurses[5].

3. Einstieg, Kopfschütteln, erste Interpretationen

Da Anleitung oder Methodik für die Vorgehensweise fehlten, mußte das vage Einverständnis erst einmal formuliert werden, das zwischen den Spielern herrschte, etwa: daß der Kritik an »negativen« Mustern besonders hoher Lernwert zukomme oder daß weniger durch Interpretationen des Textes in Diskussionen als vielmehr durch Spiel oder, wie es anders immer wieder formuliert in den Fragmenten der Lehrstücktheorie auftaucht, durch »Nachahmung«, durch »Einnehmen *bestimmter* Haltungen« und »Durchführung *bestimmter* Gesten« etc . . . gelernt werde. Auf der Grundlage der »Basisregeln« und eingedenk akzeptierter, allgemein dargestellter Lernziele wie »kritische Haltung« und »Dialektik« erarbeitete eine kleine Gruppe folgendes Programm und zugleich vorläufige Anweisung für den Ablauf der Arbeit:

Bei der Lehrstückarbeit werden die Momente (Autor, Regisseur, Schauspieler und Zuschauer), die beim herkömmlichen Theater zeitlich, örtlich und personell auseinanderfallen, gegeneinander vermittelt, was bedeutet, daß sie in der Übungsgruppe wie in der Person jedes Übenden zusammenkommen müssen, in der praktischen Ausführung aber durchaus hintereinander ablaufen.

Folgender Ablauf läßt sich grundsätzlich angeben:

1. Text lesen, die Situationen klären.
2. Durchführen der im Text festgelegten und interpretierten Handlungen (Haltungen einnehmen, Reden wiedergeben, Gesten festlegen etc.) Jede Handlung muß von jedem durchgeführt werden.
3. Überprüfung der wiedergegebenen Vorgänge, Haltungen, Gesten und Tonfälle an der Wirklichkeit.
4. Änderung und Erweiterung des Textes dort, wo es notwendig erscheint.

Die Vermittlung zwischen den einzelnen Momenten der Arbeit geschieht wesentlich durch das Einnehmen aller Haltungen durch jeden und gegenseitige Kritik.

Schon bei der Interpretation dieses Programms, dieser Anweisung, kamen Zweifel darüber auf, ob bei der praktischen Umsetzung des Textes Arbeitstechniken des Theatermachens, des Inszenierens, verwandt werden dürfen oder wie verändert sie eingesetzt werden könnten oder ob überhaupt jegliches Theatermachen vermieden werden müßte. Die Entscheidung über diese strittige Frage wurde nach kurzer Diskussion vorläufig zurückgestellt angesichts der gestellten Aufgabe, zuerst durch eine vorläufige Interpretation des Textes Orientierungshilfen für die ersten Versuche der praktischen Einfühlung in die Muster zu erhalten. Denn eines war klar geworden, daß es zu den erwünschten *bestimmten* Gesten und Haltungen Vorstufen geben müsse, noch *unbestimmte* also, und daß für diese Vorstufen möglicherweise alternative Interpretationen des Gesamttextes, einzelner Szenen oder Rollen oder einzelner Momente von Szenen und Rollen gefunden werden müssen.

Der in allen drei Arbeitsgruppen begonnene Versuch, durch möglichst distanzierte Interpretation (Kopfschütteln) dieses Grundlagenmaterial für das Spiel zu erhalten, scheiterte trotz einiger Mühen an der Tatsache, daß durch das vorhandene Wissen von der Bedeutung der »negativen Muster« und speziell der Rolle des jungen Genossen selber, dieser keine alternative Interpretation abgewonnen werden konnte. Der junge Genosse, bekannt für seine idealistische »Sponti«-Haltung, lieferte Zeile für Zeile nur neue Beweise für die schon vorhandene Interpretation, anstatt Widersprüche und Aufforderung zu dialektischer Sehweise zu provozieren. Die Verfolgung der von Brecht vorgeschlagenen Methode des Kopfschüttelns beim Lesen des Textes und anschließendem Aufsammeln der abgefallenen Lesefrüchte brachte leider nur die eine Sorte Obst.

Die erste Stufe der verabredeten Vorgehensweise hatte eine geschlossene Deutung des Textes ergeben. Dagegen gab es immanent keine Einwände. Es bahnte sich vielmehr eine Kontroverse über die Frage der Einfühlung an. Einfühlung sei nach Brecht notwendige Bedingung für bewußtes Einnehmen und Durchführen von Haltungen und Gesten.

> »Nachahmung körperlicher Haltungen oder bestimmter Tonfälle und Schreibweisen ist ohne ein gewisses Maß von Einfühlung nicht möglich; die hier in Frage stehende Kopie kann naturgemäß nicht mit Werkzeugen oder Meßgeräten verfertigt werden, sondern ausschließlich mit Hilfe einfacher Beobachtung (»Augenmaß«) und praktischer Erprobung«. (Steinweg 1972a S. 162)

Dagegen wurde eingewandt, daß sich durch Einfühlung, im improvisierenden Einnehmen von Haltungen, keine neuen

Aspekte ergeben können. Es sei unsinnig, eine schon gewonnene Erkenntnis über den jungen Genossen im Spiel nachvollziehen zu wollen, dies sei reine Nachäfferei. Einfühlung in eine idiotisch handelnde Figur sei unmöglich, da diese Einfühlung nur Barrieren beim Einfühlenden produzierte. Dagegen wurde wieder (mit Brecht) eingewandt, nicht in eine »bestimmte, individuelle Person, in einen Helden, etwa in einen zähen Mann, soll der Übende sich hineinversetzen, sondern in einzelne, nicht individualgebundene Haltungen« (Steinweg 1972a S. 162).

4. Von der Interpretation zum Spiel

Entschieden wurde die Kontroverse durch den Rückzug auf die getroffenen Absprachen über das Vorgehen, wonach der Text nicht »zu Ende« interpretiert werden sollte, sondern wesentliche neue Aspekte sich durch das Spiel ergeben sollten. Dafür wählten wir die Szene 6 »Der Verrat«, da sie »aktuell« erschien. Nachdem sich Spieler gefunden hatten, begann das Spiel. Zunächst wurde lediglich der Text im Stehen gelesen, mit sehr schnellem Tempo, die Spieler hatten kaum die Möglichkeit, sich einzufühlen. Der Schwung wurde erst bei den schwerverständlichen Worten des jungen Genossen gebremst: »Der Mangel wird für sie gekocht, aber ihr Jammern wird verzehrt als Speise«. Ähnlich wie auch beim Text »Lob der U.S.S.R.« kamen Fragen über die Funktion der schwerverständlichen Stellen, die der Interpretation bedürfen. Soll der junge Genosse als Schwärmer charakterisiert werden, oder geht es um den Sachverhalt, daß bloßes Jammern der Unterdrückten Unterdrückung nicht beseitigt, oder noch allgemeiner um Ideologiebildung oder darum, das Problem des Mitleids (vgl. Szene 3 »Der Stein«) unübersehbar zu machen nach der Devise »Häufung der Unverständlichkeiten bis Verständnis eintritt« (Steinweg 1972a S. 116). Die Frage wurde nicht entschieden. Entschieden wurde, daß es notwendig sei, die Länge des untersuchten Textabschnitts zu begrenzen und auf langsames Lesen mit Pausen zu achten, um Konzentration herzustellen.

Nachdem so wieder klar geworden war, daß eine fundierte Anleitung fehlte, da Schwierigkeiten an den überraschendsten Stellen entstanden waren[6], wurde erstmals auch deutlich, was sich später bestätigte: daß ein naives Verständnis der experimentell-soziologischen Komponente (isolierte Verhaltensmuster, Versuchsanordnungen etc.) bei der Lehrstückarbeit am Anfang überhaupt nicht weiterbringt. Der Vorschlag, Konzentration durch Ausführung bestimmter Gesten herzustellen, scheitert daran, daß sich keine fanden; der Darsteller des jungen Genossen versuchte also weiterhin, sich durch emotionale Einfühlung die »Rolle« zu erobern. Dabei half ihm die Kenntnis gewisser in Verruf geratener schauspielerischer Techniken. Für die beobachtenden Mitspieler zeigte sich dieser Vorgang jedoch als rein äußerlicher, als zunehmendes Pathos, als oberflächliche Schauspielerei. Unter Hinweis darauf, daß hier nicht mit Einfühlung gemeint sein könnte, was Brecht sonst verhöhnt, wurde gesagt, daß diese Einfühlung für weniger geschulte Mitspieler nicht möglich sei und überdies unsinnig. Es wurde vorgeschlagen, eher unter Abweichung von dem gelesenen Text auf Reaktionen der Mitspieler einzugehen, um sich durch Reaktionen gemeinsam in die Situation einzufühlen. Dies sei um so eher möglich, je rascher der Text gelernt sei.

Die Spieler versuchten anhand überschaubarer Textabschnitte sich in die angedeutete Situation zu versetzen. Etwa in die des Textanfangs, als die Agitatoren nach Hause kommen, Säcke vor der Tür im Regen stehen sehen und den jungen Genossen, der ihnen entgegenkommt, darauf ansprechen. Ziel dieses Vorgehens war es, zunächst die Situation durch Sichhineinversetzen, also durch unbestimmte Gesten noch, zu interpretieren und dadurch die Reaktion der Mitspieler hervorzurufen. Dadurch sollte die Situation am Ende bestimmt werden, um dann in der bestimmten Situation bestimmte Haltungen der Personen der Situation gegenüber zu finden.

Das erste Ergebnis dieses Vorgehens war, daß die Spieler sagten, sie hätten beim Sprechen des Textes den Eindruck, daß sie permanent aneinander vorbeiredeten. Die Textstelle:

DIE DREI AGITATOREN: Dann hast du ihnen den falschen Weg gezeigt. Aber nenne uns deine Gründe und versuche uns zu überzeugen!
DER JUNGE GENOSSE: Das Elend wird größer und die Unruhe wächst in der Stadt.
DIE DREI AGITATOREN: Die Unwissenden fangen an ihre Lage zu erkennen.
DER JUNGE GENOSSE: Die Arbeitslosen haben unsere Lehre angenommen usw.

Einfühlung war für die Spieler deshalb unmöglich, weil für sie der knappe Text zu wenig phantasieanregend war. Der Text, das »Muster«, verkehrte sich bei dem Versuch der naiven Einfühlung in ein Beispiel eines absurden Dialogs. Es sagte der Spieler des jungen Genossen, ihm falle nichts mehr ein, er sei auch nicht gut zu sprechen auf die Agitatoren, die nur rumstünden und ihre Weisheiten verzapften.

Die Darsteller der drei Agitatoren sagten, sie seien sich sowieso überflüssig vorgekommen während der ganzen Zeit, aber an ihrem Text sei nichts auszusetzen (politisch).

Bemerkenswert war, daß die »persönliche« Kontroverse der Spieler um das Aneinandervorbeireden, also die Kontroverse zwischen dem jungen Genossen und den Agitatoren, scheinbar sicher von einer mit noch kaum einem Wort besprochenen Situation (im Text) ausging. Die Reaktionen im Spiel waren dadurch »private« gewesen. Der Aspekt des Textes, daß es sich um einen Erfahrungsaustausch angesichts einer explosiven Situation handelt[7], daß also eher politische als naiv emotionale Einfühlung geboten wäre, wurde nicht klar.

Um weiterzukommen übernahm ein anderer Spieler den Part des jungen Genossen. Die übrigen blieben bei ihren Rollen, um den Experimentcharakter zu wahren. Es stellte sich dabei heraus, daß der neue Spieler der Rolle von den ansatzweise entwickelten Haltungen des bisherigen Spielers nichts übernehmen konnte; damit schien ein Moment des kollektiven Lernprozesses in Frage gestellt. Große Ratlosigkeit herrschte. Es wurden, da sonst keine Vorschläge gemacht wurden, nur zwei Meinungen laut. Eine war, das Schwergewicht auf Wirkung, auf Inszenierung zu verlagern und notfalls auf die Einhaltung der Basisregeln: daß die Spieler sich selber belehren und keine Zuschauer vonnöten seien, zu verzichten.

Die andere war schon bekannt: Einfühlung in Idioten sei unnütz. Das könnte Brecht nicht mit Einfühlung gemeint haben. Man müsse vielmehr zunächst theoretische Überlegungen anstellen, wie überhaupt ein dialektischer Lernprozeß beim Lehrstück aussehen könnte. Beide Beiträge kennzeichneten die wachsenden Zweifel der Gruppe gegenüber dem Lehrstück als soziologischem Experiment (Steinweg 1971a S. 113).

4.3 Episierung des Lehrstücks (»politische Einfühlung«)[8]

Es wurde beschlossen, im Text fortzufahren, jedoch mit einer bedeutenden Änderung. Auch die Agitatoren sollten jetzt als negative Muster aufgefaßt werden, ihr Verhalten sollte kritisiert werden. Sie waren nicht länger Ausdruck der Vernunft, an der die Fehler des jungen Genossen demonstriert werden. Dies bedeutete das Ende der naiven Einfühlung.

Es wurde, um dem jungen Genossen mehr Gewicht zu verschaffen, an den Reaktionen der Agitatoren gearbeitet. Es mußte die Haltung gefunden werden, die es dem jungen Genossen erlaubt, in der Konfrontation mit den erfahrenen Genossen zumindest so lange Fassung zu bewahren, wie es der Text vorgibt. Kernstück der Szene ist ja die Stelle, wo sich der junge Genosse gezwungen sieht, die Dämme der Lehre zu zerstören und öffentlich mit seinen Genossen zu brechen. Nun wäre es mit Sicherheit falsch, die vorhergehende Diskussion als dramatische Anbahnung der Katastrophe im Sinne des klassischen Dramas zu begreifen. Die Haltung der Spielenden dem Text gegenüber muß vielmehr untragisch sein, sie muß die sein, zu untersuchen, ob der Bruch sich nicht doch vermeiden läßt, warum er im Text unvermeidlich ist, und nicht die, daß das bei dem Temperament des jungen Genossen nie gut geht. Dazu war es notwendig, die psychologisierende Konfrontation der Spieler, das Beleidigtsein nicht zu thematisieren, wohl aber festzuhalten, daß es als naive Reaktion der Spieler aufgetreten war und, bewußtgemacht, half, die Phase der naiven Einfühlung zugunsten aktiver, gegen die auf der Hand liegenden ersten Ansichten gerichteter zu überwinden.

Also mußte die Konfrontation abgebaut werden. Die Agitatoren bilden nun dem jungen Genossen gegenüber nicht mehr eine geschlossene Front. Entscheidend für den Abbau der anfänglichen Konfrontationsverhältnisse war die Textstelle:

»Dann hast du ihnen den falschen Weg gezeigt. Aber nenne uns deine Gründe und versuche uns zu überzeugen«. (III 6,26-28)

Zuvor war der junge Genosse erstmals zum Zug gekommen und hatte erklärt, daß die Situation sich grundlegend geändert hat: der Kampf kann beginnen. Die Antwort der Agitatoren ist ein grober Affront, wenn nicht die Haltung während der folgenden Auseinandersetzung eindeutig und sinnfällig solidarisch ist. Wir versuchten die Situation herzustellen, indem wir den Charakter eines Gesprächs unter Fachleuten betonten, die, von gemeinsamen theoretischen Grundlagen ausgehend, eine komplizierte Situation unterschiedlich einschätzen, wobei die Agitatoren Erfahrungen in früheren Kämpfen gemacht haben, der junge Genosse Führer und Experte für Mukden ist. Diese Interpretation wurde *nicht* aus entsprechenden Äußerungen des Textes rekonstruiert. Etwa:

»Wir sahen klar seine Schwäche, aber wir brauchten ihn noch, denn er hatte einen großen Anhang in den Jugendverbänden und er half uns viel in diesen Tagen vor den Gewehrläufen der Unternehmer das Netz der Partei zu knüpfen«. (III 5,146-150)

Sie wurde vielmehr angenommen, um überhaupt vernünftige Reaktionen anstelle des Nebeneinanderherredens zu ermöglichen. Bei der Arbeit an der schon zitierten Stelle (Das Elend wird größer etc.) wurde mit unterschiedlichen Nuancen an durch die Situation im Text bedingten plausiblen Haltungen gearbeitet. Methodisch vereinfacht dargestellt, war das Vorgehen bestimmt durch Diskussion einer Richtung, in der Spielvarianten erprobt werden sollten, und der anschließenden Erprobung und auch Kritik dieser Richtung. Als nicht einleuchtend erwies es sich, die Agitatoren privat menschlicher zu machen. Sie erhielten dadurch einen gemeinen Zug ins schulterklopfend Väterliche, was den Darsteller des jungen Genossen aggressiv protestieren ließ: er könnte ihnen eine

reinhauen, weil er sich nicht ernstgenommen fühle. Daraus
ergab sich zwingend, daß die Kontroverse politisch geführt
werden muß. Es wurde durch Spielversuche für die Agitatoren
eine Haltung gefunden, die sich so beschreiben läßt:
Die allgemeinen Äußerungen:

»Die Unwissenden fangen an, ihre Lage zu erkennen«
»Die Unterdrückten werden klassenbewußt«
»Die Erfahrungen der Revolution fehlt ihnen, unsere Verantwortung
wird umso größer« (III 6,33-43)

dürfen nicht als scharfe Polemik gegen die Einschätzung der
konkreten Situation durch den jungen Genossen gesehen werden, sondern gegen diese auf der Hand liegende Interpretation
betonten wir den Aspekt des Fachgesprächs. Die Agitatoren
fordern den jungen Genossen indirekt auf, seine Einschätzung
unter Rückgriff auf die gemeinsam bekannte, in der Theorie
akkumulierte Erfahrung zu relativieren. Der junge Genosse
fordert die Agitatoren indirekt auf, über ihrem Hinweis auf
die Lehre die konkreten Bedingungen einer konkreten Situation nicht zu vergessen. Das heißt, daß selbst ein Satz wie
»Ihre Leiden sind ungeheuerlich« oder »Die Arbeitslosen
können nicht mehr warten und ich kann auch nicht mehr
warten« nicht als Ausdruck eines ideologisch befangenen
Bewußtseins an sich genommen werden darf, sondern daß der
durch die Situation bedingte Gehalt betont werden muß: der
junge Genosse ist nicht ein Sponti an sich, sondern er reagiert
in einer bestimmten Situation spontan.
Bei der weiteren Arbeit änderte sich im Vorgehen nicht mehr
viel. Es blieb der Versuch der Historisierung der Szene, wobei
gesagt werden muß, daß an keiner Stelle versucht wurde, unter
Rückgriff auf Geschichtsdarstellungen oder historische Quellen die Szene sozusagen »von außen« zu inszenieren. Unsere
Arbeit an der Maßnahme blieb so, methodisch gesehen, auf der
Ebene der »neuen Einfühlung«.
Der ganze Bereich, der mit den Formulierungen »Durchführung« von Haltungen, »möglichst großartige Nachahmung
asozialen Verhaltens« oder »mechanische Durchführung von
Gesten« angedeutet sein mag, blieb ein weitgehend im Nebel
liegendes Gebiet. Durch die Arbeit an der Episierung oder
Historisierung der Szene hatte sich aber unter der Hand die

Überzeugung durchgesetzt, daß es sich bei diesen Gesten und bei diesen Haltungen um theatralische, um deutliche Gesten im Sinne des epischen Theaters würde handeln müssen. So war am Ende unklar, ob, wenn alles auf Theatralisierung hinausläuft, die Lehrstückmethode nicht ein Umweg ist, ob dann nicht übrig bleibt, was einige schon vermutet hatten: eine kollektive Produktionsweise des Theaters, ein gleichberechtigt arbeitsteiliges Vorgehen, die Überlegung, daß politisches Theater also eine neue Produktionsweise braucht.

Ähnliches hat sich der Denkende auch überlegt. So steht im Zitat oben (S. 384), die Requirierung des Theaters für Zwecke des Klassenkampfes biete eine Gefahr für die wirkliche Revolutionierung des Theaters, der Zusatz: »Es ist kein Zufall, daß diese Requirierung nicht von der Produktion, sondern von der Aufmachung (Regie) her erfolgte« (T 15,175).

Es war also vielleicht doch nicht so abwegig, wenn uns am Ende des Seminars klarer war als am Anfang: daß es sich auch beim Lehrstück um Theater handelt und nicht um eine ganz besonders dialektische Abart des Rollenspiels oder eine politische Variante der Gruppendynamik. Darüber herrschte große Erleichterung.

5. Vorläufiges Resultat

Während unserer Lehrstückarbeit tauchte immer wieder die Frage auf nach dem besonderen Lerneffekt. Was läßt sich in der Arbeit mit dem Lehrstück lernen, das anderes Lernen nicht ermöglicht?

Um damals in die Arbeit einsteigen zu können, wenigstens aber einen Vorbegriff dieser Lernmöglichkeit zu haben, formulierten wir sie zunächst negativ, grenzten sie ein. Affirmatives Lernen schied dabei von vornherein aus, das Lehrstück sollte ja *neues* Lernen ermöglichen. Vermutet wurde diese Art des Lernens im Bereich zwischen theoretischer Schulung und lehrreichem Theater (epischem Theater). Auf episches Theater und seinen Lerneffekt, beim Zuschauer Bewußtseinsprozesse in Gang zu setzen, kann das Lehrstück sich nicht beschränken, ebensowenig kann es theoretische Schulung ersetzen. Beide Lernmöglichkeiten sind aber nicht vom Lehrstück ausgeschlossen, sie können mit hineinspielen. Trotzdem blieb die Frage offen nach dem nur auf das Lehrstück zutreffenden Lerneffekt.

Geht man aus von den Äußerungen Brechts zum Lehrstück, so scheint für die neue Art des Lernens die Nachahmung der im Lehrstück vorgegebenen Handlungsweisen eine zentrale Rolle zu spielen; sie soll bewußt vollzogen werden, außerdem ist Einfühlung dazu nötig.

Auch Reiner Steinweg schreibt der Nachahmung diese Bedeutung zu: »Es ist ein Gemeinplatz der Pädagogik, daß Kinder durch Nachahmen lernen. Bevor sie wissen, warum sie lachen, ahmen sie das Lachen anderer nach. Noch ehe sie die Bedeutung der Worte erfassen, imitieren sie die Tonfälle, in denen sie gesagt, und die Gesten von denen sie begleitet werden. Um heraus zu bekommen, wie ein bestimmter Erwachsener denkt oder fühlt, und um sich seine Fähigkeiten anzueignen, kopieren Jugendliche seinen Gang, seine Handbewegungen, seine Art zu sprechen. Zahllose Lernvorgänge werden tagtäglich durch Übernahme von Verhaltensweisen hervorgerufen, ohne daß die Individuen sich der Imitation bewußt wären. Solche Lernvorgänge verlaufen darum nicht notwendig positiv: Die unbedenkliche Nachahmung bürgerlicher Verhaltensweisen durch Teile des Proletariats z. B. ist ein Hindernis für die Veränderung der gesellschaftlichen Verhältnisse. Erst die bewußte Nachahmung erschließt das Potential dieser Methode.« (Steinweg 1971a S. 106 f.).

Bei diesen Beispielen handelt es sich also um Nachahmung positiver bzw. von den Lernenden als positiv angesehener Verhaltensweisen. Wie vollzieht sich aber Lernen durch Nachahmung negativer, von den Lernenden als negativ erkannter Verhaltensweisen, »asozialer Handlungen und Haltungen«, wie vollzieht sich Lernen in der bewußten Nachahmung oben genannter Verhaltensweisen, die ja das »Potential dieser Methode« (der Lehrstückmethode) erschließen sollen? Bei der »Maßnahme«: wie und was soll gelernt werden durch Nachspielen der Verhaltensweisen des jungen Genossen, die von vornherein als falsch erkannt werden müssen, da sie zu seinem Tode geführt haben, mit dem er selbst einverstanden war?

Nehmen wir zunächst an, daß durch bewußte Nachahmung von Verhaltensmustern gelernt wird, ohne beantworten zu können wie sich das genau vollzieht, würde sich nicht ein möglicher Lerneffekt dann erhöhen, wenn differenziertere, qualifiziertere Verhaltensmuster, wie man sie epischen Theaterstücken entnehmen könnte, nachgespielt würden? Was hat also die »Armut« des Lehrstücktextes für eine Bedeutung? Ist sie konzipiert, um »der ökonomischen Situation der Klasse« zu entsprechen, »für die sie (die Lehrstücke) vor allem bestimmt sind« (Steinweg 1972a S. 169) oder soll der Lernende sich dadurch ungestörter dem Lernziel widmen können, befreit von störendem ästhetischen Beiwerk?

Wir haben also zwei Fragenkomplexe vorliegen.

1. Soll die Nachahmung vorgegebener Verhaltensweisen für einen möglichen Lerneffekt Bedeutung haben, welcher Art muß diese Nachahmung dann sein, um zu einem, nur durch das Lehrstück erzielbaren Lerneffekt zu kommen?

2. Ist für einen solchen Lerneffekt eine ausgeführtere, differenziertere Vorlage, wie z. B. der Text eines epischen Stücks, effektiver oder der »ärmere«, sich auf das Notwendige eines Handlungsablaufs reduzierende Lehrstücktext?

Daraus ergibt sich ein dritter, allgemeinerer Fragenkomplex, der das Verhältnis von Bewußtsein und Wirklichkeit (vgl. Steinweg 1971a, S. 134) betrifft. Gibt es so etwas wie »spielendes Erlernen von Verhalten« (Haarmann u. a. 1973, S. 185) und wie setzt sich das im Spiel Erlernte in der Realität in praktisches Verhalten um oder läßt sich durch bewußtes Nachspielen negativer Verhaltensweisen falsches Verhalten in der Wirklichkeit verhindern oder wenigstens einschränken?

Um Antworten auf diese Fragen zu finden, wenden wir uns zunächst einer anderen Betrachtung des Lehrstücks zu, seinem Verhältnis zum epischen Theater. Das Lehrstück stellt, wie R. Steinweg nachweist, keinen Bruch im Brechtschen Denken dar, ist keine Entgleisung seines künstlerischen Schaffens, kein Produkt einer vulgär-marxistischen Übergangsmethode, sondern es steht in der Kontinuität Brechtschen Denkens und seiner Theaterpraxis, also auch der des epischen Theaters. Das epische Theater mußte an die Stelle des traditionellen Theaters treten, da dieses auch bei fortschrittlichen Inhalten beim Zuschauer das Gefühl der Ohnmacht hinterließ.[9] Der fortschrittliche Inhalt verlangte eine aktive Haltung der Zuschauer (eingreifendes Denken), eine neue Form des

Theaters sollte dies ermöglichen. Diese Form entnahm Brecht einer alltäglichen Situation. Das Grundmodell des epischen Theaters ist die »Straßenszene«. Der Augenzeuge eines Verkehrsunfalls demonstriert einer Menschenansammlung, wie das Unglück passierte. Die Umstehenden haben den Vorgang nicht gesehen oder sehen ihn anders, der Demonstrierende macht das Verhalten der am Unfall beteiligten Personen vor, damit sich die Umstehenden ein Urteil darüber bilden können. Die für den Zweck der Darstellung bzw. Schilderung des Vorgangs durch den Zeugen entscheidenden Momente sind auch die Grundelemente des epischen Theaters. Das epische Stück ist die entwickelte Form dieser Grundelemente, durch seine offene Form soll es den Zuschauer zu eingreifendem Denken auffordern, wofür traditionelles Theater nicht angelegt war.

Aber so wie es möglich ist, daß den Passanten an dem Vorgang an der Straßenecke mehr das Geschehen an sich, die Sensation dabei affiziert, nicht seine gesellschaftlich praktische Bedeutung, so bleibt es auch dem Zuschauer des epischen Stücks überlassen, eingreifendes Denken zu entwickeln oder passiv zu rezipieren. Das Lehrstück[10] hebt dieses Problem auf, indem es den Zuschauer aufhebt, er kann nur noch Zuschauer sein, wenn er auch selbst spielt und umgekehrt. Damit wird die entwickelte Form des epischen Stücks auch aufgehoben, um von den Lehrstückteilnehmern selbst entfaltet zu werden, aber nicht mehr in einer auf den Zuschauer gerichteten Form.

Das epische Stück auf sein Grundmuster reduziert, ist identisch mit dem Text des Lehrstücks, er ist Ausgangsmaterial, mit dem die Lehrstückteilnehmer ihre Erlebnisse zu Erfahrung und bereits abgeschlossene Erfahrungen zu neuen Erfahrungen anleiten, das Grundmuster konkretisieren, qualifizieren. Dazu ist qualifizierte Darstellung notwendig, wie beim epischen Theater, das Lernmoment ist aber nach innen verlagert, in den Prozeß, der die Darstellung hervorbringt, und damit nicht mehr beliebig.[11]

Hier wird nun deutlich, welchen Sinn die »Armut« des Lehrstücktextes hat. Nur der sich auf das Notwendige einer an sich widersprüchlichen Handlung beschränkende Lehrstücktext ermöglicht es, die eigenen Erlebnisse und Erfahrungen zu Lernbedingungen zu machen.

Der Text des Lehrstücks stellt aber keineswegs das begriffliche Substrat a priori dar, das allein die Erlebnisse der Lernenden als Erfahrungen möglich macht. Die »*Maßnahme*« stellt also mit dem *Jungen Genossen* nicht einen Begriff unreflektierten, spontanen Handelns oder ein »schön gearbeitetes Muster idealistischer Denkweise« (Steinweg 1971c, S. 136) vor, mit dem die Erlebnisse der Lernenden auf den Begriff gebracht werden können, sondern sie zeigt zunächst eine von den Agitatoren, Zeugen und Beteiligten des Geschehens dargestellte, auf das ihrer Meinung nach Wesentliche reduzierte, real stattgefundene Handlung, das Grundmodell des epischen Theaters also, die Auslegung und Entwicklung aber nicht vollzogen, sondern den Lehrstückteilnehmern überlassen.

Inadäquate Behandlung des Textes, Fixierung statt Entfaltung, würde bedeuten, ihn so zu nehmen wie er erscheint, als objektive Darstellung bestimmter Verhaltensmuster. Will man nun durch Einfühlung vor und in der Darstellung des Stückes die eigenen Erlebnisse und Erfahrungen in diesen Verhaltensmustern unterbringen, so bleibt die Einfühlung notwendig abstrakt, man hat den Text noch nicht vom Schein der Objektivität befreit, die negativen Muster noch nicht für sich als positive hergestellt. Für die »*Maßnahme*«: die Darstellung des jungen Genossen durch die Agitatoren wird unkritisch akzeptiert, ja mehr noch, indem eingreifendes Denken nicht geleistet wird, muß der junge Genosse als Repräsentant idealistischer Denkweisen, Charakterbild für die Trennung von Gefühl und Verstand erscheinen, obwohl die Agitatoren diese Attribute nur aus den Handlungen des jungen Genossen während der gemeinsamen politischen Agitation herleiten, unter dem Zweck der Darstellung seiner notwendigen Liquidierung. Einfühlung aber erfordert die vollständige, über den eingeengten Blickwinkel der Agitatoren hinausgehende Rekonstruktion der Situation, in der der junge Genosse gestanden haben könnte. Notwendig dazu gehört das Rekurrieren auf eigene Erlebnisse oder vermeintliche Erfahrungen, in denen eine reale Situation die eigenen Gefühle weitgehend in Anspruch nahm, rationales Handeln verhinderte; dabei sind vor allem jene Situationen von Bedeutung, in denen rationales Handeln überhaupt nicht erwünscht war.

Betrachtet man nun erneut das Lehrstück, seine Bedeutung für den Fortgang des Lernens, so ist es selbst der für das Lernen wesentliche Widerspruch. Für die »*Maßnahme*«: ein Geschehen wird von Zeugen berichtet. Durch ihre Darstellung verliert das Geschehen selbst die Unmittelbarkeit, seine Beurteilung wird erleichtert, gleichzeitig aber wird das Geschehen auf den Bericht von Zeugen eingeengt. Die Distanz vom wirklichen Geschehen erleichtert seine Beurteilung, reduziert es aber auf sein Resultat. Eine neue Unmittelbarkeit tritt hervor, die scheinbare Objektivität des Berichts. Das Lernen vollzieht sich an der Entfaltung dieses Widerspruchs als Erfahrung der Lernenden, indem sie ihre Erlebnisse und bereits abgeschlossenen Erfahrungen und damit sich selbst an diesem Widerspruch abarbeiten. Das Lernziel kann hier als Erweiterung von Erfahrungsfähigkeit angegeben werden.

Die Nachahmung der im Text vorgegebenen Handlungen und Haltungen und die Einfühlung bekommen hier einen anderen Charakter: nicht Nachspielen, Imitation, Simulieren von Verhalten und Erhoffen des Lerneffekts durch abstrakte und daher passive Einfühlung, sondern Nachahmung, die den Produktionscharakter der Darstellung unterstreicht, mit Hilfe von *konstruktiver,* äußerst konkreter, aktiver Einfühlung.

Schließlich stellt sich auch die Frage anders nach dem Verhältnis von Bewußtsein und Wirklichkeit im Lehrstück. Das Problem ist nicht mehr, wie im Spiel erlerntes Verhalten sich in praktisches Verhalten umsetzt, sondern wie die Erfahrungen der Lernenden mit dem Produktionsprozeß des Lehrstücks es möglich machen, Erfahrungsfähigkeit zu lernen, die falsches Verhalten schnell erkennen und korrigieren läßt. Letztlich geht es darum, welchen »Wirklichkeitsgrad« hier die Erfahrung hat. Dazu läßt sich sagen, daß sie bereits wirkliche Erfahrung ist, in dem Maße, in dem auch die Erlebnisse und Erfahrungen der Lernenden, die Art und Weise, sie mit dem Lehrstück zur Darstellung zu bringen, *wirklicher* Ausdruck ihrer realen Lebensverhältnisse sind, nicht nur Schein der Wirklichkeit, mit dem in der kapitalistischen Gesellschaft in der Regel Erfahrung gemacht wird.

Diese Untersuchung zum Lehrstück ist vorläufig, fragmentarisch; weitere Versuche mit anderen Teilnehmern brachten noch keine wesentlich neuen Aspekte.

Auch durch die hier vorliegenden, jeweils eher theoretisch oder praktisch orientierten Beiträge blieb für uns undeutlich, welche spezifische Bedeutung innerhalb des Lernmodells Lehrstück dem *Spielen* zukommt. Paul Binnerts (s. o. S. 332 f.) z. B. umging möglicherweise die Frage nach der Erkenntnis durch das Spielen damit, daß er einleuchtenderweise sehr früh und an zentraler Stelle die Festlegung des »Stilprinzips« einführte; unsere eigenen Versuche blieben in der für uns überraschenden Bedeutungslosigkeit der Interpretation des Textes für das anschließende Spielen stecken.

Davon ausgehend bieten sich zwei provokatorische Thesen an:

1. Das Spielen ist bedeutungslos für die Erkenntnis bei der Lehrstückarbeit. Wesentlich sind die durch die Interpretation des Textes ausgelösten Diskussionen. Das Spielen des Textes hat dann Liebhaberwert (vgl. Spielen ohne Zuschauer).

2. Das Spielen ist in seiner Bedeutung für den Erkenntnisprozeß innerhalb des Lernmodells Lehrstück noch gar nicht entdeckt. Die mehr oder minder subjektiv zufällige Interpretation des Textes kann nur durch das Spielen *präzisiert* werden. Präzisieren heißt dann nichts anderes als Festlegen des (soziologischen) Gestus für eine *Darstellung,* die den Charakter des Widersprüchlichen als Lernmoment auch für den Zuschauer erhält.

Für die weitere Erforschung der Lehrstückmethode ergäben sich hieraus zwei, freilich miteinander zusammenhängende Schwerpunkte. Da eine ausgeführte materialistische Theorie des Spielens fehlt, muß jeder nur auftauchende Spielansatz seine eigene Lerntheorie erfinden und verallgemeinern.

Allgemein gesehen ist es daher unerläßlich, an einer umfassenden materialistischen Lerntheorie des Spielens zu arbeiten. Im besonderen, für das Lehrstück, wäre zu untersuchen, in wie weit die praktische Seite des V-Effekts (Schauspielerübungen, Inszenierungstechniken) für die Theaterarbeit mit Laien so nutzbar gemacht werden kann, daß für die Spieler dabei wesentlich an den eigenen Erfahrungen gearbeitet wird, und daß dabei möglicherweise ein Laientheater entsteht, das mehr ist als die nostalgische Nachahmung historischer Arbeitertheaterformen. Entscheidende Bedeutung kommt dabei der Qualität der Texte zu, die an den Brechtschen Vorlagen zu untersuchen wäre.

Diskussion

Hermann Haarmann: Ich möchte nochmal an dem Begriff der »asozialen« bzw. negativen Muster anknüpfen. Wenn wir davon ausgehen, daß die bürgerliche Gesellschaft ideologisches Verhalten produziert, dann sind die asozialen Muster genau das Ergebnis dieses ideologischen Verhaltens. Von daher könnte man sagen, daß sie eine zweifache Funktion haben: Als direktes Ergebnis bürgerlicher Gesellschaft erfordern sie deren konkrete Negation. Darüber hinaus haben sie einen hohen Wert des Wiedererkennens; weil sie genau diejenigen Haltungen sind, mit denen man tagtäglich konfrontiert wird, wenn man in der bürgerlichen Gesellschaft lebt. Hier vielleicht auch nochmal unter dem Begriff der Nachahmung zu diskutieren, unter den Ihr ja Eure Überlegungen gestellt habt. Ich glaube, daß ein wichtiges Moment dabei das Moment der konkreten Negation ist – wie eben die bürgerliche Gesellschaft auch die Klasse produziert, die ihre eigene Aufhebung beinhaltet, das Proletariat. In diesem Zusammenhang ist die Antwort auf die Frage nach der Nützlichkeit der Fehler, der asozialen Muster, zu sehen. Und von da aus wäre auch die Frage nach dem Positiven, nach der Möglichkeit der Identifikation mit dem positiven Helden zu diskutieren, die ja heute wieder die dramaturgische Forderung ist – ob wir auf die DDR schauen oder auf neue linke Ansätze hier bei uns. Es wird der positive Held gefordert, und genau dagegen wendet sich letztlich auch besonders stark das Lehrstück-Theater.

Hansjörg Maier: Bei unserem Versuch der Beschäftigung mit der »Maßnahme« haben wir uns lange Zeit mit dem Problem herumgeschlagen, daß uns der *Junge Genosse* von vornherein als eine konstruierte Figur vorkam, als eine durchweg negative Figur, die aus Sprachklischees usw. aufgebaut schien. Wir sagten: Wir müssen den Jungen Genossen von unserer eigenen Kritik her behandeln und versuchen, mit ihm fertig zu werden. Wir haben lange Zeit auf dieser Grundlage gearbeitet und sind zu dem Ergebnis gekommen, daß es überaus langweilig ist, mit einem Text oder mit einer Rolle umzugehen, die von vornherein als negativ dargestellt ist, eine Rolle, von der wir sagten: das ist eigentlich ein Idiot. Was nutzt die Einfühlung in einen Idioten oder in irgendeine Rolle, die gar nicht als richtige Rolle verstanden werden soll, was nutzt das, was bringt das uns, die wir uns damit beschäftigt haben? Wir haben versucht, das umzudrehen und zu überlegen, also so kann's nicht gemeint sein, man muß erst mal untersuchen, ob da nicht auch Momente einer positiven Figur drin sind. Über diesem Prozeß haben wir dann genau umgekehrt die Erfahrung gemacht, daß wir eine negative Rolle gesehen haben, damit nicht zu Rande kamen, versuchten, sie umzudrehen, und erst durch die Konfrontation der Forderungen des Jungen Genossen mit dem Kontrollchor, einen praktischen Zugang zur »*Maßnahme*« gewonnen haben.

Reiner Steinweg: Ein bißchen bin ich ja an dieser Geschichte schuld mit meinem *»Maßnahme«*-Aufsatz. Das muß man einfach in dem Zusammenhang sehen, daß ja bisher in der bürgerlichen Literaturwissenschaft von dieser Figur, wenn von einer solchen überhaupt die Rede sein kann, immerzu als von der *gegen* Brecht sich durchzusetzenden positiven Figur gesprochen worden ist. Man mußte also zunächst einmal diesen wüsten bürgerlichen Ideologiekomplex auflösen, um die *»Maßnahme«* überhaupt wieder freizubekommen für eine sozialistische Arbeit. Aber ich finde es ziemlich einleuchtend, daß doch *eine* Voraussetzung für die Realisierung der *»Maßnahme«* die ist, daß man solche Verhaltensweisen, wie sie in dieser Spielvorlage von Brecht angeboten werden, für möglich, d. h. unter bestimmten Umständen für sinnvoll halten kann, daß man sie überhaupt in gewissem Sinne ernst nimmt. Anders kommt man mit Sicherheit nicht zu einer Form der produktiven Auseinandersetzung. Wenn Benjamin 1930 davon spricht, daß Brecht die Gesellschaft aus den »asozialen« Figuren heraus sozialisieren will,[12] so erfährt ja der Begriff des Asozialen eine eigenartige Bedeutungserweiterung. Im Negativen ist sozusagen das Positive keimhaft angelegt. Es handelt sich eben nicht um den *bürgerlichen* kategorischen und moralischen Begriff von »asozial«. Mir scheint deshalb der Hinweis wichtig, daß meine Interpretation, meine Polemik gegen die Literatur zur *»Maßnahme«* verfänglich war insofern, als sie anscheinend eine widerspruchsfreie negative Figur konstruiert hat (obwohl es mir nicht um die Konstruktion einer Figur, sondern um den Nachweis des ideologischen Charakters einzelner Redeweisen ging), und daß es darauf ankommen muß, daß auch positive Elemente in ihr enthalten sein müssen, weil man anders sinnvoll damit nicht umgehen kann. Ich glaube, das ist eine Bestimmung, die man im Auge behalten sollte auch bei der Konzeption von *neuen* Lehrstücken.

Dieter Richter: Ich glaube, der Junge Genosse verkörpert nicht nur Momente eines bürgerlichen Bewußtseins (wie Reiner Steinweg herausgearbeitet hat), sondern Momente eines Bewußtseins, das in der Geschichte der Arbeiterbewegung eine sehr große Rolle gespielt hat, nämlich eines spontaneistischen, anarchistischen, aktionistischen Bewußtseins, das auch Ende der zwanziger Jahre noch durchaus lebendig gewesen ist. Die Auseinandersetzung darüber, welche Funktion Momente dieses Bewußtseins in einer bestimmten historischen Situation haben können, darum gehts in der *»Maßnahme«*. Ich sehe das Modellhafte der Lehrstücke darin, daß bestimmte Verhaltensweisen vorgeführt werden, die »sympathisch« sind, die »tugendhaft« sind auch im bürgerlichen Sinn, Verhaltensweisen, ohne die eine Umwälzung überhaupt nicht gemacht werden kann: Spontane Hilfsbereitschaft, Zorn auf das Unrecht, moralische Empörung, Bereitschaft zu kämpfen, Haß gegen das Böse. In der spezifischen historischen Situation aber wird entschieden werden müssen, welche Funktion diese u. ä. Verhaltensweisen haben.

Bernhard Frey: Entsteht dieses Votum für widersprüchliche, nicht glatt negative Figuren jetzt nicht dadurch, daß die Diskussion auf die »Maßnahme« beschränkt bleibt? Wie sieht das für die andern Lehrstücke aus? Da sieht es, glaub ich, sehr anders aus.

Reiner Steinweg: Das ist eine berechtigte Frage, und es ist natürlich problematisch, daß wir jetzt, von den vorliegenden Praxisberichten ausgehend, die sich beide auf Brechts »Maßnahme« beziehen, ein bißchen auf dieses Stück fixiert sind. Ich weiß nicht, ob es sinnvoll ist, jetzt ausführlicher z. B. auf *»Die Ausnahme und die Regel«* einzugehen. Ich frage mich nämlich, ob der Text »Die Ausnahme und die Regel« genug widersprüchliche Muster aufweist, die einen Lehrstückprozeß langfristig tragen. Es wäre interessant, das zu untersuchen. Für den *»Jasager«* kann man das wohl ohne weiteres so sagen wie für die *»Maßnahme«.* Für das *»Badener Lehrstück«,* jedenfalls in der zweiten Fassung, in der die Figur Nungesser hinzugefügt ist, kann man das ebenfalls annehmen. Das zeigten ja auch die vielen Diskussionen nach den Aufführungen im Berliner Ensemble. Das heutige DDR-Publikum neigt mit großer Mehrheit aus der bestimmten gesellschaftlichen Situation in der DDR heraus dazu, Nungesser als positive Figur aufzufassen. Gerade an diesem, wenn man so will, Brecht entgegengesetzten Verständnis dieses Stücks haben sich die intensivsten Diskussionen nach den Aufführungen entzündet, soweit ich das mitbekommen habe.

Hermann Haarmann: Die Kritik der damaligen KPD-Genossen an der »Maßnahme« ging übrigens ebenfalls von einer Vorstellung des positiven Helden aus. Sie wollen im Grunde den positiven Helden, und deswegen durfte der Junge Genosse nicht umgebracht werden. D. h. sie fielen sozusagen auf die bürgerliche Ideologie, nämlich die Annahme, daß nur im positiven Helden die Möglichkeit der Erfahrungsvermittlung angelegt ist, voll herein – entgegen der Erfahrung derjenigen, die an der Einstudierung beteiligt waren (was Brecht ja in einigen Aufzeichnungen zeigt), die sehr wohl die Widersprüchlichkeit als produktiv erfahren haben.

Hansjörg Maier: Mir scheint das Problem doch nicht so sehr das des positiven Helden zu sein, sondern daß der positive wie der rein negative Held als praktische Verkörperung einer bestimmten Haltung insofern langweilig ist, als er widerspruchsfrei ist. Das Interessante beim Lehrstück scheint mir eben darin zu liegen, daß sozusagen ein Sammelsurium, ein Wachsfigurenkabinett von positiven und negativen Verhaltensweisen vorkommt und man dauernd gezwungen wird, diese Verhaltensweisen irgendwie zusammenzukriegen.

Hermann Haarmann: Und dadurch, glaub ich, ist dann der hohe Erkenntniswert der Lehrstück-Praxis gegeben, daß jeder jede Rolle übernehmen sollte, daß also nicht jemand per Übernahme einer Figur gezwungen ist, eine bestimmte Haltung durchzuhalten, sondern sozusagen genau das dialektisch Widersprechende auch zu übernehmen und darzustellen. Und insofern ist der Lernprozeß gerade darauf gerichtet, das Widerspruchsvolle zu begreifen und sozusagen das Produktive des Widerspruchs zu erfahren.

Mathias Schüler: Zwischen der konkreten Negation asozialer Muster und dem, was Du gerade angedeutet hast, wie man die Rollen spielt, liegt meiner Ansicht nach ein ziemlicher Sprung. Dieser Übergang wurde eigentlich bisher nie genau gefaßt in der Diskussion, der Übergang von der theoretischen Erörterung der Reflexion über diesen Text zum Spielen. Der Übergang geht hier immer zu schnell. Mein Problem ist eben gerade das, wie sich diese konkrete Negation asozialer Muster vollzieht. Sie besteht ja bestimmt nicht darin, daß man die Rolle spielt mit dem Bewußtsein, daß sie falsch ist. Daran müßte noch etwas mehr gearbeitet werden. Dazu gehört auch, was Paul Binnerts beschrieben hat, daß die erste Phase, die Diskussion des Textes, völlig getrennt war von der späteren Arbeit an den Gesten. Wie aus der Nachahmung negativer Muster gelernt wird, das ist noch gar nicht geklärt. Und da sind wir auch mit den praktischen Versuchen hängengeblieben. Wie kann man dem eigentlich gerecht werden, was von der Lehrstücktheorie gefordert wird? Was soll man mit diesen negativen Mustern machen? Wie lernt man damit? Wieweit man z. B. dem Muster negative *und* positive Seiten abgewinnen kann, das läßt sich ja alles noch diskutieren, das hat ja nicht einen notwendigen Zusammenhang mit dem Spiel nachher und vor allem keinen notwendigen Zusammenhang damit, wie man's dadurch lernt, durch das Spielen, durch das Haltungen-Einnehmen, und wie man die überhaupt einnimmt. Da ergeben sich ja überhaupt erst die eigentlichen Probleme. Wie muß man die Arbeit am Gestus fortsetzen, um rauszukriegen, was das bedeuten kann, dies Lernen aus negativen Mustern im Spiel.

Reiner Steinweg: Ich habe noch einige Fragen zu Eurem Text. Zunächst zur »Einfühlung«. Ihr führt im zweiten Teil den Begriff der politischen, konstruktiven Einfühlung ein, und dagegen habe ich nichts einzuwenden, im Gegenteil. Am Anfang verwendet Ihr dagegen den Begriff »Einfühlung« durchaus *nicht* im Sinne der Brechtschen Lehrstücktheorie. Gemeint ist, wenn Brecht von »Einfühlung« im Zusammenhang mit dem Lehrstück spricht, eben nicht die Einfühlung in eine Totalität reklamierende Figur (»Persönlichkeit«), sondern die Einfühlung in bestimmte Gesten und Haltungen (und nicht in »unbestimmte«, wie Ihr schreibt). Daß Ihr im Verlauf Eurer Arbeit dieses Mißverständnis geklärt habt und wie Ihr es geklärt habt, scheint mir ein sehr instruktives Moment Eurer Darstellung zu sein; ebenso, daß es für diese beschränkende Einfühlung erforderlich ist, die *politischen* Momente, die in der Textvorlage genannt werden, die Faktoren der experimentellen (angenommenen) Situation genau zu bestimmen. Von ihnen, von ihrer Rekonstruktion muß man beim Spielen ausgehen. Allerdings scheint es mir nicht sinnvoll, in diesem Zusammenhang von »Historisierung« zu reden. Was Ihr beschreibt ist ja, so verstehe ich es, keine Historisierung verstanden als Anreicherung der Fabel mit Fakten, Ereignisfolgen, Situationen, Entscheidungen aus der tatsächlich stattgehabten menschlichen Geschichte, die man aus Büchern erfährt. Was Ihr beschreibt, ist vielmehr der Versuch, die im Text gegebenen Merkmale der politischen Situation, die ganz bestimmte »Versuchsanordnung« (in der die Verhaltensweisen, um die es geht, überhaupt nur möglich und denkbar sind), deutlich festzustellen und von da auszugehen. Wenn Ihr das anfangs nicht gemacht habt, dann ist das vielleicht eine Folge meiner sicher mangelhaften Darstellung (die durch so viele »Fassungen« gegangen ist, daß ich manchmal nicht mehr unterscheiden kann, was ich irgendwann geschrieben habe und was am Ende im Druck stehen geblieben ist). Aber es ist nicht ein Fehler der Lehrstücktheorie.

Noch ein letzter Punkt. Euer Ergebnis am Schluß verstehe ich nicht. Da schreibt Ihr, daß Ihr irgendwie zu dem Eindruck gekommen seid, daß das Lehrstück nur eine Art Umweg sei, daß letzten Endes auch beim Lehrstück alles auf »Theatralisierung« hinauslaufe. Was meint Ihr da mit Theatralisierung? Ihr meint doch offensichtlich nicht, daß auch das Lehrstück schließlich im Sinne des epischen Schaustücks verwendet werden soll zur *Vorführung* vor einem beliebigen oder bestimmten Publikum. Aber was meint Ihr dann mit Theatralisierung? Ich weiß auch nicht, was »Umweg« in diesem Zusammenhang bedeuten soll.

Willy Praml: So zugespitzt bedeutet »Theatralisierung« das natürlich nicht, obwohl das schon auch darin enthalten ist, wie wir gerade auch in der Auseinandersetzung mit Paul Binnerts und der Amsterdamer Arbeit gelernt haben. Der ganze Lehrstückprozeß muß notwendigerweise angelegt sein auf das, was Paul Binnerts als das Stilprinzip bezeichnet hat. Das haben wir hier noch ungenau mit Theatralisierung bezeichnet. Gemeint ist, daß der Lehrstückprozeß immer auf eine Darstellung hinzielt, d. h. was gelernt wird, drückt sich im *ästhetischen* Resultat aus. Insofern zielt der Lehrstückprozeß notwendigerweise auf die ästhetische Realisierung ab. Da kommt ein fertiges Ergebnis heraus. In der ästhetischen Gestalt drückt sich der Standpunkt aus, den die Spieler bei ihrer Beschäftigung mit dem Text gewonnen haben. Und der muß ablesbar sein an dem fertigen Ergebnis, an dem Produkt, das würde also dem widersprechen, was heute schon mal angedeutet wurde, daß das Wesentliche im Lehrstück wohl sei, daß man herumexperimentiert, daß man verschiedene Varianten jeweils ausprobiert und möglichst sich nicht festlegt. Wir würden aufgrund der zweiten Erfahrung, die wir jetzt mit *Die Ausnahme und die Regel* machen, behaupten, daß es auf eine Festlegung hinausgehen muß, was heißt, daß das Stück am Ende fertig abgeliefert wird, als Theatralisierung vorhanden ist.

Reiner Steinweg: Kein Widerspruch von meiner Seite, wenn das so verstanden ist. Brecht spricht ja auch davon, daß die Entscheidungen und Produktionen aus den Lehrstückübungen in die Öffentlichkeit geleitet werden sollen [s. o. S. 127 Text 115].

Hansjörg Maier: Wir haben zunächst mal, verführt durch die Hinweise auf das soziologische Experiment (den Rollentausch innerhalb der »Versuchsanordnungen« usw.), alles zu vermeiden gesucht, was überhaupt nur Theater sein könnte. Selbst diese Sache mit der Einfühlung begriffen wir als eine völlig neue Methode, gar nicht um Theater zu spielen, sondern um diese Gesten zu finden durch das, was wir in unserem Arbeitsjargon das Problem der »Transsubstantiation« genannt haben. Damit ist folgendes gemeint. Es war die durch Reiner Steinweg ein bißchen genährte Erwartung: wenn man die Interpretation hat und spielt das dann, dann überfällt einen irgend etwas: vermutlich die Dialektik, die einem versprochen wurde. Wir hatten dieses Moment des Spielens, das aber andererseits mit Theater nichts zu tun haben durfte, zunächst völlig überbewertet. Das hat uns dann auf diesen produktiven Umweg der »Historisierung« geführt. Die Formulierung von der »Theatralisierung« soll also besagen, daß wir am Schluß unsere üblichen Theatermethoden wieder zu Ehren haben kommen lassen.

Bert Kok (Gruppe »leren leren«): Willy Praml hat gesagt, wenn ein Stück mal eine Vorstellung geworden ist, dann ist das etwas Festgelegtes und nicht mehr etwas Fließendes. Warum? Wieso kann das nicht weiterfließen? Eine Illustration dazu bietet eine Gruppe in Holland, ein professionelles Theater, die Nieuw Komedie. Sie hat *»Die Ausnahme und die Regel«* ein Jahr lang ungefähr vorgeführt, nicht sehr gut. Sie haben nicht so sehr sich gefragt, warum man das spielen sollte. Sie haben es getan mit sehr schönen Kleidern usw. Aber in der Konfrontation mit dem Publikum haben sie gelernt, daß das nicht genügt, und jetzt spielen sie noch immer dieselbe Vorstellung, aber die schönen Kleider z. B. haben sie beiseite geworfen. Sie spielen jetzt anders als ein Jahr zuvor. Die Vorstellung ist weitergegangen, aber man hat sie ganz verändert. Das Bewußtsein der Spieler hat sich geändert, und damit haben sie, während sie das Spiel weiterspielten, doch viel geändert, und das ist möglich.

Hans Ritter: Ihr seid doch sicher eine Gruppe gewesen mit »hohem« gesellschaftlichem Bewußtsein, wie es von Haarmann und Walach als Voraussetzung gefordert wird, die einzige, soweit ich weiß, die in der BRD ein Lehrstück durchgeführt hat. Aber was Ihr gelernt habt, ist doch offenbar etwas Lehrstück-Immanentes, insofern als Ihr festgestellt habt: Aha, das ist tatsächlich Theater, das Ästhetische ist wichtig. Da habe ich eine Frage: Ob nicht das entwickelte gesellschaftliche Bewußtsein bei solchen Verfahren eher ein Hindernis ist, in den Lehrstückprozeß einzusteigen, weil man ja das, was einem vorgesetzt wird, eigentlich schon weiß. Bezeichnend für Euch ist ja der Einstieg: »Der Junge Genosse ist ein Idiot«. Euer Interesse, so vermute ich, war eigentlich eher, auszuprobieren: was ist denn eigentlich das Lehrstück? Und nicht: in diesem Lehrstückprozeß etwas über das Lehrstück hinaus zu lernen, also etwas Politisches. Habt Ihr etwas Politisches gelernt?

Jürgen Hofmann: Ihr habt erkannt, daß das Lehrstück eine ästhetische Produktion ist in gewissem Sinne, das heißt, daß in dem ästhetischen Produkt sich sozusagen das erarbeitete Wissen manifestiert, also in einer Haltung, die Ihr gefunden habt. Die Frage wäre also im Anschluß an die von Hans Ritter eben gestellte: Habt Ihr eine solche Haltung gefunden? Eine Haltung, in der sich tatsächlich gesellschaftliches Wissen manifestiert und nicht nur das Wissen, daß eine solche Haltung da sein muß.

Hansjörg Maier: Die haben wir eigentlich nicht gefunden, sondern wir haben die Sache dann, man kann nicht sagen, abgebrochen, sondern die Zeit war eben abgelaufen. – In der Tat war ja eine unserer Motivationen, erstmal in der Art eines Selbstversuchs auszuprobieren, ob es eine Möglichkeit gibt, Lehrstücke im Rahmen unserer Lehrlingsarbeit einzusetzen. Wir hatten einfach gedacht, daß es ganz seriös sei, wenn man so etwas mal selber ausprobiert, bevor man versucht, es mit anderen Leuten zu machen. Zu der Frage, inwieweit man dabei politisch was gelernt hat, kann ich nur von meinen eigenen Erfahrungen berichten, über das, was mich eigentlich frappiert hat, – jetzt weiß ich allerdings nicht, ob das wirklich so sehr spezifisch fürs Lehrstück ist. Als ich die »Maßnahme« zum ersten Mal gelesen habe – ich kann jetzt schlecht angeben, wie hoch der Pegel meines gesellschaftlichen Bewußtseins da war –, hat mich der eiskalte Flügelhauch der Ewigkeit ein bißchen gestreift, dies Gefühl einer immensen Tragik, daß einer wirklich das Gute will, und am Ende *müssen* sie ihn umbringen. Das war eine Sache, die ich schon als ziemlich klassische, griechische Tragödie begriffen habe. Während des Spiels und als in der Diskussion dieses Material jetzt da weiter ausgebreitet wurde, ist selbstverständlich dies eher sentimentale Verhältnis zugunsten von politischem Verständnis gewichen. Aber das ist alles, was ich jetzt dazu sagen könnte. Ich kann das z. B. jetzt nicht auf einzelne Lernschritte, die wir gemacht haben, zurückführen. Ich kann mir aber vorstellen, daß das unter Umständen auch eine Art von Lernziel gewesen sein könnte, daß auch ein bestimmtes sentimentales Verhältnis zur Politik, das ja keineswegs nur unter Intellektuellen vorherrscht, in Frage gestellt wird.

Paul Binnerts: Hans Ritter hat gesagt, wenn »Die Maßnahme« oder andere Lehrstücke nur Stücke sind für Kommunisten bzw. Leute mit entwickeltem Bewußtsein, dann sind sie schlecht. Aus unserer Erfahrung in Holland muß ich dazu sagen, daß die »Maßnahme« für heutige

Gruppen, politische Aktionsgruppen, verwendbar ist, die schon oder noch nicht zur Avantgarde gerechnet werden können und sich mit dem Problem langfristiger und kurzfristiger Strategie und Taktik in ihrer politischen Arbeit herumschlagen. Für diese Gruppen haben wir das Stück gespielt. Wir haben es auch gespielt vor zwei alten, traditionellen kommunistischen Arbeiterchören, die wußten das schon längst, was da in dem Stück vorkam. Die Diskussion war überhaupt nicht wichtig. Aber unsere Aufführung war wichtig für Gruppen, die in ähnlichen gesellschaftlichen Positionen waren wie wir, also in einer Bildungssituation, oder für Gruppen, die sich in einer Avantgarde- oder Vorhutposition hinsichtlich ihrer theoretischen Erkenntnis befanden: eine Gruppe z. B., die nur als Gruppe da ist und mit Theorie-Bildung beginnt und dann nicht mehr weiß, was sie tun soll – denn so eine Gruppe soll doch etwas tun –, eine Gruppe also, die in eine Theorie-Bildungsphase eintritt und dann nichts mehr macht. Ein politisches Dilemma ergibt sich heute, und das ist *ganz* etwas anderes, als wofür Brecht »Die Maßnahme« z. B. geschrieben hat. Aber für uns war dieser Bezug die einzige Möglichkeit, dieses Stück zu verwenden. Das hat auch zu tun mit unserer eigenen Situation. Allerdings arbeiten auch ganz andere Gruppen damit. Ein Mitglied der »Maßnahme«-Gruppe hat das z. B. nachher gemacht. Sie hat mit Lehrlingen anhand von »Die Ausnahme und die Regel« improvisiert. Auf die Fabel und auf die verschiedenen Geschichten, verschiedenen Verhältnisse in diesem Stück hat man ein neues Lehrstück gemacht. Man hat die Fabel von »Die Ausnahme und die Regel« erzählt, aber nicht abstrakt, nicht in der Wüste, sondern in der Fabrik, in der eigenen Fabrik. (Das ist auch eine Wüste.) Es handelt sich um die Verwendung des Lehrstücks als Modell und was man weiter damit macht und auch um seine Umfunktionierung, das gehört dazu.

Volker Bley
Was ist eigentlich ein Mensch?
Über die Bedeutung der Lehrstücke für
die politische Bildungsarbeit

Lieber Reiner!
Dein Vorschlag, den verabredeten Beitrag für den Lehrstück-
band in der Briefform zu belassen, in der ich Dir meine ersten
Vorstellungen mitgeteilt habe, kommt mir sehr gelegen. Bei
Aufsätzen, die eine relativ heterogene Zielgruppe ansprechen
sollen, fällt es mir immer schwer, mir den Leser vorzustellen,
mit dem ich in eine Kommunikation treten will. Wann würde
er zurückfragen wollen, Zweifel anmelden, wo müßte ich
mich kürzer fassen, wann ausführlicher werden oder meine
Ausdrucksweise ändern? Natürlich ist das keine »reine Form-
sache«. In der Briefform kann ich mich spontan ausdrücken
und auch mal etwas stehenlassen, was ich sonst vor lauter
Bedenken wieder streichen würde. Dazu kommt, daß man
sich manchmal in der Umgangssprache genauer ausdrücken
kann, als es die zur gestischen Entleerung zwingende Schrift-
sprache erlaubt. Ich möchte mich auch nicht der Versuchung
aussetzen, Erfahrungen und Erkenntnisse aus meiner eigenen
Praxis mit einem Anspruch auf Allgemeingültigkeit als wissenschaftlich abgesicherte zu präsentieren. Das würde meiner
Praxis nicht entsprechen, die auf die Ermittlung von Methoden zielt, die für ganz bestimmte, besondere soziale Zielgruppen gültig sind und nicht für alle. Und ich darf nicht vergessen
zu erwähnen, daß ich – infolge der erheblichen Verunsicherung, die für mich aus unseren Diskussionen um die Lehrstücktheorie resultierte – gegenwärtig versuche, die *vor* diesen Diskussionen liegende Praxis kritisch aufzuarbeiten und
mich neu zu orientieren. Daher könnte ich gegenwärtig gar
nicht etwa Abgeschlossenes, Fertiges liefern. Statt dessen will
ich Dir im folgenden beschreiben, wie Herr Brecht mich (über
unsere Diskussionen) gerade zu diesem Überdenken provozierte. Ich schreibe also zunächst ausschließlich an Dich und

für Dich, mit dem ich diskutiert habe, den ich in bestimmten Situationen kenne, und kann nur hoffen, daß es damit auch für andere verständlich wird. Dabei werde ich mich aber bemühen, die für andere Leser als Dich nötigen Informationen, vor deren Hintergrund wir ja unsere Gespräche geführt haben, mitzuliefern.

Ich glaube, mein Thema verlangt, daß ich – ausgehend von meinem Tätigkeitsbereich – die Fragen, die ich an die Lehrstücke hatte, den Unverstand, mit dem ich zunächst an die »Maßnahme« heranging, die Kritik an unserer Praxis schildere und schließlich auch, wie ich »Die Maßnahme« heute verstehe. Ich werde mich also hauptsächlich auf die »Maßnahme« beziehen. Das kommt wohl daher, daß sich auch unsere Diskussionen und Spielversuche im wesentlichen mit diesem Stück befaßten und es für meine Praxis Bedeutung gewonnen hat. Allerdings meine ich, daß es möglich ist, einige meiner Überlegungen auf andere Lehrstücke zu übertragen.

Also zunächst zu meiner Tätigkeit. Ironisch gesagt, bilde ich die Abteilung K. (Kunst-Kultur-Kreativität) an einer staatlichen Bildungsstätte; Abteilung K. allerdings innerhalb des Auftrags an das dortige pädagogische Team zu außerschulischer politischer Bildungsarbeit. Unsere Zielgruppe sind Arbeiterjugendliche, ungelernte oder auszubildende, sowie Schüler des 9. Hauptschuljahres, emphatisch ausgedrückt: proletarische Jugend. Sie kommen als geschlossene Gruppen oder als einzelne auf unsere Einladung hin zu Wochen- oder Wochenendkursen. Vorwiegend haben wir es mit Jugendlichen aus ländlich strukturierten Gebieten und Städten bis zu mittlerer Größe zu tun. Was wir mit ihnen machen, ist wohl am wenigsten mit »Staatsbürgerkunde« im landläufigen Sinn zu umschreiben. Vielmehr versuchen wir eine interessenorientierte, vom Subjekt ausgehende Bildungsarbeit, die zunächst nach dem Standort des einzelnen in der Gesellschaft fragt, die zu Konsequenzen organisatorischer Art ermutigt und darüber hinaus zu angemessenem Handeln zu befähigen hofft.

Bei der Arbeit mit dieser Zielgruppe stellten wir fest, daß mit der herkömmlichen Methode der verbalen Vermittlung von Inhalten, auch wenn wir noch so sehr am individuellen Erfahrungsbereich ansetzten, nicht viel auszurichten ist. Die Unterprivilegierung äußert sich halt auch in nicht zur Verfügung stehenden Verbalisierungsmöglichkeiten, in Konzentrationsschwächen und vor allem in scheinbar grundsätzlicher Unlust, über eigene Probleme zu reden. Damit fehlte es an den wichtigsten Voraussetzungen, um mit ihnen von ihnen zu reden.

Die Übernahme der Methode unserer Dietzenbacher und Wannseeheimer Kollegen, mit den Teilnehmern Theaterkurse zu veranstalten[*], dabei Inhalt und Dialoge mit ihnen selbst zu entwickeln, brachte uns ein erhebliches Stück weiter. Wir versuchten, den Theateransatz für unser Vorhaben in der politischen Bildungsarbeit nutzbar zu machen. Wir regten die Teilnehmer an, die Alltäglichkeit ihres proletarischen Lebens in Szene zu setzen, z. B. einen Tagesablauf in einem von ihnen als typisch akzeptierten Kleinbetrieb (wenn sie aus verschiedenen Kleinbetrieben verschiedener Gewerbezweige kamen). Dieser hypothetische Schauplatz wurde von den Teilnehmern allerdings sehr naturalistisch gestaltet: die Kulissen detailgetreu bis zum abbröckelnden Putz, echtes Werkzeug und Lärm verursachende Maschinen. (Anders wäre unbefangenes Spielen nicht möglich gewesen.) Wir legten Wert darauf, daß für das Spiel nicht ›typische‹ Stories *erfunden* wurden, die stellvertretend das ›Leid der täglichen Unterdrückung der Arbeiterklasse‹ spiegeln, die Geschichte etwa von der am Hungertuch nagenden Arbeiterfamilie: ›Und nun kommt auch noch der Hauswirt und will die Miete erhöhen‹. Wir wollten dagegen von ihren täglich eingenommenen Haltungen ausgehen. Dabei ließen wir allerdings Übersteigerungen gelegentlich (wenn das den Teilnehmern bewußt blieb) zu, um damit die scheinbare Absurdität zunächst nicht durchschaubarer Verhaltensweisen oder Erfahrungen in Erinnerung zu rufen und ihre Widersprüchlichkeiten offenzulegen. Mit dem entstehenden Engagement der Teilnehmer an ihrem Stück, einem Stück ihres Lebens, entwickelte sich auch eine Bereitschaft, die Probleme ihrer Lebenspraxis zu reflektieren. Als ›Vorübung‹ ihrer auf den Kurs mit seiner Ausnahmesituation wieder folgenden Alltäglichkeit konnten Argumentationsketten entwickelt, verbale Kommunikation trainiert, Handlungsper-

---

* Anmerkungen zum Aufsatz von Bley s. S. 491.

spektiven durchdacht und im Spiel auch schon erprobt werden. Mit der Aufführung des Stückes am Heimatort der Kursteilnehmer, vor Mit-Berufsschülern, Eltern, Lehrern und Kollegen konnte die neue Praxis selbst eingeleitet werden·. Der deutliche Lernerfolg verhalf uns zu einer Erkenntnis, die Brecht offenbar auch schon gehabt hat und die Du in Deinem Aufsatz über das Lehrstück als Modell des sozialistischen Theaters formulierst: »Imitation von Gesten, Haltungen, Tonfällen usw. hat als Lehrmittel umso größere Bedeutung, je stärker bei der täglichen zwischenmenschlichen Kommunikation die Gesten und Haltungen neben den Worten hervortreten und je mehr Beachtung der Gestus der Sätze vor ihrem abstrakten Inhalt findet. Das ist der Fall in der Sprache von ›Ungebildeten‹. Das sinnlich Erfahrbare dominiert unter den Kommunikationsmitteln der Proletarier« [Steinweg 1971a S. 107].

Wir machten die Erfahrung, daß wir im Theaterkurs mit Kommunikationsmitteln arbeiteten, die den Lernenden durchaus geläufig waren. Diese Sprache verstanden sie, konnten sie weiterentwickeln, mit ihr konnten sie sich ihren Kollegen verständlich machen. Es war ihre Sprache. Hätten wir versucht, ihre Probleme in friedlicher Diskussionsrunde zur Sprache zu bringen, die nun mal die Ausdrücke von Empörung – wie Aufspringen, Stuhlumwerfen, Rippenstöße, auch Tritte – als störend empfinden läßt, hätten wir lange nicht soviel erreicht. Ihre Sprache wäre unterdrückt worden. Der Lehrling *erfährt* eine Ausbildungssituation im Kleinbetrieb nicht dadurch als schlecht, daß man versucht, ihm das durch ein Gespräch klarzumachen. Er erfährt es tagtäglich selbst, aber auf ganz andere Weise als es die Analyse der Situation im Ergebnis formuliert: zum Beispiel durch das poltrige Auftreten des Meisters, welches ihm Bedrohung signalisiert oder durch die fortwährend mit ›quakiger‹ Stimme dazwischenredende Meistersfrau, die mal den Staubsauger repariert haben und mal Kartoffeln holen lassen will. Das stört ihn zunächst an der Situation im Kleinbetrieb, und er berichtet davon am besten, indem er das Auftreten des Meisters oder die Stimme der Meistersfrau nachahmt und gegebenenfalls stark übersteigert. Dieses ›Theaterspiel‹ setzt im Grunde schon im Betrieb, hinter dem Rücken des Meisters ein. Der Lehrling macht seinem Ärger Luft, indem er den Verursacher des Ärgers, gegen den er weiter nichts ausrichten zu können glaubt, heimlich nachäfft (und damit wenigstens der Lächerlichkeit preisgibt) oder so tut, als wolle er ihm auf den Kopf hauen. Diese Begebenheiten oder Szenen hatten wir auf die Bühne versetzt und damit die Betrachtung durch die Teilnehmer ermöglicht und herausgefordert. *Das* vor Zuschauern, vor den Augen der Öffentlichkeit[3] bewußt zu spielen, was sonst nur im unmittelbaren Affekt gespielt wird, zwang die Teilnehmer dazu, ihre eigenen sozialen Rollen zu sehen, sie sich bewußt zu machen und sich damit auseinanderzusetzen. Indem sie ihre gewohnte Haltung im Spiel einnahmen, wurde sie der Diskussion und Bearbeitung zugänglich gemacht. Nur durch diese Methode, die es ermöglichte, daß die Teilnehmer mit uns tatsächlich an sich arbeiteten, konnten auch Veränderungen ihrer Lebenspraxis im Betrieb, in der Berufsschule und in der Freizeit eingeleitet werden.

Es wurde ihre »Armut«, (die Sprache der Gebildeten nicht zu beherrschen) »dialektisch in einen Vorteil verkehrt. Was als intellektueller Mangel erscheint, wird zum Ausgangspunkt für die Entwicklung besonderer Fähigkeiten gemacht«. Ich zitiere einen Satz, den Du über die Lehrstücke geschrieben hast[4], und nur soweit, wie ich das bestätigen konnte, akzeptierte ich damals den Ansatz der Lehrstücke.

Nach einer Reihe von Versuchen auch mit anderen Medien wie Video, Film, Foto[5] und nach weiteren Erkenntnissen[6] stellten wir fest, daß wir Negts Ansatz, ›exemplarisch lernen‹[7] (der inzwischen so eine Art gewerkschaftliches Gemeingut geworden war, dessen man sich bediente, auch ohne Negt gelesen zu haben), allzu eng ausgelegt hatten. Verunsichert von der Angst, den Arbeiterjugendlichen nur ja nichts ›aufzusetzen‹, sie nur ja nicht zu manipulieren, eine Verunsicherung, die wohl auch durch die antiautoritäre Bewegung der späten 60er Jahre hervorgerufen war, saßen wir einer Illusion auf: Wir waren der Meinung, die Jugendlichen könnten mit wenigen Hilfestellungen von unserer Seite die notwendigen Einsichten, Veränderungsmöglichkeiten und auch die Form der theatralen Darstellung aus sich selbst heraus entwickeln. Das uns bis zu den Theaterkursen unbekannte Engagement der Teilnehmer und die Methode, mit der es möglich war, Widersprüche so offensichtlich freizulegen, daß ihre Absurdheit Einsichten scheinbar zwingend nach sich zogen, bestärkten uns zunächst in unserer engen Auffassung vom exemplarischen Lernen. Bei der einwöchigen Diskussion um die Lehrstücke in Dietzenbach[8] stellten wir jedoch, nicht zuletzt durch Dein eindringliches Befragen, fest, daß wir das angestrebte Lernziel und sogar die *Form* des Theaterstückes sehr wohl vorher schon genau im Kopfe hatten. Entgegen unserer vorherigen (naiven) Annahme, den Lernprozeß mit den Teilnehmern zusammen an Ort und Stelle zu vollziehen, indem wir durch exakte Darstellung die Wirklichkeit zum Gedanken ›drängen‹, hatten wir bereits Vorstellungen durch gezielte Fragen, versteckte Anweisungen oder Reglementierungen eingebracht und so entschieden zum Lernprozeß beigetragen, ohne uns dessen bewußt zu sein.

Hinterher besehen scheint das eine banale Feststellung zu sein. Man muß unsere damalige Praxis jedoch im Zusammenhang mit derjenigen Phase in der außerschulischen Bildungsarbeit sehen, in der man stolz darauf war, mit Hilfe der sich durchsetzenden Methode des exemplarischen Lernens vom Frontalunterricht und dem Schüler-Lehrer-Verhältnis als nicht sachbezogenem Autoritätsverhältnis weggekommen zu sein. Als Alternative entwickelte sich damals die Arbeitsform des Gruppengesprächs, bei dem der Lehrende sich als ›Teamer‹ (!) unter den Lernenden, als ihr gleichwertiger Gesprächspartner befindet. Nun halte ich den *Inhalt,* der dieser Arbeitsform zugrunde liegt, durchaus für richtig. Geht es ihr doch darum, den Teilnehmer als Gesprächspartner ernst zu nehmen, in ihm nicht die Nummer 27 der Teilnehmerliste zu sehen, sondern den besonderen Menschen mit *seinen* Erfahrungen, *seinen* Verhaltensweisen und *seinem* sozialen Hintergrund, auf den man sich als Lehrender einlassen muß, den man im Lehrgespräch berücksichtigen muß. Im nachhinein meine ich allerdings, daß sich die *Form* verselbständigt hat: Wenn der ›Teamer‹ sich kollegial-kumpelhaft auch auf den Sprachstil der Teilnehmer einließ und scheinbar als einer unter vielen Lernenden akzeptiert wurde,[9] tatsächlich auch Lernerfolge bei den Teilnehmern erzielte, konnte immer wieder die Illusion verstärkt werden, der Lernprozeß werde gemeinsam, nur in diesem Moment und aus der Gruppe heraus vollzogen. Mit dieser Illusion fuhren die Teilnehmer nach Hause, und ich meine, daß ihnen das nicht gerade den Zugang zu weiterer theoretischer Arbeit, auch zu Büchern, die eventuell Aufschluß geben könnten, erleichterte. Es kam (und kommt immer noch) vor, daß das Vorgeben von schriftlichen Unterlagen, die über bloße Gesetzestexte hinausgehen, verpönt war, daß ›Bücherwissen‹ abgelehnt wurde, daß der ›Teamer‹ sich nicht vorzubereiten und kein Material vorzugeben brauchte – denn sein Material waren ja gerade die persönlich erfahrenen Widersprüche, in denen sich die Gesellschaft im Bewußtsein der Teilnehmer ›spiegelt‹; an diesen Materialien sollte Einsicht in gesellschaftliche Verhältnisse entwickelt werden. Ich meine, daß der Lernwert von Erfahrungen damit falsch eingeschätzt wurde. In der Geschichte der Arbeiterbewegung scheinen Erfahrungen Seifenblasen zu sein. Die Aufgabe des Pädagogen ist es doch nicht nur, Lernprozesse anzuregen, den Lernenden eigene Erfahrungen vor Augen zu halten, sondern auch, Wissen zu vermitteln. Ich meine damit durchaus Erdachtes und Erkenntnisse auch derer, die sich zur Aufgabe gestellt haben, die unermeßliche Sammlung menschlicher Erfahrungen zu sortieren, zu systematisieren und ihrem inneren Zusammenhang nachzugehen.

Der Facharbeiter aus der Holzbranche wird sich erinnern können, daß der Tisch, berühmtes Beispiel,[10] Produkt (auch) seiner Arbeit ist. Welchen ›inneren Zusammenhang‹ gibt es jedoch zwischen der Summe auf dem Preisschild des Tisches und der Summe in seiner Lohntüte? Bringt hier Erfahrung, gar sinnliche Erfahrung, die Antwort näher? Selbstverständlich ist auch das ökonomische System ein Ergebnis menschlichen Wirkens und Waltens, ›Produkt menschlicher Tätigkeit‹. »Dennoch hat der Menschengeist … allein die Geldform … 2000 Jahre vergeblich zu ergründen versucht«[11]. Das, was menschliche Arbeit produziert hat, steht nun unüberwindlich wie Mauern, Dunkelheit verbreitend, bedrohlich und der Einsicht sich scheinbar verschließend, vor ihnen. Es ist zu Objektivem, zur scheinbar unabänderlichen Lebensbedingung geworden – am ausgeprägtesten vielleicht bei denen, die am wenigsten über Wissen verfügen.

Dieses »Dunkel der Entfremdung«[12] aufzuhellen, betrachte ich als Aufgabe des Pädagogen. Er hat die in das Produkt eingegangene menschliche Tätigkeit, die an ihm selbst nicht mehr sichtbar ist, wieder in Erinnerung zu rufen. Dazu bedarf es eines Lehrers, der nicht nur über Wissen verfügt, sondern auch in der Lage ist, es in einzelne, nachvollziehbare Lern schritte zu zerlegen und hierbei auch die Erfahrungen seiner Schüler einzubeziehen. Dazu bedarf er eines Einblickes in die Lebenserfahrungen, die Vorkenntnisse, die Denk- und Lern weise seiner Schüler. Dessen muß sich der Lehrende nicht nur bewußt sein; er darf diese Tatsache gegenüber den Lernenden nicht verschleiern.

Lieber Reiner, für Dich als wissenschaftlich arbeitenden Menschen ist das oben Ausgeführte wahrscheinlich eine Selbstverständlichkeit. Ich sehe mich aber genötigt, näher darauf einzugehen, weil es gegenwärtig Streit darüber unter ›Bildungsarbeitern‹ außerhalb, aber auch innerhalb der gewerkschaftlichen Bildungsarbeit gibt. Es ist noch gar nicht so lange her, daß das auch für mich neu war. Ich hoffe auch, verständlich dargelegt zu haben, wie es zu diesem Mißverständnis kam: Der durchaus richtige ›exemplarische Ansatz‹ verselbständigte sich so, daß der Blick für Selbstverständlichkeiten getrübt wurde. Die Form wurde sinnentleert zum Dogma erhoben.

Was mich nun zum besseren Verständnis der Brechtschen Lehrstücktheorie brachte, war, daß ich mich auch deutlicher als *Lehrender* begriff. Dadurch konnte ich exakter nach Lernzielen und Methoden fragen (die Vokabel ›Lernzielbestimmung‹ wird bezeichnenderweise erst seit kürzerer Zeit auch in meiner Umgebung in den Mund genommen). Als ein wesentliches Lernziel für meinen Arbeitsbereich definierte ich jetzt: ›*Befähigung zur öffentlichen Kommunikation*‹. Damit griff ich Forderungen auf, die Walter Benjamin[13], Bert Brecht[14] und Hans Magnus Enzensberger[15] stellten. Alle drei gehen von der Existenz technischer Kommunikationsmittel aus und fordern auf, ihren massenmedialen Charakter, der nur einseitige Kommunikation ohne Rückantwort zuläßt, nicht zu akzeptieren. Grundsätzlich hat jeder Mensch das Recht, gefilmt zu werden (nach Benjamin) und zu filmen (nach Enzensberger). Dadurch, daß die technischen Voraussetzungen keine hohen Qualifikationsanforderungen mehr an denjenigen stellen, der damit umgehen will,[16] habe jeder die Möglichkeit, mit seinem

Vorhaben an die Öffentlichkeit zu treten. Es gehört damit zur Emanzipation der Unterklasse zu lernen, sich dieser Mittel zu bedienen[17]. Ich sah das als pädagogische Aufgabe, die wir im Grunde, nur eben mit den Mitteln des Theaters, schon gelöst hatten und die wir nun auf die Befähigung zum Umgang mit anderen Medien ausweiteten.

Das Ziel war, ein sinnlich erfahrenes und auch *nach* dem Kurs erfahrbares Produkt zu erstellen, das jeder Teilnehmer mit nach Hause nehmen konnte, ein Produkt, in das die *inhaltlichen* Diskussionen und Klärungen während des Kurses sichtbar eingegangen waren. Damit sollte verhindert werden, daß das, was in der bloß verbalen Diskussion abstrakt begriffen war (unsere Praxis *vor* den Theaterkursen), nach dem Kurs in anderer Umgebung einfach wieder verschwand. Das setzte natürlich voraus, daß nicht, wie in der früher allgemein üblichen »musischen« Lehrgangspraxis, *irgendwelche* Fotos oder andere Kunstprodukte hergestellt wurden, sondern solche, die sich inhaltlich auf die (politische) Lebenssituation der Teilnehmer bezog. Im Theaterkurs war dieses konkrete, sinnlich wahrnehmbare und selbsterfahrene Produkt die Vorführung am Heimatort, in den folgenden Kursen eine selbstgemachte Zeitung oder etwa ein Plakat, das bestimmte politische Forderungen (z. B. nach einem Jugendzentrum, wenn eines gebraucht wurde) gestaltete. Die Frage nach der Technik, in der der Inhalt am besten zu gestalten sei, mußte *politisch* diskutiert werden: was verstehen die Leute, an die das Plakat sich wendet, welche Denkinhalte haben sie, was für Voraussetzungen sind gegeben, was muß man wie fordern, damit es im Gemeinderat diskutiert und durchgesetzt werden kann. Je weiter die Arbeit am Plakat und die Auseinandersetzung um die Form voranschritten, desto genauer mußte der *Inhalt* bestimmt werden und die Funktion des Plakats.

Obwohl also die genauere Lernzielbestimmung eine exaktere Arbeit ermöglicht hatte, schien mir jedoch die Gefahr der Vernachlässigung des Inhalts nach wie vor nicht gebannt. Wenn das Erfassen abstrakter Zusammenhänge in der Hervorbringung von sinnlich Faßbarem versucht wird, dann kann es leicht geschehen, daß die Faszination durch letzteres die inhaltliche Diskussion verdrängt. Wir machten verschiedentlich solche Erfahrungen. Um diese Gefahr zu vermeiden, müssen die beabsichtigten Lernprozesse in stärkerem Maße planbar werden. Bisher hingen nämlich Erfolg und Mißerfolg von Lehrgängen weitgehend von folgenden ›Teamer‹-Qualifikationen ab: Intuition, Kreativität und Fähigkeit, sich schnell auf Situationen einstellen zu können. Lernprozesse schienen jeweils einzelne »Kunstwerke«, nicht wiederholbar oder kontrollierbar. Über diesen Mangel halfen wir uns mit dem Argument hinweg, die Zusammensetzung der Teilnehmer wiederhole sich ja auch nicht.

Eine andere Entwicklung drängt nun ebenfalls nach Veränderung der bisherigen Praxis: Die außerschulische Jugend- und Erwachsenenbildungsarbeit wird gegenwärtig nicht nur von gewerkschaftlicher, sondern auch von staatlicher Seite stärker ausgebaut. Bildungsurlaubsgesetze sind im Gespräch. Es kommen mehr und mehr Sozialarbeiter-, Lehrer- und andere Studenten auf uns zu, die sich bei uns in diesen Bereich einarbeiten wollen. Früher ›wuchs‹ man in diese Bildungsarbeit über den ›Hospitantenstatus‹ hinein, man durfte sich still zu einer Arbeitsgruppe setzen und dem erfahrenen ›Teamer‹ bei seinem Handwerk zuschauen. Ein ›Teamerlehrgang‹ vervollständigte dann die Ausbildung. Jetzt muß eine Alternative entwickelt werden, die es ermöglicht, ›Teamer‹-Erfahrungen und -wissen nicht nur rationeller, sondern auch gründlicher zu vermitteln. Alles in allem ist es notwendig, in der gleichsam vorindustriell vor sich hin›werkelnden‹ außerschulischen Bildungsarbeit wissenschaftliche Exaktheit, weiterentwickelbare Versuchsreihen und übertragbare Modelle zu erarbeiten.

Brecht hat nun, nach allem, wie Du seine Lehrstücktheorie rekonstruiert hast, möglicherweise einen ersten Anfang gemacht, diese Forderungen zu erfüllen: »Im Lehrstück sind alle Elemente eines wissenschaftlichen Versuchs im Ansatz enthalten«. [Steinweg 1971a S. 111] Ich frage mich, ob wir mit unserer Theaterarbeit (oder in der Arbeit mit anderen Medien) nicht zu dem gleichen relativ guten Ergebnis gekommen wären wie bei unserer intuitiven Vorgehensweise, wenn wir das, was wir zu Beginn eines Lehrgangs mehr oder weniger unklar im Kopf hatten, sorgfältig ausgearbeitet und schriftlich formuliert eingebracht hätten. Also Textvorgabe. Ließe sich dann nicht, wenn wir nach der Brechtschen Methode verfahren wären, genauso mit Teilnehmern diskutieren, das Stück verändern, ausbauen, kürzen und mit dem Vorteil der besseren Kontrollierbarkeit und Protokollierbarkeit unser Ansatz zu einem übertragbaren Modell weiterentwickeln? Bliebe dann nicht der rote Faden dessen, was als Lernziel formuliert worden war, eher durchgängig sichtbar, der im möglichen Chaos der von ihrem eigenen Produkt und der Technik faszinierten Teilnehmer (aber auch ›Teamer‹) nur allzu leicht verloren gehen kann?

Wir hatten darin, daß wir keinen Text, auch keine Struktur vorgaben, einen großen Vorteil für den beabsichtigten Lernzweck gesehen und hielten dies für äußerst demokratisch. Ich bin durchaus der Meinung, daß Inhalt und Methode nicht im Gegensatz zueinander stehen dürfen. Gerade deshalb aber erscheint mir diese Praxis mehr und mehr als ein Schuß nach hinten: was wir pädagogisch erreichen wollten, gelang uns nur aus dem Hinterhalt. Wir taten so, als wüßten wir nicht schon vorher, was dabei herauskommen sollte, und vermittelten allenfalls die Illusion, daß die Wirklichkeit naturwüchsig zu Erkenntnissen führt, wenn man nur hurtig alle Erfahrungen sammelt (oder zu uns in den Lehrgang kommt!). Der Lernvorgang stellte sich dadurch für die Teilnehmer als nicht durchschaubar und kontrollierbar dar, damit war er viel leichter der Gefahr der Manipulation durch uns ausgesetzt.

Auch Brecht arbeitet, obwohl er Text vorgibt, nach dem exemplarischen Prinzip. Indem er, wie Du ausführst, die Lernenden auffordert, Rollen anzunehmen und Texte ›aufzusagen‹, und gleichzeitig mit allen Mitteln versucht, die Distanz zwischen dem Ich und der angenommenen Rolle aufrechtzuerhalten [Steinweg 1972a, S. 159-166], ermutigt oder zwingt er ja geradezu zur Diskussion, in die das Subjekt sich einbringen muß. Nur schließt er »exemplarisch« nicht dogmatisch eng an einen räumlich und zeitlich begrenzten Erfahrungsbereich an, wie es in der Forderung zum Ausdruck kommen kann, ›an den Erfahrungen im Betrieb anzusetzen‹, sondern meint das Individuum in seiner Totalität. Diese Erkenntnis hat für meine Berufspraxis eine Tragweite, die ich erst mühsam erkennen muß.

Wahrscheinlich kommt diese Aussage über die mögliche Bedeutung des Lehrstück-Ansatzes für meine Praxis an dieser

Stelle etwas überraschend und noch nicht recht nachvollziehbar. Ich will also versuchen, noch einige Aspekte zur Begründung zu nennen. Bezeichnend war nach meiner Meinung unsere Diskussion in Dietzenbach um die leidige Frage, an welche Zielgruppe sich denn nun *»Die Maßnahme«* wende. Ist das ein historisches Stück, das nur für die heute nicht mehr existierenden sozialdemokratischen Arbeiterchöre geschrieben wurde? Mit welchem Teilnehmerkreis sollte man heute einen Versuch unternehmen? Müßte die Bewegung der Arbeiterchöre nicht erst wieder ins Leben gerufen werden oder sollte man Brechts Lehrstück ganz vergessen, nur die Theorie der Lehrstücke aufgreifen und aktuelle schreiben? Ich war damals der Meinung, daß man letzteres versuchen sollte, weil es in der *»Maßnahme«* nur um eine bestimmte historische Fragestellung ginge. Damit habe ich aber ausgedrückt, daß ich ihren Inhalt nicht verstanden hatte. Brecht ging es, wie ich heute meine, um etwas ganz Einfaches in der *»Maßnahme«,* um Verantwortung vor dem Menschen. Man könnte meinen, ein ›zeitloses‹ Thema. Brecht meint aber nicht den Menschen »an sich«, sondern fragt radikal: »Was ist eigentlich ein Mensch?«[18] – unter ganz bestimmten gesellschaftlichen Verhältnissen, und er *lehrt* in diesen konkreten Verhältnissen Verantwortung *auszuüben:* ein Lernziel, welches seine Berechtigung selbst im Befreiungskampf eines Volkes als höchstem Ausdruck von Verantwortung vor dem Menschen nicht verloren hat. Denn gerade dieses hohe Ziel kann den Blick für die Einzelheit *eines* Menschenlebens trüben. Er hat damit die Auseinandersetzung um diese ›Einzelfrage‹ der Reihe der wichtigen Probleme des Klassenkampfs zugeordnet.

Ich möchte noch einen Aspekt zur Verdeutlichung unseres Unverständnisses anführen: obwohl Du mehrfach davor gewarnt hast, *»Die Maßnahme«* als Historienspiel aufzufassen, haben wir uns in Berlin mehrere Tage dazu verleiten lassen, vom Thema abzuschweifen und uns mit den historischen Ereignissen in China zu der Zeit, als Brecht *»Die Maßnahme«* schrieb, zu befassen. Das Thema weitete sich aus auf die Rolle der Komintern im Chinesischen Bürgerkrieg und auf die Praktiken des Stalinismus bis zu den Ursachen des Bruchs zwischen Peking und Moskau. Wir meinten, diese Hintergrundinformationen fehlten uns zum besseren Verständnis der

»*Maßnahme*«. Alles wohl sehr interessante Fragen, die schon beim Thema der »*Maßnahme*« mitschwingen, die uns aber von uns selbst *und* dem Verständnis dessen, was Brecht meinte, fortführten. Das führte uns dazu zu fragen, ob Brecht dem Stalinismus aufgesessen sei und Stalins Liquidierungen legitimieren wollte.[19] Im Text betont ja der Kontrollchor (wir verstanden ihn als Synonym für »Kommunistische Partei«) auch wörtlich: »Eure Arbeit war glücklich« und »Wir sind einverstanden mit euch«. Und das, nachdem die drei Agitatoren berichtet hatten, wie sie den jungen Genossen erschossen und in die Kalkgrube geworfen hatten [Steinweg, Hrsg., 1972b, Text A3 S. 95 f.]. Oder war das gar die versteckte Kritik am Stalinismus? Warum dann, für *diesen* Zweck, die ganze aufwendige Lehrstücktheorie?

Ich meine, weder noch! Brecht will die sachliche, verantwortungsbewußte und nicht gefühlsbeladene Auseinandersetzung um menschliche Dinge als eine Haltung lehren. Auch hier sollen die Prinzipien der Vernunft regieren, das zeichne die Größe des Kommunisten aus. Ausgerechnet mit dem hochdramatischen Stoff der »*Maßnahme*«, in Verbindung mit einer Lehrmethode, die kein Ausweichen zuläßt, macht er es uns nicht leicht, diese Haltung zu erarbeiten. Um sich die Dramatik der Entscheidung vor Augen zu führen, bittet er die Lernenden, sich in die Situation derer zu versetzen, die sie fällen müssen, aber er baut keine emotionale Brücke: Weder der junge Genosse wird verteufelt, noch die Agitatoren. Im Gegenteil, Argumentation und Handlungsweise des jungen Genossen kommen mir bekannt, verständlich und auch sympathisch vor. Die Gewissensnot der Agitatoren, aus der heraus sie die vorausgegangenen Vorfälle peinlich genau schildern, macht sie als Menschen begreiflich und nicht als gefühllose Agenten einer Lehre. Man könnte ja auch sagen, der Vorgang der Untersuchung wäre gar nicht nötig gewesen; denn sie töteten ja nicht, weil der junge Genosse eine falsche Theorie vertrat, sondern in einer ausweglosen Situation. Trotzdem fordern sie diese Untersuchung. Obwohl der Kontrollchor die ›Maßnahme‹ der Agitatoren für richtig befindet, gibt Brecht dem Lernenden die Entscheidung nicht vor: Er lehrt den *Weg* zur richtigen Entscheidung in der Frage, ohne dabei Hilfestellung durch ökonomische Kategorien zu geben oder die Lehren der großen Klassiker zu Rate zu ziehen. Eine Entscheidung, welche bei richtiger Vorgehensweise auch Nichtparteischulabsolventen fällen könnten, unter Umständen auch müssen.

Um noch ein anderes ›menschliches Problem‹ geht es Brecht in der »*Maßnahme*«, um den Gestus ›kommunistischer Trauer‹ über den Tod eines Menschen und um die Haltung, die in der Trauer, der Auseinandersetzung mit dem Tod, einzunehmen sei. Zu einer Kantate über den Tod Lenins bemerkt er:

»Zorn über die ›blind wütende Natur‹, die den Besten der Gemeinschaft zur ungünstigen Zeit entreißt, wäre kein kommunistischer Gestus, auch weise Ergebenheit in das ›Walten des Fatums‹ wäre keiner, der Gestus kommunistischer Trauer um einen Kommunisten ist ein ganz besonderer Gestus«. Durch die Musik müsse seine Haltung im Klassenkampf wiedergegeben werden und »das Verhalten des Musikers zu seinem Text, des Referenten zu seinem Referat zeigt den Grad seiner politischen und damit menschlichen Reife an. Worüber ein Mensch in Trauer verfällt und in was für eine Trauer, das zeigt seine Größe. Die Trauer zum Beispiel auf eine große Stufe zu heben, sie zu einer die Gesellschaft fördernden Sache zu machen ist künstlerische Aufgabe«. (T 15, 484)

Brecht fordert dazu auf, in der Trauer um den Tod eines Genossen (oder gar um die notwendig gewordene Tötung eines Genossen) ohne Roheit eine neue, für die Gesellschaft produktive Haltung einzunehmen; er fordert damit das Gegenteil der Verstärkung »privater« isolierter Verzweiflungsgefühle, die z. B. von bürgerlichen Musikern bei solchen Themen offensichtlich beabsichtigt ist: »Die Töne um die Ohren branden zu lassen, sie mit rücksichtsloser Gewalt auf die Seele schlagen zu lassen, die Klänge an sich selbst berauschen zu lassen und schließlich eine wilde Gischt von Tönen, eine sich überschlagende Flut, eine tobende, tosende Brandung von Klängen über das Ohr und die Seele des Zuhörers hinweg zu schlagen.« Im Ergebnis »treibt die Seele noch [als] ein Wrack in dieser Musik dahin«.[20] Der bloße Ausdruck von Verzweiflung, der auch beim Drama um den Tod des jungen Genossen möglich wäre, die Gewalt und die Kraft, die diese Dramatik auslösen kann, sollen den Lernprozeß vorantreiben, damit sich eine solch ausweglose Situation nicht wiederholt. Auch Eisler bemüht sich in seiner Musik zur »*Maßnahme*«, menschliche

Gefühle anzusprechen, zur Identifikation, zum Mitschwingen anzuregen – und gleich wieder wachzurütteln. Ich denke nur an das Lied des Händlers: der gefällige und leicht tänzerische Rhythmus, den Eisler den gewinntüchtigen Überlegungen unterlegt, und an die sich jeweils anschließenden, aufschrekkenden Dissonanzen, denen die Frage des jungen Genossen, was Reis, Baumwolle oder ein Mensch eigentlich sei, folgt.

Bei diesen Überlegungen zum Inhalt der »Maßnahme« beschleicht mich das Gefühl, daß das gegenwärtige Verständnis dessen, was Klassenbewußtsein sein könnte, an diese Dimension noch gar nicht heranreicht. Oder daß der Boden, auf dem es entstehen könnte, vernachlässigt wird: ›Menschenbewußtsein‹ oder ›das Bewußtsein vom Menschen‹, ›Humanismus‹, ich weiß nicht, wie ich es audrücken soll. Es sind abgegriffene Begriffe, die nichtssagend sind; ich erlaube mir dennoch, sie zu nennen, weil Brecht das Werkzeug vermittelt, das seine Schüler in die Lage versetzt, den jeweiligen, auf jeder historischen Stufe neuen Inhalt dieser Begriffe zu erarbeiten. Weil es sich um eine *historische* Bewegung handelt, verbreitet er keine Lehrsätze, auch keine Ehr*furcht* vor den Lehren der Klassiker. In den Lehrstücken geht es ihm nicht um die – zweifellos notwendige – Aneignung ökonomischer Grundkenntnisse, es geht ihm zunächst um die Ausbildung des menschlichen Verstandes und die Schulung der Vernunft, kurz um das Einfache, das so schwer zu begreifen ist.[21]

Du fragst, was das mit meiner pädagogischen Praxis zu tun hat?

Ich hoffe an einigen Beispielen beschrieben zu haben, wie der Blick nach vorn leicht die Einzelheit übersehen läßt. Ich, der ich es berufsmäßig mit Menschen zu tun habe, muß mich selbst fragen: »Was ist eigentlich ein Mensch?« Und ich halte es durchaus für notwendig, diese Frage in den ›Lehrplan‹ aufzunehmen, sozusagen als Elementarstoff. Damit wäre jedoch gleichzeitig sichergestellt, daß die aufgeworfene Frage untergeht. Denn die Lehrstücke verheißen nicht ›rauschenden Beifall vor ausverkauftem Hause‹, worauf kapitalistische (lohnabhängige) Pädagogik nun einmal angewiesen ist. Dazu sind weder die Lehrstücke angelegt, noch vermag ihr Inhalt das hervorzurufen.

Weshalb die Lehrstücke für meine Praxis *trotzdem* Bedeutung haben? Weil hier ein Weg eingeschlagen wird, der sich wesentlich von meiner bisherigen und auch von der mir bisher bekannten politischen Pädagogik unterscheidet. Brecht versucht, Haltung als Teil der Praxis noch im Vorgang des Lernens zu verändern, an Ort und Stelle. Er verschiebt nicht die Veränderung der Praxis auf später (»lernt erst einmal«), greift nicht vor (lernen für eine Perspektive, die dazu auch erst vermittelt werden müßte) und setzt sich damit von vornherein nicht der Gefahr aus, den zweiten Schritt vor dem ersten zu machen, den ›Boden zu vernachlässigen‹.

Das ist ein Vorwurf, den ich nachträglich meiner bisherigen Praxis teilweise machen zu müssen glaube. Während wir in unserer Theaterarbeit so konkret wie möglich die zukünftige Praxis vorzubereiten trachteten, versetzt Brecht die Teilnehmer in das ferne China, in eine Situation, von der es absurd erscheint, daß einer der Lernenden in absehbarer Zeit in eine ähnliche kommen wird. Er sagt nicht: falls Ihr mal in so eine Situation kommt, wißt Ihr, was Ihr zu tun habt. Wir sagten dagegen: wir erarbeiten heute, was ihr morgen zu tun habt. D. h., wir arbeiteten nicht an einer grundsätzlichen Veränderung von Haltungen – das war eher ein Nebenprodukt unserer Theatermethode. Was bei uns ein Nebenprodukt war, ist bei Brecht die Hauptsache – was nicht heißt, daß unsere »Hauptsache« bei Brechts Ansatz fehlte. Die grundsätzliche Veränderung der Lebenssituation ist der Motor seiner Bemühungen, auch ohne daß in der »*Maßnahme*« ein Rezept vorgegeben wird. Brecht ist nur näher daran, den inneren Zusammenhang zwischen menschlicher Haltung und Umfeld aufzuspüren und damit Geschichte voranzutreiben.

Wir hatten es beispielsweise auf Veränderungen in Lehrwerkstätten abgesehen – Veränderungen, die zweifellos nach wie vor ein wichtiges Nahziel bleiben. Unsere Hauptvokabel war dabei zwar Bewußtseinsveränderung. Um dieses weitgehend unbestimmte Fernziel zu erreichen, versuchten wir, kleinste Lernschritte zu initiieren über die zunächst leicht erscheinenden kleinsten Veränderungen der Praxis im Betrieb. Aber die Veränderung von Haltungen über eine bloß intellektuelle Bewußtseinsveränderung hinaus war uns als Aufgabe nicht bewußt, wenn sie auch als Nebenergebnis vorkam. Für Brecht dagegen sind die Haltungen, die ich im letzten Teil meines Briefes beschrieben habe, das wesentliche Moment. Es ist also nicht nur die *Methode* des Brechtschen Lehrstücks (Textvorgabe durch einen »Lehrer«, sinnliche Realisierung, Ansetzen bei den nicht-verbalen Kommunikationsformen, Planbarkeit der Lernprozesse), sondern auch und vor allem sein *Inhalt,* die Frage nach der über die gesellschaftlich gesetzten Grenzen hinausreichenden menschlichen Totalität, die mein Interesse an diesem Ansatz begründen. Aber dieser Inhalt ist von der Methode eigentlich kaum zu trennen; die Methode ist auch nur wirksam, wenn es um diesen Inhalt geht.

Die besondere Form, in der ich meine Praxis verfolge (Nachteil der zeitlichen Begrenzung möglicher Zusammenarbeit mit Jugendlichen), wird es mir wohl nicht erlauben, einen Versuch mit der »*Maßnahme*« zu unternehmen. Ich werde versuchen müssen, eine kürzere Form mit gleichem Inhalt bei gleicher Methode zu finden. Das ist die – noch nicht erfüllte – Bedingung für die Verwendung des Lehrstückmodells trotz der oben angedeuteten Zwänge, und das ist die Aufgabe.

Immer deutlicher wird mir, daß eines jedenfalls nicht geht: jetzt sich Grundkenntnisse (z. B. politökonomische) anzueignen im Hinblick auf spätere Anwendungen und alles andere zu Gunsten dieser Kenntnisse unbearbeitet zu lassen. Veränderungen dieser Art müssen in *breiter* Front vorbereitet werden, auf verschiedenen Ebenen gleichzeitig. Wenn man nicht weiß, *wozu* man – über den Tageskampf, die kurzfristigen Nahziele hinaus – »exemplarisch« lernen soll, leidet darunter auch dieses Lernen. Das »Wozu« muß aber nicht nur intellektuell »gewußt«, sondern praktisch im Ansatz erfahren sein. Damit soll nicht eine neue Epoche des Redens vom »neuen Menschen«, jetzt in der politischen Bildungsarbeit, eingeläutet werden. Es kommt nicht darauf an, von den Veränderungen zu reden, sondern sie zu bewerkstelligen. Wenn ich hier trotzdem davon geredet habe, so deshalb, weil die Voraussetzung einer solchen Praxis eine stärkere Sensibilisierung für das »Objekt« der politischen Pädagogik ist.

Mit herzlichem Gruß

Dein Volker

Reiner Steinweg
Begriff und Erfahrung.
Anmerkungen zur Lehrstückdiskussion

Die Lehrstückdiskussion der letzten Jahre hat zu einer Reihe produktiver Fragen geführt, aber auch Miß- und Fehlverständnisse deutlich gemacht, die aufzuklären mir notwendig erscheint. Es wurden im wesentlichen vier Aspekte meines Versuchs einer (Re-)Konstruktion der Brechtschen Lehrstücktheorie (Steinweg 1971a und 1972a) diskutiert: der wissenschaftstheoretische Aspekt, der historische Zusammenhang, der didaktische Aspekt (Lernziele, didaktische Methode, Bedingungen der Anwendbarkeit des Modells), die Wertung der Lehrstücke und die Frage ihrer Aktualität.

Im folgenden soll die Diskussion dieser Aspekte in der umgekehrten Reihenfolge ihrer Wichtigkeit zusammenfassend kommentiert werden – der für die Entwicklung der Lehrstückpraxis am wenigsten wichtige Aspekt zuerst.

1. Der wissenschaftstheoretische Aspekt

1.1. *Zum Theoriebegriff.* Die Kritik von Berenberg-Gossler/ Müller/Stosch 1974 (im folgenden abgekürzt: Berenberg-G. u. a.) geht davon aus, der Begriff »*Theorie*« sei von mir nicht expliziert worden; d. h. ich hätte nicht klar gemacht, ob es sich um »ein Korpus locker aneinandergereihter Überlegungen« handele, »das stets im pragmatischen Zusammenhang zu bestimmten Lehrstücken oder zu Intentionen und Funktionen des Lehrstücks allgemein zu sehen« sei, oder ob man an diese Texte »ähnliche Konsistenzanforderungen stellen könne wie an wissenschaftliche Theorien.« (Berenberg-G. u. a. S. 122). – Mir scheint, es sollte weniger darum gehen, ob man überhaupt Konsistenzanforderungen an einen Komplex von Überlegungen eines Schriftstellers stellen *darf*, als darum, ob man es im je konkreten Fall *kann*. Daß diese Überlegungen in größeren Abständen und »im pragmatischen Zusammenhang zu bestimmten Lehrstücken« angestellt wurden – die jedoch ihrerseits wiederum im Zusammenhang solcher Überlegungen entstanden (vgl. u. a. oben Text 2) –, schließt keineswegs aus, daß diese Überlegungen »konsistent« sein können, wobei unterschiedliche Grade von Konsistenz denkbar sind. Bisher ist mir kein Argument bekannt geworden, das meine Interpretation der Brechtschen Äußerungen zum Lehrstück als in den Grundzügen »einheitliche«[1*] an konkreten Äußerungen Brechts widerlegt hätte.[2] Damit ist weder entschieden noch behauptet, daß es sich bei Brechts Theorien um »wissenschaftliche« im Sinne der analytischen Wissenschaftstheorie handelt. Mit der Einschränkung des Theoriebegriffs auf das analytische Verständnis müßte allerdings ein großer Teil dessen, was umgangssprachlich, aber auch wissenschaftlich als Theorie bezeichnet wird, einen anderen Namen bekommen, was nicht nur eine terminologische Frage wäre. Doch dazu weiter unten. Die »theoretisch« zweifellos zu erwartenden »Widersprüche, Lücken, verlassenen Positionen und Lernprozesse in Brechts Äußerungen« (Berenberg-G. u. a. S. 123) liegen wahrscheinlich *unterhalb* der Ebene von Übereinstimmungen, die ich versucht habe, sichtbar zu machen. In einem *zweiten* interpretativen Durchgang, nachdem die *Grundzüge* deutlich geworden sind, erschiene es mir durchaus sinnvoll, solche Momente von Uneinheitlichkeit aufzusuchen und zu werten.[3] Manche Fragen, die ich ungelöst lassen mußte, würden dann vielleicht eine Antwort finden.

Die Untersuchung der »theoretischen« Äußerungen eines Schriftstellers auf ihre Zusammenhänge untereinander und mit den poetischen Äußerungen desselben Schriftstellers liegt soweit ganz im Rahmen herkömmlicher literaturwissenschaftlicher Verfahrensweisen. Und um eine *literatur*wissenschaftliche Rekonstruktion handelte es sich zunächst einmal. Wenn Berenberg-G. u. a. die Angabe von »Falsifikationsbedingungen« in meiner Arbeit vermissen (S. 123), so ist zunächst darauf zu verweisen, daß solche Bedingungen für die *literatur*wissenschaftliche Ebene durchaus angedeutet worden sind (Steinweg 1972a S. 73 und 74): Die Hypothese über die Aussage eines Textes kann als »falsifiziert« dann gelten, wenn nachgewiesen werden kann, daß sie auf der Behauptung von

---

* Anmerkungen zum Aufsatz von Steinweg s. S. 496.

logisch und grammatisch nicht gegebenen Konstruktionen oder auf der Behauptung nicht gegebener Kontexte beruht. Dennoch geht in dieses Verfahren immer noch ein relativ hohes Maß subjektiver (oder jedenfalls deutlich historisch bestimmter) Einschätzungen ein. Man könnte also mit guten Gründen bezweifeln, ob Textinterpretation – nicht nur innerhalb der Literaturwissenschaft – methodisch überhaupt mehr sein kann als »kommentierende Paraphrase«, als welche Berenberg-G. u. a. meine Arbeit charakterisieren (S. 123). Meine Erwartung von 1969/72, daß es gelingen könne, über die Linguistik stärker objektivierende Methoden der Textanalyse zu gewinnen (Steinweg 1972a S. 73), ist bisher, soweit ich weiß, nicht erfüllt worden und vermutlich letztlich unerfüllbar. Aber man sollte doch zwischen einer Paraphrase im engeren Sinne, also der Wiedergabe eines Textes »mit anderen Worten«,[4] und einer an den Kriterien der Sprachlogik und kontextuellen Bedeutungsfixierung orientierten *Explikation* und *Extrapolation* von Textinhalten unterscheiden.[5]

Eher zutreffen könnte dagegen der Einwand der fehlenden Angabe von »Falsifikationsbedingungen«, wenn man die Theorie Brechts, so wie ich versucht habe, sie zu beschreiben, nicht als Gegenstand einer literaturwissenschaftlichen Untersuchung, sondern als *sozial*wissenschaftlich-pädagogische Theorie mit eigenem Geltungsanspruch gegenüber anderen sozialwissenschaftlich-pädagogischen Theorien betrachtet. Es ist richtig, daß mein Erkenntnisinteresse bei der Rekonstruktion der Lehrstücktheorie über die literaturwissenschaftliche Ebene hinausging und -geht. Aber was bedeutet »Angabe von Falsifikationsbedingungen« in den *Sozial*wissenschaften? Stellt die Marxsche Theorie etwa eine »Pseudoerklärung« dar, weil Marx es »versäumt« hat, »Falsifikationsbedingungen« anzugeben?[6] Für Popperianer gewiß – aber wie verträgt sich diese Position dann mit der antipositivistischen, die Berenberg-G. u. a. einnehmen wollen?

Anzugeben wären nicht abstrakte »Falsifikationsbedingungen«, sondern konkrete politische und ökonomische Voraussetzungen, die die »Anwendung« (und Modifikation) der Brechtschen Theorie erlauben oder ausschließen (s. unten 4.2). Solche Bedingungen können, wenn überhaupt, nicht in allgemeingültiger Form, sondern nur bezogen auf je bestimmte historische (politische) Situationen und aus der (veränderlichen) *Perspektive* einer bestimmten historischen Situation angegeben werden. Das komplexe Verhältnis zwischen einer auf die Ermöglichung sozialer Praxis hin orientierten Forschung und dieser Praxis selbst[7] ist mit dem Falsifikations-Ansatz der analytischen Wissenschaftstheorie nicht zu erfassen. Mit anderen Worten: die wissenschaftstheoretischen Erörterungen von Berenberg-G. u. a. scheinen mir an dieser Stelle den gegenwärtigen Stand der sozialwissenschaftlichen Diskussion noch nicht erreicht zu haben. Es ist jedoch zu wünschen, daß die Diskussion über die Lehrstücktheorie einmal *auf* diesem Stand geführt wird.[8]

Die Auffassung einer Theorie »als Lernprozeß, den es fortzusetzen gilt« (Berenberg-G. u. a. S. 157) ist im übrigen nichts Neues: Das hat die bürgerliche Wissenschaft schon seit eh und je mit allen möglichen Theorien und Ansätzen getan. Es ist auch wenig dagegen einzuwenden – solange mit dieser Art von Theorieverständnis nicht die *Praxis* abgeschnitten wird. Ich weiß nicht, wie Berenberg-G. u. a. es gemeint haben: Wirkliche (wirksame) Lernprozesse führen über die Praxis, sind in der bloßen Weiterführung der Reflexion über die Theorie, wenn diese einmal einen gewissen Stand erreicht hat, kaum denkbar. Und um die Ermöglichung einer politisch-ästhetischen pädagogischen Praxis ging und geht es (vgl. Steinweg 1972a S. 75, 1972b S. 479 f. und 485 sowie die Bemühungen, die mit dem vorliegenden Band – teilweise – dokumentiert werden).

1.2. *Zum Zusammenhang Theorie-Stücktexte.* Alfons Höger (1974) geht von der Max Weberschen Unterscheidung zwischen einer »philologischen Betrachtung der Vergangenheit« bzw. eines »historischen Individuums« und der »eigentlich *historischen* Betrachtung« aus, d. h. jener, in der »historische Tatsachen als Realursachen, als auslösende Momente in einem geschichtlichen Ereignisverlauf ausgemacht werden« (Höger 1974 S. 113). Aus der »Gesamtkonzeption« meiner Arbeit meint Höger schließen zu können, daß es mir um eine »philologische Betrachtung« des »historischen Individuums« »Lehrstücktheorie« gegangen sei, nicht um diese Theorie als »Realursache« der Lehrstücke.

Hier liegt offensichtlich eine optische Täuschung vor.[9] Optisch, weil ich in der Tat auf philologische Exaktheit Wert gelegt habe – u. a. in der wohl nicht ganz unbegründeten Annahme, daß meine von der Tradition der Brechtforschung weit abliegenden Thesen nur unter dieser Bedingung ernsthaft diskutiert werden würden. Das philologische »Gesicht« der Arbeit sollte aber nicht für ihren Inhalt und für ihre Intention genommen werden: Ausgangspunkt der ganzen Untersuchung und ein wesentliches Motiv war durchgehend das Interesse an einer Re-Interpretation der Lehrstück-*Texte*.[10] Jedoch erschien mir dafür die Rekonstruktion der Theorie, mit der zusammen diese Texte entstanden sind, im Verlauf meiner Arbeit zunehmend als unerläßliche *Voraussetzung* – nicht mehr und nicht weniger.[11] Richtig ist jedoch, daß ich den Zusammenhang, die vermutlich *gegenseitige* Bestimmung von Theorie und Praxis und das darin liegende *historische* bzw. Entwicklungs-Moment nicht genügend betont habe, obwohl mir klar war, daß die von Hultberg 1962 vorgenommene Trennung beider Tätigkeiten unhaltbar ist (vgl. Steinweg 1972a S. 75). Allerdings kann dann die Theorie nicht ausschließlich als »Realursache« der Lehrstück-Texte verstanden werden. Die Anwendbarkeit der Weberschen Kategorien auf das hier zur Diskussion stehende Verhältnis von Theorie und Praxis scheint mir deshalb zweifelhaft.

2. Der historische Kontext

2.1. *Der historische Entstehungszusammenhang.* Gewichtiger als die oben diskutierten Einwände scheint mir der Einwand verschiedener Autoren, meine Rekonstruktion der Lehrstücktheorie sei »geschichtsfrei« (Berenberg-G. u. a. S. 125) oder gar »geschichtsfeindlich« (Höger 1974, S. 118); ich hätte »das Lehrstück außerhalb der proletarisch-revolutionären Literatur- und Theaterbewegung betrachtet« und versäumt, die Produzentenidee »aus den Bedingungen des Klassenkampfes jener Jahre« zu entwickeln (Mittenzwei s. o. S. 238).[12]

Diese Kritik, als Arbeitsprogramm verstanden, scheint mir richtig. Sie setzt allerdings u. a. die praktische Lösung einer Frage voraus, die mir 1968 noch ganz ungeklärt schien und die heute wohl allenfalls in Ansätzen gelöst ist: wie, auf welche

Weise, setzt sich die jeweilige politische und ökonomische Struktur und Entwicklung in literarische Produkte um? Ich hatte – vielleicht in Einzelfällen zu Unrecht – den Eindruck, daß in den damals zugänglichen historisch orientierten Arbeiten marxistischer Literatur- und Theaterwissenschaftler die Darstellung der historischen Situation, der literarischen und theatralen Phänomene weitgehend unverbunden nebeneinander standen. Es wurden »Kontexte«, Gleich- und Ungleichzeitigkeiten aufgelistet, aber nur selten materielle Kontext*beziehungen* (über das rein Biographische hinaus) nachgewiesen. Die Besonderheit einer literarischen Form konnte zwar in historische und politisch-ökonomische »Zusammenhänge« eingestellt, aber nicht aus ihnen *erklärt* werden. Die Wiederentdeckung der Überlegungen der »russischen Formalisten« bestärkte mich in solchen methodischen Zweifeln.

Wahrscheinlich bräuchte eine Untersuchung mit gleicher oder ähnlicher Zielsetzung, wie ich sie 1965 hatte, in der heutigen Forschungssituation in Hinsicht auf die Eingrenzung des Gegenstandsbereichs zum Zwecke der Erkennbarkeit weniger streng zu verfahren, als mir damals nötig schien. Aber es fällt doch auf, daß die Kritik meiner Methode hinsichtlich des *Nachweises* der historischen Eingebundenheit des Lehrstückmodells auch heute noch ziemlich weitgehend ein theoretisch einsichtiges, aber materiell kaum erfülltes Postulat bleibt.[13] Es ist zu wünschen, daß Kollegen, die weiter auf diesem Felde arbeiten, den Rubicon der Absichtserklärungen und theoretisch plausiblen Vorüberlegungen tatsächlich überschreiten.

2.2. *Das Lehrstück im Zusammenhang der Brechtschen Theatertheorie.* »Die entscheidende Voraussetzung der Rekonstruktion einer geschlossenen Theorie des Lehrstücks aber ist deren Heraussprengung aus der Kontinuität der theoretischen und praktischen Bemühungen Brechts um ein Drama des wissenschaftlichen Zeitalters.« (Berenberg-G. u. a. S. 121 f.).

Der Begriff der »geschlossenen« Theorie ist – entsprechend dem unklaren wissenschaftstheoretischen Ansatz der Autoren – mißverständlich. »Geschlossen« ist diese Theorie sicher nicht im Sinne der Abgeschlossenheit und Vollständigkeit. Das wäre ein Widerspruch in sich, weil die Lehrstücktheorie ja gerade die Prozeßhaftigkeit ihres »Gegenstandes« betont (dessen Teil sie – zumindest soweit sie innerhalb der »Kommentare« in den Lehrstücktexten formuliert wurde – selbst ist). Die Theorie ist auch nicht »geschlossen« im Sinne einer absoluten Trennung von den sonstigen theatertheoretischen Überlegungen Brechts, im Gegenteil: Brecht weist selbst darauf hin, daß die zentrale Kategorie der Verfremdung für das epische Schaustück wie für das epische Lehrstück gilt (Text 145; zu den Wechselbeziehungen zwischen epischem Schaustück und Lehrstück s. Steinweg 1972a S. 158, 162 f., 168, 210 sowie Exkurs II). Trotz dieser Überschneidungen und Beziehungen ist es aber sinnvoll, das Lehrstück als einen gesonderten Gegenstandsbereich zu behandeln, der sich von dem der epischen Schaustücke unterscheidet, weil er sich anderer Mittel und Wege zu dem gleichen Endziel bedient.

Die *Genese* der Lehrstücktheorie im Denken Brechts,[14] ihren Zusammenhang mit den Vorstellungen zeitgenössischer marxistischer Schriftsteller (s. o. Mittenzwei S. 237, 241-245) und ihr Verhältnis zur späteren Entwicklung der Theatertheorie Brechts zu untersuchen ist notwendig. Eine solche Untersuchung setzt jedoch voraus, daß der gesonderte Gegenstandsbereich, um dessen Zusammenhänge es geht, selbst heuristisch bestimmt ist. Sie ist also möglich nur im zweiten Schritt.

In einer »Dogmatisierung« der »Basisregel« des Lehrstücks sieht Mittenzwei eine entscheidende Schwäche meiner Arbeit (s. o. S. 239). Ein »Produzentenrigorismus« habe mir den Blick verstellt für die Weiterentwicklung des Lehrstückgedankens, für die »kleine operative Form« des Vorführtheaters, die Mittenzwei als ein wesentliches Ergebnis der Bemühungen um das Lehrstück begreift. Sicher gibt es einige formale Ähnlichkeiten zwischen dem Lehrstück im engeren Sinne und jenen Stücken, die Mittenzwei dem »erweiterten Begriff« des Lehrstücks unterordnet. Abgesehen davon, daß Mittenzwei diese Ähnlichkeiten bis jetzt kaum konkret beschrieben hat, scheint es mir jedoch zweifelhaft, ob diese Erweiterung des Lehrstückbegriffs sinnvoll ist. Die besondere Form der Lehrstücke (der Verzicht auf »konkrete« Individuen usw.) und die verschiedenen, scheinbar dunklen Äußerungen Brechts zum Lehrstück sind nur zu erklären, wenn man den von Brecht selbst immer wieder herausgestellten Kernpunkt der Lehrstückkonzeption ernst nimmt und auf mögliche Konsequenzen hin durchdenkt. *Wenn* aber das »Selberspielen« Grundlage aller weiteren Formbestimmungen des Lehrstücks ist,[15] dann kann es sich bei jenem Typus von Vorführstücken, die Mittenzwei im Auge hat, nicht um eine einfache »Erweiterung« des Lehrstücktypus handeln; dann handelt es sich um einen *anderen* Stücktypus, in den Brecht zwar einige Formelemente eingebracht haben mag, die er mit dem Lehrstück entwickelt hatte, der aber im übrigen mit dem *Ensemble* der Lehrstückmittel wenig gemein hat. Dieser andere Stücktypus wird mit dieser Feststellung keineswegs abgewertet.

Solange Mittenzwei nicht zeigt, daß meine Bestimmung der immanenten Zusammenhänge zwischen der »Basisregel« und den übrigen Äußerungen und Spielvorlagen zum Lehrstück falsch oder brüchig ist, vermag mich seine Argumentation nur in Teilen zu überzeugen. Sie kann jedenfalls den Brechtschen Sprachgebrauch nicht für sich in Anspruch nehmen. Außer in einem englischen Text (s. o. Text 132) und möglicherweise in einem Gedicht (s. o. Text 131) ist Brechts Verwendung des Lehrstückbegriffs »rigoros« (Zu den beiden Ausnahmen s. Steinweg 1972a S. 83.) Lehrstücke (im engeren Sinne) und lehrhafte Vorführstücke bleiben für ihn als zwei verschiedene Stücktypen, als zwei verschiedene theatralische Mittel mit verschiedenen Aufgaben und gesellschaftlichen Funktionen nebeneinander bestehen und bis zum Schluß interessant,[16] auch wenn die konkreten Realisationsbedingungen bis 1956 eher für das lehrhafte Vorführstück als für das Lehrstück gegeben waren. Diese Feststellung schließt jedoch keinesfalls aus – darin sehe ich den Vorzug von Mittenzweis Ansatz –, daß es sinnvoll sein könnte, die besonderen Wirkungsmöglichkeiten, Einsatzstellen und Variationsformen des lehrhaften Vorführstücks genauer zu untersuchen. Und sicher ist auch noch einiges mehr herauszubekommen über den wechselseitigen Einfluß von Lehrstück und lehrhaftem Vorführstück (vgl. Steinweg 1972a S. 169 und 1972b S. 475 zum Agitproptheater).[17]

Die Feststellung, daß Brecht sich vom Lehrstück im engeren Sinne – im Unterschied etwa zu den »frühen« Stücken *»Baal«*, *»Dickicht«* usw. – bis zum Schluß nicht distanziert hat, schließt auch nicht die Möglichkeit und Notwendigkeit aus, den »weltanschaulichen Entwicklungsprozeß« (Mittenzwei

s. o. S. 232, 239) und die Entwicklung der Ästhetik Brechts (ebenda S. 251) *innerhalb* dieser Grundlinien genauer zu untersuchen, als ich es getan habe. Sicher haben auch *nach* der Konzeptualisierung der »Großen Pädagogik« und der »Lehrstücke« noch »Entwicklungen« und Akzentverschiebungen in der Ästhetik und im gesellschaftspolitischen Denken Brechts stattgefunden.[18] Die von Mittenzwei geforderte Untersuchung von *Differenzierungen* der 1929 in ihrer *Kernstruktur* bereits gegebenen Lehrstück-Konzeption bzw. der verschiedenen Spielvorlagen ist sinnvoll, setzt aber die Bestimmung dieser Kernstruktur voraus.

Allerdings finden sich manche Positionen, die als Einsichten des »späten« Brecht erscheinen, im Ansatz schon überraschend früh. So hatte die Kategorie des *Genusses* (s. o. Mittenzwei S. 251 f.) in der Lehrstückkonzeption von 1929/30 bereits ihren Platz (vgl. Texte 9, 47, 49, 53 und Steinweg 1972a S. 190). Das ist in der Lehrstückdiskussion nach 1972 gelegentlich über dem politisch-pädagogischen »Anspruch« zu Unrecht vergessen worden. Binnerts und Mayer/Praml/Schüler ist (auch von der Theorie her) zuzustimmen, wenn sie dieser Kategorie – in der Form der Erarbeitung einer theatralischen *Kunstform* auch bei Lehrstückrealisationen – aufgrund ihrer eigenen praktischen Erfahrungen wieder einen wichtigen Platz einräumen.

Die (im einzelnen noch auszumachenden) Differenzierungen in der Entwicklung der Lehrstücktheorie kamen sicher nicht zuletzt auch unter dem Eindruck zustande, den die *Reaktionen* der Freunde und Kritiker Brechts auf das Lehrstück bei ihm hinterließen. Hofmann 1968 hat Veränderungen des »*Maßnahme*«-Textes aufgrund der Kritik dokumentiert (in: Steinweg, Hrsg., 1972b S. 439-458); auf einen weiteren Fall habe ich hingewiesen (Steinweg 1970 S. 36 f. bzw. unten S. 486 Anm. 10). Wahrscheinlich sind noch mehr auffindbar; die in meiner »*Maßnahme*«-Edition (Steinweg 1972b) dokumentierten Zeugnisse und Kritiken waren mir größtenteils noch nicht bekannt, als ich meine Analyse der Lehrstücktheorie zum vorläufigen Abschluß bringen mußte (Steinweg 1972a).

Für die *Spielvorlagen* (Lehrstücktexte) ist ein solcher Prozeß der Textveränderung ja auch in der Theorie ausdrücklich vorgesehen, ist Bestandteil der Lehrstückrealisation. Die Bear-

beitungen des »*Jasagers*« und die ausdrückliche Frage nach
Einwänden gegenüber dem Text der »*Maßnahme*« (vgl. Text
71) sind deutliche Zeugnisse dafür (vgl. Steinweg 1972a S.
179 f.). Diese Regel gilt auch für die »theoretischen« Bestandteile der Spielvorlagen, die »Kommentare«.

In einem Punkt allerdings halte ich es für unwahrscheinlich,
daß Berenberg-G. u. a. ihre Forderung werden einlösen können, nämlich die Forderung, den »Einfluß, den die zeitgenössische Rezeption der Lehrstücke auf die Weiterentwicklung
der Theorie und der Stücke gehabt hat, aus den theoretischen
Texten ... selbst abzulesen« (S. 125): Die *Theorie* war den
Zeitgenossen Brechts kaum oder nur sehr fragmentarisch und
in stark verzerrter Perzeption bekannt. Brechts Reaktion auf
Kurellas Kritik an der »*Maßnahme*«[19] zeigt, daß er sich so sehr
mißverstanden fühlte, daß ein produktiver Dialog mit diesem
Kritiker ihm nicht mehr möglich schien. Das will bei einem
Schriftsteller, der nach eigenem Verständnis »stets nur Wider-
spruch ertragen« konnte, schon etwas heißen. Veränderungen,
Verdeutlichungen, Differenzierungen einzelner Textstellen in
den Lehrstück-Spielvorlagen aufgrund der zeitgenössischen
Kritik (auch der von Kurella) lassen sich nachweisen; der –
theoretisch durchaus denkbare – Einfluß auf die verstreuten
Ansätze zur Formulierung und Reformulierung der Lehr-
stück-*Theorie* wahrscheinlich nicht. Jedenfalls haben Berenberg-G. u. a. keinen Beleg der Möglichkeit eines solchen
Nachweises erbracht.

Der Umkehrschluß: die »immanenten Voraussetzungen der
Theorie selbst« seien »*Ursachen* für die weitgehend die Intentionen der Brechtschen Lehrstücktheorie verfehlende Rezeption« (Berenberg-G. u. a. S. 125 f.), läßt sich wohl ebensowenig ziehen. Abgesehen davon, daß »Voraussetzungen« einer
Sache nicht »immanent« sein können, ist die damit an die
Untersuchung gestellte Forderung ziemlich merkwürdig:
Kann man Schiller für die Einvernahme durch das nationale
Bürgertum des 19. Jahrhunderts, Hölderlin für die weitgehen-
de Nichtrezeption bis ins 20. Jahrhundert verantwortlich machen? Mißverstehen kann man alles, und die Rezipienten
haben nicht die (ihnen im wesentlichen unbekannte) *Theorie*,
sondern die Lehrstück-*Texte* mißverstanden. Vielleicht war
das »Mißverständnis« vorhersehbar – vielleicht aber auch hat

Brecht diese Konzeption gerade deshalb zu dieser Zeit entwickelt und forciert, *weil* die vorherrschenden Tendenzen
auch und gerade innerhalb der marxistischen Linken dieser
Konzeption entgegengesetzt waren.

3. Zur Didaktik des Lehrstücks

3.1. *Lernziele und Lehre.* In fast allen Diskussionen über das
Lehrstück, an denen ich teilgenommen habe, nahm das »Lehrziel Dialektik« einen hervorragenden Platz ein. Manchmal
hatte ich den Eindruck, damit eine relativ beliebig verwendba-
re, ihrem Inhalt nach ziemlich geheimnisvolle Zauberformel
geliefert zu haben, deren man sich nur allzu gern bedient, um
schwierigen Problemen des Kaisers neue Kleider anzulegen.[20]
Gegenüber dem inflationären Gebrauch dieses dennoch un-
verzichtbaren Begriffs ist festzustellen, daß Brecht mit seinen
Äußerungen zur Dialektik als Lernziel der Lehrstücke sehr
sparsam umgegangen ist. Nicht das Reden von »der« Dialektik führt zu einer dialektischen Theorie-Praxis, sondern die
konkrete Veranlagung dialektisch strukturierter, in die Veränderung der Wirklichkeit einmündender Prozesse. Das Lehrstück ist ein Versuch, mit theatralen Mitteln solche Prozesse
zu unterstützen. Nicht mehr, nicht weniger. Es ist zu wünschen, daß die Diskussion in Zukunft weniger um das Lehrziel
Dialektik *allgemein* als um die einzelnen konkreten Schritte
seiner Realisierung geführt wird, die meine Arbeit von 1972
nur in Ansätzen aufzeigen konnte.

Metaphern wie Haarmann und Walach sie verwenden: »Dialektik als Material« (s. o. S. 264), »Herrschaft der Dialektik«
(S. 267), Dialektik »als produktive Tätigkeit« (S. 266) oder
»Dialektik als Bewegungszentrum der Geschichte« (S. 264,
269) verkehren sich leicht gegen die Intentionen ihrer Autoren, etwa so: Wo früher der »Schöpfer« herrschte bzw. als
Weltgeist die Geschichte bewegte, »herrscht« jetzt, im »Zentrum der Geschichte«, die produktiv tätige Dialektik, das
unbekannte Wesen, die aber anders als jener zugleich »Material« ist – wie immer das zugehen mag. Diese Verballhornung
soll nicht besagen, daß die Überlegungen von Haarmann/Wa-
lach zur Bedeutung von Dialektik in allen Punkten zu verwer-
fen wären. Falsch wird es jedoch, wenn Haarmann und Wa-

lach davon ausgehen, das Lehrstück-Theater kläre »die jedem Handeln zugrunde liegende Dialektik *begrifflich*« (s. o. S. 262, 269): Brecht spricht ausdrücklich von der »notion *pratique*«, der *praktischen* Kenntnis der Dialektik, die das Lehrstück vermittele (siehe oben Text 179). Eine »begriffliche« Klärung mag damit Hand in Hand gehen oder auch nicht. Das Lehrstück ist keine »Schulung« in der Kritik der politischen Ökonomie, es kann und soll diese »kategoriale« Arbeit nicht ersetzen.

Auch Berenberg-G. u. a. unterliegen einem ähnlichen Mißverständnis wie Haarmann und Walach. Sie meinen, ein Lernziel Dialektik setze voraus, daß Dialektik als »innerer, allseitiger, systematischer Zusammenhang aller Denkkategorien« (August Thalheimer) »lehrbar« sein müsse (S. 134), und bezweifeln dann folgerichtig die Realisierbarkeit eines solchen Lernziels. Was Brecht unter »dialektischem Verhalten« versteht, ist aber offensichtlich mehr und weniger als die Vermittlung eines solchen Zusammenhangs: weniger, insofern es *nicht* darum geht, »Denkkategorien« zu erforschen; mehr, insofern das Lehrstück über das bloß Denkbare oder Gedachte hinaus auf die Lebenspraxis der Beteiligten einzuwirken sucht. Eigenes *Verhalten* und soziale *Erfahrung* werden »bewußt« gemacht, und zwar nicht nur in theoretischer Diskussion, sondern praktisch: Die Verhaltenskritik, die Diskussion, geht in der Lehrstückkonzeption Brechts von sinnlich darzustellenden und wahrnehmbaren Verhaltens*proben* aus und – was entscheidend ist – mündet immer wieder in sie ein. Die Verhaltens-Möglichkeiten, die Dispositionen zu politisch richtigem und wirksamem Handeln werden auf diese Weise, wenn nicht erzeugt, so jedenfalls erweitert. Solche Bewußtmachung ist zwar ohne *Denken* nicht möglich; aber sowenig wie Denken eine Spezialität von Intellektuellen ist, so wenig setzt die hier erforderte Art zu denken Gedanken über die Dialektik als »systematischen Zusammenhang aller Denkkategorien« voraus – wenn ein solcher begrifflich möglich wäre, vgl. Text 83 und Korschs Kritik an Thalheimer (s. Steinweg 1972a S. 110, Berenberg-G. u. a. S. 134). Solche Gedanken wären wahrscheinlich eher hinderlich bei dem Versuch, konkrete Haltungen und Verhaltensweisen zu beobachten, zu imitieren, durch Imitation sich »klar« zu machen, sich und anderen zu verdeutlichen sowie Zusammenhänge, Hintergründe und Folgen herauszufinden.

Die Dialektik zwischen dem Handeln des Subjekts und der Veränderung des Objekts »gesellschaftliche Verhältnisse« wird im Lehrstück nicht »gelehrt« im Sinne intellektueller Vermittlung, sondern gelernt, erfahren, aus Erfahrungen herausgearbeitet. (In dieser Hinsicht ist meine Arbeit 1972a nicht präzise genug gewesen. Daraus erklärt sich vielleicht die merkwürdige Vermutung von Lethen 1976, das Ergebnis einer Lehrstückübung sei eine »eingedrillte« Dialektik – was immer das sein mag.) Zwar gibt es einige – sehr allgemeine – Begriffe, mit denen solche Erfahrungen geordnet und für weitere Handlungen verfügbar gemacht werden können. Aber nicht die abstrakte Kenntnis dieser Begriffe, sondern ihr jeweils konkret zu erarbeitender praktischer Inhalt ist entscheidend: *Wechselbeziehungen, Rückwirkungen, Umschläge, Widersprüche unter einheitlich scheinender Oberfläche* usw. können bei der Anlage und Ausführung von politischen Handlungen weniger und mehr in Rechnung gestellt bzw. bei unmittelbarem Handlungszwang »instinktiv«[21] richtig oder falsch eingeschätzt werden. Solche Einschätzungen hängen zweifellos u. a. von der *Kenntnis* der Gesellschaftsstruktur (etwa der allgemeinen Verwertungszwänge des Kapitals und der jeweils besonderen politischen Entwicklung der Klassenkämpfe) ab, wie man sie sich z. B. in Seminaren aneignen kann. Je mehr es sich jedoch um die Umsetzung solcher Kenntnisse in konkrete Handlungen zwischen Menschen handelt, desto wichtiger werden die Weisen und Gewohnheiten des Verhaltens – nicht nur gegenüber dem Klassenfeind. Die praktische Untersuchung dieses Verhaltenspotentials und zugleich seine Veränderung durch *Übung* ist der Ansatzpunkt des Lehrstücks.[22]

Das allgemeine Lernziel der Lehrstückübung kann folglich nicht in der Ausarbeitung von politischen »Strategien« liegen. Hier hat Lethen (1976) zweifellos Recht. Aber er mißversteht wohl die Intention der von ihm kritisierten Autoren (Brenner 1971, Baumgarten/Haarmann/Walach 1973): die Erarbeitung politischer Handlungsstrategien soll weder in der Lehrstück-Übung erfolgen, noch durch sie überflüssig gemacht werden. Das Lehrstück kann die konkrete politische Arbeit nur vorbereiten und begleiten. Dennoch könnte eine solche Vorberei-

tung und Begleitung anhand eigens für diesen Zweck konstru-
ierter Textvorlagen auch politisch eine gewisse Bedeutung
bekommen. Man stelle sich nur einmal vor, die Gruppe, die
für die Erschießung ihres Genossen Ulrich Schmücker verantwortlich ist, hätte tatsächlich vor ihrer Entscheidung »Die
Maßnahme« gearbeitet – einen Text, den die bürgerliche
Presse zur Kommentierung dieser Barbarei und politischen
Sinnlosigkeit mißbraucht hat.[23]

3.2. *Lehr- und Lernmethode.* Berenberg-G. u. a. haben versucht, den pädagogischen und theatergeschichtlichen Hintergrund der Lehrstück-Konzeption Brechts etwas weiter aufzuhellen, und sind dabei auf eine Reihe interessanter Befunde
gestoßen. Leider war es mir bis zum Redaktionsschluß dieses
Bandes nicht möglich, den Hinweisen auf die Pädagogik John
Deweys[24], die Ausdruckspsychologie[25] und Lessing[26], die
Brecht bei der Konzeption des Lehrstücks beeinflußt haben
könnten, weiter nachzugehen. Im folgenden also nur ein paar
vorläufige Bemerkungen dazu.

Wenn Lessing und später, noch prononcierter, Wilhelm
Wundt von einer Wechselwirkung zwischen Gemütszustand
und körperlichem Ausdruck sprechen, so scheint es in der Tat
auf den ersten Blick, als ob Brechts Grundannahme, auf der
das Lehrstück beruht, hier bereits in Gänze vorgegeben war.
Zwei Unterschiede oder jedenfalls Erweiterungen scheinen
mir jedoch bei Brecht wesentlich: Für Lessing wie später für
Wundt, soweit Berenberg-G. u. a. sie zitieren, ging es *a.* nur
um »*Stimmungen*«, nicht wie für Brecht um »Gedankenreihen« (Text 125); beide haben ferner *b.* nur *momentane* Veränderungen in den »Gemütszuständen« der Akteure im Sinn,
Veränderungen während der Vorführung eines Schauspiels –
sei es im Theater oder sonst »im Leben«.

Brecht geht dagegen von der Annahme aus, daß es die
Haltungen sind, die Verhaltensdispositionen, die durch einen
Prozeß der Imitation (und *Kritik* des Imitierten) verändert
werden. Dazu gehören notwendig auch »Gedankenreihen«,
nicht nur »Stimmungen« und Gefühle wie »Zorn« oder
»Angst«. Solche Veränderungen können nicht durch einmali-
ge »Kopien« erzeugt werden. Es handelt sich eben um einen
Prozeß, in dem die *Kritik* als notwendige Ergänzung ebenso

wichtig ist wie die Imitation selbst. Aus den ihm (vielleicht) vorgegebenen Überlegungen der Ausdruckspsychologie über die »natürliche Einheit der psychophysischen Organisation« (Wundt, nach Berenberg-G. u. a. S. 145) zieht Brecht weitergehende Schlußfolgerungen, indem er den *gesellschaftlich-historischen* Zusammenhang der Entstehung, der Tradition und der Bedeutung von Gesten und Haltungen einbezieht. Wäre das letztere nicht der Fall, so wäre die Lehrstücktheorie kaum von Interesse: Politisches Lernen findet nicht automatisch statt, wenn Verhalten bewußt imitiert wird.[27] Sonst müßten die, die seit alters von Berufs wegen bewußt fremde Haltungen »einnehmen«, allein schon dadurch zum politisch aktiven, schrittmachenden Teil der Bevölkerung gehören: *Schauspieler* müßten über politisch brauchbarere Verhaltensdispositionen verfügen als ihre Zeitgenossen. Diese leicht komische Vorstellung zeigt, daß es wesentlich auf die Bedingungen ankommt, den gesellschaftlichen Zusammenhang und Zweck solcher Imitationen. Erst »abseits vom Theater« (Text 132) kann diese Methode für Leute, die andere als schauspielerische Zwecke damit verfolgen, die erstrebten Ergebnisse einer Veränderung von Verhaltensdispositionen erbringen. Das für eine ästhetisch-politische Erziehung fruchtbare Moment entsteht erst durch diese Einbindung in einen gesellschaftlichen, überästhetischen Zusammenhang. Es liegt nicht in der wechselseitigen Beeinflussung von »Stimmungen/Gedankenreihen« und »Haltungen/Gesten« allein.

Dieser Zusammenhang wird zunächst (aber nicht ausschließlich) daran sichtbar, daß es sich beim Lehrstück (im Unterschied zu Lessings und Wundts Überlegungen) um ein *Kollektiv*verfahren handelt.[28] Die Gesten und Haltungen werden im Bezugsrahmen eines Kollektivs, das bestimmte Ziele verfolgt, ausgeführt bzw. »eingenommen«; sie sind von vornherein auf dieses »abgestimmt«, sind von diesem beeinflußt und werden im Hinblick auf seine Ziele verändert. – In diesem Moment der Lehrstückkonzeption sah ich 1972 eine mögliche Verbindung mit Bechterews »kollektiver Reflexologie«. Die Kritik von Berenberg-G. u. a. an dieser, auf einer zu schmalen Materialbasis beruhenden Spekulation leuchtet mir weitgehend ein.[29] Sie wäre einer genaueren Ausführung wert.

Genauer untersucht werden müßte auch die Funktion der

»*Lehrer*« in der Lehrstück-Konzeption, die Brecht in Text 58 und 145 voraussetzt.[30] Welche Qualifikationen müssen sie mitbringen? Wann und wie müssen sie in den Lehrstück-Prozeß eingreifen, was müssen sie vorgeben? Aus den wenigen und sehr anfänglichen Versuchen einer Realisierung von Lehrstücken, an denen ich teilnahm, habe ich den Eindruck gewonnen, daß die »Lehrer« vor allem in der Lage sein sollten, für die – besonders schwierige – Einleitungsphase des Lehrstückprozesses Gesten zu fixieren, Haltungsmuster in »möglichst großartiger Wiedergabe« (Text 145) der Nachahmung und der Kritik durch die Teilnehmer vorzugeben (vgl. Text 56). Zumindest wären solche Vorgaben eine große Erleichterung, denn es zeigt sich, daß die Fähigkeit zur Beobachtung, Erinnerung und Wiedergabe gestischer Vorgänge derzeit, jedenfalls bei (nicht-proletarischen) Studenten, schwach entwickelt ist[31], daß man also zu Beginn der Lehrstückübung auf ziemlich undifferenziertes »gestisches Material« angewiesen ist. Diese Lehrer-Qualifikation dürfte allerdings nicht zum heimlichen Lernziel der Teilnehmer werden, etwa mit dem Ergebnis, daß die Teilnehmer bei der Lehrstück-Übung den »Schauspieler in sich« (und an sich) entdecken, wie es gelegentlich bei Lehrlings-Theaterkursen vorgekommen ist. Wenn das vermieden werden soll, müßte der Lehrer auch über Qualifikationen verfügen, die man nur in einer auch pädagogisch und politisch orientierten Schauspiel-Ausbildung und -Praxis erwerben könnte.

3.3. *Anwendungsbedingungen.* Lethen 1976 fragt mit Recht, welche Aussichten auf Realisierbarkeit Lehrstücke haben, für die »homogene Gruppen« und »gleiches Bildungsniveau« als Voraussetzung angenommen werden, »wenn die Wirklichkeit niemals solche homogenen Felder als Basis der Klassenkämpfe eröffnet«. Ich erinnere mich nicht, wer in der Lehrstück-Diskussion »Homogenität«, verstanden als gleiches Bildungsniveau der Teilnehmer, als Voraussetzung für das Lehrstück gefordert hat; aus den Versuchen und Diskussionen, an denen ich teilgenommen habe, ging etwas *anderes* hervor: Um ein Lehrstück realisieren zu können, muß es in der Gruppe, die sich daranmacht, ein Minimum gleicher *Interessen* geben (vgl. auch Text 111 S. 124). Wenn z. B. einige Teilnehmer ein *ausschließlich* ästhetisches, andere ein ausschließlich pädagogisches[12], wieder andere ein ausschließlich theoretisches[13] Interesse an der Realisierung des Lehrstücks haben, so kann aufgrund der bisherigen Erfahrungen vorausgesagt werden, daß der Versuch scheitern wird – es sei denn, es steht *sehr viel* Zeit für vorausgehende Diskussionen zur Verfügung, in denen diese Interessen hinreichend artikuliert und eventuell vereinheitlicht werden können. Die angeführten Beispiele möglicher (d. h. in unseren Versuchen real gegebener) Interessen zeigen, daß es sich um Versuche vorwiegend mit *Studenten* handelte. An einer fehlenden Gleichheit des »Bildungsniveaus« sind diese Versuche also *nicht* gescheitert ... Umgekehrt läßt sich ganz gut vorstellen, daß die minimale Interessengleichheit, die mir Voraussetzung zu sein scheint für eine erfolgreiche Lehrstückpraxis, auch zwischen Menschen mit *verschiedenem* »Bildungsniveau« bestehen kann. Man könnte beispielsweise ein Interesse daran haben, bestimmte Verhältnisse in einer Institution oder in einer Gruppe, in der man zusammen arbeitet oder in der man ausgebildet wird, zu verändern – ohne damit das langfristige Ziel einer Strukturveränderung der Gesellschaft aus dem Auge zu verlieren.[14] Das Lehrstück böte Gelegenheit, a) die Erfahrungen mit den »Mitarbeitern« und »Trägern« dieser Institution und ihre gesellschaftlichen Bedingungen aufzuarbeiten und zu untersuchen, in welchen Punkten und Stellen auch das eigene Verhalten für die etwa zu bekämpfenden »Mißstände«[15] mit verantwortlich ist oder verstärkend wirkt, b) über den »ästhetischen« Vorgang der Lehrstückübung und -vorführung innerhalb der Institution[16] Interesse von Kollegen zu gewinnen, sie in die Diskussion hineinzuziehen, den angestrebten Änderungsprozeß auf diese Weise in Gang zu setzen – vielleicht sogar mit der Zeit auf ähnliche oder benachbarte Institutionen Einfluß zu nehmen.

Man könnte einwenden, daß solche Einflußnahme auch ganz anders, ohne den »Umweg« über das Lehrstück möglich ist.[17] Das ist unbestritten. Nur werden durch die besondere Art, dieses Ziel innerhalb einer Lehrstückübung zu verfolgen, Ergebnisse erreicht, die auch dann von Bedeutung sein können, wenn das (notwendige) Nahziel *nicht* erreicht wird. Es ist zu erwarten, daß eines dieser Ergebnisse – neben der geschärften Beobachtungs- und Beurteilungsfähigkeit gegenüber der poli-

tischen Bedeutung bestimmter Verhaltens- und Redeweisen –
eine verstärkte Fähigkeit sein wird, *Kritik* zu ertragen und
produktiv zu verwerten. Daß mangelnde Fähigkeit zu soli-
darischer Kritik und passiver Kritikfähigkeit zur Zeit zahllose
Handlungsbeziehungen stark belastet, daß politische Zielsetzung und »privates« (wie öffentliches) Verhalten im Umgang
mit Genossen auf eine oft absurde, zerstörerische Weise auseinanderfallen, ist nur allzu offensichtlich. Die bloß abstrakte
Erklärung, daß die einzelnen nicht »besser« sein können als
die Gesellschaft, hilft da nur wenigen, diese Widersprüche
ohne politische Resignation auszuhalten. Es ist nötig, die
Widersprüche in konkreter Antizipation einer »besseren« Gesellschaft schon jetzt zu bearbeiten. Die Einsicht, daß Verhal-
tens- und Redeweisen, Gesten und Haltungen nicht (nur)
Produkte »individueller« Arbeit und Erfahrung des Subjekts,
sondern *gesellschaftlich* bestimmt sind, mithin etwas *Objektives* haben, ist die *Voraussetzung* für solidarische Kritik und
(nicht-ritualisierte) produktive Selbstkritik bzw. passive Kritikfähigkeit. Nur wenn es ein gesellschaftlich Objektives im
scheinbar Subjektiven gibt, ist auch der Ansatz des Lehrstücks
vertretbar. Das Lehrstück ist ein Mittel, diese Einsicht *praktisch* wirksam zu machen, indem sie bis in ihre sinnlichen
Manifestationen hinein verfolgt wird; ein Mittel *zwischen* den
beiden gegenwärtig am häufigsten anzutreffenden Scheinlö-
sungen des Problems: der Psychologisierung (und damit der
Entpolitisierung einer Gruppe) und der forschen Nichtbeachtung »psychischer«, politisch *scheinbar* bedeutungsloser Vorgänge und Entwicklungen. Nur unter der genannten Voraussetzung kann angenommen werden, daß Fixierung, Imitation
und *Kritik* von Gesten und Haltungen im »Laboratorium« des
Lehrstücks tatsächlich auch auf jene Widerstände stoßen, auf
die Verhaltenskritik in »realen« Handlungszusammenhängen
zu stoßen pflegt. Das ist die Vorbedingung dafür, daß die
»Übung« bzw. die Veränderung von Haltungen innerhalb der
Übung für die beteiligten Personen Wirklichkeitscharakter
erhält, ihr tatsächliches Verhaltenspotential »gesellschaftlich
beeinflußt« (Text 145).

In keinem Fall wird als motivierendes Interesse ein Interesse
»am Lehrstück an sich« ausreichen. Neben dem langfristigen
Interesse an einer tiefgreifenden Gesellschaftsveränderung

muß auch ein konkreter Ansatzpunkt, ein näheres Ziel gegeben sein als das langfristige Ausbildungsinteresse »später einmal« mit Kindern und Lehrlingen Lehrstücke machen zu wollen.

Damit beantwortet sich – wenigstens zu einem Teil, so hoffe ich – die ebenfalls berechtigte Frage von Lethen 1976 und auch von Berenberg-G. u. a. (S. 131), in welchem Verhältnis denn eigentlich die Übung im Theater-»Laboratorium« zur politischen Wirklichkeit stehe: Es scheint mir klar, daß der Vergleich mit dem Laboratorium (den Bloch 1938 übrigens nicht nur auf das Lehrstück, sondern auf das epische Theater insgesamt bezieht, das er irrtümlich mit dem Ausdruck »Lehrstück« belegt) hinkt. Im Bereich der *sozialen* Beziehungen kann es das abgeschiedene Labor nur bedingt geben, niemals in dem Grad der Trennung von Labor und Wirklichkeit, der in den Naturwissenschaften (teilweise) erreichbar ist. Lehrstücke sind sinnvoll und wahrscheinlich auch realisierbar nur, wenn sie über sich selbst konkret hinausweisen (vgl. Steinweg 1972a, S. 202 f.).

Dann ist es auch verfehlt, vom »exklusiven Milieu« der Lehrstücke zu reden (Lethen 1976): »Ausgeschlossen« wird von diesen Übungen niemand – es sei denn, sein Interesse deckt sich nicht oder zu wenig mit dem der übrigen Teilnehmer. Eine *relative* »Abgeschiedenheit« der Lehrstücke von den unmittelbar politischen Auseinandersetzungen, ein gewisses Maß an »Muße« ist allerdings notwendig. Um es unter Klassenkampf-Bedingungen zu finden, bedurfte es schon (oder gerade!) 1930 einer großen Anstrengung (vgl. den Bericht über die Einstudierung der *»Maßnahme«*, Steinweg, Hrsg., 1972b S. 348-50 G 31/2). Diese Anstrengung ist nötig, um aus der vorübergehend eingenommenen Distanz gegenüber dem täglichen Kleinkampf um so besser diesen Kampf führen, »chronische« Fehler, die ohne solche Distanzierung immer wieder passieren, vermeiden und neue Verhaltensmöglichkeiten bzw. Einsichten in Verhaltensweisen und ihre Folgen finden zu können. Daß »Rückschläge« in der Praxis möglich sind, daß die in der »Distanz« der Lehrstückübung erworbenen Einsichten und Erfahrungen in der Wirklichkeit mit ihren komplexeren Strukturen und Zwängen versagen *können* (Lethen 1976) ist möglich. Diese *Möglichkeit* (nicht

Notwendigkeit) ist aber kein hinreichender Grund, der Lehrstückübung jede reale Bedeutung abzusprechen, wie Lethen es
tut: Mit dem gleichen Argument wäre die Pädagogik insgesamt zu »erledigen«. Dazu wird sich der (auch) Pädagoge
Lethen nicht verstehen wollen.

In einem anderen Punkt muß ich Lethen jedoch teilweise
zustimmen. Er schreibt: »Das Lehrstück, das nicht in einem
historischen Vakuum siedelt, bedient sich empirischer ›Stoffe‹,
welche beim Arbeiterpublikum sowie bei den 300-400 Arbeitersängern des Fichte-Chors ›konkrete Assoziationen‹ des
Klassenkampfes auslösen *müssen,* wenn das Lehrstück zur
politischen Praxis anleiten soll.« Die ›Stoffe‹ des Lehrstücks,
d. h. die Textvorlagen, enthalten unvermeidbar (*müssen* enthalten) Hinweise auf Elemente der politischen Wirklichkeit.
Eine der ersten Aufgaben während der Lehrstückübung muß
es unserer Erfahrung nach sein, sich einen Überblick über die
politischen Faktoren zu verschaffen, die der Text enthält. Also
beispielsweise in der »*Maßnahme*« u. a. Gewerkschaften, Ju-
gendverbände, kapitalistisch betriebene Fabriken, Streiks, Ar-
beitslosigkeit, Anwesenheit fremden Militärs und eine gewisse
Bereitschaft der nationalen Bourgeoisie, einen Aufstand gegen
die Imperialisten zu unterstützen. Alle diese Faktoren erhalten
konkrete Bedeutung nur durch die direkte oder indirekte
(»mediale«) Erfahrung der Übungsteilnehmer mit *ähnlichen*
Faktoren in ihrer Gesellschaft. Unter anderem sind es diese
Erfahrungen, die im Verlauf der Übung assoziiert und untersucht werden sollen. Der Text muß dazu Anlässe bieten. Das
produktive Moment dabei besteht aber in der *Freiheit* der
Assoziation durch die Teilnehmer, im Selberfinden und -ent-
wickeln, in der Möglichkeit, andere Faktoren oder Faktoren-
kombinationen einzuführen usw. Deshalb verzichtet Brecht
im Lehrstück mit Recht auf eine detaillierte »Abbildung«
historischer Situationen. Andererseits muß jedoch betont werden, daß seine Spielvorlagen zugleich nicht so »abstrakt« sind,
wie in der Literatur oft behauptet wird: *einige* Faktoren der
gesellschaftlichen Wirklichkeit im Kapitalismus der 30er Jahre
werden konkret genannt. Aber der Übende muß sie sich aus
seinen eigenen Erfahrungen heraus ergänzen, weiter konkretisieren, sie abwandeln oder ändern. Er muß, auch in dieser
Hinsicht, *produktiv* werden. *Historische* Erfahrungen spielen

dabei jedoch m. E. nur so weit eine Rolle, als sie im gegenwärtigen politischen Bewußtsein (oder als unbewußtes »Substrat« in den gegenwärtigen politischen Handlungen) von Belang sind. Die genaue Rekonstruktion der Vorgänge in China 1927 oder Sachsen 1923 ist für ein *Lehrstück* auf der Basis von Brechts *»Die Maßnahme«* unerheblich (s. o. S. 422 den Aufsatz von Volker Bley). Damit soll natürlich nicht in Abrede gestellt werden, daß die Aufarbeitung von Geschichte in *anderen* Lernzusammenhängen eine politische Funktion haben kann.

Das Problem der Brechtschen Lehrstücktexte ist nach meinen bisherigen Spielerfahrungen offensichtlich nicht so sehr, daß sie zu *wenig* konkret sind, sondern daß sie es in einem gewissen Sinne zu sehr sind[38]: Wir brauchen Spielvorlagen, die auf einer ähnlichen Abstraktions- bzw. Konkretionsebene Faktoren *gegenwärtiger* politischer Situationen enthalten, ohne zugleich ein vollständiges »Bild« dieser Situationen bieten zu wollen.[39] Man wird aber solche Texte von qualifizierten Autoren erst erwarten dürfen, wenn eine gewisse Lehrstückpraxis bereits vorhanden, *konkrete* Bedürfnisse nach neuen Spielvorlagen artikuliert sind und von den Lehrstückgruppen an die Autoren herangetragen werden. Die Zusammenarbeit der Amsterdamer Gruppe mit dem Komponisten Louis Andriessen (s. seinen Aufsatz im vorliegenden Band) und das Vorgehen der Gruppe »leren leren« bei der Textfixierung (s. Steinweg, Hrsg., 1976) sind in dieser Hinsicht vorbildlich. Damit aber solche Bedürfnisse so weit entwickelt werden, daß Text- und Kompositionsspezialisten ihnen entsprechen können, ist es notwendig, mit *Brechts* Spielvorlagen und ihrer Variation zu beginnen.

4. Wertung und Aktualität

4.1. *Das Theater der Zukunft.* »Historische Umwertungen, deren andere Seite Aktualitätspostulate sind, lassen sich durch Theorieparaphrasen allein schwerlich begründen.« (Berenberg-G. u. a. S. 126). Unter »historischer Umwertung« verstehen die Autoren offenbar meinen Versuch, die gegenüber den Schaustücken des epischen Theaters *besonderen* Intentionen und Qualitäten der Lehrstücke Brechts ins Licht zu rücken.

»Historisch« bezieht sich dabei anscheinend 1. auf die Lehr-
stück-Rezeption zu Lebzeiten Brechts: »Es ist auch fraglich,
ob Brechts Intention der Verteidigung des Lehrstücks durch
dessen Vertiefung ... durch die Erneuerung eines Anspruchs
realisierbar ist, der in der Geschichte, der die Entstehung der
Lehrstücktheorie angehört, nicht realisiert werden konnte«
(ebenda). 2. muß aber auch die Bewertung durch die Brecht-
Literatur bis Ende der 60er Jahre gemeint sein.

In beiden Fällen fällt es mir schwer zu begreifen, was Berenberg-G. u. a. eigentlich sagen wollen. Meinen sie, daß zeitgenössische Urteile oder solche von Berufsästheten, seien sie
nun positiver oder negativer Art, nicht revidiert werden dürfen? Die Geschichte (nicht nur der Literatur) ist voll von
Bewertungsänderungen und Anknüpfungen an früher entwik-
kelte, inzwischen vergessene oder verschüttete Konzepte und
Vorstellungen. Es ging mir 1969/72 um die Freilegung eines
Beziehungsgeflechtes zwischen Vorstellungen eines Schriftstellers, der nicht zuletzt wegen seines intensiven Nachden-
kens über mögliche gesellschaftliche Funktionen von Literatur
und Theater unser Interesse hat. Wenn dieses Beziehungsge-
flecht als solches und damit der Bezugsrahmen der Lehrstück-
Texte unbekannt war, so konnte immerhin vermutet werden,
daß mit seiner Freilegung eine Neubewertung dieser Texte
möglich würde. Ob sie dann tatsächlich stattfindet, hängt
weniger von den Intentionen und Wertsetzungen des Interpreten als von den gerade aktualisierten Bedürfnissen und der
Entwicklung der Gesellschaft ab, die sich allerdings in der
Darstellung durch den Autor spiegeln mögen. Umwertungen
historischer Phänomene (wenn das mit »historischer Umwertung« gemeint ist) finden in der Regel unabhängig davon statt,
ob eine einzelne Person eine solche Umwertung »begründet«
hat oder nicht.

Nun hatte ich allerdings 1971 meine erste Vorstellung der
Lehrstück-Rekonstruktion absichtlich mit einem starken
Wertakzent versehen. Unter Verwendung einer Brecht-Äuße-
rung, die mir kurz vor der Fertigstellung jenes Aufsatzes
zufällig bekannt wurde, hatte ich das Lehrstück als ein »Modell« des (sozialistischen) »Theaters der Zukunft« und demgegenüber die epischen Vorführ-Stücke aus Brechts Emigra-
tionszeit als »Not- und Übergangslösungen« bezeichnet

(Steinweg 1971a S. 116). Diese Übertreibung[40] hatte, wie ich schon 1972 betont habe, den Zweck, die Revision der Verhandlung gegen den Autor der Lehrstücke zu provozieren (Steinweg 1972a S. 207). Sie wurde mit der Feststellung zurückgenommen,[41] daß (episches) Vorführ-Theater und (episches) Lehrstück nicht nur nebeneinander in unterschiedlichen Kontexten eingesetzt werden können und für einen solchen Einsatz gedacht waren,[42] sondern dabei auch in konkreter Wechselbeziehung zueinander stehen (ebenda S. 210). Der Streit darüber, ob das Lehrstück als »das« Modell eines sozialistischen Theaters der Zukunft gelten kann, oder ob es sich um »ein« Modell unter anderen handelt, sollte, da wir die konkreten Bedürfnisse einer zukünftigen sozialistischen Gesellschaft ebensowenig kennen wie Marx, ad acta gelegt werden. Er ist in der Tat »akademisch«.[43] Worum es gehen sollte, ist vielmehr die Frage, ob und in welcher Form das Lehrstück gegenwärtig und in *absehbarer* Zeit bei der Vorbereitung bzw. der Weiterentwicklung sozialistischer Gesellschaften nützen kann.

4.2. *Aktualität.* Brecht hat die meisten Lehrstücke in einer historischen Situation geschrieben, in der eine Reihe von Umständen ihre Realisierung möglich zu machen schien:

a) Es gab die großen Arbeiter-Theater und -Sänger-Bünde, die über neue Stoffe und Formen politisch in Bewegung zu bringen aussichtsreich schien. Es gab relativ große Gruppen von Radiobastlern und Funkamateuren (in diesem Zusammenhang ist nicht nur der *»Lindberghflug«*, sondern auch der erste Entwurf zur *»Maßnahme«* von Interesse, s. Steinweg, Hrsg., 1972b S. 203). Es gab eine sehr große Anzahl von Agitpropgruppen, die theatrale und musikalische Elemente für politische Zwecke einsetzten; wenn sie auch wegen der anderen Zwecke des Agitprop (s. Steinweg 1972a S. 169) nicht ohne weiteres selbst als Lehrstückgruppen in Frage kamen, so schufen sie doch zumindest ein »Klima«, in dem die politische Arbeit mit einfachsten theatralen und musikalischen Mitteln prinzipiell akzeptiert war. Und es gab (wenigstens einige) Schulen mit Ansätzen einer proletarisch orientierten Pädagogik.

b) Es gab die bürgerliche Bewegung für Gebrauchskunst im

allgemeinen und für Gebrauchsmusik im besonderen, die für Stücke mit der Basisregel »Selber spielen«, in denen die Musik eine so große Bedeutung hat,[44] offen sein mußten. Es bestanden gute Aussichten, mit Lehrstücken in den bürgerlichen Kunstbetrieb (Baden-Baden!) und, über die an dieser Bewegung orientierten Lehrer, auch in die bürgerlichen Staatsschulen eindringen zu können.[45]

c) Es gab eine Reihe ausgebildeter hervorragender Schauspieler, die die Verfremdungstechnik, die Methode des epischen Spiels, beherrschten, sie zeigen und an andere Kollegen weitergeben konnten, die dann vielleicht als Lehrstück-»Lehrer« hätten arbeiten können (vgl. oben Text 56).

d) Schließlich und nicht zuletzt fand ein vergleichsweise scharfer Klassenkampf statt, und Klassenbewußtsein war auf *beiden* Seiten der Klassenlinie verhältnismäßig stark entwickelt. Die Phänomene (a)-(c) waren z. T. ein Ausdruck dieser politischen Gesamtsituation.

Im Hinblick auf diese allgemeine Kultursituation und unter Berücksichtigung der genannten Faktoren ist das Lehrstück als ein Einsatzmittel neben anderen konzipiert worden.[46] Sie sind folglich zusammengenommen die Rahmenbedingung für die didaktische Anwendung des Lehrstückmodells, Voraussetzung seiner Anwendbarkeit. Es ist zu untersuchen, welche Modifikationen des Modells erforderlich sind, wenn einer oder mehrere dieser Faktoren ausfallen oder stark verändert sind.

Haarmann und Walach haben (im vorliegenden Band) mit dieser Untersuchung begonnen. Sie sind zu dem Ergebnis gekommen, daß die Lehrstücke gegenwärtig weder in der BRD noch in der DDR als *Lehrstück* gemäß den Brechtschen Intentionen eingesetzt werden können, sondern daß sie »episiert« werden müssen. Hauptgrund für die BRD: schwach entwickeltes Klassenbewußtsein.[47] Nun ist aber, wie wir gesehen haben, die Schärfe des (bewußt geführten) Klassenkampfs und des Klassenbewußtseins nur *einer* der Faktoren, die bei Entstehung des Lehrstücks gegeben waren. Haarmann und Walach gehen nicht auf die Frage ein, warum Brecht drei von sechs Lehrstücken für *Kinder* in staatlichen Schulen schrieb, von denen allenfalls ein *Gefühl* ihrer Klassenlage, nicht aber

Klassen*bewußtsein* erwartet werden konnte. »Hohes Klassen-bewußtsein« der *Teilnehmer* der Lehrstückübung (s. o. S. 264 und die Diskussion dazu S. 283) kann also nicht Vorausset-zung für einen sinnvollen Einsatz der Lehrstücke gewesen sein – oder allenfalls bei den Lehrern der Kinder, denen Brecht seine Stücke zur Verfügung stellte.

Richtig an der Einschätzung durch Haarmann und Walach ist aber sicher, daß die *Motivation* zum Beginn einer Lehr-stück-Übung und dazu, sie trotz (unvermeidlicher) Schwierig-keiten durchzustehen, in einer Zeit *allgemein* geschärften Klassenbewußtseins stärker sein wird. Die Frage, wodurch z. B. Lehrlinge motiviert werden können, einen Lehrstücktext nach und nach auswendig zu lernen – Bedingung für eine Lehrstück-Übung –, ist immer noch ungeklärt. Das Reden über die Lehrstück*theorie* kann jedenfalls diese Motivation nicht ersetzen. Sie ist von Brecht auch sicher nicht zu diesem Zweck formuliert worden; im Gegenteil: daß er nur so weni-ge, eher andeutende Bemerkungen darüber selbst veröffent-licht hat, spricht – wie auch die Texte 56 und 145 – dafür, daß er andere Motivationen voraussetzte.[48] Das Paradox, ja das Problem meines Vorschlags von 1971/72, Lehrstücke *prak-tisch* auf ihre Verwendbarkeit zu untersuchen, lag und liegt u. a. darin, daß dieser Vorschlag nur Resonanz finden konnte, indem er ausführlich theoretisch begründet wurde, daß zu-gleich aber diese Begründung, da sie eine Theoriedebatte unvermeidlich nach sich ziehen mußte, bisher oft das Spielen, die Übung selbst verhindert hat. Über der Theoriedebatte kam man häufig nicht zur eigentlichen Lehrstück-Übung. In dieser Hinsicht stellen die Versuche, über die im vorliegenden und im geplanten Band berichtet wird, eher eine Ausnahme dar.

Wie steht es mit den anderen, 1930 gegebenen Faktoren in der BRD? Die Kultur- und Bildungsvereinigungen der Arbei-terklasse sind auf winzige Reste zusammengeschmolzen bzw. haben sich von ihrer Zerschlagung durch den Faschismus bisher noch nicht wieder erholt. Gelegentliche Lehrstückauf-führungen durch Gesangsvereine, Spielgruppen und Schulen[49] verfehlen dank einer ausschließlich ästhetisch motivierten und auf die ästhetische Darstellung der Texte/Noten beschränkten Ausführung, die daher in der Regel auch *ästhetisch* meist sehr schwach waren, bisher in der Regel das Ziel der Lehrstücke. –

Die bürgerliche Bewegung für Gebrauchskunst ist längst Geschichte. Hier findet sich allerdings schon eher ein Anknüpfungspunkt in dem von Balzer 1973 so genannten »neuen Spieltrend.«[50] Und schließlich: auch die epischen Schauspieler oder Schauspieler-Regisseure gibt es (fast) nicht oder sie sind für Lehrstück-Gruppen kaum verfügbar. Auch in dieser Hinsicht stellen die Versuche, über die im vorliegenden Band berichtet wird, eher Ausnahmen dar.

Ist es also doch richtig, wenn Höger 1974 von der »falschen Aktualität« meiner Lehrstück-Rekonstruktion spricht?[51] (S. 119) Die Berichte im vorliegenden und im geplanten Band zeigen, daß – bescheidene – Realisationen möglich und sinnvoll sind. Das Hauptergebnis dieser Übungen wird jedoch – neben dem oben beschriebenen unmittelbaren Wert für die einzelnen Teilnehmer – vorläufig in der Bereitstellung von Methoden, Erfahrungen und von Modifikationsmöglichkeiten des Modells selbst liegen für einen Zeitpunkt, zu dem einige der genannten Faktoren in stärkerem Maße auftreten als bisher.[52] Die politischen und ökonomischen Entwicklungen der letzten Jahre lassen erwarten, daß dieser Zeitpunkt kommen wird. Die praktischen Erfahrungen, vor allem die in der *Praxis* zu entwickelnden Modifikationen sollten jedoch von Zeit zu Zeit wieder mit den Brechtschen Vorstellungen konfrontiert werden (ohne daß diese deshalb als sakrosankt[53] behandelt werden müssen!), um der Gefahr eines theorieblinden Praktizismus auch auf diesem Gebiet vorzubeugen. *Nach* der Realisierung (oder wenn sie einmal gut im Gang ist) kann das »Reden über die Theorie« durchaus sinnvoll sein. Außerdem wird im einzelnen bei auftretenden Schwierigkeiten während der Realisation immer wieder praktischer Rat aus den verschiedenen Äußerungen Brechts und seiner Mitarbeiter, die mir zum Teil 1972 noch unbekannt waren,[54] zu holen sein. Diesen beiden Zwecken in erster Linie will die vorliegende Dokumentation dienen.

Anhang

Verzeichnisse und Register zu den »Zeugnissen«

A. Die Zeugnisse nach Autoren geordnet

Die Ziffern geben die Nummern an, die die entsprechenden Texte im vorliegenden Band erhalten haben.

B. Übersicht über die Zeugnisse nach Stücktiteln geordnet und Verzeichnis der nach 1972 bekannt gewordenen Texte

Die Texte, deren Nummern nach einem Semikolon *kursiv* gesetzt sind, waren mir 1972 noch nicht bekannt oder wurden, wenn sie in Klammern stehen, nicht in das Korpus der Lehrstücktheorie aufgenommen und chiffriert, obwohl sie bereits bekannt waren. AJ = Arbeitsjournal, E = Eisler.

Zu den Lehrstücken allgemein:
1 (1929), 29-37 (1930), 99-100 (1931), 114-119 (1932), 124-125 (1934), 131-136 (1935), 142 (1936), 145-146 (1937), 147-150 (1938), 153-154 (1939), 164 (1942), 178-180 (1956), 183 (1958), 193 (1968);
1, 33 (35), (36), 119 E, (131), 135 E, 136 E, (147), 148, 164 AJ, 183

Zu »*Die Ausnahme und die Regel*«:
126-127 (1934), 143-144 (1936), 172 (1951);
(144)

Zum »*Badener Lehrstück*«:
2-7 (1929), 39-42 (1930), 137-138 (1935), 146a (1937), 170 (1949);
4, (5), 40a, 42, 137 E, 138 E, (170)

Zu »*Der böse Baal der Asoziale*«:
43-46 (1930), 151 (1938), 155 (1939);
165 AJ

Zu »*Fatzer*«:
12-26 (1929), 53-64 (1930), 156 (1939), 173 (1951);
(12), (13), (14), (18), (21), (26), (60), (61), 173 AJ

Zum »*Flug der Lindberghs*«:
8-11 (1929), 47-52 (1930), 171 (1950);
(10), 47, 48, 49, 52

Zu »*Garbe*«:
174a (1953)

Zu »*Die Gegenrechnung*«:
37 (1930)

Zu »*Die Horatier und die Kuriatier*«:
128-129a (1934), 139 (1935), 163 (1941), 177 (1941), 184 (1958);
(129a), 163 AJ

Zu »*Der Jasager/Der Neinsager*«:
65-66 (1930), 101-102 (1931), 166 (1974), 175-176 (1954), 185 (1958), 192 (1966);
166 AJ

Zu »*Die Maßnahme*«:
67-74 (1930), 103-110 (1931), 120 (1932), 124a (1933), 140-141 (1935), 141a (1936), 157 (1939), 161 (1940), 167-169 (1947), 181-189 (1958), 190-191 (1961), 194 (1970), 195 (1970);
74 E, 108 E, 124a E, 140 E, 141a E, 157 AJ, 169 AJ, 186 E, (195) Ernst Busch

Zu »*Die neue Sonne*«:
174

Aus dem Kontext: 27-28b (1929), 75-98 (1930), 111-113 (1931), 121-123 (1932), 152 (1938), 158-160 (1939);
(28a), (28b), (75), 77, (78), (79), (80), (81), 82, 83, 84, 85, 86, 87, 88, 89, 90, 91, 92, (93), 94, (95), 96, (98), (111), 112, 121, 122, 123, 152

Im *Suhrkamp Verlag* bisher noch nicht erschienene Texte:
1-26, 28a, 28b, 29, 32, 33, 35-38, 40, 40a, 42, 44, 47-49, 54-63, 65, 66, 74, 77, 78, 80, 82-98, 108, 112, 113, 118, 122, 123, 124a-128, 129a, 134, 135, 137, 138, 140, 141a, 143, 144, 146a, 148, 152, 170, 174-176, 178, 179, 183-195

C. Unsichere Datierungen

Es werden nur die Texte angeführt (mit den im vorliegenden Band gewählten Textnummern), deren Datierungen nicht oder nicht ganz sicher sind. Liegen der Datierung vergleichsweise sichere *Indizien* zugrunde, so steht die Textnummer *ohne Zusatz*; in diesen Fällen kann der Text jeweils auch ein Jahr früher oder später als angegeben entstanden sein. Ein *Pluszeichen* hinter einer Zahl bedeutet: der Text ist dem frühest möglichen Jahrgang zugeordnet worden (Kriterium des terminus post quem). Steht die Zahl *in Klammern,* so beruht die Datierung lediglich auf dem Archivmappen-Kontext oder auf Intuition (niedrigste Sicherheitsstufe).

1, 3-5, 12-21, 23-26, 29-30, (31), 32-33, 35, (36), 37-38, (40-40a), 42-49, 52-62, 74, (77), 78-79, (81), 82-89, (90), 91-93, (94), 95, (96-97), 98, (100), (103), 106, 111-113, (114-116), (121-123), (125-127), 129a, (130), 131-132, 139, 142-144, 145+, 146+, (146a), 147-149, 152, (153), 158+, 159+, 161, (174)

D. Bernhard Frey, Ruth Steinweg
Sachregister zur Lehrstücktheorie

Die normal gesetzten Ziffern geben die *Nummern* der »Zeugnisse« im vorliegenden Band; *kursiv* gesetzte Ziffern verweisen mit *Seitenzahl* auf die Interpretation in Steinweg (= Stw) 1972a (»Das Lehrstück, Brechts Theorie einer politisch-ästhetischen Erziehung«, Stuttgart 1972). Bei den Zeugnissen werden Seitenzahlen nur dann zusätzlich angeführt, wenn ein Text länger als zwei Seiten ist. *Buchstaben* hinter den Nummern der Zeugnisse bedeuten Autorennamen:

A	=	Anonym
E	=	Eisler
EB	=	Ernst Busch
EH	=	Elisabeth Hauptmann
H	=	Hindemith
W	=	Weill

Fehlt diese Autorsigle, so ist der Text von *Brecht* oder mit Brechts Beteiligung entstanden.

Die folgenden Auszeichnungen gelten nur für Verweise auf die »*Zeugnisse*«, nicht für Steinweg 1972a:

Eckige Klammern bedeuten, daß der entsprechende Ausdruck im Text nicht vorkommt, der Begriff jedoch gemeint ist. *Runde Klammern* zeigen an, daß der Begriff im Text in leicht anderer Form vorkommt: als bedeutungsgleiches Synonym (z. B. ›Realität‹ statt ›Wirklichkeit‹), als Teil eines Kompositums (z. B. ›Kapitalismus‹ in ›Hochkapitalismus‹, Text 34) oder als Verb bzw. Adjektiv, wo im Register ein Substantiv steht (z. B. ›Entfremdung‹ statt ›entfremden‹, Text 29). Adjektive und Verben stellen nur ausnahmsweise Eingänge insnRegister dar, nämlich dann, wenn das entsprechende Substantiv nur selten vorkommt (z. B. ›politisch‹, ›pädagogisch‹). In besonderen Fällen (z. B. bei ›Haltung‹ und ›Verhalten‹) werden zusätzlich auch differenzierende Adjektive und andere Beifügungen angeführt. Die Reihenfolge ist dann: Stammwort, Appositionen, Komposita (z. B. Gesellschaft/kapitalistische Gesellschaft/Gesellschaftsordnung). In einigen Fällen sind Singular und Plural eines Ausdrucks getrennt verzeichnet, jedoch nur dann, wenn damit spezifische Informationen gegeben sind.

Aktualität 109 E, (124a E); *Stw 1972a S. 99*
Amateurtheater 158, 160; *Stw 1972a S. 167*
Anleitung für die Spieler 56, (139)
Antizipation *Stw 1972a S. 195, 208, 210*
Aphorismus 148
Apparat (s. auch: Apparate) 47, 51 S. 67, 115, 141a E
    kollektiver 39 (s. auch: Kollektiv); *Stw 1972a S. 119, 122, 125, 184, 186, 202 f.*
Apparate 9, 49, 51 S. 68, 52, 68, 99, 115; *Stw 1972a S. 79, 122, 125, 177-179, 181-184, 196 f., 202, 210*
Arbeit
    pädagogische 110 E
Arbeiter (s. auch: Proletariat) 146, 158, 170 A; *Stw 1972a S. 139*
    -bewegung 141a E, 190 E
    -bildungsinstitute 124a E
    -chor 65 W S. 80, 68, 132, (106), 136 E, 141a E, 195 EB; *Stw 1972a S. 96, 138*
    -gesang 119 E
    -klasse 109 E, 134 E, 141a E; *Stw 1972a S. 156, 198*
    -musik 109 E, 113 E, 118 E
    -musikbewegung 107 E, 109 E, 113 E, 118 E, 119 E, 124a E
    -musiker 137 E
    -musikvereine 124a E
    -orchester 141a E
    -photographen 124a E
    -sänger 73 E, 105 S. 112, 107 E, 124a E, 135 E, 137 E; *Stw 1972a S. 89, 96*
    -sänger, revolutionäre 135 E
    -sängerbewegung 119 E, 124a E, 141a E
    -sängerchor 106
    -sängerschaft, sozialdemokratische 184 E S. 203
    -schauspieler 160; *Stw 1972a S. 168*
    -spieltruppen (s. auch: Agitprop) 124a E
Arbeiterschaft 107 E, 109 E, 113 E, 119 E
Armut (9), [38], [43], (49), (51 S. 67), (77); *Stw 1972a S. 79, 100, 139, 169, 178*
Artisten 146
asozial 28, (53), 95, 100, 145, 155; *Stw 1972a S. 124, 125, 142, 145, 155*
Asoziale, der 95, 171
Assoziation *Stw 1972a S. 191*
Ästhetik (149), bürgerliche 118 E; *Stw 1972a S. 114, 188*
ästhetisch 1, 29, 51 S. 68, 107 E, 109 E, 145; *Stw 1972a S. 123, 158, 188, 190, 192*
Atmosphäre (136 E), 156; *Stw 1972a S. 132 f., 133, 136*

S. 77, 85

Emotion s. Gefühl

Entfremdung (s. auch: Verfremdung) (29); *Stw 1972a S. 159 f.*

Entscheidung *Stw 1972a S. 120, 122, 144*

Erfahrung 116, 119 E, 132, 141a E, 185 E S. 205; *Stw 1972a S. 142, 209*

Erkenntnis 53, 59, (60), 87; *Stw 1972a S. 76, 112 f., 114, 124, 125, 127, 141, 160 f.*
 bestimmte 88
 dialektische (s. auch: Dialektik) *Stw 1972a S. 112 f.*

Erlebnis 2, 75, 106, 116, (117); *Stw 1972a S. 188*

Erzähler *Stw 1972a S. 108*

Erziehung (11), (53), 95, 105 S. 112, 129 S. 145, 159; *Stw 1972a S. 91, 138*
 revolutionäre 108 E

Essen 54
 öffentliches *Stw 1972a S. 140*

Ethik (105 S. 112)

Exercitium (s. auch: Übung) *Stw 1972a S. 123*

Experiment (s. auch: Versuch) 2, 8, 11, 27, (41), 62, (75), (124), 160, 192 EH S. 216; *Stw 1972a S. 107, 174-176, 179, 181, 183-186, 200, 201, 209*
 formales 118 E, 160
 soziologisches 202 f.

Exposition 192 EH S. 214; *Stw 1972a S. 177*

Fabel 128, 167 E, 168 S. 186, 169, (192 EH S. 214); *Stw 1972a S. 84*

Faktor
 aktiver *Stw 1972a S. 122*
 determinierender (s. auch: Determinismus) *Stw 1972a 113 f., 117, 150*
 subjektiver (s. auch: Subjekt) *Stw 1972a S. 113 f., [154], 198*

Faschismus 137 E, (138 E), 141a E, 149, (171)

Fatzer 1, 60, 156, (173), 193 EH
 -dokument 55, 56; *Stw 1972a S. 13 ff., 91, 102, 106 f., 208*
 -kommentar 56; *Stw 1972a S. 13 ff., 91, 105, 210*

Film (65 W S. 81), 132, 145, 164; *Stw 1972a S. 143, 178, 181*
 -apparate 99

Filmlehrstück *Stw 1972a S. 93*

Form 32, 53, 71, 92, 111 S. 123, 116, 145; *Stw 1972a S. 176, 193*
 dialektische (s. auch: Dialektik) *Stw 1972a S. 190-193*
 geschlossene 65 W S. 82

Fortschritt (32), (33), (105 S. 110), 107 E, (109 E), (116), (124), 133, 134 E, 153, (170 A); *Stw 1972a S. 114, 124*
 revolutionärer 111 S. 124

Fragebogen 71, 72; *Stw 1972a S. 89, 179*

Freiheit 51 S. 68, 65 W S. 85, 105 S. 111/S. 112; *Stw 1972a S. 98, 120 f.,*

Anmerkungen

Anmerkungen zu Mittenzwei, Die Spur . . .

1 (zu S. 225): Der vorliegende Aufsatz ist Teil einer Aufsatzreihe über die internationale Brecht-Rezeption, die in der Zeitschrift »Sinn und Form« erscheint.

2 (zu S. 228): *Anm. des Hrsg.:* Zu den mir 1972 noch unbekannten, in vorliegender Ausgabe enthaltenen Texten s. Verzeichnis S. 456.

3 (zu S. 235): Siehe hierzu: Christoph Funke, Anregung oder Was ist heute revolutionär. Dokumentation über die Versuche des Landestheaters Halle mit einem auf neue Art verarbeiteten Bühnenstück gesellschaftlich wirksam zu werden. Berlin 1970.

4 (zu S. 238) *Anm. des Hrsg.:* Die Stelle, auf die Mittenzwei sich zu beziehen scheint, besagt lediglich, Brecht hätte – wenn er »Dansen« und »Was kostet das Eisen?« in die »Stücke« aufgenommen hätte – im Text Nr. 180 auch diese Stücke zu den *»kleinen«* Stücken gerechnet (Steinweg 1972a S. 86). Damit ist über ihre Nähe oder Ferne zum Lehrstück noch gar nichts gesagt. Es gibt aber keinerlei Indizien dafür, daß Brecht die beiden kleinen Stücke als »Lehrstücke« im engeren Sinn verstand.

5 (zu S. 241): Der Begriff Materialästhetik wird von mir gebraucht, um einige kollektive Überlegungen und Bemühungen von Künstlern zu charakterisieren. – Eine ausführliche Darstellung über die Materialästhetik in: Werner Mittenzwei 1975 b.

6 (zu S. 254): Der vorliegende Aufsatz setzt sich mit Auffassung über Rolle und Bedeutung des Lehrstücks innerhalb der Entwicklung Brechts, der Geschichte des sozialistischen Theaters und der revolutionären Bewegung auseinander. Nicht zum Thema dieser Arbeit gehörte, Platz und Wirksamkeit des Lehrstücks in der Schule oder in anderen pädagogischen Einrichtungen einzuschätzen. Die verdienstvollen Experimente auf diesem Gebiet mußten außerhalb der Arbeit bleiben.

Anmerkungen zu Haarmann/Walach, Brechts Theater . . .

1 (zu S. 257) Marx, K.: Das Kapital I, Marx/Engels Werke (im folgenden MEW) Bd. 23, S. 563.

2 (zu S. 258) Negt, O.: Theorie, Empirie und Klassenkampf. Zur Konstitutionsproblematik bei Karl Korsch, in: Jahrbuch Arbeiterbewegung Bd. 1: Karl Korsch, hrsg. v. C. Pozzoli, Ffm. 1973, S. 107-137, hier S. 135.

3 (zu S. 258) Brecht, B.: Arbeitsjournal (im folgenden AJ), 3 Bde., hrsg. v. W. Hecht, Ffm. 1973, Bd. 2, S. 863.

4 (zu S. 261) Vgl. dazu Haarmann, H.: Theater und Geschichte. Zur Theorie des Theaters als gesellschaftlicher Praxis, Gießen (Argumentationen Bd. 15) 1974, besonders den Exkurs 2 »Anfänge des bürgerlichen Theaters«, S. 39 ff.

5 (zu S. 262) Wir verwenden den Begriff ›Lehrstück-Theater‹ trotz möglicher Mißverständnisse. Hauptgewicht dieses Typs von Theater liegt beim Lernen der am Spiel Beteiligten, wobei gerade dieses Lernen und seine Voraussetzungen die ganze Problematik des Lehrstücks ausmachen. Ist episches Theater als aufklärendes Thea-

ter zu bezeichnen, so bedeutet Lehrstück-Theater mehr: Erfahrung von Dialektik durch Selbsterfahrung. In einem zentralen Text zur Lehrstücktheorie, den Steinweg der Brechtforschung zugänglich machte, charakterisiert Brecht das Lehrstück-Theater treffend als »Große Pädagogik« (s. o. S. 51 Text 29). [*Anm. des Hrsg.*: Zur *Unterscheidung* von »Lehrstück« und »Großer Pädagogik« s. Steinweg 1972a S. 205-210.] Wir hätten statt des Begriffs ›Lehrstück-Theater‹ lieber den des ›dialektischen Theaters‹ eingeführt, auch weil Brecht selbst diese Änderung vorschlägt: »es wird jetzt der Versuch gemacht, vom *epischen* Theater zum *dialektischen* Theater zu kommen. Unseres Erachtens und unserer Absicht nach waren die Praxis des epischen Theaters und sein ganzer Begriff keineswegs undialektisch, noch wird dialektisches Theater ohne das epische Element auskommen. Dennoch denken wir an eine ziemlich große Umgestaltung« (T 16,923). Der Begriff ›dialektisches Theater‹ wäre deshalb nützlich, weil schon in diesem Begriff die nach unserer Meinung entscheidende Thematik des Lehrstücks erscheint. Da jedoch die neuerliche Diskussion unter dem Begriff des ›Lehrstücks‹ geführt wird, benutzen wir diesen ebenso. Vgl. dazu auch Haarmann, a.a.O.: Historische Formen der Kritik: episches und dialektisches Theater, S. 106 ff.

6 (zu S. 264) Havemann, R.: Dialektik ohne Dogma? Naturwissenschaft und Weltanschauung, Reinbek b. Hamburg 1964, S. 136.

7 (zu S. 264) Korsch, K.: Thesen über Hegel und die Revolution, in: Der Gegner Nr. 3, 1932, S. 11 f.

8 (zu S. 265) Vgl. dazu Marx, K./Engels, F.: Die deutsche Ideologie, MEW Bd. 3, S. 68 ff.

9 (zu S. 265) Vgl. dazu Marx, K.: Grundrisse der Kritik der Politischen Ökonomie, Berlin (DDR) [2]1974, S. 312.

10 (zu S. 266) Holzkamp, K.: Sinnliche Erkenntnis – Historischer Ursprung und gesellschaftliche Funktion der Wahrnehmung, Ffm. 1973, S. 122.

11 (zu S. 267) Vgl. dazu Hoffmann, L./Hofmann-Oswald, D.: Deutsches Arbeitertheater 1918-1933, München (2 Bde.) 1973, Bd. 1, S. 43 ff.

12 (zu S. 268) Wekwerth, M.: Diskussionsbeitrag zu: Die schöpferische Aneignung von Brechts Arbeitsmethode in den Theatern der DDR, in: W. Hecht (Hrsg.) 1973, S. 49.

13 (zu S. 269) Auch Mittenzwei wirft Brecht ähnliches vor: »Brecht verlor sich infolge der fehlenden Verbindung mit dem konkreten, tagtäglichen Klassenkampf in eine Abstraktion« (1962 S. 59). – Für Lethen steht der Bankrott der Lehrstücktheorie fest, denn das Stück *»Die Maßnahme«* gab »falsche Antworten auf brennende Fragen« (während der öffentlichen Diskussion zum Lehrstücktheater in Berlin am 3. 11. 1974). Mit der *»Mutter«* habe Brecht die Lehrstückphase, die nur möglich war unter dem Einfluß von Sternberg und Korsch, überwunden. Daß Brecht noch nach dem Krieg konkrete Lehrstückpläne hatte, half da wenig. Darüber hinaus erklärte Rothe (ebenda) kurzerhand, daß eine »Brechtlegende in die Welt gesetzt wird, die sich eben richtet gegen die Zusammenarbeit von Brecht mit der kommunistischen Partei und der Arbeiterbewegung.« – Man muß schon Rothesche Anstrengungen unternehmen, um zu diesem Ergebnis der jetzigen Lehrstückdiskussion zu kommen.

14 (zu S. 269) Lethen, H.: Interview mit Wolfgang Schwiedrzik: Wie kann man die Kämpfe der Arbeiterklasse im bürgerlichen Theater darstellen?, in: Sozialistische Zeitschrift für Kunst und Gesellschaft, Heft 15/16/17 (April 1973), S. 137.

15 (zu S. 269) Kommunistische Studentenpresse (des KSV), FU Berlin SS 1972, S. 10.

16 (zu S. 271) So wie die Möglichkeit besteht, je nach Anwendung Lehrstück-Theater in episches umzuwandeln (ein Punkt dabei ist z. B. die Verstärkung der Fabel), so auch umgekehrt: das Stück *»Die Ausnahme und die Regel«* z. B. belegt unsere These. Es ist »nach Aussage von Elisabeth Hauptmann (...) zunächst als größeres Schaustück angelegt und erst allmählich in ein Lehrstück überführt worden« (Steinweg 1972a S. 94). Brecht reflektiert im nachhinein die Schwierigkeit, die bei der Umwandlung erwuchs (Anlaß: *»Der böse Baal der asoziale«*). In einer Eintragung vom 7. 3. 1941 spricht er von seinem damaligen Unvermögen, den Sozialismus im Gegensatz zur *»großen ordnung«* als *»große produktion«* (s. o. S. 179 Text 162) zu erfassen, also gerade die praktische, subjektive Seite der neuen gesellschaftlichen Verhältnisse, das wirkliche *Tun* als Demiurg des Sozialismus, die revolutionäre Tat, welche im Lehrstück zu Dialektik substantiviert wird.

17 (zu S. 272) Vgl. dazu Negt, O. / Kluge, A.: Öffentlichkeit und Erfahrung. Zur Organisationsanalyse von bürgerlicher und proletarischer Öffentlichkeit, Ffm. 1972. Darüber hinaus steht hinter dem Begriff ›Gegenöffentlichkeit‹ eine reale historische Phase des Klassenkampfs. In Zeiten relativ »ruhiger« und »ausgeglichener« kapitalistischer Entwicklung bleibt der revolutionäre Teil des Proletariats in der Minderheit (weshalb die gleichzeitige Organisierung der Arbeiter in Gewerkschaften *und* in der kommunistischen Partei als der Avantgarde vonnöten ist), sind Formen proletarischer Organisierung Formen der Gegenöffentlichkeit. Mit der Krise verändert sich dieses Verhältnis; so folgt in der vorrevolutionären Phase, wie dann vor allem in der Revolution selbst, die Mehrheit den revolutionären Forderungen des Proletariats und seiner Partei.

18 (zu S. 274) Vgl. dazu Weber, H.: Von der SBZ zur DDR 1945-1955, Teil 1, Hannover 1966, S. 28 bzw. 44.

19 (zu S. 274) Die Entwicklung revolutionären Bewußtseins kann immer nur unter den Bedingungen einer tatsächlich vorsichgehenden revolutionären Bewegung geschehen, weil »sowohl zur massenhaften Erzeugung dieses kommunistischen Bewußtseins wie zur Durchsetzung der Sache selbst eine massenhafte Veränderung der Menschen nötig ist, die nur in einer praktischen Bewegung, in einer Revolution vor sich gehen kann« (MEW 3, 70).

20 (zu S. 275) Vgl. den Brief Ulbrichts an Dimitroff vom 9. 5. 1945 (zit. in Weber, a.a.O., S. 9); Sarel, B.: Arbeiterinitiativen in Ostdeutschland 1945-1953, in: Mandel, E. (Hrsg.): Arbeiterkontrolle, Arbeiterräte, Arbeiterselbstverwaltung, Ffm. 1971, S. 364 ff.

21 (zu S. 275) Vgl. dazu Möcklinghoff, C.: Aspekte der Geschichte und Theorie der Bündnispolitik der KPD und DKP, in: Probleme des Klassenkampfs, Berlin (Dezember 1972) Nr. 5, S. 8 ff.

22 (zu S. 277) In: ›Deutsche Volkszeitung‹ vom 18. 8. 1945. – Die Aktivistenbewegung in der SBZ macht sich einige Jahre später im Gegenteil die praktische Durchbrechung der weitverbreiteten Haltung »erst mehr essen, dann mehr arbeiten« zur Aufgabe.

23 (zu S. 277) Brecht bezeichnet 1948 Ideologiezertrümmerung als die wichtigste Aufgabe des Theaters (in: Schumacher 1956 b S. 330).

24 (zu S. 278) Vgl. dazu Badstübner, R.: Restauration in Westdeutschland 1945-1949, Berlin (DDR) 1965, S. 153 ff. über CDU-Ideologie, Adenauer: »Aus dem Materialismus stammt der Kapitalismus, stammt der Sozialismus und stammt der Nationalsozialismus. Deshalb wollen wir heute die Rückkehr zum christlichen Denken« (a.a.O., S. 161). – Walter Karsch räsoniert anläßlich der Aufführung von Molnars »Liliom« im Hebbel-Theater: »Heute, da Reiche Arme und Arme auch

nicht Reiche geworden sind, dreht sich der Motor, der seinen Antrieb aus den sozialen Spannungen bekommen soll, im Leerlauf. (. . .) Ist nicht das Elend in den Ruinen des Kurfürstendamms ebenso zu Hause wie in den Trümmern der Brunnenstraße?« (ders.: Was war – was blieb. Berliner Theater 1945-1946, Berlin 1947, S. 66).

25 (zu S. 284) Das bedeutet nicht, daß sie nicht bereits *Erfahrungen* mit Auswirkungen der Klassengesellschaft gemacht haben, an die angeknüpft werden kann.

26 (zu S. 285) s. o. S. 200, Text 182.

27 (zu S. 286) Im Gespräch mit Paul Abraham, siehe oben S. 198 Text 179.

Anmerkungen zu Milfull, Zur Funktion . . .

1 (zu S. 288) Die Grundpositionen der Verfremdungstheorie sind z. B. schon in den bekannten Anmerkungen zu *Mahagonny* enthalten. Daß Brecht den Terminus »Verfremdung« erst später geprägt hat, heißt nicht, daß die Theorie nicht schon vorher in Entwicklung begriffen war.

2 (zu S. 288) Grimm 1959. Vgl. dazu jetzt Müller 1972 und Knopf 1974, die eine solche Verharmlosung der Verfremdung entschieden ablehnen.

3 (zu S. 290) In einem noch nicht veröffentlichten Aufsatz über den »*Lindberghflug*« wendet sich Steinweg [i. V.] gegen die Argumentation Schumachers (1955, S. 302 und 306), Brecht habe mit der Änderung der Überschrift »Bericht über das Unerreichbare« in »Bericht über das noch nicht Erreichte« im »*Badener Lehrstück*« die »Metaphysik« hinter sich gelassen und »sich erstmals auf den Boden des dialektischen Materialismus« gestellt. Das »Unerreichbare« im *Lindberghflug* ist eben keine »metaphysische Grenze«, sondern (Steinweg) »die Perspektive der potentiellen Unendlichkeit der Entwicklung« (vgl. auch den Schluß des »*Badener Lehrstücks*«). Mit jedem wirklichen Fortschritt wird das bisher als unerreichbar Geltende plötzlich als doch erreichbar erkannt. Fraglich erscheint mir nur Steinwegs Lesung der merkwürdigen Textstelle »Gegen Ende des 3. Jahrtausends unserer Zeitrechnung« als »aus der Perspektive des noch nicht angebrochenen *dritten* Jahrtausends« geschrieben; ist es nicht sehr viel wahrscheinlicher, daß Brecht, gerade in einem so betont atheistischen Stück, das Jahrtausend *vor Christus* mitgerechnet hat?

4 (zu S. 290) Vgl. dazu Müller (1972, S. 60): »Verfremdung im strengen Sinne setzt dagegen Vertrautsein voraus und hat deshalb ihren wirklichen Gegenstand in der Gegenwart. Da aber Verfremdung und Historisierung Wechselbegriffe sind, bedarf es eines Standpunkts, der die Struktur der Gegenwart als einer geschichtlichen Erscheinung sichtbar zu machen imstande ist. Dieser Standpunkt muß ›weiter vorn in der Entwicklung liegen‹ (T5, 155). Das bedeutet, daß die Verfremdung von dem erkannten Sinn der Geschichte, d. h. von der Utopie her vorgenommen wird.« Wie Marx die »neue Wissenschaft« auf die gesellschaftlichen Verhältnisse übertragen hat, so will Brecht den »wissenschaftlichen Blick« (vgl. T 16,681 f.) zur Grundhaltung eines Theaters machen, das »den gesellschaftlich beeinflußbaren Vorgängen den Stempel des Vertrauten wegnehmen soll« (ebenda). Aber so wie Marx die Zustände seiner Zeit nur dann »wissenschaftlich« analysieren kann, wenn er voraussetzt, sie seien »unnatürlich«, und sie an den idealen Zuständen einer klassenlosen Utopie mißt, so setzt auch der »fremde Blick« des Theaters der Verfremdung voraus, daß die Welt nicht nur als veränderbar, sondern auch daß das »Ziel« dieser Veränderung erkannt wird: die »Gesetzmäßigkeiten«, (vgl. S. 682) die

er in der Gesellschaft aufdecken will, sind zuletzt ihre Richtung auf dieses Ziel.

5 (zu S. 291) Verfremdung setzt doch Veränderbarkeit voraus; gerade die »Unmöglichkeit« eines dritten Huhnbeines dient aber in diesem Text dazu, das »eingreifende Denken« selbst in einer Weise zu verfremden, die ihre Weigerung, das »Natürliche« als gegeben anzunehmen, überdeutlich zum Ausdruck bringt.

6 (zu S. 294) Es mag sein, daß (wie mir Steinweg in einem Brief schreibt) »die ›realistischere‹ Motivierung« hier »doch ein wenig auf Kosten der ›sprachlichen‹ Qualität im Vergleich zu den anderen Lehrstücken« geht. Man könnte aber meinen, daß »Die Ausnahme und die Regel« gerade durch diesen Verzicht auf »sprachliche Qualität« im Sinne des »Badener Lehrstücks« oder des »Fatzer«-Fragments als Lehrstück wirksamer geworden ist. In meiner kürzlich erschienenen Studie »From Baal to Keuner: The »Second Optimism« of Bertolt Brecht« (Bern und Frankfurt/M. 1974) habe ich nachzuweisen versucht, daß die frühen Lehrstücke, wenn auch gegen Brechts Absicht, immer noch die Identitätsproblematik des Frühwerks verarbeiten; die »sprachliche Qualität« läßt sich nicht zuletzt auf dieses persönlichere Anliegen zurückführen. Es kommt z. B. vor, daß Stellen aus den »Sonetten« der zwanziger Jahre, die einen sehr starken »konfessionellen« Charakter haben, einfach in die Lehrstücke übernommen werden (so in dem Abschnitt »Die Austreibung« im »Badener Lehrstück«). Mit der Weiterentwicklung des Lehrstücks überwindet Brecht immer mehr dieses »individuelle« Moment; die späteren Lehrstücke werden dadurch vielleicht »literarisch« uninteressanter, gewinnen aber dadurch an politischer Wirksamkeit und »Übertragbarkeit«. Wenn die Ästhetik auch nicht »abzuschaffen« ist, wie Brecht 1926 provokativ vorgeschlagen hat, so steht sie doch einigermaßen hilflos einer solchen Fragestellung gegenüber.

Anmerkungen zu Binnerts, »Die Maßnahme« . . .

1 (zu S. 300) Erst in der allerletzten Phase, der Spielphase, verließ ein Teilnehmer die Projektgruppe aus eindeutig politischen Motiven.

2 (zu S. 300) Die Übersetzung von Jaques F. Vogelaar, mit dem Titel: *»De discipline«*, die uns später auch zur Verfügung stand, lehnten wir ab.

3 (zu S. 302) *Anm. des Hrsg.:* Dieser Satz wurde aufgrund der Diskussion in den Text eingefügt, s. o. S. 356 f. Zur Frage der Aufführung von Lehrstücken und der Einbettung der »internen« Übung in die tatsächliche gesellschaftliche Praxis siehe Steinweg 1972 b (Hrsg.) S. 479 und im vorliegenden Band Seite 443 f.

4 (zu S. 307) Zitiert nach B. Brecht, Die Maßnahme (Fassung V in 1937/38), in: Steinweg 1972 b (Hrsg.) Text A5. Die Zahl vor dem Komma bezeichnet die Szene, die Zahl danach die Zeile innerhalb dieser Szene.

5 (zu S. 311) *Anm. des Hrsg.:* Zur genau entgegengesetzten Einschätzung war 1931 Kurella gekommen, siehe Steinweg 1972 b, Text G 31/15 S. 381; vgl. auch im vorliegenden Band Maier/Praml/Schüler S. 392 und 399.

6 (zu S. 311) *Anm. des Hrsg.:* Zum bürgerlichen und marxistischen Mißverständnis dieser Szene siehe Steinweg 1972 c, Seiten 153-155.

7 (zu S. 312) *Anm. des Hrsg.:* Eine – teilweise – Erklärung findet diese Stelle in der Entstehungsgeschichte: In der ersten Fassung (s. Steinweg 1972b, Hrsg., Text A 1 S. 11 Zeilen 34 ff.) finden sich keine Namen sondern nur sowjetische Ortsbezeichnungen. In der handschriftlichen Partitur (in der Zählung von Steinweg 1972 b: P¹³) setzt Eisler die drei Familiennamen *Pawlow, Kjersk, Sawitsch* hinzu, in einer späteren Korrektur der Vorlage von A 1 fügt Elisabeth Hauptmann die Vornamen

Paul, Alexander und *Peter* ein (d¹³ᵈᵉ), nachdem sie die Variante »*der und der*« statt der Namen wieder gestrichen hatte, siehe Steinweg 1970 S. 104). Offensichtlich erst unter dem Eindruck des Beschlusses, daß Helene Weigel bei der Uraufführung einen der vier Agitatoren spielen sollte, wurden auch in der Dirigierpartitur (P¹⁵) von Karl Rankl handschriftlich die Vornamen nachgetragen, wobei *Alexander* durch *Anna* ersetzt wurde (s. Steinweg 1970 S. 67). Den *Jungen Genossen* spielte Ernst Busch, die drei übrigen Agitatoren wurden von Alexander Granach, Anton Maria Töpitz und Helene Weigel gespielt, wie aus den Eintragungen an den entsprechenden Stellen in der Dirigierpartitur ersichtlich ist (s. Steinweg 1970 S. 32). In der Uraufführung fand also nicht der von Brecht vorgeschriebene Rollentausch statt. Daß nur drei Namen genannt werden, erklärt sich aus der Tatsache, daß *drei* Agitatoren dem Leiter des Parteihauses gegenüberstehn, was logisch in der Tat inkonsequent ist, da es dem Bericht nach fünf sein müßten. Der Rückgang auf die erste Fassung würde dies Darstellungsproblem beseitigen.

8 (zu S. 316) Vergleiche dazu auch die Einmischung des Chores in die Handlung in der 6. Szene.

9 (zu S. 322) *Anm. des Hrsg.:* Zur unterschiedlichen Bewertung dieser Neuerung der 5. Fassung vgl. Mayer/Praml/Schüler unten S. 490, Anm. 7.

10 (zu S. 324) *Anm. des Hrsg.:* Diese Struktur ist erst nach der Uraufführung und dem Erscheinen des Sonderdrucks (Steinweg 1972 b Text A2) hergestellt worden. Das vorangehende Gedicht »*Wer aber ist die Partei?*« (6,153-183) ist offensichtlich erst auf die Kritik von Otto Biha in der »Linkskurve« von Januar 1931 eingefügt worden, während das Chorlied »*Lob der Partei*« schon in der ersten Fassung vorhanden war (A 1) und mit leichten Änderungen in die zweite (A 2) übernommen wurde. Biha hatte geschrieben: »In all dem spiegelt sich eine abstrakte Einstellung dem komplizierten und vielfältigen Kampf und Erfahrungskenntnissen der Partei gegenüber. [Absatz] Die Partei sind wir – ich und du, Genosse. Sie kämpft vor den Augen der Welt und selbst in der strengsten Illegalität noch unter der Kontrolle der revolutionären Massen. Diese Kontrolle ist keine mechanische. Sie besteht in der Verbundenheit mit den Tagesnöten und Kämpfen der Masse in ihrer sicheren und rückhaltlosen Führung dem Endziel entgegen. Die Masse erkennt rasch die Fehler und Mängel ihrer Führer und wehrt sich gegen sie. Die Partei ist kein Geheimnis. Sie ist der fortgeschrittenste und bewußteste Teil der Klasse. Ihre Handlungen sind offen und verständlich, aber um ihre Bewegungsgesetze zu begreifen, muß man neben den klassischen Werken ihrer Theorie das Alltagsleben ihrer Praxis kennen.« (Steinweg 1972b, Hrsg., Text G 31/4 S. 355).

11 (zu S. 325) *Anm. des Hrsg.:* Zu den Widersprüchen, in die Brecht den jungen Genossen sich verwickeln läßt, vgl. Steinweg 1972c S. 151: »Erst begründet der Junge Genosse seinen Plan damit, daß die Arbeitslosen die marxistische Lehre angenommen hätten, dann – als er die übrigen Agitatoren damit von der Möglichkeit eines Aufstandes nicht überzeugen kann – sind die marxistischen Klassiker Dreck für ihn, und er zerreißt die Dämme der Lehre (in Gesten übersetzt: die Schriften, III Fassung 6,104-111). Erst kündigt er alles Einverständnis mit allen (III 6,179 f.), dann ruft er: Wir sind gekommen, euch zu helfen, Wir kommen aus Moskau (III 6,199 f.). Indem er schließlich nurmehr brüllt (III 6,109 und 218) hat er wie der Flieger im ›Badener Lehrstück‹ seine Sprache verloren. Brüllend hat er aufgehört zu denken.«

12 (zu S. 326) *Anm. des Hrsg.:* Es ist denkbar, daß genau dieser Überlegung Margarete Steffin und Brecht zu der Veränderung der 7. Szene veranlaßt hat, deren Resultat Paul Binnerts beschreibt (Fassung V). In den Fassungen I-IV enthält auch diese Szene einen Spielteil, in dem allerdings nur drei Agitatoren auftreten (Der

junge Genosse soll also offensichtlich in dieser Szene von einem Agitator auf dem Boden liegend vorgestellt werden); konsequenter wäre es gewesen, das Gespräch zwischen den *vier* Agitatoren stattfinden zu lassen, da der junge Genosse nicht daran beteiligt ist und also auch nicht dargestellt werden müßte. Die Kürzung und Veränderung der 7. Szene im Jahr 1937 ist möglicherweise auf Vorschlag von Margarete Steffin erfolgt: Die Streichungen und Veränderungen im Typoskript T²⁰, das als (mittelbare) Druckvorlage gedient hat (vgl. Steinweg 1972b, Hrsg., S. 175), stammen jedenfalls alle von ihrer Hand (T²⁰ᶜ⁻ᵈ, vgl. Steinweg 1970 S. 160). In der Eislerschen Partitur von 1930 (Fassung I) ist der Inhalt dieser Szene sogar noch auf *zwei* Szenen aufgeteilt; die erste (»Zeit der äußersten Verfolgung«) enthält die Diskussion der Agitatoren mit dem Kontrollchor, die zweite (»Die Analyse«) das Gespräch der Agitatoren vor der Entscheidung über die Notwendigkeit, den jungen Genossen zu töten.

13 (zu S. 328) *Anm. des Hrsg.:* In allen fünf Fassungen findet sich *ein* sicherlich nicht zufälliger Unterschied zwischen den Worten des Parteihausleiters und deren Zitat durch den jungen Genossen vor seinem Tod: Die Worte der ersteren sind Prosa, der junge Genosse spricht sie in Versen: Im Zitat haben sie einen anderen Stellenwert bekommen.

14 (zu S. 328) *Anm. des Hrsg.:* Auch diese Worte sind aus der Prosaebene des Anfangs in die poetische versetzt.

15 (zu S. 329) *Anm. des Hrsg.:* Dieser in allen Texten kursiv gesetzte Schlußteil (8,101–108), der noch einmal resümiert, was der Bericht der Agitatoren »zeigt« (und das ist – fast– das Stück), ist erst in der dritten Fassung (Text A 3) hinzugefügt worden, vermutlich auch als Antwort auf die Kritik v. a. der kommunistischen Presse an der Fassung der Uraufführung (vgl. Steinweg, Hrsg., 1972b die Texte G 30/19, G 31/4 (Biha), G 31/6 (Florian), G 31/10 (Durus), G 31/11 (Friedländer), G 31/13 (Durus), G 31/15 (Kurella). Vgl. Anm. 5 und 10.

16 (zu S. 330) *Anm. des Hrsg.:* Vgl. den Aufsatz von Milfull in diesem Band S. 287 ff.

17 (zu S. 332) *Anm. des Hrsg.:* Für einen *kontinuierlichen* Rollentausch plädierte Brecht nicht. In den »Anmerkungen zur ›Maßnahme‹« heißt es lediglich: Jeder der vier Spieler soll die Gelegenheit haben, einmal das Verhalten des jungen Genossen zu zeigen, daher soll jeder Spieler eine der vier Hauptszenen des jungen Genossen spielen (s. o. S. 111, Text 105). Und in der »Anmerkung« zu den Lehrstücken von 1956 heißt es: »Der Stückeschreiber hat Aufführungen der »Maßnahme« vor Publikum immer wieder abgelehnt, da nur der Darsteller des Jungen Genossen daraus lernen kann, und auch er nur, wenn er auch einen der Agitatoren dargestellt und im Kontrollchor mitgesungen hat« (s. o. S. 199 f., Text 180). Es heißt also lediglich, daß man, um aus dem Stück lernen zu können, jeden Rollentyp irgendwann einmal gespielt haben muß. Meine Darstellung in Steinweg 1972a S. 154 mag zu diesem Mißverständnis (»kontinuierlicher« Rollentausch), dem auch die Berliner Gruppe um Maier/Praml/Schüler anfangs unterlegen war (s. o. S. 391), beigetragen haben – obwohl ich dort über Sequenz und Häufigkeit des Rollentausches nichts gesagt ist. Es kam mir nur darauf an zu zeigen, daß der Rollentausch keine willkürliche Vorschrift Brechts ist, sondern sich zwingend aus den übrigen Annahmen der Lehrstücktheorie ergibt, und daß er dazu dient, die »ästhetische Individualisierung«, die Entwicklung einer »einmaligen« Figur zu verhindern. Diese Bedingung wird in der Lösung, die die Amsterdamer Gruppe gefunden hat, und die Paul Binnerts weiter unten im Abschnitt e) beschreibt, hinreichend erfüllt, zumal alle Teilnehmer vor der dann erfolgten Festlegung lange Zeit auch die anderen Rollen gespielt hatten,

so daß genug Momente in das Spiel eingingen, die den Aufbau einer »Person« über die Rolle verhindern konnten. Die Vorführung einer Szene durch die Gruppe während des Dörnberger Lehrstück-Seminars im Frühjahr 1974 bestätigte diese Vermutung.

18 (zu S. 346) *Anm. des Hrsg.:* In den »Anmerkungen zur ›Maßnahme‹« heißt es: »Der Text der drei Agitatoren kann aufgeteilt werden.« (s. o. Text 105, S. 111).

19 (zu S. 348) *Anm. des Hrsg.:* Zu dieser Frage, die auch im Beitrag von Werner Mittenzwei (s. o. S. 230 ff.) behandelt wird, s. u. S. 501 Anm. 17.

20 (zu S. 348) Sjaloom war ursprünglich eine religiös karitative (ökumenische) Aktionsgruppe, die sich hauptsächlich der Dritten Welt zuwendete, sich aber durch die Verschärfung der politischen Gegensätze (z. B. in Chile, aber auch auf nationaler Ebene) ihrer eigenen politischen Position bewußt geworden war und sich gerade im Prozeß der Veränderung der eigenen Struktur und Arbeitsweise befand.

21 (zu S. 352) *Anm. des Hrsg.:* Es gab einige Versuche mit Schulen, von denen Hella Brock berichtet (in: Musiktheorie in der Schule, eine Dramaturgie der Schuloper, Leipzig 1960). Ruth Berghaus studierte auf Initiative des Musiklehrers Gerhard Plüschke und zusammen mit ihm 1966 den »Jasager« und den »Neinsager« von Brecht/Weill mit Schülern verschiedener Klassen einer Oberschule ein (vgl. Steinweg 1972a S. 165 und 190). Zwei Jahre später inszenierte sie mit einer anderen Schulklasse »Die Horatier und die Kuriatier« mit einer Musik von Friedrich Goldmann. Der erste Lehrstück-Versuch mit Jugendlichen und Erwachsenen ergab sich m. W. aus der Vorführung des »Badener Lehrstücks vom Einverständnis« 1973/74 auf der Probenbühne des Berliner Ensembles. Bis dahin (und z. T. noch danach) wurden all diese Versuche in der DDR m. W. kaum diskutiert. Nur *Heiner Müller* nahm lebhaften (beratenden) Anteil daran (vgl. unten S. 505 Anm. 40).

22 (zu S. 356) Der Bericht der Gruppe »leren leren« erscheint mit dem von ihr erarbeiteten Lehrstück-Text in: Reiner Steinweg, Hrsg., 1977 (i. V.), vgl. oben Einleitung S. 13.

Anmerkungen zu Andriessen, Komponieren . . .

1 (zu S. 362) Eine Tonbandaufnahme der im folgenden vom Komponisten selbst charakterisierten neuen Musik zur »Maßnahme« kann über die oben S. 16 genannte Adresse oder über den Komponisten (Amsterdam, Keizersgracht 740) ausgeliehen werden. Das gleiche gilt für die Partitur.

2 (zu S. 362) *Anm. des Hrsg.:* Vgl. die Beschreibung der Musik Eislers durch Manfred Grabs, in: Steinweg (Hrsg.) 1972 b S. 213-232.

3 (zu S. 363) Hanns Eisler, in: Sinn und Form, Sonderheft Hanns Eisler, Berlin 1964, Seiten 137-152, Kap. 1.

4 (zu S. 365) Auch Brecht verwendet in den Lehrstücken biblische literarische Techniken.

5 (zu S. 366) »syllabisch«: jeder Klang und Silbe hat eine eigene Tonhöhe, dies im Gegensatz zu »melismatisch«: verschiedene Tonhöhen auf einer Silbe, Melismatik kann musikalisch sehr raffiniert angewendet werden (gregorianisch, Richard Strauss), fördert jedoch nicht die Verständlichkeit des Textes.

6 (zu S. 366) *Anm. des Hrsg.:* Louis Andriessen teilt mir mit, daß »Johnny Hoes in Holland das beste Beispiel für extrem populäre Schlagermusik der banalsten Art« sei; Andriessen schlägt vor, ein deutsches »Äquivalent« einzusetzen. Ich kenne mich nicht so genau aus und überlasse die Äquivalenzsuche dem Leser.

7 (zu S. 369) Auch Eislers Eröffnungschor suggeriert die Tonleiter eher phrygisch.

1 (zu S. 383) Darstellung dieser Arbeit siehe: Maier, Praml, Ring, Schüler, *Theaterarbeit mit Lehrlingen*, in: *Ästhetik & Kommunikation* Heft 13 und: Maier, Praml, *Lehrlingstheater und proletarische Öffentlichkeit*, Reihe Materialien zur Theorie und Praxis demokratischer Jugendarbeit, Frankfurt 1973, zu beziehen: BDJ – Bundessekretariat 6 Frankfurt/M., Hamburger Allee 42.

2 (zu S. 385) Vgl. unsere Darstellung in *Lehrlingstheater und proletarische Öffentlichkeit*, a.a.O. (Anm. 1) S. 29 ff.

3 (zu S. 385) Dafür ein weiteres Beispiel aus der Arbeit an dem oben angeführten Stück: Der streikwillige Arbeiter versucht, seine Frau von der Notwendigkeit des Streiks zu überzeugen, für den er bei den meisten seiner Kumpels im Betrieb bislang vergebens agitiert hatte. Die Arbeit an der Szene ging nicht voran, obwohl die Spieler felsenfest davon überzeugt waren, daß gezeigt werden sollte, daß in dieser Situation nur Streik etwas ausrichten könne, was auch ihrer Meinung entsprach. Die Darstellerin der Frau des Arbeiters war von dieser Lösung so überzeugt, daß sie ihrem Mann in der geplanten Szene keine Einwände entgegenzubringen wußte, die zu *widerlegen* die Aussage der Szene werden sollte.

Die Position der Frau war für die Szene so festgelegt, daß sie – wie die meisten Frauen in der Lage – zwar eigene Erfahrungen in der Arbeit, ihre Arbeit aber in ihrem Bewußtsein nicht den Stellenwert von notwendiger Arbeit als Existenzgrundlage hat, sondern als »Aufbesserung« der Lohntüte des Mannes sich darstellt.

Da sie ihre Arbeit als zusätzliche begreift, die des Mannes als notwendige, kann sie die Notwendigkeit eines Arbeitskampfes zur Verbesserung der Arbeitsbedingungen für sich nicht realisieren. Sie muß deshalb gegen den Streik sein, weil dadurch leichtfertig die notwendige Arbeit des Mannes gefährdet wird.

Diese abstrakte Einsicht stellte für die Spieler eine Blockierung des sonst jederzeit verfügbaren Improvisationspotentials dar. Es wurde schließlich vorgeschlagen, die 4. Szene aus Brechts »Die Mutter« (Pelagea Walassowa erhält ihre erste Lektion in politischer Ökonomie) als Muster einer möglichen Argumentation zu besprechen. Diese Szene war insofern ein »qualifiziertes Muster«, als Brecht demonstriert, wie die alte Wlassowa, deren Lebenserfahrungen sie zu dem Ergebnis gebracht haben, daß der Mensch sich gegen Ungerechtigkeit und Ausbeutung nicht wehren kann, von der Richtigkeit des Gegenteils ihrer Meinung überzeugt wird, obwohl sie durchgängig mit ihren negativen Erlebnissen argumentiert.

Diese Szene oder, genauer, das ihr zugrunde liegende Argumentationsmuster benutzten die Lehrlinge als Strukturierungshilfe für ihre Szene. Vgl. dazu »Lehrlingstheater und proletarische Öffentlichkeit«.

4 (zu S. 386) Vgl. dazu weiter unten Abschnitt 5.

5 (zu S. 386) Unser vages Vorverständnis und die hohen Erwartungen gründeten sich u. a. auf folgende Sätze Steinwegs:

»Das Lehrstück begabt die Übenden mit der Haltung, die zu lehren es sich zum Ziel setzt. Entsprechend dem Grundsatz der Dialektik, daß die Sache die Methode sei (Hegel), stellen Lehrziel und Lehrmethode im Lehrstück eine dialektische Einheit dar«.

»Das Lehrstück ist eine praktische Vorlage zur Einübung von Kritik und Selbstkritik, Fähigkeiten, deren Entwicklung eine der Bedingungen für eine humane Gesellschaftsordnung ist«. (beide Zitate Steinweg 1972a S. 145).

Ähnlich abstrakte Hoffnungen scheinen sich, zumal wenn es sich um Reinterpretation der Ergebnisse Steinwegs handelt, häufiger am »neuen Lernen« im Lehrstück zu artikulieren:

»(Die ideale Kommunikation) wird im Lehrstücktheater z. B. dadurch hergestellt, daß jeder jedes Verhaltensmuster übernimmt, der permanente Wechsel im Koordinatensystem(?) der Dialektik durchgespielt wird. Mit dieser Möglichkeit hat das Lehrstück einen wichtigen Erkenntniswert, indem es allseitiges Verhalten, das in der kapitalistischen Realität undurchsetzbar ist, erfahrbar macht ... Lehrstückpraxis wäre damit Teil einer revolutionären Transformationsstrategie.« (Haarmann, Walach, Baumgarten 1973). [*Anm. des Hrsg.*: Die Autoren haben den zitierten Satz in der Fassung des vorliegenden Bandes aufgrund der Kritik, auch von anderer Seite, gestrichen.]

6 (zu S. 390) Manchen Schwierigkeiten liegt sicherlich ein simples Versäumnis zu Grunde. Bei unserer Arbeit bleibt z. B. die Rolle der Musik völlig unberücksichtigt. Dadurch waren wir gezwungen, uns mit Fragen zu beschäftigen wie der: *steht* der Kontrollchor oder *sitzt* er. Beides wäre eine mögliche *Haltung* gewesen. Gezwungen zu singen, hätte sicher keiner versucht, dies sitzend zu tun.

7 (zu S. 391) Die Stadt ist von englischem Militär umlagert, das auf einen Anlaß zum Eingreifen wartet. Jeder Fehler in der Taktik kann jetzt katastrophale Folgen haben. Es bleibt kaum Zeit für lange Grundsatzdiskussionen zwischen dem jungen Genossen und den Agitatoren, obwohl die Bereitschaft der Agitatoren, eine Grundsatzdebatte auch hier noch zu führen, um Fehler zu vermeiden, erstaunt. In der 3. Fassung der »*Maßnahme*« sind die Anführer der Arbeitslosen noch nicht offen als Provokateure gekennzeichnet. Dies schien uns ein Vorteil zu sein, weil mehr für das Verhalten des Jungen spricht.

8 (zu S. 392) Interessant in diesem Zusammenhang *Haarmann* u. a. 1973: Die Aussagen über Aufführungsversuche (in der DDR) von Lehrstücken nach 1945 bestätigen unsere These, daß in einer geschichtlichen Situation, in der dialektisches Denken sich erst entwickeln muß, Lehrstücke, sollen sie Erkenntniswert haben, episiert werden müssen (1973 S. 196; vgl. auch den Beitrag von Haarmann und Walach im vorliegenden Band). Ferner: Obzwar die kapitalistische Wirklichkeit die Verwirklichung des emphatischen Prinzips des Lehrstück-Theaters blockiert, ermöglicht doch die Episierung bzw. Historisierung die Auseinandersetzung mit Vorstellungen, die über tagespolitische Forderungen hinaus auf die Gesamtstrategie zielen (1973 S. 190).

9 (zu S. 397) »Die alte Form ermöglicht es nicht, die Welt so darzustellen, wie wir sie heute sehen ... Das Schicksal der Rose Bernd, der Weber und so weiter kann nicht mehr als tragisch empfunden werden und also auch nicht als tragisch vorgegeben werden in einer Zeit, welche diese Katastrophen schon auf einen bloßen Mangel der Zivilisation zurückführt, den zu beheben sie schon höchst praktische Vorschläge ausgearbeitet hat.« (T 15,173)

10 (zu S. 398) Obwohl hier nur die Erfahrung mit der »*Maßnahme*« zugrundeliegt, wird im folgenden vom Lehrstück im allgemeinen gesprochen. »Die Maßnahme« hat dabei Modellcharakter als »Vielleicht besonders gelungenes Lehrstück« (Steinweg 1971a S. 103). Die Ausführungen können aber ebenso für die anderen Lehrstücke gelten, die sich meist nur dadurch unterscheiden, daß die einzelnen Momente mehr oder weniger betont sind.

11 (zu S. 398) Die Angst, bei der Darstellung in Schauspielerei zu verfallen oder gar schauspielern zu müssen, darf nicht daran hindern, nach Ausdruck zu suchen. Deshalb gelten für die Darstellung die Anweisungen des epischen Theaters, das Studium des V-Effekts ist unerläßlich (s. o. S. 164, Text 145).

12 (zu S. 403) »Je genauer man nämlich die Typen, die Brecht geschaffen hat,

auseinandernimmt – wir werden das nach Herrn Keuner noch mit zwei andern tun –, desto mehr zeigt sich, wie sie bei aller Kraft und Lebendigkeit politische Modelle, um mit dem Mediziner zu reden, Phantome darstellen. Es ist ihnen allen gemeinsam, vernünftige politische Aktionen zu bewirken, die nicht aus Menschenfreundlichkeit, Nächstenliebe, Idealismus, Edelmut oder ähnlichen, sondern nur aus der jeweiligen Haltung hervorgehen. Diese Haltung kann von Hause aus fragwürdig, unsympathisch, eigennützig sein: wenn nur der Mann, an dem sie auftritt, sich nichts vormacht, wenn er sich nur nahe an die Realität hält, so kommt schon aus ihr selber die Korrektur. Nicht die ethische: der Mann wird nicht besser; aber die soziale: sein Verhalten macht ihn verwendbar, oder, wie es ein andermal bei Brecht heißt:

›Aller Laster sind zu etwas gut
Nur der Mann nicht, sagt er, der sie tut.‹

[. . .] Man würde aber sehr irren, wenn man annähme, diese Figuren interessierten den Verfasser nur als abschreckende Beispiele. Brechts wahrer Anteil am Baal und Fatzer reicht tiefer. Sie sind ihm zwar das Egoistische, Asoziale. Aber es ist ja Brechts beständiges Streben, diesen Asozialen, den Hooligan, als virtuellen Revolutionär zu zeichnen. Dabei spielt nicht nur sein persönliches Einverständnis mit diesem Typus, sondern ein theoretisches Moment mit. Wenn Marx sich sozusagen das Problem gestellt hat, die Revolution aus ihrem schlechtweg anderen, dem Kapitalismus, hervorgehen zu lassen, ganz ohne Ethos dafür in Anspruch zu nehmen, so versetzt Brecht dieses Problem in die menschliche Sphäre: er will den Revolutionär aus dem schlechten, selbstischen Typus ganz ohne Ethos von selber hervorgehen lassen. Wie Wagner den Homunkulus in der Retorte aus einer magischen Mischung, will Brecht den Revolutionär in der Retorte aus Niedrigkeit und Gemeinheit entwickeln.« Walter Benjamin, *Bert Brecht* [Ein Rundfunkvortrag], in: Gerhard Seidel, Hrsg; *Walter Benjamin, Lesezeichen, Schriften zur deutschsprachigen Literatur*, Leipzig Reclam, Seite 264-267.

Anmerkungen zu Bley, Was ist eigentlich . . .

1 (zu S. 412) Dieser »Theateransatz« greift die Spiellust, die Freude an der Theatralik auf. Die Teilnehmer, meist Lehrlinge, werden zu einem einwöchigen Theaterkurs in die Bildungsstätte geladen. Sie nehmen zu diesem Zweck einen Teil ihres Jahresurlaubs in Anspruch oder lassen sich Sonderurlaub geben. Nach gemeinsamem Brainstorming, dem Sammeln von Ideen, wird versucht, eine zusammenhängende Story (die etwas mit den Problemen und Konflikten im Betrieb zu tun hat) zu bilden, die dann in Szene gesetzt wird. Die Aufführung des Stückes vor Freunden, Bekannten und Unbekannten bildet den Abschluß eines derartigen Kurses.
Vgl. Maier, Praml, Ring, Schüler, *Theaterarbeit mit Lehrlingen* in: *Ästhetik und Kommunikation*, Heft 13 und: Maier, Praml, *Lehrlingstheater und proletarische Öffentlichkeit* in: *Materialien zur Theorie und Praxis demokratischer Jugendarbeit*, Frankfurt 1973 (siehe auch oben S. 383).
2 (zu S. 413) Beschreibung unseres Ansatzes: Volker und Christa Bley, *Lehrlingstheater, ein Beitrag zur Lehrlingsarbeit auf dem Lande*, in: *Informationsdienst Arbeiterbildung*, Heft 3, Offenbach 1972.
3 (zu S. 414) Die Aufführung am Heimatort wurde öffentlich plakatiert. Der Besuch der Veranstaltung stand also jedem offen. Doch spielte gezielte Mundpropaganda v. a. in Betrieb und Berufsschule sicher die größere Rolle.
4 (zu S. 414) Steinweg 1971a S. 107; vgl. dazu auch Steinweg 1972a, S. 139.

5 (zu S. 414) Was sich mit dem Mittel des Theaters, der Inszenierung von Begebenheiten, bewerkstelligen ließ, versuchten wir bei Fotokursen mit den entsprechenden, spezifischen Möglichkeiten der *Fotografie:* Gesehenes aufzunehmen, zu konservieren, zu vervielfältigen und zu verkleinern oder zu vergrößern. Damit wurde es möglich, daß das Gesehene am andern Ort, zu einem späteren Zeitpunkt, auch von anderen (nicht nur vom Fotografen selbst) einer nachträglichen Betrachtung unterzogen wurde. Das, was die Teilnehmer für fotografierenswert hielten, warum gerade das und nicht etwas anderes, wurde zum Ausgangspunkt der Diskussion genommen.

Die Mittel des *Films:* Montage, Raffung, Dehnung, die eine neue Gegenüberstellung und Veränderung der Zeitabfolge bewegter Szenen ermöglichen, schienen uns dagegen ungleich schwieriger als Anlaß kritischer Hinterfragung (z. B. wegen der stärkeren Identifikation der Teilnehmer mit ihrem unter technisch und zeitlich größerem Aufwand erstellten Produkt).

Die Arbeit mit *Video* dagegen ermöglichte es, den Theateransatz weiterzuverfolgen, jedoch mit dem Vorteil der besseren Konservier- und Reproduzierbarkeit des Gespielten.

6 (zu S. 414) Erwähnen möchte ich vor allem die einer intensiveren Auseinandersetzung mit den ersten Kapiteln des ›Kapital‹ von Karl Marx entspringende Erkenntnis, daß die Wirklichkeit eben doch nicht so leicht zum Gedanken drängt. »Es steht daher dem Werte nicht auf der Stirn geschrieben, was er ist. Der Wert verwandelt vielmehr jedes Arbeitsprodukt in eine gesellschaftliche Hieroglyphe. Später suchen die Menschen den Sinn der Hieroglyphe zu entziffern . . .« (MEW, Bd. 23, Ausg. Berlin 1971, S. 88) und: »Es ist aber diese fertige Form – die Geldform – der Warenwelt, welche den gesellschaftlichen Charakter der Privatarbeiten und daher die gesellschaftlichen Verhältnisse der Privatarbeiter sachlich *verschleiert,* statt sie zu offenbaren.« (a.a.O., S. 90). Um die Hieroglyphe zu entziffern, muß von allen körperlichen Beschaffenheiten *abstrahiert* (a.a.O., S. 52) werden. Um eine »Analogie zu finden, müssen wir in die Nebelregion der religiösen Welt flüchten«, wo die »Produkte des menschlichen Kopfes« als »mit eigenem Leben begabte, untereinander und mit den Menschen in Verhältnis stehende selbständige Gestalten scheinen« (a.a.O., S. 86). Vgl. auch die auf S. 418 ff. beschriebenen daraus resultierenden Folgerungen für unsere Arbeit.

7 (zu S. 414) Vgl. Oskar Negt, »Soziologische Phantasie und exemplarisches Lernen. Zur Theorie und Praxis der Arbeiterbildung«, Frankfurt 1971.

8 (zu S. 415) *Anm. des Hrsg.:* Es handelt sich um Diskussionen und Spielversuche in der Jugendbildungsstätte Dietzenbach bei Frankfurt und im Wannseeheim Berlin, die im Anschluß an das von Maier/Praml/Schüler beschriebene Berliner Experiment (s. o. S. 383 ff.) im Herbst 1972 und im Frühjahr 1973 stattfanden, jeweils eine Woche. Das Ziel war zunächst weiterhin die Erprobung der Lehrstück-Methode im »Selbstversuch«, um die notwendigen Vorerfahrungen für eine Lehrstückpraxis mit Arbeiterjugendlichen zu gewinnen. Infolge der gegenüber dem Berliner Experiment veränderten Zusammensetzung kam es jedoch nicht zu einer ungebrochenen Fortsetzung des Berliner Versuches von 1972. Die französischen Teilnehmer fehlten bis auf eine (in Dietzenbach auch mehrere Berliner). Christa und Volker Bley (vom Jugendhof Dörnberg), Gesine und Uli Gobert (damals Lehrer an einer Frankfurter Lehrwerkstätte), Wilfried Müller (ein ehemaliger Schriftsetzer und jetziger Student, Hamburg, nur beim ersten Treffen), Ernst Christian Wosgien (damals noch Schüler einer Bremer Oberschule, erst beim zweiten Treffen), Erica Steinweg und ich waren neu hinzugekommen. Statt der eigentlich geplanten Fortsetzung wurde in Auseinan-

dersetzung hauptsächlich zwischen den Vertretern des bis dahin praktizierten
»Dietzenbacher« und des »Dörnberger« Ansatzes von Lehrlingstheater versucht, die
Bedingungen und Voraussetzungen für den Einsatz von Lehrstücken in der politischen Bildungsarbeit zu klären. Der kurze Versuch, »exemplarisch« nur eine Szene
(die vierte) der »Maßnahme« zu spielen, um von daher die benötigten Einsichten zu
gewinnen, scheiterte. Es schien nötig, von vorn anzufangen und das *ganze* Stück zu
untersuchen bzw. beim Versuch der szenischen Realisierung im Kopf zu haben.
Beim zweiten Treffen wurde – vor dem Hintergrund eines Referats von Mathias
Schüler über die historische Entwicklung und die philosophischen Grundlagen einer
emanzipativen Pädagogik, in deren Rahmen das Lehrstück Bedeutung gewinnen
könnte – hauptsächlich über das Vorspiel zur »Maßnahme« diskutiert, über das wir
auch bei unseren Spielversuchen in dieser Woche nicht hinauskamen. Immerhin
ergaben sich bei diesem Versuch, bei dem wir relativ methodisch-experimentell
vorgingen (Veränderung jeweils nur *eines* Faktors in der Spielsituation von einer
Variante zur anderen) erste Einsichten in den engen Zusammenhang zwischen der
szenischen Realisierung bestimmter Tonfälle und Haltungen und den ihnen zugrunde liegenden oder gelegten Vorstellungen und Assoziationen.

9 (zu S. 415) Das ging so weit, daß Studenten, die auf Honorarbasis als ›Teamer‹ in
einem Lehrgang mitarbeiten sollten, sich im Einführungsgespräch den Teilnehmern
mit ihrem alten, nicht mehr ausgeübten Beruf vorstellten. Z. B.: »Mein Name
ist . . ., ich bin (!) Schlosser, zur Zeit (!) an der Sozialarbeiterschule«.

10 (zu S. 416) Karl Marx, Das Kapital, MEW Bd. 23 Berlin 1971, S. 85.

11 (zu S. 416) Das Kapital a.a.O., S. 12.

12 (zu S. 416) Leo Kofler, *Zur Dialektik der Kultur,* Frankfurt 1972, S. 33.

13 (zu S. 417) Walter Benjamin, *Das Kunstwerk im Zeitalter seiner technischen
Reproduzierbarkeit,* Frankfurt 1961.

14 (zu S. 417) Bertolt Brecht, *Radiotheorie,* L 18,127-134; Auszug im vorliegenden Band S. 127 f., Text 115.

15 (zu S. 417) Hans Magnus Enzensberger, Baukasten zu einer Theorie der
Medien, in: Kursbuch 20, S. 159 f.
Mich auf Enzensberger zu beziehen, fällt mir in diesem Zusammenhang schwerer.
Z. B. seine Aussage: »In ihrer heutigen Gestalt dienen Apparate wie das Fernsehen
oder der Film nämlich nicht der Kommunikation, sondern ihrer Verhinderung«
(S. 160) halte ich für zu einfach, ich kann deshalb seinen Folgerungen nicht folgen.
Immerhin hat er mit seinem heute noch diskutierten Aufsatz die Überlegung des
»emanzipatorischen Mediengebrauchs« ins Gespräch gebracht und die Aufmerksamkeit auf Benjamin, Brecht und Münzenberg (Willi Münzenberg: *Propaganda
als Waffe* Frankfurt 1972) gelenkt. Dies zu einer Zeit (1970), als aus der zum
Allgemeingut gewordenen Annahme einer Repression durch Medien nur die Folge-
rung gezogen wurde, diese über Bewußtmachung als pädagogische Aufgabe *abzu-
wehren.*
Zur Auseinandersetzung mit Enzensberger siehe Hans Joachim Pichotta Zu Enzensberger, *Baukasten zu einer Theorie der Medien,* in: Kursbuch 20, in: Ästhetik
und Kommunikation 2/70; ferner Friedrich Rothe, *Marxistische Ästhetik – ein
Steckenpferd der Linksliberalen,* in: Materialistische Wissenschaft 2, Berlin 1973,
S. 37-40.

16 (zu S. 417) Benjamin sah das Recht, gefilmt zu werden, nur in sozialistischen
Staaten einlösbar, weil sich hier die technisch aufwendige Apparatur bereits in den
Händen der Massen befinde. Enzensberger macht auf die Produkte der Hobbyindu-

strie im Kapitalismus aufmerksam und stellt fest, die Apparatur befinde sich bereits (in nicht kommerzieller Form) in den Händen der Massen: Schmalfilmkameras, Kleinbildkameras usw.

17 (zu S. 418) Zur Erläuterung, weshalb ich die Aneignung dieser Fähigkeiten als einen wesentlichen Teil von Emanzipation betrachte:

Der in unserer Gesellschaft lebende Mensch ist im Reproduktionsbereich in erster Linie ein aufnehmender, passiv teilnehmender, ein Rezipient. Im Produktionsbereich ist er ein Ausführender vorgeplanter und vorgeschriebener Produktionsvorgänge, ein Teil der Maschine, die ihm nicht nur die Art und Weise seiner Handgriffe, sondern auch das Arbeitstempo, die Blickrichtung seiner Augen bis hin zum Inhalt seines Denkens vorschreibt (das Umsetzen von Anweisungen, das Steuern der eigenen Tätigkeit nach dem vorgegebenen Rhythmus usw.). Das Herrschaftsverhältnis, dem er untersteht, ist vermittelt durch seine Eingliederung in einen arbeitsteilig organisierten Produktionsprozeß. So produziert er zwar aktiv, ohne jedoch Herr über seine Tätigkeit und sein Produkt zu sein. Seine Kommunikation, das, was er mitzuteilen hat, ist notwendig von seiner Tätigkeit her bestimmt, die Ausdruck seiner gesellschaftlichen Stellung ist. Das, was man öffentliche Kommunikation nennt, findet einerseits über seinen Kopf hinweg statt; denn sofern diese Kommunikation die Organisation des Produktionsprozesses und die Organisation des gesellschaftlichen Lebens zum Inhalt hat, handelt es sich aus der Perspektive seiner untergeordneten Stellung nicht um *seine* Probleme. Richtet sich andererseits die öffentliche Kommunikation an seine Adresse (Massenmedien), so ist diese notwendig einseitig, von der Seite bestimmt, die etwas mitzuteilen, also das Sagen hat. Seine Rückantwort kann sich nur darauf beschränken, das Mitgeteilte anzunehmen oder nicht. (Der Aus-Schalter am Fernsehapparat als höchste Form der bürgerlichen Freiheit.)

Die ›Befähigung zur Kommunikation‹ kann dieses Unterdrückungsverhältnis nicht aufheben. Sie bleibt – zunächst – systemimmanent. Aber der Vorgang der Befähigung zur Teilnahme an öffentlicher Kommunikation (zunächst also durch *bürgerliche* Kommunikationsmittel und Institutionen) schließt notwendig die intensive Diskussion der Frage ein, worüber und mit wem kommuniziert werden soll, und weist so über die bloße Immanenz hinaus: Die Emanzipation der Arbeiterklasse, d. h. die Verwirklichung der materiellen, sozialistischen Demokratie, setzt die Fähigkeit voraus, die Möglichkeit der bürgerlichen Demokratie, ihre Spielregeln und Institutionen, bewußt im Interesse des weiteren Zieles zu benutzen. Nur der ›mündige Bürger‹, der zu solcher Benutzung in der Lage ist, kann auch die Grenzen des Systems exakt denken und seine Veränderung vorbereiten.

18 (zu S. 421) *Anm. des Hrsg.:* Diese Frage stellt in der »*Maßnahme*« der Händler. Aber sie ist zugleich die Titelfrage der ganzen Szene, in der diese Figur eingeführt wird. Die zynische Aussage des Händlers, der in Wirklichkeit eben nicht *fragt*, sondern ausdrückt, daß ihm die Antwort egal ist, wird durch den Szenentitel ins Gegenteil gewendet: *es geht* um diese Frage. Deshalb auch läßt Eisler in seiner Partitur die Frage durch den Jungen Genossen wiederholen (vgl. Steinweg 1972b Text A 1 S. 24). Vgl. auch das »*Badener Lehrstück vom Einverständnis*« (St 2,591 und 593):

Wir vergaßen über den Kämpfen
Unsere Namen und unser Gesicht
Und über dem geschwinderen Aufbruch
Vergaßen wir unseres Aufbruchs Ziel.
[. . .]

Die Armut hat zugenommen in unseren Städten
Und es weiß seit langer Zeit
Niemand mehr, was ein Mensch ist.

19 (zu S. 422) *Anm. des Hrsg.:* In diesen »Zusammenhang« ist die *»Maßnahme«* nach den Moskauer Prozessen gegen Bucharin u. a. wiederholt gestellt worden, vgl. u. a. Ruth Fischer (die trotzkistische, aus der KP ausgeschlossene Schwester von Hanns und Gerhart Eisler), in: Steinweg (Hrsg.) 1972b Text G 48/1; ferner Herbert Lüthy, ebenda Text G 52/1 und Adorno 1962. Auch von seiten »orthodoxer« Marxisten wurde der Vorwurf teilweise akzeptiert: »Dabei sollte schon wenige Jahre später diese Kapitulation der persönlichen Sittlichkeit vor den anonymen ›Forderungen des Zeitalters‹, dieses gebieterische, gehorsam auf Treu und Glauben akzeptierte ›es muß sein!‹ zu einer Philosophie ganz eigener Art werden, die auf das engste mit gewissen düsteren Erscheinungen sowohl in der Praxis der internationalen Arbeiterbewegung als auch im Leben des Sowjetstaates zusammenhing. Durch diese Philosophie wurde gerechtfertigt, was nicht zu rechtfertigen war.

Und als es in Brecht nahestehenden Kreisen zu derartigen Vorkommnissen kam und andererseits die Faschisten einige Grundgedanken der kollektivistischen Philosophie plagiierten und demagogisch die Losung »Gemeinnutz geht vor Eigennutz« auf ihre Fahnen schrieben, da trug all das (ungefähr seit der Mitte der dreißiger Jahre) wesentlich zur Überwindung der asketischen und antihumanistischen Tendenzen der *Lehrstücke* bei. Brecht hat die *Maßnahme* gewissermaßen zurückgenommen und später seine Zustimmung für eine Aufführung dieses Stücks versagt, wobei er in einem Brief an den schwedischen Regisseur Patera [s. o. S. 197, Text 178] erklärte, Aufführungen der *Maßnahme* riefen beim Publikum ›erfahrungsgemäß nichts als moralische Affekte für gewöhnlich minderer Art‹ hervor.« (Fradkin 1974 bzw. 1965 S. 128 f.)

20 (zu S. 423) Ein Zitat aus einer Besprechung der *»Elektra«*-Tragödie von Richard Strauß aus dem Jahre 1910, zitiert nach einer Besprechung der Aufführung in Mannheim 1959, Mannheimer Morgen.

Der Elektra geht es ebenfalls um den Tod und das Töten eines Menschen. Nur nimmt Elektra die Haltung einer blind wütenden Furie ein, die nur noch auf Rache sinnt, an deren ekstatischem Tanz das Auge des Zuschauers sich weidet. Das Publikum verläßt die Oper zwar innerlich aufgewühlt, aber um keinen Deut weiser. Ein eklatantes Gegenbeispiel zu dem, was Brecht vom Autor oder Komponisten fordert.

21 (zu S. 424) *Anm. des Hrsg.:* Kontrafaktur (Lesart von 1965/1974): »Mit ihrem bewußten Verzicht auf Lebensfülle, ihrer negativen Einstellung zu den freien und mannigfaltigen Äußerungen der menschlichen Persönlichkeit, ihrem von der Grundidee her rigorosen Asketismus waren die *Lehrstücke* ein sehr anschauliches Beispiel für die Übereinstimmung von Form und Inhalt. Von der Form her waren sie vor allem durch Züge rationalistischer Dürre und schematischer Konstruiertheit gekennzeichnet. Die Tendenz zur Vereinfachung des aus dem Leben bezogenen Inhalts kam in ihnen in einer vereinfachten Fabel zum Ausdruck, und diese, wie W. Mittenzwei [1962 S. 120] sich ausdrückt, ›eingleisig geführte Fabel‹ konnte wiederum nur ›selten ein wirkliches Abbild des Reichtums an menschlichen Beziehungen geben‹. Die Namenlosigkeit der Figuren, eine Sprache, in der die Emotionen herausgefiltert und nur die reine Logik belassen wurde, die kahle Bühne, die nicht mehr war als ein Diskussionsforum – all diese dramaturgischen und szenischen Elemente flossen zu einer festumrissenen Einheit zusammen. [. . .]

Konflikte, wie sie in der *Maßnahme* gestaltet sind, gab es sowohl in der revolutio-

nären Wirklichkeit als auch in der Literatur, und das Leben löste sie manchmal mit
unvermeidlicher Härte. Dort aber, wo uns reale Charaktere in konkreten Situationen entgegentreten und die Tragödie der Unausweichlichkeit in der ganzen Fülle
ihrer Motiviertheit eben diesen Situationen entspringt, wie zum Beispiel in W. Kins
Roman ›Po tu storonu‹ [Im Rücken der Weißen], hat der Untergang des Helden
nicht den Charakter einer terroristischen Selbstaufopferungspredigt, liegt in ihm
keine so seelenlose, kategorische und universelle Belehrung. Anders bei Brecht.
Gerade die extreme Abstraktheit des Genres der *Lehrstücke*, der extreme Schematis-
mus bei der Zeichnung der Stückfiguren, das Fehlen realer Lebensumstände in ihrer
widersprüchlichen Vielschichtigkeit, die logische Vereinfachung schon bei der moralischen Problemstellung – all das verleiht den Lehren des Stückes ein so erbar-
mungsloses, jeden Widerspruch ausschließendes antihumanistisches Pathos.« (Ilja
Fradkin 1974 (bzw. 1965) S. 129-131).

Anmerkungen zu Steinweg, Begriff und Erfahrung ...

1 (Zu S. 428) Heute würde ich, anders als 1972, den Begriff des »Systems« in
diesem Zusammenhang nicht mehr verwenden, weil er durch unterschiedliche
Bedeutungen in verschiedenen wissenschaftlichen Disziplinen und innerhalb dieser
Disziplinen zu stark belastet ist. Was *gemeint* war: – ein seit den 30er Jahren »in den
Grundzügen konstant« gebliebener Satz von »Theoriemomenten und ihren Relatio-
nen« (Steinweg 1972a S. 71 f.) – wird anscheinend auch von Berenberg-G. u. a. nicht
bestritten; denn die Konstanz in »Grundzügen« schließt ja die »Diskontinuität des
Stellenwerts von Einzelmomenten der Theorie« (Berenberg-G. u. a. S. 157 Anm. 17)
nicht aus, s. auch unten 2.2. – Im übrigen habe ich 1972 den Leser nicht aufgefordert,
»die Folge heterogener *Texte [Brechts]* als ›simultanes Ganzes zu realisieren‹«, wie
Berenberg-G. u. a. (S. 123) verstanden haben, sondern *meine* notwendig räumlich
und damit zeitlich aufeinanderfolgenden »einander ergänzenden *Bestimmungen* der
gleichen Begriffe oder Theorie-Momente« (Steinweg 1972a S. 74). Das scheint mir
eine vielleicht unnötige, da für wissenschaftliche Darstellungen allgemein geltende,
aber jedenfalls legitime Aufforderung zu sein. Sie bezieht sich ausschließlich auf die
Schwierigkeiten bei der *Darstellung* eines dialektisch angelegten Begriffsgefüges.
2 (Zu S. 428) Das scheint mir auch für Mittenzweis Bemerkungen zu Brechts bzw.
meiner Verwendung der Begriffe »Schaustück«, »Schauspiel«, »historische Biographie« und »Lehrstück« zu gelten (s. o. S. 229). Daß man von einem Dichter nicht
von vornherein präzise Begriffe *erwarten* kann, sollte einen doch nicht daran
hindern, ihre Präzision dort zur Kenntnis zu nehmen, wenn sie gegeben ist: Die
Ausdrücke *Schau*spiel und *Schau*stück haben natürlich den gleichen Begriffsin-
halt; den Begriff Schau*stück* verwendet Brecht m. W. ausschließlich, wenn er
Schauspiele von Lehr*stücken* (als Stücke zum »Selber Spielen«) abgrenzen will. Im
Gegensatz zum Lehrstück (vgl. Steinweg 1972a S. 152 ff.) kann ein Schaustück unter
anderem auch die Form einer *historischen Biographie* (in Brechts Verständnis
dieses Wortes) haben. Das schließt wiederum nicht aus, daß bei einem Schauspiel
vom Typ der Biographie (auch) einzelne *Stil*-Elemente verwendet werden, die mit
dem *Lehrstück* entwickelt wurden (vgl. Steinweg 1972a S. 83, 155, 16 zur *»Mutter«*).
Erst das *Ensemble* der verschiedenen beschriebenen Elemente, Zwecke, Mittel und
Formen ergibt ein Lehrstück. (Vgl. z. B. zur *»Mutter«* Text 123 mit Text 145 Absatz
4 über die »Gestaltung von Personen«.)

3 (zu S. 428) Solche Differenzierungen könnten sich durchaus entlang der von Höger 1974 (S. 117 f.) skizzierten Linie bewegen: »Die Chronologie der theoretischen Äußerungen Brechts, die eindeutig zeigt, daß hier ein historischer Schwerpunkt zwischen 1928 und 1934 anzusetzen ist, der Reflektionscharakter der späteren Äußerungen und besonders die als ›Rückschau‹ einen besonders ›interpretativen‹ Wert besitzenden Äußerungen von 1956 werden in ihrem historischen Stellenwert und in ihrer unterschiedlichen Gewichtung für die Beurteilung der Lehrstückkonzeption [von Steinweg 1972a] nicht erfaßt.«

4 (zu S. 429) Högers Vorschlag, zu *Hultbergs* Verfahren zurückzukehren und in chronologischer Folge Text für Text nacheinander referierend zu interpretieren (Höger 1974 S. 114), scheint mir keinen Vorteil zu bieten. Erstens ist dieses Verfahren wegen des von außen begrenzten Umfangs solcher Untersuchungen dann nicht anwendbar, wenn man wirklich einen vollständigen Korpus von Texten untersuchen will und nicht nur wenige, subjektiv für besonders »typisch« gehaltene Texte. Zweitens ist damit das hermeneutische Problem keineswegs gelöst, das in der Vorführung der »Hauptthese der Arbeit in ihrer Gültigkeit« liegt (ebenda). Woher bezieht der Autor (z. B. Hultberg) seine für *alle* diskutierten Texte geltende »Hauptthese«? Sofern die Hauptthese gerade darin besteht, daß die aus verschiedenen Zeiten stammenden Äußerungen in wesentlichen Punkten identischen Inhalts oder theoretisch vereinbar sind, scheint mir die Methode der vergleichenden Untersuchung spezieller Aspekte noch immer angemessen. Dabei muß allerdings gewährleistet sein, daß Zuordnung und Entstehungszeit jeder einzelnen in die Untersuchung einbezogene Äußerung kenntlich bleiben, damit der Leser die Möglichkeit behält, »fruchtbaren Widersprüchen, Lücken, verlassenen Positionen« (Berenberg-G. u. a. S. 123) nachzugehen, falls sie durch die Interpretation zugedeckt werden. Diesem Zweck dienen die komplizierten Text-Chiffren in Steinweg 1972a. Der Leser wurde damals zu solcher Prüfung ausdrücklich ermuntert (1972a S. 73).

5 (zu S. 429) Dabei handelt es sich nicht um bloße Worterklärungen, sondern auch um die Herstellung von möglichen, *denkbaren* Beziehungen *zwischen* den im Text bzw. Textkorpus vorfindlichen Begriffen. Diese Beziehungen müssen im Text selbst weder explizit noch implizit gegeben sein. In die Knüpfung eines solchen Begriffsnetzes gehen notwendig legitimerweise die historisch spezifischen Anschauungen, Interpretationsprämissen, Erfahrungen und Wünsche des Interpreten in besonderem Maße ein, man kann auch mit Berenberg-G. u. a. sagen: sie beruht teilweise auf »Intuition« (S. 163 Anm. 67). Nur sollte man das nicht in diffamierender Absicht tun: Der Interpret soll ja nicht für die Ewigkeit, sondern für seine Zeitgenossen arbeiten. Es ist seine *Aufgabe*, den z. T. voneinander isolierten, z. T. widersprüchlich scheinenden Begriffen des Textautors eine *Erklärungsbasis* zu geben (wenn eine solche sich als möglich erweist), so wie ich es z. B. hinsichtlich der Begriffe »Geste«, »Haltung«, »Imitation« und »Kritik« von Gesten und Haltungen mit dem Begriff der sozialen Erfahrung versucht habe (1972a S. 141 f.).

6 (zu S. 429) Berenberg-G. u. a. berufen sich (S. 157 Anm. 18) auf Wolfgang *Stegmüllers* »Probleme und Resultate der Wissenschaftstheorie und Analytischen Philosophie« (1969). Zur vergleichsweise geringen Relevanz Stegmüllers für eine kritische, auf Praxis orientierte *Sozial*wissenschaft vgl. u. a. Jürgen Ritsert, der Stegmüller (vor seiner Kuhnschen Wende) als »undogmatischen Positivisten« einstuft, in: J. Ritsert, Erkenntnistheorie, Soziologie und Empirie, Frankfurt 1971 [Linksdruck] S. 67 und passim. – Der Begriff der »wissenschaftlichen« Theorie scheint bei Berenberg-G. u. a. selbst nicht ganz klar zu sein, oder meinen sie wirklich, daß ›didaktische‹ Theorien per se nicht »wissenschaftlich« sind? (S. 157

Anm. 14).

7 (zu S. 430) Vgl. u. a. Ritsert a.a.O. (Anm. 6) S. 73 f. und die neuere Diskussion zur Aktionsforschung, z. B. Ellen K. Reinke, Aktionsforschung als politische Bewegung, in: Leviathan I 1 1975 S. 15-48.

8 (zu S. 430) 1969/72 fehlten dem Germanisten Steinweg dafür – ebenso wie für eine Diskussion der Lehrstücktheorie Brechts unter Gesichtspunkten der wissenschaftlichen Pädagogik – die notwendigen Kenntnisse. Ich hätte also auch vorsichtiger sein müssen mit Aussagen wie der, daß das Lehrstück eine »ernstzunehmende Alternative« für die Pädagogik darstelle, wie Berenberg-G. u. a. zu Recht anmerken. Auf die Ergebnisse einer solchen, längst überfälligen sozialwissenschaftlich-pädagogischen Diskussion Brechtscher Vorstellungen darf man gespannt sein. *Gerd Koch*, wissenschaftlicher Assistent am Erziehungswissenschaftlichen Fachbereich der Universität Hamburg, arbeitet z. Z. an einer Dissertation über Brecht als Didaktiker. Siehe auch Kramer 1974, Steinweg 1974 und die oben S. 13 angekündigten Beiträge in: Steinweg, Hrsg., 1976 (i. V.).

9 (zu S. 431) Das gilt auch für die Annahme von Mittenzwei, meine Methode sei »aus der Arbeitsweise der Edition abgeleitet« (s. o. S. 228). Mit Editionsfragen habe ich mich erst relativ spät auseinandergesetzt, als mir klar wurde, daß Genauigkeit und Zuverlässigkeit der Interpretation bei Brecht durch die Kenntnis der von ihm sorgfältig durch alle Exilstationen hindurch geretteten Zeugnisse der Textentwicklung wesentlich verbessert werden können: Aus der *Veränderung* der Texte und Konzeptionen ergeben sich wichtige Einsichten in die Absichten, die Brecht mit diesen Texten verfolgte, vgl. Seidel 1976 (i. V.).

10 (zu S. 431) Dieses instrumentelle Verständnis der Lehrstücktheorie dokumentiert sich in der ursprünglichen Anlage meiner Arbeit (vgl. Steinweg 1965 und 1969) ebenso wie im Anhang zur Arbeit von 1972a und in den Arbeiten 1971b, c, 1972b, c und 1973, die im Ansatz alle Bestandteile der gleichen Untersuchung waren. Arbeitszeitmäßig lag der Schwerpunkt nicht auf der Rekonstruktion der Lehrstück-*theorie*, sondern auf der Vorbereitung der Interpretation der Lehrstück*texte*. Daß die ursprüngliche Absicht, eine durchgehende Reinterpretation der Lehrstücke zu liefern, bisher nur bruchstückhaft realisiert werden konnte, hat lebensgeschichtliche Gründe, die mit dem verfolgten Erkenntnisinteresse nichts zu tun haben.

11 (zu S. 431) Insofern ist Högers Vermutung, mit meinem Aufsatz von 1973 habe ich ein methodologisch solideres Fundament gewonnen als in der Arbeit von 1972, etwas verdreht: der Aufsatz von 1973 *beruht* auf der Bestimmung der Lehrstücktheorie, wie sich an vielen Textstellen leicht zeigen ließe. Von daher verstehe ich auch nicht, inwiefern mein Interesse an einer »abstrakten (?) Typendifferenzierung von Brechts Stücken« deren Rezeptionsmöglichkeiten »versperrt« (Berenberg-G. u. a. S. 170 Anm. 162). Die Entwicklung der Lehrstückrezeption nach 1972, auch in der DDR, weist das Gegenteil aus. – Daß sich eine »Begriffsbestimmung des Lehrstücks . . . mit Brechts Intentionen nicht legitimieren« lasse (ebenda), ist zurückzuweisen. Die von Berenberg-G. u. a. angeführte Begründung, Brecht habe für die *Oper* erwartet, daß seine Arbeit »nicht mehr zur Erneuerung dieser Gattung, sondern zu ihrer Zerstörung führen« werde (T 17,1016), ist kein Beleg dafür, daß er *alle* literarischen Gattungen und Typen nivellieren wollte: er hat selten auf – wenn auch z. T. selbst geprägte – Gattungsbestimmungen verzichtet und später eine Beschäftigung mit Gattungsfragen ausdrücklich gefordert (vgl. die Belege bei Steinweg 1972a S. 81). Siehe dazu auch Hanns Eisler, Über die Dummheit in der Musik, Gespräch auf einer Probe, in: Hanns Eisler, Materialien zu einer Dialektik der Musik, hrsg. von Manfred Grabs, Leipzig (Reclam jun.) 1973 S. 275.

12 (zu S. 431) Schon 1969 war mir klar, daß hier eine wesentliche Schwäche meiner Arbeit lag (vgl. Steinweg 1972a S. XI). Sie ergab sich aus der Einsicht, daß es mir bei gegebener Kapazitätsbeschränkung nicht möglich gewesen wäre, mehr als Paraphrasen (im engeren Sinne) von damals gangigen Darstellungen der historischen und literarhistorischen bzw. Theater-Situation zu geben. Heute ist die Forschungssituation in bezug auf die Untersuchung der 20er Jahre unter marxistischen Gesichtspunkten eine bessere. Damals schienen mir eigene historische Untersuchungen zum Entstehungszusammenhang des Lehrstücks notwendig, die aber zusätzlich nicht zu leisten gewesen wären. Die bloße Wiederholung des vielerorts, auch in der Brechtliteratur (z. B. bei Pfitzner 1959), Nachlesbaren schien mir überflüssig. Eine bewußt beschränkte, um das historische Moment in der Tat weitgehend, wenn auch nicht ganz (vgl. u. a. Steinweg 1972a S. 58) verkürzte systematische Untersuchung der Brechtschen Lehrstück-Bestimmungen schien mir in der gegebenen Forschungssituation konkretere, stärker stimulierende Ergebnisse zu versprechen als eine weiter ausgreifende und dann notwendig weniger genaue Untersuchung. Eines meiner Ergebnisse (ich glaube, es kann auch heute noch gelten) war ja gerade, daß die voreilige Herstellung von »Zusammenhängen« eine der Ursachen für die Fehlinterpretation der einzelnen Stücktexte und dann auch mancher sog. Zusammenhänge war. Daß im *zweiten* und *dritten* Schritt die Kenntnis des untersuchten Gegenstandes, seine Bestimmung und Beschreibung präziser ausfallen und hier und da modifiziert werden wird durch die Untersuchung historischer Entstehungs- und Rezeptions-Zusammenhänge, versteht sich von selbst.

13 (zu S. 432) Der Verweis darauf, daß Brecht wußte, daß ein großer Teil seiner Vorschläge »an unsere [seine] Zeit gebunden« war (Berenberg-G. u. a. S. 124), hilft da nicht weiter. *Spezifische* »Gründe . . . für die *Voraussetzungen*« (wenn es so etwas geben kann) und »für den Abbruch der Experimente mit dem *Lehrstück*« (ebenda) hat Brecht übrigens *nicht* angegeben. Die Angabe von Berenberg-G. u. a. ist in dieser Hinsicht ungenau; die von ihnen (ebenda) angeführten Textstellen gelten den Experimenten mit dem epischen Theater oder sogar mit dem politischen Theater Piscators im *allgemeinen* (T 15,272 und 290). – Ein Ansatz für eine historische Interpretation wenigstens eines (zentralen) Textes der Lehrstücktheorie bietet Höger 1974 zu Text 29:

»Ausgehend von der Notiz NN~30/2[hx] diskutiert Steinweg zwei mögliche Untergliederungen der Kleinen Pädagogik, ohne daß es ihm anscheinend in den Sinn kommt, Brecht könne sich hier sehr dezidiert zur theaterpolitischen Situation der damaligen Zeit (1930) äußern und sein eigenes Programm konkret in bezug auf diese festlegen. Steinweg stellt zutreffend fest, daß die Große Pädagogik von der Kleinen Pädagogik durch die unumschränkte Anwendung der Basisregel im dramatischen Spielen geschieden ist, d. h. daß hier eine völlige Demokratisierung des Theaters stattgefunden hat. Die folgenden Bemerkungen zur Kleinen Pädagogik sind jedoch nicht abstrakt-theoretischer Art, wie Steinwegs eigene Zerlegung, sondern beziehen sich konkret auf die Möglichkeiten, die progressives Theater 1930 hat. Hierbei wird zuerst das proletarische Theater genannt, weil die durch Laien dargestellte theatralische Aktion insofern demokratischer ist, als andere Zuschauer als Laien die Schauspieler ersetzen könnten. Das bedeutet auch, daß die Position des Zuschauers vom Spiel und vom Text her nicht in demselben Maße gefühlsmäßiger Manipulation ausgesetzt ist, wie im Berufstheater, da die Laien gar nicht über die Imitationstechnik der Berufsschauspieler verfügen. Für dieses gibt es jedoch auch eine Möglichkeit, demokratisch zu werden, und hier denkt Brecht vermutlich an das politische Theater Piscators, der die besonderen Fähigkeiten der Berufsschauspieler im Sinne einer Demokratisierung einsetzt, wenn er plakativ das politische Interesse des Publikums anspricht. Gegenüber diesen beiden Möglichkeiten skizziert Brecht die eigene Position, wenn er den V-Effekt und die damit verbundene Darstellungstechnik zu den Demokratisierungsmöglichkeiten des bürgerlichen Theaters von 1930 in Beziehung setzt, wobei diese ein Umfunktionieren des Berufstheaters im Hinblick auf Rationalität bedeutet, während, auf das Laienspiel bezogen, Brechts Theaterstil dem Laientheater angemessenere Spiel-Vorlagen garantiert.« (Höger 1974 S. 119 f.)

Aus dieser, wie mir scheint, relativ plausiblen Interpretation (die jedoch das Vorhandensein von entsprechenden »Operationsplänen« für die nähere Zukunft nicht ausschließt) folgert Höger, daß der in Text 29 leicht rätselhafte Begriff der »Übergangszeit der ersten Revolution« sich doch auf die Zeit der Weimarer Republik bezieht. Das scheint mir nach wie vor wenig wahrscheinlich. Hier wäre wirklich historische Forschung nötig: gab es eine ähnliche Einschätzung der Weimarer Zeit und ähnlichen Sprachgebrauch bei marxistischen Zeitgenossen? Noch weniger vermag ich Berenberg-G. u. a. zu folgen, die den Ausdruck »erste Revolution« ausschließlich auf das Theater bezogen wissen wollen (S. 152): Es ist eindeutig, daß der erste Satz von Text 29 sich auf ein *klassenloses* Gemeinwesen bezieht – ein *geschichtliches* Stadium und hoffentlich kein Theaterdonner. Die Ästhetisierung der Brechtschen Theatertheorie, d. h. die Loslösung von den geschichtlich-politischen Zusammenhängen durch Berenberg-G. u. a. wird an dieser Stelle besonders deutlich: Revolution bitte nur im Theater und für das Theater – daß Brechts »Revolutionierung« des Theaters, der »Funktionswechsel« (vgl. Anm. 14) im Zusammenhang mit erhofften *gesellschaftlichen* Umwälzungen und zu ihrer Unterstützung geplant wurde, vergessen die Autoren im konkreten Fall (nachdem sie im *allgemeinen* selbst daran erinnert haben, S. 123).

14 (zu S. 433) Die von Berenberg-G. u. a. (S. 130 und passim) so betont herausgestellte Tatsache, daß die Lehrstückkonzeption im Zusammenhang der allgemeinen Überlegungen Brechts zum *Funktionswechsel* des Theaters überhaupt steht und aus diesen allgemeinen Überlegungen heraus entwickelt ist, schien mir common sense zu sein. 1965 war ich im Abschnitt »Der Weg zum Lehrstück« noch auf die entsprechenden Textstellen, insbesondere aus dem Fragment »Die dialektische Dramatik« ausführlich eingegangen:

»In ›Die Dialektische Dramatik‹ zählt Brecht eine Reihe von Merkmalen dieser neuen Qualität auf. Das Lehrstück wird nicht genannt. Gerade deswegen aber ist die Bedeutung, die dieser Typus für Brecht hat, hier am klarsten zu erkennen. Alle jene Merkmale, die er anführt, sind Kennzeichen des Lehrstücks oder entsprechen nahezu wörtlich seinen Äußerungen darüber: Das ›Käuferkollektiv‹, das durch das Theater als ›Geschäftsunternehmen‹ gebildet wird, verliert seine ›Zufälligkeit‹. Im Lehrstück wird ein ›kollektiver Apparat‹ organisiert. Der Zuschauer ist ›nicht mehr im Mittelpunkt‹, nicht mehr ›Privatperson‹, die sich ›etwas vorspielen‹ läßt, sondern hat eine feste, öffentliche Funktion – sei es als Schüler oder Mitglied eines Arbeiterchores. Er ist ›nicht nur mehr Konsument, sondern er muß produzieren‹, der Zuschauer wird eigens für den Theater-›Besuch‹ ausgebildet und informiert (vgl. [Text 145 Absatz 7 zur ›Belehrung‹ über das Stück]). Selbst die Forderung, daß die ›Stoffe‹ des neuen Kunstwerks ›nationalisiert‹, ›Allgemeingut‹ sein sollen, ist in den Lehrstücken in einer bestimmten Weise mehr als in anderen Stücken erfüllt. – Im Lehrstück hat die Kunst keinen Warencharakter mehr. Die Ausführenden ›werden nicht bezahlt‹ und brauchen kein Eintrittsgeld, und ›nicht jeder Hereingelaufene kann, aufgrund eines Geldopfers hier ›verstehen‹. . .« (Steinweg 1965 S. 54 f.; die Brecht-Zitate sind im vorliegenden Band in Text 111 zu finden).

15 (zu S. 434) Leider kann man mit Berenberg-G. u. a. auf der Basis ihres Aufsatzes nicht über ihre Ansicht disputieren, daß es mir »nicht im entferntesten« gelungen sei, »alle anderen ›Regeln‹ des Lehrstücks aus der Basisregel zu deduzieren«, da sie mehr als diesen Satz dazu nicht sagen (Berenberg-G. u. a. S. 161 Anm. 52). Der Versuch, den Zusammenhang zwischen einer bestimmten Formgebung und expliziten sowie impliziten *Intentionen* eines Dichters zu bestimmen, scheint mir nach wie vor sinnvoll. Auf meine, gegenüber der bisherigen marxistischen Argumentation zentrale These, daß das Lehrstück aufgrund der mit der »Basisregel« bezeichneten Grundintention keine Individuen gestalten *darf* (vgl. Steinweg 1972a S. 152-155), gehen die Autoren nicht ein. Auch wenn die verschiedenen »Regeln« nicht im Sinne der formalen Logik auseinander »deduziert« werden können – da haben Berenberg-G. u. a. zweifellos recht, kann doch ein Zusammenhang zwischen ihnen bestehen, eine Art optimaler Affinität. Das heißt: die mit Regel a verfolgte Intention ist zwar nicht ausschließlich, aber am besten zu verwirklichen, wenn zugleich die Regeln b und c angewendet werden. – Auch bei ihrer Kritik meines Versuchs, den Brechtschen Begriff des »Experiments« im Zusammenhang der Lehrstücktheorie als dem wissenschaftlichen (aber nicht positivistischen) analog zu bestimmen, beschränken sich die Autoren leider auf nicht diskutierbare düstere Andeutungen (Berenberg-G. u. a. S. 157 Anm. 13). Ein Argument wäre nützlicher gewesen.

16 (zu S. 434) Vgl. Haarmann/Walach oben S. 279. – Man sollte Brechts von Wekwerth überlieferte Äußerung über *»Die Maßnahme«* als Modell für das »Theater der Zukunft« sicher nicht überstrapazieren. Sie zu ignorieren, weil die »Motive« zu dieser Äußerung »nicht klar« seien (Berenberg-G. u. a. S. 158 Anm. 30), geht aber ebenfalls nicht an. Mit dieser Begründung könnte man gut die Hälfte aller Äußerungen Brechts und anderer Leute auf die Schutthalde räumen. Und wenn Mittenzwei recht hätte mit der Annahme, daß Brecht dabei nicht an den *Typus* Lehrstück in dem von ihm definierten strengen Sinne, sondern »an die Möglichkeiten der ›planetarischen Demonstration‹« gedacht habe (s. o. S. 231), so bliebe unerfindlich, warum Brecht dann gerade *»Die Maßnahme«* und nicht *»Leben des Galilei«*, mit dessen Bühnenrealisierung er zu diesem Zeitpunkt beschäftigt war, oder wenigstens *»Die Mutter«* nannte.

17 (zu S. 434) Siehe dazu die Ergebnisse der Amsterdamer Gruppe (Paul Binnerts) im vorliegenden Band. Wenn Binnerts aus den Erfahrungen der Gruppe meint schließen zu müssen, daß die ›Basisregel‹, das »Selberspielen«, »in jedem Fall für die ›Maßnahme‹ nicht haltbar sei« (s. o. S. 347 f.), so liegt damit ein Mißverständnis, zugleich aber eine erste sinnvolle Modifikation des Lehrstückmodells vor, bzw. eine Adaption an die heute gegebenen Bedingungen: Das Mißverständnis besteht darin, daß Brecht ein »Publikum« ja nicht kategorisch von den Lehrstücken ausgeschlossen hat – nur meinte er, es müsse »verwertet«, d. h. auf intensivere Weise beteiligt werden als im Schaustück. Die sorgfältige Weise, in der die Amsterdamer Gruppe ihre kleinen, spezifischen Publica auswählte und vorbereitete, ist ein sinnvoller Schritt in diese Richtung. Brecht hatte ja die *»Maßnahme«* für *Massen*chöre geschrieben; er ist also nicht davon ausgegangen, daß nur »einige Jungen« etwas davon haben könnten, wie die (möglicherweise von Pierre Abraham verzerrt wiedergegebene) Äußerung von 1956 (Text 179) glauben machen könnte. Da Massenorganisationen, die ein Interesse an Lehrstück-Aufführungen haben könnten, z. Z. (noch) nicht bestehen, ist die von der Amsterdamer Gruppe gewählte Lösung angemessen. Allerdings hat der Versuch zugleich ergeben, daß die *»Maßnahme«* »nur begrenzt für Publikum zugänglich« ist, wohingegen das Stück sich »für den internen Schu-

lungsgebrauch« als »außerordentlich geeignet« erwies (s. o. S. 355). Mit anderen Worten: Die *größte* Wirkung (die Binnerts auch andeutungsweise beschreibt) übte der Versuch auf die Beteiligten selbst aus – wie mit Brecht zu erwarten war.

18 (zu S. 435) Das wird von Berenberg-G. u. a. richtig gesehen (S. 156 Anm. 8). Es ist wahrscheinlich, daß Brecht – durch die veränderten Herrschaftsverhältnisse und die Emigration zu neuen Wegen und Mitteln gezwungen – auch neue theoretische Einsichten gewonnen hat, die Veränderungen seiner früheren Positionen bedeuten. Nur schließt das nicht aus, daß er zugleich am Lehrstück in seinen Grundzügen festhielt – auch wenn diesem Festhalten an der Theorie keine Praxis mehr entsprach, weil die Bedingungen nicht mehr gegeben waren.

Einen der in der Tat zu seltenen Punkte, an denen ich 1969/72 auf die Bedeutung der Lehrstücke für die spätere Entwicklung Brechts eingegangen bin, haben Berenberg-G. u. a. jedoch anscheinend ganz mißverstanden: »Ästhetische Individualisierung« sah ich nicht als ein Ziel für die *Teilnehmer* der Lehrstückübung (Berenberg-G. u. a. S. 163 Anm. 67), sondern die Experimente mit dem Lehrstück hatten, so meine ich, für *Brecht* u. a. auch die Funktion, Möglichkeiten zu untersuchen, wie eine *neue* ästhetische Individualisierung im Theater jenseits der bekannten Schwächen der alten möglich ist (Steinweg 1972a S. 158).

19 (zu S. 436) Siehe Steinweg 1972a S. 101.

20 (zu S. 437) Ein Beleg für diese anscheinend durch meine Darstellung provozierte Haltung ist das Verständnis, mit dem die Berliner Gruppe zunächst an das Lehrstück heranging, vgl. oben S. 407 die Diskussion zum Aufsatz von Mayer/Praml/Schüler.

21 (zu S. 439) Lethen 1976 meint, daß der Leninsche Begriff des »politischen Instinkts«, den ich 1971/72 zur Erklärung von Brechts Lehrstück-Intention verwendet hatte, in der Lehrstücktheorie »völlig verdreht« worden sei. Er beruft sich dabei wie ich auf Lenins Aufsatz über den »Linken Radikalismus«, in dem dieser vom (richtigen) »Instinkt der revolutionären Klasse« in den noch nicht revolutionierten Ländern spreche, sich am Vorbild der Sowjetunion zu orientieren. ›Instinkt‹ werde von Lenin als eine Vorstufe der Theorie, als ihr ›noch ›empfundener‹ unreifer Zustand‹ verstanden und (wenn ich Lethen richtig verstehe) nicht als ein Lernziel kommunistischer Pädagogik. – Es nimmt natürlich nicht wunder, daß der vage Begriff des »Instinkts« bei Lenin (wie auch andere Begriffe) in verschiedenen Kontexten verschiedene, wenn auch nicht einander ausschließende Bedeutungen annimmt. Und sicher nicht zu Unrecht spielt dieser Begriff in der neueren Pädagogik keine Rolle mehr. An einer anderen Stelle des gleichen Aufsatzes spricht Lenin ausdrücklich davon, »daß man durch langwierige, beharrliche, verschiedenartige, allseitige Arbeit aller denkenden Vertreter der gegebenen Klasse die notwendigen Kenntnisse, die notwendigen Erfahrungen, den *neben* Wissen und Erfahrung – notwendigen politischen Instinkt« erwerben müsse, »um komplizierte Fragen schnell und richtig zu lösen« (Lenin, Sämtliche Werke, Wien – Berlin 1930, Bd. XXV S. 255, Herv. R. S.; vgl. Steinweg 1972a S. 100; in den »Ausgewählten Werken in sechs Bänden«, Berlin [Dietz] 1973 Bd. V S. 520 ist der Ausdruck »Instinkt« durch »Fingerspitzengefühl« ersetzt). Hier hat also das, was Lenin »Instinkt« nennt (heute würde man eher von Verhaltensdispositionen sprechen) durchaus Bedeutung, auch für Parteiführer, *neben* Wissen und Erfahrung. Wissen, Instinkt, Erfahrung würde man mit kognitiven, affektiven und sozialen Lernkomponenten umschreiben. Natürlich sind die drei Begriffe nicht wirklich trennscharf, da die eine Komponente ohne die andere als beständiges Moment von Lernprozessen kaum denkbar ist. Die bewußte Förderung von »politi-

schem Instinkt« schließt also die Notwendigkeit, Wissen etwa über die Geschichte der Klassenkämpfe und die Erfahrungen der Arbeiterbewegung zu vermitteln, keineswegs aus. Die Arbeit an Lehrstücken ist ja nicht als auschließliche, sondern als vorbereitende und ergänzende Tätigkeit gedacht.

22 (zu S. 439) Diese Bemerkungen sollen natürlich nicht die richtige Beobachtung von Berenberg-G. u. a. entkräften (S. 132), daß das Verhältnis der drei von mir genannten Lehrstück-Lernziele noch weiterer Klärung bedarf. Dazu wäre eine Auseinandersetzung mit der neueren Pädagogik erforderlich. Hier kann nur festgestellt werden, daß die erstrebte »kritische Haltung« die »praktische Kenntnis der Dialektik« voraussetzt, wohingegen mit der Beschreibung des Lernziels »Kollektivismus« lediglich eine *genauere Bestimmung* der Lehrziele »Dialektik« und »kritische Haltung« versucht wurde. Als solche ist sie jedoch mehr als eine bloße »Paraphrase« (Berenberg-G. u. a. S. 134) der beiden erstgenannten Lernziele. Daß das – mit diesem Stichwort natürlich sehr verkürzt bezeichnete – Lehrziel »Kollektivismus« bei Brecht nicht *explizit* genannt wird, sondern aus seinen Äußerungen (etwa Text 41 zum »kollektiven Apparat«) erschlossen werden muß (Berenberg-G. u. a. S. 132), spielt dabei m. E. keine Rolle. – Im übrigen ist den Autoren auch darin zuzustimmen, daß das Verhältnis von Denken, Verhalten, Theorie und Praxis noch einer genaueren theoretischen Bestimmung bedarf; die Lehrstück*praxis* wird indessen vorerst auch ohne solche Bestimmungen ein Stück weiterkommen können.

23 (zu S. 440) Henk Petersen beendete seinen Artikel »Mord an einem Anarchisten. Die Rache des ›2. Juni‹« (in: *Die Zeit* vom 14. 6. 1974) folgendermaßen: »Denn für den Mord im Grunewald hält man ungeachtet der von den Anarchisten selbst gegebenen Begründung jene für die wahrscheinlichere, die mit Brechtschen Worten lautet: ›Wir beschlossen: dann muß er verschwinden, und zwar ganz. Denn wir müssen zurück zu unserer Arbeit. Und ihn können wir nicht mitnehmen und nicht dalassen. Also müssen wir ihn erschießen.‹« [Petersen zitiert nach Fassung V der »*Maßnahme*«, s. Steinweg, Hrsg., 1972b S. 131]. Die von der »Bewegung« gegebene Begründung lautete: »Um die Bedingungen von Produktions-[!] Kraft und Produktionsverhältnis innerhalb der revolutionären Bewegung wieder ins Gleichgewicht zu bringen, wird hier im speziellen Fall Ulrich Schmücker die Konsequenz gezogen.« (Zitiert nach dem gleichen Artikel.) In der »*Maßnahme*« ist die Tötung des Jungen Genossen gerade keine »Konsequenz«, keine »Hinrichtung«, sondern ein mit Trauer vollzogener Akt in einer Notsituation, in der andernfalls das Leben tausender von unbewaffneten Arbeitslosen und *dadurch* die revolutionäre Bewegung gefährdet worden wäre (vgl. den Aufsatz von Volker Bley im vorliegenden Band S. 423 f.). Der Junge Genosse in der »*Maßnahme*« wird, mit seinem *Einverständnis*, getötet, weil »nur fünf Minuten Zeit« waren, eine Alternative zu finden, die nicht gefunden, aber immerhin gesucht wurde. Ulrich Schmücker wurde getötet ein Jahr nach seiner Aussage vor einem bürgerlichen Gericht, ohne akuten Anlaß – jedenfalls, wenn die Verlautbarung des Hinrichtungskommandos die Beweggründe der »Bewegung« richtig wiedergibt.

24 (zu S. 440) Berenberg-G. u. a. zitieren S. 131 Deweys pädagogische Maxime »Learning by doing«.

25 (zu S. 440) Berenberg-G. u. a. verweisen S. 145 f. auf *Darwins* »Der Ausdruck der Gemütsbewegungen«, auf *Wilhelm Wundts* Rezension dieses Buches, *Karl Bühlers* »Ausdruckstheorie« und *Ludwig Klages'* »Grundlegung der Wissenschaft vom Ausdruck« (= 5. Auflage von »Ausdrucksbewegung und Gestaltungskraft«). Eine *direkte* Verbindung von Klages zu Brecht scheint mir unwahrscheinlich.

26 (zu S. 440) Berenberg-G. u. a. zitieren S. 144 aus Lessings »Auszug aus dem

Schauspieler des Herrn Remond von Saint Albine«.

27 (zu S. 441) Bei der unbewußten oder halbbewußten Imitation könnte das anders sein. Die Auseinandersetzung mit dem neuerdings von behavioristisch orientierten Psychologen ins Spiel gebrachten »Imitationslernen« wird sicher bei der zu führenden pädagogisch-sozialwissenschaftlichen Diskussion über das Lehrstück (vgl. oben Anm. 8) eine besondere Rolle spielen. Ohne dieser Diskussion vorgreifen zu wollen, scheint mir jedoch wichtig zu betonen, daß Brecht eben nicht auf *vorbewußte* Imitationen abhebt, sondern auf bewußte und auf die durchdachte Kritik des Imitierten.

28 (zu S. 441) Berenberg-G. u. a. sehen in meinem Versuch, die verschiedenen Äußerungen Brechts zum Verhältnis von ›Individuum‹ und ›Kollektiv‹ als im Prinzip miteinander vereinbar darzustellen, eine »Einebnung« »konstruktiver« Widersprüche (S. 137). Wenn es sich wirklich um tiefergehende Widersprüche in Brechts Auffassung handelt, wenn er wirklich ein undialektisches, mechanisches Verhältnis zwischen Individuum und Kollektiv bzw. eine einseitige und ausschließliche Vorherrschaft des letzteren zeitweilig angenommen haben sollte, so sehe ich nicht ganz, inwiefern diese Widersprüche ›konstruktiv‹ waren oder sind. Meine Interpretation scheint mir aber durch die Autoren nicht widerlegt. Um ein »Evidenzpostulat« handelt es sich jedenfalls nicht: hinter dem Satz, in dem ich in diesem Zusammenhang von »Evidenz« gesprochen habe (Steinweg 1972a S. 121) sollte ein Doppelpunkt stehen. Es folgt nämlich eine *Begründung* für die Evidenzbehauptung, die Berenberg-G. u. a. entgangen ist: Text 40 wird als Beleg dafür angeführt, daß der auf dem gleichen Blatt notierte, mit drei Fragezeichen versehene Text 81 eher eine mißglückte Probeformulierung als eine ernstgemeinte Aussage darstellt.

29 (zu S. 441) Berenberg-G. u. a. S. 147-150; vgl. dazu die bisher unbekannten Texte 112 und 152. Etwas weniger einleuchtend finde ich das Argument, daß es auf die *Begriffe* Brechts in der Frage nicht ankomme, ob und wie er behavioristische Vorstellungen verfolgt hat oder nicht. Wie sollen »behavioristische Konzeptionen« und ihre »Funktion« bei Brecht festgestellt werden, wenn nicht über die Begriffe, die er verwendet? (Wobei allerdings Begriff und Ausdruck nicht verwechselt werden dürfen.) Im übrigen beruht meine Feststellung, daß im Lehrstück behavioristische Vorstellungen *keine* Rolle spielen, nicht bloß auf dem Vergleich von »Wortmaterial«, sondern auf einem Argument: daß nämlich die für das Lehrstück zentrale Kategorie der *Kritik* von Haltungskopien mit behavioristischer Konditionierung nicht vereinbar ist (Steinweg 1972a S. 147 f.). Auf dieses vielleicht nicht deutlich genug vorgetragene Argument gehen weder Berenberg-G. u. a. noch Balzer 1973 (S. 28) ein. Inwiefern man trotzdem »Brechts Auffassung, daß ›Haltungen und Gesten zu Stimmungen und Gedankenreihen‹ führen, eine behavioristische Interpretation unterlegen kann«, erklären Berenberg-G. u. a. (S. 168 Anm. 144) leider nicht.

30 (zu S. 442) In Text 145 spricht Brecht nicht von ›Lehrern‹, sondern von ›Belehrung‹ – die wohl Lehrer voraussetzt. Häufiger ist von ›Schülern‹ oder ›Studierenden‹ die Rede, s. u. a. die Texte 18, 19, 22, 23, 24, 58 (alle aus »*Fatzer*«).

31 (zu S. 442) Im Unterschied zu Proletariern. Das ist – wie meine Aussage über die stärker nicht-verbale Kommunikation von Proletariern (Steinweg 1972a S. 139) – ein *Beobachtungs*-Satz. Auch wenn »die« Wissenschaft dieses Ergebnis »noch nicht« hat (Berenberg-G. u. a. S. 160), ist es zulässig, mit solchen Zusatzhypothesen zu arbeiten, auch wenn sie auf zufälligen und subjektiven Beobachtungen beruhen mögen. Sie finden sich praktisch in jeder sozialwissenschaftlichen Arbeit, die sich nicht bloß auf den Beweis von Banalitäten beschränkt. Der Einwand der Autoren

wäre gewichtiger, wenn er auf die *Überprüfbarkeit* dieser Beobachtungen abzielte.

32 (zu S. 443) D. h. ein Interesse ausschließlich an der Entwicklung von pädagogisch verwendbaren Spielformen für Schüler, Lehrlinge usw.

33 (zu S. 443) Etwa – wie in einem Kurs an der Amsterdamer Theaterschule, an dem auch Studenten der Allgemeinen Literaturwissenschaft beteiligt waren – das Interesse, »was ein Lehrstück ›eigentlich‹ ist«, oder »wie sich Menschen im Umgang mit Texten« verhalten.

34 (zu S. 443) Eine solche Interesseneingrenzung und -konkretisierung war ein Ergebnis eines Lehrstückseminars am Theaterwissenschaftlichen Institut der Universität Berlin 1974/75.

35 (zu S. 443) Der Ausdruck »Mißstände« wird hier in seiner weitesten Bedeutung verwendet, unter die auch z. B. Kommunikationsmangel, Zerstörung von Arbeitsfähigkeiten und -potentialen durch stereotype Verhaltensweisen und immer wiederholte Fehler oder direkte und indirekte Unterdrückung von Kritik fallen.

36 (zu S. 443) Zur Vereinbarkeit solcher Vorführungen mit der ›Basisregel‹ des Lehrstücks s. o. Anm. 17.

37 (zu S. 443) Diesen Einwand erhebt Lethen 1976 gegenüber meiner Aufzählung von Diskussionsanlässen, die die Arbeit mit der *›Maßnahme‹* bieten könnte (Steinweg, Hrsg., 1972b S. 479). Solche Anlässe ergeben sich sicher, da hat Lethen recht, ebensogut oder besser aus der politischen Arbeit selbst. Nur ist eben das Ziel der Lehrstück-Übung nicht *allein* die Diskussion solcher Gegenstände, sondern, wie ich es 1972 formuliert habe, »Bewußtseinsveränderungen, die durch die politisch-ökonomische Entwicklung eingeleitet worden sind, im Gestischen und in unserer Sprache tiefer zu verankern; und . . . jener Gefahr . . . der Ideologisierung der revolutionären Theorie« zu begegnen (ebenda). (Den zuletzt genannten Punkt referiert Lethen falsch: die – offensichtlich auch von Brecht noch in der Emigration konstatierte – ›Ideologisierung‹ der Marxschen Theorie in der Kommunistischen Bewegung habe ich nicht als *die*, sondern als *eine* Ursache unter anderen für die zwei großen Niederlagen des revolutionären Sozialismus in Deutschland verantwortlich gemacht.)

38 (zu S. 447) Dieses Maß an Konkretion, d. h. der Bindung an bestimmte historische Umstände, Grunderfahrungen usw. war und ist notwendig. Brecht war durchaus klar, daß seine Texte nicht immer und überall mit gleichem Erfolg eingesetzt werden könnten (vgl. u. a. Text 56).

39 (zu S. 447) Hier bin ich etwas anderer Ansicht als Volker Bley (siehe oben S. 421). Bei der Herstellung solcher Spielvorlagen kommt es nicht darauf an, daß die *Fabel* des Stückes *unmittelbar* Elemente unserer politisch-sozialen Wirklichkeit enthält; sie muß lediglich genügend viel Anknüpfungspunkte bieten. Die *Gruppe »leren leren«* hat mit ihrem selbstentwickelten Text (s. Steinweg, Hrsg., 1976 i. V.) demonstriert, daß ein gewisser Verfremdungseffekt durch die Verlegung der Fabel in eine entfernte Vergangenheit auch gegenwärtig von Nutzen sein kann. Eine solche Verlegung ist jedoch kein »notwendiger« Bestandteil einer Lehrstückfabel, wie die weiteren Überlegungen der Gruppe zeigen.

40 (zu S. 449) Es gibt allerdings ernstzunehmende Schriftsteller und Literaturwissenschaftler, die den Wert der Lehrstücke höher einschätzen als den der »späten« Schaustücke Brechts. Vgl. u. a. den Beitrag von *John Milfull* im vorliegenden Band und *Heiner Müllers* Äußerung während der Brecht-Woche der DDR im Februar 1973 über das *»Badener Lehrstück«* als »das stärkste philosophische Stück« Brechts, das Müller in der DDR für »viel aktueller als ›Galilei‹« hält (in: Hecht, Hrsg., 1973 S. 217). Für die X. Weltfestspiele der Jugend und Studenten im Sommer 1973 in

Berlin studierten die Regisseure Jürgen Pörschmann und Günter Schmidt daraufhin auf der Probebühne des Berliner Ensembles das »*Badener Lehrstück*« ein. Es zeigte sich, daß auch nach den Festspielen ein lebhaftes Interesse an dieser Aufführung von seiten des DDR-Publikums bestand. Es gab eine Reihe von Aufführungen mit ausführlichen, daran anschließenden Diskussionen, an denen ein erstaunlich hoher Prozentsatz des Publikums aktiv beteiligt war. Aus dem Publikum heraus bildete sich eine Laiengruppe, die unter Anleitung der beiden Regisseure versuchen wollte, das »*Badener Lehrstück*« selbst zu realisieren, zur »Selbstverständigung«. Die anfangs etwa 30 Personen starke Gruppe setzte sich zu ca. 70% aus Schülern, Studenten und Intellektuellen und zu 30% aus Lehrlingen und jungen Arbeitern zusammen. Es fanden etwa 15 Zusammenkünfte statt. Zu einer Realisation des ganzen Stücks kam es jedoch nicht. Die Regisseure kamen zu dem Schluß, daß der Schritt von der unbewußten Imitation (im Leben) zur bewußten Nachahmung zum Zweck des Lernens (in der Arbeit mit dem Lehrstück) die Verfügung über einen Katalog von darstellerischen Möglichkeiten, bzw. Fähigkeiten erfordere, die, bei Kindern zweifelsohne vorhanden und auch im Spiel reproduzierbar, bei den jugendlichen und erwachsenen Teilnehmern verschüttet waren. Hinzu kam anscheinend eine gewisse krampfhafte Suche nach »interessanten« theatralischen Lösungen – mit dem Ergebnis gewöhnlichen schlechten Laienspiels statt Einfühlung, Nachahmung und Kritik. In den Diskussionen der Gruppe wurde auch wiederholt eine Frage gestellt, die von Teilnehmern an Lehrstückdiskussionen in der Bundesrepublik und in Holland ebenfalls vorgebracht wurde (vgl. unten Anm. 48 zur Motivation): Warum sollte man das Ganze noch einmal *spielen*, wenn man sich durch die Diskussion über den Inhalt des Textes bereits Klarheit verschafft hat? Genügte es nicht, ein Verhalten zu *kennen*, um es durchschauen zu können? Das ist natürlich eine »Differenz ums Ganze«; die wenigen bisher gelungenen Versuche, die Schwelle zur sinnlichen Manifestation zu überschreiten, zeigen, daß die Mühe sich lohnt. Ein Bericht über die Erfahrungen aus dem Experiment mit dem »*Badener Lehrstück*« am Berliner Ensemble wurde bisher nicht veröffentlicht.

41 (zu S. 449) Diese Zurücknahme einer Übertreibung, nachdem sie ihren provokativen Zweck erfüllt hatte, ist durchgehend nicht zur Kenntnis genommen worden – was seine Ursache in der etwas zu komplizierten Darstellung im letzten Kapitel meiner Arbeit 1972a haben mag. Die 1971 provokativ vertretene Ansicht, das Lehrstück sei ein revolutionärer Ansatz für das »Theater der Zukunft« (vgl. Anm. 40), ist jedenfalls nicht eine »grundlegende Hypothese« meiner Rekonstruktion der Lehrstücktheorie (Berenberg-G. u. a. S. 122); sie war es weder während der Arbeit an dieser Rekonstruktion noch in ihrer *wissenschaftlichen* Darstellung 1972.

42 (zu S. 449) Eine notwendige und richtige Korrektur meiner Darstellung der These, daß Brecht bewußt mit verschiedenen »Operationsplänen« gearbeitet hat, ergibt sich aus Högers kritischer Wiedergabe dieser These: Die Operationspläne sollen »nach Steinweg den abstrakt-logischen Entwurf einer Theaterpolitik, wie sie Brecht generell und für alle Zeiten formuliert hat, darstellen«. (1974 S. 119) Meine Darstellung mag diesen Anschein erwecken – gemeint war es nicht so. Daß diese Operationspläne, 1930 in einer spezifischen historischen Situation für die nächsten Jahre entworfen, Ewigkeitsgültigkeit besitzen sollten, ist natürlich absurd. Dennoch bleiben diese Operationspläne mit einer gewissen Verschiebung für die späteren Jahre Brechts und auch darüber hinaus von Bedeutung: zumindest als Vorbild dafür, wie genau der Einsatz literarischer und theatraler Mittel geplant werden kann zu dem Zweck, die gesellschaftliche Umwälzung zu unterstützen. Und es ist durchaus nicht *apriori* falsch zu fragen, ob diese Strategiedifferenzierung nicht im *Ansatz* auch

heute noch von Interesse sein kann. Wenn Berenberg-G. u. a. anscheinend generell »Pläne« dieser Art für untauglich halten (da angeblich zu »starr«, S. 151), so ist man versucht zu fragen, ob die Autoren das nicht vielleicht auf die Planbarkeit gesellschaftlicher Prozesse überhaupt beziehen.

43 (zu S. 449) So *Arno Paul*, Auf der Suche nach neuen Konzepten [Sammelrezension neuerer Arbeiten zur Theaterpädagogik], in: betrifft: erziehung, Heft 3, 1975 S. 78.

44 (zu S. 450) Vgl. Steinweg 1972a S. 83, 101, 126.

45 (zu S. 450) Zur Differenzierung der Lehrstück-Spielvorlagen je nach Zielgruppe s. Text 132 und Steinweg 1971b.

46 (zu S. 450) Zur Unterscheidung der *»Großen Pädagogik«* – die Brecht (jedenfalls 1930) als Form des Theaters der kommunistischen Zukunft verstand – und der *Lehrstücke*, die er für die Verwendung in einer noch nicht kommunistischen Gesellschaft schrieb, s. Steinweg 1972a S. 210. Von einer »Verlegung« der Stücke und theoretischen Überlegungen »in die Utopie« (Berenberg-G. u. a. S. 152 im gleichen Zusammenhang) kann natürlich nicht die Rede sein. Das produktive Spannungsverhältnis zwischen *»utopischen«* (d. h. erst unter den Bedingungen eines klassenlosen Gemeinwesens, vgl. Anm. 13) und *gegenwärtig realisierbaren*, die Utopie *konkret* machenden antizipatorischen Elementen haben die Autoren nicht begriffen (vgl. Steinweg 1972a S. 209 f.).

47 (zu S. 450) Der (von Mayer/Praml/Schüler im vorliegenden Band S. 392 übernommene) Begriff der »Episierung« ist unglücklich, da es sich auch beim *Lehrstück* um *episches* Theater handelt (vgl. die Begriffsuntersuchung Steinweg 1972a S. 86). Die Einfügung *aktueller* Szenen war von Brecht bereits für das Lehrstück (im engeren Sinne) vorgesehen, vgl. die Texte 143-145. – Haarmann/Walach scheinen übrigens ihrer eigenen Argumentation zu widersprechen, wenn sie S. 270 auch für die Zuschauer »episierter« Lehrstücke »hohes Klassenbewußtsein« fordern.

48 (zu S. 451) Hinsichtlich der Motivationsfrage (vgl. Anm. 40) scheint Brecht selbst seine Zweifel gehabt zu haben. Wenn er in Text 11 sagt, daß nur »der Staat« jemand »zwingen« könne, beim Lehrstück »mitzutun und erzogen zu werden«, so bleibt das in jedem Fall eine problematische Aussage, gleichgültig, an welche Staatsform man denkt (vgl. Steinweg 1972a S. 204 mit weiteren Belegen).

49 (zu S. 451) Vgl. u. a. die Dokumentation Steinweg, Hrsg., 1972b Text G 61/1, 66/2, 69/2, 69/3, 69/4 und Günter Glaeser, Lehrstück-Aufführungen in: alternative 91 (August 1973) S. 208-211.

50 (zu S. 452) Die theoretische Kritik des »neuen Spieltrends« ist gut – die praktische durch das Lehrstück, indem es ihn benutzt (wie Brecht 1929/30 die Bewegung für Gebrauchsmusik), wäre noch besser.

51 (zu S. 452) Das Argument, die Lehrstücke seien von den Zeitgenossen Brechts nicht rezipiert worden, folglich von der *Geschichte* verurteilt und damit definitiv Vergangenheit (Berenberg-G. u. a.), könnte man natürlich genausogut auf die epischen Schaustücke Brechts beziehen. Wo sind diese Stücke außer (teilweise) in seinem eigenen Theater wirklich Brechts Intentionen gemäß rezipiert worden? Die Fälle ließen sich wahrscheinlich leicht aufzählen. Und die *historischen* Anwendungsbedingungen für das epische *Schaustück*, von denen Brecht bei der Niederschrift der Stücke ausging, sind heute ebenfalls kaum gegeben, – noch viel weniger die von Brecht erhoffte Wirkung seiner Schaustücke auf das Publikum der etablierten bürgerlichen Theater. Die Frage nach dem Funktionswechsel des Theaters, und sei es »abseits des Theaters« (Text 132), ist heute nicht weniger aktuell als 1932.

52 (zu S. 452) Eine gewisse Euphorie in meinen Arbeiten von 1971/72 verdankt sich den allgemeinen Hoffnungen und Illusionen der Studentenbewegung. – Auch in der oben skizzierten Annahme (Bereitstellung von Modifikationen für einen späteren Zeitpunkt) liegt natürlich ein Problem: die tatsächlich auftretenden Bedürfnisse und Möglichkeiten zu jenem Zeitpunkt kennen wir nicht. Aber man kann annehmen, daß es in jedem Falle leichter sein wird, die dann angemessenen Formen (nicht nur des Theaterspielens) zu finden, wenn jetzt bereits Möglichkeiten durchdacht, durchprobiert und entsprechende Erfahrungen gesammelt und dokumentiert werden, von denen man später ausgehen oder sich distanzieren kann. Dabei sind negative Erfahrungen und Schwierigkeiten genau so wichtig wie positive.

53 (zu S. 452) Arno Paul kritisiert in dem Anmerkung 43 zitierten Aufsatz zu Recht meine »apologische Haltung« Brecht gegenüber; ähnlich Höger 1974 S. 122. Ich denke aber, daß es doch nötig war, Brecht zunächst einmal beim Wort zu nehmen und zu untersuchen, ob seine verschiedenen Äußerungen, seine Annahmen, Hoffnungen und Zielvorstellungen nicht rational aufeinander beziehbar sind derart, daß eine *denkbare* theaterpädagogische Methode sich daraus konstruieren ließe. Jetzt, nach diesem »Arbeitsgang«, kann die Kritik eine qualifiziertere sein.

54 (zu S. 452) Die Interpretation der Lehrstücktheorie müßte an Hand der »neuen« Texte *systematisch* überprüft werden, vgl. das Verzeichnis dieser Texte S. 456 f. Dazu war bis zur Fertigstellung des vorliegenden Bandes keine Zeit. Es wäre schön, wenn diese Überprüfung von anderer Seite vorgenommen würde.

Literaturverzeichnis

Das Verzeichnis enthält ausschließlich Titel von Arbeiten über Bertolt Brecht, auf die im *vorliegenden Band* Bezug genommen wird. Für weitere Literatur über Brecht s. die Literaturverzeichnisse der angeführten Arbeiten bzw. *Reinhold Grimm, Bertolt Brecht,* 3., völlig neu bearbeitete Auflage, Stuttgart 1971 (= Sammlung Metzler, Realienbücher für Germanisten); dieses Buch enthält – übersichtlich nach Werken von Brecht geordnet –, die Literatur bis 1970 so gut wie vollständig.

Adorno, Theodor Wiesengrund, *Zur Dialektik des Engagements,* in: *Neue Rundschau* 1962, S. 93-110

Balzer, Karl Michael, *Notizen zum neuen Spieltrend,* in: Joachim Groth u. a., *Rhetorik, Ästhetik, Ideologie. Aspekte einer kritischen Kulturwissenschaft,* Stuttgart 1973 S. 21-48.

Bauer, Karl W., *Zur Bedeutung des Brechtschen Lehrstück-Konzeptes für einen gesellschaftskritischen Deutschunterricht* [Arbeitstitel], in: Reiner Steinweg, Hrsg., 1976 i. V.

Berenberg-Gossler, Heinrich / Müller, Hans-Harald / Stosch, Joachim, *Das Lehrstück – Rekonstruktion einer Theorie oder Fortsetzung eines Lernprozesses? Eine Auseinandersetzung mit Reiner Steinweg, Das Lehrstück. Brechts Theorie einer politisch-ästhetischen Erziehung. Stuttgart 1972,* in: Joachim Dyck u. a., *Brechtdiskussion,* Kronberg/ Taunus (Scriptor Taschenbücher S 37) S. 121-171.

Besson, Benno, *Versuch in der Pantomime,* in: *Theaterarbeit,* hrsg. von Helene Weigel, Berlin 1952 S. 395-398.

Brenner, Hildegard, *Die Fehldeutung der Lehrstücke. Zum methodischen Vorgehen der Germanistik,* in: *Alternative, Zeitschrift für Literatur und Diskussion,* Heft 78/79, Berlin 1971 S. 146-154.

Bloch, Ernst, *Ein Leninist der Schaubühne,* in: *Aufbau* 12, 1956 S. 806-813.

Bunge, Hans, *Fragen Sie mehr über Brecht. Hanns Eisler im Gespräch,* München 1970.

Elsner, Jürgen, (Hrsg.), *Nathan Notowicz, Gespräche mit Hanns Eisler und Gerhart Eisler. Wir reden hier nicht von Napoleon. Wir reden von Ihnen!* Übertragen und herausgegeben von Jürgen Elsner, Berlin 1971.

Fradkin, Ilja, *Bertolt Brecht. Weg und Methode* [zuerst auf russisch 1964, Übertragung von Oskar Törne] Leipzig 1974 (Reclam jun.).

Gruppe »leren leren«, *Die Entstehung des Lehrstücks »Die Schüler«. Die*

Praxis der Gruppe »leren leren« (Delft) mit Aspekten des Lehrstücks (1972-1973), in: Reiner Steinweg, Hrsg., 1976 (i. V.).

Haarmann, Hermann / Walach, Dagmar / Baumgarten, Jürgen, *Zum Verhältnis von Epischem und Lehrstück-Theater*, in: *Brecht-Materialien I, Zur Lehrstück-Diskussion, Alternative 91*, August 1973, S. 183-199.

Hecht, Werner (Hrsg.), *Brecht 73, Brecht-Woche der DDR 9.-15. Februar 1973*, Dokumentation hrsg. von Werner Hecht, Berlin 1973.

Hoffmann, Ludwig, *Gegenentwurf zur Maßnahme*, in: Steinweg, Hrsg., 1972b S. 439-458.

Höger, Alfons, [Besprechung von:] *Reiner Steinweg: Das Lehrstück. Brechts Theorie einer politisch-ästhetischen Erziehung*, in: Text und Kontext (hrsg. von Rolf Wickert, Germanistisches Institut, Universität Kopenhagen), Jahrgang 2/1974, Heft 3, S. 100-124.

Hultberg, Helge, *Die ästhetischen Anschauungen Bertolt Brechts*, Kopenhagen 1962.

Knopf, Jan, *Bertolt Brecht. Ein kritischer Forschungsbericht. Fragwürdiges in der Brechtforschung*, Frankfurt/M. 1974.

Kramer, Jürgen, *Brechts Lehrstücke – Zur organisierenden Funktion von Theorie-Praxis-Manövern*, [mit einer Interpretation und Spielanleitung zu »Die Horatier und die Kuriatier«], in: *Projekt Deutschunterricht 6, Kritischer Literaturunterricht – Dichtung und Politik*, hrsg. von Heinz Ide und Bodo Lecke in Verbindung mit dem Bremer Kollektiv, Stuttgart 1974 S. 127-141.

Lethen, Helmut, *»Theorie-Praxis-Manöver« oder Klassenkampf?*, in: *Basis, Jahrbuch für Literaturwissenschaft*, 1976 (i. V.).

Mayer, Günter (Hrsg.), *Hanns Eisler. Musik und Politik. Schriften 1924-1948*, Textkritische Ausgabe (Band I), Leipzig 1973.

Mittenzwei, Werner, *Bertolt Brecht – Von der »Maßnahme« zu »Leben des Galilei«*, Berlin 1962.

1965 *Gestaltung und Gestalten im modernen Drama*, Berlin und Weimar 1965.

1969 *Erprobung einer neuen Methode. Zur ästhetischen Position Bertolt Brechts*, in: *Positionen, Beiträge zur marxistischen Literaturtheorie in der DDR*, Leipzig (Reclam jun.), S. 59-100.

1975a *Brecht – Die ästhetische Folgen des Funktionswechsels*, in: *Funktion der Literatur. Aspekte – Probleme – Aufgaben*, hrsg. von Dieter Schlenstedt, Brigitte Burmeister, Ilse Idzikowski, Dieter Kliche, Berlin 1975 (i. V.).

1975b *Brecht und die Schicksale der Materialästhetik. Illusion oder die versäumte Entwicklung einer Kunstrichtung?*, in: *Dialog 75, Almanach 30 Jahre Henschel-Verlag*, Berlin 1975 (i. V.).

Müller, Klaus Detlef

1967 *Die Funktion der Geschichte im Werk Bertolt Brechts, Studien* zum *Verhältnis von Marxismus und Ästhetik,* Tübingen 1967.

1972 *Der Philosoph auf dem Theater. Ideologiekritik und ›Linksabwei-chung‹ in Bertolt Brechts »Meßingkauf«,* in: Text und Kritik, hrsg. von Heinz Ludwig Arnold, Sonderband Bertolt Brecht I S. 45-71.

Pfützner, Klaus, *Das revolutionäre Arbeitertheater in Deutschland 1918-1933,* in: *Schriften zur Theaterwissenschaft,* Band I, Berlin 1959.

Richard, Jörg, *Brechts Lehrstück-Theater und Lernen in der Schule* (Arbeitstitel), in: Reiner Steinweg, Hrsg., 1976 (i. V.).

Ritter, Hans Martin, *Ansätze zum Lehrstück in der Schule* [Arbeitstitel], in: Reiner Steinweg, Hrsg., 1976 (i. V.).

Schmidt, Dieter (Hrsg.), *Bertolt Brecht, Baal, der böse Baal der Asoziale, Texte, Varianten und Materialien, kritisch ediert und kommentiert,* Frankfurt/M. 1968.

Schumacher, Ernst 1955 *Die dramatischen Versuche Bert Brechts 1918-1933,* Berlin 1955.

1956a *Agitprop-Theater und Arbeiterbühne,* in: Aufbau 12, 1956, S. 223 ff.

1956b *Er wird bleiben,* in: *Erinnerungen an Brecht,* Zusammengestellt von H. Witt, Leipzig o. J. (Reclam Nr. 117), S. 326-340.

1965 *Drama und Geschichte, Bertolt Brechts »Leben des Galilei« und andere Stücke,* Berlin 1965.

Seidel, Gerhard

1970 (Hrsg.) *Walter Benjamin, Lesezeichen, Schriften zur deutschspra-chigen Literatur,* Leipzig (Reclam jun.) 1970.

1976 (i. V.) *Bertolt Brecht – Arbeitsweise und Edition. Das literarische Werk als Prozeß,* Berlin [Akademie-Verlag] – Stuttgart [Metzler] 1976 i. V. [Bearbeitete und erweiterte Fassung von: derselbe, *Die Funktions- und Gegenstandsbedingtheit der Edition, untersucht an poetischen Werken Bertolt Brechts,* Berlin 1970].

Steinweg, Reiner

1965 *Untersuchungen zu den Lehrstücken Bertolt Brechts,* Kiel, masch. Manuskript, zugänglich im Bertolt-Brecht-Archiv, Berlin.

1969 *Philologische Vorarbeiten zum Verständnis der Lehrstücke Brechts,* 2 Bände, Kiel, masch. Manuskript (Ergänzung zu Steinweg 1972a), zugänglich über die Universitätsbibliothek Kiel und im Ber-tolt-Brecht-Archiv.

1970 *Vollständiger kritischer Apparat zur »Maßnahme« von Bertolt Brecht,* masch. Manuskript (Ergänzung zu Steinweg 1972b), zugäng-lich über die Universitätsbibliothek Kiel, im Bertolt-Brecht-Archiv und im Hanns-Eisler-Archiv der Akademie der Künste der DDR (beide Berlin).

1971a *Das Lehrstück – ein Modell des sozialistischen Theaters, Brechts Lehrstücktheorie,* in: Alternative, Zeitschrift für Literatur und Dis-kussion, Heft 78/79, Berlin 1971 S. 102-116; dasselbe französisch unter dem Titel: La pièce didactique: un modèle pour le théâtre socialiste, in: L'autre scène, Heft 8-9 1975, S. 77-93 (übersetzt von Marc de Launay).

1971b *Die Lehrstücke als Versuchsreihe*, a.a.O. (1971a) S. 121-124.

1971c *Brechts »Die Maßnahme« – Übungstext, nicht Tragödie*, a.a.O. (wie 1971a), S. 133-143.

1972a *Das Lehrstück, Brechts Theorie einer politisch-ästhetischen Erziehung*, Stuttgart 1972.

1972b (Hrsg.), Bertolt Brecht, Die Maßnahme, Kritische Ausgabe mit einer Spielanleitung von Reiner Steinweg, Frankfurt/M. 1972.

1972c *Brechts »Die Maßnahme« – Übungstext, nicht Tragödie* (Bearbeitung von Steinweg 1971c), in: Manfred Brauneck, Hrsg., *Das Deutsche Drama vom Expressionismus bis zur Gegenwart, Interpretationen*, hrsg. von Manfred Brauneck, 2. erweiterte Auflage, Bamberg 1972, S. 145-158.

1973 *»Das Badener Lehrstück vom Einverständnis«, Mystik, Religionsersatz oder Parodie?*, in: *Text und Kritik*, hrsg. von Heinz Ludwig Arnold, Sonderband Bertolt Brecht II S. 109-130.

1974 *Lehrstück*, in: *Kritische Stichwörter zum Deutschunterricht. Ein Handbuch*, hrsg. von Erika Dingeldey und Jochen Vogt, München 1974 S. 185-192.

1976 (i. V.) Hrsg., *Lehrstücke mit Schülern und Lehrlingen. Überlegungen und erste Erfahrungen*, Frankfurt/M. 1977 (edition suhrkamp).

i. V. *»Der Ozeanflug« und das »Badener Lehrstück«. Zur Frage ihrer Brauchbarkeit.*

Strobel, Heinrich, *Die Badener Kammermusik*, in: Melos 8, 1929, S. 395-400.

Szondi, Peter (Hrsg.), *Bertolt Brecht, Der Jasager und Der Neinsager, Vorlagen, Fassungen, Materialien*, hrsg. und mit einem Nachwort versehen, Frankfurt/M. 1966.

Theater in der Zeitenwende, Zur Geschichte des Dramas und des Theaters in der Deutschen Demokratischen Republik 1945-1968, zwei Bände, Autorenkollektiv unter der Leitung von Werner Mittenzwei, Berlin 1972.

Wekwerth, Manfred

1960 *Theater in Veränderung*, Berlin 1960.

1973 *Schriften. Arbeit mit Brecht*, Berlin 1973.

Alphabetisches Verzeichnis der edition suhrkamp